HISTOIRE POPULAIRE ILLUSTRÉE DE LA GUERRE DU MEXIQUE

T C^IE

{URS

HANOVRE

d des Italiens

IS

Paris, 5 Octobre 1862.

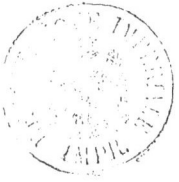

Monsieur,

La guerre du Mexique entrant dans une nouvelle phase, nous avons cru être agréables au public, en lui offrant un ouvrage retraçant les principaux faits accomplis et ceux à accomplir.

Cet ouvrage, destiné à la masse de lecteurs patriotiques, contiendra le récit exact et complet de tout ce qui s'est passé, à partir des débats qui ont eu lieu aux Chambres, et embrassera l'ensemble des négociations, faits d'armes et événements qui doivent surgir.

Rédigé, sous notre direction, par une réunion d'écrivains distingués de la presse, il sera apporté à cette œuvre, digne pendant de l'*Histoire de l'Armée d'Italie,* tous les soins qu'elle réclame, tant sous le rapport de la rédaction, que celui du texte et des gravures.

L'abonnement pour la province sera de 6 fr. pour une année, 3 fr. pour six mois. L'ouvrage paraîtra par livraison hebdomadaire, à partir du 1er Novembre prochain; chaque livraison aura 8 pages grand in-4° jésus, texte à 2 colonnes, et sera ornée d'une belle gravure appropriée à l'œuvre, avec papier satiné, imprimé en beaux caractères.

Les personnes qui s'abonneront d'ici au **25** courant recevront immédiatement, à titre de prime, une jolie carte du Mexique qui permettra de suivre les opérations de la guerre.

Dans ces circonstances, nous venons vous prier, Monsieur, de vouloir bien nous prêter votre bienveillant concours en reproduisant, dans votre estimable journal, deux fois de suite, et une troisième, si c'est un effet de votre obligeance, l'annonce ci-contre.

Pour vous rémunérer de cette obligeance, nous vous adresserons, aussitôt l'envoi des numéros justificatifs, la *Carte du Mexique*, et vous aurez, en outre, droit à deux volumes brochés de l'ouvrage, qui vous seront adressés à la fin de la première année, ou vous pourrez, à votre choix, recevoir les livraisons au fur et à mesure qu'elles paraîtront.

Nous n'hésitons pas à croire que vous n'accueillez favorablement notre demande et, en retour, vous pouvez compter sur notre exactitude à remplir nos engagements.

Recevez, Monsieur, l'assurance de notre parfaite considération,

PIC ET **C**IE.

ABONNEMENT		ABONNEMENT
Province		**Province**
Un an . . . 6 fr.		Six mois . . 5 fr.
Paris		**Paris**
Un an . . . 5 fr.		Six mois . . 5 fr.

HISTOIRE POPULAIRE
ILLUSTRÉE
DE L'ARMÉE DU MEXIQUE

PIC ET CIE, éditeurs, 6, rue de Hanovre, près le boulevard des Italiens, PARIS

L'**Histoire populaire illustrée de l'Armée du Mexique** est destinée à toutes les classes et paraîtra, à partir du 1er novembre 1862, par livraison hebdomadaire de 8 pages, texte sur 2 colonnes, format grand in-4°, papier jésus satiné ; chaque livraison sera ornée d'une belle gravure représentant les principaux faits d'armes accomplis, sites, portraits des généraux, officiers et hommes éminents prenant part à la guerre. Cet ouvrage, non moins palpitant d'intérêt que sa sœur aînée, l'*Histoire de l'Armée d'Italie*, commencera par retracer les faits qui ont donné lieu à la guerre, débats aux chambres, correspondances, négociations, etc., et se continuera par le récit exact et complet des événements à surgir. Les personnes qui, d'ici au 25 courant, prendront un abonnement d'une année, recevront à titre de prime exceptionnelle, et immédiatement, **une belle Carte du Mexique**, éditée par M. BARTHELEMIER, géographe ; cette carte permet de suivre les opérations de la guerre. Abonnement pour une année, 52 livraisons : Province, 6 fr. — Paris, 5 fr. ; Six mois, 26 livraisons : Province, 3 fr. ; Paris, 3 fr.

Adresser les Abonnements en mandat-poste ou timbres-poste à **MM. PIC et CIE**, éditeurs, rue de Hanovre, 6, PARIS.

Nota. — **Aux faits divers.**

Nous appelons l'attention de nos lecteurs sur une nouvelle publication qui, dès le début, rencontre toutes les sympathies et nous paraît appelée à un grand succès. (*Voir aux annonces.*)

HISTOIRE

DE LA

GUERRE DU MEXIQUE.

ÉMILE DE LA BÉDOLLIÈRE

HISTOIRE

DE LA

GUERRE DU MEXIQUE

ILLUSTRÉE

PAR JANET-LANGE ET GUSTAVE DORE

PARIS

GEORGES BARBA, LIBRAIRE-EDITEUR

8, RUE CASSETTE, 8

— Tous droits réservés —

1863

MEXIQUE

par A.H.Dufour.

Gustave Barba Éd.

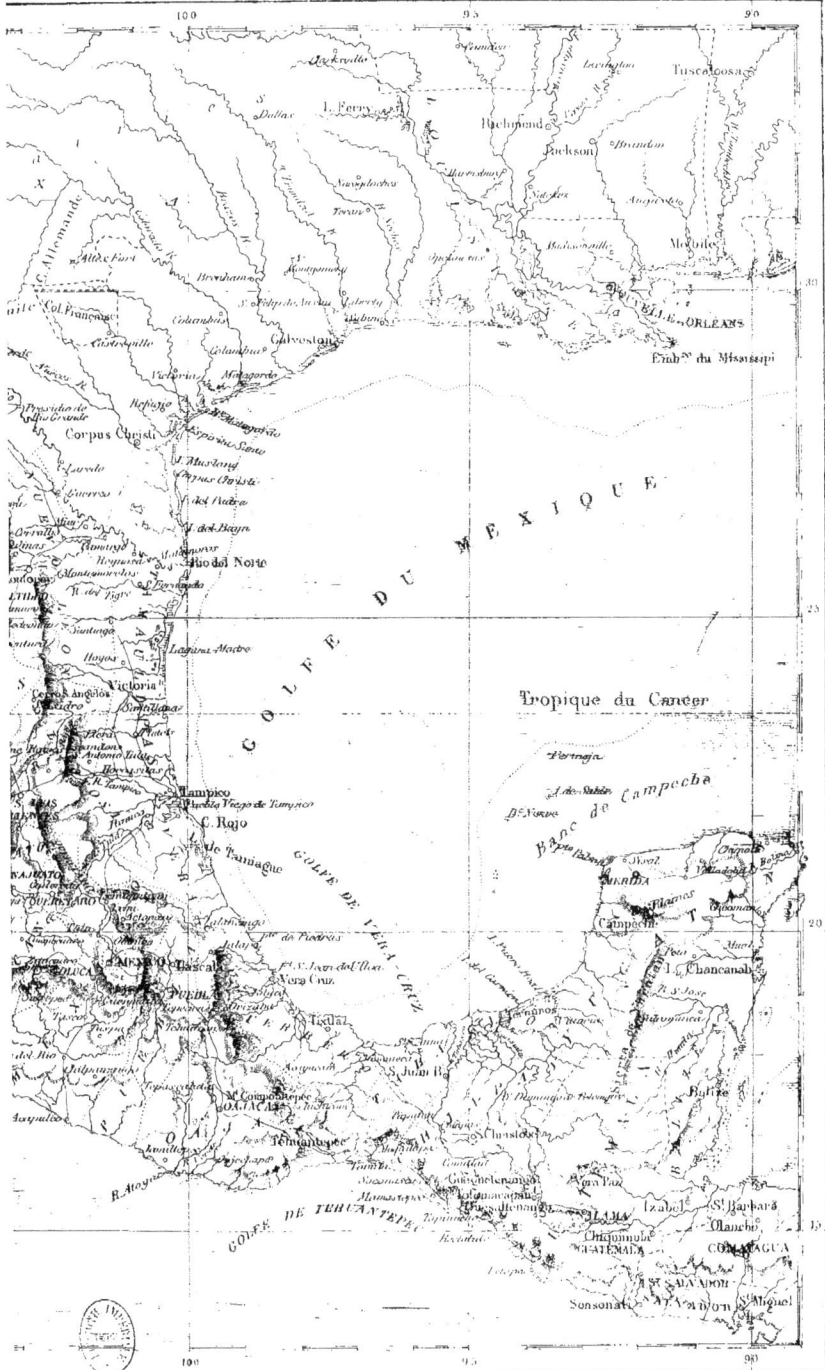

Pl. 88.

100   95   90

Tuscaloosa

Dallas   L. Ferry   Richmond   Jackson

Mobile

NLLE-ORLÉANS

Galveston   Emb.^{re} du Mississipi

Victoria   Matagorda

Presidio de   Refugio

Corpus Christi

G O L F E   D U   M E X I Q U E

I. Mustang

Rio del Norte

Laguna Madre

Cerros Angelos   Victoria

Tropique du Cancer

Perinja

B. de Campeche

Tampico   Pueblo Viejo de Tampico

Banc   de   Campeche

C. Rojo

de Tamiague

MERIDA

Campeche

G O L F E   D E   V E R A - C R U Z

Chancanab

JALAPA

Vera Cruz

PUEBLA

Belize

OAXACA   M. Cempoaltepec

S. Juan B.

Tehuantepec

GUATEMALA   Chiquimula

COMAYAGUA

G O L F E   D E   T E H U A N T E P E C

S. SALVADOR

Sonsonate   S. Miguel

100   95   90

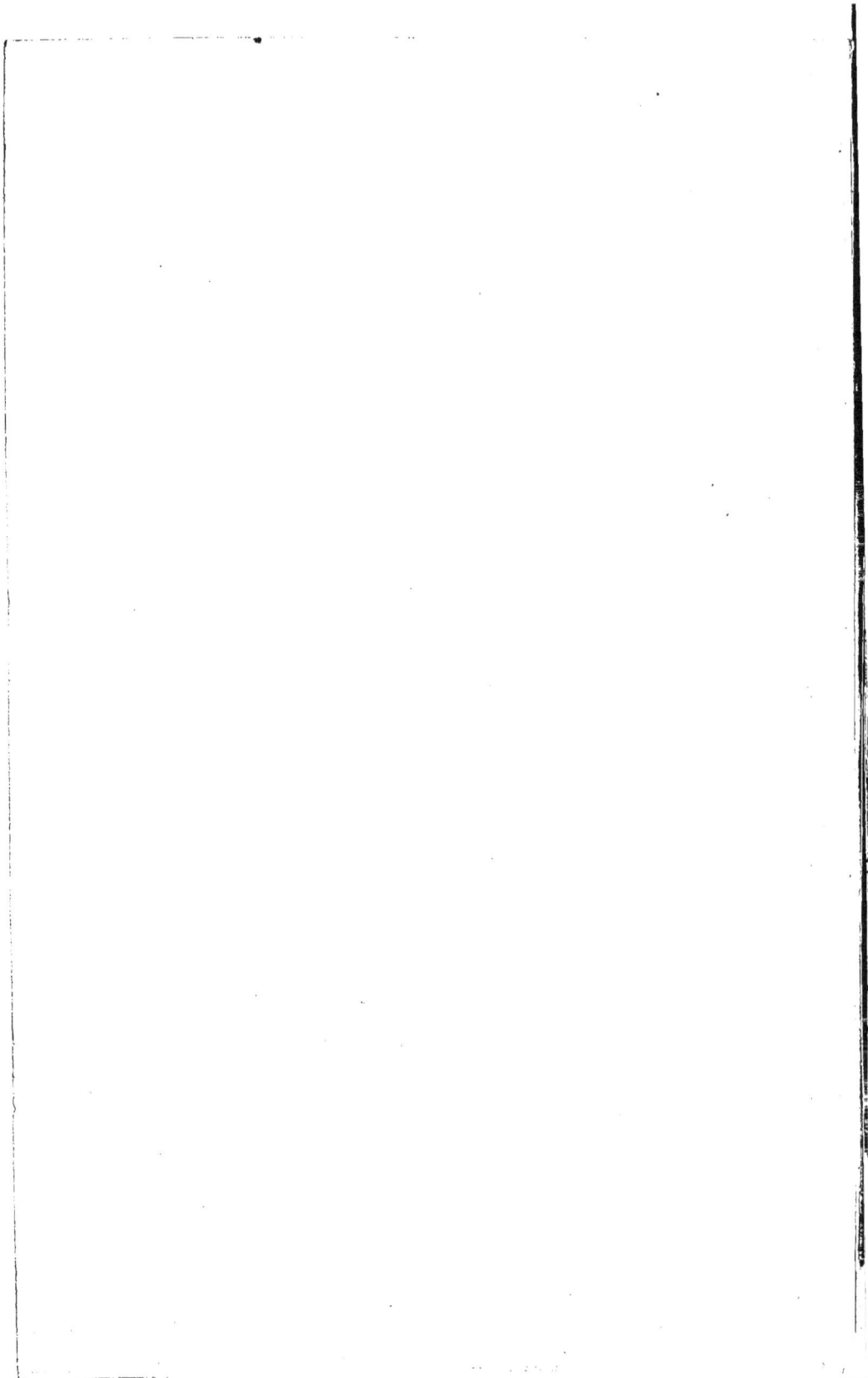

ÉMILE DE LA BÉDOLLIÈRE

HISTOIRE

DE LA

GUERRE DU MEXIQUE

Le général Forey.

CHAPITRE PREMIER

Souvenirs historiques. — Le père Olmedo. — Les Trois Garanties. — L'empereur Iturbide. — Dissensions intestines. — Gouvernement de Juarez. — Violences faites aux étrangers. — Indemnités dues.

La France est peut-être la seule nation qui n'hésite jamais lorsqu'il s'agit de venger son honneur outragé ou d'obtenir les réparations qui lui sont dues ; elle s'était concertée avec l'Angleterre et l'Espagne, afin de régler une ancienne dette avec le Mexique ; les difficultés qui sont survenues ont rompu cette alliance ; mais pendant que nos auxiliaires s'éloignaient, nos soldats restaient à leur poste et ils arboraient d'une main ferme le drapeau de la France dans ces lointaines contrées, où ils ont à combattre non-seulement une population belliqueuse, mais encore un climat terrible et des épidémies permanentes.

Avant de suivre des yeux cette expédition si aventureuse et si glorieuse à la fois, nous n'avons pas besoin d'entrer dans des détails historiques et géographiques ; car, sous ce rapport, le travail de Malte-Brun ne laisse rien à désirer. Nous devons seulement indiquer rapidement les origines de la situation actuelle, que la France est appelée à dénouer par les armes.

A la conquête du Mexique accomplie en 1522 se rattache le nom immortel de Fernand Cortez qui se vantait avec raison d'avoir donné à Charles-Quint plus d'États que les empereurs n'en avaient jamais possédé. L'illustre aventurier, au milieu d'un peuple immense et auquel il eût été facile d'écraser l'armée d'invasion, put avoir recours à la terreur; mais, malgré quelques actes de barbarie dénoncés à la postérité par le vertueux évêque de Chiappa, Barthélemy de Las Casas, il est certain que les Indiens, Aztèques, Tlascalans, Mixtèques, furent traités avec assez de douceur pour accepter patiemment leur joug; on ne chercha pas même d'abord à les convertir, et l'on vit même des ecclésiastiques modérer sagement le zèle des vainqueurs. En entrant à Jalapa, le 16 août 1519, Cortez voulait planter des croix sur son passage; le père Olmédo et le licencié Diaz s'y opposèrent en disant qu'il était téméraire de confier la croix à des barbares mal instruits qui pourraient la traiter avec indignité ou peut-être la mettre au rang de leurs idoles, s'ils avaient pour elle une vénération superstitieuse, sans savoir le mystère qu'elle représentait. Plus tard, à Tlascala, Cortez forma le projet de détruire les idoles, et le père Olmédo lui dit encore : Cette violence ne s'accorde pas avec les maximes de l'Évangile. Qu'importe d'ailleurs d'abattre les autels, si on laisse les idoles dans les cœurs? Le temps et la mansuétude sont nécessaires à la conversion des infidèles; le moyen de leur faire connaître leurs erreurs n'est pas de déconsidérer la vérité en l'employant comme prétexte à des persécutions. Avant d'introduire le culte du vrai Dieu, il faut chasser le démon, et cette guerre doit se faire avec d'autres armes et de tout autre manière.

Ces idées de tolérance conquirent au clergé espagnol les Indiens du Mexique. Exploités et rançonnés par des maîtres avides qui les faisaient travailler aux mines, ils cherchèrent un refuge au pied de cette croix qu'ils avaient volontairement embrassée. En vertu de la fraternité chrétienne, il s'opéra au Mexique une fusion de race qui n'a pas sa pareille dans aucun pays; la majorité de la population est indienne, mais on y compte par millions les métis d'indigènes et d'Espagnols, sans parler des Zambos issus des nègres et des Indiens.

Ce fut pendant la guerre de la France et de l'Espagne, en 1808, que la grande colonie espagnole manifesta les premières velléités d'indépendance. Les quelques lignes qui précèdent expliquent suffisamment qu'aucun mouvement n'était possible, sans la participation du clergé. Son influence et ses richesses avaient éveillé la jalousie et la cupidité de la métropole; ses immunités, ses privilèges étaient menacés, et il se mit résolûment à la tête de l'insurrection. Un de ses premiers martyrs fut le curé Morélos qui, le 19 août 1811, dirigeait les forces mexicaines à la bataille de Rixtala. Assiégé par le vice-roi Colléga, dans la ville de Quantla, il fut obligé de l'évacuer; mais après sa retraite, il brûla le magasin royal des tabacs, à Orizaba, s'empara d'Antéquéra et soutint la guerre jusqu'au mois d'octobre 1815. Fait prisonnier dans une escarmouche, entre Jalapa et la Vera-Cruz, il fut accusé devant le tribunal de l'Inquisition d'avoir quitté le sacerdoce pour la profession des armes; et chose remarquable, le Saint Office l'acquitta sur ce chef. Toutefois, plusieurs témoins l'ayant accusé de s'être marié, Morélos fut condamné à la dégradation, et après l'avoir dépouillé des habits sacerdotaux, l'archevêque de Mexico le livra au bras séculier. Les autorités espagnoles n'osèrent faire exécuter le condamné un homme aussi populaire, on le fusilla presque clandestinement sur la grande place du village de San-Cristoval; mais sa mort excita chez les insurgés une irritation qui rendit leurs efforts presque irrésistibles.

Le 24 février 1821, les chefs du mouvement, réunis à Iguala, arrêtèrent un plan qui stipulait trois garanties : l'indépendance, la Religion, l'Union; il contenait vingt-quatre articles dont les douze derniers étaient réglementaires et transitoires. Voici quels étaient les douze premiers :

Art. I. La nation mexicaine est indépendante de la nation espagnole et de toute autre, même sur ce continent. — Art. II. La religion sera la religion catholique, qui est celle que tous les habitants professent. — Art. III. La Nation sera une, *sans aucune distinction entre les Américains et les Européens*. — Art. IV. Le gouvernement sera une monarchie constitutionnelle. — Art. V. Il sera nommé une junte composée de personnes jouissant de la plus haute réputation dans les partis qui se sont montrés. — Art. VI. Cette junte se réunira sous la présidence de S. E. le comte del Venadito, vice-roi actuel du Mexique. — Art. VII. Elle gouvernera au nom de la Nation, d'après les faits actuellement en vigueur, et sa principale affaire sera de convoquer, en suivant telles dispositions qu'elle jugera à propos de régler, un congrès pour former une constitution convenable au pays. — Art. VIII. S. M. Ferdinand VII sera

invité à monter sur le trône de cet empire, et en cas de refus de sa part, on invitera successivement les infants D. Carlos et D. Francisco de Paula. — Art. IX. Si S. M. Ferdinand VII et ses augustes frères n'acceptent point cette invitation, la Nation sera libre d'appeler au trône impérial tel membre des familles régnantes qu'il lui plaira de choisir. — Art. X. La confection de la Constitution et le serment de l'Empereur de l'observer fidèlement doivent précéder son entrée dans le pays. — Art. XI. La distinction des castes établie par les lois espagnoles et qui en privait quelques-unes des droits de citoyen, est abolie. Tous les habitants du pays sont citoyens et égaux, et les voies de l'avancement sont ouvertes à leur vertu et au mérite. — Art. XII. Il sera organisé une armée pour la défense de la Religion, de l'Indépendance et de l'Union : chargée de garantir ces trois intérêts, elle sera en conséquence appelée l'Armée des Trois Garanties.

Le rédacteur de cette constitution était Augustin Iturbide, né à Valladolid de Mechoacan, et ancien lieutenant dans le régiment provincial de sa ville natale. Il avait, au commencement des troubles, refusé les avances de don Miguel Hildalgo, curé de Dolorès, un des promoteurs de l'insurrection; dévoué en apparence aux vice-rois, il était parvenu au commandement de l'armée dite du Nord; mais dès qu'il crut la cause de la mère patrie compromise, il l'abandonna, et en 1821, il arriva sous les murs de Mexico, à la tête de l'Armée Impériale des Trois Garanties. Le lieutenant général don Juan Onodoju, envoyé d'Europe avec pleins pouvoirs, jugea la partie perdue, et pour sauver au moins la souveraineté du roi d'Espagne, il signa, le 24 août 1821, la convention de Cordova, qui sanctionnait le plan d'Iguala.

Cet accommodement fut repoussé par les Cortès dans la séance du 13 février 1822, et Iturbide, président de la junte, se fit proclamer empereur le 18 mai 1822, sous le nom d'Augustin Ier; son autorité fut éphémère. Désavoué bientôt par tous les partis, il abdiqua plutôt par la force des choses que de plein gré, le 20 mars 1823. Dans la séance du 8 avril suivant, le congrès mexicain déclara que don Augustin Iturbide avait institué un gouvernement légalement nul, et que la nation mexicaine rentrait dans la plénitude de sa liberté. Le monarque déchu s'embarqua pour l'Europe, où il aurait pu terminer en paix sa carrière; mais, ayant tenté de rentrer dans sa patrie pour y rétablir son autorité, il fut arrêté et fusillé le 20 juillet 1824, en vertu d'un décret du 28 avril précédent qui le mettait hors la loi. Prévenu de sa sentence par le général don Félipé de la Garza, Iturbide ne montra aucune faiblesse. Le 20 juillet, à six heures du soir, on le conduisit sur la place du petit port de Soto-la-Marina, où l'attendaient les soldats chargés de l'exécution. Après avoir bu un verre d'eau il dit aux assistants : « Au moment de mourir, je vous recommande l'amour de la patrie et l'observation de notre sainte religion : c'est elle qui doit vous conduire à la gloire. Je meurs pour être venu à votre secours, et je meurs avec joie, parce que je termine ma vie parmi vous ; je meurs avec honneur et non en traître. Cette odieuse tache ne restera pas à mes enfants ni à leur postérité ; non, je ne suis coupable d'aucune trahison. Observez la subordination et l'obéissance envers vos chefs, car en faisant ce qu'ils ordonnent, vous remplissez vos devoirs envers Dieu. Ce n'est pas la vanité qui me fait parler ainsi ; dans un pareil moment, je suis loin de pouvoir en conserver... »

Guttierez, prêtre et membre du congrès de la province, assistait le mourant. Iturbide lui donna la montre et le rosaire qu'il portait au cou, pour être remis à son fils aîné ; il confia également à cet ecclésiastique une lettre écrite à sa femme, pour lui donner des conseils et des instructions ; il voulut qu'on distribuât aux soldats qui allaient l'exécuter, huit onces d'or qu'il avait dans sa bourse. Il se mit à genoux, récita un *Credo* et un acte de contrition, et mourut frappé de plusieurs balles, à la tête et au cœur. Son corps, escorté par les troupes, fut transporté dans une maison voisine de l'église paroissiale. Le lendemain on lui fit des funérailles aussi décentes que le comportaient les ressources d'une très-petite ville.

A partir de cette époque, tous les partis qui avaient été d'accord pour renverser l'autorité métropolitaine, se divisèrent en tâchant d'accaparer les bénéfices du succès. Royalistes, républicains, cléricaux, libéraux, conservateurs, progressistes, unitaires, fédéraux, absolutistes, constitutionnels, se disputèrent le terrain avec tant d'énergie que depuis quarante ans on n'a pas compté au Mexique moins de deux cent quarante révolutions ou coups d'État : Santa-Anna, Comonfort, Zuloaga, Miramon, ont précédé Benito Juarez, sans qu'au milieu de ces vicissitudes le pays eût un instant de repos.

En 1859, Miguel Miramon occupait la capitale ; mais Juarez, représentant le parti constitutionnel, se maintenait à la Vera-Cruz, où la perception des douanes lui assurait des ressources. C'était un Indien de vingt-six ans, élevé dans l'étude de la jurisprudence et complètement étranger à l'art militaire ; mais il avait l'appui du général Gonzalez Ortega, qui le conduisit à Mexico, le 11 janvier 1861. Tous les partis semblèrent un moment oublier leurs vieilles querelles, et le nouveau gouvernement, comme s'il eut prévu l'orage qui allait fondre sur lui, essayait par tous les moyens possibles de se consolider. Les bandes qui désolaient les États de Mexico, Puebla et Tlascala, furent dispersées ; un chemin de fer fut commencé pour relier la Vera-Cruz à la capitale. Les détachements qui tenaient la campagne dans le Sud, sous les ordres de Marquez, de Guttierez, d'Ordonez, de Cobos et de Vicario, disparurent, et le général Doblado fut chargé de réduire les Indiens soulevés dans la Sierra-Gorda. Le budget fédéral, fixé à huit millions de piastres, était le plus modéré qu'on eût eu jusqu'alors ; mais dans l'évaluation des dépenses, s'il eut prévu l'orage des indemnités depuis longtemps exigées par les puissances européennes.

Aucun parti ne s'était fait faute de rançonner, de piller, de violenter et même d'assassiner les étrangers. Sans tenir compte des réparations morales, on estimait en chiffres : les réclamations françaises, à 12,000,000 de plastres ; les réclamations anglaises, à 16,000,000 ; les réclamations espagnoles à 8,000,000 ; les réclamations de divers gouvernements lésés, à 4,000,000. En vain les ministres accrédités auprès du gouvernement mexicain demandèrent justice ; en vain ils employèrent tour à tour le langage de la conciliation et de la menace, il fut impossible d'obtenir l'exécution d'un seul des engagements pris par le Mexique.

CHAPITRE II

Pourparlers diplomatiques. — Convention du 31 octobre 1861. — Commencement d'exécution. — Le général Prim. — Lettre de Napoléon III. — Composition du corps expéditionnaire français. — Débats des Chambres françaises.

Au commencement d'octobre 1861, des pourparlers diplomatiques eurent lieu à Paris, à Londres et à Madrid, relativement aux bases sur lesquelles pouvait être établie une commune action de la France, de l'Angleterre et de l'Espagne. Lord Cowley, ambassadeur d'Angleterre auprès de la cour des Tuileries, vit M. Thouvenel, ministre des affaires étrangères, et lui communiqua les intentions du gouvernement britannique. « Il est prêt, dit-il, à signer avec la France et avec l'Espagne une convention à l'effet d'obtenir la réparation des torts commis envers les sujets des trois pays et d'assurer l'exécution des engagements contractés par le Mexique vis-à-vis des Gouvernements respectifs ; mais il importerait de stipuler, dans cette convention, que les forces des trois puissances ne seront employées à aucun objet ultérieur quelconque, et surtout qu'elles n'interviendront pas dans le gouvernement intérieur du Mexique. Le cabinet de Londres propose d'inviter les États-Unis à adhérer à cette convention, sans toutefois attendre leur réponse pour commencer les opérations actives. »

« — Je suis d'accord avec votre gouvernement sur ce point, répondit M. Thouvenel ; comme lord Russell, je reconnais que la légitimité de notre action coercitive à l'égard du Mexique ne résulte évidemment que de nos griefs contre le gouvernement de ce pays, et que ces griefs, ainsi que les moyens de les redresser et d'en prévenir le retour, peuvent seuls, en effet, faire l'objet d'une convention ostensible. J'admets également, sans aucune difficulté, que les parties contractantes pourraient s'engager à ne retirer de leur démonstration aucun avantage politique ou commercial à l'exclusion les unes des autres et même de toute autre puissance ; mais il me semble inutile d'aller au delà et de s'interdire à l'avance l'exercice éventuel d'une participation légitime dans les événements dont nos opérations pourront être l'origine. Pas plus que le gouvernement de la Reine, celui de l'Empereur ne veut assumer la responsabilité d'une intervention directe dans les affaires intérieures du Mexique ; mais il pense qu'il est de la prudence des deux cabinets de ne pas décourager les efforts qui pourraient être tentés par le pays lui-même pour sortir de l'état d'anar-

chie où il est plongé, en lui faisant connaître qu'il n'a à attendre en aucune circonstance aucun appui ni aucun concours. L'intérêt commun de la France et de l'Angleterre est évidemment de voir s'établir au Mexique un état de choses qui assure la sécurité des intérêts déjà existants et qui favorise le développement de nos échanges avec l'un des pays du monde les plus richement doués. »

La guerre civile qui bouleversait les États-Unis entraînait des complications que pouvaient n'être pas sans influence sur les affaires du Mexique. Dans l'entretien que nous rapportons, et dont la teneur est officiellement constatée par une dépêche du 11 octobre, M. Thouvenel se préoccupe des conséquences éventuelles de la crise américaine. « Dans le cas, dit-il, où le Nord et le Sud se sépareraient, il est permis de supposer que les deux nouvelles Confédérations chercheront l'une et l'autre des compensations que le territoire du Mexique, livré à une dissolution sociale, offrirait à leurs compétitions. Un semblable événement ne saurait être indifférent à l'Angleterre, et le principal obstacle qui pourrait, selon nous, en prévenir l'accomplissement, serait la constitution au Mexique d'un gouvernement réparateur assez fort pour arrêter sa dissolution intérieure. Que les éléments d'un semblable gouvernement existent au Mexique, c'est ce que nous ne saurions certainement assurer. Mais l'intérêt qui s'attache pour nous à la régénération de ce pays ne permet, ce nous semble, de négliger aucun des symptômes qui pourraient faire espérer le succès d'une pareille tentative. A l'égard de la forme de ce gouvernement, pourvu qu'il donnât au pays et à nous-mêmes des garanties suffisantes, nous n'avons ni le suppose à l'Angleterre aucune préférence ni aucun parti pris. Mais si les Mexicains eux-mêmes, las de leurs épreuves, décidés à réagir contre un passé désastreux, puisaient dans le sentiment des dangers qui les menacent une vitalité nouvelle ; si, revenant par exemple aux instincts de leur race, ils trouvaient bon de chercher dans un établissement monarchique le repos et la prospérité qu'ils n'ont pas rencontrés dans les institutions républicaines, je ne pense pas que nous devions nous interdire absolument de les aider, s'il y a lieu, dans l'œuvre de leur régénération, tout en reconnaissant que nous devons les laisser entièrement libres de choisir la voie qui leur paraîtrait la meilleure pour les y conduire. »

Poursuivant le développement de ces idées, M. le ministre des affaires étrangères ajouta : « Si la prévision que j'indique vient à se réaliser, le gouvernement de l'Empereur, dégagé de toute préoccupation désintéressée, écarté d'avance toute candidature d'un prince quelconque de la famille impériale, et, désireux de ménager toutes les susceptibilités, il verra avec plaisir le choix des Mexicains et l'assentiment des puissances se porter sur un prince de la maison d'Autriche. »

Cette conversation fut communiquée à M. de Flahaut, ambassadeur de France à Londres, et résumée nettement dans la dépêche du 11 octobre 1861. La convention projetée devait indiquer le but de l'entente des parties contractantes, et les moyens qu'elles avaient combinés pour atteindre ce but. Elles devaient dire tout ce qu'elles feraient ; mais il paraissait conforme à la prudence ainsi qu'à l'usage de s'abstenir de dire ce qu'elles ne feraient pas, dans l'hypothèse d'événements incertains et auxquels il serait temps d'aviser quand ils se produiraient.

L'ambassadeur de France à Madrid, M. Barrot, reçut une dépêche analogue, en date du 15 octobre 1861. M. le ministre des affaires étrangères lui mandait :

« Par les observations que j'ai cru devoir présenter à lord Cowley, je me suis attaché à établir que, si nous n'avions pas à assumer la responsabilité d'une action directe dans les affaires intérieures du Mexique, la prudence nous conseillait de ne pas décourager les efforts que le pays tenterait de lui-même, avec l'appui moral que la présence de nos forces sur ces rivages pourrait lui prêter, pour se donner un gouvernement stable et régulier ; qu'enfin, tout en les laissant complètement libres dans le choix de leur gouvernement, les trois puissances ne sauraient, sans que même de leur intérêt, s'interdire absolument d'aider les Mexicains dans l'œuvre de leur régénération. C'est en me plaçant à ce point de vue que j'ai été amené à parler à lord Cowley de l'éventualité du rétablissement de la forme monarchique au Mexique, ainsi que vous le verrez également dans ma dépêche à M. de Flahaut.

« M. l'ambassadeur de Sa Majesté Catholique étant venu avant-hier m'entretenir sur le même sujet, je me suis expliqué avec lui ainsi que je l'avais fait avec lord Cowley. Je lui ai dit, particulièrement en ce qui touche le retour éventuel du Mexique à la monarchie, que ce pays aurait, avant tout, à exprimer ses sentiments aussi bien à l'égard de la forme monarchique qu'à l'égard du choix d'une dynastie. J'ai fait ensuite remarquer à M. Mon, que le gouvernement de l'Empereur, envisageant cette éventualité avec un complet désintéressement, écartait d'avance toute candidature d'un prince de la famille impériale, et qu'il ne doutait pas que les deux autres puissances ne fussent dans de pareilles dispositions; enfin, qu'en ce qui concernait le choix de la dynastie, dans l'éventualité indiquée, nous n'avions aucun candidat à proposer, mais que, le cas échéant, un archiduc d'Autriche aurait notre assentiment. Un tel choix, en effet, indépendamment des autres motifs qui pourraient être invoqués pour y adhérer, aurait l'avantage d'écarter de l'action collective des trois puissances toute cause de froissement ou de rivalité nationale, en même temps qu'il laisserait toute autorité à l'appui moral qu'elles seraient appelées à donner à la nation mexicaine. En un mot, les trois puissances tiendraient ici une conduite analogue à celle que la France, l'Angleterre et la Russie observèrent à l'égard de la Grèce, lorsqu'elles s'engagèrent à n'accepter pour aucun de leurs princes le nouveau trône élevé par leurs communs efforts. Ce précédent peut à mon avis être, sauf les différences naturelles des situations, opportunément invoqué ici; et vous pourrez le rappeler dans vos entretiens avec les ministres de Sa Majesté Catholique.

« D'après ce que vous a dit M. Calderon Collantès sur l'action que devraient à son avis exercer les trois puissances en ce qui touche l'organisation intérieure du Mexique, il me semble que nous sommes bien près d'être complètement d'accord sur ce point. J'apprendrais avec plaisir que le cabinet de Madrid partageât également la manière de voir du gouvernement de l'Empereur en ce qui concerne l'éventualité du retour du Mexique à la monarchie. Dans tous les cas, nous avons à cœur d'agir dans cette affaire vis-à-vis du gouvernement de Sa Majesté Catholique avec la confiance la plus entière, et nous avons pensé que les relations amicales qui unissent les deux cours nous faisaient un devoir de nous ouvrir à lui sans réserve sur la ligne de conduite qui nous paraît la plus désirable dans l'intérêt du Mexique comme dans celui des trois puissances.

« Quant à la participation des États-Unis, il ne saurait y avoir aucune difficulté entre l'Espagne, l'Angleterre et nous. Lord Cowley m'a dit que son gouvernement était d'avis que l'on pourrait commencer les opérations sans attendre la réponse du cabinet américain, et je vois, par votre correspondance, que c'est également l'opinion de M. Calderon Collantès.

« THOUVENEL. »

On voit par ce qui précède, que la France entendait suivre un but politique aussi bien qu'un but financier; la Grande-Bretagne, au contraire, se bornait à revendiquer les sommes qui lui étaient dues, et elle était entrée en rapport avec l'Espagne, avant toutes ouvertures françaises, dans l'espoir de s'emparer de l'esprit des ministres O'Donnell et Calderon Collantès. Le peu de succès qu'elle obtint est attesté par cette dépêche de M. Barrot:

L'ambassadeur de France à Madrid au Ministre des affaires étrangères.

« Madrid, le 21 octobre 1861.

« Monsieur le ministre, j'ai l'honneur d'accuser réception à Votre Excellence de la dépêche qu'elle a bien voulu m'adresser le 15 octobre.

« J'ai eu ces jours derniers plusieurs conférences avec M. le maréchal O'Donnell et M. Calderon Collantès sur la question mexicaine. Le ministre d'Angleterre à Madrid avait déjà communiqué au gouvernement de la reine Isabelle le projet de convention présenté par l'Angleterre dans le but de régler l'action commune des trois puissances dans les affaires de la république mexicaine. Le gouvernement espagnol est complètement d'accord avec celui de l'Empereur sur les objections que soulève ce projet et le regarde comme paralysant d'avance les mesures mêmes qu'il propose d'adopter.

« Il est évident, en effet, que les limites posées par le projet

anglais à l'action éventuelle des trois puissances, sont de nature à en détruire tout l'effet. M. Calderon Collantès a parfaitement compris, comme Votre Excellence, qu'il serait illogique et impolitique de décourager d'avance, par une déclaration prématurée et au moins inutile, les hommes d'ordre qui sont en majorité au Mexique et auxquels la présence des forces réunies des trois puissances pourra seule donner cet ascendant moral qui leur a manqué jusqu'ici et sans lequel il leur sera toujours impossible de dominer les mauvaises passions de la minorité.

« M. Calderon Collantès résume son opinion en disant qu'il vaudrait mieux s'abstenir que d'aller au Mexique dans les conditions posées par le projet du traité anglais.

« BARROT. »

Après un mois de conférences, lord Russell, Xavier de Isturitz, et le comte de Flahaut, plénipotentiaires respectifs des puissances, signèrent à Londres le traité qui devait être, pour ainsi dire, la charte de l'expédition.

Convention du 31 octobre 1861.

ART. 1er. S. M. la reine du royaume-uni de la Grande-Bretagne et de l'Irlande, S. M. la reine d'Espagne, et S. M. l'Empereur des Français, s'engagent à adopter, immédiatement après la signature de la présente convention, les arrangements nécessaires pour envoyer sur les côtes du Mexique des troupes de terre et de mer combinées, dont la force sera déterminée par un échange ultérieur de communications entre leurs gouvernements, mais dont le chiffre total sera suffisant pour prendre et occuper les diverses forteresses et positions militaires sur la côte mexicaine.

Les commandants des forces alliées seront toutefois autorisés à exécuter les autres opérations qui pourront paraître sur le terrain même le mieux appropriées à la réalisation des objets spécifiés dans le préambule de la présente convention, et notamment à garantir la sécurité des résidants étrangers.

Toutes les mesures auxquelles a trait le présent article seront adoptées, au nom et pour le compte des hautes parties contractantes, sans tenir compte de la nationalité particulière des forces employées à leur exécution.

ART. 2. Les hautes parties contractantes s'engagent à ne chercher pour elles-mêmes, dans l'emploi des mesures coercitives dont s'agit à la présente convention, aucune acquisition de territoire ni aucun avantage spécial, et à n'exercer dans les affaires intérieures du Mexique aucune influence de nature à porter préjudice au droit de la nation mexicaine de choisir et constituer librement la forme de son gouvernement.

ART. 3. Une commission composée de trois commissaires sera établie avec pleine et entière autorisation de résoudre toutes les questions qui pourront surgir relativement à l'application et à la distribution des sommes qui pourront être recouvrées au Mexique, eu égard aux droits respectifs des parties contractantes.

ART. 4. Les hautes parties contractantes, désirant de plus que les mesures qu'elles entendent adopter n'aient point un caractère exclusif, et étant certaines que le gouvernement des États-Unis a, comme elles, des réclamations à faire à la république du Mexique, consentent d'un commun accord à ce que, immédiatement après la signature de la présente convention, une copie en soit communiquée au gouvernement des États-Unis. Ce gouvernement sera invité à y accéder, et en prévision de cette accession, leurs ministres respectifs à Washington seront investis de pleins pouvoirs pour conclure et signer séparément ou collectivement, avec les plénipotentiaires désignés par le président des États-Unis, une convention identique à celle qui a été signée aujourd'hui, sauf la suppression du présent article. Mais, comme si elles retardaient l'exécution des articles 1 et 2 de la présente convention, les hautes parties contractantes courraient le risque de manquer le but qu'elles désirent atteindre, elles sont tombées d'accord de ne point différer, dans le but d'obtenir l'accession du gouvernement des États-Unis, le commencement des opérations ci-dessus mentionnées au delà du moment où les forces navales et autres pourront être assemblées dans le voisinage de la Vera-Cruz.

ART. 5. La présente convention devra être ratifiée, et les conventions en seront échangées à Londres dans les quinze jours.

En foi de quoi les plénipotentiaires respectifs des parties ont signé la présente convention et y ont apposé leurs sceaux et leurs armes.

Fait à Londres, en triple, le 31ᵉ jour d'octobre de l'année de Notre-Seigneur 1861.

Signé, RUSSELL, XAVIER DE ISTURITZ, FLAHAUT.

L'Espagne fut la première à se mettre en mouvement pour exécuter ce traité. Un contingent alla occuper la Vera-Cruz, sous les ordres du général Prim, soldat de fortune, plus apte à combattre qu'à négocier. Né en 1811, fils d'un modeste bourgeois de Reus (Catalogne), don Juan Prim avait gagné sur les champs de bataille, et surtout dans les guerres civiles de l'Espagne, les titres de sénateur du royaume, lieutenant général de l'armée espagnole, grand d'Espagne de première classe, sous le nom de marquis de los Castillejos. C'est un homme courageux, qui paye de sa personne ; aussi les soldats ont-ils baptisé le pas de charge redoublé du nom pittoresque de *polda de general Prim*. Il avait eu l'honneur d'être reçu à Vichy par Napoléon III, qui lui écrivit :

« Paris, le 24 janvier 1862.

« Mon cher général, votre rêve de Vichy s'est réalisé : voici les troupes espagnoles et françaises combattant côte à côte pour la même cause.

« J'ai appris avec plaisir votre nomination au commandement de l'armée expéditionnaire ; je vous recommande le général Lorencez, que je nomme chef de mon petit corps d'expédition. Si l'on a à se battre, vous le trouverez digne de figurer à vos côtés. J'espère que les vues de votre gouvernement étant d'accord avec les miennes, il n'y aura pas de divergence d'opinions entre les commandants en chef. Le général Lorencez doit commander toutes mes troupes. L'amiral Jurien de la Gravière reste chargé de la direction politique.

« Je désire vivement et je fais des vœux ardents pour que la campagne que vous commencez produise l'union la plus intime entre l'Espagne et la France, et je ne doute pas que votre présence à la tête des troupes espagnoles ne contribue à cet heureux résultat.

« Je vous renouvelle avec plaisir l'assurance de mes sentiments d'estime et d'amitié.

« Signé, NAPOLÉON. »

Les instructions données au général Prim par le cabinet de Madrid étaient, au terme d'une dépêche du 6 novembre 1861, élastiques et discrétionnaires, et le maréchal O'Donnell lui remettait en outre une lettre particulière qui l'autorisait à agir dans le sens indiqué par la France.

Peu de temps après son arrivée à la Vera-Cruz, les forces espagnoles furent rejointes par le contingent anglais dont M. Charles Wyke avait la direction, et par le contingent français placé sous les ordres du contre-amiral Jurien de la Gravière, commandant en chef les forces de mer et de terre, avec les pouvoirs diplomatiques les plus étendus. Son état-major se composait de :

M. Thomasset, capitaine de frégate, chef d'état-major ;

MM. Sallandrouze de la Mornaix et Massias, enseignes de vaisseau, aides de camp ;

MM. de Fitz-James et Courcelles, aspirants de marine, attachés à la majorité générale ;

M. Duval, commissaire-adjoint, centralisant le service administratif ;

M. Gauthelme, chirurgien principal, chef du service médical de l'escadre.

L'escadre était soigneusement armée avec de l'artillerie rayée ; elle emmenait un corps de débarquement, composé de 3,000 hommes de toutes armes, zouaves, infanterie de marine, matelots-fusiliers, artillerie, spahis, pourvus d'armes de précision d'un choix et d'une portée remarquables.

Le vaisseau amiral, le *Masséna*, commandant Roze, portait 900 chevaux, 90 canons, 913 hommes ;

L'*Ardente*, commandant Gizolme, 800 chevaux, 56 canons, 530 hommes ;

La *Foudre*, commandant Hugteau de Chaillé, 800 chevaux, 56 canons, 530 hommes ;

La *Guerrière*, commandant Selva, 600 chevaux, 34 canons, 400 hommes ;

L'*Astrée*, commandant Duval, 600 chevaux, 28 canons, 380 hommes ;

Le *Montézuma*, commandant Russel, 450 chevaux, 16 canons, 270 hommes ;

Le *Berthollet*, commandant de Jonquières, 400 chevaux, 10 canons, 165 hommes ;

Le *Lavoisier*, commandant Ribourt, 220 chevaux, 6 canons, 125 hommes ;

Le *Prony*, commandant de Fontages, 220 chevaux, 5 canons, 136 hommes ;

Le *Chaptal*, commandant Lagé, 220 chevaux, 2 canons, 125 hommes ;

Le *Marceau*, capitaine Bruat, 120 chevaux, 2 canons, 75 hommes ;

La *Grenade*, capitaine Hocquart, 110 chevaux, 4 canons, 80 hommes ;

L'*Aube*, commandant Gennet, 250 chevaux, 4 canons, 200 hommes ;

La *Meuse*, commandant ***, 160 chevaux, 4 canons, 150 hommes ;

La *Sèvre*, commandant Marius Ollivier, 120 chevaux, 2 canons, 115 hommes.

Fils d'un vice-amiral, pair de France, Jean-Pierre-Edmond Jurien de la Gravière entra au service en 1828. En 1841, il commandait la corvette la *Bayonnaise*, qui fit une glorieuse campagne dans les mers de la Chine. Il était capitaine de vaisseau depuis 1850, lorsque la guerre d'Orient éclata. Les services qu'il rendit sur les côtes de Crimée lui valurent la dignité de commandeur de la Légion d'honneur (2 novembre 1854) ; le grade de contre-amiral (1ᵉʳ décembre 1855), et le commandement de la division navale de l'Adriatique.

La grande expédition qui se préparait devait occuper nécessairement les Chambres. L'adresse présentée à l'Empereur, le 6 mars, par une députation du Sénat, ayant été adoptée sans discussion, portait ces mots : « Le Mexique, à son tour, ne tardera pas à éprouver le châtiment mérité par ses indignes procédés. Puisse l'expédition concertée avec l'Espagne et l'Angleterre être poursuivie énergiquement par le commun accord des trois puissances, et procurer une entière satisfaction à la justice, à nos concitoyens et à nos intérêts nationaux ! »

Au Corps législatif, dans la séance du 13 mars, fut discuté ce paragraphe :

« Les expéditions en Chine, en Cochinchine et au Mexique ont été entreprises pour venger l'honneur de la France et protéger nos nationaux. Nous souhaitons que ces expéditions lointaines et coûteuses assurent le respect de notre pavillon et ouvrent à notre commerce des débouchés durables. »

M. Jules Favre et quatre autres députés présentèrent un amendement ainsi conçu : « Nous voyons avec regret commencer l'expédition du Mexique. Son but paraît être d'intervenir dans les affaires intérieures d'un peuple. Nous engageons le gouvernement à ne poursuivre que la réparation de nos griefs. »

Avant que cet amendement fût mis en discussion, M. Achille Jubinal demanda quelques explications sur le but et la portée de l'expédition du Mexique, faisant allusion aux bruits qui circulaient de la candidature de l'archiduc Maximilien d'Autriche : « On a prétendu, dit-il, que nous allions au Mexique pour substituer un gouvernement de forme monarchique à un gouvernement de forme républicaine. On a ajouté que ce nouveau trône était réservé au prince belge ou allemand, ou même à une princesse espagnole.

« Si, ce que j'espère, nous n'avons d'autre intention que celle de protéger nos nationaux et de sauvegarder leurs intérêts, j'approuve pleinement l'expédition. Mais si nous allons de propos délibéré renverser un gouvernement libre, je demanderai ce que devient le grand principe de non-intervention que nous avons proclamé et fait respecter en Europe. Le peuple mexicain est bien jeune, mais il a déjà éprouvé bien des malheurs. Le premier de ces malheurs a peut-être été la découverte de l'Amérique. (*Rires.*)

« Les Mexicains étaient libres, heureux, instruits dans les arts et dans les sciences ; il leur manquait l'Évangile, et ils l'ont reçu. Mais la domination espagnole les a complétement opprimés et démoralisés. Sans liberté, sans commerce, le Mexique est resté pendant plusieurs siècles dans la main de fer de l'Espagne.

« Quand les grandes idées de 89 traversèrent les mers, elles suscitèrent quelques pensées et quelques agitations au Mexique.

Mais ce ne fut qu'en 1818 que se levèrent les soldats de l'indépendance mexicaine; écrasée d'abord par les vieilles bandes castillanes, l'insurrection finit par triompher. Ce peuple des Indiens se précipita sur le palais du vice-roi et y planta le drapeau d'une nationalité nouvelle.

« Elle existe encore aujourd'hui et je demande qu'on ne la détruise pas. Une voix éloquente et applaudie nous disait hier qu'il avait fallu quatre siècles à la grande unité française pour se former. N'oublions pas qu'il y a cinquante ans à peine que le Mexique a essayé de se constituer, et nous attaquons ce jeune peuple.

« Je ne veux pas entrer dans le détail des déchirements du Mexique, mais il est certain que le gouvernement actuel a tous les caractères d'un gouvernement établi.

« Depuis que Juarez a succédé à Miramon, il est maître incontesté du pays. Donnez-lui le temps d'organiser son administration et il vous payera.

« Je ne veux pas examiner les documents communiqués, je n'aurais pas à cet égard les éléments de contrôle nécessaires; mais je ne doute pas que l'opinion publique en France ne soit favorable à cette nationalité qui ne demande qu'à se constituer librement. J'espère que la France ne perdra pas, par trop de précipitation, les sympathies qui lui sont acquises au Mexique, et ne compromettra pas ces grands principes qui sont, dans ce lointain pays, comme un écho de notre révolution de 1789. »

M. le président fit observer qu'il avait commis une légère erreur : « Avant de donner la parole à M. Jubinal, j'aurais dû mettre en discussion un amendement présenté par MM. Favre, Hénon, Darimon, Picard et Ollivier. Je suis excusable, car ces messieurs ont beaucoup d'amendements. (On rit.)

« — Cela nous a permis, dit M. Jules Favre, d'entendre un très-long discours, qui a posé les bases de la discussion que je me propose d'engager devant la Chambre. »

Et il développe ainsi son amendement : « Je m'associe à l'expédition si elle est nécessaire, si elle est justifiée par des griefs suffisants, si derrière son but apparent elle n'a pas un but caché. Mais je crains qu'il ne résulte de documents déjà publiés que l'inquiétude de M. Jubinal n'ait pas trop de raisons d'être.

« Et d'abord, la France ne va pas seule au Mexique, elle y va avec deux alliés, et il est possible que dans l'exécution de cette entreprise à trois, l'unité de but ne soit pas toujours respectée.

« Ensuite, il est incontestable que les griefs articulés par nos agents ne sont pas les seuls, et je ne puis rester indifférent quand j'entends proclamer de tous côtés qu'il est question de remplacer par une monarchie le gouvernement établi.

« Je n'ai rien à dire de l'état intérieur du Mexique : il est assurément mauvais; le Mexique a été longtemps livré à de cruels déchirements. Il est certain, toutefois, que la situation s'était améliorée depuis dix-huit mois. En effet, un gouvernement s'est établi en opposition avec le parti militaire et clérical, et il n'est pas inutile de rappeler que le chef de ce gouvernement nouveau appartient à la classe civile : c'est un magistrat éminent du pays; il a manifesté l'intention de rétablir l'ordre, de féconder les ressources admirables du Mexique, et il a commencé par réduire la dette nationale de 19 millions de piastres. Il serait criminel de contrarier de tels efforts par une attaque inopportune et contraire au droit.

« Elle est inopportune, car l'état de nos finances devrait nous interdire les entreprises coûteuses et lointaines; elle est contraire au droit, car qu'allons-nous faire au Mexique?

« D'après les documents officiels, nous allons au Mexique pour obtenir par la force l'exécution d'engagements violés, pour protéger nos nationaux constamment menacés dans leur sécurité et dans leurs biens, et pour rétablir l'ordre social profondément troublé.

« J'admets que le gouvernement nouveau du Mexique ait vis-à-vis de nous une part de responsabilité pour ces griefs, la plupart déjà anciens; je reconnais que le congrès mexicain a, par une loi, prononcé la suspension du payement de la dette étrangère, mais ces motifs nous donnent-ils le droit de faire la guerre? Faire la guerre à une nation pour l'obliger à nous payer, ce serait une doctrine barbare. Le créancier a-t-il donc le droit de tuer son débiteur pour le rendre solvable et le rappeler à la bonne foi? N'existe-t-il aucun moyen pour un peuple de se faire payer des indemnités promises? Ne peut-il se saisir d'un gage, opérer une contrainte qui amènerait le résultat

qu'il désire? En fait, la détermination du gouvernement français peut-elle se justifier par des motifs plausibles?

« Il résulte de documents officiels publiés par le gouvernement mexicain que la dette réglée du Mexique vis-à-vis de la France est de 150,000 piastres, soit de 750,000 fr.

« Je sais que les réclamations de nos nationaux s'élèvent à un chiffre plus important, à 3 ou 4 millions de piastres, mais le chiffre n'en a pas encore été déterminé par une convention. Eh bien, pour obtenir le payement de 3 à 4 millions, dont une partie est hypothéquée, est-il raisonnable de commencer par dépenser 20 à 30 millions?

« Ne serait-il pas plus sage de désintéresser d'abord nos nationaux, sauf à exercer ensuite notre recours contre le Mexique? Sur ce point, les intérêts de la France, de l'Espagne et de l'Angleterre ne sont pas les mêmes. Les réclamations des Anglais contre le Mexique s'élèvent à 62 millions de piastres; la dette du Mexique vis-à-vis des Anglais, reconnue par convention, est de 5 millions; celle du Mexique vis-à-vis de l'Espagne est de 8 millions. Ainsi la France joue ici un rôle singulier au point de vue financier.

« Je ne veux rien dire du rôle que la Grande-Bretagne s'est assigné. J'ai pour l'Angleterre la plus profonde estime. Je suis convaincu qu'il y a de très-bonnes raisons pour que l'Angleterre se joigne à l'Espagne et à la France; mais je serais porté à croire qu'il s'agit pour l'Angleterre d'obtenir quelques avantages pécuniaires.

« L'honorable M. Jubinal vous a rappelé la domination de l'Espagne sur le Mexique, domination dont le caractère peut se résumer ainsi : pillage endémique et successif. Je dois ajouter que s'il y a au Mexique un sentiment profond et vivace, c'est la haine des habitants de ce pays pour les Espagnols. Si nous avions été seuls, nous aurions obtenu immédiatement satisfaction; mais, lorsque nous avions l'Espagne à nos côtés, il n'y avait pas de conciliation possible. Je vous donnerai une preuve décisive de la haine du Mexique pour l'Espagne.

« Les armées combinées sont arrivées à la Vera-Cruz. Une épidémie était imminente. Alors le général en chef français s'est adressé au général mexicain et lui a dit que ses troupes pouvaient être menacées par le fléau. Le général mexicain a répondu qu'il y avait à soixante kilomètres un plateau aéré, salubre, que les Français pouvaient y aller, que 2,000 Mexicains serviraient de tête de colonne, et il ajoute : « Mais pas un Castillan ne passera par le pont qui sert du défilé de l'une à l'autre vallée; il ne faut pas que le sol mexicain soit souillé par la présence d'un seul Espagnol. »

« Je ne crois pas me tromper en disant que cette haine contre les Espagnols a en partie pour base l'horreur de la royauté. Parler ainsi n'a rien de séditieux au Mexique, puisque ce pays est en république.

« Depuis fort longtemps on a indiqué le moyen de résoudre la difficulté qui existe avec le Mexique; ce moyen, c'est l'occupation des deux principaux ports : la Vera-Cruz et Tampico; le Mexique n'a d'autres revenus que ses douanes, ces deux ports alimentent pour ainsi dire à eux seuls le trésor public. Le gouvernement mexicain abandonnerait une partie du revenu de ses douanes. Il serait facile avec cela que nous fussions remboursés de 3 ou 4 millions.

« Pour obtenir ce remboursement, il n'est pas besoin de 330 canons, de 5,000 matelots, de 3,000 hommes de débarquement, auxquels on vient de joindre encore un supplément de 3,000 hommes. La dépense pourra être de 10 ou 15 millions; or, avec beaucoup moins, nous aurions obtenu le payement que nous réclamons. »

L'honorable membre a vu dans les dépêches que vingt-trois actes de violence, dont six assassinats, contre des Français, avaient eu lieu au Mexique. « Ces faits, dit-il, sont assurément regrettables; mais la configuration du Mexique est telle qu'elle favorise beaucoup les actes de cette nature, et la police n'est pas faite dans ce pays aussi bien qu'à Paris.

« Je rappellerai ensuite à la Chambre un fait tragique qui s'est passé sur le littoral de la mer Rouge, dans une ville dépendant du gouvernement ottoman. La famille d'un consul français a été égorgée. Avons-nous pour cela fait la guerre à la Porte?

« La France a-t-elle voulu convertir la Porte au suffrage universel? (On rit.) Avons-nous voulu implanter en Turquie un gouvernement qui ressemble au nôtre? Non; la France a demandé une réparation, et elle l'a obtenue.

« Je ne crois fondé à soutenir que le gouvernement français

n'a pas de raisons, mais peut-être des prétextes. La vraie raison de la guerre ne saurait être la réclamation de 150,000 piastres. »

L'orateur se reporte ici au traité conclu entre les trois puissances le 31 octobre 1861, puis aux dépêches qui ont été communiquées par le gouvernement. Il trouve dans une de ces dépêches de M. Thouvenel à M. le contre-amiral Jurien de la Gravière le passage suivant :

« Les puissances alliées ne se proposent aucun autre but que celui qui est indiqué dans la convention; elles s'interdisent d'intervenir dans les affaires intérieures du pays et notamment d'exercer aucune pression sur les volontés des populations quant au choix de leur gouvernement. Il est cependant certaines hypothèses qui s'imposent à notre prévoyance et que nous avons dû examiner. Il pourrait arriver que la présence des forces alliées sur le territoire du Mexique déterminât la partie saine de la population, fatiguée d'anarchie, avide d'ordre et de repos, à tenter un effort pour constituer dans le pays un gouvernement présentant les garanties de force et de stabilité qui ont manqué à tous ceux qui s'y sont succédé depuis l'émancipation. »

« Messieurs, ce langage me cause une vive inquiétude, car il a ses précédents, et je n'ai qu'à me reporter au texte des dépêches écrites en 1849, au moment où se préparait l'expédition de Rome. M. le ministre des affaires étrangères disait aussi qu'on n'exercerait aucune pression sur les volontés des populations.

« On parlait de la partie honnête de la population, comme on parle aujourd'hui de la partie saine. A ce sujet, nous demandions aussi catégoriquement que l'a fait M. Jubinal une réponse du gouvernement. Cette réponse, elle existe en partie dans les documents diplomatiques.

« Messieurs, il faut que je vous rappelle que c'est en novembre qu'est partie l'expédition, et que c'est en décembre qu'elle est arrivée dans les eaux de la Vera-Cruz. En janvier, on a compris qu'il fallait que notre armée du Mexique fût suffisamment forte pour remplir sa mission d'une manière efficace. Il est décidé que son effectif sera augmenté. »

Ici l'orateur cite une dépêche adressée le 20 janvier par le comte Russell à lord Cowley. Le comte Russell écrit à lord Cowley qu'il a vu M. le comte de Flahaut, ambassadeur de France à Londres, et qu'il a appris de lui que l'effectif de notre expédition au Mexique allait être augmenté.

« Certes, continue l'orateur, si nous sommes en face d'un droit certain et d'un grand but à accomplir, il est d'une sage précaution que l'armée de la France ne soit pas inférieure à celle des nations qui combattent avec elle. Mais quel est ce but? C'est ce que nous devons rechercher. Eh bien! messieurs, écoutez. »

Ici l'orateur cite une dépêche adressée le 24 janvier par le comte Russell au comte Cowley et dont voici la substance :

« J'ai entendu dire que les officiers qui vont au Mexique y vont pour placer l'archiduc Maximilien sur le trône, et j'ai cru nécessaire de questionner M. Thouvenel.

« Je lui ai demandé si des négociations étaient pendantes, à cet égard, entre la France et l'Autriche. Il m'a répondu négativement, et il a ajouté que les négociations étaient pendantes seulement entre l'Autriche et les Mexicains venus à Vienne pour voir le prince. »

L'orateur donne encore lecture d'une dépêche du comte Russell à sir Wyke, dont le sens est que l'archiduc Maximilien sera invité par un grand nombre de Mexicains à monter sur le trône.

« Il faut, continue l'honorable membre, écarter toute équivoque. La langue diplomatique a les mots et les sous-entendus. Quelle cause a pu déterminer trois grandes puissances à faire pointe sur Mexico? Quel est le sens de cette expédition? Je n'ai pas à me prononcer. Cependant, puisqu'il y a eu un nom propre prononcé, il m'est permis de m'étonner que trois puissances, la France, l'Angleterre et l'Espagne, prennent sous leur protection un prince autrichien pour l'asseoir sur le trône d'un peuple libre.

« Que le prince Maximilien soit orné de toutes les vertus de sa maison, je le veux bien; entre la France et l'Autriche. Il m'a répondu négativement savoir (on rit); mais l'emploi de ces vertus aura mieux sa place dans son pays que dans cet autre pays si éloigné du sien, où il ne fera que passer, jouet de deux factions : celle qui l'aura assis sur le trône et celle qui voudra le renverser.

« Et ce prince Maximilien, qui semble avoir accepté cette can-

didature d'aventure, il est sérieusement occupé avec un homme politique. Savez-vous ce qu'est cet homme politique? C'est un maître de langue espagnole. (Nouveaux rires.)

« Et voilà pour quelle prétention on prodiguerait les trésors et le sang de la France, sous le prétexte d'aller venger nos nationaux !

« Si la candidature du prince Maximilien avait fait éclosion sous le drapeau de la France, nous serions obligés de le soutenir. Rien ne nous y oblige.

« N'est-il pas d'ailleurs dangereux que la France aille établir sur divers points du globe des garnisons qui finiront par lui coûter chaque année une cinquantaine de millions ? Voyez ce qui se passe à Rome : c'est ce qui se passerait à Mexico. Il faudrait y entretenir une garnison, et quand les membres d'une Chambre à venir demanderaient au gouvernement : « Quand retire-t-on nos troupes du Mexique? » on nous répondrait en disant : « Nous attendons, » en invoquant la raison, le temps et la Providence.

« Il nous faut des choses plus précises. Il ne nous plaît pas de nous engager dans des aventures susceptibles de compromettre la dignité du pays. Tant que le gouvernement ne se sera pas nettement expliqué, les défiances de la Chambre seront des défiances patriotiques. »

« — Pendant que nos soldats marchent sur Mexico, répondit M. Billault; au moment peut-être où ils combattent, on cherche à démontrer qu'ils ne sont que les instruments d'une intrigue et que la guerre du Mexique est une guerre illégitime.

« Je ne sais si une discussion pareille est bonne, opportune et patriotique; mais puisque ces doutes ont été émis, je viens sommairement, simplement, sans phrases, rétablir les faits pour vous, Messieurs, et pour le pays.

« La guerre que nous avons déclarée au Mexique est aussi légitime que jamais guerre ait pu l'être. Depuis de longues années des outrages odieux ont été prodigués aux Français. Les gouvernements qui se sont succédé, non-seulement n'ont pu protéger nos nationaux, mais les ont coupé à favoriser le brigandage dont nos compatriotes ont été victimes. Le sang des Français a coulé, on a extorqué leur argent, confisqué leurs propriétés; plusieurs de nos consuls ont été incarcérés, un de nos ministres, même, a été menacé.

« Nous avons souffert pendant nombre d'années tout ce que la patience d'une grande nation peut tolérer; mais notre dignité, nos intérêts, marquaient enfin un terme à toutes les violences de cette anarchie si tendrement caressée par l'honorable préopinant.

« Ce terme était marqué quand tous les intérêts français réclamaient une énergique intervention, quand tous les intérêts nationaux étaient sacrifiés dans toutes les républiques du nouveau monde. Notre bras a même été trop lent dans l'intérêt de notre influence et de notre politique.

« L'honorable M. J. Favre a dit que sur notre insistance un accommodement eût été facile. Les accommodements ! Mais les différents gouvernements du Mexique les ont prodigués ; tous nous faisaient des promesses pour les violer le lendemain; pour nous indemniser, ils mettaient en dépôt des sommes d'argent qui, une fois accumulées, les tentaient, et ils se les volaient à eux-mêmes. (On rit.)

« L'honorable M. Jules Favre nous conseille d'occuper les ports et de retenir les produits des douanes. Lisez les dernières dépêches, vous y verrez que cette convention a été faite et que le lendemain un décret du gouvernement mexicain annulait les droits extérieurs et les remplaçait par des droits intérieurs.

« Je vous le demande, messieurs, à toutes ces violences, à toutes ces injures, à toutes ces divisions, ne devait-il pas y avoir une limite pour la patience de la France? (Très-bien! très-bien!)

« Entreprendre la défense d'un gouvernement qui depuis quarante ans a donné l'exemple de la plus déplorable anarchie, c'est juger de l'éloquence, c'est ne pas assez préjuger du sens politique de l'assemblée.

« La guerre est nécessaire, elle est légitime, elle est commandée par l'honneur et par l'intérêt de la France.

« La France ne fait pas à elle seule cette expédition, et vous vous en plaignez. Il y a cependant dans ces guerres faites en commun une grande pensée politique. Les puissances de l'Europe se jalousent facilement sur le terrain du nouveau monde, et c'est pour écarter tout soupçon que nous avons dit à l'Angleterre et à l'Espagne : « Venez avec nous. » Nous l'avions dit aussi à l'Amérique, mais elle a refusé; elle a des vues ultérieures, et notre politique ne lui convient pas. Notre offre était loyale et nous avons eu raison de la faire. (*Très-bien! très-bien!*)

« Cette expédition faite par trois puissances devrait vous rassurer contre ces suppositions qui ont été la base de votre discours. Vous attribuez au gouvernement je ne sais quels projets, sans pouvoir produire aucune preuve à l'appui de vos assertions.

« Les véritables motifs de l'expédition sont dans la convention passée entre les trois puissances ; c'est la protection plus efficace de la personne et de la propriété de nos nationaux.

« Quant aux préoccupations de l'honorable M. Jules Favre tables. Nous avons quitté la Vera-Cruz le 20 février ; nous devons être à Mexico. (*Très-bien! très-bien!*)

« Maintenant si, par un retour bien facile à prévoir, ces populations, opprimées depuis quarante ans par des gouvernements qui les ont décimées, se réveillent, et, délivrées, voulaient se donner un gouvernement d'ordre et de liberté, les en empêcherions-nous ? Empêcherions-nous ce malheureux peuple de chercher une combinaison nouvelle qui lui assure la sécurité, la propriété, la fortune, la vie ? Non. Cette liberté doit lui être laissée ; mais nous n'exercerons aucune contrainte : notre appui moral, nos conseils sont assurés à ces populations ; notre force matérielle , jamais. L'indépendance et la souveraineté

Les Cumbres.

au sujet de modifications arrêtées d'avance dans le régime intérieur du Mexique, je me reporte encore à la convention : j'y vois encore cet engagement pris par les trois puissances de ne rechercher dans l'expédition ni acquisitions de territoires ni avantages particuliers, et de ne pas exercer une influence pouvant empêcher la nation mexicaine de constituer librement la forme de son gouvernement.

« Voilà les obligations nettes, précises, réglées et acceptées par les trois puissances.

« M. Jules Favre demande pourquoi nous allons à Mexico. Parce que la situation topographique et hygiénique du pays le demande autant que la situation politique. Rester sur le littoral, ce serait ne rien faire contre le Mexique et livrer nos troupes à la maladie. Il faut laisser derrière nous la fièvre jaune et aller chercher dans l'intérieur du pays des ennemis moins redou- des vœux populaires ne seront pas plus violés au Mexique qu'ailleurs.

« Quant à ces bruits qui donnaient ombrage à l'ambassadeur de S. M. Britannique, y avait-il là rien de bien grave ? Les officiers français auraient dit en partant pour le Mexique qu'on allait y faire une royauté à un prince allemand. Quelle autorité de semblables assertions pouvaient-elles avoir ? Cependant l'ambassadeur d'Angleterre s'est ému de ce qui se disait à cet égard, et il est allé à notre ministre des affaires étrangères qui lui a répondu : Cela n'est pas. Voilà les faits.

« En résumé, cette guerre légitime commandée par notre intérêt sera conduite énergiquement. Nous désirons que notre expédition permette à ce malheureux peuple de se donner un meilleur gouvernement; ce résultat, nous l'appelons de toutes nos espérances; nous n'y travaillerons pas de nos armes.

« Je termine par un seul vœu : c'est que les armes de la France triomphent au Mexique comme ailleurs, comme toujours, et y amènent la paix et la liberté. » (*Vive approbation.*)

L'amendement présenté par MM. J. Favre, etc., fut mis aux voix et rejeté.

CHAPITRE III

Projet d'ultimatum. — Dissentiments entre les plénipotentiaires. — Instructions données par M. Thouvenel. — Préliminaires de la Soledad. — Rupture des négociations.

L'occupation de la Vera-Cruz s'effectua sans difficulté ; mais les dissentiments commencèrent entre les puissances, à propos de l'ultimatum qui devait être signifié au gouvernement mexicain; la France réclamait douze millions de piastres, en raison des faits accomplis jusqu'au 31 juillet 1861.

Le solde du compte réglé séparément en 1853.

L'exécution pleine, loyale et immédiate d'un contrat passé au mois de février 1859, entre le gouvernement mexicain et la maison Jecker qui avait avancé deux millions de piastres non remboursées.

Le gouvernement français se réservait le droit de fixer le chiffre de ces réclamations ultérieures, pour les faits accomplis pendant le dernier semestre de l'année 1861 ; il exprimait le désir que des satisfactions et réparations fussent accordées à la France, à l'occasion des insultes dont le ministre avait été l'objet à Mexico, le 14 août 1861. Il fallait, en outre, que le gouvernement mexicain s'engageât à rechercher et à punir les auteurs des nombreux assassinats commis contre des Français ; à destituer le colonel Rajos, qui au mois d'octobre 1859, avait été complice du meurtre de M. Ricke, vice-consul de France à Tépic; qu'un reliquat de onze mille piastres fût payé sur-le-champ à la veuve et aux enfants de cette déplorable victime.

Le projet d'ultimatum des plénipotentiaires français accordait au ministre de France le droit d'assister en tout état de cause, et par tel délégué qu'il désignerait, à toutes instructions ouvertes par la justice criminelle du pays; en garantie de l'accomplissement des conditions financières et autres posées par l'ultimatum, la France se réservait le droit d'occuper la Vera-Cruz, Tampico, ou tout autre port, et d'y charger des commissaires spéciaux d'assurer la rentrée des sommes dues à la France, et de prélever sur le produit des douanes les fonds stipulés par les conventions au profit des puissances étrangères; les commissaires auraient eu la faculté de réduire les droits de douane, les plénipotentiaires de la France, de l'Angleterre et de l'Espagne auraient réglé la répartition, entre les parties intéressées, des sommes prélevées sur le produit des douanes, ainsi que le mode et les époques de payement des indemnités.

Des débats s'élevèrent sur cet ultimatum; sir Charles Wyke et le général Prim en trouvèrent les chiffres exorbitants, s'opposèrent à ce qu'on stipulât l'exécution du contrat passé par le général Miramon avec la maison Jecker, et firent une foule d'objections. Consulté par M. Dubois de Saligny, M. Thouvenel l'autorisa à céder sur quelques points; mais il maintint qu'il fallait toujours une affirmation nette et catégorique de ce que chaque puissance comptait obtenir, sans que les exigences mises en avant par l'une d'elles entraînât de droit l'appui des deux autres. Quelques mots de la dépêche du 28 février 1862 semblaient faire pressentir ce qui arriva.

« Si en ce qui nous concerne, nos conditions dépassaient la mesure de celles dont les représentants de la Grande-Bretagne et de l'Espagne seraient bien décidés à se contenter, nous aurions à aviser à l'attitude qui conviendrait le mieux à nos intérêts, en examinant s'ils n'auraient pas trop à souffrir de concessions faites au maintien d'une action commune des trois cours, ou si nous devrions, en restant scrupuleusement fidèles à l'esprit de la convention de Londres, c'est-à-dire en ne recherchant au Mexique ni avantage particulier, ni acquisition territoriale, poursuivre séparément les satisfactions dues à la France. »

Relativement à l'affaire Jecker, M. Thouvenel disait :

« J'appelle votre attention sur l'importance de bien séparer ce qui, dans cette affaire, peut réellement compromettre les intérêts que nous avons le devoir de protéger, de ce qui en affecterait d'autres d'un caractère tout différent. Le gouvernement actuel ne saurait prétendre priver nos nationaux des avantages que leur assurerait une mesure régulière prise par

l'administration du général Miramon, par cette unique raison, que cette mesure émanait d'un ennemi; mais nous serions mal fondés, de notre côté, à vouloir imposer au gouvernement actuel des obligations qui ne découleraient pas essentiellement de sa responsabilité gouvernementale. »

Déjà aux yeux de notre ministre des affaires étrangères, on s'était écarté des limites de la convention de Londres; on en faisait une interprétation forcée. « C'est à tort, disait-il dans la même dépêche, que sir Ch. Wyke et M. le général Prim ont voulu, si je ne me trompe, voir dans ses clauses le droit, pour chacun des représentants des trois Puissances, d'exercer un contrôle obligatoire sur les demandes présentées par ses collègues au nom de leurs gouvernements respectifs. Il n'a jamais été entendu, en effet, qu'on dût se soumettre à une appréciation réciproque de ses griefs, et que les réparations exigées par la dignité ou les intérêts lésés de l'une des Puissances dussent être limitées à celles dont les deux autres seraient autorisées à se contenter. Il était naturel, sans doute, qu'ayant à

Les guerillas mexicaines.

formuler un ultimatum en commun, les divers commissaires s'édifiassent d'abord mutuellement sur les griefs pour lesquels ils avaient à réclamer satisfaction ; mais cette communication préalable, faite à titre de simple information et en vue de mieux constater l'accord des différents représentants, n'entraînait nullement, je le répète, pour l'un d'eux, le droit de discuter ces griefs. La convention du 31 octobre a dévolu aux commissaires le pouvoir de statuer à propos des réclamations, mais, comme elle le dit elle-même, *sur les questions que pourraient soulever l'emploi et la distribution des sommes d'argent qui seront recouvrées du Mexique, en ayant égard aux droits respectifs des parties contractantes.* C'est, dans le principe, à chaque Puissance à apprécier seule ce qu'elle est légitimement fondée à réclamer. Autrement, si on avait dû se livrer d'abord à un examen réciproque des demandes formulées de part et d'autre, comme le pensaient vos collègues, on eût été exposé, ainsi que cela a été reconnu, à voir s'écouler plusieurs mois avant d'en avoir fini avec cette tâche. »

Une des objections faites par sir Charles Wyke disait que, l'ultimatum n'avait dû comprendre que les réclamations déjà admises par le Mexique, en vertu des traités et des conventions. Elle fut refusée par MM. de Saligny et Jurien de la Gravière, dans le sens qu'indique une dépêche ultérieure de M. Thouvenel, en date du 7 mars. Il avoua que le texte de l'ultimatum lui avait paru d'abord trop rigoureux; mais qu'à la suite des explications qu'il attendait de M. Dubois de Saligny, il avait dû reconnaître que ce projet avait été précédé de mûres réflexions, et d'une constatation sérieuse du nombre de réclamations qui se recommandaient à la sollicitude de la France. Le ministre des affaires étrangères réfutait en ces termes les allégations de sir Charles Wyke :

« L'objection consistant à dire qu'il n'aurait dû comprendre que les réclamations déjà admises par le Mexique en vertu de traités ou de conventions, a dû surprendre M. Dubois de Saligny autant qu'elle nous surprend nous-mêmes. S'il devait en être ainsi, nous n'aurions, en effet, nullement atteint le but d'une expédition provoquée par les derniers actes du gouvernement mexicain. Ce qui a bien évidemment amené les trois puissances alliées à unir leurs forces contre lui, a été l'impossibilité d'admettre que toutes les règles du droit et de la justice fussent impunément violées à l'égard de leurs nationaux, et la ferme intention d'obtenir à la fois des réparations convenables pour le mal passé et des garanties ultérieures contre le retour des mêmes abus. Était-il, dès lors, dans la vérité des choses de prétendre que la France, la Grande-Bretagne et l'Espagne, en envoyant leurs escadres et leurs soldats au Mexique pour assurer, comme le dit la convention, au moyen d'une action combinée en commun, la protection efficace des personnes et des propriétés de leurs nationaux respectifs, n'avaient entendu exiger du gouvernement mexicain que l'accomplissement de conventions qui, ayant seulement trait à d'anciens griefs, laissaient sans satisfaction nos derniers et plus graves sujets de plainte?

« M. Dubois de Saligny ne l'a pas cru et nous ne le croyons pas non plus. Notre résolution et celle des cabinets de Londres et de Madrid, nous en demeurons bien convaincus, étaient, au moment où fut signé le traité du 31 octobre, d'imposer au Mexique la réparation pleine et sans faux-fuyant possible de tous les torts qu'il s'était donnés vis-à-vis des trois Puissances jusqu'au jour où elles mettaient le pied sur son territoire. Il ne nous appartient pas, d'ailleurs, de critiquer l'abandon que la Grande-Bretagne ou l'Espagne seraient prêtes à faire, en cette circonstance, d'une partie de leurs réclamations. Chacune des Puissances alliées est juge à cet égard de la conduite qu'il lui convient de tenir, et c'est parce que nous l'avons toujours pensé, que nous n'avons jamais admis un instant que les demandes formulées par l'une des représentants de ces Puissances dussent avoir, au préalable, l'assentiment des deux autres.

« L'opinion exprimée à ce sujet par sir Ch. Wyke a donc été, bien que le général Prim s'y soit rallié, justement combattue par M. Dubois de Saligny.

On voit, par ce qui précède, que M. Thouvenel et le gouvernement français avaient été d'abord favorables à l'ultimatum, puis qu'il avait changé d'avis. Un revirement contraire s'effectua dans les idées des cabinets de Londres et de Madrid.

Le comte de Flahaut écrivait le 11 mars : « J'ai amené lord Russell à reconnaître que le commissaire de Sa Majesté Britannique avait méconnu l'esprit de la convention signée à Londres, lorsqu'il avait refusé son assentiment au projet d'ultimatum de la France. Comme nous, lord Russell n'admet point, en effet, que les demandes formulées par un des représentants des Puissances alliées doivent avoir au préalable l'assentiment des deux autres; il pense toutefois qu'en vertu de la solidarité qui lie leurs gouvernements dans une action commune, et de la garantie réciproque qu'ils se prêtent, chacun des commissaires a le droit de faire ses observations et de dire son opinion sur l'ultimatum de ses collègues. Le principal secrétaire d'État s'associe, pour sa part, à celle qu'a exprimée sir Ch. Wyke à propos des clauses de l'ultimatum présenté par M. Dubois de Saligny. Notre demande de douze millions de piastres lui semble exagérée : la clause qui exige l'exécution du contrat fait avec la maison Jecker lui paraît motiver aussi les plus sérieuses objections; il m'a dit qu'à ses yeux ce n'était pas un de ces engagements qui méritaient une protection telle qu'il fallût en poser l'exécution comme une des conditions de l'ultimatum.

« Je ne connaissais point suffisamment le contrat dont il s'agit, monsieur le ministre, pour pouvoir entrer, sur ce point, dans une discussion approfondie; je me suis borné à répondre

que Votre Excellence avait laissé M. Dubois de Saligny libre de modifier ses exigences, et que ce dernier aurait consenti à laisser l'affaire Jecker parmi les questions réservées, si sir Ch. Wyke avait voulu donner son assentiment aux autres conditions contenues dans l'ultimatum français et notamment la première. Quant à l'exagération prétendue de la somme dont nous avions fixé le chiffre, j'ai maintenu le droit qu'avait eu le plénipotentiaire français de comprendre dans sa demande non-seulement les créances qui avaient fait précédemment l'objet de conventions avec le gouvernement mexicain, mais encore celles qui n'avaient pas encore été reconnues par ce dernier, et qui n'étaient pas liquidées, et, à ce propos, j'ai laissé entendre que si l'on continuait à prétendre que nous devions renfermer les réclamations que nous nous croyons en droit d'exiger du Mexique dans la mesure de celles dont les représentants de la Grande-Bretagne et de l'Espagne étaient décidés à se contenter, ce serait peut-être nous conduire à examiner si nos intérêts n'auraient pas trop à souffrir de concessions faites au maintien d'une action commune, et s'il ne serait pas préférable pour nous de poursuivre séparément les satisfactions qui nous sont dues. J'ai ajouté qu'il paraissait essentiel avant tout au gouvernement de l'Empereur que le gouvernement mexicain ne pût pas tard être, en définitive, en position de discuter les obligations qui lui auraient été imposées, et que c'était surtout dans ce but qu'il jugeait nécessaire de formuler ses exigences en fixant dès aujourd'hui le chiffre des indemnités mises à la charge du Mexique. « Ce chiffre peut « être maintenu ou modifié par notre commissaire, ai-je dit; « mais, une fois accepté par le gouvernement mexicain, nous « ne nous refuserons pas à ce qu'une commission spéciale dé- « termine plus tard exactement ce que doit être, en échéance, « le montant de notre indemnité, pour satisfaire strictement à « nos réclamations. » Et j'ai alors indiqué quelles facilités de temps nous étions disposés à accorder au gouvernement mexicain pour s'acquitter. Lord Russell a accepté cette idée d'une commission et m'a annoncé qu'il allait inviter sir Ch. Wyke à se désister de son opposition. »

Rien d'équivoque dans ce langage; lord Russell va inviter le représentant de l'Angleterre à se désister de son opposition. A Madrid, après une hésitation première, on en vient à partager les vues du gouvernement impérial, mais tandis que les trois Puissances s'entendent en Europe, un incident des plus inattendus se passe à la Soledad, petite ville située entre la Vera-Cruz et Orizaba.

Le général Prim conclut avec le général Doblado les préliminaires d'un traité qui furent signés le 19 février 1862. Voici cette pièce, qui fut ratifiée, on ne sait guère pourquoi, par les représentants de toutes les Puissances.

PRÉLIMINAIRES DE LA SOLEDAD.

ARTICLE PREMIER. Étant admis que le gouvernement constitutionnel qui régit actuellement la république du Mexique a déclaré aux commissaires des Puissances qu'il n'a pas besoin du secours que ces commissaires ont offert avec tant de bienveillance au peuple mexicain, attendu qu'il possède en lui-même les éléments de force et d'opinion nécessaires pour se maintenir contre toute révolte intestine, les alliés se placent dès à présent sur le terrain des traités pour formuler toutes les réclamations qu'ils ont à faire au nom de leurs nations respectives.

ART. 2. Dans ce but, les représentants des Puissances alliées protestent, comme ils protestent qu'ils n'ont aucune intention de porter atteinte à l'indépendance, à la souveraineté et à l'intégrité du territoire de la République, des négociations s'ouvriront à Orizaba, où devront se réunir MM. les commissaires et deux ministres du gouvernement de la République, à moins que les deux côtés ne conviennent de se faire représenter par des délégués.

ART. 3. Pendant la durée des négociations, les forces des Puissances alliées occuperont les trois villes de Cordova, Orizaba et Tehuacan, avec leurs rayons naturels.

ART. 4. Afin qu'il ne puisse entrer dans la pensée de personne que les alliés ont signé ces préliminaires pour se procurer le passage des places fortifiées qu'occupe l'armée mexicaine, il est stipulé que si, malheureusement, les négociations venaient à se rompre, les forces alliées évacueraient les villes susdites et retourneraient se placer sur la ligne qui est en deçà desdites fortifications, sur le chemin de Vera-Cruz, les points extrêmes principaux en étant celui de Paso-Ancho, sur la route de Cordova, et celui de Paso de Ovejas, sur la route de Jalapa.

ART. 5. S'il arrivait malheureusement que les négociations se rompissent, et que les troupes alliées se retirassent sur la ligne indiquée dans l'article précédent, les hôpitaux qu'ils auraient établis resteraient sous la sauvegarde de la nation mexicaine.

ART. 6. Le jour où les troupes alliées se mettront en marche pour occuper les points indiqués dans l'article 3, le pavillon mexicain sera arboré sur la ville de Vera-Cruz et sur le château de Saint-Jean-d'Ulloa.

Soledad, 19 février 1862.

El Conde DE REUS.
Manuel DOBLADO.

J'approuve ces préliminaires en vertu des pleins pouvoirs dont je suis revêtu.

Mexico, 23 février 1862.

Benito JUAREZ.
Jesus TERRAN.

Approuvé :

Lennox WYKE.   D. DE SALIGNY.
Hugh DUNLOP.   E. JURIEN.

Les trois Puissances furent unanimes à blâmer cette convention ; elle n'assurait aucune garantie et donnait de la force au gouvernement de Juarez. Mais, cette fois encore, il y eut, de la part de l'Angleterre et de l'Espagne, une subite volte-face. Le regret qu'il en éprouve, M. Thouvenel le peint dans sa dépêche du 12 avril à M. Dubois de Saligny.

« Le langage tenu à M. le comte de Flahaut par lord Russell m'autorisait à vous dire précédemment, comme je l'ai fait, que le gouvernement anglais partageait à ce moment notre opinion sur la marche suivie dans les dernières négociations avec le gouvernement mexicain. Mais il résulte de la communication que lord Cowley vient de me donner d'une dépêche du principal secrétaire d'État britannique que, si le cabinet de Londres a d'abord, en effet, jugé assez sévèrement la convention de la Soledad, les explications fournies depuis par sir Ch. Wyke ont modifié cette première impression. Lord Russell n'approuve toujours pas tous les détails de cet arrangement, et notamment l'apparition du drapeau mexicain à Vera-Cruz ; mais il se montre satisfait que les griefs pour lesquels il y a lieu d'obtenir réparation soient devenus l'objet de négociations, et il exprime l'espoir qu'entrés dans cette voie, on arrivera à un résultat de nature à désintéresser les Puissances signataires de la convention de Londres. »

La dépêche se terminait par cette fière déclaration :

« Je me suis borné à dire à lord Cowley, pour répondre à la communication que j'en recevais, que nous ne pouvions apprécier les choses du même point de vue, et que, du moment où les troupes anglaises ne se trouvaient point engagées avec les nôtres dans l'intérieur du Mexique, le gouvernement de l'Empereur demeurait le seul juge des exigences que comportait, dans les circonstances actuelles, le soin de sa dignité militaire. »

Le maréchal O'Donnell disait encore à M. Barrot, au commencement d'avril, qu'il avait la confiance qu'une parfaite entente ne pouvait manquer de s'établir entre M. le marquis de Castillejos et M. le général de Lorencez. Il réitérait l'assurance que le commandant en chef des forces espagnoles avait ordre de repousser désormais toute mesure dilatoire et de marcher sans hésitation vers le but que les Puissances alliées se proposaient. Quelques jours après, il changeait inopinément de langage, et il exprimait le désir que des plénipotentiaires des trois Puissances fussent réunis pour se concerter d'avance au sujet des diverses questions qui pourraient surgir de négociations ouvertes à Orizaba.

M. Thouvenel répondit qu'il ne pensait pas qu'il y eût une utilité pratique à réunir une conférence qui ne pourrait délibérer que de loin, sur des éventualités plus ou moins hypothétiques ; qu'il croyait qu'il valait mieux attendre les développements de la situation sans chercher à devancer les événements. Les négociations seraient rompues, et il ne resterait plus qu'à poursuivre énergiquement l'expédition ; ou elles aboutiraient à un traité, et pour l'apprécier, il faudrait nécessairement en con-

naître le texte ; qu'en toute apparence, le cabinet de Madrid partageait entièrement la manière de voir de celui des Tuileries. Quelle fut la surprise de notre ministre des affaires étrangères, quand M. Calderon Collantès donna aux cortès une approbation sans réserve de la marche suivie par le général Prim et des préliminaires de Soledad !

On pouvait cependant conserver l'espoir que les représentants des Puissances au Mexique arriveraient à un commun accord. Ils s'acheminèrent vers Orizaba, d'où le général Prim écrivait, le 19 mars, à son ministre de la guerre :

La *Gazette de Madrid* publie le rapport suivant :

« *Corps expéditionnaire du Mexique, état-major général.*

« Suivant le rapport que j'eus l'honneur d'adresser à Votre Excellence à la date du 27 du mois dernier, la seconde brigade, qui avait été campée à la Tejederia, se mit en marche vers cette cité le 1er, accompagnée de tout le matériel de ce corps d'armée, de la cavalerie et de l'artillerie ; le 2, la première brigade et le bataillon d'infanterie de marine exécutèrent leur mouvement à partir de Santa-Fé. Les journées de marche ont été un peu courtes, en raison du manque d'eau, car il fallait s'en approvisionner à chaque halte.

« La seconde brigade, qui formait l'avant-garde, s'est rencontrée le 7 à la Soledad avec le corps expéditionnaire de France, qui avait pris du repos sur ce point, d'où il s'est mis en route dans la soirée du même jour, nous devançant ainsi d'une journée de marche. Malgré le mauvais état de la route, j'ai la satisfaction de faire savoir à Votre Excellence que la marche des deux brigades s'est effectuée avec la plus grande régularité, et qu'elles n'ont eu de retardataires que les malades atteints des fièvres ordinaires, qui seront dirigés vers les localités choisies antérieurement pour le lieu de leur réunion, d'où ils seront dirigés sur les hôpitaux qui leur auront été désignés.

« Les troupes se sont mises en marche le 1er de la Tejederia et la seconde brigade, partant de Santa-Fé, approvisionnée pour cinq jours. Les trains des équipages de l'administration militaire qui suivaient la première brigade portaient aussi des approvisionnements pour trois jours de plus, dont on fit la distribution à Palo-Verde. De ce point, on renvoya les chariots à la Vera-Cruz pour y prendre de nouvelles munitions de bouche et de guerre. Pendant la marche, on a donné aux Français toute l'assistance dont ils ont eu besoin, parce que, avec leurs immenses fourgons, ils ont eu de nombreuses difficultés à surmonter dans différents passages de la route. Le 6, j'arrivai avec la seconde brigade et le quartier général à Cordova, et fis camper les troupes de l'autre côté de la ville. La première brigade, qui est arrivée, s'y est établie le 7.

« Dans la journée du 9, je me suis rendu à Orizaba avec la seconde brigade, à laquelle j'avais donné préalablement deux jours de repos. J'ai pu loger convenablement la seconde brigade ainsi que le 3e bataillon d'infanterie de marine, qu'on y a incorporé pour suppléer au vide du bataillon de chasseurs de Bailen, à celui de la cavalerie et de l'artillerie. Dans ce moment, je m'occupe aussi à disposer des emplacements propres à recevoir la première brigade. Tout s'est passé parfaitement dans les diverses localités que nous avons traversées. Dans le but d'obvier aux difficultés qui pourraient surgir dans la continuation de notre itinéraire, et en raison des mauvais chemins que les moyens de transport du corps d'armée que je commande auront à parcourir, je m'occupe à organiser et à établir des magasins de vivres et d'approvisionnements sur les points convenables, de manière à subvenir à nos besoins quelle que soit la tournure que prennent les affaires dans ce pays.

« Dans la nuit du 6, à l'heure de la retraite, le magasin de poudre de Saint-André de Chaldricomula, où était casernée la brigade mexicaine, commandée par le général Mejia, a fait explosion. Dès que j'en ai été informé, j'ai donné l'ordre à deux médecins du quartier général ainsi qu'à leurs aides de s'y rendre ; le vice-amiral français y a envoyé également des secours, car on présume que cette catastrophe a dû coûter la vie à 1,200 individus et qu'il y a eu 300 blessés. Je suis heureux d'adresser ces détails à Votre Excellence pour que vous les portiez à la connaissance de S. M. la reine (que Dieu garde).

« Dieu garde Votre Excellence de longues années.

« Orizaba, 19 mars 1862.

« Comte DE REUS. »

A Orizaba, de nouvelles dissensions surgirent. Sir Charles Wyke reprocha aux Français de dénaturer le but de l'expédition en soutenant le général Almonte et en épousant la cause du parti hostile à Juarez. De son côté, le général Prim agissait auprès du cabinet de Madrid pour lui faire adopter, à l'égard du gouvernement de Mexico, une politique de ménagements. A la suite de discussions réitérées, le 10 avril, une rupture complète éclata.

Il existe, sur les causes de cette rupture, une multitude de dépêches confuses, contradictoires, écrites au point de vue de telle ou telle puissance. Il serait difficile de dégager avec netteté les faits des paroles échangées en cette occasion. Ce que nous pouvons mettre en lumière, c'est le prétexte dont se servit le général Prim pour abandonner la glorieuse partie qu'il avait commencée le premier.

Il avait échangé quelques lettres, toutes confidentielles, avec l'amiral Jurien de la Gravière, et comme l'a dit plus tard avec raison M. Thouvenel, ces lettres n'auraient pas dû être mises en circulation. D'ailleurs, toutes les réponses du comte de Reus n'accusaient aucun mécontentement. Quelques lignes de cette correspondance furent pourtant le point de départ d'une fâcheuse rupture, ainsi qu'il appert de la pièce suivante :

Le ministre des affaires étrangères au chargé d'affaires de S. M. à Paris.

« Madrid, 21 mai 1862.

« Le résultat de la conférence tenue à Orizaba le 9 avril dernier, par les plénipotentiaires des gouvernements signataires de la convention de Londres, a causé au gouvernement de la reine la plus grande surprise et le plus vif chagrin. Les termes et les idées de la lettre adressée par l'amiral Jurien de la Gravière au comte de Reus, le 20 mars dernier, et sa tendance évidente à changer une situation prise et soutenue pendant quatre mois, ont profondément affecté le gouvernement de la reine.

« Le langage de l'amiral, manifestant la nécessité de mettre un terme aux discussions avec le parti fait de la république mexicaine le scandale de l'Europe et d'établir au Mexique un gouvernement monarchique, dénotait l'abandon complet du système jusque-là suivi dans les négociations, de concert avec les autres plénipotentiaires. Le gouvernement de la reine n'hésite pas à affirmer que les déclarations de l'amiral, outre qu'elles étaient tardives, se trouvaient en opposition avec tous les faits antérieurs et avec l'esprit et la lettre de la convention de Londres.

« Le langage de l'amiral français a dû convaincre le comte de Reus que l'action collective des puissances concertée par la convention de Londres cessait, et que l'on ne pouvait espérer la coopération, les secours des troupes françaises, que lorsque les troupes espagnoles se trouveraient engagées dans une situation périlleuse. Quelque généreuse que fût l'offre de l'amiral français, il était facile de voir que, d'après son langage, la présence des troupes espagnoles sur le territoire mexicain avait été dès le principe un inconvénient et qu'elle pouvait devenir ultérieurement un péril.

« Il n'était pas possible d'être plus catégorique ; ç'avait été une erreur de donner une couleur trop espagnole à l'expédition ; elle allait être à l'avenir une expédition française, et la France n'entendait plus que soutenir les troupes espagnoles dans des cas extrêmes. Après la communication de ce document, la conférence d'Orizaba eût été inutile. La position du comte de Reus comme général et comme plénipotentiaire était claire ; elle était parfaitement définie.

« Abandonner la politique suivie depuis longtemps, renoncer aux résultats que l'on allait atteindre, aider à l'exécution d'une pensée qui n'était pas celle de la convention de Londres ni celle de son gouvernement, demeurer spectateur tranquille d'événements graves et d'une importance majeure et compromettre peut-être dans l'inaction la santé, le prestige de ses troupes, telle était l'alternative pénible où l'on avait placé le comte de Reus. Toutefois la réponse faite à l'amiral le 21 mars fut modérée et circonspecte.

« Le général Prim ne refuse pas d'ouvrir la lutte ; il ne craint pas les combats, mais il demande qu'on ne dénature pas le but de l'expédition et que, sans être française ni espagnole exclusivement, cette expédition continue d'être toujours une expédition alliée, les généraux et plénipotentiaires demeurant comme par le passé soumis aux résolutions de la conférence.

« Le 23 mars, le comte de Reus, voulant épuiser tous les moyens de conciliation, propose une nouvelle conférence de concert avec le plénipotentiaire anglais. La conférence se réunit le 9 avril. On connaît son résultat. Le parti que devait adopter le général espagnol lui était indiqué ; il en savait toute la gravité, il savait qu'en le prenant il assumait une immense responsabilité, il n'a pas reculé devant son devoir ; il ne pouvait pas douter que son gouvernement apprendrait avec douleur et surprise les pensées consignées dans la dépêche de l'amiral français du 20 mars.

« A cet égard, le comte de Reus a prévu avec exactitude l'impression qui en devait résulter. Si la séparation des forces des deux gouvernements amis devait être très-pénible pour le gouvernement de la reine, la cause qui y donnait lieu devait aggraver encore le chagrin. Le gouvernement de la reine a la conscience d'avoir suivi une politique loyale, prudente et conciliatrice, dans tous les actes, dans toutes les dispositions qu'il a dû adopter pendant l'expédition.

« Si le gouvernement de S. M. I. donnait à celui de la reine l'assurance que l'amiral n'a pas exprimé la pensée gouvernementale et qu'il a méconnu les égards dus à l'Espagne, la discussion des autres points qui doivent occuper les trois gouvernements amis pourrait être entamée avec la sincérité et la bonne foi dont ils sont animés, et probablement le résultat serait plus satisfaisant que celui des conférences d'Orizaba, ou tout du moins il en atténuerait les effets.

« Lecture de la présente dépêche devra être donnée à M. Thouvenel, et copie lui en sera laissée s'il la demande. »

La politique de concessions et de ménagements soutenue par le général Prim aux conférences d'Orizaba avait rempli de joie les partisans de Juarez. Ils cherchèrent à animer la population contre les Français, auxquels ils prêtaient gratuitement toutes sortes de projets d'oppression. Afin de combattre les calomniateurs, MM. Dubois de Saligny et Jurien de la Gravière adressèrent aux Mexicains une proclamation :

« Orizaba, 17 avril.

« MEXICAINS,

« Nous ne sommes pas venus ici pour prendre part à vos dissensions ; nous sommes venus pour les faire cesser. Ce que nous voulons, c'est faire appel à tous les hommes de bien pour qu'ils se consacrent à la consolidation de l'ordre, à la régénération de votre beau pays.

« Pour donner un échantillon de l'esprit sincère de conciliation dont nous venons animés, nous nous sommes d'abord adressés au gouvernement, contre lequel nous avions des motifs de plaintes les plus sérieux.

« Nous lui avons demandé d'accepter notre assistance pour fonder au Mexique un état de choses qui nous épargnât pour l'avenir la nécessité de ces expéditions lointaines, dont le plus grand inconvénient est de suspendre le commerce et d'empêcher le cours de relations qui sont aussi profitables à l'Europe qu'à votre pays.

« Le gouvernement mexicain a répondu à la modération de notre conduite par des mesures auxquelles nous n'eussions jamais prêté notre appui moral, et que le monde civilisé nous reprocherait de sanctionner par notre présence.

« Entre lui et nous la guerre est aujourd'hui déclarée ; toutefois nous ne confondons pas le peuple mexicain avec une minorité oppressive et violente ; le peuple mexicain a toujours eu droit à nos plus vives sympathies, et il lui reste à s'en montrer digne. Nous faisons appel à tous ceux qui ont confiance dans notre intervention, peu importe à quel parti ils peuvent avoir appartenu.

« Aucun homme éclairé ne pourra croire que le gouvernement né du suffrage d'une des nations les plus libérales d'Europe ait pour un moment l'intention de rétablir chez un peuple étranger les antiques abus et les institutions qui ne sont déjà plus de siècle ; nous voulons une justice égale pour tous, et nous voulons que cette justice ne soit pas imposée par nos armes ; le peuple mexicain doit être le premier instrument de son salut. Nous n'avons d'autre but que celui d'inspirer à la partie honnête et pacifique du pays, c'est-à-dire aux neuf dixièmes de la population, le courage de prononcer sa volonté.

« Si la nation mexicaine demeure inactive, si elle ne comprend pas que nous lui offrons une occasion inespérée pour sortir de l'abîme; si elle ne vient pas par ses efforts nous donner l'appui de son sentiment et sa coopération morale, il est évident que nous n'aurons plus à nous occuper que des intérêts précis en vue desquels la convention de Londres a été conclue.

« Que tous les hommes si longtemps divisés par des querelles aujourd'hui sans objet se hâtent de se réunir à nous; ils tiennent entre leurs mains les destinées du Mexique; le drapeau de la France a été planté sur le sol mexicain, ce drapeau ne reculera pas. Que tous les hommes honorables l'accueillent comme un drapeau ami! Que les insensés osent le combattre!

« Signé : A. DE SALIGNY,
« E. JURIEN. »

La France restait seule, mais elle acceptait l'abandon de ses alliés sans avoir un seul instant la pensée de les imiter. « Nous regrettons, écrivait M. Thouvenel le 10 juin 1862, d'avoir à accomplir seuls une tâche dont nous aurions été heureux et fiers de partager les dangers avec la glorieuse armée espagnole; nous nous efforcerons d'y suffire. Nous poursuivrons les réparations qui nous sont dues, nous exigerons pour l'avenir des garanties sérieuses et durables. Si, en accomplissant cette tâche, qui est avant tout celle que nous nous sommes imposée, nous pouvons venir en aide aux efforts qui seraient tentés par le pays lui-même pour sortir de l'anarchie qui le dévore et pour se reconstituer sur des bases nouvelles et solides, nous ne refuserons pas notre appui moral à des manifestations qui nous paraîtraient mériter nos sympathies. En agissant ainsi, nous avons la confiance de servir la cause de la civilisation et nos propres intérêts, que nous ne séparons pas, dans ces régions lointaines, de ceux des alliés qui ont signé avec nous la convention de Londres. »

Il fut décidé qu'un corps expéditionnaire considérable s'embarquerait sous les ordres du général Forey. En attendant son départ, MM. Jurien de la Gravière et Dubois de Saligny eurent à se tenir dans la ligne de conduite qui leur avait été tracée par le ministre des affaires étrangères, et dont nous empruntons au Moniteur de mai 1862 la partie la plus essentielle :

« Notre sentiment sur la situation intérieure du Mexique, notre désir de voir ce pays se reconstituer dans des conditions nouvelles d'ordre et de stabilité, ne sauraient se modifier ou s'affaiblir; mais s'il devait sortir transformé de la crise actuelle, ce n'est pas du camp français que doit partir l'initiative de sa régénération; c'est du pays lui seul reprenant, grâce à notre présence, confiance en lui-même et en l'appui moral qu'il aurait certainement à attendre de tous les gouvernements. Le jour où, en se réorganisant plus honnêtement et plus régulièrement, il offrirait les garanties que l'expédition combinée avait pour objet de lui demander.

« L'intérêt de notre dignité et des considérations puisées dans les circonstances climatériques du littoral se réunissent pour exiger un résultat prompt et décisif. C'est principalement en vue de cette éventualité qu'il est mis à votre disposition un corps de troupes de débarquement qui, joint aux autres contingents militaires, fournira aux alliés les moyens d'étendre le cercle de leur action. Le gouvernement de l'Empereur admet que, soit pour atteindre le gouvernement mexicain, soit pour rendre plus efficace la coercition exercée sur lui par la prise de possession de ses ports, vous puissiez vous trouver dans la nécessité de combiner une marche dans l'intérieur du pays, qui conduirait, s'il le fallait, les forces alliées jusqu'à Mexico même. J'ai à peine besoin d'ajouter qu'une autre raison pourrait vous y déterminer : ce serait la nécessité de pourvoir à la sûreté de nos nationaux, dans le cas où elle se trouverait menacée sur un point quelconque du territoire mexicain que l'on pourrait raisonnablement atteindre.

« Les puissances alliées ne se proposent, je vous l'ai dit, aucun autre but que celui qui est indiqué dans la convention : elles s'interdisent d'intervenir dans les affaires intérieures du pays, et notamment d'exercer aucune pression sur les volontés des populations, quant au choix de leur gouvernement. Il est cependant certaines hypothèses qui s'imposent à notre prévoyance et que nous avons dû examiner. Il pourrait arriver que la présence des forces alliées sur le territoire du Mexique déterminât la partie saine de la population, fatiguée d'anarchie, avide d'ordre et de repos, à tenter un effort pour constituer dans ce pays un gouvernement présentant les garanties de

force et de stabilité qui ont manqué à tous ceux qui s'y sont succédé depuis l'émancipation. Les Puissances alliées ont un intérêt commun et trop manifeste à voir le Mexique sortir de l'état de dissolution sociale où il est plongé, qui paralyse tout développement de sa prospérité, annule pour lui-même et pour le reste du monde toutes les richesses dont la Providence a doté un sol privilégié, et les oblige elles-mêmes à recourir périodiquement à des expéditions dispendieuses, pour rappeler à des pouvoirs éphémères et insensés les devoirs des gouvernements. Cet intérêt doit les engager à ne pas décourager des tentatives de la nature de celles que je viens de vous indiquer, et vous ne devriez pas leur refuser vos encouragements et votre appui moral, si, par la position des hommes qui en prendraient l'initiative et par la sympathie qu'elles rencontreraient dans la masse de la population, elles présentaient des chances de succès pour l'établissement d'un ordre de choses de nature à assurer aux intérêts des résidents étrangers la protection et les garanties qui leur ont manqué jusqu'à présent. »

CHAPITRE IV

Premières opérations militaires.

Les incidents que nous venons d'exposer avaient naturellement retardé les opérations militaires. Les troupes françaises, commandées par le général comte de Lorencez, s'étaient empressées, dès leur arrivée, de s'éloigner d'une côte malsaine, et, ne laissant à la Vera-Cruz qu'une faible garnison, elles s'étaient cantonnées à Orizaba, non loin de la montagne volcanique du même nom, qui n'a pas moins de 5,456 mètres d'élévation au-dessus du niveau de la mer. C'est une ville de 12,538 âmes, où les dévots mexicains viennent en foule se prosterner devant une image miraculeuse. Sa manufacture de tabacs, florissante encore, était autrefois pour l'Espagne la source d'immenses revenus. Ses fabriques de draps et de cotonnades sont aussi actives que peuvent l'être des fabriques dans la terre chaude, la Tierra Caliente.

Des rapports inexacts avaient fait supposer au général de Lorencez que les dispositions favorables d'une population, lasse de Juarez, lui aplaniraient le chemin de la Puebla de los Angeles, cette opulente et industrieuse cité, dont la position assurerait au corps expéditionnaire des logements salubres et des subsistances abondantes. Il s'aventura donc, le 27 avril, sur la route escarpée qui unit ces deux villes.

Le premier point remarquable que les voyageurs rencontrent en sortant d'Orizaba, à cinquante-cinq kilomètres de la Vera-Cruz, est le Pont national, autrefois Pont royal, jeté, par les Espagnols, sur un ravin au fond duquel coule le rio de la Antigua. Ses sept arches disposées en ligne courbe relient deux gorges de montagnes, dont l'une est couronnée par les débris d'un fort démantelé.

Vingt kilomètres plus loin, on passe sur un autre pont le rio del Plan, qui marque la limite de la terre chaude, et l'on commence à gravir les versants abruptes, dits les Cumbres, qui montent aux plateaux de la zone tempérée. Malgré cette dénomination, on trouve au delà du défilé du Cerro-Gordo les plantes des tropiques : le bananier, l'oranger, la sucre, le liquidambar, le palma-christi, le jalap (convolvulus jalapa). Ce liseron, dont la racine a des propriétés purgatives énergiques, fut découvert dans la vallée à laquelle il doit son nom, en 1777, par Thierry de Menonville, botaniste français.

De la petite ville de Julapa jusqu'à Perote, dont l'altitude est de 2,353 mètres, le chemin monte par des rampes ardues, en tournant autour d'une montagne qui a conservé sa désignation aztèque, le Nauhcampatepetl. Au nord du bourg de Pérote, s'allongent les remparts de la citadelle de San-Carlos, qui contient une fonderie, une manufacture d'armes et un dépôt de munitions.

Un désert de sable, parsemé de quelques hameaux, égayé par de rares oasis, s'étend de Perote à Sierra del Pinal. Près du pueblo de las Ventillas, on franchit la ligne frontière de l'état de la Vera-Cruz et de celui de la Puebla. « Çà et là, a écrit M. Ernest Vigneaux, s'élèvent sur la plaine quelques mornes pierreux hérissés d'aloès; l'horizon de l'ouest est borné par le Cerro de Pizarro, masse volcanique noire et pelée; celui de l'est par le Coffre. Bien qu'il n'y ait pas trace de cratère au sommet de ce pic, dont le couronnement de porphyre basaltique est probablement de formation éruptive, tout porte à croire que c'est un ancien volcan ; autour de lui, dans un vaste rayon, la contrée, tourmentée, est déserte et désolée, et présente des champs de laves et de scories volcaniques où végètent quelques arbustes rachitiques, quelques palmiers nains, quelques pieds de *magney* et de *yuca*.

Autour de Napaluca, on cultive sur une vaste échelle le *magney*, qui fournit le *pulque*, cette boisson favorite du Mexicain. Ce pueblo est situé au pied de la sierra del Pinal. La route ne tarde pas à s'engager dans des défilés étroits, montueux, sauvages et suspects, bordés de talus de rochers couronnés d'arbres touffus ; de distance en distance, elle traverse un vallon agreste et inculte, où paissent quelques animaux. Le village de San-Diego del Pinal se trouve au milieu de ce désert. La sierra, qui doit son nom à des forêts de sapins, court dans la direction du nord-ouest au sud-est, et s'appuie, d'un côté sur les contre-forts de l'Orizaba, de l'autre sur la sierra Malinche ou *Matlalcueyatl*, nœud de montagnes qui séparait jadis le territoire Tlascalan de ceux de Cholula et de Tepeaca. Le mot de Malinche a été substitué à celui de *Matlalcueyatl* à l'époque de la conquête par les indigènes eux-mêmes ; Malinche, Malinxe ou Malintzin, — on trouve les trois orthographies chez les anciens chroniqueurs, — était le nom qu'ils avaient donné à Cortez. Suivant Gomara, ce nom signifiait *Dieu tombé du ciel* ; le brave capitaine Diaz, témoin de tous ces événements, et peu porté à les poétiser, assure qu'il voulait dire simplement *maître de Marina*. On sait que Marina était une jeune esclave aztèque donnée à Cortez par le cacique de Tabasco, qui devint la maîtresse du grand capitaine, son interprète, son secrétaire, et rendit d'éminents services aux Espagnols et à ses propres compatriotes.

Au delà des gorges del Pinal, on rencontre de nouveau la plaine, le pueblo d'Acajete, et, à peu de distance, celui d'Amozoque, qui n'est lui-même qu'à douze kilomètres de la Puebla.

M. Ernest Vigneaux, ce fidèle observateur de la nation mexicaine, va nous fournir sur Puebla des détails qu'on ne lira pas sans intérêt.

Puebla de los Angeles est la capitale de l'État du même nom que bornent ceux de la Vera-Cruz, de Guerrero et d'Oajaca au nord et à l'est, celui de Mexico à l'ouest, et l'océan Pacifique au sud. Sa superficie est de 34,000 kilomètres carrés environ, ce qui représente à peu près l'étendue du Hanovre ; il ne renferme pas plus de 680,000 habitants. Puebla est la seconde ville du Mexique, tant par son commerce que par son luxe, ses monuments, et à l'exception, quant à sa population, qui est de 75 à 80,000 âmes. Ce chiffre n'est, bien entendu, qu'approximatif, les opérations du recensement n'ayant jamais été faites d'une manière satisfaisante au Mexique ; toujours associées, dans l'esprit des gouvernés, à l'idée de taxation, elles ont toujours rencontré chez eux la mauvaise volonté la plus complète et la plus ingénieuse.

Puebla fut fondée en 1530, sous les auspices du premier vice-roi, don Antonio de Mendoza, et du président de l'Audience de Mexico, don Sebastian Ramirez de Fuenleal, à quelque six ou sept lieues de la célèbre Cholula, la ville sainte de l'Anahuac. La nouvelle ville, dans son développement, mina bientôt l'ancienne, de même que la foi des conquérants étouffa celle des vaincus. La tradition sacerdotale veut que les anges aient construit en partie la cathédrale de Puebla, qui a pris de là le nom de *Ville des Anges*. Le plateau sur lequel elle est assise est fertile et sain ; élevé de 2,196 mètres, il appartient à la terre froide, qui comprend tout ce qui se trouve au-dessus de 1,800 mètres. Les fruits d'Europe, les céréales et une partie des fruits de la terre chaude, sont les productions de cette dernière zone ; le bananier n'y mûrit pas, il est vrai, mais l'olivier et l'oranger y prospèrent, car il ne gèle jamais ou du moins très-rarement, et trop légèrement pour nuire à cette végétation. La chaleur moyenne du jour ne baisse pas au-dessous de 13 à 14 degrés cent. dans les temps les plus froids, excepté toutefois sur certains plateaux, comme ceux de Perote, de Tlascala, de Toluca, etc., où l'olivier ne croît pas et où la chaleur du jour ne dépasse guère 6 à 8 degrés. Pour que la classification climatérique du Mexique fût exacte et complète, il faudrait que ces plateaux constituassent une quatrième zone qui aurait droit à la qualification de froide : ceux de Puebla, de Mexico, de Guadalajara, du Bajio, etc., formeraient la zone tempérée ; ceux de Jalapa, d'Orizaba, de Tepic, etc., la zone chaude, et enfin le littoral serait une zone torride.

Puebla est une belle ville ; ses longues rues régulières et se coupant à angles droits sont pavées de petits cailloux ronds disposés avec symétrie, et bordées de trottoirs dallés. Les maisons ont généralement deux étages et toujours de vastes dimensions ; l'extrême variété de leur décoration extérieure charme l'œil. Quelques-unes sont peintes de sujets variés, motifs bibliques ou fantaisistes, faux pilastres, volutes, guirlandes et paniers de fleurs, etc. ; d'autres sont revêtues, de même que les terrasses, de plaques de faïence vernissée nommées *azulejos* ; on admire les belles serrureries des balcons et fenêtres inférieures, ordinairement grillées. Plus de cent coupoles et clochers la dominent, attestant le grand nombre de lieux consacrés à la dévotion ; on y compte, en effet, plus de soixante églises et une vingtaine de couvents des deux sexes. Le savon, les verroteries et les ustensiles et objets divers de terre cuite, sont les principaux produits de l'industrie locale.

La cathédrale est le monument le plus remarquable de la ville ; elle occupe un des côtés de la *Plaza mayor* ; en face est la *Casa de Cabildo* ou *Ayuntamiento*, l'hôtel de ville ; à droite et à gauche, ce sont des maisons à arcades ou *portales*, sous lesquels il y a de beaux magasins. L'église repose sur une plateforme de trois mètres de hauteur environ. Elle est dans le goût italien de la fin du dix-septième siècle, et l'on ne saurait lui refuser de l'admiration. L'intérieur est splendide ; la pierre y disparaît sous un revêtement de marbres noirs et blancs. Les autels sont également en marbres précieux, car cette pierre est commune dans le district ; on en tire de magnifique des carrières de Totimehuacan, à deux ou trois lieues sud-est de la ville. Le chœur obstrue la nef ; les boiseries, qui portent la date de 1722, sont d'un travail de ciseau assez pur, et l'on y remarque de belles incrustations. Le maître-autel étale un luxe inouï ; il a coûté, dit-on, deux millions et demi. Il est surmonté d'un gigantesque ouvrage d'orfévrerie, presque tout entier en argent repoussé, d'un style très-riche, mais très-tourmenté. Une magnifique lame de *tecali* forme le tabernacle. Le *tecali* est un beau carbonate de chaux qui s'exploite dans les carrières de ce nom, trois ou quatre lieues plus loin que Totimehuacan. « Il est, dit Humboldt, transparent comme l'albâtre gypseux de Volterra. » Dans plusieurs couvents, on voit des fenêtres fermées d'une feuille de ce marbre, qui tamise une lumière suave et pure.

L'église de San-Felipe de Neri tient le premier rang après la cathédrale. Ce couvent était, il y a quelques années encore, un lieu de retraite pour les laïques des deux sexes qui voulaient se préparer aux saints sacrements ; il était, en conséquence, divisé en deux quartiers, l'un pour les moines, l'autre pour les fidèles sans distinction de sexes. Chaque quartier avait ses dépendances, cours et jardins. Chaque pénitent avait sa cellule, modestement meublée, mais égayée par un brillant soleil et par la vue de ses splendides jardins. Les jouissances, toutes morales sans doute de cette retraite, étaient telles que plus de dix mille personnes venaient annuellement s'y confiner ; ces jouissances devaient être fort grandes, en effet, à en juger par les peintures que Thomas Gage a laissées de l'intérieur des couvents au Mexique.

Le couvent de Santo-Domingo a de fort belles fresques. L'église est essentiellement espagnole, c'est-à-dire que les moulures, les dorures et ces immenses tableaux en bas-reliefs appelés *retablos*, en surchargent les murs et la voûte. Le maître-autel est d'argent. Près de la grille, deux chiens de même métal et de grandeur naturelle montaient jadis la garde sur des piédestaux non moins précieux. La statue de la Vierge, vêtue en reine et faisant porter la queue de son manteau par un petit page agenouillé près d'elle, reposait sur un vase d'argent de plusieurs pieds de circonférence.

On remarque encore l'église des Carmes, qui possède huit tableaux attribués à Murillo, dont quatre seulement peuvent prétendre à l'authenticité ; l'église, le couvent et le collége des Jésuites, *del Espiritu santo*, grand et beau bâtiment, renfermant quelques tableaux de même métal ; l'église et le couvent de San-Augustin ; la petite église de Santa-Monica, fort luxueuse ; et enfin l'immense couvent des franciscains, qui renferme plusieurs églises.

Au N.-E. de la ville s'élèvent les hauteurs abruptes que couronnent les sanctuaires de Loreto et de Guadalupe et que les événements du 5 mai 1862 ont rendues célèbres. Les deux couvents avaient été fortifiés par les Mexicains. L'église de Guadalupe est curieuse ; elle porte la date de 1812. La façade est revêtue de plaques de faïence rouges et vertes d'un bon effet, sur lesquelles tranchent des colonnettes blanches supportant un chapiteau ionique, qui semble surmonté d'un voile. Des médaillons représentant l'apparition miraculeuse de *Nuestra señora de Guadalupe*, sont encastrés dans le mur. Les clochers sont sveltes et élégants. De l'esplanade qui forme le parvis, on jouit d'une vue magnifique sur la ville et la vallée.

En terminant sa pittoresque description, M. Vigneaux rappelle que Puebla fut occupée par les Américains en 1847. Arrivés le 9 mars devant Sacrificios, ils s'étaient rendus maîtres de la Vera-Cruz le 29. Au commencement d'avril, ils prirent la route du plateau, remportèrent la victoire de Cerro-Gordo le 18, entrèrent à Jalapa le 19, à Perote le 22, et, le 15 mai, à Puebla, où ils demeurèrent près de trois mois à se reposer. Le 7 août, le général Scott en sortit à la tête de 10,700 hommes, pour se diriger sur la capitale, n'y laissant que 2,000 hommes de dépôt, sous le commandement du général Child, qui eut à y soutenir un siége contre les *guerillas* mexicaines, et s'y maintint, en occupant les hauteurs de Loreto, de Guadalupe et de San-José.

En vertu de la convention de la Soledad, le général de Lorencez s'était rapproché de la Vera-Cruz, en laissant à Orizaba quelques malades sous la garde d'un détachement français. Le 18 avril 1862, le général Zaragoza lui fit sommation de retirer ce détachement. Le général français répondit par cet ordre du jour :

« SOLDATS ET MARINS DÉBARQUÉS,

« Malgré les assassinats commis sur vos camarades et les encouragements donnés à ces attentats par les proclamations du gouvernement mexicain, je voulais encore rester fidèle jusqu'au dernier moment à l'accomplissement des obligations contractées par les plénipotentiaires des trois Puissances alliées ; mais je viens de recevoir du général mexicain Zaragoza une lettre par laquelle la sûreté de nos malades laissés à Orizaba, sous la sauvegarde des conventions, est indignement menacée. En présence de pareils faits, il n'y a plus à hésiter : marchons sur Orizaba, au secours de quatre cents de nos camarades sous le coup d'un lâche attentat ; marchons à leur secours au cri de vive l'Empereur ! »

Le lendemain, nos troupes se mirent en marche dans la direction d'Orizaba, le capitaine d'état-major Capiton, qui commandait le peloton d'avant-garde, apprit bientôt que deux bataillons mexicains, avec quatre pièces d'artillerie et un escadron de cavalerie, se disposaient à lui disputer le passage ; cet officier chargea et dispersa l'escadron mexicain, lui tua cinq hommes, fit dix prisonniers et prit quinze chevaux. Dans cette rencontre, le sous-lieutenant Lemaire, du 2e chasseur d'Afrique, le lieutenant Miocke, le maréchal des logis Bertin, les chasseurs Endinstoct, Lemerte, François et Delville, se firent remarquer par leur énergie. Le soir même, quatre mille Mexicains qui occupaient Orizaba avec huit pièces d'artillerie évacuaient la place sans coup férir.

Le 21, une patrouille de quatre gendarmes, commandée par le maréchal des logis Lauriac, aperçut à deux kilomètres une force de cavalerie de plusieurs centaines de chevaux, que précédaient trente lanciers. En simulant une retraite, Lauriac parvint à séparer du gros de la troupe les trente lanciers, qu'il eut l'audace de charger avec ses quatre hommes. Il tua deux Mexicains et en blessa six. Le gendarme Voiten fut le seul blessé ; il reçut un coup de lance au côté.

Huit jours suffirent à la petite armée française pour arriver au pied de ces hauteurs. Elle n'eut chemin faisant qu'un combat sérieux à livrer, au moment où elle quitta les terres plates pour gravir les escarpements des plateaux. Pendant deux heures et demie la victoire fut disputée ; mais enfin le courage triompha du nombre, et vainement harcelés par des pelotons de guérillas, les Français ne s'arrêtèrent qu'à trois kilomètres de Puebla ; il fut facile de reconnaître dès le premier examen, qu'avant d'attaquer la ville il importait d'occuper les fortifications de Guadalupe et de Loreto.

Le 5 mai, à onze heures et demie du matin, deux bataillons de zouaves se mirent en marche en colonnes à distances entières, par division ; ils avaient entre eux la batterie montée du capitaine Bernard et quatre pièces de la batterie montée de marine, commandée par le capitaine Mallat. Le 99e de ligne et quatre compagnies d'infanterie de marine protégeaient le convoi que le comte de Lorencez avait eu le soin de faire masser.

A la gauche de la colonne d'attaque, les chasseurs à pied tenaient en respect les tirailleurs mexicains. A la droite, la cavalerie ennemie était repoussée par les fusiliers marins et par une batterie de montagne.

Entre la colonne d'attaque et le convoi était la cavalerie française.

Les zouaves décrivirent un long circuit, afin d'aborder la position de Guadalupe par des pentes accessibles ; à deux mille deux cents mètres, quoique salués par une vive canonnade, ils se déployèrent en bataille, tandis que les deux batteries ouvraient leur feu. Au bout de trois quarts d'heure, prêts à s'élancer, elles se portèrent plus à droite afin de battre plus directement la face que les zouaves devaient enlever. La batterie Mallat se plaça à une certaine distance de la batterie Bernard pour rendre le feu des Mexicains plus divergent, et le général fit avancer les zouaves contre le pied de la hauteur, de manière à les défiler des feux du fort.

La disposition du terrain ne permit pas de faire une brèche praticable ; n'ayant pas d'ailleurs le matériel de siège nécessaire pour détruire la forteresse de Guadalupe, le général résolut de tenter une attaque de vive force. Les zouaves, prêts à s'élancer, étaient arrivés à mi-côte ; le comte de Lorencez envoya chercher quatre compagnies de chasseurs à pied en leur prescrivant de gravir les pentes à la gauche des zouaves, de façon à diviser la défense de l'ennemi. Il ordonnait en même temps au régiment d'infanterie de marine, aux fusiliers marins et à la batterie de montagne d'appuyer le 1er bataillon de zouaves qui occupait la droite, et prit un bataillon du 99e de ligne pour remplacer, comme réserve, derrière nos colonnes d'attaque, l'infanterie de marine et nos fusiliers marins.

Pendant que ces mouvements s'exécutaient, une section du génie partait avec chaque colonne d'attaque, emportant des planches munies d'échelons cloués et des sacs à poudre destinés à faire sauter la porte du réduit. L'artillerie montée cherchait en vain à se frayer un chemin pour gravir la hauteur et se rapprocher du fort.

Au signal donné, les zouaves et les chasseurs à pied s'élancèrent avec l'intrépidité intelligente traditionnelle dans ces deux corps ; ils firent ce que les troupes françaises seules savent faire : ils arrivèrent sous un feu terrible d'artillerie et de mousqueterie, de boîtes et d'obus à balles, jusque dans les fossés du fort ; quelques-uns parvinrent à se hisser sur le mur, où ils furent tués, à l'exception du clairon Roblet, des chasseurs à pied, qui s'y maintint pendant quelque temps en sonnant la charge. Mais le couvent fortifié de Guadalupe, qui avait été décrit comme une position de peu d'importance, était armé de 10 pièces de canon de 24, sans compter les obusiers de montagne placés sur les plates-formes et dans les clochers ; trois lignes de feu de mousqueterie superposées avaient été établies au moyen de sacs à terre disposés sur les terrasses ; deux mille hommes, au moins, commandés par le général Negrette, étaient renfermés dans le fort, avec une artillerie bien servie.

Le 1er bataillon de zouaves, l'infanterie de marine et les fusiliers marins, en effectuant leur mouvement en avant, avaient rencontré sur leur droite le feu des batteries de San-Loreto, et, entre ce fort et Guadalupe, cinq bataillons d'infanterie sur trois lignes ; ils avaient été chargés par la cavalerie mexicaine et arrêtés ainsi à 100 mètres du fort.

Cependant les assaillants ne se décourageaient pas ; leur chef allait faire passer en avant deux compagnies de zouaves qui étaient en réserve auprès de lui, lorsque survint une de ces trombes tropicales, en comparaison desquelles les plus violents orages de nos climats ne sont que de simples averses. Les ténèbres se firent au milieu du jour ; les cataractes du ciel s'ouvrirent, et les escarpements ravinés, détrempés par la pluie, s'éboulèrent sous les pieds chancelants des soldats.

Il fallut se retirer. « Je me disposais, dit dans son rapport le général de Lorencez, à faire passer en avant deux compagnies de zouaves que j'avais près de moi en réserve à mi-côte, lorsqu'un orage tropical, obscurcissant l'air, vint fondre sur nous et détremper les terrains à tel point qu'on ne pouvait se tenir debout sur les pentes qu'on venait de gravir.

« L'impossibilité de soutenir plus longtemps cette lutte héroïque m'étant démontrée, je fis redescendre les bataillons engagés, en profitant des plis de terrain, et je les arrêtai au pied du coteau pour y reprendre leurs sacs.

« Il me restait à évacuer mes blessés, que j'avais pendant le combat fait porter dans une ferme située à 2,200 mètres du fort. Je les fis sortir par petites fractions, afin d'éviter le feu de l'artillerie de Guadalupe, qui continuait à tirer sur tous les groupes.

« Lorsque cette opération fut terminée, la nuit était sur le point de tomber, et mes troupes se retirèrent au camp en échelons, avec le plus grand ordre, et sans que les Mexicains osassent s'avancer contre elles.

« Pendant le plus fort du combat, les deux compagnies de chasseurs à pied qui avaient été laissées dans la plaine, se trouvèrent enveloppées par une nuée de cavaliers soutenus par l'infanterie ; ces deux compagnies firent sous mes yeux une défense telle que je ne savais qu'admirer le plus, ou de ceux qui marchaient sous le feu de Guadalupe, ou des chasseurs

de Zaragoza, que le *Moniteur universel* du 15 juin 1862 n'a pas dédaigné de reproduire, car rien n'est plus glorieux et plus honorable que les éloges accordés par un adversaire.

Rapport sur la défense de Puebla, par le général Zaragoza.

Armée de l'Est, quartier du général en chef.

« Après avoir commencé mon mouvement rétrograde à partir des cumbrès de Aculcingo, je suis arrivé dans cette ville le 3 de ce mois, ainsi que j'ai eu l'honneur d'en informer Votre Excellence. L'ennemi me suivit à une petite journée de distance, et ayant laissé à l'arrière-garde la seconde brigade de cavalerie, composée d'environ 300 hommes, pour qu'elle lui fît obstacle autant que possible, je me postai à Puebla. Je don-

Débarquement à la Vera-Cruz.

qui, sans s'étonner du nombre des ennemis qui les entouraient, se rallièrent avec le plus grand calme et tuèrent ou dispersèrent les cavaliers qui se précipitaient sur eux. »

« Dans ce glorieux combat, furent tués quinze officiers, parmi lesquels le sous-intendant militaire Raoul, qui, dans l'organisation de tous les services administratifs, avait su joindre à une grande supériorité de vues une activité remarquable. »

Un témoin oculaire raconte ainsi ce douloureux événement : « Je me trouvais avec mon sous-intendant et mon officier d'administration à l'ambulance volante ; les boulets et les obus sifflaient au-dessus de nos têtes, mais sans nous toucher. Malheureusement il n'en fut pas ainsi de notre brave sous-intendant militaire, M. Raoul. Il se trouvait à cent mètres de nous, au milieu de l'état-major, veillant à tout, avec son sang-froid, avec son habileté ordinaire. Soudain un boulet l'atteignit ; il tomba.....

« Te dire la douleur que cette mort nous a causée est impossible ; car ce n'était pas seulement un excellent administrateur, c'était aussi un excellent homme. »

A côté du rapport du général de Lorencez, il faut citer celui

nai immédiatement des ordres pour mettre en état de défense régulière les hauteurs de Guadalupe et Loreto, et je fis terminer à la hâte les fortifications de la place, qui jusqu'alors avaient été négligées.

Dans la matinée du 4, je prescrivis au général Miguel Negleto, officier des plus distingués, de se mettre à la tête de la seconde division placée sous ses ordres, forte de 1,200 hommes, prête à combattre dès qu'il en donnerait le signal, et d'occuper les hauteurs de Loreto et de Guadalupe, qui furent garnies de deux batteries d'artillerie de campagne et d'obusiers de montagne. Le même jour, je fis former, avec les brigades Barriozabal, Diaz et Lamadrid, trois colonnes d'attaque, composées, la première de 1,082 hommes, la seconde de 1,000 et la dernière de 1,020, tous fantassins, outre une colonne de cavalerie de 550 chevaux que commandait le général Antonio Alvarez, à qui je confiai une batterie de campagne. Ces forces demeurèrent assemblées sur la place San José jusqu'à midi, après quoi elles rentrèrent dans leur quartier. L'ennemi passa la nuit à Amozoc.

« A cinq heures du matin de la journée du 5 mai, nos troupes marchèrent dans l'ordre de bataille que l'on avait assigné ; j'ordonnai au commandant général de l'artillerie, colonel Zeferino Rodriguez, de distribuer le reste de ses pièces sur les remparts de la place, en les mettant à la disposition du commandant militaire de l'État, le général Santiago Tapia. »

Qu'on nous permette de souligner et de mettre en italiques quelques phrases de la suite de ce rapport :

« A six heures du matin, on aperçut l'ennemi, *qui ne prit que le temps nécessaire pour camper* et lança ses colonnes d'attaque ; l'une, composée d'environ 4,000 hommes avec deux batteries, marchait vers les hauteurs de Guadalupe ; l'autre, de 1,000 hommes seulement, menaçait notre front. Cette attaque, *que je n'avais pas prévue, bien que je connusse l'audace de l'armée française*, modifia mon plan et me décida à la défensive. J'ordonnai en conséquence à la brigade Berriozabal d'aller au pas redoublé renforcer Loreto et Guadalupe, et au corps de carabiniers à cheval de prendre la gauche de l'infanterie pour charger au moment opportun.

« Puis après, je commandai au bataillon de la Réforme, de la brigade Lamadrid, de se porter au secours des troupes placées sur les hauteurs et qui se trouvaient de plus en plus engagées. Je fis marcher le bataillon de sapeurs de la même brigade, avec ordre d'occuper un village qui se trouve situé presque au sommet de la colline ; il y arriva si à propos qu'il arrêta la marche d'une colonne qui se dirigeait de la côte sur la même colline, en se battant pour ainsi dire corps à corps. Les Français *firent trois charges successives* et furent repoussés chaque fois ; la cavalerie postée à la gauche de Loreto, saisissant la première occasion, les attaqua vivement, ce qui les empêcha de se reformer pour tenter une nouvelle charge.

« Au moment où le combat était le plus animé sur les hau-

teurs, une *autre lutte non moins acharnée* avait lieu dans la plaine, à droite de mon front de bataille.

« Le général Diaz, avec deux corps de sa brigade, l'un des corps de la brigade Lamadrid avec deux pièces de campagne et le reste de la brigade Alvarez, rencontrèrent et refoulèrent la colonne ennemie, qui *marchait intrépidement contre nos positions*. Elle se replia vers la hacienda de San José, où elle fut rejointe par ceux que nous avions délogés de la colline, et qui, *déjà organisés de nouveau*, se préparaient à *se défendre et sonnaient de nouveau la charge*. Je ne pouvais les attaquer, parce qu'ils avaient une force numérique plus grande que la mienne. Je fis donc faire halte au général Diaz, qui les poursuivait avec ardeur, et je me contentai de conserver une position menaçante.

« Les deux forces belligérantes demeurèrent vis-à-vis l'une

Convoi de muletiers mexicains.

de l'autre jusqu'à six heures du soir. L'ennemi se retira alors dans son campement de la hacienda de los Colomes, tandis que nos soldats rentraient peu après dans leurs lignes.

« La nuit se passa sur le champ de bataille, où l'on ramassa les morts et les blessés de l'ennemi. Cette opération dura tout le jour suivant, et quoique je ne puisse dire le chiffre exact des pertes des Français, on assure qu'ils avaient eu un millier d'hommes tant tués que blessés, outre huit ou dix prisonniers. »

Interrompons-nous ici pour faire observer qu'il est naturel à tous les belligérants d'exagérer les pertes de l'ennemi. Le général Zaragoza use de cette faculté ; mais une lettre digne de foi, datée de Puebla et communiquée au *Moniteur*, rétablit la vérité. Déjà, à la date du 10 mai, on admettait à Puebla que l'armée mexicaine avait perdu 240 blessés et 140 morts, et que l'armée française n'avait eu que 142 hommes hors de combat.

L'armée française s'est battue avec beaucoup de vigueur ; telles sont les paroles par lesquelles, dans la conclusion du rapport

2

du 9 mai 1862, le général Zaragoza rend hommage à nos troupes.

Un témoin nous raconte aussi les événements qui suivirent la journée du 5 mai :

« Nous dûmes, après cette attaque, retourner en arrière, pour attendre les renforts qui, dit-on, nous sont envoyés de France. Le 18 mai, nous étions de retour à Orizaba, sans que l'ennemi eût osé nous attaquer. Deux faits d'armes illustrèrent cette retraite. Le premier eut lieu à un village nommé San-Augustin del Palmar, Notre interprète, avec quatre chasseurs d'Afrique, fit prisonniers trente cavaliers mexicains, dont le chef, qui était un des plus fameux bandits, fut fusillé, puis pendu à un arbre, avec un écriteau portant ces mots : *Voleur et assassin!*

« Le second fait d'armes eut lieu le 18 mai. Le général mexicain Marquez était venu la veille au soir visiter notre général avec sa troupe, qui se compose d'environ quinze cents hommes, pour se joindre à nous. Le 18, à trois heures de l'après-midi, à environ quatre lieues d'Orizaba, le général Marquez envoya prévenir le 99e de ligne qui se trouvait au village d'Ingenio, où il gardait les montagnes, qu'une partie de Mexicains, sous les ordres de Zaragoza, général au service de Juarez, se disposait à l'attaquer. Aussitôt, le colonel du 99e de ligne envoya le deuxième bataillon de son régiment au secours du général Marquez. Nos soldats, prenant un ravin pour tourner les troupes de Zaragoza, arrivèrent sur le sommet du mamelon, juste au moment où l'ennemi passait le défilé situé au-dessous. Il se trouva ainsi pris entre deux feux. Le bataillon du 99e et les cavaliers du général Marquez le chargèrent avec une telle vigueur, qu'à six heures du soir il avait disparu.

« Nos soldats se sont couverts de gloire dans cette affaire ; ils ont pris un drapeau à l'ennemi, fait 1,200 prisonniers, tué ou blessé 400 hommes environ. Les pertes du bataillon ont été de 2 hommes tués et 26 blessés. »

Réinstallé à Orizaba, le général de Lorencez s'occupa d'assurer les communications avec la Vera-Cruz. Les parties des ponts détruites par l'ennemi furent restaurées ; des rampes établies pour le passage des voitures ; les ouvriers, protégés par le régiment d'infanterie de marine, les zouaves et le contingent de Marquez, auquel on accorda des rations de vivres, avec indemnité pour les chefs.

Les rues d'Orizaba se coupent à angle droit. Cette disposition permit de construire des retranchements flanqués les uns sur les autres et formant un triangle sorte le réduit du général, placé dans le principal quartier de la ville.

L'amiral Jurien de la Gravière, qui revenait en France, écrivait, à la date du 10 mai, à bord du *Montézuma* :

« Voici, en quelques mots, dans quelle situation je laisse les affaires au Mexique. Le mouvement excité par le débarquement prématuré des Espagnols est complètement apaisé que j'ai pu revenir d'Orizaba à Vera-Cruz sous l'escorte d'une petite troupe mexicaine. L'armée opposante est tellement désorganisée, tellement ébranlée par la crainte des désertions, qu'elle n'a pas su défendre la position des Cumbrès contre notre avant-garde, qui n'a eu, dans cette brillante affaire, qu'une trentaine de blessés.

« Les troupes débarquées avec le général comte de Lorencez sont dans l'état le plus florissant. Le petit nombre de malades laissés à Orizaba appartiennent presque tous à la première colonne qui a si longtemps séjourné dans la terre chaude. Dans la flotte, des frégates n'ont pas un seul malade ; l'état sanitaire des vaisseaux n'est guère moins satisfaisant. La ville de la Vera-Cruz est seule devenue le foyer d'une épidémie qui a déjà fait de ces victimes bien regrettables, mais qui doit approcher, m'assure-t-on, de sa période de décroissance. »

Dans les premiers jours de juin, les généraux Zaragoza et Ortega, à la tête d'environ douze mille hommes, se rapprochèrent d'Orizaba. Leur attaque paraissait imminente ; pourtant, après trois ou quatre jours d'hésitation, elles différèrent.

Elles revinrent, le 12 juin, camper sur le Borrego, montagne qui s'élève auprès de la petite ville d'Ingenio, à quatre kilomètres en avant d'Orizaba. De prétendues propositions d'accommodement furent envoyées au comte de Lorencez par Zaragoza ; il n'était muni d'aucune autorisation de son gouvernement : mais, disait-il, « je crois que mon gouvernement ne

désapprouvera pas cette nouvelle manifestation en faveur de la paix, car je puis, sans outre-passer mes pouvoirs, faire tous mes efforts pour éviter l'effusion du sang entre les fils de deux nations qui ne sont ennemies qu'en apparence, par suite d'une erreur et grâce à des intrigues. Telle a, du reste, été depuis le commencement des hostilités, la croyance du cabinet constitutionnel. » Le général de Lorencez repoussa avec indignation les propositions du commandant en chef mexicain. Il lui était impossible, au reste, d'entamer des négociations régulières, car tous les pouvoirs politiques étaient concentrés entre les mains de M. Dubois de Saligny.

Deux compagnies du 99e de ligne, dans la nuit du 13 au 14 juin, portèrent sur le sommet du mont Borrego la meilleure réponse qu'il convenait de faire à Zaragoza. La dépêche suivante du général de Lorencez rend compte de ce brillant fait d'armes :

                              « Orizaba, le 24 juin 1862.

« Monsieur le maréchal,

« J'ai l'honneur de rendre compte à Votre Excellence des faits qui se sont accomplis depuis mon dernier rapport, daté du 11 de ce mois.

« Le 12 juin, le général Zaragoza, qui était encore à Palmar, arriva avec son corps d'armée à Temacalucan, à six kilomètres d'Ingenio et douze d'Orizaba. Vers sept heures du soir, il m'envoya un parlementaire porteur d'une lettre étrange dans laquelle il m'offrait une capitulation qui aurait pour condition principale l'évacuation, dans un temps donné, du territoire de la république.

« Je savais que le corps de 5,000 hommes du général Ortega, parti de Jesus-Maria, s'avançait vers ma droite du côté nord de la ville. Le 99e, bien que dans une excellente position défensive, se trouvait dès lors trop en l'air, et j'avais besoin de ce régiment pour défendre Orizaba, dont la garnison se trouvait diminuée par le départ de 2,000 hommes que le général Marquez avait dirigés sur la Vera-Cruz. Il y avait intérêt à gagner du temps pour faire revenir le 99e ; je fis donc taire un instant mon indignation pour adresser au général Zaragoza une réponse évasive.

« J'envoyai en même temps un officier à Ingenio avec ordre de ramener le 99e pendant la nuit à Orizaba. Ce régiment me rejoignit en effet le 13, à six heures du matin, dans l'ordre le plus parfait, sans avoir laissé le moindre objet à Ingenio et sans avoir été inquiété dans sa marche. Peu de temps après son arrivée, les éclaireurs ennemis se tiraillaient avec les miens.

« La journée du 13 fut employée aux dernières dispositions de défense.

« Dans la nuit du 13 au 14, le colonel L'Hérillier, commandant le 99e, fut prévenu que l'ennemi prenait position sur la cime du mont Borrego, jusqu'alors jugée inaccessible. Il donna l'ordre à la 3e compagnie du 1er bataillon de son régiment d'en gravir les pentes à pic et dépourvues de tout sentier, d'en chasser l'ennemi et de s'y maintenir à tout prix. Après avoir gravi pendant une heure et demie des pentes d'un accès presque impossible, M. le capitaine Detrie fut assailli, vers une heure et demie, par une vive fusillade. Loin d'en être ébranlé, il se précipita sur l'ennemi et lui enleva trois obusiers de montagne, dont deux venaient de faire feu sur lui.

« Cependant le sommet du mont Borrego n'était point encore atteint ; l'ennemi était nombreux ; le lieutenant Sombret, le sergent-major Gat et le sergent-fourrier Croz étaient blessés. Le capitaine Detrie maintint sa compagnie en position en la faisant reposer, ne doutant pas que des renforts ne lui fussent envoyés. En effet, la 2e compagnie du 1er bataillon vint le rejoindre à trois heures et demie du matin ; MM. les capitaines Detrie et Leclère organisèrent leur colonne d'attaque et s'élancèrent sur l'ennemi à la baïonnette, aux cris de vive l'Empereur. Les Mexicains revinrent deux fois à la charge et ils furent deux fois repoussés. Le capitaine Detrie a été blessé à la main, son revolver broyé, ses vêtements criblés de balles ; mais la position appartenait définitivement à la 3e et à la 2e compagnie du 1er bataillon du 99e.

« Ces deux compagnies s'étaient trouvées en présence de trois corps de l'armée du général Ortega. Ces trois corps formaient environ 2,000 hommes ; 2,500 fantassins et 500 cavaliers étaient restés dans la plaine, au pied de la montagne.

« Malheureusement, monsieur le maréchal, le combat du

mont Borrego ne peut se décrire; mais quand on a vu les positions, et que, surtout en les gravissant soi-même, on s'est fait une idée des difficultés surmontées dans la nuit la plus profonde, on n'hésite pas à proclamer l'héroïsme de cette poignée de vaillants soldats.

« La 3ᵉ compagnie a eu cinq tués et dix-sept blessés; la 2ᵉ compagnie a eu seulement un blessé.

« Les résultats de ce glorieux combat sont les suivants : environ 250 Mexicains restés sur le champ de bataille, morts ou grièvement blessés; 3 obusiers de montagne, 1 drapeau, 3 fanions de bataillon, 200 prisonniers étaient restés entre les mains de cent quarante de nos soldats; un général, trois colonels, deux lieutenants-colonels avaient été tués; tout le corps du général Ortega, y compris les 3,000 hommes restés dans la plaine, en fuite et complétement dispersés.

« Pendant la nuit, le corps du général Zaragoza avait ouvert une parallèle à 1,200 mètres en avant de la porte de Puebla, entre la route et le Rio Blanco; un large fossé de culture formait le prolongement naturel de cette parallèle entre la route et une dérivation du Rio Blanco. Dix-huit pièces, dont deux de siége, étaient réparties sur cette ligne en plusieurs batteries.

« Le 14, à cinq heures du matin, les Mexicains ouvrirent un feu très-vif d'artillerie sur nos batteries, et leur tir venait converger sur un petit espace. Nos batteries n'avaient pas encore une épaisseur de parapet suffisante; il fallut répondre au feu de l'ennemi et continuer le travail. Les artilleurs, les sapeurs du génie et les travailleurs des zouaves et du 99ᵉ rivalisèrent de courage et de dévouement. Je citerai particulièrement à Votre Excellence M. Denans, aspirant de marine de 1ʳᵉ classe, commandant une section de montagne qui, presque à découvert, a dirigé son feu avec une grande précision pendant une heure.

« A défaut de sacs à terre, le général Douay, chargé de la défense de cette partie de la ville, a employé des balles de coton pour faire des épaulements et protéger ses troupes contre le feu de l'ennemi.

« M. le lieutenant Bailly, de la batterie montée de marine, et M. le lieutenant de Condé, de la batterie montée de terre, ont fait preuve de courage et de sang-froid dans le commandement de leur section.

« Pendant que ces événements se passaient à la porte de Puebla, les deux autres sections de la batterie Bruat prenaient leur position de combat au nord de la ville avec le 99ᵉ, et lançaient quelques obus sur des groupes de cavaliers qui se montraient.

« Vers deux heures, M. Bonnet, capitaine en second de la batterie de montagne, avait dirigé avec succès sur les assiégeants le feu des obusiers mexicains pris par le 99ᵉ.

« A huit heures, le génie commença sur notre gauche une tranchée destinée à étendre notre action jusqu'au Rio Blanco.

« Le soir, tout le monde était trop fatigué par deux nuits sans sommeil pour pouvoir songer à une action de vive force sur les batteries de l'ennemi. Cette opération fut ajournée au lendemain.

« Mais les résultats du combat de nuit des deux compagnies du 99ᵉ avaient jeté l'épouvante dans le corps de Zaragoza, et il avait profité de la nuit du 14 au 15 pour évacuer sa position et se mettre en pleine retraite sur la Canada de Istapan et San Andrés.

« J'ai fait détruire les travaux de l'assiégeant, continuer les nôtres et construire deux maisons fortifiées au Borrego.

« J'ai eu l'honneur de rendre compte à Votre Excellence, dans une lettre du 11 juin, que je faisais donner des rations de vivres aux soldats de Marquez employés à protéger nos convois d'Orizaba à Vera-Cruz; j'étendrai cette mesure au corps entier.

« M. le général Douay a apporté dans la défense d'Orizaba le concours de toute son activité et de tout son dévouement; le service de l'artillerie a été parfaitement dirigé par M. le chef d'escadron Michel, et M. le capitaine de Coutpont, commandant le génie, mérite des éloges particuliers, ainsi que tous les officiers, sous-officiers et soldats sous ses ordres.

« L'état sanitaire est très-bon; le moral est parfait. Nos blessés se rétablissent d'une manière surprenante.

« Agréez, etc.

« Le général de division commandant le corps expéditionnaire du Mexique,

« Comte DE LORENCEZ. »

Quel rapport, quels combats! quel courage, que celui que n'ébranlent ni les fatigues, ni les privations, ni les maladies, ni les ardeurs d'une atmosphère tropicale. Que lui importe le nombre des ennemis! une sommation inacceptable est adressée au commandant en chef du corps expéditionnaire; on y répond par une victoire. Deux compagnies d'infanterie, sous les ordres des capitaines Detrie et Leclère, se trouvent en face de deux mille hommes retranchés dans une position jugée inaccessible; elles s'avancent sous une pluie d'obus et de balles; elles gravissent les escarpements du mont Borrego; et non-seulement elles se rendent maîtresses du sommet, mais encore leur triomphe détermine la fuite d'un corps de trois mille hommes qui se tenait en observation dans la plaine. Après d'inutiles tentatives contre les fortifications d'Orizaba, les troupes dirigées par Zaragoza se retirent, et, malgré deux jours entiers d'insomnie et de lutte incessante, les assiégés n'hésitent pas à faire une sortie pour détruire les travaux de l'assiégeant et accroître leurs moyens défensifs. Ce sont là des faits héroïques qui exciteront l'admiration de tous. Le résultat matériel des glorieux combats des 13 et 14 juin n'est rien en comparaison de l'effet moral qu'ils produisirent. Si le prestige du nom français avait besoin d'être relevé, il le serait par ces traits de courage, auxquels toutes les nations applaudissent comme nous.

Ces combats, dont Ingenio et le Borrego furent le prix, garantirent la tranquillité de l'établissement militaire d'Orizaba. Le 99ᵉ de ligne y prit cinq drapeaux, que le capitaine d'état-major Hubert Castex, aide de camp du général de Lorencez, présenta à l'Empereur le 15 décembre 1861, et qui furent déposés dans l'église des Invalides.

Le général Zaragoza se chargea d'expliquer ainsi sa défaite :

Rapport de M. le général Zaragoza.

« Armée d'Orient. — Général en chef. — En vue d'exécuter les ordres reçus pour l'attaque d'Orizaba, les divisions et les brigades firent leurs mouvements respectifs en avant; mais, pour des raisons dont je n'ai pas encore connaissance, le citoyen général Jesus-Gonzalès Ortega n'occupa pas le monticule appelé le Borrego à onze heures et demie du matin de la journée du 13, et qui était l'heure fixée pour une attaque combinée sur l'Angostura, passage qu'il fallait nécessairement forcer en attaquant avec avantage le flanc droit de l'ennemi, appuyé sur la même hauteur, pour développer les opérations de l'attaque, après avoir réduit l'ennemi au contour de la ville.

« Le monticule du Borrego ne fut occupé qu'à une heure de l'après-midi; dès lors je ne pouvais plus disposer d'un temps suffisant pour faire replier l'ennemi et établir à nouveau mon camp avec toute la sécurité désirable; je dus donc m'établir avec le reste de l'armée à mille pas de l'entrée d'Orizaba, en faisant couvrir ma gauche par la brigade Antillon, ma droite par la division Berriozabal, et mon centre par la division Negrete, placée à l'arrière-garde comme colonne de réserve, avec 22 pièces de bataille des deux côtés de la route.

« Je remis donc l'attaque à aujourd'hui, au point du jour, afin de réaliser les opérations concertées d'avance, et j'ordonnai au citoyen général Gonzalez Ortega d'appeler l'attention de l'ennemi par le flanc droit de celui-ci, lorsque le jour commencerait à paraître et lorsque notre ligne commencerait son feu d'artillerie.

« « Mais malheureusement il est arrivé, suivant ce que j'ai pu comprendre des informations que m'ont fournies quelques officiers dispersés de la division Ortega, que, par suite d'une négligence, l'ennemi est parvenu à surprendre, à la faveur des ténèbres de la nuit, une partie de cette division et l'a délogée de la position qu'elle occupait; aussi ai-je vainement attendu la coopération de cette division à l'heure de l'attaque. L'ennemi répondit à un feu d'artillerie et se maintint ferme, assuré qu'il était de ne pas être inquiété par le flanc que la division Ortega devait menacer, et, dans cette confiance, il détacha même sur notre ligne une colonne qui fut complétement repoussée.

« Dans le reste de la journée, il n'y a eu que quelques coups de canon tirés de loin, et des deux parts un feu de tirailleurs d'infanterie qui nous a causé 18 à 20 hommes blessés, presque tous gravement, et parmi lesquels on compte quelques officiers et le citoyen général Santiago Tapia : ce dernier fut blessé au pied dès le matin de bonne heure, mais la blessure est légère.

« Les faits que je viens de rapporter m'empêchèrent d'entreprendre une attaque, qui maintenant pouvait être funeste pour nous, et j'ordonnai la retraite à la plaine de l'Ingenio, où je me propose d'attendre l'ennemi pour l'attaquer avec avantage ; mais s'il ne bouge pas d'Orizaba, je me placerai sur des points convenables pour faire prendre leurs quartiers aux troupes.

« Liberté et réforme.

« Quartier général, à l'Ingenio, le 18 juin 1862.

« ZARAGOZA. »

Le général Zaragoza néglige de dire qu'il avait pour lui la supériorité du nombre : l'armée de l'Est, qu'il commandait, compte trois divisions, plus trois brigades détachées d'infanterie, deux brigades de cavalerie et un régiment d'artillerie.

La 1re division comprend les brigades Ohoran et Carbajal.

La 2e division comprend les brigades Michoacan, Puebla et Queretaro, ainsi composées :

1re brigade : 3 bataillons, dits Fijo, tirailleurs et chasseurs de Morelie ;

2e brigade : 6e de ligne, 2e et 6e de Puebla ;

3e brigade : bataillon mixte de Queretaro et 3e de Toluca.

L'effectif de cette division est évalué par le rapport de Zaragoza à 1,200 hommes, soit 150 hommes par bataillon.

La 3e division compte les bataillons suivants, dont la répartition par brigades n'est pas indiquée : 1er et 2e Oaxaca, Morelos, Guerrero et sapeurs d'Oaxaca, l'Indépendance de Jucitlan.

La brigade détachée du général Lamadrid a 3 bataillons de rifleros, de la Réforme et des sapeurs. Celle du général Berriozabal comprend les bataillons Fijo de Vera-Cruz, 1er et 2e léger de Toluca, formant ensemble 1,000 hommes.

La brigade Diaz compte 1,000 hommes ; il n'est pas fait mention du nom de ses bataillons. Il en est de même de la 1re brigade de cavalerie, qui n'a que 300 hommes. La 2e brigade compte 3 régiments, les lanciers de Tolma et d'Oaxaca et les carabiniers ; en tout 550 chevaux.

On peut voir, par les noms des bataillons, que l'on avait réuni dans l'armée de l'Est tous les éléments disponibles aussi bien de la milice citoyenne que de l'armée active ; par leur effectif, qui varie de 150 à 300, combien est faible leur valeur numérique et leur organisation. La constitution avait réglé que l'armée se composerait de 26,353 hommes de troupes permanentes et de 64,946 de troupes mobilisables, en tout 91,299 ; mais il en a été de cette loi comme de toutes les autres, elle n'a pas été exécutée.

Les avantages remportés par la petite armée française sur les meilleures troupes mexicaines réunies à grands frais et considérées comme le boulevard de la patrie eurent un retentissement qui aurait décidé la fin de la guerre si les renforts avaient pu survenir en temps opportun. Un Français établi à Mexico nous écrivait quelques jours après :

« Mexico, ce 28 juin 1862.

« Le gouvernement mexicain s'est départi, contrairement à ce que nous avions cru d'abord, de la prudente réserve qu'il avait observée jusqu'ici. Non content de l'échec qu'il avait subi dans la Barranca Seca, il a voulu tenter une nouvelle épreuve au Cerro del Borrego et à Orizaba. Cette fois, l'armée mexicaine doit avoir appris ce qu'il en coûte de se mesurer contre nos soldats. Ses généraux, le général Ortega en particulier, auront beau vouloir se disculper en invoquant un ordre arrivé trop tard, ils sauront désormais ce qu'est un vrai combat avec des troupes aguerries et disciplinées comme celles de la France.

« Le brillant fait d'armes dont je veux parler a eu lieu le 14 juin, sur un point très-rapproché d'Orizaba. Menacé de deux côtés à la fois, le général de Lorencez a su, avec un rare à-propos, profiter de l'indécision et des mouvements mal combinés de l'ennemi. Après avoir pourvu à sa défense, il détacha un petit corps du 99e de ligne sur la position occupée par Ortega. C'est celle du Cerro del Borrego, monticule d'un accès difficile à cause de l'épaisse végétation qui garnit ses pentes rapides.

« Du haut de ce monticule, les Mexicains pouvaient inquiéter sérieusement la petite garnison française et faciliter par une diversion les opérations de Zaragoza. Le général de Lorencez lança nos soldats dans un moment si opportun, et ceux-ci mirent tant d'ardeur à s'acquitter de leur mission, que la position fut enlevée avant que les Mexicains qui la garnissaient eussent eu le temps de se reconnaître. En voyant ce résultat, Zaragoza fit sonner la retraite, après avoir tiré quelques coups de canon qui n'ont occasionné aucun dommage aux nôtres.

« Cette affaire a produit à Mexico une profonde sensation. On se croyait sûr du succès, d'autant plus que l'armée mexicaine était forte de près de 18,000 hommes, tandis que les Français ne pouvaient guère leur en opposer que 4,000. Du côté de ces derniers, les pertes ont été insignifiantes ; les bulletins mexicains l'avouent eux-mêmes. Les Mexicains, au contraire, ont perdu beaucoup de monde, tant tués que disparus. Le général Santiago Tapia a été blessé à la main et plusieurs officiers supérieurs sont restés sur le champ de bataille. Zaragoza a cantonné ses troupes à San Andrès Chalchicomula, Tehuacan, la Cagnada, San Agostin del Palmar, en attendant des renforts. »

A la nouvelle de l'échec du Cerro del Borrego, Doblado a adressé, le 17 juin, aux gouverneurs d'États, une circulaire dont voici la substance :

« La division de Zacatecas a éprouvé devant les portes d'Orizaba un revers d'une grande gravité. Le gouvernement, qui ne se laisse pas abattre par l'adversité, a dicté immédiatement les mesures commandées par les circonstances. Avant trois semaines, les pertes seront réparées et notre armée pourra reprendre l'offensive momentanément suspendue. Pour que ces mesures soient efficaces, il faut que chaque État complète, dans le plus bref délai possible, le contingent fixé par le décret du 17 décembre dernier. »

Comme complément de cette circulaire, le président Juarez a décrété, le 14, un subside de guerre imposé aux locataires et équivalant à un mois de loyer. Sont seuls exceptés du payement de ce subside les pauvres dont le loyer est au-dessous de quatre piastres par mois, et les employés civils et militaires dont les appointements sont grevés par le décret du 19 mai dernier. Aucune allusion n'est faite aux étrangers, chez lesquels, du reste, les collecteurs ne se sont pas présentés encore.

J'ai peine à croire cependant que les Mexicains, malgré ce que prétendent les documents officiels, entreprennent une nouvelle attaque comme celle qui vient d'avoir lieu ; mais la guerre pourrait bien dégénérer en petits combats derrière les buissons. Les guérillas commencent à pulluler dans l'État de Vera-Cruz, et elles sont officieusement renseignées par les habitants des villages et des bourgades. Il ne sort pas un convoi, une diligence de Vera-Cruz ou d'un centre de population placé sur la route qui mène à Orizaba, sans qu'elles viennent les guetter et essayer de les surprendre.

C'est ainsi que les correspondances ont été interceptées, entre la Soledad et le Chiquihuite, dans la journée du 15. Toutes les lettres apportées par le packet français et adressées au ministre de France, à Almonte et aux officiers du corps expéditionnaire, ont été saisies par les Mexicains et envoyées au général Llave.

Quelques jours auparavant, le 9, cent soixante-dix mules avaient été enlevées à Santa-Fé.

Le 10, un convoi, escorté de 30 hommes environ, était attaqué à Arroyo de Piedra par les jarochos.

Le 11, les guérilleros enlevaient sept chevaux que l'on faisait baigner dans la lagune de los Cocos, située à quelques pas de Vera-Cruz.

Si je cite ces faits, c'est pour montrer le vrai genre d'obstacles contre lesquels nous aurons sans doute à lutter, obstacles qui ne sont pas à dédaigner, si l'on songe à l'immense étendue du pays, aux forêts garnies de lianes et de végétaux épineux qui ne donnent accès qu'à ceux qui en connaissent les sentiers ; aux ravins profonds qui labourent la surface du sol et où l'habitant sait trouver un facile refuge contre toute poursuite.

Bien que les Mexicains aient montré plus de courage qu'on ne le croyait généralement, ce n'est pas leur valeur qui les protégera le plus, ce sera le climat, la configuration du sol, les steppes brûlantes et salées que l'Indien peut toujours traverser impunément.

CHAPITRE V

Tableau général des mouvements de l'armée aux ordres du général
Lorencez, depuis le 5 mai 1862.

Les opérations du corps expéditionnaire, depuis le 5 mai
jusqu'à l'arrivée du général Forey, ont été officiellement résumées par les ordres du maréchal Randon, ministre de la
guerre.

Après l'attaque infructueuse du 5 mai contre Puebla, le général de Lorencez, craignant de voir ses communications avec
la Vera-Cruz interceptées par la saison des pluies et d'éprouver
ainsi une grande difficulté pour assurer les ravitaillements de
ses troupes, songea à rétrograder vers Orizaba, où le corps
expéditionnaire arriva vers le 18 mai.

Ce fut trois jours après que parut ce remarquable ordre du
jour :

« Soldats et marins,

« Votre marche sur Mexico a été arrêtée par des obstacles
matériels auxquels vous deviez être loin de vous attendre, d'a-
près les renseignements qui vous avaient été donnés. On vous
avait cent fois répété que la ville de Puebla vous appelait de
tous ses vœux et que sa population se presserait sur vos pas
pour vous couvrir de fleurs.

« C'est avec la confiance inspirée par ces assurances trom-
peuses que nous nous sommes présentés devant Puebla. Cette
ville était hérissée de barricades et dominée par une forteresse
où les moyens de défense avaient été accumulés.

« Notre artillerie de campagne étant insuffisante pour faire
brèche aux murailles, un matériel de siége était devenu nécessaire ; nous n'avons point ce matériel ; mais, confiants dans
votre intrépidité, vous vous êtes, sans hésitation, précipités sur
des fortifications défendues par l'artillerie et par un triple
étage de mousqueterie, pendant que, sur vos flancs, vous aviez
à soutenir les efforts de plusieurs bataillons mexicains et d'une
nombreuse cavalerie.

« Vous avez fait ce que les soldats français seuls savent faire,
et les plus avancés d'entre vous étaient parvenus sur les murs
mêmes de Guadalupe, lorsqu'une pluie torrentielle, venant dé-
layer la terre, rendit les pentes inaccessibles et nous mit dans
l'impossibilité de renouveler les attaques.

« Soldats et marins, vous avez, le 5 mai, fait preuve d'un
courage héroïque, et l'ennemi a si bien appris à vous connaître
ce jour-là, que, pendant votre retraite de Puebla à Orizaba,
quoique vous fussiez embarrassés par un convoi de plus de
200 voitures, il n'a pas osé vous attaquer ni même vous inquiéter.

« A Palmar, un peloton de 22 cavaliers mexicains mettait
bas les armes devant un brigadier et quatre chasseurs d'A-
frique.

« A Aculcingo, la cavalerie du général Marquez se trouvait,
le 18, à cinq heures du soir, coupée par l'armée de Zaragoza
qui débouchait des Cumbres.

« Le second bataillon du 99ᵉ de ligne accourt d'Ingenio avec
une section de la batterie de montagne pour dégager cette cavalerie ; il se précipite sur l'ennemi avec une telle vigueur qu'il
lui enlève un drapeau, détermine la dispersion de l'armée de
Zaragoza et la reddition de 800 fantassins et 400 cavaliers.

« Le bataillon du 99ᵉ de ligne, commandé par le commandant Lefebvre, s'est couvert de gloire au combat d'Aculcingo.

« Soldats et marins ! vos faits d'armes depuis votre départ
de Cordova, le 19 avril, jusqu'à votre retour à Orizaba, le
18 mai, les difficultés que vous avez eues à surmonter seront
jugés et appréciés par l'Empereur, et soyez assurés que Sa Majesté reconnaîtra de nobles témoignages votre valeur et votre
dévouement.

« Vive l'Empereur !

« Orizaba, le 21 mai 1862.

« Le général commandant en chef,

« Comte de Lorencez. »

Il importait d'installer promptement les troupes à Orizaba, où un hôpital de 460 malades avait été laissé sous la
garde d'une section d'artillerie et de deux compagnies d'infanterie de marine présentant un assez faible effectif, mais qui
avait dû successivement s'accroître par l'incorporation provisoire des malades dont la guérison était obtenue. L'armée allait
donc rencontrer, à moitié chemin de Puebla à Vera-Cruz, une

petite place de dépôt avec une garnison et des établissements
bien installés dans un bon réduit, perfectionné encore pendant
notre absence, et où quelques ressources en vivres, en munitions, en matériel de campement et en moyens hospitaliers
avaient été prudemment ménagées. Les blessés et les malades
étaient assurés d'y trouver du repos et des soins.

La situation d'Orizaba, sous un climat salubre et d'une
douce température, l'existence de moyens de casernement indispensables à la troupe et aux animaux pendant la saison des
pluies, les facilités d'y préparer une bonne défense et de pouvoir donner plus d'extension aux établissements militaires existants, formaient un ensemble de conditions favorables au
maintien du corps expéditionnaire dans une position dont les
instructions du ministre de la guerre avaient d'ailleurs indiqué à l'avance toute l'importance militaire et politique. Il fallait évidemment la conserver à tout prix pour produire l'effet
moral qui résulterait de notre établissement dans cette localité,
pour assurer aux renforts attendus la jouissance des magasins,
manutentions et hôpitaux déjà formés, et surtout la possibilité
de sortir des terres chaudes aussitôt après leur débarquement,
en se concentrant dans une région qui, par son altitude,
échappe complètement aux atteintes de la fièvre jaune.

De Tepeaca à Orizaba, le mouvement rétrograde s'était opéré
dans l'ordre le plus imposant et avait été signalé, à la Baranca
Secca, par le beau fait d'armes du 2ᵉ bataillon du 99ᵉ de ligne
qui avait réussi à dégager les troupes de Marquez, vivement
assaillies par Zaragoza, au moment où elles cherchaient à nous
rejoindre. Dépourvu d'argent et d'approvisionnement, Marquez
comptait tout au plus 4,000 hommes sous ses ordres, tant
d'infanterie que de cavalerie, avec six obusiers de montagne.
Ses fantassins étaient presque nus, sans chaussure, sans équipement, mal armés et fort à court de munitions ; ses cavaliers
se trouvaient dans le même état de dénûment et montés sur
des chevaux très-fatigués.

Le corps expéditionnaire français, fort de 6,000 hommes
de toutes armes, rentrait donc le 18 mai à Orizaba. Pour se
couvrir du côté des Cumbres, il laissait les deux bataillons du
99ᵉ de ligne, renforcés de la batterie de montagne, au village
d'Ingenio, situé dans un endroit resserré de la vallée du Rio
Blanco et à cheval sur un cours d'eau. Toutes les troupes et la
plus grande partie des chevaux ou mulets étaient logés tant à
Ingenio qu'à Orizaba, et soustraits ainsi aux dangers les plus
sérieux de la saison des pluies. Les moyens d'augmenter la
force défensive de la position étaient activement étudiés. On
s'occupait sans relâche de l'organisation de tous les services administratifs, principalement de celle des hôpitaux.

En pourvoyant ainsi aux besoins les plus pressants, le commandement avait à se préoccuper, en même temps, des dispositions à prendre pour se relier avec la Vera-Cruz, d'où
force allait être de tirer la plus grande partie des subsistances,
une quantité considérable de matériel de campement et des hôpitaux, les munitions nécessaires au remplacement de celles
consommées pendant la campagne, les effets d'habillement et
de linge et chaussure laissés aux petits dépôts des corps, et
enfin une certaine quantité de numéraire. La caisse de l'armée,
garnie pourtant de plusieurs millions en traites, ne pouvait
parvenir à réaliser dans le pays quelques centaines de piastres.

Avec un effectif de 4,500 à 5,000 combattants, il était impossible, sans s'exposer à être faible partout, à échelonner, par
l'établissement de postes permanents, la distance de 33 lieues
qui sépare Orizaba de Vera-Cruz et que l'on parcourt sur une
route frayée, il est vrai, mais nullement entretenue depuis fort
longtemps, qui est toujours en très-mauvais état, impraticable
aux voitures pendant les grandes pluies, et sur laquelle se rencontrent plusieurs passages difficiles à franchir en présence de
l'ennemi. Il fut donc décidé que l'on se bornerait à occuper,
sur cette route, le Fortin, Cordova, Potrero et Chichihuitte
qui se trouvent encore dans la terre tempérée, et qu'on s'as-
treindrait invariablement à faire escorter par une force en état
d'agir isolément les convois qui allaient être dirigés, sans dis-
continuité, d'Oribaza sur Vera-Cruz pour y prendre des chargements. L'occupation de Soledad, dont l'importance était vivement sentie, mais qui eût été, à cette époque de l'année,
très-dangereuse sous le rapport sanitaire, fut remise au moment
de l'arrivée des premiers renforts.

Après avoir laissé reposer pendant quelques jours à Orizaba
les troupes que les dernières marches avaient beaucoup fati-
guées et que la dyssenterie et la fièvre typhoïde éprouvaient en

ce moment, une colonne composée de deux bataillons d'infanterie de marine, un bataillon de zouaves, la section du génie des colonies, un peloton de chasseurs d'Afrique, une section d'artillerie de marine, une brigade de gendarmerie et une section d'ambulance, le tout donnant environ 1,500 combattants, fut dirigée le 23 mai sur Cordova, où elle arrivait le 24 avec des vivres pour quinze jours. La population de cette ville, qui nous avait toujours témoigné des dispositions hostiles, disparut presque tout entière à l'approche de nos troupes. Celles-ci furent portées, sans perte de temps, au Chichihuitte, le but principal de leur mission étant de s'assurer de la possession de cet important défilé, le passage le plus difficile de la route. Il était occupé par l'ennemi, qui en fut délogé assez facilement, mais après avoir réussi à brûler en entier les ponts existant aux deux issues, sur les rivières de l'Atoyac et du Chichihuitte.

Entreprendre la reconstruction immédiate de ces moyens de passage devenait dès lors indispensable.

Afin que les travaux considérables à exécuter sur ce point fussent activement poussés, la section du génie des colonies faisant partie de la colonne fut renforcée d'une section de la compagnie de sapeurs, maintenue jusqu'alors tout entière à Orizaba pour les besoins des travaux d'installation et de défense qu'on y exécutait en grand nombre. Il fut heureusement possible de trouver très à proximité les principales pièces de bois nécessaires. Quant aux fers et aux madriers, il fallut les demander à Orizaba, en les faisant transporter par les voitures d'administration et sous l'escorte de troupes empruntées à cette dernière place, dont la faible garnison était pourtant obligée de suffire à tant de services divers. En raison de la grande difficulté de pratiquer des rampes dans les berges rocheuses très-élevées et très-escarpées du Chichihuitte, il fallut d'abord consacrer tous les moyens dont on disposait au travaux du pont de cette rivière, sans l'existence duquel les voitures ne pouvaient passer. Mais en perfectionnant les anciennes rampes pratiquées dans les temps par Miramon sur les berges de l'Atoyac, cette seconde rivière pouvait être franchie par les voitures chargées, pourvu qu'elle restât guéable, et les travaux de son pont n'étaient pas aussi urgents. On arrêta donc de ne les exécuter qu'en second lieu, et on y suppléa en attendant au moyen d'une passerelle établie sur pilotis et en aval du pont en construction, à une certaine hauteur au-dessus du niveau le plus habituel des eaux.

Tous ces travaux étaient assez avancés dans les premiers jours de juin pour permettre à un convoi amené de Vera-Cruz par le général Douay, de franchir sans difficulté le défilé du Chichihuitte, et de faire parvenir le 10 de ce mois jusqu'à Orizaba un approvisionnement de vivres attendu avec impatience. Le pont de l'Atoyac ne fut terminé que dans le milieu de juillet. Il réunissait, comme celui du Chichihuitte, toutes les conditions de solidité désirables.

Pour fournir les travailleurs nécessaires à ces constructions et s'assurer la position définitive du défilé, le 1er bataillon du 2e zouaves fut chargé de l'occuper, et le chef de bataillon Morand fut nommé commandant supérieur de ce poste, où il commença une installation permanente en faisant élever immédiatement des abris pour l'ambulance et les magasins. Tenant ses troupes en haleine par de fréquentes reconnaissances, poussées quelquefois assez loin, il ne tarda pas à obtenir autour de lui une sécurité qui avait d'abord été fréquemment troublée par les guérillas ennemies.

Dès que les différents services furent organisés au Chichihuitte, le colonel Hennique, du 2e régiment d'infanterie de marine, commandant la colonne, en ramena la plus grande partie à Cordova, dont il prit le commandement supérieur, et où furent immédiatement exécutés des travaux de défense et d'installation assez considérables et de nature à donner de la sécurité et du bien-être à la garnison. Le poste de Cordova fut chargé de ravitailler celui du Chichihuitte, qui lui était subordonné.

A la date du 26 mai, le corps expéditionnaire était réparti de la manière suivante :

A Ingenio, 2 bataillons, une batterie de montagne;

A Orizaba, le quartier-général, 3 bataillons, 4 pelotons de chasseurs d'Afrique, 10 pièces d'artillerie, une section du génie et la plus grande partie des troupes d'administration :

A Cordova, 2 bataillons, 2 pièces d'artillerie, 1 peloton de chasseurs d'Afrique, et quelques troupes d'administration ;

A Chichihuitte, 1 bataillon, 2 sections du génie et quelques hommes du train avec des mulets.

La position du Fortin, située à moitié chemin d'Orizaba à Cordova et celle du Potrero, entre Cordova et Chichihuitte, étaient occupées par des troupes de Marquez, qui avait aussi détaché quelques cavaliers à Ingenio et au Chichihuitte. Conservant le plus gros de ses forces à Orizaba et dans les villages environnants, il s'occupait avec activité à les réorganiser; malheureusement presque tous les moyens lui manquaient, et nous n'étions guère en mesure de lui venir en aide sous ce rapport, ce que nous avons pourtant fait dans la mesure du possible. 3,500 fusils, saisis à la douane de Vera-Cruz, ont été livrés gratuitement à ses troupes, avec 3 obusiers de montagne pris sur l'ennemi. Des sommes d'argent, minimes il est vrai, puisque nous en manquions au point de ne pouvoir quelquefois faire la solde des officiers et payer le prêt du soldat, ont été avancées à nos alliés qui, malgré cette assistance, ne se sont pas trouvés en état d'escorter nos convois dans la terre chaude. Nous les avons néanmoins fait profiter de ces convois, en allouant la ration de nos propres soldats à 2,000 de ceux de Marquez, chargés d'occuper, isolément ou de concert avec nous, plusieurs des postes établis sur la ligne d'opération. Cette mesure avait pour effet d'augmenter d'une manière notable la plus grande difficulté que nous ayons eue à surmonter, celle d'assurer le service des subsistances. Nous devions espérer que la compensation se trouverait dans les services que ces troupes nous rendraient.

Les travaux de l'administration et du génie avaient pris un grand développement à Orizaba dans les premiers jours de juin. L'hôpital de San-José, situé dans l'intérieur du réduit, avait été uniquement consacré aux fiévreux, et le nombre de ses places de malades porté à 700. Des réparations aux voitures étaient en cours d'exécution, tous les murs intérieurs blanchis à la chaux, les cours et les abords déblayés d'une quantité d'immondices. Les effets de literie ne pouvaient être apportés de Vera-Cruz, où les envois de France en avaient pourtant réuni en grand nombre; il y avait été suppléé par des confections de pliants, de paillasses et l'achat de toutes les couvertures qu'on avait pu trouver. On s'était aussi procuré, par achats faits en ville à des prix très-élevés, tous les ustensiles indispensables à l'exploitation du service hospitalier. A l'hôpital de la Concordia, contenant 225 lits et placé dans d'excellentes conditions hygiéniques, on avait réuni tous les blessés. De grands travaux d'appropriation avaient dû aussi y être exécutés. Pour éviter autant que possible les rechutes des malades entrés en convalescence, un dépôt dit des convalescents fut d'abord établi à l'Escamela, puis transféré à Cocolapam. Il pouvait recevoir 180 hommes. Le génie parvint à tirer un parti très-satisfaisant de cet établissement. Pendant la marche sur Puebla, le four existant dans l'hôpital de San-José avait suffi à la cuisson du pain. On remédia à son insuffisance, après le retour, au moyen de deux fours de campagne que les ouvriers d'administration avaient déjà fait fonctionner sous les murs de Puebla. La manutention, placée très à proximité du magasin des subsistances, reçut plus tard une grande extension par la construction de fours en maçonnerie et d'accessoires.

L'éventualité d'une attaque de l'ennemi contre Orizaba, annoncée de tous côtés, imposait avant tout l'obligation d'augmenter la force défensive de cette place. On commença par pourvoir aux besoins de la défense la plus rapprochée, au moyen d'un système de barricades élevées dans les rues et se flanquant mutuellement. Chaque bataillon fut chargé, sous la direction du génie, de construire les défenses desquelles il devait être appliqué, et l'on se mit ainsi très-rapidement à l'abri d'une surprise. Après l'attaque du 14 juin, des travaux de défense très-considérables et dont nous parlerons plus tard furent élevés à l'extérieur.

L'administration avait demandé que les quelques beaux jours restant à espérer avant l'arrivée des grandes pluies fussent mis à profit pour faire entrer dans Orizaba toutes les denrées qu'il serait possible de se procurer au dehors. A cet effet, le 99e de ligne, établi à Ingenio, fut employé journellement à protéger des fourrages au sec et à fournir les travailleurs nécessaires à l'enlèvement de la paille et de l'orge existant en assez grande quantité dans les haciendas de Tecamalukan et de l'Encinal, situées sur la route de Puebla. Nous privions ainsi l'ennemi de ressources dont l'acquisition devenait d'autant plus précieuse pour nous. Une partie de la cavalerie de Marquez, mise à la disposition du colonel L'Hérillcr, du 99e, concourait à ces opérations, qui donnaient souvent lieu à des engagements, d'ailleurs sans importance, avec les troupes ennemies occupant, au nombre de 2 ou 3,000 hommes, le village d'Aculcingo et poussant de fréquentes reconnaissances vers Ingenio. Elles avaient aussi pour avantage de faciliter le passage de quelques approvisionnements de farines et de grains que nos agents se procuraient avec bien de la peine sur le plateau d'Anahuac, mais parvenaient rarement à dérober à la vigilance de l'ennemi.

Le général de Lorencez, ayant appris, le 11 juin, le coup de main exécuté le 10 entre la Pulga et Soledad, par un parti de 500 guérillas, contre un convoi de munitions expédié de Vera-Cruz, sous la protection d'une escorte insuffisante de nos contre-guérillas, demanda au général Marquez de se porter dans la terre chaude avec la plus grande partie de ses forces disponibles pour refouler les bandes descendant de Huatusco et de Jalapa, et tâcher de rétablir la sécurité sur la route qui allait être parcourue par nos convois. Marquez se prêta avec empressement à cette combinaison et partit le 12 juin d'Orizaba avec 2,000 de ses cavaliers auxquels il ne voulut joindre aucune partie de son infanterie, qu'il jugeait hors d'état d'entreprendre une marche de quelque durée. Il se chargeait d'escorter quatre-vingts de nos voitures d'administration allant prendre un chargement de vivres à Vera-Cruz et de ramener ce convoi à Orizaba.

Dans la soirée du jour où Marquez se mettait en route, nous fûmes prévenus, par une insolente bravade de Zaragoza lui-même, qu'il se trouvait à Tenacalukan, en marche sur Orizaba, où il se proposait de nous attaquer.

En conséquence, le colonel L'Hérillcr reçut l'ordre, dans la nuit du 12 au 13 juin, d'évacuer immédiatement Ingenio et de ramener le 99e à Orizaba, où il entrait de grand matin, suivi de très-près par l'ennemi.

La seule action importante, mais tout à fait décisive de la défense d'Orizaba, fut l'éclatant fait d'armes du capitaine Détrie, qui, à la tête d'une compagnie du 99e, enleva les formidables hauteurs du Borrego, dominant le réduit de la place, à mille mètres de distance, et que nous aurions dû certainement occuper à l'avance, afin d'être en mesure d'empêcher l'ennemi de s'y installer. On doit faire observer, à cette occasion, que si le général Ortega est parvenu à s'établir avec une partie de ses troupes et sans éveiller l'attention des Français, en temps opportun, sur les hauteurs du Borrego, c'est qu'il a trouvé le moyen, pendant la nuit, de tromper la vigilance des postes de nos alliés, qui, sous les ordres du général Tabouada, avaient pour mission expresse d'observer les positions situées au nord et à l'ouest d'Orizaba.

Ce fut du côté du nord-ouest qu'Ortega profita d'un terrain très-boisé pour s'engager sur des pentes d'un parcours plus long, mais par lesquelles il est bien plus facile d'atteindre le sommet du Borrego que par celles qui tombent directement sur la ville, et étaient réputées inaccessibles avant d'avoir été gravies, ainsi que nos soldats. Exécutant un mouvement de flanc très-risqué, il défila avec trois obusiers de montagne et presque toute sa division à petite distance des postes de Tabouada, qui ne s'aperçurent de rien et ne cherchèrent même pas ensuite à inquiéter son mouvement de retraite. La vigueur véritablement exceptionnelle du capitaine Détrie contraignit l'ennemi à abandonner les entreprises déjà commencées sur d'autres points et à se mettre précipitamment en retraite. Cette attaque avait tourné à une entière confusion. Nos troupes y acquirent l'ascendant des armes et d'utiles enseignements. Pour les mettre à profit, le Borrego fut occupé d'une manière permanente par un poste de 100 hommes auxquels il fallait journellement porter de l'eau à une hauteur de plus de 300 mètres. Un chemin muletier qu'on mit quarante jours à exécuter, des ouvrages de campagne habilement tracés, avec des abris pour la troupe dans leur intérieur, complétèrent l'établissement créé sur ce point important.

Le génie et l'artillerie ajoutèrent tous les jours, à partir de ce moment, aux moyens de défense d'Orizaba. La construction de trois batteries et d'une ligne de contre-approche en forme de crémaillère, en avant de la porte de Puebla et se dirigeant vers le Rio Blanco sur une longueur de 600 mètres, avait été commencée dès le 13 juin. Elle fut activement poursuivie. On profita du barrage du canal qui passe en cet endroit pour y faire les préparatifs d'une inondation à tendre vers la droite en in-

troduisant l'eau dans un ancien fossé protégé par un redan déjà existant et susceptible de recevoir de l'artillerie. Une batterie de deux pièces et un petit retranchement pour la protéger furent établis au sud dans le but d'interdire à l'ennemi l'accès des ponts de Jatapilla qui franchissent le Rio Blanco et le Rio d'Orizaba près de leur confluent.

Au nord, trois redans dont l'emplacement était tout naturellement indiqué par trois petits mamelons découvrant parfaitement la plaine furent construits rapidement, ainsi qu'une batterie de deux pièces placées sous leur protection. Du côté de l'est, deux batteries, chacune de deux pièces, furent élevées au centre de retranchements d'un faible relief, mais d'un grand développement, afin de découvrir le fond d'une vallée où l'ennemi aurait pu se masser à l'abri. Enfin, le poste de l'église indienne, situé en arrière de ces derniers ouvrages et leur servant de réduit, fut fortifié avec soin. Tous ces travaux sont actuellement achevés et rendent facile la défense d'Orizaba par une faible garnison. Celle qui occupait la ville le 14 juin ne comptait pas plus de 2,800 combattants. Elle avait été attaquée par 14,000 Mexicains de l'armée de Zaragoza.

En abandonnant son entreprise contre Orizaba, le général Zaragoza avait fait repasser les Cumbres à la plus grande partie de ses forces, mais il avait laissé à Aculcingo de quoi intercepter les arrivages du plateau d'Anahuac, et particulièrement de San Andrès et de Tehuacan, centres de production d'où nos troupes auraient pu tirer des ressources en vivres. Ces ressources ne paraissaient pas toutefois présenter assez d'importance pour entraîner aux opérations qu'il aurait fallu entreprendre pour se les procurer. Il était préférable de s'enfermer dans Orizaba, en restant en mesure de fournir largement aux escortes des convois qui rapporteraient avec certitude des approvisionnements de toutes sortes de Vera-Cruz.

Orizaba n'avait été ravitaillé jusqu'alors que par deux petits convois, arrivés l'un le 10 juin, sous la conduite du général Douay, et l'autre le 12, sous l'escorte de 300 cavaliers de Galvez, établi depuis longtemps à Tejeria avec la brigade de l'armée ennemie qui s'était rangée de notre côté pendant le premier séjour que nos troupes firent à Orizaba, avant le départ de l'expédition de Puebla. Le général de Lorencez comptait sur le convoi que devait amener le général Marquez; mais celui-ci, en arrivant à Vera-Cruz avec ses 2,000 cavaliers, ayant appris l'attaque dirigée contre Orizaba, avait jugé à propos de se mettre immédiatement en route pour cette place, laissant à Tejeria les voitures d'administration qu'il avait escortées et dont il ne voulait pas attendre le chargement. Il se serait rendu bien plus utile en amenant des vivres, et tout porte à croire qu'il le désirait; mais son action sur ses troupes n'était pas assez grande pour les maintenir pendant quelques jours dans des localités où sévissait la fièvre jaune.

On en eut une nouvelle preuve lorsqu'il vint, le 23 juin, déclarer que son armée, dont la réorganisation n'était pas encore assez avancée, se trouvait hors d'état de concourir utilement à l'escorte du convoi envoyé en chargement à Vera-Cruz. Il proposait d'employer à cette opération toutes les troupes françaises stationnées à Cordova, et de se charger de l'occupation de cette place, où il irait s'établir de sa personne, avec toute son infanterie, son artillerie et un peu de cavalerie. Sa proposition fut accueillie, on n'en jugea à propos de la renforcer du bataillon de marins fusiliers et de la section d'artillerie de marine qui se trouvait déjà à Cordova et y fut maintenue. Après son départ, la garnison d'Orizaba restait composée en infanterie de quatre bataillons, savoir : le bataillon de chasseurs à pied, les deux bataillons du 99e et le 1er bataillon de 2e zouaves, remplacé au Chichihuitte par huit compagnies d'infanterie de marine, sous les ordres du lieutenant-colonel Charvet, et relevées elles-mêmes à Cordova par le 2e bataillon du 2e zouaves.

D'après les dispositions arrêtées de concert avec Marquez, le colonel Hennique partit le 26 juin de Cordova avec une colonne composée de quatre compagnies d'infanterie de marine, le 2e bataillon du 2e zouaves, deux pelotons de chasseurs d'Afrique et la section du génie des colonies, escortant jusqu'à Tejeria une centaine de voitures vides. Il avait l'ordre de les y laisser et de repartir immédiatement avec 180 voitures qui s'y trouvaient toutes chargées. C'étaient celles que Marquez avait dû nous ramener. Afin d'être en mesure de porter secours à cette colonne au cas où elle serait menacée sérieusement par l'ennemi, qu'on assurait occuper la terre chaude en grande force. Il fallut encore s'affaiblir à Orizaba, en y prenant le 1er bataillon du 99e, désigné d'ailleurs pour relever les troupes d'occupation du Chichihuite, qu'il fallait changer fréquemment en raison de l'insalubrité de cette localité. Ce bataillon, sous les ordres du commandant Souville, se met en route le 2 juillet de Cordova, et arrive le 3 au Chichihuite.

N'y trouvant pas de nouvelles du convoi, et sur l'avis que 3,000 hommes de troupes ennemies sont postés à Soledad, menaçant d'intercepter la route, il se décide, en conformité de ses instructions, à se porter au secours du colonel Hennique, qui doit être en route depuis quelques jours pour opérer son retour, et arrive le 6 à Soledad, assez à temps pour empêcher le pont d'être brûlé par les Mexicains, qui évacuent précipitamment la position à son approche. La réunion de ces deux colonnes ne s'effectua que le 9 juillet à Soledad. Parti le 4 de Tejeria, le convoi avait donc employé six jours à parcourir une distance de six lieues et demie, en luttant contre des difficultés

Le général Zaragoza.

inouïes pour tirer les voitures des terrains marécageux que traverse la route.

Obligé souvent à de très-grands détours, à tripler et à quadrupler les attelages, ne pouvant avancer qu'au moyen du travail constant des sapeurs du génie, marchant souvent pendant dix-huit heures de suite et sans pouvoir trouver un bivouac où il fût possible au soldat de rencontrer le plus petit emplacement sec pour y prendre du repos, le colonel Hennique n'atteignit Orizaba que le 21 juillet, après dix-neuf jours de la marche la plus pénible, à partir de Tejeria, quoiqu'il n'ait eu relativement que peu de pluie et sans avoir été sérieusement inquiété par l'ennemi. Pour soulager le convoi et surtout pour faire arriver plus rapidement des vivres à Cordova et à Orizaba, où ils allaient manquer, un détachement du train des équipages, fort de 125 hommes et de 180 mulets de bât, accru en route de 60 mulets d'arrieros, avait été envoyé au-devant de lui, l'avait rencontré le 13 juillet à Palo-Verde, s'y était immédiatement chargé, et rentrait le 17 à Orizaba, avec 140 quintaux de farine et 100 quintaux de biscuit que nous étions réduits à considérer, en ce moment, comme une précieuse ressource, au milieu d'une population presque affamée et commençant à émigrer.

Durant le temps que la garnison d'Orizaba ne comptait plus que trois bataillons, on n'avait pas manqué de répandre les bruits les plus alarmants ardemment propagés par les adversaires que nous avions en grand nombre dans la population. Suivant eux, nous étions à chaque instant sur le point d'être attaqués par des forces très-considérables, munies d'une nombreuse artillerie. On fit bonne garde, et aucune de ces menaces ne se réalisa. Rien de sérieux ne fut entrepris contre nous après l'attaque infructueuse du 14 juin.

Toutefois, par mesure de précaution, le général de Lorencez prescrivit au colonel Hennique, qui disposait en ce moment de la plus grande partie de nos forces, réparties sur la ligne d'opération, et que l'ennemi semblait renoncer à inquiéter, de renvoyer à Orizaba le 2e bataillon du 2e zouaves dès qu'il jugerait pouvoir s'en passer. Quatre compagnies d'infanterie de marine, prises au Chichihuite, y avaient déjà été amenées le 10 juillet.

Dès que le 1er bataillon du 99e, revenant de Soledad et précédant un peu le grand convoi, fut arrivé dans ce dernier poste qu'il était chargé d'occuper, les quatre autres compagnies d'infanterie de marine qui s'y trouvaient encore avec le lieutenant-colonel Charvet allèrent établir un camp près du pont du Rio Blanco, qu'il était devenu indispensable de réparer. Elles ne rejoignirent à Orizaba que le 30 juillet, après le complet achèvement de ces travaux de réparation exécutés sous leur protection par une section de la compagnie du génie.

Le convoi qu'on venait d'avoir tant de peine à faire parvenir jusqu'à Orizaba avait consacré près d'un mois à l'aller et au retour, et, après avoir absorbé pour les besoins de son escorte une grande quantité des vivres qu'il apportait, n'ajoutait pas aux faibles ressources existantes pour plus de vingt jours d'approvisionnements. Nous ne pouvions pas espérer, pendant la saison des pluies, obtenir une marche plus rapide, et il était d'ailleurs impossible d'augmenter les moyens de transport. Tous les efforts tentés pour se procurer des mulets de bât, avec lesquels seulement les transports sont praticables à cette époque de l'année, venaient échouer contre les mauvaises dispositions des habitants à notre égard, ou ne donnaient que des résultats insignifiants. Nous possédions à peu près tous les chariots, au nombre de deux cent soixante, existant dans le pays. Il fallait se résigner à les employer, malgré l'immense difficulté de leur circulation. D'un autre côté, la nécessité de conserver, dans les différentes positions occupées les forces nécessaires à leur défense, n'aurait pas permis de mettre en route en même temps les escortes de plusieurs convois, quand bien même nous aurions pu nous procurer un plus grand nombre de voitures.

Cet état de choses commandant la plus grande économie dans les distributions, il fut décidé, à la date du 24 juin, que la ration de pain serait réduite de 750 à 500 grammes; que les officiers n'en toucheraient plus qu'une seule, quel que fût leur grade; que la troupe ne recevrait plus que deux rations de vin par semaine, mais que la ration de viande serait portée d'abord à 360, puis à 400 grammes. Un ordre du 13 juin avait déjà prescrit la substitution du riz à la paille dans la ration de fourrage. Le moment n'était pas éloigné où il deviendrait impossible de donner du grain aux chevaux, qui n'ont été nourris que de cannes à sucre et de maïs vert pendant les mois d'août et de septembre.

L'impossibilité de faire venir de Vera-Cruz un convoi par mois avait fait perdre l'espoir de créer une réserve d'approvisionnements, sans laquelle la situation restait très-précaire. Il fallait prendre son parti de vivre au jour le jour et accepter toutes les conséquences de cette obligation.

Pour amoindrir autant que possible la gêne qui en résultait, la plus grande activité fut apportée dans l'expédition des convois. C'est ainsi que, dès le 23 juillet, après n'avoir donné que deux jours de repos aux attelages, le commandant Lefebvre se mettait en route avec 7 compagnies du 99e, 40 sapeurs du génie et 3 pelotons de chasseurs d'Afrique, escortant 108 chariots vides et 260 mulets de bât, pour se rendre à Vera-Cruz. Aucune des difficultés déjà énumérées ne lui fut épargnée pendant la route. L'ennemi avait brûlé le pont de Soledad aussitôt après le passage du convoi précédent; mais le Rio Jemmapa put être franchi au gué et n'arrêta pas sensiblement la marche de cette colonne, qui eut beaucoup plus de malades et une dizaine de cas de fièvre jaune. Partie de Tejeria le 3 août pour opérer son retour, elle n'arriva que le 10 à Passo-Ancho, employant ainsi huit jours à parcourir une distance de 15 lieues. Attaquée au Rancho-del-Sardo, elle éprouvait quelques pertes et avait plusieurs attelages de mules enlevés. Enfin le convoi dont elle faisait l'escorte, et qui n'était composé au retour que de 80 voitures, dont le chargement avait été réduit de moitié, arrivait le 17 août à Orizaba.

Pendant la marche du commandant Lefebvre, lorsqu'il était attendu d'un jour à l'autre au Chichihuitte, une reconnaissance partie de ce dernier poste arriva le 11 août à Passo-del-Macho, au moment où une bande de guerillas, qui prit aussitôt la fuite, travaillait à détruire le pont en pierre situé à proximité, et auquel il eût été extrêmement difficile de suppléer, en raison de la hauteur et de l'escarpement des berges du cours d'eau qu'il franchit. Cette circonstance détermina à le faire garder par un poste composé de deux compagnies prises dans les troupes occupant le Chichihuitte, qui n'en est qu'à 10 kilomètres. Elles furent chargées de construire, sous la direction de l'un de leurs officiers, une redoute servant de réduit à la position de Passo-del-Macho, qu'elles couvrirent aussi par quelques petits ouvrages.

Le commandant Mangin, du 1er bataillon de chasseurs, avec un convoi très-léger, composé seulement de quelques voitures et d'environ 200 mulets de bât, requis dans tous les corps, fit rapidement, et malgré le plus mauvais temps, l'aller et le retour d'Orizaba à Vera-Cruz du 10 au 24 août, et ramena le courrier de France sous l'escorte d'un peloton de 25 gendarmes qu'on s'était décidé à faire marcher en remplacement des chasseurs d'Afrique, dont tous les chevaux étaient épuisés. Les quatre compagnies de chasseurs à pied qui, avec le peloton de gendarmerie, composaient l'escorte de ce convoi, n'arrivèrent à Orizaba que le 28 août. Elles n'avaient avec elles que huit voitures auxquelles il n'avait pas fallu moins de quatre jours pour se rendre de Tejeria à Soledad, par un temps affreux et de telles difficultés de terrain qu'il devenait d'obligation absolue d'abandonner, entre ces deux points, le mode de transport par voitures. Pour y substituer celui à dos de mulet, il fallait pouvoir s'en procurer en quantité suffisante et disposer en outre des troupes nécessaires à l'occupation de Soledad, où les voitures, sans franchir le Rio Jemmapa, viendraient se charger de denrées apportées jusque-là par des convois de mulets. L'arrivée des renforts, annoncée comme très-prochaine, pouvait seule nous donner les moyens de satisfaire à ces deux conditions.

Un convoi de 75 voitures vides et de 250 mulets, escorté par deux compagnies de chasseurs à pied, trois compagnies de zouaves et un peloton de chasseurs d'Afrique sous les ordres du commandant Morand, partit d'Orizaba le 25 août avec ordre de n'y ramener que des mulets chargés, en laissant à Tejeria toutes les voitures. Elles devaient servir à la composition des convois que les troupes de renfort seraient chargées plus tard d'escorter, en venant successivement prendre dans la terre tempérée les positions qui leur étaient réservées, et fournir les moyens de transport à la portion de l'armée que le nouveau général en chef destinerait probablement à agir sur la ligne d'opération de Jalapa.

En arrivant le 29 août à Soledad, dont le pont était brûlé, le commandant Morand trouve les eaux du Rio Jemmapa extrêmement élevées, et le gué tout à fait impraticable. Aucune promesse d'argent ne peut décider un seul Indien à tenter le passage de la rivière pour aller à Vera-Cruz réclamer les moyens que la marine aurait pu fournir. Un sergent de zouaves est victime de son dévouement en faisant les efforts les plus persévérants, avec quelques autres nageurs, pour tâcher d'arriver sur l'autre rive. Il y a impossibilité absolue de trouver un passage plus facile. Mais on espère que la première colonne de renfort va franchir de l'autre côté, et qu'elle sera peut-être munie du matériel nécessaire pour établir un passage. Le commandant Morand attend donc pendant quelques jours, sous une pluie torrentielle, constamment harcelé par des guérillas, et sans que ses nageurs puissent réussir à établir une communication avec la rive gauche au moyen du câble qu'on avait eu le soin d'apporter d'Orizaba. Ses espérances ne se réalisant pas, il est obligé de rétrograder pour demander des vivres que le commandant Lefebvre lui envoie de Chichihuitte à Passo-Ancho, où il s'établit en attendant la baisse des eaux.

Toutes les difficultés, prévues d'ailleurs depuis longtemps, faisaient ressortir l'obligation impérieuse d'établir un moyen de passage assuré à Soledad, et d'occuper cette position d'une manière permanente. L'avis était parvenu à Orizaba, de l'arri-

vée, à la date du 28 août, en rade de Vera-Cruz, du renfort amené par le colonel Brincourt, composé de deux bataillons du 1er zouaves, un escadron du 1er chasseurs d'Afrique, deux compagnies du train des équipages avec voitures, mulets, et, par surcroît de prévoyance bien utile, un approvisionnement considérable de bâts, de manière à pouvoir utiliser au transport à dos tous les mulets d'attelage. En conséquence, et quoique les bruits d'une attaque projetée par l'ennemi fussent encore persévérants, il fut décidé que le 1er bataillon du 2e régiment d'infanterie de marine irait occuper Soledad, sous le commandement supérieur du lieutenant-colonel Charvet, et qu'il se mettrait en route dès qu'on aurait reçu la nouvelle de l'arrivée sur ce point de la première colonne de renfort, qui y serait provisoirement maintenue.

Le commandant du génie, ayant reçu l'ordre de faire transporter à Soledad tous les matériaux qu'il pourrait se procurer pour y établir un moyen de passage permanent, avait fait ses préparatifs avec une extrême diligence. Des cordes et des

Un ranchéro, fermier mexicain.

poulies requises dans une usine d'Orizaba, des madriers trouvés à Cordova et de gros tonneaux vides fournis par l'administration sont mis rapidement en route, avec la plus grande partie de la compagnie de sapeurs et dix matelots choisis dans le bataillon de fusiliers marins. Ce détachement rejoint le 7 septembre, à Passo-Ancho, le commandant Morand, qui, le lendemain, se reporte sur Soledad avec toutes les troupes ainsi renforcées. En arrivant il ne trouve pas encore guéable le Rio Jemmapa, mais il aperçoit sur l'autre rive la première colonne de renfort amenée par le lieutenant-colonel Labrousse, du 1er de zouaves.

Le commandant Morand apportait le matériel nécessaire à l'établissement d'un passage, et le lieutenant-colonel Labrousse un approvisionnement de vivres assez considérable. On s'occupe immédiatement de trouver le moyen de se mettre en communication. Une pirogue indienne, aperçue dans le village par les troupes du colonel Labrousse, est mise à l'eau. Assujettie par une amarre formée des cordes à parquer appartenant aux chasseurs d'Afrique, et montée par un soldat du 1er zouaves qui la dirige hardiment au moyen d'une perche, elle aborde la rive droite. Une corde peut donc être jetée d'un bord à l'autre, et la communication est ainsi établie, en dépit de la rapidité et du volume des eaux. Dans l'espace de quatre heures, le génie construit un radeau, transforme immédiatement en traille au moyen du câble et des poulies amenées d'Orizaba. Les vivres venant de Vera-Cruz sont transbordés et chargés sur les voitures vides du commandant Morand. Celles du colonel Labrousse seront renvoyées à Tejeria.

Les renseignements recueillis antérieurement avaient signalé l'emplacement d'une ancienne passerelle détruite, à 300 mètres en amont du pont brûlé. Des îlots et des rochers y formaient des piles naturelles. Le génie entreprit ainsi la reconstruction de cette passerelle, qu'il termina avec le plus complet succès dans la soirée du 10, et sur laquelle hommes et mulets chargés pouvaient passer en toute sécurité.

Ainsi, le 10 au soir, le Rio Jemmapa était franchi par un double moyen de communication ; une colonne, forte de 350 hommes, escortant 250 mulets chargés de vivres, partit aussitôt de Soledad, sous les ordres du capitaine du génie Barillon, qui avait habilement dirigé ces travaux. Elle arriva le 14 septembre à Orizaba.

La position de Soledad, gardée provisoirement par le colonel Labrousse, était d'une occupation très-difficile sous le rapport militaire. Quelques ouvrages de campagne y furent immédiatement commencés et tracés de manière à garder à la fois les deux rives du Rio Jemmapa. On entreprit aussi des travaux d'appropriation pour établir des magasins et une ambulance dans l'église et les maisons échappées à l'incendie et aux dévastations des guérillas. Aucun habitant n'était resté dans cette localité.

Le commandant Morand était rentré le 19 septembre à Orizaba, avec son convoi, surmontant pendant sa marche tous les obstacles déjà rencontrés par ceux qui l'avaient précédé dans la conduite de ces opérations.

Le lieutenant-colonel Charvet partit le même jour avec le 1er bataillon d'infanterie de marine pour relever à Soledad le lieutenant-colonel Labrousse, chargé d'occuper le Chichihuitte, tandis que le 2e bataillon du 1er zouaves et un peloton du 1er chasseurs d'Afrique, escortant un convoi de 60 voitures, venaient s'installer à Cordova sous les ordres du colonel Brincourt, désigné pour remplacer, dans le commandement supérieur de cette dernière place, le colonel l'Hériller, rentrant avec le 99e tout entier à Orizaba.

Les deux bataillons du 2e zouaves et deux pelotons du 2e chasseurs d'Afrique, avec une section de la batterie de montagne, en partirent aussitôt et s'installaient à Ingenio, où il avait été décidé que les avant-postes seraient reportés.

Nos troupes allaient avoir pour la première fois depuis longtemps une abondance de vivres qui devait contribuer, avec le retour du beau temps, à faire oublier les fatigues occasionnées par des marches d'une difficulté inouïe.

Tous les mulets du train se ressentaient beaucoup du travail incessant qui leur avait été demandé ; mais on allait pouvoir leur donner une meilleure nourriture et un peu de repos. Il était facile, avec du temps, de réparer le matériel roulant gravement avarié, et de reconstituer le convoi, composé de 260 grands chariots, qui formeront encore la ressource la plus utile qu'il soit possible d'obtenir dans le pays. Son organisation primitive avait été l'œuvre du regrettable sous-intendant militaire Raoul, tué glorieusement au combat de Puebla.

Pendant que le corps expéditionnaire du Mexique parvenait à se maintenir à Orizaba au prix de travaux de tous genres et en tirant de Vera-Cruz ses principales ressources, la fièvre jaune sévissait cruellement dans cette dernière ville, où le capitaine de vaisseau Roze, secondé par le lieutenant-colonel d'état-major Lacroix, avait à lutter contre les plus grandes difficultés.

Cette ville avait été laissée sous la garde d'une partie des équipages de la flotte et d'une seule compagnie du 99e, donnant un total de 5 à 600 hommes, dont la moitié se trouvait toujours hors d'état de servir.

Au fur et à mesure des pertes rapides et si considérables éprouvées par cette petite garnison, la marine, à force d'abnégation, était parvenue à l'entretenir au même effectif en se dégarnissant à bord de ses bâtiments, au point de les laisser avec des équipages tout à fait insuffisants.

Avec environ 300 hommes disponibles, tant marins que militaires, un personnel d'officiers de santé et d'administration très-restreint et sur lequel l'épidémie frappait à chaque instant, il fallait pourvoir à la défense de la place, mal protégée par un mauvais mur sans fossé et ouvert en plusieurs endroits du côté de la terre ; assurer le service des hôpitaux, dont le mouvement ne cessait jamais d'être considérable ; fournir les corvées nécessaires au travail pénible et dangereux, sous un climat dévorant, du débarquement et de l'emmagasinement des approvisionnements apportés par la voie de mer ; et enfin préparer et exécuter les chargements des convois dirigés sur Orizaba, opération exigeant la plus grande activité, et surtout des prévisions minutieuses pour que les différents services fussent pourvus convenablement.

Officiers, médecins, fonctionnaires de l'intendance et agents des divers services administratifs, élevant leur zèle et leur dévouement ne cessait jamais d'être considérable à la hauteur des difficultés de la situation, firent face à tout avec une énergie que les menaces incessantes de l'ennemi et l'interruption des communications avec l'armée ne faisaient qu'exalter. Grâce à tant d'efforts, il fut possible de profiter en temps utile des ressources que les convois de France venaient mettre successivement à la disposition du corps expéditionnaire.

La garnison de Vera-Cruz rendit les plus grands services à notre armée ; elle contribua pour une large part au résultat obtenu, et qui eût été impossible sans l'énergie de son concours.

Ainsi se trouvait atteint, au moment de l'arrivée des renforts, le seul but qui fût sérieusement offert à la constance et au dévouement du premier corps expéditionnaire du Mexique. Il est parvenu à s'installer fortement et à assurer sa ligne de communication avec Vera-Cruz, dans des conditions inouïes. Ce sera l'honneur de cette partie de la campagne de l'armée française au Mexique.

CHAPITRE VI

Discussion des crédits demandés pour le ministère de la guerre. — Examen du traité du 31 octobre 1861 et de la convention de la Soledad.

Le jour approchait où, comme le dit le maréchal Randon dans son rapport rétrospectif du 17 novembre, de nombreux renforts allaient changer complétement le caractère et la marche de nos opérations militaires, et marquer une phase toute nouvelle dans l'expédition française au Mexique.

Les vues qui avaient déterminé le gouvernement français depuis le commencement de la guerre, furent derechef affirmées, à la séance législative du 26 juin, à l'occasion des crédits demandés pour le ministère de la guerre.

M. Jules Favre présenta sur l'expédition et sur la manière dont elle était conduite, des observations que M. Billault se chargea de réfuter victorieusement. Ce fut un grand tournoi oratoire, où chacun des antagonistes déploya autant de réserve que de talent ; le public recueillit avec avidité les explications données par le ministre ; c'était la première fois qu'il entrevoyait les causes obscures de la rupture qui avait éclaté brusquement entre les trois puissances signataires de la convention de Londres.

M. Jules Favre entra en matière en rappelant que lorsque, quelques jours auparavant, le gouvernement était venu demander à la Chambre des subsides pour dégager un corps d'armée arrêté par des obstacles inattendus, il avait rencontré une adhésion unanime. C'est qu'en effet, secourir nos concitoyens menacés, faire respecter notre drapeau, c'est là un devoir pour tous sans acception d'opinions ; et quand le gouvernement satisfait à de telles nécessités, il n'a pas d'opposition à redouter.

« Toutefois, continue l'orateur, un vote de salut n'est pas un vote de confiance, et nous manquerions à notre devoir de représentants du pays si nous ne cherchions pas à retenir le gouvernement sur une pente que nous croyons fatale. D'ailleurs, n'eussions-nous d'autre mérite que de provoquer des explications que l'opinion attend avec impatience, ce serait assez pour remplir ce difficile devoir.

Je suis placé entre deux écueils : irriter ou étouffer le débat. Je tâcherai d'éviter l'un et l'autre.

Dans la situation où sont les choses, il semble que tout doive se borner à un interrogatoire de la chambre au gouvernement. Quelles sont les résolutions qu'il doit prendre et qui intéressent si fort l'avenir financier, politique et militaire de la France ? Il suffit de poser la question et de rappeler les faits sommairement.

Les documents officiels ont fait connaître au pays les raisons qui avaient déterminé le gouvernement à entreprendre une expédition contre le Mexique au mois de novembre dernier.

Si dans un moment où l'état du monde faisait une loi au

gouvernement de ne pas éparpiller nos forces; où le défaut d'équilibre du budget, solennellement annoncé, imposait le devoir de sévères économies, une guerre lointaine et coûteuse était entreprise, sans doute elle était indispensable pour protéger nos nationaux menacés par un gouvernement sans foi, et le rappeler au respect des traités.

Ces vues nous étaient communes avec deux autres puissances; l'Angleterre et l'Espagne avaient comme nous des griefs à venger et des droits à assurer, et leur coopération, en allégeant nos charges, devait rendre le succès plus facile et plus prompt.

Bien que les documents vous soient connus, messieurs, je vous demande la permission de vous rappeler quelques passages, quelques pièces qui sont le point de départ nécessaire de la discussion. Le traité du 31 octobre, conclu entre les trois puissances, marquait nettement le but de l'expédition combinée. L'art. 1er porte qu'il sera envoyé au Mexique des forces de terre et de mer suffisantes pour saisir et occuper les forteresses et les positions militaires du littoral. L'art. 2 déclare que les trois puissances ne rechercheront pour elles-mêmes aucune acquisition de territoire, aucun avantage particulier; qu'elles n'exerceront dans les affaires intérieures du Mexique aucune influence de nature à porter atteinte à l'indépendance du pays, à son droit de choisir librement son gouvernement. Voilà ce que portent les deux principaux articles du traité. A cet égard, nulle contestation possible.

A côté du texte du traité se trouve le commentaire des instructions données à notre plénipotentiaire chargé d'accompagner et de diriger l'expédition. Ces instructions sont conformes à l'esprit du traité. Elles représentent que le but de l'expédition est d'occuper les ports du littoral mexicain; elles ajoutent qu'en cas de résistance le plénipotentiaire est autorisé à employer la force; mais elles expliquent la nature de cette coaction et elles rappellent que les puissances se sont interdit d'intervenir dans les affaires intérieures du pays.

Il est vrai qu'elles ajoutent qu'il est cependant certaines hypothèses qui s'imposent à toute prévoyance; que si la partie saine de la population, fatiguée d'anarchie, tentant des efforts pour constituer un gouvernement présentant des garanties de force et de stabilité, tentatives auxquelles les puissances ont intérêt, les tentatives ne devraient pas être découragées.

Eh bien! messieurs, je me propose d'examiner si notre armée a été accueillie au Mexique par la sympathie de la partie saine de la population, et si elle s'est appuyée sur des hommes méritant l'estime et la considération.

Et d'abord, je me demande s'il n'était pas dangereux de donner à un plénipotentiaire armé des pouvoirs aussi vagues! Vous l'autorisez à se rendre dans un pays étranger et à y chercher à la tête d'une armée quelle est l'opinion publique. Vous l'exposiez assurément à courir une aventure pouvant engager l'honneur de la France et nous jeter dans d'inextricables embarras.

Il n'y a pas d'illusion à se faire en présence de ces expressions : la partie saine de la population. On veut parler de celle qui se porterait au-devant de l'étranger envahissant le pays, et je dis que ce ne pouvait être que la partie la plus méprisable de la population.

Qu'aurait-on pensé, messieurs, de ceux qui, sous la Convention, auraient accueilli avec sympathie l'ennemi qui envahissait la France !

Je ne veux faire aucune assimilation, mais j'ai le droit de signaler le danger que des instructions aussi vagues faisaient courir à notre drapeau.

D'ailleurs ce n'est pas là une vaine hypothèse, et les événements ont justifié mon opinion.

Quoi qu'il en soit, cette expédition fut décidée; la France ne devait y entrer que pour 2,500 ou 3,000 hommes.

Des inquiétudes légitimes se manifestèrent aussitôt. On disait que la protection de nos nationaux n'était que le programme servant à dissimuler d'autres projets; on disait que nous n'allions au Mexique que pour y détruire le gouvernement établi et le remplacer par une monarchie; on prononçait même le nom du prince aventureux, quoique Autrichien (rires), qui avait accepté une pareille candidature.

Ce fut au milieu de ces incertitudes que s'ouvrit notre session. Vous n'avez pas oublié, messieurs, les interpellations qui furent adressées au gouvernement.

Vous avez entendu le discours de l'honorable M. Jubinal, qui pose nettement la question. Si vous allez au Mexique pour venger vos griefs, disait-il, le droit est avec vous; mais vous le violez si vous prétendez imposer à un peuple une forme de gouvernement dont il ne veut pas; si vous abusez de votre force, vous commettez un acte d'autant plus criminel qu'il s'agit d'une nation faible qui ne peut résister, d'une nation qui est peut-être en proie à de regrettables discussions, mais qui a le droit de les préférer à la servitude.

A ces paroles si nettes et si justes de M. Jubinal, j'ajoutais quelques observations, et je cherchais à démontrer que l'expédition était impolitique et injuste.

Impolitique, car la grandeur de l'effort et de la dépense n'était pas en rapport avec le résultat poursuivi.

Impolitique, car elle pouvait nous jeter dans des complications diplomatiques très-graves et changer l'équilibre de nos alliances.

Injuste, car le Mexique, dès qu'il avait connu les réclamations de la France, avait offert de négocier et avait présenté des cautions solvables.

On exigea plus que la réparation de nos griefs, c'était commettre un attentat contre la souveraineté nationale d'un peuple.

Vous vous rappelez, messieurs, quelle fut, à ces interpellations, la réponse de l'honorable M. Billault. Il dit que nous n'allions au Mexique que pour protéger nos concitoyens menacés par un gouvernement anarchique; que nous ne voulions que le redressement de nos griefs, et que nous ne pouvions pas être éternellement les dupes d'un gouvernement qui nous jouait.

M. le ministre ajoutait que ce qui devait rassurer l'opinion publique, c'est que cette expédition était faite en commun avec l'Angleterre et avec l'Espagne; enfin M. le ministre me demandait pourquoi, au delà des faits patents et déclarés, j'entrevoyais je ne sais quelle convention directe au profit d'un intérêt étranger. La convention est claire et précise, me disait-il; sur quelles preuves s'appuient vos suppositions?

Des preuves? les événements que la politique du gouvernement a provoqués vont me les fournir.

Je sais bien que M. le ministre a ajouté, dans cette discussion précédente à laquelle je fais allusion, que notre présence sur les côtes du Mexique pourrait faire naître des éventualités qui ne nous permettraient pas de rester inactifs.

L'honorable M. Billault pensait qu'à l'apparition de notre drapeau la population du Mexique viendrait se ranger à son ombre et nous proclamerait ses libérateurs. Alors que faisait-on en présence d'un si beau spectacle? Pouvait-on se refuser à la satisfaction de présider militairement à la fondation d'un nouveau gouvernement? (Bruit.)

Telles étaient les explications données par le gouvernement, et M. le Ministre, se servant d'un moyen oratoire souvent employé, vous disait : « Nos troupes sont en marche sur Mexico; « elles y sont peut-être ; pourquoi discuter? »

Il ne me convient pas d'apprécier quels sentiments furent provoqués dans cette Chambre par le discours du ministre ; cependant, assurément, l'expression en fut plus silencieuse que de coutume.

Quant à moi, mon opinion n'a pas changé, mais je ne pensais pas que mes prévisions seraient si vite réalisées, et que les faits se chargeraient de me donner aussi complètement raison.

Si je rappelle ces faits c'est pour les caractériser et en tirer des conséquences pratiques. Vous savez que l'expédition partit en novembre et n'arriva au terme de son voyage qu'en décembre 1861. C'est à cette époque que la Vera-Cruz tomba au pouvoir des Espagnols, arrivés les premiers. Il est officiellement constaté que l'armée combinée n'avait ni chevaux de train, ni chariots, ni aucun matériel.

On se flattait sans doute de trouver ces moyens d'action sur les lieux. On ne se les procura qu'avec difficultés, dépenses et lenteurs. Je dis que ces choses sont officielles, car le document qui les constate est revêtu de la signature du représentant officiel de la France.

Dans cette affaire, où les fautes sont accumulées, l'époque choisie n'était pas heureuse. On voyait déjà poindre à une époque rapprochée, le moins terrible où le fléau de la fièvre jaune pourrait devenir l'auxiliaire de la nation mexicaine, si les hostilités étaient ouvertes. Il fallait donc se hâter. On le pouvait. Je ne cherche pas sur qui doit peser la responsabilité de ces faits, je les constate.

Toutefois, comme l'action militaire devait être précédée d'une

action politique, une proclamation fut lancée. Là, avec moins de talent que l'honorable ministre qui lors de la discussion de l'adresse me faisait l'honneur de me répondre, le commandant de l'expédition s'adressait à la nation mexicaine. Il lui disait :
« Les bras de la France vous sont ouverts. Laissez ceux qui « font peser le joug sur votre front. Ce joug, nous sommes ici « pour le briser. »

Personne ne vint. Cette proclamation resta sans écho. Le ministre des affaires étrangères mexicain fit savoir qu'il ne répondrait qu'à des réclamations diplomatiques. Il ajouta que l'armée combinée pouvait se trouver menacée sur le littoral par la fièvre jaune et qu'il ouvrirait à l'armée les portes du Mexique à deux conditions : 1° c'est que les réclamations laisseraient intacte l'existence du gouvernement ; 2° que si le traité vers lequel on marchait n'était pas signé, les troupes rétrograderaient et viendraient reprendre leurs positions sur le littoral. Ceci se passait en février 1862.

Les plénipotentiaires firent une note où ils énoncèrent leurs réclamations, et le comte de Reus fut chargé de franchir le défilé qui sépare le littoral des terres hautes pour aller s'entendre avec le ministre mexicain. On tomba promptement d'accord, et il ne pouvait guère en être autrement. Le Mexique consentait à négocier, et offrait pour sa dette la caution des États-Unis.

Ainsi tombait l'objection de cette perpétuelle illusion dans laquelle, selon l'honorable M. Billault, les hommes d'État mexicains voulaient maintenir les gouvernements européens.

C'est dans ces circonstances et dans ces conditions que la convention de la Soledad fut signée par les plénipotentiaires. Le traité stipulait l'ouverture des négociations, et en même temps la nécessité, pour les armées combinées, de prendre campement sur les terres hautes, à l'abri de la fièvre jaune.

Les Mexicains envoyèrent une garde d'honneur de 2,000 hommes, chargée d'escorter notre armée, et les pièces officielles prouvent combien fut sage la conduite des plénipotentiaires, qui se voyaient forcés ou d'embarquer leurs troupes, ou de les laisser dévorer par le fléau dont j'ai parlé.

Le traité portait qu'on devait attendre en cet état de choses jusqu'au 15 avril, époque où le refus ou le consentement des puissances serait arrivé d'Europe.

Sur cette première question, l'accord de trois puissances fut rompu. Les cabinets de Madrid et de Londres approuvèrent la convention de la Soledad, celui des Tuileries la désapprouva.

Ici je m'arrête, et je demande au gouvernement la raison de ce refus de ratification. C'est un incident d'une haute gravité. Un gouvernement doit donner à ses agents des indications précises, et ne pas les exposer à un désaveu. Pourquoi notre plénipotentiaire a-t-il été désavoué ? C'est ce que M. le ministre nous dira.

Quoi qu'il en soit, la convention n'étant pas ratifiée, il s'ensuivait des promesses formelles à exécuter.

Malheureusement, et ceci est pénible à raconter devant une Chambre française, le chef du corps expéditionnaire français se crut obligé de ne pas se conformer à la parole donnée. Il avait promis, en cas de non-ratification du traité, de ramener ses troupes en deçà du défilé, qu'elles n'avaient franchi qu'à raison même du traité. Le traité était rompu, et il resta au delà de ce défilé.

Ce chef a allégué des raisons... des raisons vagues ; seulement, il m'est permis de dire au nom de notre pays que des sentiments chevaleresques se concilient peu avec de pareilles contradictions. Nous n'avons pas l'habitude de côtoyer les écueils en les éludant. Ce qui m'autorise à tenir ce langage, c'est celui de notre plénipotentiaire aux conférences d'Orizaba.

Aux questions de sir Charles Wyke, qui lui demande la raison du refus de ratification, M. Dubois de Saligny répond qu'il n'a pas confiance, et, quand on lui demande pourquoi il a signé la convention, il répond qu'il ne serait cru lié par sa responsabilité si le gouvernement du Mexique n'avait annulé par toutes sortes de moyens la convention de la Soledad.

Je ne serai pas sévère en disant qu'un pareil langage est fâcheux. Il fallait que le plénipotentiaire précisât ces raisons, qu'il ne parût pas si dédaigneux à l'égard de la signature de la France.

Ce qui est certain, c'est que nos soldats sont restés en vertu d'un traité qui n'a pas été ratifié, que c'est à propos de cette non-ratification que la rupture a eu lieu entre les puissances, et que la France s'est trouvée seule dans son action. Je suppose

que l'honorable M. Billault me dira à cet égard ce qu'il m'a dit à propos de l'adresse.

Messieurs, si la France était restée seule, je suis sûr que les événements où l'on s'est engagé ne se seraient pas produits.

Mais la France, après avoir éliminé l'Espagne et l'Angleterre, a ouvert ses rangs à des factieux, à des émigrés, à des hommes chassés par la force des armes aussi bien que par la volonté nationale.

C'est là un second épisode qui va motiver une seconde et éclatante rupture. Cet épisode a été l'objet d'une délibération en règle entre les représentants des trois puissances, délibération qui a été rapportée dans un procès-verbal publié dans toute l'Europe.

Vous savez que quand le bruit se répandit que l'expédition du Mexique allait voir arriver dans ses rangs les anciens partisans du gouvernement renversé, notamment le général Miramon, le représentant de l'Angleterre déclara qu'il le ferait arrêter et juger comme ayant volé l'argent de la légation anglaise. Miramon fut effrayé ; il tourna du côté de la Havane. Que fîmes-nous ? Nous prîmes sur notre bord le général Almonte, le père Miranda. Qu'étaient-ils ? Des partisans du gouvernement clérical et militaire qui avait été renversé et auquel avait succédé le gouvernement constitutionnel de Juarez.

Almonte ne pouvait mettre le pied sur les côtes du Mexique sans encourir la rigueur des lois, et il apparut au milieu des forces françaises. Y apparaissait-il sans mandat ? Je ne saurais l'admettre, car les faits sont constants.

Almonte paraît connaître ses pouvoirs ; il disait qu'il venait soutenir la candidature du prince Maximilien. Le procès-verbal de la conférence le constate en propres termes ; il porte : « Le « général Almonte a déclaré qu'il comptait sur les trois puis- « sances pour changer le gouvernement en une monarchie et « nommer un archiduc ; qu'il croyait que ce projet serait bien « reçu et pourrait être réalisé avant deux mois. »

Ainsi Almonte était le mandataire d'un prince, le courtier d'une candidature monarchique qui se présentait en venant derrière des baïonnettes étrangères.

Croyez-vous, messieurs, que sa prétention ne dût pas exciter une très-grande émotion ?

Les représentants de l'Angleterre et de l'Espagne dirent que la convention de Londres était essentiellement violée par sa présence.

Avaient-ils tort ? Évidemment non. Cette convention avait dit que les puissances s'interdisaient toute pression sur le gouvernement mexicain.

Eh bien ! un proscrit, un émigré, un condamné se joignait à nous. C'était évidemment déchirer la convention de Londres ; mais il faut encore examiner le fait eu égard à la violation du droit des gens et de la morale. La guerre, messieurs, est toujours une extrémité cruelle ; elle est permise pour repousser la force, pour venger une insulte, pour secourir un allié.

Mais supposez qu'elle soit entreprise pour imposer un gouvernement dont la nation ne veut pas, pour faire prévaloir l'ambition de tel ou tel citoyen chassé de son pays, c'est un crime. Que penser de la moralité de celui qui vient déchaîner sur son pays le fléau de la guerre étrangère ? Pour moi, je ne saurais retenir ici les sentiments qui sont au fond de mon cœur.

L'histoire a enregistré plus d'un acte de ce genre, mais tous ceux qui ont tourné leurs armes contre leur patrie ont été flétris par une réprobation éclatante.

Il n'est pas de principe plus sacré que l'amour de la patrie, de la nationalité, l'horreur de l'intervention étrangère.

Je ne sais quel avenir est réservé à la France. (Bruyantes interruptions.) Je suis sûr qu'elle arrivera à la conquête entière de sa liberté. Si elle pouvait être appelée à subir le joug d'un pouvoir qui détruirait les citoyens éminents, qui ferait planer partout la terreur, nous subirions ce joug avec indignation et nous nous efforcerions de le briser.

Mais si un libérateur se présentait escorté par les troupes autrichiennes et prussiennes, c'est à lui que j'irais comme à l'ennemi... (Interruption.) Et je croirais accomplir un devoir sacré en versant tout mon sang pour empêcher que cet insolent auxiliaire vînt fouler le sol de la patrie.

De tels sentiments, messieurs, n'ont d'autre inconvénient que d'être en lieu commun. Quel est votre sentiment, quel est votre jugement sur Almonte, sur le gouvernement qui le prend avec lui et en fait son instrument ? Car Almonte s'est expliqué en toute franchise, et il a dit qu'à l'ombre de notre drapeau il chercherait quelle forme de gouvernement convenait au Mexique.

On a dit qu'il eût été indigne de la France de l'abandonner. Oui, s'il était venu nous demander un asile ; mais il venait jeter la guerre sur le sol de son pays. Au moment où il se présente, la main de la France est là qui tient notre drapeau.

Nous ne nous étonnons pas dès lors que Juarez ait dit que tant qu'Almonte serait là, lui Juarez se refuserait à toute négociation. Lui refuserons-nous notre estime ?

Juarez a dit :

« S'ils sont avec Almonte, je considère cela comme une déclaration de guerre.» C'est alors qu'une conférence s'est engagée entre les représentants des trois puissances. Il a été déclaré que la présence d'Almonte devenait pour la nation espagnole et pour la nation anglaise un empêchement absolu de continuer leur concours. On demanda le rembarquement d'Almonte.

L'amiral Jurien de la Gravière s'y refusa. Les représentants anglais et espagnols n'approuvèrent pas cette déclaration, et c'est là-dessus que solennellement on se divisa.

Il y a ici encore une autre cause de discorde. J'en ai déjà dit un mot, et je dois insister à cet égard pour obtenir du gouvernement des explications nécessaires. Chaque puissance s'était réservé le droit de formuler des réclamations individuelles. La France, il faut le dire, paraissait engagée d'une manière insignifiante.

Il y avait des créances constatées par des traités antérieurs et s'élevant à 750,000 dollars. A cela il fallait ajouter des réclamations éventuelles de nos nationaux, qui pouvaient atteindre le chiffre de 4 millions.

Or, que fut-il dit, dans les conférences, au nom de la France? On parla d'abord de 12 millions de francs, puis de 75 millions de francs. Cette somme énorme de 75 millions de francs s'appliquait à un emprunt connu sous le nom d'emprunt Jecker, que l'on pouvait faire reconnaître par le nouveau gouvernement qui serait installé.

A cet égard, la France était dans une erreur inconcevable qu'il faut dissiper.

Sur cet emprunt Jecker, il suffit de rappeler la déclaration de lord Russell. Lord Russell a dit : « Lorsque Miramon était sans ressources, seule la maison Jecker prêtait 3,750,000 francs, pour lesquels elle reçut des bons payables à des époques échelonnées, et cela pour la somme monstrueuse de 75 millions de francs.

Juarez fut sommé d'avoir à payer cette somme. Il refusa. Il fut soutenu par tous les hommes impartiaux. On consentit à payer les 750,000 dollars, mais non pas les 15 millions de dollars.

Et pour compléter ces renseignements, j'ajoute que la maison Jecker était une maison suisse qui a été entraînée par la chute de Miramon. Elle tomba en faillite. Les bons se sont vendus à vil prix. Une société d'honnêtes spéculateurs les a rachetés. Elle veut s'en servir; elle veut toucher les 75 millions.

Voilà le créancier que la France prend sous son patronage.

Et que se passe-t-il en Europe?

Beaucoup le savent, et si je le dis, c'est pour protester contre une abominable calomnie qui a couru à l'étranger. Le Times n'a-t-il pas dit que les 75 millions avaient été rachetés par des personnages connus? On dédaigne de pareilles calomnies; on a tort. On se croit suffisamment protégé par un système de surveillance qui arrête l'outrage à la frontière; mais si l'accusation n'entre pas en France, elle circule impunément dans toute l'Europe.

Cette affaire Jecker, qui n'est qu'une scandaleuse usure, a été présentée au gouvernement français comme une créance légitime, valant un cas de paix ou de guerre. Eh bien ! il faut que cette affaire soit éclaircie, que cette calomnie soit démentie, que le gouvernement déclare qu'il n'exigera pas le payement des sommes réellement prêtées; mais que, quant à ces spéculations honteuses, la France s'en éloigne avec dégoût; enfin, que si l'on a pu être un moment abusé, on s'arrête dès qu'on a été éclairé.

Les choses en sont arrivées à un point tel, qu'il faut absolument qu'on s'explique sur les résolutions que l'on veut prendre. A mes yeux, le seul parti compatible avec les intérêts, avec l'honneur du pays, c'est de traiter avec le Mexique et de se retirer. (Murmures.)

Je ne sais, messieurs, si je me trompe, mais rien ne me paraît plus facile que de justifier cette opinion. L'opinion contraire ne repose que sur des illusions généreuses ou des partis pris funestes.

Oui, il n'y a que deux partis à prendre : traiter avec le Mexique ou faire la guerre. La guerre, pourquoi? Où sont nos ennemis?

Si nous ne sommes pas les partisans d'Almonte, nous n'avons pas d'ennemis au Mexique, nous n'avons que des débiteurs, à moins que les paroles prononcées dans cette Chambre ne soient qu'un jeu pour tromper le public (rumeurs), car on a déclaré qu'on n'allait au Mexique que pour protéger nos nationaux ; que si des efforts étaient faits par une partie de la population pour essayer de fonder un gouvernement stable, on se bornerait à ne pas le décourager. Voilà ce qu'on nous a déclaré aujourd'hui. Mais n'est-il pas évident que le gouvernement français a été trompé? N'est-il pas démontré que le pouvoir de Juarez, qu'il suffisait, disait-on, de toucher pour le voir tomber, possède dans ce pays une force qu'on ne soupçonnait pas?

Faire la guerre, c'est donc s'engager, non-seulement dans une difficile entreprise, mais dans le plus injuste des partis. Cette résolution extrême de faire la guerre ne peut être prise qu'autant qu'on a un but équitable.

Quel serait le but d'une guerre de la France au Mexique? Serait-ce de venger un échec? Nous n'avons pas subi d'échec. Nos soldats, au milieu d'obstacles naturels insurmontables, ont héroïquement porté le nom et l'honneur de la France ; ils peuvent rentrer dans leur patrie avec la gloire qui s'attache à un généreux dévouement, aux devoirs loyalement accomplis.

Les soldats de Sébastopol, de Magenta et de Solférino savent assez qu'ils appartiennent à une race qui ne recule jamais devant le danger, et que revenir du Mexique ce n'est pas amoindrir leur caractère. Si l'on ne veut pas qu'ils reviennent, il faut qu'ils avancent.

Sans doute, la France est assez puissante pour aller à Mexico en sacrifiant des hommes et de l'argent ; mais y a-t-il ici un but qui puisse absoudre de tels sacrifices? Avancer, c'est s'engager dans une entreprise où ce qu'il y a de plus funeste, c'est la victoire ; car, après la victoire, viendra la responsabilité !

Le gouvernement stable que vous établiriez, il faudrait en effet le soutenir ; il faudrait, pour le faire durer, inscrire dans nos budgets une dépense de 30 millions ; il faudrait 3 ou 4,000 hommes à Mexico, peut-être 12 à 15,000 dans l'intérieur.

Voilà quels sacrifices seront nécessaires si le gouvernement persévère dans une résolution fatale et refuse de reconnaître (ce que les gouvernements peuvent faire avec honneur comme les individus) qu'il a commis une erreur. Le gouvernement français n'a-t-il pas fait cette expérience déjà? Ne s'est-il pas arrêté à Villafranca avant d'avoir atteint le but qu'il voulait atteindre? »

A ces mots s'élevèrent des rumeurs : « Non, » dit une voix. M. Jules Favre poursuivit en ces termes :

« Je ne veux pas, quant à moi, accepter une partie de responsabilité dans cette affaire. Je proteste de toutes mes forces contre la politique qui m'y obligerait, et j'appelle une solution prompte qui dégage la France de cet embarras.

Le résultat de l'expédition n'aura été que de refroidir nos relations avec deux puissances voisines, d'éveiller les défiances des États-Unis, d'alarmer les républiques de l'Amérique du Sud.

Une sage politique consiste à réparer les fautes commises et non à les aggraver par de l'obstination.

Du mal, d'ailleurs, peut quelquefois sortir le bien. La prospérité éblouit ; Dieu permet les mauvais jours pour nous éclairer. La France comprendra peut-être quel péril il y a pour elle à se laisser engager dans les grandes questions de politique extérieure sans que ses mandataires aient été consultés. Le chef de l'État lui-même, dans l'isolement de l'autorité que la nation lui avait abandonnée pour qu'il protégeât l'ordre, n'a-t-il pas senti le besoin d'associer la nation à sa responsabilité? N'a-t-il pas donné aux représentants du pays la prééminence dans les affaires qui touchent à la fortune publique?

Eh bien ! tout cela serait illusoire s'il était possible que, sans vous consulter, on jetât la France dans des entreprises compromettantes. J'espère que cette leçon ne sera pas renouvelée et que cette assemblée en sera réduite, ou à de vains regrets, ou à des vœux impuissants. »

CHAPITRE VII

Discours de M. Billault. — Les Français victimes de longues vexations au Mexique. — Nécessité de maintenir le respect de la France et de ses intérêts. — Ultimatum du ministre français à Mexico. — Pourquoi les ministres français et anglais quittent cette capitale. — Attitude des États-Unis. — Impossibilité de réduire l'expédition à l'occupation des côtes. — Opinions de l'Angleterre et de l'Espagne. — Terme moyen.

L'impression produite par ce discours se manifeste par des mouvements divers. La séance fut suspendue quelques instants, avant que M. Billault prît la parole; il répondit :

« Messieurs, dans ce vote patriotique que vous avez émis il y a quelques jours, l'honorable M. Jules Favre n'a vu qu'un vote de salut, non un vote de confiance. Il se trompe, et j'espère que la confiance de la chambre sera bien plus entière encore quand des explications complètes lui auront été données par le gouvernement.

Le gouvernement avait le désir, il avait la volonté très-nette d'expliquer à la Chambre, au pays, une affaire où les erreurs des uns et le mauvais vouloir des autres ont singulièrement troublé l'opinion du pays, peut-être même de l'Europe. Il est donc de l'intérêt comme du devoir de sa politique de faire connaître les motifs qui l'ont inspiré, les prévisions qui le dirigent.

J'aurai à demander à la Chambre une longue bienveillance. Je ne veux parler qu'appuyé par des documents diplomatiques. Ce qui me rassure, c'est que votre attention ne se fatigue jamais quand il s'agit de l'honneur et des intérêts de la France. (Marques générales d'assentiment.)

Le premier point qui doit vous préoccuper, qui a préoccupé le gouvernement, c'est de savoir si au Mexique les choses en sont arrivées à ce point que la guerre soit devenue une nécessité inévitable. On a dit que des motifs insuffisants, même blâmables, avaient déterminé le gouvernement.

Il y a trente ans que le Mexique accumule contre la France les avanies, les vexations, que nos compatriotes venus dans ce pays pour s'y livrer au commerce ou à l'industrie sont victimes et de l'anarchie permanente qui y règne et des exactions de tous les gouvernements, tour à tour réactionnaires ou libéraux, qui le dévorent.

Je ne parlerai pas de cette anarchie elle-même; je ne m'occuperai que de ce qui dans ce fait constitue des griefs personnels pour la France. Combien de conventions après la prise de Saint-Jean-d'Ulloa? convention Neuville en 1853, troisième convention en 1859, toutes violées successivement à mesure que le drapeau de la France s'est éloigné.

Il y a plus encore. Les fonds perçus par les douanes pour nous servir de garantie, déposés dans un lieu qu'on croyait sacré, au mont-de-piété de Mexico, étaient pris par le gouvernement mexicain. Des pareils faits se reproduisaient fréquemment. L'Angleterre en fut victime comme nous. Les fonds étaient volés, volontairement le mot, messieurs, il est vrai. (Très-bien!)

L'anarchie était à son comble; en vingt-six années, soixante et quelques présidents se succédaient au pouvoir. La situation des étrangers était intolérable.

Quant se forma le gouvernement de Juarez, qui prenait le titre de libéral et de constitutionnel, quand toutes les factions eurent été vaincues par Juarez, on espéra qu'un rayon de justice éclairerait le nouveau gouvernement. M. de Saligny fut envoyé au Mexique et conclut une quatrième convention fut passée.

Elle n'a pas été exécutée plus que les autres; on ne put rien obtenir, et pendant que dans l'espace de trente années tous les traités étaient violés impunément, nos concitoyens étaient pillés, rançonnés, assassinés; chaque parti pressurait successivement les indigènes et les étrangers. N'y avait-il pas un terme nécessaire à une pareille situation?

Le commerce français est considérable dans cette partie des Amériques. Ce n'est pas seulement au Mexique, c'est dans douze ou quinze républiques de l'Amérique méridionale qu'il faut maintenir le respect de la France et de ses intérêts.

Dans cette situation, quelle a été la conduite de M. de Saligny? D'accord avec le ministre anglais, il venait de faire une énergique protestation, quand un nouveau méfait vint mettre le comble à tous les autres. Un décret promulgué par Juarez brisa toutes les conventions passées avec les gouvernements étrangers, et déclara que les produits des douanes engagés à ces gouvernements seraient perçus par l'administration mexicaine.

C'est alors que le ministre de France fit avec le ministre anglais une nouvelle protestation, et nous écrivit qu'il avait dû rompre toutes relations avec le gouvernement mexicain. Il ajoutait qu'il était impossible de tolérer plus longtemps une pareille situation, et que d'ailleurs le gouvernement mexicain attribuait notre longanimité à notre impuissance.

Par dépêches du mois de septembre 1861, le ministre des affaires étrangères approuva la conduite de notre représentant, et lui prescrivit de poser un dernier ultimatum et de se retirer s'il n'était pas exécuté. L'ultimatum demandait le retrait de ce décret qui avait violé toutes les conventions. Le gouvernement mexicain fit des promesses, donna de belles paroles, mais on n'aboutit à rien; les ministres anglais et français durent quitter Mexico.

La question était posée de savoir si la France et l'Angleterre devaient reculer dans cette situation et abandonner leurs nationaux. Je le demande, y a-t-il quelqu'un dans notre enceinte qui, en présence de pareils méfaits, aurait pu conseiller au gouvernement de courber la tête et de s'abstenir?

Non, car la dignité de la France était engagée. Il y a de ces situations impérieuses où, quoi qu'il puisse arriver, on ne peut transiger ni avec l'honneur ni avec le devoir. (Vive approbation.)

Il ne faut jamais compromettre la sainteté du pavillon et le respect qui lui est dû. Deux Américains du Sud, voyageant à l'abri du pavillon anglais, ont failli mettre l'Europe en feu.

Et nous, après trente années d'avanies et d'injures à venger, nous n'en avions pas poursuivi la réparation ! Le gouvernement porte plus haut le drapeau de la France. (Très-bien! très-bien!) Il veut qu'il soit respecté, partout et toujours, dans l'ancien monde et dans le nouveau. Il veut qu'on sache que personne ne peut impunément toucher au pavillon de la France. (Vive approbation.)

L'Angleterre pensa comme nous qu'il n'y avait plus qu'à recourir à la force. Elle avait subi les mêmes offenses, et dernièrement, à la tribune de la Chambre des communes, un ministre, énumérant les griefs de l'Angleterre contre le Mexique, rapportait le fait suivant : Une somme d'argent avait été enlevée de la légation anglaise à Mexico ; il y eut procès et l'accusé fut acquitté sous ce prétexte qu'il n'y avait pas eu vol, mais prise de possession. (Rire général.)

L'Espagne avait aussi sa part d'insultes et d'injures ; elle n'hésita pas davantage à rechercher par la force le redressement de ses griefs.

Et enfin, pour citer une autorité qui, aux yeux de l'honorable préopinant, aura plus de valeur que les gouvernements monarchiques, j'invoquerai la politique d'une grande république soumise en ce moment à de redoutables épreuves, mais qui n'en est pas moins un grand peuple aussi libéral que possible.

Eh bien! la politique de l'Amérique vis-à-vis du Mexique a été la même que celle des États européens : elle a même été plus loin. Il y a dans les messages des présidents des États-Unis des détails à cet égard. Dans ce de ces messages, après avoir tracé un sombre tableau de l'anarchie du Mexique, dit qu'il y aurait intérêt pour les États-Unis à occuper les provinces du Mexique qui avoisinent la mer, et ajoute qu'une semblable mesure serait vue avec faveur par la population américaine.

Ainsi la république des États-Unis elle-même constate ce fait que les Mexicains devraient être disposés à accueillir avec reconnaissance la protection du drapeau étranger.

Cela établi, que fallait-il faire ? La France avait épuisé tous les moyens de conciliation, ils n'avaient pas réussi, on devait se résoudre à agir. Mais ici se présentait un autre ordre d'idées ; quel moyen employer pour obtenir réparation ! Nous savions par une expérience de vingt années que les promesses ne coûtaient rien au gouvernement mexicain, mais que jamais elles n'étaient exécutées. C'était la situation la plus difficile du monde.

L'anarchie du Mexique était dépeinte de la façon la plus énergique par notre représentant. Les uns, nous disait-il, veulent une dictature, les autres la souveraineté d'une convention nationale. Mais tout le monde reconnaît l'impuissance de la constitution de 1857 ; de toute manière le statu-quo est impossible. M. de Saligny nous donnait les détails les plus affreux sur l'anarchie de ce pays dans lequel tous les gouvernants pillaient tous les gouvernés.

Que faire dans une pareille situation? Occuper les douanes de la Vera-Cruz et de Tampico semblait le moyen le plus simple et le moins coûteux. Mais il y avait à cela une difficulté radicale. On savait que l'occupation des ports rendait les droits de douane stériles. Les Mexicains formaient un cordon autour du port occupé, et si le commerce voulait pénétrer dans le pays, il était forcé de payer un nouveau droit à l'intérieur.

Quand les étrangers se plaignaient trop fort, le gouvernement mexicain élevait le droit à l'intérieur. (On rit.)

Ainsi, occuper la Vera-Cruz et Tampico, et se saisir des douanes, c'était d'un côté saisir le néant, et d'un autre côté exposer les occupants aux effets désastreux de la fièvre jaune. Tout cela était impossible.

Il y avait eu un exemple d'un procédé plus énergique. En 1846, dans une situation semblable à celle de la France, les États-Unis avaient envahi le Mexique, ils avaient marché sur Mexico. Il y avait alors une apparence d'organisation gouvernementale dans ce malheureux pays, qui a descendu depuis tous les degrés de l'humiliation et de la misère. Après une année de séjour, les satisfactions furent données, et l'armée américaine put quitter Mexico.

Nous pouvions penser que par les mêmes moyens nous aboutirions peut-être aux mêmes résultats, et que nous pouvions suivre l'exemple des États-Unis. Mais à Mexico nous nous serions trouvés en face d'un gouvernement impuissant à tenir ses promesses et n'ayant pas la volonté de les tenir; en face d'un pays livré à l'anarchie : en face d'une cinquantaine d'hommes qui se sont faits les seigneurs violents du pays et se disputent la puissance.

On pouvait encore accorder au Mexique un long délai pour se libérer, à condition que les populations se donneraient un gouvernement plus sérieux, qui respectât les citoyens et les lois. On n'impose pas un gouvernement par la force des baïonnettes étrangères, et il ne pouvait entrer dans l'esprit des trois puissances d'imposer par la force un gouvernement.

Enfin, si ce pays était véritablement perdu pour la vie politique et la civilisation, il n'y avait qu'à le pressurer par un dernier coup, ou bien, s'il était encore à même de comprendre le sentiment de sa dignité, on pouvait le mettre à même de se donner un gouvernement équitable.

La France ne voulait prendre la responsabilité d'aucune de ces deux hypothèses.

Le gouvernement de la France n'a pas été seul dans cette situation. L'Espagne et l'Angleterre ont accepté ces hypothèses. On a dit que notre politique avait refroidi à notre égard deux grandes puissances. Si cela était, il n'y aurait pas de la faute du gouvernement français; mais, grâce à Dieu, cela n'a pas été.

L'Espagne et l'Angleterre, malgré leurs dissidences, et quelle que soit d'ailleurs leur opinion, ne sont que mieux disposées à prouver leur bon vouloir à la France. J'en ai en mains les preuves officielles.

Maintenant, comment l'Espagne et l'Angleterre ont-elles accepté ces hypothèses. »

Ici M. le ministre donne lecture de deux dépêches adressées, les 2 et 9 octobre 1861, par M. Barrot, ministre de France à Madrid, à M. le ministre des affaires étrangères de France. Il résulte de ces deux dépêches que deux combinaisons étaient en présence, celle de l'Angleterre et celle de l'Espagne.

L'Angleterre voulait aller au Mexique uniquement pour exiger les réparations qui lui étaient dues, demeurer sur le littoral, et n'atteindre en rien la forme du gouvernement. L'Espagne, au contraire, disait que rien ne serait fait si on n'établissait au Mexique un gouvernement sérieux, susceptible de tenir ses engagements.

M. le ministre cite également deux dépêches des 15 et 17 octobre 1861, adressées en réponse aux précédentes par M. le ministre des affaires étrangères de France, et une dépêche envoyée à Londres le 11 octobre 1861 : d'où il résulte qu'entre les deux opinions de l'Angleterre et de l'Espagne, la France entendait adopter un terme moyen.

Il ne suffisait pas, comme le voulait l'Angleterre, de rester sur le littoral. Mais il ne fallait pas non plus, ainsi que le demandait l'Espagne, imposer au Mexique une forme de gouvernement. Si un retour du Mexique à la monarchie était possible, ce pays aurait à exprimer ses sentiments, que le gouvernement français encouragerait avec désintéressement.

A l'égard de la forme du gouvernement que pourrait se donner le Mexique, la France n'a aucun parti pris.

CHAPITRE VIII

« Voilà comment la question s'engagea, continue M. le ministre; il y eut des négociations pour ramener à l'opinion de la France les deux opinions extrêmes, et ces négociations aboutirent au traité du 31 octobre.

Je dois signaler un détail de ce traité. Dans les conventions primitives, il n'avait pas été question de l'éventualité d'une expédition à l'intérieur. Mais il était stipulé que les puissances ne devraient s'occuper d'autres objets que de ceux de l'expédition.

De ces deux principes, l'un fut admis, l'autre effacé. Il fut admis qu'une expédition dans l'intérieur pouvait être faite, et cela dans le but même de ne pas décourager les populations opprimées.

Il a été question d'un prince étranger, pour lequel l'expédition du Mexique aurait été faite, d'un trône à bâtir de toutes pièces avec le sang et les trésors de la France au profit d'un prince qui ne lui appartient pas. Il faut chaque chose à sa place. Il faut que les grands principes ne disparaissent pas devant des imputations de ce genre.

Il était désirable qu'un gouvernement se fondât au Mexique. Dans cette hypothèse, on avait à chercher quelle en serait la forme. Certains Mexicains penchaient en faveur d'une monarchie. Il y avait eu des présidents qui avaient cherché à établir des négociations dans ce sens avec l'Europe : on pensait qu'un prince étranger conviendrait mieux pour asseoir un gouvernement sérieux et durable.

La France n'a dit qu'une chose : Je déclare n'avoir ni pour mon pays, ni pour la famille impériale aucune ambition. Je ne veux aucune conquête. Je veux la réparation qui m'est due. Je demande aux autres puissances s'ils sont dans la même pensée, et s'ils ne tireront aucun résultat étranger de combinaisons communes?

On indiqua un prince occupant une situation désintéressée, qui s'était bien à l'égard de la France, et qui n'avait droit qu'à la bienveillance générale. Cela fut dit en conversation, comme indication, et pris ainsi par les deux autres puissances.

Les instructions données par le gouvernement anglais portent que, si le gouvernement mexicain, par un mouvement spontané, place sur le trône un archiduc, rien dans la convention de Londres ne s'y oppose. Elles ajoutent : « Nous n'avons « pas à exercer une pression sur les Mexicains; c'est à eux de « consulter leur propre intérêt. »

Le gouvernement espagnol ne fut pas aussi précis. Le 13 octobre 1861, M. Mon, ambassadeur d'Espagne à Paris, écrivait à un ministre des affaires étrangères :

« M. Thouvenel a aussi voulu me dire quelque chose de la « convenance qu'il y aurait qu'il régnât au Mexique un bon « souverain, si les Mexicains voulaient un roi; mais nous « sommes convenus que je ne connaissais pas à Votre Excel- « lence d'autres intentions que celle d'aller ensemble au Mexi- « que pour obtenir la réparation de nos griefs, protéger et « appuyer l'établissement d'un ordre et même « de forme monarchique, si tel était le désir des Mexicains, car « c'est à eux qu'il appartient de l'établir. »

Cette dépêche, je le répète, est du 14 octobre; on ne répondit de Madrid à M. Mon que le 9 décembre. On disait dans cette réponse que toute liberté devait être laissée aux Mexicains de se prononcer, et on ajoutait : « Mais le gouvernement ne « peut pas dissimuler que nos vœux seraient qu'un prince de « la dynastie des Bourbons fût proposé. Néanmoins, nous ne « ferons rien pour arriver directement à ce résultat. »

Voilà donc le traité du 30 octobre 1861 et ses intentions expliquées par toutes les parties. Le but est la réparation des dommages subis. Le moyen, c'est la contrainte par la guerre. Déclaration est faite qu'on ne se limitera pas au littoral, mais qu'au besoin on frappera un coup à l'intérieur; le désir des puissances est qu'il y ait un contre-coup dans la nation elle-même.

Dans la supposition que le Mexique manifesterait le vœu d'avoir un gouvernement quelconque, plus régulier, plus fort, plus national, déclaration est faite qu'aucune puissance ne veut en tirer un profit personnel. En cas de tendances vers une monarchie, il y a indication qu'un souverain qui ne donnerait pas d'ombrage à au moins deux puissances pourrait être nommé.

Cette dernière indication n'était que subsidiaire; elle était au troisième ou quatrième plan.

Voilà la situation bien nette, bien claire. Maintenant il y a des personnes qui ont trouvé que cette hypothèse d'une monarchie substituée à une république était odieuse, et qu'il fallait la flétrir. Messieurs, le gouvernement de la France respecte profondément l'indépendance des peuples et le principe de la souveraineté nationale. L'indépendance des peuples, c'est un principe que la France a écrit sur son drapeau et avec son épée sur l'Europe. (Mouvement.) Si nous prévoyons une organisation quelconque qui pourrait avoir lieu dans un pays, ce ne saurait être pour préparer des obstacles à la liberté, dont nous connaissons les ressources et l'avenir. (Très-bien!)

Mais il y a un pays qui ne saurait être suspect de propension pour la monarchie, un pays qui a un grand respect pour

Une femme de ranchéro.

la souveraineté populaire, je veux parler des États-Unis; quelle est la pensée, quel est le désir des États-Unis? Une dépêche du président de cet État, en date du 12 janvier 1860, porte ceci :

« Le Mexique devrait être une république prospère. Est-il « possible qu'un tel peuple soit abandonné à l'anarchie et à la « ruine sans que nous fassions quelque effort pour le délivrer « et le sauver? Les États-Unis laisseront-ils cet État se détruire « lui-même et les ruiner? Un gouvernement comme celui du « Mexique, qui ne peut réprimer de tels attentats, déserte tous « ses devoirs. C'est à Mexico qu'il faut aller. Il faut pénétrer « dans l'intérieur du pays pour trouver les coupables.

« Il faut aller à Mexico chercher dans le passé et les « garanties de l'avenir. Le Mexique est un navire à la dérive. « En bon voisin, le gouvernement des États-Unis doit présen- « ter une main secourable pour le piloter. (Bruit.) S'il ne le « fait pas, il est à croire que d'autres le feront. » (Nouvelle agi- tation.)

Messieurs, je m'appesantis peut-être trop sur ces faits. (Non, non!) Mais je veux démontrer que pour tous les gouvernements, qu'il s'agisse d'États ayant à leur tête un empereur, un roi ou un président, il n'y avait qu'une seule et unique

politique pour la réparation des dommages éprouvés et des avanies subies, il n'y avait plus qu'un seul moyen : frapper au cœur le gouvernement mexicain, en pénétrant dans Mexico; il n'y avait qu'une espérance : voir le peuple se relever et mani- fester ses intentions.

Voilà donc un premier point du débat bien établi! Notre situation et nos projets se dessinent nettement.

Il n'y a rien là qui ressemble à ces hypothèses aventureuses inventées par ceux qui ne savent pas le fond des choses, qui supposent qu'un grand gouvernement va de gaieté de cœur compromettre le sang de ses soldats et les biens de la France! De telles suppositions, dénuées de tout fondement, n'ob- tiendront pas de faveur dans cette assemblée. »

CHAPITRE IX

Explications de M. Billault. — L'action combinée des trois puissances. — Conduite du plénipotentiaire espagnol. — Espérances de négociations. — Décrets de Juarez. — M. Calderon Collautés recommande l'éner- gie. — A qui incombe la responsabilité de la convention de la Soledad. — Nouvelles persécutions de Juarez contre les étrangers.

M. Billault disait vrai; des marques d'approbation l'accueilli- rent; puis, comme on craignait que ses forces fussent épuisées par d'aussi longs développements, on lui cria de toutes parts : « Reposez-vous! suspendons la séance! »

Elle fut en effet suspendue, et au bout de dix minutes, M. Billault reprit :

« Messieurs, l'emploi de la force était résolu. Les trois puis- sances envoient une expédition combinée. Les rôles de chacun sont distribués. L'Espagne envoie 6 ou 7,000 hommes; la France 2,500 hommes; l'Angleterre une flotte et quelques soldats de marine destinés à être momentanément débarqués.

Messieurs, on a assimilé la retraite des Anglais à celle des Espagnols. Je n'admets pas cette assimilation; je ne m'explique sur aucun des faits; j'établis seulement une différence qui ne peut être niée. L'Espagne, convaincue qu'il fallait pénétrer dans l'intérieur du pays, envoie un corps d'armée. L'Angle- terre était plus hésitante, s'en rapportait à nous, ne désirant pas s'en mêler. (Bruit.)

Quelques troupes anglaises avaient été momentanément mises à terre ; elles furent rembarquées bien avant que les dissentiments dont j'aurai à parler se fussent produits. Il faut rendre à chacun la justice qui lui est due. Je ne blâme ni ne loue aucune des puissances étrangères; j'établis seulement les faits de chacun. L'Europe jugera.

L'expédition est donc partie. Ce n'était pas pour recom- mencer les négociations, car nous savions à cet égard à quoi nous en tenir. Ce qu'il fallait, c'était agir, marcher, renverser un fantôme de gouvernement, imposer la justice, et, si le pays voulait, prendre en main sa propre cause et fixer son avenir, l'occasion lui en était offerte.

Au lieu de cela, qu'a-t-on fait? Les trois plénipotentiaires, je dois dire plutôt les quatre ou cinq plénipotentiaires, arrivè- rent avec des idées sensiblement différentes. Les plénipoten- tiaires français ont des instructions nettes et formelles. L'An- gleterre hésite ; tout ce qui tend à une action à l'intérieur ne paraît pas convenir à la politique du gouvernement anglais.

Le plénipotentiaire espagnol semble, je dis semble, mes- sieurs, le plénipotentiaire espagnol semble avoir sur la conduite des idées toutes spéciales. Il croyait à la force de Juarez, il croyait à ses ministres, il avait des rapports avec plusieurs d'entre eux ; il avait de nombreuses relations dans le pays ; il n'avait pas des griefs de l'Espagne et de la France le même assentiment qui avait dicté le traité. (Mouvement.)

Le résultat fut qu'un adoucissement se manifestât dans l'expédition. Elle arrivait pour imposer une volonté; elle s'ar- rêta. Elle entama des conversations plus ou moins diploma- tiques. Elle avait des réparations à demander; elle envoya à Juarez une sorte d'ultimatum, et elle semblait charger le gou- vernement même sur la chute duquel on comptait de réformer le gouvernement.

Voilà comment l'affaire a été engagée.

Messieurs, lors de la discussion de l'adresse, je disais, en répondant à l'honorable M. Jules Favre : Nous sommes sur la route de Mexico ; nous y sommes peut-être. Messieurs, je me trompais. On s'était engagé dans une voie tout autre. On s'abandonnait à des espérances de négociations, à des espérances d'accommodement du gouvernement de Juarez.

Ces espérances-là, jamais la France ne les avait eues. Nous savions qu'il n'y avait pas à traiter avec le gouvernement mexicain ; que la parole, que la signature de ces hommes étaient sans valeur ; que tous ces chefs avaient employé leur existence éphémère à tromper les étrangers, à pressurer les nationaux. (C'est vrai! c'est vrai!)

La France et ses représentants n'avaient pas dans cette situation la prépondérance que donne la plus forte part de troupes. L'Espagne avait le principal corps d'armée ; l'Angleterre se tenait à peu près en dehors, mais elle avait sa politique.

Dans cette situation, les plénipotentiaires français subirent,

leurrer, qu'à compter sur de vaines promesses qui ne seraient pas tenues. (C'est vrai! c'est vrai!) Le gouvernement comprit que Juarez comptait sur la mauvaise saison, sur la fièvre jaune, sur les pluies ; c'étaient là ses alliés de Juarez.

Le corps expéditionnaire était arrivé en janvier, et l'on avait devant soi plusieurs mois, jusqu'au mois d'avril, pour agir ; mais le temps se perdait, et on allait se trouver dans une position très-difficile, sinon impossible.

Dès que le gouvernement connut la fausse voie où l'on s'était engagé, il s'empressa d'émettre son opinion. Il faut que vous sachiez les faits, messieurs ; je ne parle pas seulement pour vous, mais aussi pour le dehors. Il faut qu'un gouvernement comme celui de l'Empereur reste pur de l'accusation d'avoir compromis légèrement le nom de la France. Il faut, quand on

Mexicaine de la Tierra-Caliente.

mais le mot est trop fort, je dirai plutôt les plénipotentiaires français consentirent à cet essai. C'était une chose bien inutile, mais c'était une chose bien dangereuse. Juarez ne perdit pas le temps précieux qu'on lui laissait ; il savait qu'il lui importait de gagner du temps.

Le 18 décembre, il promulgue un décret fermant le port de la Vera-Cruz ; on y déclarait traîtres ceux qui avaient, disait-on, favorisé la cause des envahisseurs. Grâce était accordée à tous les Mexicains compromis... à tous... excepté à ceux qui, dans l'opinion du gouvernement, étaient indignes de la recevoir (on rit) ; et le gouvernement se réservait de faire connaître ses raisons pour chaque cas particulier.

Ce que Juarez craignait, ce n'était pas d'être contraint à promettre de payer, c'était que ses compatriotes ne revinssent pour se mettre à la tête d'un mouvement. Alors, tous ceux qui sont mécontents de l'état présent des choses sont des traîtres ?

Messieurs, lorsqu'en France on connut cette première démarche faite vers Juarez, le gouvernement français n'hésita pas à blâmer cette voie, qui ne pouvait nous amener qu'à nous

a dix ans de gloire derrière soi, qu'il ne reste pas un nuage devant. (Vive approbation.)

M. Thouvenel écrivit à ses plénipotentiaires que, puisque la conciliation ne réussissait pas, il fallait agir avec énergie, que les négociations, les retards n'avaient d'autre résultat que de permettre au gouvernement de Juarez de se fortifier contre nous. Notre ministre à Madrid se mit en rapport avec le gouvernement espagnol, et il trouva ce gouvernement exactement dans les mêmes sentiments que nous.

M. Calderon Collantes déclarait, lui aussi, qu'il fallait agir avec rapidité, avec énergie, qu'il était absurde de demander à un gouvernement ennemi la permission de s'établir sur tel ou tel point du pays, qu'on ne pouvait, coûte que coûte, abandonner l'entreprise dans laquelle on était engagé ; que l'Espagne, pour sa part, était à cet égard très-décidée. (Bruit.)

Une conversation analogue eut lieu à Londres entre nos ambassadeurs et M. le comte Russell. Le comte Russell reconnut aussi qu'il eût mieux valu agir avec plus de rapidité ; mais, je dois le dire, le cabinet anglais n'est pas sorti de la réserve

3

qu'il a toujours eue lorsqu'il a été question d'agir à l'intérieur du pays. Sa circonspection sur ce point ne s'est pas démentie. (*Mouvement.*)

Il fallait donc agir avec énergie. Mais, pendant que s'échangeaient les correspondances, difficiles et lentes, entre l'Europe et le Mexique, les négociations continuaient dans ce pays à suivre la voie regrettable qui avait été adoptée, et Juarez, au lieu de répondre aux espérances que ces négociations pouvaient donner, prenait, avec l'énergie d'une tyrannie qui ne recule devant rien, les mesures les plus violentes pour étouffer à l'intérieur toute manifestation de l'opinion qui pouvait lui créer des difficultés. Il rendait dans ce but un décret qui est un monument de la tyrannie la plus sanguinaire.

La peine de mort y est écrite dix-sept ou dix-huit fois. Tout étranger détenteur d'une arme est puni de dix ans de galères ; tout Mexicain entre les mains duquel une arme est trouvée est condamné à mort ! Voilà comment ce gouvernement répondait à l'appel adressé par les trois puissances aux populations mexicaines pour qu'elles fissent connaître leurs vœux.

C'est en présence de ces faits que fut signée la convention de Soledad, convention négociée par le général Prim seul, acceptée ensuite par les autres plénipotentiaires. Que disait-elle ? L'expédition allait faire au gouvernement de Juarez ; elle allait provoquer l'établissement d'un autre gouvernement au Mexique, et le premier acte du général Prim est de prêter la force morale d'une sorte de reconnaissance au pouvoir de Juarez.

Il stipule en février que des négociations s'ouvriraient en avril ; il demande la permission pour les troupes alliées de prendre des positions salubres. Il s'engage à rétrograder vers les terres chaudes, où règne la fièvre jaune, si les négociations ne réussissent pas. Nos malades sont confiés à la garde de la loyauté éprouvée du gouvernement mexicain, le drapeau du Mexique doit flotter sur les forts de la Vera-Cruz à côté du drapeau de la France, de l'Angleterre et de l'Espagne.

C'étaient là des conditions contraires à la politique du gouvernement français, des conditions déplorables.

— Humiliantes ! dit une voix. »

Le ministre continue :

« Les journaux ont dit que le gouvernement de l'Empereur avait demandé à l'Espagne le rappel du général Prim. Le gouvernement de l'Empereur n'a souci que de sa propre dignité ; il laisse les autres gouvernements juges de la leur. (*Très-bien ! très-bien !*)

Il s'est borné à désavouer pour sa part la convention de Soledad comme contraire à l'honneur de la France.

Une voix. — Et c'était vrai !

M. LE MINISTRE. — Ce sentiment, il fallait savoir si nos alliés le partageraient. M. Barrot écrivit que le gouvernement espagnol blâmait aussi la convention de Soledad ; que le président du conseil reconnaissait les fautes commises, et se disait prêt, si le parti conservateur se montrait au Mexique, à l'appuyer l'autorité morale de l'Espagne. M. Barrot lui déclara que le gouvernement de l'Empereur ne permettrait pas que les soldats français sortissent du Mexique humiliés. (*Très-bien ! très-bien !*)

L'Espagne, répond M. le duc de Tétouan, fera pour son drapeau tout ce que la France fera pour le sien ; elle ne reculera devant aucun sacrifice. (*Mouvement prolongé.*)

Ainsi, l'Espagne semblait d'accord avec nous pour juger la convention de Soledad. De nouvelles instructions furent envoyées au Mexique.

Le commandement de nos troupes fut donné au général de Lorencez ; la direction diplomatique fut confiée à M. de Saligny, et on lui traça cette ligne de conduite : Avant tout, poursuivre le redressement de nos griefs, aider moralement à l'établissement d'un gouvernement offrant des garanties, sans l'imposer.

Ainsi, à chaque pas, le principe fondamental de notre politique au Mexique est rappelé, confirmé.

Nous n'imposons rien, nous demandons un gouvernement qui réponde à notre loyauté par la sienne. Quant à la souveraineté du peuple, qu'elle prenne la forme qu'elle préférera ; république ou monarchie, elle est libre à cet égard. Ce que nous voulons, nous, c'est un gouvernement.

La convention de Soledad signée, les plénipotentiaires restèrent en conversations officieuses en attendant l'ouverture des conversations officielles au mois d'avril.

Dans le pays, pendant ce temps, que se passait-il ? Des choses qui rendaient impossible le maintien de cette convention. Au lieu d'imposer aux brigands qui l'entouraient le respect de nos nationaux, Juarez les livre à toutes les vexations, à toutes les exactions, à tous les périls. J'ai les mains pleines de récits de Français emprisonnés, pressurés, obligés de livrer leur fortune à ceux qui nous combattent. Une personne notable de Mexico écrivait que Juarez mettait de côté tout sentiment de honte et persécutait tous les étrangers, notamment les Français et les Espagnols.

Le ministre d'une puissance étrangère et amie, qui portait à nos nationaux l'appui plus bienveillant qu'efficace de son pavillon, signalait les mêmes avanies. Ainsi nous étions à cinquante lieues de distance avec nos soldats, et des citoyens français étaient ainsi couverts d'outrages ! Quoi de plus intolérable ! Ce n'était pas sans doute pour assister à de pareilles choses que le drapeau de la France flottait au Mexique ! (*Très-bien ! très-bien !*) Il était donc impossible de maintenir plus longtemps une pareille situation.

Pendant ce temps, qu'arrivait-il ? On exécutait le sanguinaire décret du 25 janvier de Juarez. On menaçait de mort les Mexicains qui pendant notre occupation de la Vera-Cruz avaient bien voulu se charger de l'administration municipale. Pouvait-on supporter un pareil état de choses !

Il y a un juge de cette situation que personne ne récusera, c'est le général Prim lui-même. »

CHAPITRE X

Correspondance du général Prim. — Le général Almonte. — Dernière conférence à Orizaba. — Lettre de l'amiral Jurien de la Gravière. — Pourquoi on ne peut traiter avec Juarez. — Trois mois de délais diplomatiques.

Ici l'orateur donne lecture d'une lettre adressée le 20 mars dernier à l'amiral Jurien de la Gravière par le général Prim. Voici le sens de cette lettre : « Nous jugeons la situation de même, dit le général Prim. Votre idée, comme la mienne, est d'agir énergiquement si le gouvernement mexicain ne fait pas droit à nos justes réclamations. Nos concitoyens sont soumis à des contributions forcées ; le gouvernement mexicain menace de fermer les communications commerciales de la Vera-Cruz. En voilà trop, en voilà assez pour brûler nos papiers et marcher en soldats. Réunissons-nous donc, et que cela finisse ! (*Mouvement prolongé.*)

Cette lettre, continue l'orateur, n'a pas été publiée dans les documents distribués aux cortès ; mais, la réponse qu'elle a provoquée de la part de l'amiral Jurien de la Gravière y étant insérée, je crois n'avoir pas manqué aux convenances diplomatiques en lisant cette dépêche. » (*Très-bien, très-bien.*)

L'orateur donne ensuite lecture d'une seconde lettre du général Prim, qui, le 21 mars, adressait à l'amiral Jurien une nouvelle lettre dans laquelle il déclarait que les alliés ne pouvaient permettre que le gouvernement mexicain poursuivît ses vexations de toute nature ; il ajoutait que le ton de la correspondance du général Doblado ne pouvait convenir à la juste fierté des alliés, et terminait en disant qu'il ne fallait pas chercher dans d'autres motifs la cause de son humeur belliqueuse. (*Exclamations et rires.*)

« Je ne prétends pas blâmer personne.

Une voix. — Cela n'est pas nécessaire !

M. LE MINISTRE. — Le gouvernement de l'Empereur se borne à expliquer sa conduite. Quant à ceux qui n'ont pas fait comme lui, leurs gouvernements et le monde en sont juges. (*Très-bien ! très-bien !*)

Les lettres que j'ai lues étaient des 20 et 21 mars. Le 23 mars, le surlendemain, le général Prim écrivait encore à l'amiral Jurien et lui disait : Je commence mes préparatifs de départ (*exclamations et rires*), et mes troupes se rembarqueront dès que nous aurons eu notre dernière conférence.

Que s'était-il donc passé entre le 21 et le 23 ! La raison officielle de ce brusque changement a été la présence du général Almonte parmi les troupes françaises. Je donnerai tout à l'heure des détails particuliers sur cet épisode spécial. Je veux auparavant dire quelques mots sur la situation des commissaires espagnol et français.

Vous avez vu par les lettres des 20 et 21 mars que le général Prim était disposé à redresser par la force la réparation des griefs de sa nation. Mais l'état des choses ne comportait-il pas d'autres mesures? et le commissaire français n'avait-il pas raison de vouloir obtenir de Juarez une amnistie sérieuse et de demander que la volonté du peuple mexicain pût se manifester librement?

N'était-il pas juste d'exiger que la population, délivrée de son oppression, pût faire connaître ses intentions? Si elle avait voté la république, elle eût été dans son droit; si elle avait voté autre chose, elle eût encore été dans son droit. C'est sur ce point que le commissaire espagnol oppose une résistance absolue.

Quant à la présence du général Almonte dans notre camp, l'amiral français écrivait le 22 mai au général Prim que ce n'était pas de son aveu que les émigrés mexicains avaient quitté la Vera-Cruz sous la protection des troupes françaises; qu'à son avis ils auraient dû attendre l'armistice. L'amiral ajoutait qu'avant il fallait rétablir l'ordre et la tranquillité au Mexique.

Ainsi, voilà bien quelles étaient les deux politiques en présence. On ne s'entendait que pour reconnaître qu'il fallait réprimer la conduite de Juarez; on n'était plus d'accord quand il s'agissait de donner au peuple mexicain des moyens de faire connaître sa volonté.

Et cependant d'autres peuples n'ont-ils pas été convoqués de la même manière! (*Très-bien!*) Est-ce qu'ils n'avaient pas été aidés par le drapeau de la France, qui, l'honorable M. Jules Favre le reconnaîtra, n'était pas pour eux un drapeau étranger?

N'est-ce pas à l'aide de ce drapeau qu'ils se sont délivrés de gouvernements tyranniques? N'ont-ils pas voté librement à l'ombre de ce drapeau? (*Très-bien! très-bien!*) Ce que vous trouvez bien au delà des monts, trouvez-le donc bien au delà des mers! (*Vive approbation.*)

Le 11 avril, les commissaires alliés eurent à Orizaba leur dernière conférence. Du procès-verbal de cette séance, l'honorable M. Jules Favre a cité que des paroles des plénipotentiaires étrangers qui se trouvaient en contradiction avec le droit de la France.

Pourquoi ne pas avoir rapporté une seule des phrases des deux plénipotentiaires qui soutenaient les intérêts de notre pays? (*Très-bien!*) Quand dans une assemblée française on discute des intérêts français, on devrait tenir plus de compte de l'opinion de nos représentants. (*Très-bien! très-bien!*)

Quand cette dernière conférence se réunit, l'accord n'existait plus entre les commissaires alliés. M. Wyke avait toujours été disposé à traiter avec Juarez. L'Angleterre oubliait, à mon sens, toutes les conventions violées depuis vingt-cinq ans. C'était son affaire, et je n'ai pas à discuter sur ce point.

Un de nos représentants à cette conférence était l'amiral Jurien de la Gravière, et, qu'il me soit permis de rendre ici un hommage au caractère loyal, généreux, l'amiral Jurien s'est acquitté de sa tâche avec le plus profond sang-froid, mais avec le sentiment de notre infériorité numérique vis-à-vis des Espagnols; ils étaient six mille, nous n'étions que douze cents.

Hé bien! que dit l'amiral Jurien, dans la parole duquel vous aviez, messieurs, je n'en doute pas, une entière confiance? (*Oui! oui!*) Il déclare que nulle part il n'a vu pareille terreur, spoliations plus arbitraires, joug plus accablant.

Et quand il juge ainsi la situation, il écarte tous les projets relatifs à l'archiduc Maximilien. « Il n'est pas question de monarchie, dit-il; ce qu'il faut, c'est un gouvernement moral et respecté; la plus grande partie de la population veut le terme de l'anarchie; mais elle n'ose se prononcer, et nous attend à Mexico. »

C'est ainsi que l'amiral Jurien apprécie la situation, et il ajoute : « On ne peut traiter avec un gouvernement qui permet les exécutions sanguinaires et les édits de mort : il faut que nos troupes aillent à Mexico. »

Je reviens maintenant à la correspondance des 21 et 22 mars. Vous avez été frappés, messieurs, de voir M. le général Prim, qui, dans les deux premières lettres, considérait que les vexations du gouvernement mexicain devaient décider les alliés à agir, annoncer le 23 son intention de quitter le Mexique avec ses troupes.

On a recherché les motifs de la détermination du général Prim, et on a dit que, du 21 au 23 mai; il y avait eu une conférence entre M. Wyke, le général Prim et deux ministres mexicains, dont l'un, M. Etcheverria, était l'oncle du général Prim, ce qui assurait mieux les bonnes relations. (*Ah! ah!*)

Pas de suppositions, messieurs; pas une seule supposition! il faut respecter tout le monde. Le général Prim est un homme qui, à part ses dissentiments avec la France, et, quel que soit le sentiment qu'on puisse avoir sur sa conduite, ne doit pas être suspecté. (*Bruit.*)

J'ai le désir, et c'est la volonté de l'Empereur, quel que soit notre désaccord momentané avec deux grandes puissances, d'apporter dans mes paroles toute la courtoisie et la convenance nécessaires. (*Très-bien! très-bien!*)

Quoi qu'on dise, les trois gouvernements restent en bons termes, et l'écho d'outre-Manche nous apportait hier des paroles éloquentes suffisamment significatives à ce sujet.

Aussi je ne veux blesser personne, je ne veux laisser place à aucune allusion. Les faits sont là, qu'on les juge.

Donc, du 21 au 23 mars, on avait vu M. Etcheverria avoir une conférence avec le général Prim et M. Wyke. Les ministres mexicains avaient renoncé à plusieurs de leurs prétentions, et notamment à la taxe de 2 0/0 sur les étrangers.

On avait dit : si ces promesses ne sont pas tenues, il sera toujours temps de déclarer la guerre; mais il ne faut pas la déclarer pour des motifs futiles. Pourquoi, demandait-on, les plénipotentiaires français ne consentiraient-ils pas à mettre à l'épreuve la sincérité du gouvernement mexicain!

Pourquoi? Mais vingt ans de vexations et d'avanies nous avaient édifiés. Attendre! mais c'eût été une dérision amère. C'est là une explication bien faible pour ce changement du 21 au 23; la guerre le 21, le rembarquement des troupes le 23. Le motif de la rupture a été cette divergence complète. La France a voulu une réparation énergique; elle n'a pas été fâchée de mettre le Mexique en mesure de se déclarer lui-même sur le gouvernement qu'il désirait.

Nous étions tous d'accord sur ce point, au départ. Chacun a coopéré plus ou moins à ce but accepté. Quand nous en sommes arrivés de plus en plus aux moyens pratiques, l'Angleterre s'est abstenue.

Quand nous avons persévéré à marcher à l'exécution du plan concerté en commun, nous avons vu l'Espagne se retirer à son tour.

Le général Almonte, dit-on, a été le motif de cette retraite. Je m'étonne de cette préoccupation du général Prim, surtout en face d'un fait précédent. Un général qui avait figuré dans une situation bien plus vive, bien plus tranchée que celle du général Almonte, Miramont, s'était présenté sur les rives du Mexique. L'Angleterre l'avait arrêté, et d'autorité, sans consulter les autres puissances elle l'avait renvoyé aux Antilles.

Qu'est-ce qui s'en est plaint? Le gouvernement espagnol. Cela résulte d'une dépêche du 7 mars 1862, adressée par le cabinet de Madrid au commandant des forces espagnoles au Mexique, et qui le loue de s'être plaint de la conduite de l'Angleterre, et qui ajoute, en l'engageant à faire ses efforts pour empêcher des faits pareils de se produire : « Le gouvernement « de Sa Majesté a mission de protéger tout le monde et d'em- « pêcher tout acte passif ou violent. » Comment se fait-il que le général Almonte n'ait pas trouvé les mêmes dispositions chez le général Prim? Comment ce dernier a-t-il oublié le principe proclamé par sa souveraine?

Quelle était la position du général Almonte? Les troupes de France étaient arrivées au Mexique au mois de janvier, les Espagnols y étaient arrivés déjà. Tout le monde en Europe, Français, Anglais, Espagnols, était convaincu que l'expédition avait été immédiatement entamée, qu'en février la situation était franchée, et que le pavillon français flottait à Mexico. Personne ne supposait des délais diplomatiques de trois mois.

Le général Almonte est arrivé le 1er mars à la Vera-Cruz; il était parti d'Europe au commencement de février, ayant la conviction que la liberté était rendue à la nation mexicaine, et qu'il trouverait son pays ouvert.

Ne dites donc pas qu'on l'a expédié de France avec la mission d'allumer la guerre civile. Nous n'avions pas besoin d'une guerre civile. Ce que nous aurions voulu, c'est que tous les citoyens mexicains représentant une opinion, quelle que fût, se rendissent au grand congrès de la nation, ouvert sous la protection de la France, et exprimassent librement leur volonté sur le gouvernement du pays. Ainsi, l'arrivée du général Almonte ne devait avoir lieu qu'au moment où le scrutin serait ouvert sur la volonté nationale.

Tant qu'il a été à l'abri de notre drapeau, il n'a pas fait un seul acte; il a lancé une proclamation, mais seulement le 7 avril, après la rupture des négociations.

Nous l'avons protégé. Contre qui? Contre le décret du 25 janvier qui frappait de mort ceux qui rentraient. Le général Almonte n'était pas proscrit. Il avait quitté son pays de sa propre volonté. Il y revenait. On voulut l'arrêter à la Vera-Cruz! Qui donc? les troupes du général Zaragoza. On nous écrivit une note déclarant que le gouvernement de Juarez entendait que tous les citoyens frappés par son décret lui fussent livrés. Ainsi, à la Vera-Cruz même, où flottait notre drapeau, on nous signifiait insolemment qu'on se saisirait des Mexicains qui ne seraient pas de l'avis de Juarez, et qu'ils seraient immédiatement mis à mort. Le général Almonte ne se trouve pas en sûreté à la Vera-Cruz, il suit un de nos bataillons. A Cordova, on veut l'arrêter. Une perquisition a lieu et le chef de ce petit détachement est sommé d'avoir à livrer Almonte au gouvernement de M. Juarez. On comprend l'indignation de cet officier et son refus.

La veille, le général Robles, dont le caractère est entouré du respect de tous dans un pays où si peu de gens ont droit au respect, le général Robles, soupçonné de venir causer avec le général français, pendant cette espèce d'armistice qui succéda à la convention de la Soledad, fut pris au lasso comme une bête féroce et fusillé immédiatement. Après cela, qui oserait dire que la France dût livrer le général Almonte? (Nombreuses marques d'assentiment.)

— Nous demandons, interrompt M. J. Favre, qu'il ne suive pas l'armée française, et qu'on le renvoie en Europe.

— Les hommes qui ont votre sympathie, reprend le ministre, demandaient qu'on le leur livrât; et le leur livrer, c'était le vouer à la mort. Cette sympathie me semble étrange. Quoi donc? Le nom de républicain est-il donc si puissant qu'il excuse toutes les mauvaises comme les belles choses? Et suffit-il d'écrire sur son chapeau : Je suis républicain, pour pressurer son pays?

— Nous abhorrons, dit M. J. Favre, toutes les tyrannies, même celles qui se déguisent. (Exclamations et rumeurs.)

— Les tyrannies qui se déguisent, poursuit M. Billault, sont celles qui professent la souveraineté nationale, et ne la respectent que lorsqu'elle leur obéit. (Vive marque d'approbation.) Il n'y a pas en France un soldat qui n'eût cru son drapeau déshonoré en se fiant à livrer Almonte. (Oui! oui! Très-bien! très-bien!) Il n'est pas un homme politique qui osât conseiller une pareille conduite. Nous allions porter à Mexico les idées de civilisation, le respect et le droit de tous; nous ne pouvions y mentir nous-mêmes. Quand le drapeau français flottera sur les murs de Mexico, la générosité du gouvernement ne se démentira pas. On appellera tout le monde, toutes les opinions, la population malheureuse, affranchie, à exprimer ses idées sur le gouvernement; la liberté se fera là. Elle aime ces opérations. La France les aime aussi. Elle les a protégées par ses armes en Italie. (Très-bien! très-bien!)

Ainsi, ne faites pas de ce qui a été relatif au prince Maximilien le fait principal. Le fait principal, c'était que de justes réparations fussent accordées; le fait principal, c'était que tout citoyen mexicain vînt à ce grand scrutin et dît sa pensée sur la tyrannie de Juarez. (Très-bien! très-bien!) Qu'ils s'expliquent, et si le gouvernement de Juarez leur convient, ainsi soit-il. (Rire d'approbation.)

Ainsi, Messieurs, je résume la situation. Nous avons rompu la convention de la Soledad, parce qu'elle était contraire aux instructions, parce que le gouvernement de Juarez, pendant deux mois, n'a pu empêcher aucune vexation, aucune avanie, parce que, loin de réprimer les avanies, il en a été lui-même l'auteur, parce qu'en demandant qu'on lui livrât Almonte, il a voulu déshonorer notre drapeau.

La convention rompue, les Espagnols se sont retirés. Mais j'oubliais de dire quelques mots sur un autre motif qu'on a prêté à la rupture, sur les créances et sur l'ultimatum de notre représentant. Je ne m'appesantirai pas là-dessus, messieurs; mais il y a ici quelque chose de profondément pénible pour l'honneur d'un gouvernement loyal et pour ceux qui le servent; j'ai besoin de dire quelques mots là-dessus. (Parlez! parlez!) Ah! je sais, la calomnie est féconde en ressources, et elle emploie des voies bien étranges. Vous dites que nous avons arrêté le journal le Times. Non, jamais il n'a été arrêté.

— On en a arrêté d'autres, dit une voix.

— C'est vrai, reprend le ministre; il faut nous expliquer. Il

y a à Paris une vingtaine d'hommes, la plupart Français, dont le métier est d'expédier aux journaux étrangers, contre les serviteurs de l'Empereur, les plus odieuses calomnies. On attaque leur caractère, leur probité, leur intelligence. Que faire?

Nous ne connaissons ni les calomniateurs, ni les sources où ils puisent. (Bruit.) On ne publie pas ces calomnies en France, car on ne se ferait pas attendre. On les envoie à l'étranger, et de là elles reviennent en France. La plus misérable calomnie fait ainsi son chemin, et, répandue par une feuille étrangère, elle fait le tour de l'Europe.

Messieurs, cette organisation de la calomnie est odieuse et abominable! (C'est vrai! c'est vrai!) Comment réprimer son indignation contre de tels faits? Comment comprimer ici le sentiment de la dignité du gouvernement que l'on sert? En présence de telles attaques, la situation d'un honnête homme est intolérable.

Dans le memorandum de M. de Saligny, il y avait deux parties. D'abord, on y évaluait à 12 millions de piastres les dommages à réparer envers nos nationaux. Qu'il me suffise de dire qu'un grand nombre de personnes avaient été lésées; qu'à la Vera-Cruz seule il y avait 300 dossiers de plaintes.

Mais vous dites que cette somme est excessive. Soit, je l'accorde pour un moment. Je vous réponds que nous avons toujours déclaré qu'une commission de liquidation serait instituée pour constater les faits. Nous avons toujours dit que les droits des réclamants seraient vérifiés, qu'il n'y aurait d'admises que les réclamations accueillies par une commission, mais comprenez-le bien, messieurs, par une commission française.

Il y a encore autre chose, c'est le contrat Jecker. Il a été l'objet d'insinuations de toutes natures. On s'est appuyé sur des dépêches de sir Charles Wyke. Je ne parle pas de ces dépêches, parce que je ne veux pas discuter les créances anglaises.

L'Espagne, à cet égard, a été nette et précise; l'Angleterre l'a été moins, mais elle n'a pas fait d'opposition.

Voyons donc cette affaire Jecker.

Miramon était encore au pouvoir. Il était à Mexico au commencement de 1860. Juarez se disait président à la Vera-Cruz. Miramon, à Mexico, battait monnaie, car il faut dire qu'il ne vaut pas mieux que Juarez. (Rires d'adhésion). Il prenait partout où il pouvait. Il fit un emprunt à la maison Jecker; il lui dit : Je vais vous donner 15 millions de piastres (75 millions de francs) en bons remboursables par cinquièmes sur les douanes. Chaque négociant qui aura 100 fr. de droit de douane à payer, payera 20 fr. en bons, et vous, vous négocierez ces bons comme vous pourrez. Jecker prend les 75 millions de francs en bons, il dit (moi, je l'ignore) avoir remis 3 millions de piastres. (Une interruption s'élève ici du côté où siège M. J. Favre.) Je désirerais, messieurs, entendre l'interruption, car j'aurais à cœur d'y répondre. (Le silence se rétablit.)

Jecker émit les bons. Beaucoup, et parmi eux beaucoup de Français, prirent ces bons, car on pouvait les avoir au rabais et payer 20 fr. avec ce qu'on aurait acheté 5 ou 6 fr. Dans cette situation, vous le comprenez, messieurs, nous avions un intérêt. On avait entamé avant la rupture une négociation avec le ministre de Juarez, et ce ministre ne s'était pas montré récalcitrant. Il avait dit qu'on acceptait la négociation, qu'on traiterait; seulement, il demandait qu'on y mit quelques ménagements, parce qu'il comprenait que cela ne mettrait pas le congrès en bonne humeur; mais, je le répète, nous avons la preuve que le ministre adhérait à la négociation.

— Lisez le document qui le prouve, dit M. J. Favre.

— Non, non, ne le lisez pas! s'écrient plusieurs députés.

Le ministre reprend :

— Il suffit que j'affirme. (Très-bien! très-bien!) Je me borne à affirmer que le ministre mexicain a reconnu le principe de la créance, et a dit qu'il serait fait droit. Il y avait lieu à une négociation sur le chiffre : voilà tout.

Maintenant il faut, messieurs, que vous connaissiez les instructions du gouvernement français. Le 28 février 1862, M. Thouvenel adressait une dépêche à M. de Saligny. »

M. le Ministre lit cette dépêche. Il en communique ensuite une autre en date du 14 mars, dont voici le sens :

« Je n'ai pas voulu laisser ignorer au gouvernement anglais que nous ne refusions pas de chercher s'il y aurait un moyen de nous relâcher de quelques-unes de nos exigences. Ce sont les circonstances qui, à la distance où vous êtes, vous diront s'il ne vaut pas mieux faire quelques concessions. L'institution d'une commission française qui déterminerait le montant de l'indemnité nécessaire pour satisfaire strictement à nos réclamations, a paru au ministre anglais une chose qui pouvait se faire.

Je vous invite à étudier cette combinaison ; je ne vois pas de raison pour que nous n'abandonnions pas ce qui dépasserait strictement le chiffre des réclamations parfaitement justifiées. »

« Ainsi, messieurs, continue M. le Ministre, tout a été net et précis. Il a été dit qu'on ne réclamait que ce qui était strictement dû.

Il avait été question de réserver ce qui était relatif à l'affaire Jecker.

Le général Prim y inclinait. Sir Charles Wyke, après réflexion, dit qu'il n'y consentait pas.

En résumé, messieurs, ce n'est pas l'affaire financière qui a amené la rupture. L'affaire financière ne fournissait aucune base aux calomnies qu'on a répandues. Elle sera liquidée selon la justice.

Reste la dissidence complète entre les plénipotentiaires sur la politique à suivre. Vous connaissez l'accord primitif, les déviations successives. Je me suis expliqué sur tout. Je n'ai plus qu'à vous indiquer deux lettres écrites en avril 1862. L'une est de M. Doblado au général Prim. Il écrit : « Je ne voudrais pas vous voir quitter le sol mexicain sans que nous fassions un traité, comme preuve de la sympathie que vous avez conquise ici par votre conduite si vraiment diplomatique. (On rit.) En une demi-heure, nous nous entendrons. En attendant, recevez mes remercîments pour la manière chevaleresque dont vous avez agi (nouveau bruit), et disposez de moi comme d'un serviteur dévoué. »

M. le général Prim fit connaître à nos plénipotentiaires cette proposition, que nous ne pouvions pas accepter. Il répondit, le 13 avril, une lettre dans laquelle il montre à M. Doblado son désir de traiter et lui dit : « Puisque vous êtes disposé à venir à Orizaba, venez vite, vite. »

Ainsi il y avait entre Juarez et l'Espagne des espérances de traité qui ne se sont pas réalisées. »

Quant à sir Ch. Wyke, il a fait un traité. Il a obtenu toutes les réparations pécuniaires qu'il a désirées. Mais, connaissant la valeur de ce genre de promesses, il a exigé des garanties, et alors on lui a donné celles d'un prêt d'argent promis au Mexique par les États-Unis, contre l'engagement de certaines provinces mexicaines. Mais le traité passé avec les États-Unis sera-t-il ratifié à Washington? Nous avons lieu d'espérer que non. C'est la seconde fois que Juarez offre aux États-Unis certains territoires de la république mexicaine contre des prêts d'argent. Nous avons lieu de penser que cette offre sera repoussée une seconde fois par le gouvernement américain. En tout cas, le gouvernement anglais, observateur perspicace des conséquences possibles du traité signé par son représentant, a refusé nettement sa sanction. (Mouvement d'approbation.) Il a compris que les États-Unis avaient une politique autre que celle de l'Europe, et que sanctionner ce traité, ce serait s'associer à la vente du Mexique aux États-Unis pour de l'argent. (Très-bien!)

Ainsi donc, des trois puissances arrivées au Mexique, deux en sont sorties, les Anglais d'abord sans violation de leurs engagements et par des inspirations d'une politique un peu différente de la nôtre ; les Espagnols ensuite. Nous n'avons rien à dire de la conduite de l'Espagne. Vous êtes à même maintenant de l'apprécier. La France est restée seule avec son drapeau, avec une poignée d'hommes, parce que le drapeau de la France ne se détermine pas volontiers, malgré les conseils qu'on lui donne, à reculer. (Rires d'approbation.) Et voici le résumé des instructions qui ont été envoyées à nos représentants au Mexique pour régler leur conduite dans cette situation nouvelle. Il y est déclaré que ce n'est pas du camp français, mais du pays même que doit partir la régénération politique du Mexique ; qu'en ce qui touche personnellement le général Almonte, il n'y a rien à retrancher de la confiance qu'inspire son caractère ; mais que notre responsabilité ne saurait se confondre avec la sienne, dans les événements où il pourrait s'engager ; que ce que nous voulons uniquement, c'est la réparation de nos griefs et la sécurité à l'avenir de nos nationaux.

Une dernière instruction a été envoyée au Mexique, messieurs, une de ces instructions dont le caractère touche profondément la Chambre, le pays, l'Europe. Elle a été donnée directement par l'Empereur, lorsque, acceptant cette situation isolée que nous faisait le départ de nos alliés, il voulait donner à nos soldats engagés dans la lutte confiance et résolution, et marquer la ligne de conduite dont nos plénipotentiaires ne doivent pas dévier. L'Empereur écrivait au général de Lorencez :

« Il est contre mon intérêt, mon origine, mes principes, d'imposer un gouvernement quelconque au Mexique. Que la nation mexicaine se donne la forme de gouvernement qui lui conviendra. Nous ne lui demandons que de la sincérité dans les relations ; nous ne désirons qu'une chose : c'est le bonheur de ce beau pays, sous un gouvernement stable et régulier. »

Des marques générales d'approbation accueillent la lecture de cette lettre. Le ministre conclut en ces termes :

« Ainsi, messieurs, du premier jour jusqu'au dernier, pas d'hésitation dans la politique du gouvernement, toujours le même but, le même principe, la même volonté. Quant aux choses auxquelles on a voulu donner une importance qu'elles n'ont pas, il les a toujours reléguées au rang secondaire qu'elles doivent occuper.

Nous voilà donc en face de l'ennemi. Qu'allons-nous faire? Ce n'est pas sans étonnement que j'ai entendu développer ce programme : Traiter avec le Mexique, puis se retirer. Traiter! Mais quel traité pourrions-nous donc obtenir du Mexique? Des promesses? Nous savons ce qu'elles valent. Se retirer quand le sang français a coulé, quand l'honneur de la France est engagé, quand toutes les fibres françaises seraient émues d'une pareille lâcheté, c'est le mot (vif mouvement d'approbation), quand nos compatriotes sont là, opprimés par un indigne gouvernement! Quelle honte, messieurs! (Oui! oui!) Quoi! ce drapeau de la France, qui a vaincu les drapeaux les plus illustres, qui a promené sa gloire sur toute l'Europe, il se retirerait sans honneur du Mexique! Je suis sûr que le patriotisme de l'honorable préopinant lui-même ne s'associe pas à ce conseil que son improvisation lui a suggéré. (On rit.)

Vous dites que nous n'avons pas d'ennemis au Mexique, que nous n'y avons que des débiteurs ; mais quand les débiteurs refusent de satisfaire leurs créanciers et les insultent, il n'y a plus d'autres juges que Dieu et la force. Vous oubliez que nous avons patienté vingt-cinq ans, que toutes les populations américaines nous demandent faire, et que s'il est constaté à leurs yeux que ce grand gouvernement de la France se retire du Mexique sans y avoir atteint son but, il faudra que tous les Français qui habitent le nouveau monde se retirent aussi, abandonnant leurs intérêts, leur orgueil, et prennent la fuite à la queue de votre drapeau! (Très-bien! très-bien!) Non.

Notre honneur est engagé, il faut que justice nous soit rendue, que ce gouvernement mexicain disparaisse devant le souffle de la France ou qu'il prenne une forme sérieuse qui nous offre des garanties pour l'avenir. Nous ne voulons pas établir là un de ces gouvernements qui ne vivent que par le souffle étranger ; nous voulons des satisfactions pécuniaires pour nos nationaux qui ont souffert, des satisfactions militaires pour l'honneur de nos soldats, des satisfactions diplomatiques pour la dignité de la France. Si nous ne les obtenons pas, si cette nation est tellement usée qu'elle ne puisse renaître à la loyauté et à l'ordre, alors nous nous ferons justice nous-mêmes, puis nous l'abandonnerons à son mauvais sort. Mais n'ayons pas de doute sur la légitimité de cette guerre. Disons qu'elle est juste, nécessaire, légitime, et que nos soldats sachent bien que, de même que l'Empereur, vous les entourez de vos sympathies ; que tout le pays est derrière eux, et que le drapeau de la France ne cessera jamais d'être le drapeau du droit, de la justice, de la civilisation et de la liberté. » (Acclamations bruyantes.)

M. le ministre reprit sa place au milieu d'une double salve d'applaudissements.

Les cinq sections du ministère de la guerre furent successivement mises aux voix et adoptées.

CHAPITRE XI

Instructions données par Napoléon III au général Forey. — Dépêche du 8 juillet 1862. — Notice biographique sur le général Forey. — Composition de la flotte destinée à transporter des troupes au Mexique. — Composition du corps expéditionnaire.

Si quelques malentendus avaient pu subsister après d'aussi catégoriques explications, la lettre que l'Empereur écrivit au général Forey les aurait fait disparaître. Le 3 juillet 1862, l'Empereur donnait au général Forey les instructions suivantes :

« Fontainebleau, 3 juillet 1862.

« MON CHER GÉNÉRAL ,

« Au moment où vous allez partir pour le Mexique, chargé de pouvoirs politiques et militaires, je crois utile de bien vous faire connaître ma pensée.

« Voici la ligne de conduite que vous aurez à suivre : 1° faire à votre arrivée une proclamation dont les idées principales vous seront indiquées ; 2° accueillir avec la plus grande bienveillance tous les Mexicains qui s'offriront à vous ; 3° n'épouser la querelle d'aucun parti ; déclarer que tout est provisoire, tant que la nation mexicaine ne se sera pas prononcée ; montrer une grande déférence pour la religion, mais rassurer en même temps les détenteurs de biens nationaux ; 4° nourrir, solder et armer, suivant vos moyens, les troupes mexicaines auxiliaires ; leur faire jouer le rôle principal dans les combats ; 5° maintenir parmi vos troupes, comme parmi les auxiliaires, la plus sévère discipline ; réprimer vigoureusement tout acte, tout propos blessant pour les Mexicains, car il ne faut pas oublier la fierté de leur caractère, et il importe au succès de l'entreprise de se concilier avant tout l'esprit des populations.

« Quand nous serons parvenus à Mexico, il est à désirer que les personnes notables de toute nuance, qui auront embrassé notre cause, s'entendent avec vous pour organiser un gouvernement provisoire. Ce gouvernement soumettra au peuple mexicain la question du régime politique qui devra être définitivement établi. Une assemblée sera ensuite élue d'après les lois mexicaines.

« Vous aiderez le nouveau pouvoir à introduire dans l'administration, et surtout dans les finances, cette régularité dont la France offre le meilleur modèle. A cet effet, on lui enverra des hommes capables de seconder sa nouvelle organisation.

« Le but à atteindre n'est pas d'imposer aux Mexicains une forme de gouvernement qui leur serait antipathique, mais de les aider dans leurs efforts pour établir, selon leur volonté, un gouvernement qui ait des chances de stabilité et puisse assurer à la France le redressement des griefs dont elle a à se plaindre.

» Il va sans dire que, s'ils préfèrent une monarchie, il est de l'intérêt de la France de les appuyer dans cette voie.

« Il ne manquera pas de gens qui vous demanderont pourquoi nous allons dépenser des hommes et de l'argent pour fonder un gouvernement régulier au Mexique.

« Dans l'état actuel de la civilisation du monde, la prospérité de l'Amérique n'est pas indifférente à l'Europe ; car c'est elle qui alimente nos fabriques et fait vivre notre industrie. Nous avons intérêt à ce que la république des États-Unis soit puissante et prospère, mais nous n'en avons aucun à ce qu'elle s'empare de tout le golfe du Mexique ; domine de là les Antilles ainsi que l'Amérique du Sud, et soit la seule dispensatrice des produits du Nouveau Monde.

« Nous voyons aujourd'hui, par une triste expérience, combien est précaire le sort d'une industrie qui est réduite à chercher sa matière première sur un marché unique, dont elle subit toutes les vicissitudes.

« Si, au contraire, le Mexique conserve son indépendance et maintient l'intégrité de son territoire, si un gouvernement stable s'y constitue avec l'assistance de la France, nous aurons rendu à la race latine, de l'autre côté de l'Océan, sa force et son prestige, nous aurons garanti leur sécurité à nos colonies des Antilles et à celles de l'Espagne ; nous aurons établi notre influence bienfaisante au centre de l'Amérique ; et cette influence, en créant des débouchés immenses à notre commerce, nous procurera les matières indispensables à notre industrie.

« Le Mexique, ainsi régénéré, nous sera toujours favorable, non-seulement par reconnaissance, mais aussi parce que ses intérêts seront d'accord avec les nôtres et qu'il trouvera un point d'appui dans ses bons rapports avec les puissances européennes.

« Aujourd'hui donc, notre honneur militaire engagé, l'exigence de notre politique, l'intérêt de notre industrie et de notre commerce, tout nous fait un devoir de marcher sur Mexico, d'y planter hardiment notre drapeau, d'y établir, soit une monarchie, si elle n'est pas incompatible avec le sentiment national du pays, soit tout au moins un gouvernement qui promette quelque stabilité.

« NAPOLÉON. »

Par une dépêche du 8 juillet, M. Thouvenel informe M. Dubois de Saligny de la résolution prise par le gouvernement français.

Le ministre des affaires étrangères au ministre de France au Mexique.

Monsieur, l'Empereur a résolu l'envoi de renforts considérables au Mexique, et Sa Majesté a confié le commandement en chef de ses troupes à M. le général Forey. Les renforts ne tarderont pas à rejoindre le corps expéditionnaire ; mais M. le général Forey les devancera au Mexique, son départ devant avoir lieu dans quelques jours. Sa Majesté a décidé que cet officier général réunirait dans ses mains tous les pouvoirs qui avaient été précédemment conférés à M. l'amiral Jurien de la Gravière, et qu'il serait simultanément investi, par conséquent, de ceux de plénipotentiaire et de commandant en chef de notre expédition.

THOUVENEL.

Le général Forey (Élie-Frédéric) est né à Paris, le 10 janvier 1804, et se trouvait par conséquent en âge de choisir une carrière au commencement de la Restauration, alors que les idées pacifiques prédominaient, et que les souvenirs de gloire étaient à l'index. Il fallait donc une vocation sérieuse pour entrer à l'École de Saint-Cyr, et la perspective qui s'offrait aux yeux du néophyte avait perdu la splendeur dont elle était entourée quelques années auparavant. Le jeune Forey végéta longtemps dans les fonctions d'officier instructeur du 2e régiment d'infanterie légère ; mais la conquête de l'Algérie le mit à même d'acquérir des grades et de la réputation. Il était à l'attaque du fort de l'Empereur, le 4 juillet 1830 ; nommé capitaine en 1835, il se distingua à Médéah, à Constantine, aux Portes de Fer. En 1840, il fut promu au grade de chef de bataillon de chasseurs à pied, et à celui de colonel, le 4 novembre 1844. Peu de temps après son retour en France, de fatales dissensions intestines le mirent à même de faire preuve d'activité et d'énergie. Il fut nommé général de brigade, comme s'étant particulièrement distingué dans la journée du 13 juin 1849, et colonel de division, le 22 décembre 1852.

Membre du comité supérieur de l'infanterie, le général Forey s'occupait avec succès d'administration militaire, quand il fut appelé à commander la réserve de l'armée d'Orient. Il eut un moment la direction du siége de Sébastopol. En 1857, il fut placé à la tête de la 1re division d'infanterie de l'armée de Paris, qui forma, deux ans plus tard, le premier corps de l'armée des Alpes. Il eut l'honneur, à Montebello, le 20 mai 1859, du premier combat de la campagne.

Commandeur de la Légion d'honneur en 1849, grand-croix le 21 octobre 1854, le général Forey fut élevé, le 16 août 1859, à la dignité de sénateur.

Le 27 juillet 1862, le général Forey remit le service de la 1re division d'infanterie au baron Neigre, commandant la 1re brigade de cette division.

Le général Manèque, désigné pour succéder au général Forey, n'était pas encore arrivé à Paris. Le colonel d'Auvergne, nommé chef d'état-major général du corps expéditionnaire au Mexique, fut remplacé par le lieutenant-colonel de Chamberet dans les fonctions de chef d'état-major de la 1re division d'infanterie de l'armée de Paris. Le commandant avec lui tous les officiers de son état-major quittèrent Paris dans la matinée du lundi 28 juillet, et allèrent s'embarquer à Cherbourg, sur le vaisseau à vapeur le *Turenne*, qui devait les transporter à la Vera-Cruz.

Des bâtiments, dont le nombre augmentait chaque jour, se pressaient dans le port de Cherbourg. On y disposait le *Tourville*, pour recevoir le général Berthier, commandant une des brigades du corps expéditionnaire, avec 34 officiers, 1,021 soldats, 32 chevaux et 8 voitures ;

Le vaisseau l'*Ulm* devait porter 18 officiers, 992 soldats, 85 chevaux et 6 voitures ;

Le vaisseau la *Ville-de-Lyon*, 32 officiers, 1,020 soldats, 30 chevaux et 8 voitures ;

Le vaisseau la *Ville-de-Bordeaux*, 29 officiers, 1,016 soldats, 14 chevaux et 6 voitures ;

Le transport-écurie l'*Allier*, 11 officiers, 380 soldats, 364 chevaux et 47 voitures ;

Le vaisseau le *Breslaw*, 30 officiers, 884 soldats, 25 chevaux et 10 voitures ;

Le vaisseau le *Duquesne*, 31 officiers, 1,014 soldats, 14 chevaux et 6 voitures;

Le transport-écurie l'*Eure*, 9 officiers, 393 soldats, 347 chevaux et 32 voitures;

Le transport-écurie le *Jura*, 9 officiers, 385 soldats, 353 chevaux et 44 voitures.

D'autres troupes devaient être réparties à bord du *Darien*, des frégates à vapeur la *Foudre* et l'*Ardente*, de l'*Eylau*, de l'*Impérial*, du *Finistère*, etc.

Voici quelle était la composition du corps dont le général Forey avait la direction suprême :

Chef d'état-major général, colonel d'Auvergne;

Commandant de l'artillerie, colonel Vernet de Laumière;

Commandant du génie, colonel Vialla;

Chef du service administratif, intendant militaire Wolf;

Grand-prévôt, chef d'escadron de gendarmerie, Chavannes de Chastel;

Vaguemestre général, commandant les troupes de l'administration, lieutenant-colonel Hugueney;

Trésorier-payeur, Louet.

1ʳᵉ DIVISION D'INFANTERIE.

Commandant, général de division Bazaine;

Chef d'état-major, lieutenant-colonel Lacroix;

Commandant de l'artillerie, chef d'escadron d'artillerie de marine Delsaux;

Commandant du génie, capitaine du génie Bourgeois;

Intendance, sous-intendant Erlant;

Prévôt, capitaine de gendarmerie Lamarche.

1ʳᵉ brigade, général baron Neigre : 18ᵉ bataillon de chasseurs à pied, 1ᵉʳ régiment de zouaves, 81ᵉ régiment d'infanterie de ligne;

2ᵉ brigade, général de Castagny : 20ᵉ bataillon de chasseurs à pied, 3ᵉ régiment de zouaves, 95ᵉ régiment d'infanterie de ligne, un bataillon de tirailleurs algériens;

1ʳᵉ batterie du régiment d'artillerie de marine, batterie de montagne servie par des marins, détachement du 1ᵉʳ escadron du train d'artillerie, 13ᵉ compagnie de sapeurs du 3ᵉ régiment du génie, détachement de gendarmerie.

2ᵉ DIVISION D'INFANTERIE.

Commandant, général de division comte de Lorencez;

Chef d'état-major, colonel Letellier Valazé;

Commandant de l'artillerie, chef d'escadron Michel;

Commandant du génie, capitaine Lebescond de Coatpont;

Intendance, sous-intendant Gafflot;

Prévôt, capitaine de gendarmerie Amat;

Aumônier, l'abbé Montferrand.

1ʳᵉ brigade, général Douay : 1ᵉʳ bataillon de chasseurs à pied, 2ᵉ régiment de zouaves, 99ᵉ régiment d'infanterie de ligne;

2ᵉ brigade, général de Berthier : 7ᵉ bataillon de chasseurs à pied, 51ᵉ régiment d'infanterie de ligne, 62ᵉ idem, 1ᵉʳ bataillon du 2ᵉ régiment d'infanterie de marine, 8ᵉ batterie du 1ᵉʳ régiment d'artillerie à pied, 4ᵉ compagnie *bis* du 1ᵉʳ escadron du train d'artillerie, 1ʳᵉ batterie du 9ᵉ régiment d'artillerie monté, 6ᵉ compagnie de sapeurs du 2ᵉ régiment du génie, détachement de gendarmerie.

BRIGADE DE CAVALERIE.

Commandant, général de Mirandol;

1ᵉʳ régiment de marche : 4 escadrons de chasseurs d'Afrique;

2ᵉ régiment de marche : 4 escadrons de chasseurs d'Afrique, 1 escadron de hussards.

Les régiments qui faisaient partie du corps expéditionnaire ou qui y étaient représentés par une ou leurs fractions étaient :

Le 51ᵉ régiment d'infanterie de ligne, dont le dépôt était à Angers;

Le 62ᵉ de ligne, état-major et bataillons de guerre au Mexique; dépôt dans à Dijon;

81ᵉ de ligne, état-major et bataillons de guerre, id.; dépôt au Puy;

99ᵉ de ligne, état-major et bataillons de guerre, id.; dépôt à Lons-le-Saulnier;

1ᵉʳ bataillon de chasseurs à pied, état-major et compagnies de guerre au Mexique; dépôt à Saint-Omer;

7ᵉ bataillon, id., état-major et compagnies de guerre, id.; dépôt à Toulouse;

18ᵉ bataillon, id., état-major et compagnies de guerre, id.; dépôt à Strasbourg;

20ᵉ bataillon, id., état-major et compagnies de guerre, id.; dépôt à Auxonne;

1ᵉʳ régiment de zouaves, état-major et bataillons de guerre au Mexique; dépôt à Coléah (Algérie);

2ᵉ régiment, id., état-major et bataillons de guerre, id.; dépôt à Oran (Algérie);

3ᵉ régiment, id., état-major et bataillons de guerre, id.; dépôt à Constantine (Algérie);

12ᵉ régiment de chasseurs à cheval, deux escadrons de guerre au Mexique; état-major et portion principale du corps à Carcassonne;

5ᵉ régiment de hussards, un escadron de guerre au Mexique; état-major et portion principale du corps au Mans;

1ᵉʳ régiment de chasseurs d'Afrique, deux escadrons de guerre au Mexique; état-major et portion principale du corps à Mustapha (Algérie);

2ᵉ régiment, id., deux escadrons de guerre, id.; état-major et portion principale du corps à Oran (Algérie);

3ᵉ régiment, id., deux escadrons de guerre, id.; état-major et portion principale du corps à Constantine (Algérie);

1ᵉʳ régiment d'artillerie, une batterie de guerre, id.; portion principale du corps à Alger;

3ᵉ régiment, id., une batterie de guerre, id.; portion principale du corps à Vincennes;

7ᵉ régiment, id., une batterie de guerre, id.; portion principale du corps à La Fère;

9ᵉ régiment, id., une batterie de guerre, id.; portion principale du corps à Vincennes;

11ᵉ régiment, id., une batterie de guerre, id.; portion principale du corps à Rennes;

1ᵉʳ escadron du train d'artillerie, une compagnie de guerre au Mexique; portion principale du corps à Alger;

3ᵉ escadron, id., une compagnie de guerre, id.; portion principale du corps à Vincennes;

5ᵉ escadron, id., une compagnie de guerre, id.; portion principale du corps à Metz;

1ᵉʳ régiment du génie, une compagnie de guerre au Mexique; portion principale du corps à Montpellier;

2ᵉ régiment, id., une compagnie, id.; portion principale du corps à Arras;

3ᵉ régiment, id., une compagnie, id.; portion principale du corps à Metz;

Escadron du train des équipages de la garde impériale, une compagnie de guerre au Mexique; portion principale du corps à Paris;

3ᵉ escadron du train des équipages militaires, une compagnie de guerre au Mexique; portion principale du corps à Oran (Algérie);

4ᵉ escadron, id., une compagnie de guerre, id.; portion principale du corps à Châteauroux;

5ᵉ escadron, id., deux compagnies de guerre, id.; portion principale du corps à Vernon;

Détachements de gendarmerie (force publique), d'infirmiers militaires et d'ouvriers d'administration.

CHAPITRE XII

Débarquement du général Forey à la Vera-Cruz. — Son ordre général. — Proclamation aux Mexicains. — Belle conduite des travailleurs noirs et mulâtres. — Premiers actes du nouveau commandant en chef. — Détails sur le général Almonte.

La translation de tant de militaires en Amérique, avec un matériel de guerre considérable et une artillerie de siége, ne pouvait s'effectuer que lentement, et plusieurs mois devaient nécessairement s'écouler avant que les forces indispensables pour assurer le succès fussent réunies sur les côtes du golfe mexicain. La mission du général Forey devait donc être celle d'un homme d'État avant d'être celle d'un capitaine. Arrivé en rade de la Vera-Cruz, le 22 septembre 1862, il commença par annoncer à tous l'espèce de vice-royauté qui lui était confiée :

ORDRE GÉNÉRAL.

En arrivant au Mexique pour se mettre à la tête du corps expéditionnaire dont le commandement lui est confié par l'Empereur, le général en chef porte à la connaissance de tous que Sa Majesté a voulu que les pouvoirs militaires et diplomatiques fussent réunis dans sa main, et qu'en conséquence elle l'a nommé, par décret du 6 juillet 1862, son ministre plénipotentiaire au Mexique.

M. Dubois de Saligny, d'après les ordres de l'empereur, continuera à résider au Mexique dans la position d'un chef de mission dont les pouvoirs sont momentanément subordonnés à ceux d'un ambassadeur extraordinaire.

Vera-Cruz, le 22 septembre 1862.

Le général de division, sénateur, commandant en chef le corps expéditionnaire au Mexique.

Signé, FOREY.

Environs d'Orizaba.

Cet ordre général s'adressait principalement aux Français. Une proclamation, lancée deux jours plus tard, fit connaître à la population les vues que Napoléon III avait développées dans sa lettre du 3 juillet :

Mexicains,

« L'empereur Napoléon, en me confiant le commandement de la nouvelle armée qui va bientôt me suivre, m'a chargé de vous faire connaître ses véritables intentions.

« Lorsque, il y a quelques mois, l'Espagne, l'Angleterre et la France, subissant les mêmes nécessités, ont été amenées à se réunir pour la même cause, le gouvernement de l'Empereur n'envoya qu'un petit nombre de soldats, laissant à la nation la plus outragée la direction principale dans le redressement des griefs communs. Mais, par une fatalité difficile à prévoir, les rôles ont été intervertis, et la France est demeurée seule à défendre ce qu'elle croyait l'intérêt de tous. Cette nouvelle situation ne l'a pas fait reculer. Convaincue de la justice de ses réclamations, forte de ses intentions favorables à la régénération du Mexique, elle a persévéré et persévère plus que jamais dans le but qu'elle s'est proposé.

« Ce n'est pas au peuple mexicain que je viens faire la guerre, mais à une poignée d'hommes sans scrupule et sans conscience qui ont foulé aux pieds le droit des gens, gouvernent par une terreur sanguinaire, et, pour se soutenir, n'ont pas honte de vendre par lambeaux à l'étranger le territoire de leur pays.

« On a cherché à soulever contre nous le sentiment national en voulant faire croire que nous arrivions pour imposer à notre gré un gouvernement au pays; loin de là : le peuple mexicain, affranchi par nos armes, sera entièrement libre de choisir le gouvernement qui lui conviendra, j'ai mission expresse de le lui déclarer.

« Les hommes courageux qui sont venus se joindre à nous méritent notre protection spéciale; mais au nom de l'Empereur, je fais appel, sans distinction de parti, à tous ceux qui veulent l'indépendance de leur patrie et l'intégrité de son territoire. Il n'entre pas dans la politique de la France de se mêler, pour un avantage personnel, des querelles intestines des nations étrangères; mais lorsque, par des raisons légitimes, elle est forcée d'intervenir, elle le fait toujours dans l'intérêt du pays où son action s'exerce.

« Souvenez-vous que partout où flotte son drapeau, en Amérique comme en Europe, il représente la cause des peuples et de la civilisation.

« Vera-Cruz, le 24 septembre 1862.

« Le général de division, sénateur, commandant en chef le corps expéditionnaire du Mexique.

Signé, « FOREY. »

Le même jour avait eu lieu un engagement sérieux entre le détachement d'ouvriers indigènes du génie, fort de 120 hommes, venus de la Martinique et de la Guadeloupe, et un nombreux parti de guérillas et un corps de troupes régulières composé de 500 hommes. Cette attaque avait pour but de chasser nos troupes de Tejeria, poste entre la Vera-Cruz et Orizaba, où les convois se relaient et se rapatrient. Les pertes de l'ennemi furent de 30 hommes et 3 officiers. De notre côté, nous n'eûmes qu'un très-petit nombre de morts et de blessés. Parmi ces derniers, le nommé Théobald, ouvrier blessé d'une balle à la cuisse, mérita pour sa belle conduite la médaille militaire. En général, tous les noirs et mulâtres composant le détachement de travailleurs indigènes, reçurent bravement le baptême du feu et repoussèrent l'ennemi avec honneur.

Ce détachement était commandé par M. Maréchal, capitaine d'artillerie de la marine, et MM. Scherer et Duval de Sainte-Claire, lieutenants tous deux, sortant du génie de la guerre.

C'était préluder dignement à la réception du commandant en chef. Il mit pied à terre, le 25 septembre, à 7 heures et demie du matin. Tous les bâtiments sur rade le saluèrent de leurs détonations. Il trouva toute la garnison sous les armes, la passa en revue, et dans une allocution chaleureuse, lui rappela le but politique de l'expédition. Comme ses dernières paroles se perdaient au milieu des cris de : Vive l'Empereur ! Il jeta par hasard les yeux sur l'hôtel-de-ville, l'*ayuntamiento*.

— Pourquoi, dit-il, le drapeau mexicain n'est-il pas arboré?

— Général, on l'a amené quand nous sommes entrés dans la ville.

— Qu'on le hisse de nouveau ! que la population mexicaine sache bien que ce n'est pas à elle que nous venons faire la guerre.

Le drapeau flotta bientôt sur la maison commune, et fut accueilli par la foule avec une vive satisfaction.

Conformant ses actes à ses promesses, le général Forey composa une municipalité composée d'hommes ayant la confiance du pays, et pouvant mériter celle des Français. Il destitua Almonte et déclara nuls les décrets qu'avait promulgués ce prétendu président provisoire de la république mexicaine.

Le 3 mai 1862, des notables de la Vera-Cruz s'étaient réunis à l'hôtel-de-ville, et le colonel don José-Sanchez Facio avait déclaré que, vu la triste condition du pays, il était devenu indispensable de renoncer à la forme actuelle du gouvernement et de nommer un dictateur, afin qu'il se mît en rapport avec les chefs de l'expédition européenne, et qu'un gouvernement nouveau garantit la vie et la propriété des Mexicains, ainsi que celle des étrangers domiciliés.

Le colonel avait en conséquence proposé à l'assemblée de désavouer l'autorité du président actuel de la république, et de reconnaître don Juan Almonte comme dictateur.

La motion avait été adoptée, et quelques habitants de Cordova et d'Orizaba y avaient ultérieurement adhéré.

Ainsi avait été investi d'une sorte de pouvoir, ce général dont nous avons si souvent entendu le nom retentir dans les discussions du Corps législatif.

Le premier décret qu'il rendit, relativement à l'enrôlement forcé des employés et des soldats, était ainsi conçu :

En vertu des amples facultés dont j'ai été investi par le plan promulgué à Cordova, je décrète la loi suivante :

ART. 1er. Tous les Mexicains sont tenus d'accepter et d'exercer les emplois ou commissions qui leur seront confiés par le chef suprême de la nation et par les gouverneurs des départements dans les limites de leurs attributions.

ART. 2. Les excuses ou refus sans motifs légitimes ou justifiés seront considérés comme délits de désaffection au gouvernement et au nouveau régime établi.

ART. 3. Sont regardés comme motifs légitimes d'excuse ou de refus, l'âge de soixante ans et les maladies chroniques pouvant mettre absolument obstacle à l'exercice desdits emplois ou commissions.

ART. 4. Ceux qui sans motifs légitimes refuseront d'accepter ou d'exercer les emplois auxquels ils auront été appelés, encourront la peine du bannissement pour le terme de six mois à deux ans, qui leur sera inexorablement appliquée par le chef suprême de la nation, et par les gouverneurs des départements.

J'ordonne que le présent décret soit imprimé, publié, etc.

Dieu et la loi.

Orizaba, 4 juin 1862.

ALMONTE.

Après les glorieux faits d'armes du mois de juin 1862, Almonte avait publié une proclamation dont voici la traduction littérale :

« Mexicains,

Deux grands événements ont eu lieu hier dans les environs de cette ville. L'armée de Juarez, commandée par les chefs démagogues les plus célèbres par leurs crimes contre la société, s'est présentée, la menace à la bouche, et a eu l'imprudence d'envoyer une sommation arrogante au brave et chevaleresque commandant des forces françaises.

La déroute la plus complète, qu'ont fait subir 150 braves soldats du 99e, sous les ordres de l'intrépide et honorable capitaine Detrie, à 4,000 hommes de la fameuse division de Zacatecas, telle a été la réponse que l'armée de l'empereur des Français a donnée à ces hordes vandales qui croyaient l'intimider !

Zaragoza, profitant de l'obscurité de la nuit, a levé furtivement son camp, qu'il avait osé placer en face du nôtre, avec l'aspect de l'hostilité la plus arrogante, et aujourd'hui il se retire en désordre et précipitamment, poursuivi de près par la cavalerie nationale, et il va repasser pour la quatrième fois, avec autant de honte que les autres, les Cumbres d'Acultzingo. Les généraux en chef libéraux, Gonzalez, Ortega, le héros de Calpulalpam, Alatorre, Pedroza, Colombres, Alcocer et beaucoup d'autres ont trouvé leur humble sépulture dans la montagne du Borrego.

Cette ville qui, pleine de confiance dans la valeur et dans l'enthousiasme de l'armée franco-mexicaine, a été témoin de la lutte, a pu se convaincre de l'impuissance de ceux qui avaient cru, dans leur férocité, qu'en promettant le pillage de la place, ils donneraient à leurs troupes la valeur que n'a pu leur inspirer la cause impie qu'elles défendent.

Mexicains, le même sort qu'a subi la soi-disant illustre et héroïque division de Zacatecas et qu'avaient éprouvé avant elle à Aculzingo et Baranca Seca les hordes de Zaragoza et de Doblado, les attend chaque fois qu'elles oseront faire face à l'invincible armée française et à l'enthousiaste armée nationale ; car ces dernières défendent la cause de l'indépendance et de la nationalité mexicaines, et les autres celle de la barbarie et du pillage. Mettez donc toute votre confiance dans l'armée franco-mexicaine et en votre compatriote.

J.-N. ALMONTE. »

Pendant qu'Almonte tenait ce langage, des guérillas appartenant à son parti saccageaient l'hacienda (la plantation) du Potrero, près de Cordova, administrée par notre compatriote

M. Legrand ; pillaient l'établissement d'un autre compatriote, M. Prévost, qui se vit forcé de fuir avec sa famille à Jalapa ; enlevaient de la grande filature de Cocolapam pour 4,000 piastres de coton et pour 300 piastres de papier ; incendiaient les haciendas de Pennela et de San-Cayetano ; brûlaient le village d'Amatlan ; ravageaient enfin les environs de Cordova.

Par un second décret, Almonte donna cours forcé aux monnaies françaises, anglaises, espagnoles et des États-Unis, en fixant leur valeur en espèces mexicaines. « Vous figurez-vous, nous écrivait alors un négociant de Vera-Cruz, l'établissement du paysan mexicain forcé de calculer mentalement au marché la valeur de ses produits en sous, en shillings, en francs, en crowns, en réaux de vellon, etc. Je doute fort que nos campagnards français s'accommodassent d'une nouveauté pareille. »

Un troisième décret d'Almonte imposait dans la province de Vera-Cruz une contribution de 2 0/0 sur la valeur des immeubles dans les villes et dans les campagnes. On devait l'acquitter tout entière dans le courant du mois, à partir de la

Arriero, muletier mexicain.

promulgation. Ceux qui n'auraient pas payé dans les dix jours après l'expiration du terme, devaient subir sur leur cote une augmentation de 50 0/0.

Un quatrième décret émettait pour 500,000 piastres de billets.

ART. 1er. Il sera émis 770,000 titres nationaux d'une valeur totale de 500,000 piastres. On émettra 70,000 billets d'une valeur de 5 piastres, 100,000 billets d'une piastre, 200,000 billets de 2 réaux et 400,000 billets d'un réal.

ART. 2. Lesdits billets nationaux circuleront dans toute la république comme monnaie courante pour la valeur fixée.

ART. 3. L'acceptation des billets nationaux est obligatoire dans tous les payements que le gouvernement et les particuliers auront à faire, soit dans tous les achats, soit dans les transactions commerciales.

Les articles 4 et 5 règlent le mode de circulation des billets pour le cas où la valeur du billet donné en payement excéderait la valeur de la chose vendue.

ART. 6. Ceux qui refuseront de vendre sur payement de billets nationaux, ou qui enchériraient, pour ne pas recevoir les billets, les objets destinés à la consommation, ou qui établiraient des différences de prix pour leur marchandise selon que le payement s'effectuerait en argent ou en billets, perdront pour ce seul fait, en faveur de l'acheteur, l'objet ou les objets demandés par voie d'achat, et ils encourront en outre une amende du double de la valeur de ces objets. Un tiers de l'amende sera accordé au dénonciateur, les deux autres tiers entreront dans la caisse municipale de la localité.

ART. 7. Les billets nationaux seront admis dans toutes les douanes de terre et de mer et dans tous les bureaux de recettes de la république pour la moitié des droits et contributions, de quelque classe ou dénomination que ce puisse être. L'autre moitié sera payée en monnaie courante d'or, d'argent ou de cuivre.

ART. 8. Tout employé qui refuserait d'admettre les payements dans les termes et d'après les dispositions qui précèdent sera destitué.

ART. 9. Le gouvernement décrétera, quand le moment sera venu, l'époque et le mode d'amortissement des billets nationaux.

Dieu et la loi.

Orizaba, 1er juillet 1862.

ALMONTE.

Aussitôt que ce décret a été publié à la Vera-Cruz, tous les magasins, les maisons de commerce, les hôtels, les cafés fermèrent leurs portes. Une protestation, signée par un très-grand nombre d'habitants, et entre autres par tous les résidents français, fut remise aux consuls, ainsi qu'à M. Roze, qui commandait la place.

M. Roze suspendit provisoirement la circulation du papier-monnaie, et demanda au général Lorencez la révocation du décret. Les magasins furent rouverts; mais Almonte, qui ne paraissait pas disposé à tenir compte des ordres du commandant français, essayait encore de mettre les billets en circulation, lorsque la volonté ferme du général Forey réduisit à néant l'éphémère autorité qu'avait usurpée cet émigré. Toutes les dépêches et correspondances constatent la joie que causa sa chute, et les applaudissements qui furent prodigués au commandant en chef des forces françaises.

Les citoyens Saranno, gouverneur civil, et Marin, gouverneur militaire, reprirent les fonctions qu'Almonte leur avait enlevées, et qu'il avait réunies dans les mains du général Adrian Wool.

CHAPITRE XIII

Mort du général Zaragoza. — Marche de l'armée française dans l'intérieur. — Occupation de Cordova. — Le général Tata. — Occupation de Jalapa. — Mouvement de la marine. — Mort et obsèques de l'ingénieur Romagnesi. — Persécutions contre les étrangers à Mexico.

Après s'être concilié de la sorte l'esprit des habitants, et avoir par conséquent consolidé la sécurité de la Vera-Cruz, le général Forey s'occupa d'organiser les subsistances et les moyens de transport. La saison des pluies touchait à sa fin ; mais les routes, séchées par le soleil tropical, n'en restaient pas moins à leur état normal. Elles n'avaient pas été faites pour livrer passage à une armée qui traînait avec elle un immense et formidable matériel.

La prudence exigeait que l'offensive ne fût reprise que dans les meilleures conditions, et avec toutes les forces françaises. Zaragoza, mort à Puebla de la fièvre typhoïde, le 8 septembre, avait été remplacé dans le commandement de l'armée d'Orient par Gonzalès Ortega. Il concentrait autour de lui la plus grande partie des troupes dont le gouvernement de Juarez pouvait disposer. Il fallait être en mesure de les refouler, et il n'était pas moins important de quitter les côtes malsaines pour gagner les premiers plateaux, si renommés par leur salubrité. Là, au dire de tous les voyageurs, on se trouve au milieu d'une nature incomparable, sous un ciel perpétuellement rafraîchi par les brises venues des deux océans, où règne le soleil des tropiques qui a perdu son accablante chaleur et n'a retenu que la fécondité ; le climat le plus tempéré engendre les cultures les plus variées ; à côté du blé, de la vigne, de l'olivier croissent le coton, le caféier, le cacaoyer, l'indigo, la canne à sucre ; et non loin de la liane sur laquelle se récolte la vanille, du nopal, sur lequel vit l'insecte de la cochenille, s'élèvent le pin, le chêne, qui forment d'abondantes forêts. Le sous-sol est encore plus riche que le sol. Sur les cinquante milliards auxquels on évalue la

somme totale du numéraire en circulation dans l'univers, le Mexique passe pour avoir fourni à lui seul vingt milliards ; il recèle surtout des mines précieuses d'argent. En trois siècles, il en a fourni cent millions par an. De tels avantages ont autorisé M. Mercier de la Combe, dans une brochure intitulée : Le Mexique, l'Amérique du Nord et l'Europe, à prédire un magnifique avenir à ces contrées encore si étrangères à la civilisation. « Le Mexique, a-t-il dit, est placé presque au centre du globe, à moitié chemin de l'Europe et de l'extrême Asie, entre l'Atlantique et le Pacifique. Il touche et commande à l'un des lieux les plus prédestinés du monde, l'isthme de Panama. C'est dans ces régions que, tôt ou tard, sera creusé de main d'hommes le détroit qui forcera l'Atlantique et le Pacifique à mêler leurs eaux, deviendra une des grandes voies du commerce et de la civilisation, accélèrera et augmentera les relations de l'Amérique avec la Chine, le Japon, la Nouvelle-Zélande, entre l'Atlantique et le Pacifique. Il touche et commande à l'un des Hollande, celles de l'Europe avec l'Océanie, le Chili, le Pérou, l'Équateur, la Californie, et rapprochera de trois mille cinq cents lieues le Havre de San-Francisco.

S'acheminant vers les plateaux, le général Forey et son état-major entrèrent le 22 octobre à Cordova, qu'une distance de 220 kilomètres sépare de la Vera-Cruz. C'est une ville industrieuse et commerçante, où l'on fabrique des étoffes de laine et de coton. Son territoire produit en abondance le tabac, le sucre et le café. Elle fut fondée en 1618 par don Diego-Fernandez Cordoba, qui la fit bâtir sur un plan régulier, et dont elle a conservé le nom. Elle renferme 10,000 habitants, qui n'opposèrent point de résistance matérielle aux troupes françaises, mais dont la plupart appréhendaient la perte de leur indépendance nationale. Le général Forey les rassura en ces termes :

« HABITANTS DE CORDOVA,

Ma proclamation aux Mexicains, dont vous avez déjà eu connaissance, manifeste clairement l'objet de notre intervention. Cependant, je me vois dans la nécessité de vous adresser particulièrement la parole, habitants de cette cité, parce que l'on m'a dit que vous aviez pour nous peu de sympathie, que vous nous étiez hostiles.

Serions-nous donc des ennemis qui venions pour ravager, pour détruire ou pour attenter à votre indépendance en vous imposant nos lois ? Non ! Notre mission est de respecter vos propriétés, vos coutumes, vos lois, et si quelqu'un y porte atteinte, vous me verrez prêt à le châtier.

Attenter à votre indépendance !... Ah ! c'est ce que vous répétent chaque jour des écrivains sans bonne foi, des agents d'un gouvernement qu'à cause de sa conduite passée, nous ne pouvons regarder comme l'expression de la volonté nationale. Ne les croyez pas, ils vous trompent.

Nous sommes venus voir quel gouvernement vous désirez ; et quand la nation, libre et loyalement consultée, aura manifesté sa volonté, la France la reconnaîtra et joindra ses efforts aux siens, pour faire des Mexicains une nation libre qui marche, appuyée sur de bonnes institutions, dans la voie du progrès, à la tête duquel, vous le savez, est placée notre belle patrie, une nation dans le gouvernement de laquelle les autres rencontrent la bonne foi qui doit régner entre les peuples civilisés comme entre les individus.

Telle est notre mission. Est-elle de nature à vous éloigner de nous ? Non, au contraire, elle doit rallier le noble peuple mexicain à la grande nation française, et c'est là notre but.

Cordova, le 22 octobre 1862.

Le général de division, sénateur, commandant en chef le corps expéditionnaire du Mexique.

Signé FOREY. »

Le 25 octobre, le général Forey arriva à Orizaba. Sur sa route, il visita les habitations rurales des haciendéros et des rancheros, conversa avec eux et sut s'en faire bien venir ; aussi l'appelaient-ils, dans leur dialecte, tata (petit père) : ce qui correspond au mot russe Batouschka.

Une brigade commandée par le général Berthier partit le même jour pour Jalapa, et campa le 30 octobre à Puente-Nacional. À la nouvelle de son approche, les autorités et les troupes mexicaines de Jalapa se retirèrent à Perote, et à San-Andrès Chalchicomula. La colonne, forte d'environ 6,000 hommes, se composait de deux bataillons du 51e, de deux du 62e, d'un bataillon de chasseurs à pied, de cavalerie et d'artillerie.

A la Vera-Cruz, dans la nuit du 26 au 27 octobre, un fort coup de vent du nord, un *norte*, balaya la rade où se trouvaient le *Saint-Louis*, le *Navarin*, le *Chaptal*, le *Tourville*, l'*Eure*, l'*Ardèche*, la *Cérès*, le *Souverain*, le *Breslau*, le *Jura*, l'*Ulm*, l'*Allier*, le *Fontenoy*, l'*Ariége*, la *Moselle*, l'*Yonne*, etc. L'ancrage qui est peu sûr en temps ordinaire dans les rades foraines de ces parages, l'était devenu moins encore à cause du grand nombre de navires mouillés. La corvette à vapeur le *Chaptal*, fut le seul bâtiment qui échoua, après avoir brisé ses chaînes. L'ouragan eut cet avantage qu'en renouvelant l'atmosphère, il acheva de chasser la fièvre jaune, le terrible vomito, qui avait fait tant de victimes. Une des dernières qu'il fit avant de s'éteindre fut M. Romagnési, ingénieur de la marine, à bord du vaisseau cuirassé la *Normandie*. En l'absence de l'amiral Jurien de la Gravière, le capitaine Roussel prononça, le 2 novembre, sur la tombe du regrettable défunt, cette touchante oraison funèbre :

« MESSIEURS,

En l'absence de l'amiral, qui ne cède à personne, vous le savez, le douloureux honneur de rendre les derniers devoirs aux officiers de son escadre, c'est à moi qu'appartient aujourd'hui de conduire le deuil qui nous rassemble une fois de plus sur cette île funèbre.

Le jeune ingénieur qui emporte tant d'espérances et laisse tant de regrets, Romagnési, entre nous tous, eût dû être épargné.

Rien ne l'obligeait à venir partager avec nous les dangers et les fatigues de cette laborieuse campagne. Ce n'était pas pour lui un devoir : il s'en fit un honneur et un plaisir.

Nous l'avons vu plein de courage et de sécurité, sourire jusqu'à la dernière heure, essayant de consoler ses camarades éplorés. Tous nous l'aimions, tous nous le pleurons.

S'il eût pu être sauvé, il l'eût été deux fois, par le médecin et par l'ami, par la science et par le dévouement qui ont lutté au delà même du dernier espoir.

Puissent sa famille et ses amis trouver dans l'expression sincère de nos sentiments quelque adoucissement à leur douleur !

Mais, messieurs, notre tâche n'est pas finie. Avec l'aide de Dieu, nous l'accomplirons dignement jusqu'au bout. N'est-il pas dans la destinée des marins de braver la mort sous toutes les formes ! Nous le savons, et nous restons marins. C'est que nous savons aussi que mourir à son poste, frappé par le soleil ou par l'ennemi, souvent moins dangereux, n'est pas mourir sans gloire et sans mériter un souvenir.

La marine écrit chaque jour de son sang le plus jeune et le plus pur sa page, déjà longue, dans l'histoire de l'expédition du Mexique.

Sacrificios aura aussi sa pyramide commémorative, et les noms qu'on y lira seront honorés. »

Aux bâtiments mouillés entre l'île de Sacrificios et la Vera-Cruz, vinrent s'adjoindre la *Mayenne*, l'*Orénoque*, le *Darien*, le *Montézuma* et le *Palikari*. Les renforts commencèrent à descendre à terre, et campèrent instantanément aux environs de la Vera-Cruz. Les troupes ne paraissaient pas avoir souffert de leur longue traversée ; elles étaient disposées à braver les obstacles qui pourraient leur barrer le passage jusqu'à Mexico.

Si leur ardeur avait eu besoin d'être stimulée, elle l'eût été par les sévices que les Français et les étrangers habitant cette capitale avaient à supporter depuis le commencement du conflit. Dès le mois de mai 1862, ils s'étaient vus dans la nécessité de signer cette protestation, qui fut revêtue de 314 signatures :

« Mexico, mai 1862.

Les soussignés, obéissant aux nécessités de leur situation à Mexico, et comprenant qu'il ne leur appartient pas de prendre une part active dans les questions et les événements qui s'agitent en ce moment, se sont abstenus de protester publiquement contre les injures, les calomnies et les outrages insensés dirigés contre l'armée française, contre le Gouvernement de la France et ses représentants.

Mais, ce que les soussignés considèrent comme un devoir impérieux, c'est de protester hautement contre l'étrange prétention de certaines personnes de se présenter comme les organes légitimes des sentiments et des idées de la population française ; c'est de protester énergiquement contre certaines

publications, signées ou non signées, provoquées par des influences aujourd'hui bien connues, et destinées, y est-il dit, à éclairer le Gouvernement de la mère patrie sur les véritables intérêts de la colonie française au Mexique.

Les soussignés déclarent donc qu'ils repoussent toute espèce de solidarité avec les idées exprimées dans ces écrits ; et, inspirés par le sentiment de la dignité nationale, autant que par la raison et la justice, ils attendent, pleins de confiance et d'espoir, l'accomplissement de la noble mission confiée à l'honneur et à la loyauté de la France. »

M. de Saligny mandait au ministre des affaires étrangères, le 17 juillet, que M. Dastugnes, un des membres les plus estimés de la colonie française à Mexico, avait été récemment enlevé, aux portes mêmes de la capitale, par le nommé Cuellar, longtemps voleur de grand chemin, nommé depuis colonel dans les troupes de Juarez, lequel avait menacé notre compatriote de le fusiller s'il ne payait une rançon fixée d'abord à 2,000 piastres, puis à 5,000. Voici ce que l'on écrivait au ministre de France au Mexique :

« Je suis chargé de porter à votre connaissance un nouvel et odieux attentat commis contre la personne de l'un de nos compatriotes, M. P. Dastugnes, ce Français qui déjà pillé plusieurs fois, tant par les bandes libérales que par les bandes réactionnaires, et dont les réclamations figurent dans les archives de la légation impériale, a été enlevé, il y a huit jours, à quelques lieues de Mexico, et emmené prisonnier par Cuellar.

On a d'abord exigé 2,000 piastres pour prix de sa mise en liberté, somme qu'il lui est tout à fait impossible de payer ; quelques jours après, on a élevé la rançon à 5,060 piastres, avec menace de le fusiller si la somme fixée n'était pas remise dans un très-court délai. Sa famille ignore si ces menaces ont été suivies d'exécution, quoiqu'il y ait lieu de le craindre, car ces mêmes bandes ont pendu, il y a peu de temps, plusieurs personnes qui n'ont pu payer ces misérables. »

Le cabinet mexicain fermait les yeux sur ces faits déplorables, mais il affectait, en paroles, le plus grand désir de paix et de conciliation. Dans une circulaire aux gouverneurs d'État, en date du 21 août, M. de la Fuente, à la fois ministre des relations étrangères et de *gobernacion* (intérieur), commençait par présenter d'abord quelques explications sur l'accroissement de pouvoir donné par le congrès de l'Union au gouvernement de Juarez. « L'attitude que le gouvernement a prise en vertu de cette concession ne doit pas, dit-il, causer d'alarmes à ceux qui aiment sincèrement les institutions libérales et qui savent bien qu'une dictature transitoire, non-seulement est pour nous un moyen constitutionnel, mais encore que ce moyen a été employé par les républiques anciennes et modernes, par celles-là même qui se trouvaient le plus imbues de l'esprit démocratique. Dans l'état où en sont les choses, le pouvoir additionnel confié à l'administration est pour la république et pour le gouvernement lui-même une nécessité cruelle, mais une nécessité. J'ai dit une nécessité cruelle pour le gouvernement, parce que le magistrat suprême de la nation souhaitait sincèrement qu'on n'interrompît jamais la pratique des institutions populaires si précieuses à la république, non-seulement pour leur mérite, mais aussi à cause des sacrifices qu'elles lui ont coûté. »

Après cet exorde, M. de la Fuente disait :

« Le gouvernement mettra tout en œuvre pour activer la conclusion de traités d'alliance avec les nations que la nôtre doit regarder comme sœurs, et dont les habitants ont démontré leurs sympathies pour le triomphe de notre cause. Il s'efforcera aussi d'amener le bon accord entre ces nations, pour réaliser la grande pensée d'une confédération américaine, qui augmenterait la force et la respectabilité de chacune des républiques établies sur ce beau continent ; car, si l'on parvenait à établir comme lien et comme base de cette alliance la création d'une assemblée internationale, au sein de laquelle on devrait discuter et terminer les différends qui surgiraient entre les parties contractantes, ces républiques pourraient se glorifier d'une institution qui commencerait et avancerait de beaucoup l'œuvre de la confraternité des nations, assise sur la base inébranlable du droit établi par les traités. »

En ce qui concernait les réclamations de la France et les

rapports avec l'Europe, le ministre Fuente était peu explicite ; il se contentait de dire :

« Jamais le gouvernement ne négligera de remplir religieusement les conventions des traités qui règlent nos relations avec les puissances amies, et par tous les moyens, il fera en sorte que les stipulations favorables à la république soient observées. Il est bien entendu que notre bonne volonté ne peut s'étendre aux stipulations ayant rapport à la France, par suite de l'état de guerre qui existe entre cette puissance et la république. » Dans le même manifeste, le gouvernement mexicain annonçait la convocation du congrès national pour « subordonner sa marche aux justes inspirations des représentants du peuple, leur rendre compte de ses actes, provoquer les délibérations que la chose publique exige et mériter de leur jugement éclairé et consciencieux la confiance dont il a besoin pour répondre aux aspirations du pays. »

M. de la Fuente déclarait « qu'en tout ce qui serait patriotique, la liberté de la presse et le droit de réunion seraient parfaitement favorisés. » Le programme finissait en souhaitant pour Mexico le titre de « boulevard de l'Amérique latine. » Il n'empêcha pas le gouvernement de Juarez de rendre les décrets les plus arbitraires et les plus draconiens. Voici celui qui concernait les ecclésiastiques :

« ART. 1er. Les prêtres de tout culte qui, abusant de leur ministère, exciteraient à la haine ou au mépris des lois ou du gouvernement et de ses ordres, seront punis d'un an à trois ans d'emprisonnement ou de déportation.

ART. 2. On supprime, dans la crise actuelle, tous les chapitres ecclésiastiques dans toute la république, à l'exception de celui de Guadalajara, à raison de sa conduite patriotique. Tout accord de ses membres de ces corporations pour l'exercice de leurs fonctions sera puni comme délit de conspiration.

ART. 3. Il est interdit aux prêtres de tous les cultes de faire usage, hors des églises, de leurs habits sacerdotaux et de tout emblème distinctif de leur ministère.

Cette disposition aura son effet dans les dix jours de sa publication.

Les parties contrevenantes payeront des amendes de dix à cent piastres, ou subiront un emprisonnement de quinze à soixante jours.

Mandons et ordonnons que le présent décret soit imprimé, publié et exécuté.

Délivré au palais du gouvernement fédéral, à Mexico, le 30 août 1862.

BENITO JUAREZ. »

Il fut question d'expulser en masse tous les Français du territoire de la république. Le banquier Jecker et quelques autres étrangers furent arrêtés tout d'abord, tandis que leurs compatriotes, laissés en liberté, étaient en butte à de perpétuelles menaces. Le 16 septembre, anniversaire de l'Indépendance, seize maisons habitées par des Français furent assaillies à coups de pierres.

Le gouvernement de Mexico réprima ces manifestations hostiles, et prononça la dissolution de la junte patriotique qui voulait la déportation en masse des étrangers. Les délégués de cette junte, conduits par quelques députés du congrès, avaient déjà, à plusieurs reprises, demandé d'une manière presque menaçante à Juarez de rendre un décret à cet égard. Juarez, lassé de ces instances, y coupa court en ordonnant la fermeture du club. Aussi l'emprisonnement prolongé de MM. Frizac, Clairin, Dessaché, Caricaburu, Barrès, Bonhomme et du banquier Jecker causa-t-il quelque surprise à Mexico ; et elle augmenta lorsqu'ils eurent reçu un ordre de départ. Cet ordre fut blâmé par une protestation que signèrent tous les membres du corps diplomatique présents à Mexico, à l'exception du ministre d'Angleterre :

« Mexico, 6 octobre 1862.

MONSIEUR LE MINISTRE,

Les soussignés, membres du corps diplomatique présents à Mexico, ont appris avec regret l'arrestation de plusieurs étrangers, auxquels l'autorité mexicaine aurait signifié l'ordre de partir de la capitale dans quarante-huit heures pour se rendre hors du territoire de la république.

Les soussignés aiment à croire que le gouvernement ne donnera pas suite à une mesure aussi extrême sans avoir des preuves évidentes que ces étrangers ont commis des actes hostiles envers l'État, et que leur présence à Mexico offre un danger réel.

Ils espèrent, par conséquent, que le gouvernement de la république voudra bien leur faire part de sa résolution définitive, se réservant de lui faire des communications ultérieures et essentielles au sujet de la même mesure.

Les soussignés ont l'honneur de renouveler à S. Exc. M. le ministre des relations extérieures les assurances de leur haute considération.

Signé : Ch. Corwin, États-Unis ; E. de Wagner, Prusse ; T° de Saint-Pastor, Équateur ; Aug.-T. Kint de Roodembeck, Belgique ; M. Nicolas Corpancho, Pérou ; Narciso de Saint-Martin, Vénézuéla.

A S. Exc. Juan-Antonio de la Fuente, ministre des relations extérieures. »

Le ministre de Prusse, chargé de protéger par intérim à Mexico les intérêts de la France, menaça Juarez et ses ministres de les rendre responsables des pertes éprouvées par les Français expulsés ; mais le gouvernement mexicain envoya les proscrits à Colimas, port de la mer Pacifique, et se montra résolu à faire exécuter les mesures qu'il avait prises. Pour prévenir toute résistance, il intercepta les communications avec les ports du golfe, malgré les démarches des ministres d'Angleterre et des États-Unis. La correspondance du packet français, parti de Saint-Nazaire au milieu d'octobre, et celle du packet anglais, parti de Southampton le 2 novembre, restèrent en route. Des lettres, expédiées à cette époque par la voie d'Acapulco et de Panama, portaient :

« Jusqu'à ce que les correspondants d'Europe expédient leurs lettres à Mexico, par l'isthme de Panama, ou jusqu'à ce que les événements, quels qu'ils soient, aient rouvert les communications entre Mexico, Vera-Cruz et Tampico, nous serons, ici, sans relations directes avec l'Europe et les États-Unis ; aujourd'hui, les nouvelles politiques nous arrivent de San-Francisco, où elles sont transmises, de New-York, par le télégraphe électrique qui traverse les plaines de l'Ouest et les montagnes Rocheuses ; nous avons reçu, cependant, ces jours derniers, par hasard, en quelque sorte, quelques journaux français jusqu'au 15 octobre. Nos avis télégraphiques européens, par la voie de San-Francisco de Californie, vont jusqu'au 24 octobre. »

Le gouvernement de Juarez avait interdit, par décrets des 5 et 8 octobre, toute communication avec l'ennemi. Par un nouveau décret, en date du 5 novembre, il ordonna qu'aucun courrier, ordinaire ou extraordinaire, ne pourrait passer d'aucun point de la république mexicaine sur la partie du territoire qu'occupaient les troupes françaises, et que tout porteur de correspondances serait immédiatement puni de mort, comme traître à la patrie. Le même jour, le district de Mexico fut mis en état de siège, et le gouvernement en fut confié à M. Manuel Ferreros, par les ordres duquel de grands travaux de défense furent exécutés autour de cette capitale.

C'était avec Puebla, le point où se concentrait la résistance des troupes mexicaines, dont le système était d'éviter autant que possible une affaire en rase campagne.

CHAPITRE XIV

Administration militaire et subsistances. — Occupation de Tampico. — Distribution de médailles à Puebla.

Le général Forey comprenait cette tactique, et, ne voulant point s'exposer à un échec devant une place où se massaient des forces immenses, il s'avançait avec lenteur, tenant surtout à pourvoir aux besoins de l'armée française. Trois hôpitaux, chacun de trois cents lits, furent installés à Orizaba, et un quatrième à Cordova. L'intendance parvint à réunir des vivres pour dix jours pour les 10,000 hommes placés de la Soledad à Orizaba.

Des marchés passés avec des fournisseurs indigènes à des prix modérés et garantis par de forts cautionnements versés dans les caisses de l'État, assurèrent, pour tout le corps d'armée, la fourniture de la viande fraîche jusqu'au 31 mars 1863, et des approvisionnements :

En sucre et café, pour 200 jours ;

En tabac, pour 140 jours ;

En tafia, pour 90 jours.

Quant à la nourriture des chevaux, l'administration l'assura également :

A Orizaba , par des achats d'orge et en faisant faucher les prairies environnantes qui produisaient plus de 10,000 quintaux de foin ;

Au delà d'Orizaba et jusqu'à Mexico, en passant un marché par lequel un entrepreneur s'engagea à fournir 1,000 quintaux de farine, livrables partie à Puebla, partie à Mexico, et l'orge ou le maïs et la paille nécessaires à la subsistance des chevaux.

En voyant l'administration militaire assurer ses approvisionnements à des prix relativement modérés dans des circonstances aussi difficiles, on trouvait tout naturellement, dans l'ensemble de ces mesures, une garantie de la possibilité de faire vivre l'armée des ressources du pays, lorsque la réunion de ses moyens de transport lui permettrait de commencer les opérations militaires.

Il importait de discipliner les auxiliaires mexicains, et de les attacher à la cause française, tout en ménageant leur susceptibilité nationale. Une note signée du secrétaire politique, M. Billard, et affichée le 6 novembre à Orizaba, contenait ces mots : « Le général en chef de l'armée française a donné ordre que l'armée mexicaine fût nourrie, vêtue et payée aux frais du trésor français. Cette disposition ne saurait être considérée comme une humiliation pour l'armée mexicaine, mais bien comme une avance dont le gouvernement français sera remboursé dès qu'un gouvernement régulier aura été établi à Mexico. »

Il n'entrait point dans les vues des représentants de la France au Mexique, d'épouser les querelles de telle ou telle faction. Un homme politique appartenant au parti qu'avait renversé Juarez, le père Miranda, arriva à Orizaba le 6 novembre; le commandant en chef lui remontra qu'il croyait sa présence aussi inutile que nuisible au milieu de l'armée française, et que, fidèle à la politique de conciliation initiée par lui, il ne devait accorder, même en apparence, de protection spéciale à un homme d'aucune opinion. Miranda signa alors la déclaration suivante qu'il remit au général Forey :

« En me présentant au quartier général français, je déclare n'avoir d'autre intention que celle de contribuer, par mes paroles et mes actes, à la meilleure issue de l'intervention française comme la comprend le général en chef. En conséquence, je promets de m'abstenir de toute démarche qui pourrait dénaturer la politique de l'empereur Napoléon, politique dont le but est de réunir tous les hommes honorables dans un seul parti animé de l'amour de la patrie; de fonder un gouvernement stable et moral qui garantisse les propriétés, la vie et la liberté de tous les citoyens, et l'oubli entier du passé. Je m'engage enfin à employer mon influence et mes paroles pour calmer les esprits et assurer au plus tôt possible l'entière pacification du pays. »

Orizaba, 8 novembre 1862.

Le 8 novembre, 2,500 mexicains qui défendaient Jalapa reculèrent devant l'avant-garde du général Bertier. Une colonne de 200 hommes s'empara de Medelin, point important pour assurer le ravitaillement des troupes, refuge des guerilleros qui infestaient les environs de la Vera-Cruz. Le 12, cinq compagnies du 1er zouaves enlevèrent les retranchements établis au Penon, pour barrer la route en corniche qui domine le lit profond du Rio Blanco.

Des dépêches du 25 novembre rendent compte de ces beaux faits d'armes.

Medelin, refuge des guerilleros qui inquiétaient les routes autour de la Vera-Cruz, était le premier point à occuper; un parti de contre-guerilleros, commandé par M. Stœchlin et appuyé par une compagnie du 95e de ligne, a reçu, le 3 novembre, l'ordre de l'enlever. Une vigoureuse résistance les attendait au Pazo de la station du chemin de fer, mais le brillant courage de nos troupes, qui ont traversé le Jamapa ayant de l'eau jusqu'à la ceinture, a bientôt décidé le succès, et Medelin, tombé en notre pouvoir, a été confié à la garde du 2e bataillon du 3e zouaves, parti de la Vera-Cruz le 2 novembre.

Le 4 novembre, un détachement d'infanterie de marine et un peloton du 1er chasseurs d'Afrique, commandé par le capitaine de Montarby, sortis de la Soledad pour faire une reconnaissance, ont surpris une réunion de chefs de guerilleros; le lieutenant-colonel Manuel Romo a été arrêté, quelques prisonniers français ont été délivrés, et le détachement, inquiété dans sa retraite, a repoussé et mis en déroute les cavaliers ennemis.

Cinq compagnies du 1er zouaves, parties de Cordova le 11 novembre, ont enlevé le 12, au pas de course, deux retranchements établis au Penon pour barrer la route en corniche qui domine le lit profond du Rio Blanco. Cette route conduit au pont d'Omealca, qui est la clef des terres chaudes et sert de passage à tout le commerce au sud du Rio Blanco. Le 13, Omealca a été occupé ; le pont, quoique fortement barricadé, n'a pas été défendu.

La présence de nos zouaves, renforcés par un peloton du 5e hussards, a produit un excellent effet sur la population ; les habitants, rassurés, ont pris les armes et ont détruit une troupe de guerilleros qui dominait le canton; vingt-deux d'entre eux et leur chef, nommé Heredia, redouté dans le pays par ses exactions, ont été tués. On espère que l'exemple énergique des habitants d'Omealca trouvera des imitateurs, et que les populations, lasses d'être rançonnées, purgeront elles-mêmes le pays des bandits qui l'oppriment.

Le général de Bertier, arrivé le 7 novembre à Jalapa avec 5,500 hommes environ, renforcé par le 3e zouaves et les troupes du général Marquez que le général Forey lui envoyait directement d'Orizaba, a reçu l'ordre de se porter en avant sur Perote, où, selon toute apparence, il devait trouver des moyens d'approvisionnement.

Les troupes débarquées à la Vera-Cruz ont été successivement dirigées sur Orizaba et cantonnées dans ses environs ; tout est disposé pour l'occupation de San Andres, sur le plateau d'Anahuac, au delà du passage des Cumbres, dont la route n'est pas aussi dégradée qu'on avait lieu de le craindre; quelques travaux de peu d'importance y permettront la circulation des voitures. L'occupation de San Andres, coïncidant avec le mouvement du général de Bertier sur Perote, promet des résultats avantageux sous tous les rapports.

L'état sanitaire de la Vera-Cruz est satisfaisant ; les derniers régiments débarqués et dirigés immédiatement sur Orizaba y étaient arrivés en bonne santé, après avoir traversé les terres chaudes le sac au dos et sans y laisser de malades.

Sur le cadavre d'un des soldats français tués le 5 mai devant Puebla, on avait trouvé une médaille qui portait le nom du brave auquel elle avait été décernée, Louis Chazal. Pensant que ce glorieux trophée devait être précieux pour la famille du malheureux Chazal, Ortega, général en chef de l'armée d'orient, la fit remettre, avec deux prisonniers, au général Forey ; mais indigné de la conduite du gouvernement de Juarez, le général français refusa d'accepter cet acte comme point de départ de courtoises relations. Il répondit :

Corps expéditionnaire du Mexique, secrétariat du général en chef.

Orizaba, 10 novembre 1862.

Général, ignorant le retour à Puebla du courrier, qui par ordre de Votre Excellence a conduit à Orizaba deux militaires français, dont l'un porteur d'une lettre de Votre Excellence et d'une médaille, je n'ai pu répondre à cette lettre de Votre Excellence et la remercier d'avoir mis en liberté ces deux militaires. Je suis également reconnaissant envers Votre Excellence, d'avoir fait remettre entre mes mains la médaille d'un zouave ; ce sera un souvenir cher à sa famille, à laquelle je la ferai remettre.

Il me répugnait même pour un motif d'humanité d'entrer en correspondance avec le gouvernement du Mexique, qui ne connaît pas ces lois, ainsi qu'on le voit, par la manière dont il les exerce ; cependant je n'éprouve aucune répulsion à adresser une lettre politique à Votre Excellence, que j'apprécie et estime comme un brave soldat, tandis que je confondrais avec le gouvernement qu'elle sert, regrettant en même temps que sa vaillante épée ne soit pas au service d'une cause meilleure, de la cause de la patrie, qui a tant besoin de sortir de la triste situation dans laquelle l'ont placée de déplorables luttes intestines.

J'envoie à Votre Excellence une proclamation que j'adresse

aux Mexicains pour leur faire comprendre mieux encore les louables intentions de la France.

Recevez, monsieur le général, l'assurance de mes sentiments de la plus haute considération.

Le général de division, sénateur, commandant en chef le corps expéditionnaire du Mexique,

FOREY.

Le général Ortega ne crut pas devoir laisser cette lettre sans réplique, voici quelle fut sa réponse :

Armée d'orient. — Général en chef.

Monsieur le général, j'ai reçu avec la note de V. Exc., datée d'Orizaba le 10 du courant, la proclamation que vous avez adressée aux Mexicains et que vous avez bien voulu me transmettre.

Si la première de ces pièces ne contenait que les sentiments de reconnaissance qu'y témoigne V. Exc. parce que la liberté a été rendue à quatre prisonniers français du 5 mai ; si elle se réduisait à m'accuser réception de la communication par laquelle j'ai remis à V. Exc. la médaille d'un zouave et à des termes flatteurs pour ma personne, je n'aurais pas un mot à dire ; il ne me resterait qu'à conserver, vis-à-vis d'un général français, et d'une façon tout à fait personnelle, une dette de gratitude ; mais cette note, monsieur le général, renferme des expressions insultantes pour le gouvernement de mon pays, et, comme conséquence forcée, pour le pays dans lequel je suis né, le gouvernement étant l'expression de la volonté du pays ; aussi je dois adresser en réponse quelques mots à V. Exc., bien qu'ils soient jusqu'à un certain point superflus, après ce qui a été dit dans une foule de documents officiels.

Je commencerai par dire à V. Exc., en faisant abstraction de l'affection que je professe personnellement pour le président actuel de la république mexicaine, que je ne suis pas enrôlé au service de mon pays, que je ne vis et n'ai jamais vécu de la profession de soldat, et que rien ne m'a forcé à agir d'une manière déterminée, sous la pression du gouvernement de Mexico : citoyen libre et indépendant, comme il s'en trouve dans les républiques, je suis venu, de centaines de lieues, offrir, dans un rang subalterne, mon épée et tout ce que je vaux au gouvernement mexicain, parce que ce gouvernement est celui que s'est donné le peuple de la république, unique source d'autorité parmi nous, parce que ce gouvernement est l'émanation de la démocratie du Mexique, et parce que la défense de ce gouvernement n'entraîne rien moins que la défense de l'autonomie et des droits de ma patrie, principes que je défendrai à tout prix...

V. Exc. dit qu'il lui répugnerait, par un principe d'humanité, d'entrer en correspondance avec le gouvernement de Mexico. Je ne comprends pas, en vérité, quelle raison de justice motive cette répugnance de votre part, et je crois, par cela même, que la calomnie de quelques mauvais Mexicains, qui se sont efforcés par haine politique de défigurer les actes du président actuel de la république, est ce qui a fait que V. Exc. s'est formé, à cet égard, une opinion erronée. Pour appuyer cette vérité, je vous déclarerai que tous les prisonniers français qui ont été mis en liberté par le général Zaragoza et par le soussigné l'ont été du consentement et de l'autorisation du président de la république, le citoyen Benito Juarez, c'est-à-dire de l'homme que l'on suppose ne pas respecter même les principes les plus clairs et les plus flagrants du droit naturel...

Je retourne à V. Exc. les expressions d'estime dont vous me favorisez, et je me permets, à mon tour, de vous dire en toute sincérité que je désirerais de voir le vaillant et illustre général français qui a conquis tant et de si légitimes lauriers en Afrique, en augmentant les gloires de la France, comprît les véritables intérêts de cette dernière dans la question actuelle, intérêts qui ne consistent certes pas à s'unir à quelques mécontents politiques pour apporter la guerre à une nation qui conserve les plus grandes sympathies pour la France libérale et progressiste ; qu'il comprît les droits indisputables du Mexique, appuyés sur l'opinion presque unanime de tout le peuple de la république, opinion sanctionnée d'une manière solennelle par les derniers documents officiels du congrès souverain, et qu'il fît par anticipation le pas que lui imposera la nécessité, alors même que, par les hasards et les caprices de la guerre, la victoire lui serait partout propice.

Que V. Exc. agrée personnellement les témoignages de mon estime et de ma considération.

Liberté, indépendance et réforme.

Puebla-de-Zaragoza, 16 novembre 1862.

Le général mexicain commandant en chef l'armée d'orient,

ORTEGA.

A M. le général de division, sénateur et commandant en chef du corps expéditionnaire du Mexique, — Orizaba.

Sans se préoccuper de ces pourparlers, les troupes françaises étendaient leurs cantonnements.

Le 11 novembre, le débarquement des troupes et du matériel était parvenu à la Vera-Cruz, et les vaisseaux et transports avaient repris immédiatement la route de France. L'occupation de Medelin avait préparé celle d'Alvarado, dont les environs étaient signalés comme riches en bétail, en chevaux et mulets. Le 3e zouaves et un escadron de chasseurs d'Afrique, sous les ordres du colonel Mangin du 3e zouaves, s'emparèrent de ce port sans résistance le 23 novembre. Après l'avoir mis sous la protection des canonnières la *Sainte-Barbe*, l'*Éclair* et la *Tempête*, portant un détachement d'infanterie de marine, la petite colonne expéditionnaire fut rappelée et dirigée sur Jalapa, où elle devait se joindre aux troupes de Bertier. Elle fut annoncée aux habitants par une proclamation de ce général :

Jalapa, le 23 novembre.

CITOYENS DE JALAPA,

Une brigade de l'armée expéditionnaire française vient d'entrer dans votre ville.

Sa mission n'a pas d'autre objet que de vous donner, en se conformant pleinement aux lois de la guerre, confiance dans nos projets sur vous. Soyez confiants et ne nous regardez pas comme des ennemis.

Nous remplirons toutes les promesses que le général en chef a faites dans sa proclamation, et nous ne nous en écarterons en aucune manière.

Nous respecterons votre indépendance ; nous n'exercerons sur vous d'oppression d'aucune sorte ; nous ne protégerons d'autre parti que celui de l'ordre, de la paix et de la concorde, que nous voulons voir enfin régner dans votre beau pays ; car c'est la seule chose sur laquelle tout gouvernement doit s'appuyer pour rester fort.

Hommes de tous les partis, si vous désirez le bonheur de votre pays, approchez-vous franchement ; nous vous offrons la main de l'amitié, et tous ensemble nous travaillerons à la reconstruction de votre édifice social.

Les troupes françaises séjourneront dans votre ville jusqu'à la conclusion de la paix, et nous mettrons tous nos soins à protéger vos personnes et vos propriétés.

Le même esprit prédominait partout où les soldats français avaient pénétré. La Vera-Cruz jouissait d'un ordre et d'une tranquillité qu'elle n'avait guère possédés antérieurement, car nous ne supposons pas que les autorités mexicaines eussent publié beaucoup d'ordres du jour pareils à celui-ci :

Nul ne peut être mis en jugement, emprisonné, ni subir d'amende, si ce n'est par les magistrats, et conformément aux lois.

Personne ne peut être incorporé par force comme soldat dans les troupes mexicaines.

Les denrées du pays, les chevaux et le bétail nécessaires à l'entretien des armées françaises et mexicaine ne peuvent être pris qu'en vertu d'une réquisition régulière et après payement.

Les militaires et la garde civique sont tenus de protéger les voyageurs et de purger les routes des voleurs qui dépouillent les habitants.

Amnistie pleine et entière est accordée à tous ceux qui ont pris les armes contre l'armée, pourvu que, rentrés paisiblement dans leurs foyers, ils se présentent devant leurs alcades et qu'ils leur promettent de vivre en bons citoyens. Nul Mexicain ne sera inquiété en raison de ses opinions politiques.

Le général en chef désire que l'autorité française soit l'aide et le soutien de tous ; il espère, par ces moyens, rétablir la confiance, mettre fin aux maux de la guerre, assurer la liberté individuelle et ramener l'abondance au sein des familles.

DURAND SAINT-ARNAUD,
Commandant à la Vera-Cruz.

Vera-Cruz, 24 novembre 1862.

Les opérations du mois de novembre furent complétées par la prise de Tampico, port situé au nord-nord-ouest de la Vera-Cruz, sur une langue de terre formée par le lac de ce nom, la langue de Tamiagua et le golfe du Mexique. C'est une ville de 8,000 âmes, qui exporte des piastres fortes, du jalap, des cuirs, de la salsepareille, et reçoit en échange les soieries, les huiles et les vins de France, les tissus de laine et de coton, le fer et l'acier de l'Angleterre.

Avant même l'arrivée du général Forey, on avait reconnu que le port de Tampico servait à l'introduction d'armes destinées aux troupes de Juarez, et le siége avait été résolu. Dès le 9 juin, la corvette à vapeur le *Berthollet*, les canonnières à vapeur l'*Éclair* et la *Grenade* avaient commencé à le surveiller.

Le 17 novembre, une escadrille française, sous les ordres de l'amiral Jurien de la Gravière, quitta la Vera-Cruz, et après avoir relâché pendant trois jours à l'île Lobos, elle franchit la barre de la rivière de Tampico, distante de la ville d'environ 12 kilomètres. Le 81e régiment de ligne, que le général Forey avait mis à la disposition de l'amiral, débarqua sans coup férir, et la ville fut occupée le 23. La canonnière la *Lance* remonta la rivière et mouilla devant Tampico avec 8 canots à vapeur et deux grandes embarcations armées en guerre.

Le bulletin du *Moniteur* du 2 janvier contenait les détails suivants sur cette expédition :

On reçoit de Tampico de nouveaux détails sur l'occupation de cette ville le 22 novembre par l'amiral Jurien de la Gravière. Le 81e régiment de ligne a été débarqué près de la ville, après avoir heureusement franchi la barre difficile du fleuve dans les embarcations de la division navale. A l'approche de nos troupes, la ville a été évacuée par la garnison mexicaine, et la population a fait à nos soldats l'accueil le plus empressé. Le gouverneur Pavon parcourait encore la campagne à la tête de quelques partisans.

La canonnière la *Lance*, qui était parvenue à franchir la barre, a remonté le fleuve jusqu'à Panuco, ville située à 28 milles dans l'intérieur. A l'un des détours de la rivière, elle a rencontré un rassemblement hostile qu'elle a facilement dissipé en lui envoyant quelques obus. Des Français établis à Tampico avaient prêté un secours utile à cette expédition. Le 1er décembre, l'amiral Jurien était de retour à la Vera-Cruz, ayant laissé devant Tampico les bâtiments nécessaires pour transporter les mulets que doit fournir la province de Tamaulipas.

Les conséquences de l'occupation de Tampico ne sont pas moins importantes au point de vue politique et commercial qu'au point de vue militaire. Elle a, en effet, pour résultat de priver le gouvernement de Juarez des recettes de douane de ce port, recettes devenues très-considérables, en même temps qu'elle lui enlève une place fort nécessaire au ravitaillement de son armée.

La prise d'Alvarado, occupée également sans coup férir, est aussi un utile succès, car l'envoi d'une canonnière suffira pour maintenir ce port ainsi que la ville de Zlacotalpam. C'est encore un point de ravitaillement important dont Juarez va être privé.

D'après les lettres de la Vera-Cruz, les troupes françaises allaient se concentrer dans la zone tempérée. Ce mouvement se ferait par Jalapa, ce qui impliquerait l'occupation de Perote. L'approvisionnement sur cette route paraît facile, puisque la brigade du général de Bertier vit à Jalapa des ressources du pays, ce qui serait encore plus facile à Perote, ville située à l'entrée du plateau, sur le bord d'une plaine assez étendue qui produit toute espèce de céréales.

La situation politique paraît s'améliorer. Les guérillas se sont beaucoup éloignées. On ne parle plus de convois attaqués ; enfin, le pays semble fatigué des persécutions incessantes de bandits qui, au lieu de travailler, ne songent qu'à marauder et à dépouiller les populations. Un exemple frappant de cette répulsion est la résistance des habitants d'Arroyo Seco qui repoussé la guérilla de Heredia, tuant celui-ci avec vingt de ses compagnons.

Les troupes françaises viennent de prendre possession du grand village de Coscomatepec, entre Jalapa et Cordeva. C'est un coup violent porté aux guérilleros, auxquels, dans leurs expéditions en terres chaudes, cette importante ligne de retraite fera désormais défaut.

Aux termes d'une récente convention, des entrepreneurs se sont engagés à fournir aux ingénieurs 300,000 journées de travail pour établir un chemin de fer qui reliera Tejeria au Chiquihuite.

Mentionnons encore un glorieux combat soutenu, le 30 novembre, par 184 hommes de trois compagnies du 62e de ligne contre 800 hommes de troupes régulières, que commandait le général Diaz-Miron, gouverneur de la province de la Vera-Cruz. Cachés derrière des taillis, les Mexicains accueillirent par un feu roulant l'avant-garde des trois compagnies qui escortaient un convoi de huit voitures, et qui venaient d'atteindre un rond-point situé près de la Rinconada. La cavalerie mexicaine chargea au fond du train pour achever l'œuvre de l'infanterie. Mais, sans tenir compte de l'infériorité numérique, les Français, sous la conduite du capitaine de Brion, s'ouvrirent un passage au bout d'une heure et demie de lutte. La perte des Mexicains fut évaluée à 140 hommes et la nôtre fut relativement moins considérable.

Cette suite d'avantages remportés par les troupes françaises jetait l'inquiétude parmi les défenseurs du Mexique ; le président jugea nécessaire de remonter leur moral ; conformément à une décision du congrès, des médailles militaires devaient être distribuées aux chefs, officiers et soldats qui avaient pris part à la défense des Cumbres et à l'action du 5 mai, devant Puebla.

La fabrication des médailles ayant été retardé de plusieurs mois cette distribution, qui fut enfin fixée au dimanche 30 novembre.

On voulut donner à cette cérémonie toute la solennité possible. Le président de la république, les ministres des relations et de la guerre, des députations du congrès, l'armée du Centre, de la junte patriotique, etc., et une foule de particuliers quittaient Mexico, le 28, pour y assister. Arriva Juarez le même jour, à Puebla, vers six heures du soir. M. le général Gonzalez Ortega s'était porté à sa rencontre, avec son état-major ; 9,000 hommes formaient la haie, depuis la porte de la ville jusqu'au palais de l'archevêché ; le peuple, portant des torches, encombrait les rues, et il s'écoula plus d'une heure avant que le président pût parcourir pour se rendre à l'habitation qui lui avait été préparée. Nous n'entrerons pas dans le détail des fêtes qui ont eu lieu à cette occasion : banquet avec toasts patriotiques ; concert au théâtre, avec discours, poésies, etc. ; courses de taureaux par les amateurs, et distribution des prix par les dames patronesses ; promenades civiques au clair de lune ; visite aux hôpitaux militaires ; visite aux fortifications ; bals, etc. ; tel fut, en résumé, le programme dont la réalisation remplit pendant une semaine de bruit et d'allégresse la ville de Puebla, si paisible et si triste en temps ordinaire.

La cérémonie de la distribution des médailles avait été renvoyée au jeudi 4 décembre, pour laisser à certains corps de l'armée le temps de recevoir leurs nouveaux uniformes. Profitant de ce retard, M. Nunez, ministre des relations, partit à son tour, de Mexico, le 3 avec la famille du président et madame Mata, fille de l'infortuné Melchior Ocampo. Le 4 eut lieu la cérémonie :

Avant l'aurore, l'armée d'orient était sur pied, et tous les corps prenaient leurs positions.

On avait construit sur la place un élégant pavillon où se placèrent M. le président, ses ministres, les dames invitées et plusieurs particuliers de distinction.

La distribution des médailles commence un peu après dix heures du matin et se termine à deux heures de l'après-midi.

Les soldats montaient par un côté et descendaient de l'autre, en passant devant le président et en recevant leur médaille de ses mains ou de celles des dames, qui étaient madame Juarez, épouse du président ; madame Mata, fille d'Ocampo ; madame Blanco, épouse du ministre de la guerre, et mademoiselle Olivares, célèbre au Mexique par ses poésies.

De longues harangues patriotiques furent prononcées à cette occasion par MM. Juarez, Prieto, Hernandez y Hernandez, et autres. On ne ménagea pas les décorations ; 2,393 furent données aux défenseurs des Cumbres, et 5,017 à ceux qui avaient soutenu l'assaut et pris part à l'affaire du 5 mai. La médaille revenant au général Zaragoza fut remise à sa famille.

Le lendemain, la garnison fit un simulacre d'attaque contre les fortifications de Puebla ; il y eut un bal, et le surlendemain, 6, M. Juarez et ses ministres, moins celui de la guerre, revinrent à Mexico, où ils rentrèrent à six heures et demie du soir. 5,000 hommes environ formaient la haie de la porte de la ville au palais, et une salve de 21 coups de canon annonça le retour du président dans la capitale.

En l'absence du président et de ses ministres, la capitale était restée sous la garde du général Comonfort. Peu de temps après, on écrivait de Mexico :

Les communications demeurent rigoureusement interceptées entre la capitale et les ports du Mexique ; ce n'est plus que par la voie du Texas qu'il est possible d'échanger des correspondances avec l'Europe.

A Mexico, où l'on ne se rend pas bien compte des difficultés que présente la marche d'une nombreuse armée régulière, on

Femmes d'arrieros.

s'étonnait que le général Forey ne se fût pas encore porté en avant, car on ne doutait pas du succès de l'expédition.

Ordre avait été donné à tous les chefs de postes secondaires de se retirer à l'approche des troupes françaises, en détruisant les ouvrages qui pouvaient nous servir de point d'appui. C'est ainsi que la forteresse de Perote a été démolie avant l'arrivée du général Bertier.

Les guérillas hostiles au gouvernement de Juarez ne cessent de harceler ses soldats ; les provinces de Mexico, de Guadalajara et de Querétaro sont les seules que leur proximité de la capitale mette à l'abri de ces incursions ; encore a-t-on dû envoyer dans ces États des renforts commandés par le général Mendez. Ces guérillas attendent l'arrivée du général Forey pour se porter en avant, en marchant sur les ailes de son corps d'armée.

Le congrès a continué au président Juarez les pouvoirs extraordinaires qui lui avaient été conférés par la précédente législature, mais non sans qu'il y ait été apporté quelque restriction.

Le gouvernement juariste éprouve des difficultés insurmontables pour réaliser la contribution de un pour cent sur toute espèce de capital. L'absence de numéraire et de confiance empêche les possesseurs nationaux et étrangers de satisfaire aux contributions dont on les a surchargés.

En présence de ces embarras, le gouvernement avait convoqué, pour le 12 novembre, une assemblée des plus forts contribuables. Huit seulement ont répondu à cet appel et ont procuré 20,000 piastres ; mais le ministre des finances en réclamait 400,000 par mois, qu'il jugeait indispensables à la gestion des affaires ; néanmoins, on n'a pu trouver au delà de cette somme de 20,000 piastres une fois payée.

La combinaison ayant donc échoué, un décret présidentiel du 4 courant, contre-signé par le ministre des finances, a réparti pour cinq mois, entre 254 capitalistes du district fédéral, un subside de guerre s'élevant mensuellement à doll. 152,400. Chaque versement mensuel s'opérera dans les huit premiers jours du mois ; les capitalistes qui s'exécuteront dans le délai prescrit seront exempts de tout impôt extraordinaire, de tout emprunt forcé et de toute exaction d'argent, quelle qu'elle soit, sur tous leurs biens, dans le district ou ailleurs, en dehors des contributions ordinaires, et ils seront libres de tout service militaire ; mais les récalcitrants seront envoyés immédiatement à l'armée d'orient, pour y servir en qualité de soldats, jusqu'à la fin de la guerre. Les capitalistes du sexe féminin, ne pouvant être enrôlés, verront s'accroître de 50 p. c. la quote qui leur est signalée, et le recouvrement s'opérera par la saisie et la vente aux enchères de leurs propriétés.

Le 6 décembre, M. le général Comonfort a réglementé le payement du subside de guerre dont nous venons de parler. Pour en faciliter le versement, les payements mensuels s'effectueront en deux fois, la première et la troisième semaine de chaque mois ; les capitalistes qui justifieront de l'impossibilité où ils se trouvent de verser toute la somme en numéraire seront autorisés à en acquitter un tiers en armes de munitions, en habillements militaires, en tabac travaillé, en fer, en cuivre, en plomb, en poudre, en capsules, en soufre ou en salpêtre, à la satisfaction du quartier-maître de l'armée du centre.

On a organisé en arrière de l'armée d'Ortega, ou d'orient, deux nouvelles armées, dites du centre et de la réserve, et que l'on a placées sous les ordres de Comonfort et de Doblado. Mais ces deux armées n'existent que sur le papier. Leur création n'a d'autre but que de réunir les débris du corps d'Ortega lorsque ses soldats se débanderont ; ce n'est qu'alors qu'elles acquerront un effectif sérieux.

Les fortifications de la capitale progressent rapidement. Ordre a été donné de forer huit puits artésiens pour la troupe en cas de siége.

Le manque d'argent est un des principaux obstacles qui s'opposent à une résistance sérieuse. Les levées extraordinaires ont amené sous les drapeaux un certain nombre de recrues, et les journaux officiels font monter l'effectif actuel de l'armée à 40,000 hommes. Mais ce sont des soldats sans discipline, sans instruction et sans autre moyen d'existence que les réquisitions et le pillage. On leur fait chaque jour de brillantes promesses ; on cherche à exalter leur courage en leur rappelant leur succès à Puebla, en les appelant des héros ; mais on ne peut leur fournir aucune solde.

CHAPITRE XV

Occupation de Palmar et de San Andres. — Belle conduite d'un escadron de chasseurs d'Afrique. — Ordre général. — Occupation de Perote et de Tehuacan. — Bruit de la prise de Puebla.

Les Français répondirent à ces manifestations par de nouveaux succès. Le 1er décembre, le général Douay, avec sa brigade, était parti d'Orizaba pour occuper Palmar et San Andres. Les forces mises à sa disposition étaient divisées en deux colonnes : la plus importante devait suivre la route des Cumbres et s'établir à Palmar : la seconde, plus légère, commandée par le colonel L'Hériller, devait se diriger sur San Andres par Maltrata. Le 2, le général Douay, avec la première colonne, arrivait de bonne heure au bivouac d'Aculcingo, où son avant-garde mettait en fuite 50 cavaliers ennemis. Il franchit la première Cumbre sans que l'ennemi, malgré les travaux qu'il avait élevés, défendît sérieusement le passage de la montagne. Le 3, il campait à la Canada, et entrait le 4 à Palmar, qu'il mit en état de défense.

Le 5 décembre, le général Douay se porta à la rencontre du colonel L'Hériller, parti le 1er décembre d'Orizaba avec le 99e, une batterie de montagne et un escadron de chasseurs d'Afrique, se dirigeant sur San Andres.

Dans sa marche, le colonel L'Hériller parvint à San Antonio de Abajo au moment où cette ferme achevait de brûler. Quelques fermes voisines étaient en feu. Cet officier supérieur sentit la nécessité de se hâter pour préserver des flammes San Andres, et il résolut de surprendre les Mexicains par une marche de nuit.

Le 4 décembre, à trois heures du matin, le colonel L'Hériller partait avec ses trois compagnies d'élite et le 6e escadron du 1er chasseurs d'Afrique. Après six kilomètres de marche, une grande'garde ennemie fut surprise et en partie enlevée par les chasseurs, qui prennent 8 hommes et 8 chevaux. M. de Prud'homme, lieutenant au 99e, officier d'ordonnance du co-

vinrent à San Andres, ramenant 9 prisonniers et 12 chevaux, après avoir mis 50 hommes hors de combat. Quelques cavaliers seulement étaient contusionnés ou légèrement blessés. Parmi ceux qui s'étaient fait remarquer étaient les lieutenants Demolin et Leroy;

Le maréchal des logis Hermann, qui avait enlevé la grand'-garde;

Le maréchal des logis chef Zulezzi, qui avait eu son cheval blessé de coups de sabre, et avait lutté corps à corps avec les Mexicains;

Les maréchaux des logis Damescis, de la Chasse et de Bournazel;

Le chasseur Blin, qui avait déjà contribué à la capture du lieutenant-colonel Ramo;

Les trois Dolorès.

lonel L'Hériller, qui marchait à la tête des chasseurs et dirigeait leur mouvement, a été tué de deux coups de feu.

Bien que sa marche dût être éventée par cet incident, le colonel L'Hériller continua à se diriger sur San Andres. Au point du jour, un groupe de cavaliers apparut sur la droite; un peloton de chasseurs les mit en fuite et les poursuivit jusqu'à l'entrée de la ville, où il fut arrêté par une vive fusillade. Le colonel L'Hériller, croyant à une sérieuse défense, disposait sa troupe pour attaquer, lorsque des notables vinrent lui annoncer que l'ennemi se retirait. Le capitaine de Montarby fut envoyé à sa poursuite avec deux pelotons; au bout d'un kilomètre, il le joignit et le chargea sans hésiter, bien qu'il eût devant lui 5 à 600 hommes, infanterie et cavalerie, sous les ordres du général Alvarez. Les Mexicains, voyant le petit nombre des chasseurs, s'arrêtèrent et cherchèrent à les entourer. La situation du capitaine de Montarby devenait difficile, lorsqu'il fut rejoint par le commandant Jamin avec les deux autres pelotons de l'escadron. Chargés de nouveau, les Mexicains se retirèrent en désordre. Les chasseurs d'Afrique re-

Le chasseur Roche, blessé d'un coup de lance;

Les chasseurs Dupré, Gilles, Schueitzer et Zang, tous du 1er régiment de chasseurs d'Afrique.

A huit heures du matin, le colonel L'Hériller occupait San Andres, où le reste de sa colonne le rejoignit à midi. Des postes furent aussitôt placés dans toutes les fermes voisines pour empêcher l'ennemi de les brûler et de détruire les récoltes sur pied.

L'établissement des troupes françaises sur l'Anahuac s'était donc accompli à San Andres comme à Palmar, dans la journée du 4 décembre.

Le commandant en chef s'empressa d'apprendre à l'armée ce résultat:

ORDRE GÉNÉRAL.

Le général en chef s'empresse de porter à la connaissance de l'armée que le mouvement qu'il a ordonné pour s'emparer des débouchés sur les hauts plateaux a réussi selon ses désirs, qu'il a été exécuté avec autant d'énergie que d'intelligence par

4

les deux colonnes commandées l'une par le général Douay, l'autre par M. le colonel l'Hérillier.

La première colonne n'a rencontré aucune résistance et s'est établie au centre d'une contrée fertile, où elle va trouver des ressources encore abondantes, malgré les dévastations commises systématiquement par un ennemi qui ne craint pas, dans son aveuglement, de ruiner et d'affamer ses propres concitoyens.

La deuxième colonne, qui se portait sur San Andrès par la montagne, ayant surpris par une marche de nuit une grand'garde ennemie, un peloton de chasseurs d'Afrique l'enleva avec une grande décision et lui prit des hommes et des chevaux... Le colonel, ayant continué sa marche, arriva au jour devant San Andrès, où il fut accueilli par une fusillade assez vive. La ville fut enlevée promptement par l'infanterie; l'ennemi au nombre de 5 à 600 hommes d'infanterie et de cavalerie, se mit en fuite; mais, poursuivi vigoureusement par les chasseurs d'Afrique, il fut bientôt atteint, et alors s'engagea un combat à l'arme blanche qui se termina par la déroute complète de l'ennemi, qui laissa bon nombre d'hommes et de chevaux en notre pouvoir, ainsi que des armes de toute espèce.

Après ce brillant fait d'armes, la ville de San Andrès a été occupée par nos troupes, que la population, fatiguée depuis longtemps des excès commis par les prétendus patriotes, a accueillies avec les cris de *Vive l'Empereur! Vive la France!*

Ces opérations préliminaires n'avaient pas principalement pour but de combattre l'ennemi, mais de nous procurer des approvisionnements, de rassurer les populations effrayées par les menaces des juaristes, et enfin de préparer la marche sur Puebla en menaçant l'ennemi par les deux routes qui, se réunissant à Amozoc, assuraient la concentration des troupes.

Les différents corps débarqués à la Vera-Cruz continuèrent leur marche sur Orizaba; peu de jours après, il ne restait dans les terres chaudes que ceux strictement nécessaires pour garder notre ligne d'opérations.

Afin de compléter l'occupation du plateau, il fallait assurer la tranquillité des environs de Jalapa, dont la possession dégagea la route de la Vera-Cruz à Orizaba et couvrit le flanc droit des colonnes françaises; le général mexicain Marquez, à la tête de 1,700 cavaliers et fantassins, y vint rejoindre la brigade du général Bertier. Le 3e régiment de zouaves arriva à Jalapa peu de temps après, et, le 10 décembre, le général de division Bazaine vint prendre le commandement des troupes qu'il devait conduire à Perote.

Cette ville, distante de Jalapa de 30 kilomètres, est située sur le grand plateau du Mexique, élevé de 2,100 mètres au-dessus de l'Atlantique et du Pacifique, qu'il sépare; mais pour le gravir, on ne rencontre point d'escarpement. Une large route bordée par une végétation luxuriante, monte insensiblement par une pente douce jusqu'au plateau.

La colonne dès sa première marche franchit San Miguel del Soldado, village connu par ses belles cascades et d'où l'œil embrasse un panorama admirable, aux horizons les plus étendus; elle atteignit ensuite Las Vignas, petit hameau sans importance, semé des deux côtés de la route, et après avoir traversé une hacienda d'une étendue considérable, elle parvint à Perote dont elle s'empara sans résistance.

La division Bazaine devait communiquer avec le gros de l'armée venant d'Orizaba, au point de jonction d'Amozoc; c'est dans cette ville, qui n'est qu'à 12 kilomètres de Puebla, que sont fabriqués les brides, les mors, les éperons, les harnais, dont s'enorgueillissent les cavaliers mexicains. Les avant-postes de la division Bazaine se reliaient sur la gauche à celle du général Douay, qui, campé sur le plateau d'Anahuac, se tenait sur la défensive, se bornant à protéger les récoltes et les villages qui l'entourent.

Le 18 décembre, une colonne sous les ordres du colonel Jolivet, du 95e, partit d'Orizaba pour rejoindre le général Douay à Palmar en passant par Téhuacan; attaqué le 21 à l'hacienda de Chapulco par un fort détachement de guérillas et de lanciers de la brigade de Zazatecas, le colonel Jolivet les fit charger par un escadron du 2e chasseurs d'Afrique et chargea lui-même à sa tête, un même temps qu'il faisait appuyer le mouvement de sa cavalerie par le reste de sa colonne. Poursuivi l'épée dans les reins jusqu'aux portes de Téhuacan, et après avoir plusieurs fois cherché à se rallier, l'ennemi se mit en fuite et ne reparut plus. Dans cette affaire, qui fait le plus grand honneur au 2e chasseurs d'Afrique, le colonel cite

comme s'étant plus particulièrement fait remarquer : M. le capitaine Jourde, M. le sous-lieutenant Redon, le maréchal des logis Magdeleine, le trompette Collet, blessé, le brigadier Lherbier, qui tint toujours la tête de la charge, enfin le chasseur Fauchies, qui tua un cavalier au moment où celui-ci le tenait en joue son capitaine.

Le lendemain, la colonne prit possession de Tehuacan, que l'ennemi évacua après un échange de quelques coups de fusil, et deux jours après elle repartait pour Palmar.

Le 28, entre Jalapa et Puente National, trois compagnies du 62e mirent en déroute des guérillas qui perdirent 50 hommes tués et un grand nombre de blessés.

L'extension des troupes françaises sur un vaste territoire, la facilité avec laquelle elles dispersaient leurs adversaires, firent croire un moment à un succès décisif. D'après les dépêches qui parvinrent en Europe au commencement de l'année 1863, l'avant-garde française avait suffi pour mettre en déroute 25,000 Mexicains commandés par Ortega, et le général Forey, installé à Puebla, y attendait des renforts. Le télégraphe répandit la grande nouvelle d'un bout à l'autre de l'Europe, et un grand nombre de personnes y ajoutèrent foi comme elles avaient cru jadis à la prise de Sébastopol. Le journal *la France* alla même jusqu'à dire :

« Nous recevons, au moment de mettre sous presse, des informations personnelles qui confirment la nouvelle donnée par les dépêches américaines de la prise de Puebla.

« Le général Forey aurait tourné la position de Guadalupe et dirigé par le nord, contre la ville, une attaque de vive force qui a complètement réussi. Les troupes mexicaines, mises en déroute, se sont retirées dans la direction de la capitale.

« Les habitants de Puebla, soumis par les généraux mexicains au régime de la terreur, ont parfaitement accueilli les Français. Nous devons ajouter qu'aucune dépêche directe du général Forey n'a encore été reçue, mais que nous avons tout lieu de croire à l'exactitude de nos informations. »

Le *Moniteur officiel* se chargea de donner une leçon aux gens trop pressés :

« La nouvelle publiée dans les journaux d'hier, et annonçant l'entrée à Puebla d'une division de l'armée française, est la reproduction d'une dépêche affichée à la bourse de Boston le 6 janvier, et apportée par exprès à San Antonio; elle a été insérée dans un journal d'Austin (Texas).

« Cette nouvelle ne présente donc pas un caractère d'authenticité incontestable. Toutefois, comme elle provient de sources peu disposées à propager les succès des armes françaises, il n'est guère probable qu'elle soit sans fondement.

« Avant de publier des nouvelles qui peuvent être démenties par les faits, ne serait-il pas plus sage d'en attendre l'arrivée régulière et la confirmation authentique ? »

Croire prématurément à la prise de Puebla, c'était ne pas calculer les obstacles qu'une armée pouvait rencontrer sur des routes presque impraticables, avec ses bagages et ses convois. 1,200 mules et 250 voitures étaient arrivées de New-York, 450 mules de Santiago; mais on en attendait encore 2,500 de Puerto-Rico et de la Havane. Le vent du nord qui soufflait avec violence interrompait les relations de la rade avec la terre, et retardait des débarquements nécessaires aux troupes. Les navires de commerce *Ossian* et *Lance*, frétés à Toulon par l'administration de la marine, étaient retenus à Sacrificios. Ce qui gênait les mouvements de l'armée, c'était aussi le nombre de ceux qui payaient leur tribut au climat meurtrier du Mexique. La fièvre jaune, comme nous l'avons dit, avait disparu à la fin d'octobre; mais les dyssenteries et les fièvres pernicieuses faisaient de cruels ravages. Le capitaine Roussel, dont nous avons cité de nobles paroles, succomba au moment où il allait être promu au grade de contre-amiral. La *Normandie*, qui avait tant souffert, fut confiée au capitaine de frégate Ollivier, pour être conduite aux Saintes. Le personnel militaire et administratif, dont la présence n'était pas absolument nécessaire à la Vera-Cruz, rallia le gros de l'armée expéditionnaire; la garde de ce point d'arrivée et de tous les services qu'on y avait concentrés demeura confiée aux troupes, aux officiers et aux chirurgiens de la marine. Afin de renforcer la garnison, le gouvernement français demanda au vice-roi d'Égypte la cession momentanée d'un régiment noir de 1,200 hommes, tout organisé avec ses officiers et sous-officiers. Les ouvriers domestiques ou soldats noirs, arrivés des Antilles, bravaient les épidémies, et il était vraisemblable que les soldats noirs du Caire échapperaient à l'influence des miasmes délétères. Saïd-Pacha, par un des derniers actes de son règne prématurément interrompu, abandonna 450 hommes dont il pouvait disposer et qui allèrent s'embarquer dans le port d'Alexandrie, à bord de la frégate la *Seine*.

CHAPITRE XVI

Conseil de guerre à la Vera-Cruz. — Les trois Dolorès. — Affaires de Tampico et d'Acapulco.

Ce n'étaient pas seulement les maladies endémiques ou épidémiques qui étaient à redouter sur les côtes mexicaines, une partie des habitants avait vu les Français avec satisfaction, une autre les avait acceptés, une troisième les repoussait et ne reculait même pas devant le crime. Un certain Manoël Gonzalez tenait un débit de vin et de liqueurs, où tous les soirs un saltimbanque faisait danser des singes au son de l'orgue ; quelques femmes discréditées, appartenant à la plus basse classe, venaient danser dans ce bouge ces danses indigènes qui sont une combinaison de la cachucha et du bolero espagnol, avec la voluptueuse chorégraphie des habitants primitifs de la Tierra-Caliente. Trois canonniers français furent attirés dans le cabaret de Gonzalez, environnés de toutes les séductions imaginables et admirablement servis ; quand ils sortirent l'hôte refusa de prendre leur argent ; mais à peine furent-ils dans la rue qu'ils ressentirent d'atroces douleurs ; ils se souvinrent alors qu'on leur avait donné des bouteilles particulières auxquelles les Mexicains n'avaient pas touché, et, rassemblant leurs forces, ils se traînèrent au quartier de cavalerie où ils arrivèrent mourants ; leur état pitoyable excita parmi leurs camarades une exaspération que les chefs eurent beaucoup de peine à réprimer.

La science sauva les trois artilleurs, qui furent bientôt en état de fournir des documents à l'accusation. Un conseil de guerre se réunit sous la présidence du lieutenant-colonel Mangin ; le capitaine Barbe remplissait les fonctions de procureur impérial.

Sans attendre les poursuites, Manoël Gonzalez alla dans les montagnes se mettre à la tête d'une bande de guérillas, tous ses complices furent arrêtés et confrontés avec les victimes du guet-apens, des preuves accablantes s'accumulèrent contre eux, ainsi que contre une femme de quarante-cinq ans, Antonia Zamudio, qui avait préparé les boissons empoisonnées.

Le conseil de guerre condamna à la peine de mort Manoël Gonzalez (coutumace), Bartolo Bouveras et Justo Pastos ; à dix ans de travaux forcés, José Cormona ; à cinq ans Roman Zamudio ; Antonia Zamudio fut condamnée aux travaux forcés à perpétuité ; une femme plus jeune, Dolorès Barajas, à dix ans ; deux autres, Dolorès Arellano et Dolorès Carrajal, furent acquittées ; ces sirènes, dont les chants et les danses attiraient l'étranger dans le bouge de Manoël, étaient appelées les trois Dolorès.

Des attentats non moins odieux étaient commis à Tampico, des officiers et des soldats français avaient péri sous le couteau de bandits traîtreusement embusqués. Le colonel de la Canorgue, commandant de la place, fut obligé de faire afficher la proclamation suivante :

MEXICAINS,

« Depuis le jour où la ville de Tampico a été occupée par les troupes françaises, votre liberté, vos droits, vos familles ont été respectés, et notre conduite vis-à-vis de vous a été celle que nous devions tenir vis-à-vis d'une population que nous estimons et que nous estimerons toujours, quels que soient les dissentiments qui agitent aujourd'hui nos gouvernements.

« Néanmoins quelques assassins ont voulu s'honorer du nom de Mexicains pour assassiner mes soldats dans les rues. Les assassins n'appartiennent à aucune nation.

« En conséquence, tout individu qui sera arrêté en train d'assassiner ou voulant assassiner sera fusillé le lendemain matin. Tout individu qui lui donnera asile dans sa maison sera traité comme son complice et sera frappé de la même peine.

« Tampico, le 27 décembre 1862.

« Le colonel, premier commandant.

« Signé, A CANORGUE. »

Les attaques ouvertes n'avaient pas été ménagées pendant le mois de décembre aux hommes du 81ᵉ de ligne et au 3ᵉ régiment de chasseurs d'Afrique qui gardaient Tampico.

Le 12, les troupes mexicaines avaient reparu et enlevé quatre militaires aux environs de la ville. Le colonel de la Canorgue se hâta de lancer contre elles une colonne de cavalerie (3ᵉ régiment de chasseurs d'Afrique) qui les atteignit, le 19, près d'Altamira, et les mit en déroute.

Pendant que notre colonne était à Altamira, des forces mexicaines assez nombreuses, et qui avaient de l'artillerie et de la cavalerie, se présentaient à l'improviste devant Tampico, en débouchant par Pueblo-Viejo, village situé à six kilomètres de la ville.

Une colonne expéditionnaire du 81ᵉ de ligne, sous les ordres du chef de bataillon Le Creurer, fut alors expédiée de Tampico, le 17 décembre, dans la direction de la Puerta. Un ordre général du commandant en chef de l'expédition du Mexique parle en ces termes de cette affaire, où le 81ᵉ trouva une nouvelle occasion de se distinguer :

ORDRE GÉNÉRAL.

L'éloignement de Tampico et la difficulté des communications ont retardé jusqu'ici l'arrivée des rapports adressés au général en chef par le colonel commandant le 81ᵉ de ligne, au sujet de plusieurs engagements qui ont eu lieu aux environs de Tampico dans le courant de décembre 1862 ; ce régiment, envoyé dans cette ville pour faciliter la livraison de moyens de transport qui devaient y être faits pour les besoins de l'armée, s'y est vu en quelque sorte bloqué par des forces ennemies considérables, et quoique sans autre cavalerie qu'un faible peloton du 3ᵉ régiment de chasseurs d'Afrique, remontés avec des chevaux du pays, sans artillerie, il n'a pas hésité à attaquer des forces bien supérieures

C'est ainsi qu'à la laguna de la Puerta, 4 compagnies du 1ᵉʳ bataillon, sous les ordres du commandant Le Creurer, avec 20 chasseurs commandés par M. Jeantel, sous-lieutenant, ayant rencontré une troupe de cavalerie mexicaine, sous les ordres d'un chef redouté dans ce pays, le nommé Chino Gonzalès, le petit peloton de chasseurs se porta en avant et aborda l'ennemi avec une telle résolution, qu'il tourna bride et ne fut rejoint qu'après une course à fond de train de 4 kilomètres.

Alors se livra un combat corps à corps dans lequel bon nombre de cavaliers mexicains payèrent fort cher leur rencontre avec nos chasseurs d'Afrique ; leur chef, en outre, Chino Gonzalès, fut fait prisonnier et mis grièvement blessé.

Les militaires du 3ᵉ chasseurs d'Afrique, qui se sont particulièrement distingués dans cette affaire, sont : M. Jeantel, sous-lieutenant, qui devança beaucoup son peloton, se jeta avec bravoure sur les cavaliers ennemis ; Michel, brigadier, qui a fait Chino Gonzalès prisonnier, au moment où, quoique blessé, il le menaçait de son révolver ; Demoniait, chasseur, qui a tué deux cavaliers au moment où l'un d'eux tirait sur M. Jeantel ; Mignot, maréchal des logis.

Le 21 du même mois, le commandant Le Creurer, à la tête de 220 hommes de son bataillon, ayant dirigé une reconnaissance en avant d'Altamira, et obligé de traverser un fourré en quelque sorte impénétrable, se vit entouré par l'avant-garde d'un corps nombreux venu de 140 lieues de l'intérieur du Mexique, sous les ordres du général Campistran.

Dans cette position difficile, il eut à livrer plusieurs combats contre une série d'embuscades, qui offraient d'autant plus de périls que l'ennemi était partout et pour ainsi dire invisible.

Malgré ces circonstances défavorables et le nombre toujours croissant de l'ennemi, car le général Campistran lui-même était accouru sur les lieux à la tête de 350 de ses meilleurs cavaliers et fantassins, les Mexicains furent partout repoussés, poursuivis dans de brillants retours offensifs, et le détachement du 81ᵉ rentra à Altamira, n'ayant fait à peu près que des pertes insignifiantes par suite de la vigueur des attaques ; tandis que l'ennemi a eu plus de 50 hommes mis hors de combat, dont 5 officiers tués et une centaine de chevaux tués, blessés ou pris ; les jeunes soldats du 81ᵉ ont montré dans cette circonstance une ardeur et un aplomb au-dessus de tout éloge ; le général voudrait pouvoir citer tous ceux qui se sont distingués ; mais ce serait citer le détachement en entier, il se borne à mentionner ici ceux qui lui ont été plus particulièrement recommandés, ce sont :

MM. Castaigne, lieutenant ;

Cantin, capitaine ;

de Revanger, sous-lieutenant ;

Maître, sergent ;

Poullain, voltigeur, que sa compagnie a elle-même signalé pour son brillant courage.

Delebecque, fusilier, et Haupaix, fusilier, qui a été blessé grièvement. Le général en chef a réservé une mention toute particulière pour le commandant Le Creurer, dont le sang-froid, l'énergie et les bonnes dispositions ont assuré le succès de ce combat dans un terrain des plus difficiles et contre un ennemi bien supérieur.

Enfin, le 22 du même mois, 600 hommes d'infanterie et 50 cavaliers qui occupaient le village de Pueblo-Viejo, sur la rive droite de la rivière de Tampico, et qui de là empêchaient les arrivages et gênaient les communications avec la mer, furent attaqués par 200 hommes du 81e embarqués sur des canots et chaloupes à vapeur de la marine impériale.

L'ennemi, embusqué dans toutes les maisons du village, ouvrit un feu de mousqueterie des plus vifs sur ces embarcations qui y répondirent de leur mieux ; mais, la nuit étant arrivée et le débarquement étant impossible, l'attaque, en choisissant un point de débarquement des plus favorables, fut remise au lendemain. En effet, le 23, les compagnies de la veille, renforcées de deux autres, débarquèrent à l'embouchure de la rivière qui joint la laguna à la rivière de Pueblo-Viejo, et marchèrent sur cette ville par le haut ; mais l'ennemi ne les attendit pas, et fut inutilement poursuivi pendant 7 kilomètres.

Les compagnies du 81e, embarquées le 22, ont fait preuve de sang-froid en restant pendant deux heures dans les canots exposés à un feu très-vif ; elles ont eu 1 soldat tué et 11 blessés.

Le général en chef croirait manquer à son devoir s'il oubliait de mentionner ici les braves marins de la canonnière la *Lance*, qui, embusqués dans les canots de ce bâtiment, s'échouèrent à 100 mètres du rivage et appuyèrent la tentative de débarquement du feu de leur artillerie, en restant avec un courage stoïque sous celui de l'ennemi, qui leur tua deux hommes et en blessa neuf. Le général en chef s'est empressé de mettre sous les yeux de S. Exc. le ministre de la marine les noms de ceux pour qui des propositions de récompense lui ont été adressées, mais qu'il n'a pas pouvoir d'accorder. Les militaires du 81e, qui se sont le plus particulièrement distingués dans cette circonstance par leur énergie et leur sang-froid, sont :

MM. Fischer, capitaine, et Rapatel, sous-lieutenant.

Mangeot, caporal.

Giraud, fusilier.

Bergeot, id.

Camorel, id.

Ces quatre derniers ont été blessés ; le nommé Bergeot est mort des suites de sa blessure.

Le général en chef est heureux de témoigner, en finissant cet ordre au colonel de la Canorgue, toute sa satisfaction pour le bon esprit et l'ordre dont tout son régiment a fait preuve pendant son séjour à Tampico, où il s'est attiré la sympathie de toute la population, par l'exacte discipline qu'il a observée, le calme qu'il a montré devant plusieurs odieux attentats et le courage qu'il a déployé dans diverses rencontres avec l'ennemi.

Au quartier général à Orizaba, le 24 janvier 1863.

Le général de division commandant en chef,

Signé : FOREY.

A la première nouvelle de l'apparition des forces mexicaines, on avait rappelé notre colonne d'Altamira ; elle put rentrer à Tampico le 23, mais non sans avoir essuyé en route quelques attaques, qui furent du reste facilement repoussées. On prit même aux Mexicains une soixantaine de chevaux.

Depuis ces rencontres, l'ennemi parut augmenter et ne laissa guère passer de jour sans tirer des coups de fusil. Aussi la garnison, qui devait être diminuée, reçut au contraire des renforts, et la flottille fut augmentée de deux canonnières.

Cependant une autre démonstration avait lieu devant le port d'Acapulco.

Acapulco, ville située sur l'océan Pacifique, dans l'État et à 280 kilomètres sud-sud-ouest de Mexico, jouissait autrefois du privilége de recevoir le fameux galion, qui apportait à Manille les différents articles de manufacture dont l'Espagne s'était réservé le droit de fournir cette contrée. Ce privilége

qu'elle devait à son port, l'un des plus beaux du globe, était du reste la source de toute sa prospérité. Le galion partait, en février ou mars, avec un chargement de cochenille, cacao, vin, huile, laine, dont la valeur, jointe à 1,250,000 francs d'argent monnayé, représentait environ 3 millions ; il arrivait à Manille, prenait des mousselines, des calicots teints, des chemises de gros coton, de la soie écrue, des bas de soie, de la bijouterie, des épices, et revenait à Acapulco au bout de trois ou quatre mois, à la faveur des moussons, qui commencent au mois d'août. Son entrée dans le port était bientôt connue de tous les marchands mexicains. Sa population s'élevait alors tout à coup à 8 ou 9,000, qui, aussitôt que les acquisitions étaient faites, s'empressaient de fuir l'air chaud et empoisonné d'Acapulco. Environnée de hautes montagnes de toutes parts, exposée à la chaleur étouffante de la zone torride, cette ville est à peine rafraîchie par le vent qu'y amène une coupure que l'on a pratiquée dans les hauteurs, du côté de la mer, et qui encore ne peut déplacer les miasmes pestilentiels d'un marais voisin, source permanente des fièvres dont les habitants et les étrangers sont les victimes. Si à cela on ajoute un sol exposé aux tremblements de terre, on conçoit qu'Acapulco ait dégénéré depuis que le galion ne s'y montre plus périodiquement ; cependant, on y compte encore plus de 7,000 habitants, et un assez grand nombre de navires viennent mouiller dans son immense bassin, abrités contre les vents par de hautes montagnes.

Un habitant de cette ville, M. Ghilardi, avait, dans une correspondance, imputé des faits inexacts aux officiers et à l'équipage de la corvette la *Bayonnaise*.

Le 8 décembre se présentaient devant la rade la frégate la *Pallas*, l'aviso à vapeur le *Diamant*, les corvettes à voile la *Cornélie* et la *Galatée*. Peu après, une baleinière sous pavillon parlementaire apportait une lettre à l'adresse du gouverneur de la place, D. Diego Alvarez, fils du vieux proconsul de l'État de Guerrero, le général Juan Alvarez. Cette lettre, signée par le contre-amiral Bouet, était ainsi conçue :

« Monsieur, convaincu de la perturbation que causerait dans les relations commerciales une hostilité déclarée entre la division française et la place d'Acapulco, qui n'a pas les moyens de se défendre, je suis disposé à entrer en arrangement sous les conditions suivantes :

« Le général Alvarez démentira publiquement l'article mensonger sur la corvette la *Bayonnaise*, qui a été publié, au nom de M. Ghilardi, dans le journal el *Chalaco*, numéro 633, sous la date du 3 novembre dernier.

« L'amiral sera alors disposé à conclure avec le général commandant la province une convention de neutralité dans laquelle il sera stipulé que les bâtiments de guerre français auront toutes les facilités désirables pour faire des vivres, de l'eau et du charbon chaque fois qu'ils se présenteront devant Acapulco.

« Les bâtiments de la station française du Pacifique s'abstiendront en conséquence de tout acte d'hostilité contre la place d'Acapulco.

« Ces conditions remplies, je renoncerai à la demande de démantèlement des forts que j'ai adressée au gouverneur. »

Diego Alvarez répondit qu'il n'avait rien de commun avec M. Ghilardi ni avec les articles envoyés par lui au *Chalaco*, ce journal n'étant pas publié au Mexique, mais au Pérou, et qu'il n'en pouvait dès lors être responsable. Quant à consentir à ce que l'escadre française s'approvisionnât dans le port d'Acapulco, il ne le pouvait sans trahir son devoir et son pays. Il se voyait donc obligé de repousser les propositions du contre-amiral.

Sur cette réponse, le contre-amiral Bouet ouvrit le feu contre les forts et contre la ville. Le bombardement, commencé le 10 à huit heures trois quarts du matin, dura presque sans interruption jusque dans la soirée du 11. Les pièces rayées de l'escadre éteignirent rapidement le feu des forts Guerrero, Iturbide et Galeana, dont l'artillerie ne produisit aucun effet, car, outre que les canons mexicains étaient mal montés, leur tir n'atteignait même pas à la moitié de la distance où se trouvait l'escadre. Dans la ville, nos bombes démolirent plusieurs maisons et occasionnèrent de graves accidents et des pertes au commerce étranger. Les Mexicains avaient eu la précaution de se retirer dans la campagne, hors de portée. Le 11 au soir, deux des batteries évacuées furent encloués par les compagnies de débarquement du *Diamant* et de la *Galatée*. Le lendemain 12, les compagnies de débarquement de la *Pallas*, de la *Cornélie* et de la *Galatée* emportaient deux autres batteries et encloaient les pièces. Il existait un fort central ; mais sa position dans la montagne, à environ trois kilomètres, au milieu de bois épais, ne permettant pas de compromettre les compagnies de débarquement en y envoyant du monde, l'amiral renonça au projet de s'emparer de ce fort, dont la possession n'eût d'ailleurs servi à rien ; et l'escadre reprit la mer.

CHAPITRE XVII

Situation de l'armée française à la fin de 1862. — L'armée mexicaine. — Détails sur les forteresses de Puebla et de Mexico. — Les guerillas et les guerilleros.

En résumé, si les grandes opérations militaires avaient été empêchées par l'insuffisance de l'effectif et la difficulté des communications, la fin de l'année 1862 n'avait pas été stérile.

Avant l'arrivée du général Forey l'occupation française s'échelonnait sur la ligne que jalonnent la Vera-Cruz, Cordova et Orizaba. Pendant les derniers mois de 1862, elle s'étendit le long de la côte du golfe du Mexique et à l'intérieur des terres. Sur la côte, les forces françaises prirent successivement possession, au nord, de Tampico et de Soto-de-la-Marina ; au sud, de Medelin, d'Alvarado et de l'île de Carmen. Dans l'intérieur, nos troupes cantonnées à Orizaba firent place à des troupes fraîchement arrivées et se portèrent à San-Augustin-del-Palmar et à San-Andres Chalchicomula, après avoir franchi sans difficultés sérieuses les Cumbres d'Acultzingo. Palmar est à 75 kilomètres environ de Puebla et à 195 kilomètres de Mexico. San-Andres est à peu près à pareille distance de ces deux villes.

Pendant que ce mouvement s'exécutait d'une part, d'autres corps, commandés par le général Bertier, se lançaient sur la seconde des deux routes qui relient Vera-Cruz à Puebla. Ils traversaient, pour ainsi dire au pas de course, les petits bourgs de Santa-Fé, Paso-de-Ovejas, Puente Nacional, Plan-del-Rio, et occupaient presque sans coup férir la jolie ville de Jalapa, ancienne capitale de l'État de Vera-Cruz. Quelques jours plus tard, un corps détaché quittait Jalapa, gravissait la côte sinueuse et rapide qui commence à la Banderilla, passe par San-Miguel-del-Soldado et se terminait à la Roya. De là, abordant les premiers plans du grand plateau qui couronne les Cordillères, il s'enfonçait résolûment dans la grande forêt de Las-Vigaz, touchait à Cruz-Bianca et s'emparait du village considérable de Perote, situé à l'entrée de la plaine aride et couverte de sel qui finit à Nopalucan.

Ces mouvements rendaient les Français maîtres de la double voie de communication qui unit le grand plateau central au port de Vera-Cruz. Perote, San-Andres et Palmar sont situés sur une ligne droite placée en dedans de ce cordon montagneux qui sépare les contrées froides des contrées tempérées et chaudes, ligne marquée par deux jalons gigantesques : le cofre de Perote et le pic d'Orizaba. Bien que Perote soit à 130 kilomètres de Puebla et à 250 kilomètres de Mexico, par conséquent à une distance plus grande que Palmar et San-Andres, rien de sérieux ne pouvait empêcher les trois colonnes principales d'opérer leur jonction à Amazoc, où les deux grandes routes se confondent, et ce n'est qu'à 17 kilomètres de Puebla. Une distance de 75 kilomètres séparait les trois colonnes à leur point de départ ; mais elle était si facile à franchir, et diminuait tellement à mesure que l'on avançait vers le sommet du triangle, que les trois colonnes ne couraient aucun risque d'être isolées ou coupées dans leur jonction par les guerillas.

Tandis que l'armée française se consolidait ainsi dans le cœur du pays, l'armée mexicaine se repliait de ville en ville, de bourgade en bourgade, pour aller se masser derrière les murs de Puebla. En se retirant, elle démantela et désarma le fort de Perote, très-peu capable d'ailleurs de se défendre contre une artillerie comme la nôtre. Elle dégrada aussi tant qu'elle put les deux grandes routes, afin de rendre notre marche difficile, surtout celle de notre artillerie et de nos équipages. Sous ce rapport, les dégâts furent considérables du côté des Cumbres.

En dehors des forces mexicaines concentrées à Puebla, il y avait encore de petits détachements d'infanterie et surtout de la cavalerie qui tenaient la campagne, même dans des endroits assez rapprochés de nos lignes. Ainsi Tehuacan, évacué à notre approche, fut réoccupé par une troupe de guerilleros. Il en fut de même de San-Juan-Coscomatepetl, petit village situé à 21 kilomètres de Cordova. A San-Martin-Tepetlarco, bourg insignifiant, les Français se montrèrent un instant, et les autorités locales s'enfuirent dans les montagnes ; mais elles revinrent, sous les ordres de don Francesco Talavera, aussitôt que les derniers soldats de la France eurent disparu à l'horizon.

Les autorités de Jalapa et quelques habitants des environs s'étaient retirés, tant à Tesuitlan, petite ville commerçante, distante d'environ 40 kilomètres de Perote, qu'à Tuxpan, port situé sur le golfe, entre la Vera-Cruz et Tampico.

A la fin de l'année 1862, les Mexicains concentrèrent leurs forces à Puebla et à Mexico ; l'effectif de l'armée d'orient avait été porté à 21,000 fantassins, 7,000 cavaliers et 2,000 artilleurs. Le général en chef Gonzalez Ortega était assisté des généraux Mendoza, quartier-maître, Negrete, O'Haran, Ignacio Mejia et Lamadrid ; l'artillerie dirigée par le général Paz, l'ensemble des fortifications construit sous la direction de l'officier du génie Colombres. Elles se composaient de deux forts principaux, ceux de Guadalupe et de Loreto, et de sept forts secondaires, auxquels on a donné les noms de Independencia, Zaragoza, Ingenieros, Hidalgo, Morelos, Iturbide et Reforma. Le fort de Guadalupe avait des murailles épaisses de 4 mètres, entourées de fossés, et était armé de 40 canons de rempart. 100 pièces de gros calibre étaient réparties dans les autres forts, placés de manière à pouvoir croiser leurs feux. D'immenses approvisionnements avaient été amassés dans la ville, d'où, en prévision d'un siège prolongé, on avait fait sortir les bouches inutiles. Tous les couvents avaient été convertis en magasins ou en casernes.

On écrivait de Puebla, le 25 décembre :

« Le Pérou nous a envoyé sept mille fusils, débarqués le 13 courant dans le port de Guatusco. Nous comptons les recevoir ici vers le 31. On attend incessamment dans le même port la goëlette *Félicie*, partie pour le Chili, le 10 novembre, à la recherche de treize mille fusils que les Chiliens nous envoient gratis. Nous avons déjà reçu le montant de souscriptions populaires ouvertes à Santiago et à Lima, pour nous aider dans la guerre que nous faisons à la France. »

L'armée du centre, commandée par Comonfort, avait un effectif de 12,000 hommes sur le papier, mais elle ne se composait en réalité que des contingents de Nuevo-Léon, Conhuila et Tamaulipas ; le général Comonfort ne cessait de demander des contingents nouveaux aux gouverneurs d'États, et poussait activement les ouvrages fortifiés autour de la ville, consistant surtout en épaulements en terre à batteries rasantes, garnies à l'extérieur de fossés très-larges, mais peu profonds et remplis d'eau. L'eau pouvait être, au besoin, la principale ressource défensive de Mexico. La vallée dont cette capitale occupe le centre a 72 kilomètres de long sur environ 48 de large ; c'est une cuvette ovale allongée, au fond de laquelle est la ville. Non loin des murs, s'étend le lac de Tezcuco, qui occupe une surface de 40 kilomètres carrés, et dont le niveau est à 75 centimètres seulement au-dessous du sol de la place d'armes. Le terrain sur lequel la ville est bâtie est gorgé d'eau ; on la rencontre partout en effet à une profondeur invariable de 75 centimètres. Au sud-est, et communiquant avec le Tezcuco par le canal éclusé de Las-Vigas qui traverse une partie de la ville, se trouve le lac de Chalco ; celui-ci occupe une surface de 24 kilomètres carrés, et son niveau est à un mètre dix centimètres au-dessus de la place d'armes de Mexico. Au nord-est et au nord, on rencontre, d'une part, le lac de San-Cristobal, dont la superficie est d'environ 12 kilomètres carrés et le niveau de 3 mètres 54 centimètres plus élevé que la place d'armes, et, d'autre part, le lac de Zumpango, qui n'a guère que 4 kilomètres carrés de superficie, mais dont le niveau est à près de neuf mètres au-dessus de la place d'armes. Ces deux derniers ne sont séparés du lac de Tezcuco que par une digue dont la rupture suffirait pour exhausser son niveau d'un mètre et pour l'entraîner dans la ville, dont le sol, déjà sursaturé, comme nous l'avons dit, n'a aucune faculté d'absorption. Il y a plus d'un exemple de pareils accidents à Mexico, où l'on a gardé le souvenir des inondations de 1553, 1580, 1604, 1607 et 1629. Ce fut pour les prévenir que les vice-rois espagnols entreprirent autrefois ces travaux gigantesques dans lesquels des millions de piastres et des milliers d'Indiens durent être sacrifiés.

Chargé d'organiser l'armée de réserve, l'ancien ministre des affaires étrangères Doblado avait réuni environ 7,000 hommes, qu'il employait à réduire les bandes de partisans, entre autres celles de Lozada, du côté de Cepia, et de Thomas Mejia, du côté de Queretaro.

Voilà les forces que les Mexicains croyaient pouvoir opposer aux troupes de la France, mais ils comptaient principalement sur la guerre d'escarmouches et d'aventures. Favorisés par l'étendue de leurs déserts arides, par leurs montagnes abruptes et leurs forêts presque impénétrables, ils se formaient en guérillas nombreuses. Ces guérillas, pour la plupart mal armées, mais montées sur de petits chevaux agiles et infatigables, étaient commandées par des chefs qui avaient une connaissance parfaite des localités, et parmi lesquels on citait quelques jeunes gens, fils de grands propriétaires du pays, entre autres les frères Rincon Gallardo, fils du marquis de Guadalupe, Vicente Viva Palacio, et Jésus de la Serna. Cette cavalerie mobile était chargée d'épier nos mouvements, d'inquiéter nos convois, d'embarrasser nos communications, et à mesure que les récits exagérés de ses succès se répandaient dans le pays, elle se renforçait de nouvelles recrues. Cueibar, auprès du Serro Cimarron, avait enlevé des bestiaux et un convoi de farine, de grains et de légumes secs. Les guérillas de Coscomatepetl avaient fait main basse, le 21 décembre, sur quarante mules chargées de vin et sur deux cents têtes de bétail. Une autre guérilla avait surpris et fusillé un nommé Gayaroga à Tancanescui, hacienda voisine du Tampico, où ce malheureux nous menait six cents mules.

Quelques guerilleros poussaient l'audace encore plus loin ; ainsi, un nommé Manuel Gomez, qui s'était rallié et avait gagné la confiance des officiers français, fit tout à coup défection. Ce chef était sorti de Vera Cruz avec soixante chevaux, ayant mission de protéger un convoi de bétail et de provisions. A peine arrivé dans la campagne, il s'empara du convoi et se hâta de rejoindre ses compatriotes. En revanche, le nommé Trujeque, chef d'une guérilla au service de Juarez, avait passé aux Français avec armes et bagages ; mais à quelle utilité réelle pouvaient être de pareils auxiliaires et le genre de combats qu'ils connaissaient? Il était urgent de frapper un grand coup ; c'était Puebla qu'il fallait attaquer et prendre, et les retards venaient de ce qu'à deux mille lieues de distance, il avait été absolument impossible de se rendre un compte exact des obstacles.

CHAPITRE XVIII

Négociations avec l'Espagne. — Instructions données à don José de la Concha. — Sa réception par l'Empereur. — Audience accordée par Napoléon III à l'ambassadeur d'Espagne. — Projets du cabinet de Madrid. — Échange de notes entre les cabinets de Paris et de Madrid.

Pour achever l'histoire de l'expédition du Mexique pendant l'année 1862, il nous reste à mentionner d'intéressantes relations entre la France et l'Espagne. Le cabinet de Londres avait renoncé, sans aucune idée de retour, à l'exécution de la convention du 31 octobre 1861 ; mais celui de Madrid eût voulu revenir sur le passé. Le maréchal O'Donnell et ses collègues considéraient la convention non comme abolie en en état de rupture, mais comme en état de suspension, et ils étaient disposés à entamer des négociations pour arriver à l'accomplissement du traité, si le gouvernement en témoignait le désir. C'est dans cette vue que, le 30 juillet, le lieutenant général don José de la Concha, marquis de la Havane, fut nommé ambassadeur extraordinaire et plénipotentiaire près l'Empereur des Français.

Voici les instructions qu'il reçut.

Le premier secrétaire d'État à M. l'Ambassadeur de S. M.
à Paris.

Madrid, 29 juillet 1862.

L'importante mission conférée à V. Exc. a pour principal objet de resserrer les liens qui doivent unir les deux peuples voisins. La reine notre souveraine veut que les relations entre l'Espagne et la France soient amicales et cordiales. Le gouvernement de la reine est disposé à entrer en conférence pour remettre en vigueur la convention du 31 octobre, qu'elle n'a jamais considérée comme rompue, mais seulement suspendue.

Dans la pensée du gouvernement de la reine, la première chose à faire serait la réunion des trois drapeaux de France,

Angleterre et Espagne sur le territoire mexicain. Si le gouvernement anglais se décidait à envoyer son drapeau avec des forces de terre et de mer suffisantes pour représenter la puissance et l'influence de cette grande nation, l'Espagne enverrait également son drapeau avec des troupes nécessaires pour le faire respecter partout où il flotterait. La deuxième condition serait d'assurer l'intégrité du territoire mexicain et de respecter l'indépendance de ses habitants, pour constituer le gouvernement le plus conforme à ses croyances, à ses habitudes et à ses besoins.

Les trois gouvernements amis et alliés appuieront les réclamations que chacun d'eux adressera au gouvernement mexicain... Dans vos relations avec le gouvernement impérial, Votre Excellence saura user à la déférence due au pouvoir suprême d'un pays ami, la dignité qui appartient au représentant de la reine d'Espagne, dont le cœur magnanime n'a que de la bienveillance pour les souverains ses alliés et amis, et un ardent amour pour l'honneur et la prospérité de la patrie.

Par ordre de la reine.

Signé, SATURNINO CALDERON-COLLANTES.

Les principales pensées contenues dans ces instructions, se retrouvent dans le discours que le marquis de la Havane adressa à Napoléon III, en présentant ses lettres de créance :

SIRE,

« J'ai l'honneur de remettre à Votre Majesté Impériale les lettres qui m'accréditent comme ambassadeur extraordinaire et plénipotentiaire de la reine d'Espagne.

« En me confiant cette mission, la reine m'a chargé d'assurer Votre Majesté de ses sentiments d'affection sincère ainsi que de la sympathie que lui inspire la nation française. Ces sentiments sont partagés par le peuple espagnol, qui sait apprécier, ainsi que sa souveraine, l'intérêt que Votre Majesté et le peuple français ont témoigné à plusieurs reprises pour la gloire et la prospérité de l'Espagne.

« La reine, mon auguste souveraine, dont le vif désir est de conserver entre l'Espagne et la France ces relations de confiance réciproque, sera toujours heureuse de voir resserrer les liens qui doivent unir les deux peuples.

« Mon ambition est de parvenir, par mon zèle et ma sollicitude dans l'accomplissement de cette haute mission, à mériter la bienveillance et l'estime de Votre Majesté.

« Interprète de ma souveraine, je vous prie, sire, d'accepter, dans cette occasion, les vœux qu'elle forme pour le bonheur de Votre Majesté, celui de l'Impératrice, du Prince impérial, et pour la prospérité de la France. »

L'Empereur répondit :

« MONSIEUR L'AMBASSADEUR,

« Depuis mon avénement au trône, je n'ai négligé, vous ne l'ignorez pas, aucune occasion de témoigner à la reine d'Espagne ma vive sympathie, comme à la nation espagnole ma profonde estime. J'ai donc été aussi surpris qu'affligé de la divergence d'opinion survenue entre nos deux gouvernements. Quoi qu'il en soit, le choix que vient de faire la reine, pour la représenter, d'un homme si connu par la loyauté et la noblesse de ses sentiments, me fait espérer une appréciation impartiale des événements qui ont eu lieu. Vous trouverez auprès de moi l'accueil dont vous êtes digne. Je vous sais, en effet, animé pour la France des mêmes sentiments que votre prédécesseur, qui a laissé parmi nous les meilleurs souvenirs. J'apprécie, n'en doutez pas, les intentions conciliantes qui vous ont fait accepter une mission dans des circonstances délicates. Il ne dépend que de la reine d'Espagne, vous pouvez en donner l'assurance, d'avoir toujours en moi un allié sincère et de conserver au peuple espagnol un ami loyal qui souhaite sa grandeur et sa prospérité. »

Le cabinet de Madrid trouva que, sous les formes courtoises de ces paroles perçait un mécontentement dont il se plaignit. Après un échange de notes diplomatiques, le marquis de la Havane sollicita et obtint une audience de l'Empereur. Il fut reçu à Saint-Cloud, le 29 août, et Napoléon III, qui connaissait l'objet de l'audience, entra sur-le-champ en matière. « Je suis, dit-il, très-surpris de l'impression produite en Espagne par mon discours et des interprétations qui lui ont été données ; j'affirme qu'elles sont de tout point sans fondement, mais trois mots suffisent pour faire pendre un homme. »

L'Empereur rappela la conduite qu'il n'avait cessé de tenir vis-à-vis de l'Espagne depuis son avènement. Reconnaissant qu'il était de l'intérêt de la France de maintenir une bonne amitié avec l'Espagne, il avait dès son avènement au trône jugé d'autant plus nécessaire de démontrer par des faits sa ferme résolution à cet égard, que la dynastie antérieure avait été unie par des liens de famille à la reine Isabelle. L'Empereur cita les diverses circonstances où il avait donné des preuves de ses intentions : « Quand des flibustiers menaçaient Cuba, ajouta-t-il, j'ai fait des démarches à Londres et à Washington pour que, par une triple déclaration, on garantît à l'Espagne la possession de cette île. Lorsque les hostilités ont éclaté entre l'Espagne et le Maroc, le gouvernement impérial a déclaré à l'Angleterre que ni la guerre, ni les vues que pourrait avoir l'Espagne, ne contrarieraient la politique française. Je n'ai pas caché mes sympathies pour le triomphe des armées espagnoles, et j'ai donné l'ordre que l'administration de la guerre fournit tout ce dont le gouvernement espagnol pourrait avoir besoin. Bien des personnes d'une haute position politique étaient d'avis qu'on laissât sans solution et que l'on réservât pour l'éventualité à venir la question de la dette de 1823. Animé d'un esprit de conciliation et constant dans mes vues, j'ai résolu cette question à l'avantage notable des intérêts espagnols ; je me suis efforcé en tout de les mener à terme, pour qu'on ne pût jamais supposer que je me réservais une raison de mésintelligence avec l'Espagne.

« Suivant toujours une politique favorable à l'Espagne, j'ai pris une part active à la question du Mexique, question à laquelle l'Espagne avait plus d'insultes à venger et plus d'intérêts à sauvegarder que la France ; pour cette raison, et afin que l'Espagne jouât le rôle principal, j'ai envoyé un nombre de troupes inférieur au chiffre de l'armée espagnole, et bien que plus tard j'aie augmenté le nombre des troupes françaises au Mexique, j'en ai confié le commandement à un général de grade inférieur à celui du général Prim. C'est en témoignage de cette politique constamment favorable à l'Espagne que l'on n'avait pas donné de nouvelles instructions au général Lorencez, on lui avait seulement confirmé celles données à M. de la Gravière, chargé toujours d'agir de concert et de suivre les indications du général espagnol tant qu'elles ne seraient pas contraires à la dignité de la France.

« C'est pour cette raison que je n'ai pas approuvé la convention de la Soledad, qui a donné le temps à l'arrivée d'Almonte, avant que la situation du pays n'eût changé.

« Je ne m'étonne pas que la politique de l'Espagne ait été, dans cette question, comme elle paraît l'être en d'autres, différente de celle de la France. Mais j'avais pensé qu'à l'égard de la question mexicaine, la politique des deux nations était au fond la même. Je l'avais pensé dès le principe, l'accord des deux gouvernements ayant été si parfait dans les incidents des négociations qui avaient précédé l'action commune des trois puissances. »

L'Empereur termina, en protestant de son constant désir de maintenir et fomenter la bonne amitié entre les deux nations, ainsi que du plaisir qu'il éprouvait à voir l'Espagne dans les mêmes dispositions, et autorisa don José Concha à soumettre à M. Thouvenel le compte rendu de cette audience avant de l'envoyer au gouvernement espagnol.

L'ambassadeur se hâta d'expédier ce compte-rendu à M. Calderon Collantès, qui répondit par quelques lignes seulement :

Le ministre des affaires étrangères à l'ambassadeur d'Espagne, à Paris.

Madrid, 10 septembre 1862.

La noblesse et l'élévation avec lesquelles Sa Majesté Impériale s'est exprimée vis-à-vis de Votre Excellence, dans le but de convaincre le gouvernement des sentiments amicaux qu'il professe pour la reine et pour le peuple espagnol, contribueront à resserrer chaque jour davantage les relations que vous avez la mission importante de cultiver avec votre zèle bien connu.

Signé : C. Collantès.

Renouveler le pacte du 31 octobre 1861, coopérer à l'expédition mexicaine, tel était le rêve du gouvernement espagnol, qui le formula dans cette note :

Note verbale remise au ministre des affaires étrangères par S. Exc. M. le marquis de la Havane, ambassadeur d'Espagne à Paris.

Octobre 1862.

Le gouvernement de Sa Majesté Catholique a déclaré à plusieurs reprises qu'il ne considérait pas la convention de Londres du 31 octobre 1861 comme annulée, mais seulement comme en suspens, et qu'à son avis elle pouvait être remise en vigueur par l'accord des puissances qui l'avaient signée.

Le but de la convention était d'obtenir les satisfactions dues aux offenses faites aux gouvernements contractants, des indemnités pour les préjudices éprouvés par leurs sujets, et, autant que possible, la garantie que de pareils faits ne se renouvelleraient pas à l'avenir.

Aucun de ces résultats n'a encore été obtenu ; le désaccord survenu entre les plénipotentiaires et parmi les chefs de l'expédition en arrêta la marche, juste au moment où elle paraissait devoir atteindre le but que les puissances s'étaient proposé.

Depuis lors le gouvernement français poursuit seul sa tâche. Il triomphera sans le moindre doute des résistances armées qu'il pourra rencontrer ; toutefois il est à craindre que des obstacles d'une autre nature l'empêchent de faire entrer la République mexicaine dans une situation solide et stable qui, en assurant l'ordre dans l'intérieur, présenterait à l'extérieur la garantie de l'exécution des engagements pris par son gouvernement : car celui-ci, nonobstant toute la liberté laissée au pays pour se constituer, pourrait être considéré comme imposé par la France.

L'action commune stipulée par la convention de Londres aurait évité ce grave inconvénient, vu que les trois puissances signataires s'étaient engagées, d'une part, à s'abstenir de toute intervention dans les affaires intérieures du Mexique pouvant porter atteinte au droit de la nation mexicaine à choisir la forme de gouvernement qui lui conviendrait, et, de l'autre, à ne pas rechercher pour elles-mêmes des acquisitions territoriales, ni des avantages spéciaux.

Prenant pour point de départ l'existence du traité de Londres, les puissances contractantes auraient à fixer les réclamations qu'elles ont à faire valoir devant le gouvernement mexicain, et les garanties que celui-ci aurait à donner pour assurer l'exécution de ses engagements et pour éviter la reproduction des offenses antérieures. Il est évident d'ailleurs que, si les gouvernements alliés doivent rester libres de décider des réclamations qu'ils jugeront devoir soutenir, il serait néanmoins convenable de ne pas mettre le Mexique dans l'impossibilité de s'acquitter des engagements qu'il aurait contractés. Ce ne serait, du reste, que s'en tenir à l'esprit de la convention de Londres, qui n'a pas été signée pour étouffer la nationalité mexicaine, mais bien au contraire pour l'aider à se relever de l'état d'anarchie où le pays se trouve plongé depuis si longtemps.

Cela suffit pour expliquer la pensée du gouvernement de Sa Majesté Catholique ; cependant il n'est pas inutile d'ajouter que si, pour obtenir les résultats indiqués, l'occupation temporaire de la capitale de la République ou d'autres points du territoire était jugée nécessaire, le gouvernement de la reine se trouverait prêt à entrer dans un accord spécial ayant pour but de fixer les forces que chaque puissance aurait à y envoyer, et les postes qu'elles devraient occuper.

Dans cet ordre d'idées, le gouvernement de Sa Majesté Catholique est disposé à prendre part à de nouvelles conférences destinées à poursuivre le but que les trois puissances s'étaient proposé par la convention du 31 octobre dernier.

Le gouvernement de l'Empereur, s'il partage cette manière de voir, pourrait en faire l'ouverture au cabinet de Sa Majesté Britannique.

M. Drouyn de Lhuys, qui venait de succéder à M. Thouvenel, eut avec don José Concha deux conférences, qu'il a racontées dans les dépêches officielles des 24 et 31 octobre :

L'ambassadeur de S. M. à Paris, au ministre des affaires étrangères.

Paris, le 24 octobre 1862.

J'ai soumis à M. Drouyn de Lhuys un mémorandum énonçant les conditions auxquelles l'Espagne renouerait la convention de Londres. Je l'ai commenté convenablement, et, partant de la base que le gouvernement de l'empereur ne veut pas imposer au Mexique une forme déterminée de gouvernement, et qu'il n'aspire pas à des avantages territoriaux, et que pour l'instant son intention est uniquement d'assurer le prestige des armes françaises, il s'est engagé une longue conversation relativement à la solution que la France pourra donner à la question et aux avantages que les trois puissances et le Mexique pouvaient se promettre du rétablissement du traité de Londres.

Il a été fait, par le ministre et par moi, de nombreuses remarques sur la forme en laquelle pourrait se constituer un nouveau gouvernement en remplacement de celui de Juarez. J'ai communiqué au ministre, sur sa demande, les détails du projet précédent, rappelant que le gouvernement de la reine, au moment où il s'agissait, en 1860, d'une médiation pacifique, avait

Scène à Tampico.

proposé une combinaison pour la convocation d'une assemblée qui devait constituer le pays.

M. Drouyn de Lhuys a promis d'entretenir longuement le gouvernement de l'Empereur de cette question, et d'avoir avec moi une nouvelle conférence après avoir pris les ordres de l'Empereur.

La réponse du gouvernement français fut ainsi conçue :

Note verbale remise à l'ambassadeur d'Espagne par le ministre des affaires étrangères.

29 octobre 1862.

Le ministre des affaires étrangères a examiné, avec la plus sérieuse attention, la note verbale que M. l'ambassadeur d'Espagne lui a fait l'honneur de lui remettre, au sujet des affaires du Mexique.

Après avoir rappelé les objets essentiels que les trois puissances s'étaient proposé de réaliser, en signant à Londres la convention du 31 octobre 1861, la note exprime le regret que la marche de l'expédition envoyée au Mexique se soit trouvée arrêtée par suite du désaccord survenu entre les plénipotentiaires et les commandants respectifs, au moment où le but allait être atteint.

Le ministre de Sa Majesté Impériale ne peut que s'associer à ce regret ; mais, sans vouloir rentrer ici dans une discussion rétrospective qui a déjà été suffisamment élucidée par la correspondance de son prédécesseur, il se bornera à exprimer à son tour la conviction que le gouvernement de l'Empereur a fidèlement interprété la convention du 31 octobre, et que, s'il a cru devoir continuer à agir isolément là où il n'avait pas de plus vif désir que celui d'opérer de concert avec ses alliés, c'est qu'il n'a pas dépendu de lui de concilier les divergences qui se sont produites, et qu'il a jugé que l'honneur de son drapeau et le soin de ses intérêts lui imposaient l'obligation de continuer seul la tâche commencée.

Il résulte de la note de S. Exc. le marquis de la Havane que le gouvernement de Sa Majesté Catholique serait disposé à s'entendre, aujourd'hui, avec ceux de France et d'Angleterre, en vue de déterminer, dans des conférences spéciales, les mesures qu'il serait opportun d'adopter de concert, et le chiffre des troupes que chacune des puissances aurait à fournir dans le cas où l'occupation temporaire de Mexico, ou d'autres points du Mexique, serait jugée nécessaire pour amener les résultats indiqués par la convention de 1861.

Le gouvernement de l'Empereur apprécie, ainsi qu'il le doit, ces suggestions, et le ministre des affaires étrangères de Sa Majesté se plaît à reconnaître les intentions qui les ont dictées. Pénétré de l'importance du concours moral et matériel de ses alliés, il ne saurait toutefois ne pas tenir compte de la situation que les faits accomplis lui ont imposée. Bien loin d'ailleurs de vouloir, même de la manière la plus indirecte, contester à l'Espagne et à l'Angleterre le droit de poursuivre leurs légitimes réclamations au Mexique, il a au contraire la confiance que l'expédition dont, par la force des circonstances, il se trouve seul aujourd'hui à supporter le fardeau, tournera à l'avantage de ces deux puissances en même temps qu'au sien propre. Il appelle de ses vœux les plus sincères le moment où, les efforts de ses armes ayant obtenu le succès qu'il eût été heureux de poursuivre en commun avec ses alliés, il sera permis de reprendre avec le Mexique de sérieuses négociations, d'assurer, avec la complète satisfaction des réclamations pendantes, la sécurité qui a jusqu'à présent manqué aux biens et aux personnes des étrangers résidant dans ce pays, et d'accomplir enfin, dans une nouvelle entente avec l'Espagne et l'Angleterre, l'entreprise commencée en commun et à la réussite de laquelle leur cordiale coopération peut si puissamment contribuer.

L'ambassadeur de S. M. à Paris à M. le ministre des affaires étrangères.

Paris, le 31 octobre 1862.

Je viens d'avoir une nouvelle conférence avec le ministre des affaires étrangères, M. Drouyn de Lhuys. Il reconnaît et apprécie beaucoup le désir du gouvernement de la reine de renouer le traité de Londres ; il reconnaît également l'importance du concours moral et matériel que les alliés de la France auraient pu lui donner dans cette entreprise, qu'elle s'est vue dans la nécessité de soulever seule.

Toutefois, le gouvernement de l'Empereur, considérant la situation où il se trouve aujourd'hui en vue des faits déjà consommés, croit que, tant qu'au Mexique il n'y aura pas de gouvernement avec lequel on pourra entamer des négociations formelles pour assurer la complète satisfaction des réclamations pendantes, un nouvel accord entre les puissances signataires de l'ancienne convention serait complètement impossible. Le gouvernement français désire voir arriver l'heure de ce nouvel accord, espérant, en attendant, que ses efforts au Mexique tourneront au profit des trois puissances.

Le ministre m'a donné des explications plus amples, desquelles résulte pour moi la pensée que le gouvernement de l'Empereur regarde comme très-difficile d'établir un accord au moment où les opérations des troupes françaises vont commencer et au milieu des éventualités qui pourront surgir. J'ai déclaré au ministre que je n'avais rien à objecter à la résolution du gouvernement impérial : celui de la reine demeure libre, non-seulement de poursuivre au Mexique ses réclamations, mais encore d'agir suivant les éventualités.

J'ai ajouté que je ne me dissimulais pas que la France rencontrerait de grandes difficultés avant d'atteindre son but, car elle n'avait pas pour cela besoin seulement de la force matérielle, mais il lui fallait aussi et surtout la force morale, de nature à exercer de l'influence sur l'esprit des populations mexicaines.

Il résulte du langage de M. Drouyn de Lhuys et de celui de son prédécesseur que le gouvernement impérial veut agir seul jusqu'à ce qu'il ait renversé le gouvernement de Juarez, mais qu'il n'entend pas néanmoins imposer au Mexique une forme déterminée de gouvernement. C'est aussi ce que donnent à entendre les proclamations du général Forey et les premières dispositions au moment du débarquement. Il me paraît superflu d'ajouter que le gouvernement français pense encore moins à des projets de conquête ou d'agrandissement territorial.

tion du Mexique, S. M. a daigné m'ordonner de dire que, nonobstant la réponse de M. Drouyn de Lhuys, qui exclut la possibilité de tout nouvel accord jusqu'à ce que les troupes françaises occupent la capitale de la république mexicaine, V. Exc. devra profiter de toutes les occasions qui s'offriront pour persuader le gouvernement de l'empereur de la nécessité de cet accord, afin de mettre un terme aux graves complications de la question mexicaine.

Le gouvernement de la reine n'a été mû et il n'est dirigé,

Napoléon III et l'ambassadeur d'Espagne.

Après des explications aussi catégoriques, le cabinet de Madrid ne pouvait insister auprès de celui des Tuileries, néanmoins, il ne perdit pas courage, et enjoignit au marquis de la Havane de revenir à la charge, et de marcher avec persévérance vers le but qu'il avait indiqué :

Le ministre des affaires étrangères à l'ambassadeur de S. M. à Paris.

Madrid, le 24 novembre 1862.

Excellence, la reine ayant pris connaissance de votre dépêche du 31 octobre dernier, rendant compte de la réponse du gouvernement français aux propositions faites touchant la ques-

dans cette question, que par le sentiment d'humanité et d'affection pour un peuple auquel l'unissent tant de liens, et par le désir de la plus parfaite intelligence entre les trois gouvernements qui ont signé la convention de Londres.

Le marquis de la Havane, conformément à ces instructions, remit à M. Drouyn de Lhuys cette note verbale.

29 novembre 1862.

Dans la note verbale concernant les affaires du Mexique, adressée à l'ambassadeur de Sa Majesté Catholique, en date du 29 octobre dernier, par M. le Ministre des affaires étrangères, Son Excellence déclarait que si, par la force des faits accomplis, la France s'est trouvée dans la nécessité de poursuivre seule l'expédition commencée en commun, elle n'en appelait pas moins de ses vœux les plus ardents le moment où les efforts de ses armes permettraient d'accomplir, dans une nouvelle entente, l'entreprise au succès de laquelle la cordiale coopération des Puissances signataires du traité de Londres peut si puissamment contribuer.

En s'exprimant ainsi, M. le Ministre des Affaires étrangères fait comprendre que, dans son opinion, il serait difficile d'arriver à un nouvel accord avant que les troupes françaises ne fussent entrées dans la capitale de la République.

Sans vouloir contester la valeur de cette opinion, l'ambassadeur de Sa Majesté Catholique pense qu'il serait à désirer de voir le Gouvernement de l'Empereur indiquer dès à présent l'époque et les moyens qui lui paraîtraient les plus propres pour arriver à cet accord.

Ce n'est pas uniquement dans l'intérêt des réclamations espagnoles au Mexique que l'ambassadeur d'Espagne propose au Gouvernement de l'Empereur de faire cette déclaration ; il pense que ses avantages se feraient plus spécialement sentir par la confiance qu'elle serait destinée à inspirer aux populations de la république, qui reconnaîtraient, par ce fait, que le Gouvernement de l'Empereur n'a pas cessé de considérer comme étant en vigueur la déclaration contenue dans l'article 2 de la convention de Londres, d'après laquelle les Puissances signataires devaient s'abstenir d'exercer leur influence sur les droits des Mexicains de choisir et de constituer librement la forme de leur gouvernement.

Le ministre des affaires étrangères répondit :

Note verbale remise à l'Ambassadeur d'Espagne par le Ministre des Affaires étrangères.

1er décembre 1862.

Son Excellence M. l'ambassadeur d'Espagne, dans une note du 29 novembre dernier, après avoir rappelé les dispositions conciliantes manifestées par le Ministre des affaires étrangères de France au sujet du rétablissement éventuel d'une entente sur les affaires du Mexique, dès que les circonstances le permettront, exprime le désir que le Gouvernement de l'Empereur indique dès à présent l'époque et les moyens qui lui paraîtraient les plus propres pour arriver à cet accord. Ce n'est pas uniquement dans l'intérêt des réclamations espagnoles que M. le marquis de la Havane propose de faire cette déclaration ; suivant Son Excellence, les avantages s'en feraient plus spécialement sentir par la confiance qu'elle inspirerait aux populations mexicaines, qui reconnaîtraient, par ce fait, que le Gouvernement de l'Empereur n'a pas cessé de considérer comme étant toujours en vigueur le principe posé dans l'article 2 de la convention de Londres.

Malgré le changement qui s'est produit dans l'attitude et dans la conduite de ses alliés, l'Empereur n'a point modifié ses intentions premières. Aussi le Ministre des affaires étrangères n'hésite pas à répondre à Son Excellence M. l'ambassadeur de Sa Majesté Catholique qu'aussitôt que la phase des opérations militaires sera terminée, le Gouvernement impérial sera disposé à inviter les deux Puissances cosignataires de la susdite convention à envoyer au Mexique des plénipotentiaires nommés *ad hoc* et qui n'aient pas été engagés dans les transactions antérieures, pour aviser de concert aux moyens de consolider au Mexique un état de choses qui puisse assurer la prospérité du pays et offrir des garanties de sécurité aux intérêts des nations étrangères.

Quant à l'accord sur les réclamations que les trois Puissances devront faire valoir à Mexico, il est entendu que l'Espagne et de l'Angleterre ne sauraient faire obstacle aux demandes que la France aura à présenter par suite de la guerre qu'elle s'est vue obligée à soutenir.

Le Gouvernement de l'Empereur considérera les déclarations contenues dans la présente note comme définitives, dès que les Gouvernements d'Espagne et d'Angleterre y auront adhéré.

CHAPITRE XIX

Discussion sur les affaires du Mexique au Sénat espagnol. — Explications fournies par le général Prim. — Rejet de sa proposition.

Ces négociations étaient généralement ignorées, lorsque la discussion de l'adresse au Sénat espagnol vint leur donner quelque retentissement en ouvrant la session du 1er décembre 1862 ; la reine Isabelle s'était bornée à dire, dans le paragraphe

qui concernait les relations extérieures : « J'espère voir la conclusion satisfaisante des difficultés que le désaccord des plénipotentiaires au Mexique avait opposées à l'exécution du traité de Londres. Les obstacles imprévus qui ont empêché cette exécution n'ont pas altéré mon désir de l'accomplir et de réaliser la pensée qui lui a servi de base. »

Le Sénat, auquel toutes les pièces diplomatiques furent communiquées, ne fit dans son projet d'adresse qu'une paraphrase du discours de la reine ; mais il comptait un nombre de ses membres un des personnages les plus intéressés à des éclaircissements, le général Prim, comte de Reuss. Nous avons vu de quelle manière sa conduite avait été jugée par M. Billault, dont l'immense majorité du Corps législatif avait approuvé les paroles. Le général proposa d'ajouter à l'adresse ces mots : « Le Sénat est satisfait que le gouvernement ait déclaré qu'il n'a pas tenu aux plénipotentiaires de Sa Majesté que ce désaccord se produisit. » La discussion s'ouvrit le 9 décembre et se prolongea jusqu'à la fin du mois. Le comte de Reuss commença par déclarer qu'il n'avait aucune intention d'attaquer le ministère que présidait le maréchal O'Donnel ; il se félicita de n'avoir pas été obligé de s'expliquer sur la rupture après la rupture d'Orizaba, car il aurait alors attaqué avec amertume ceux qui avaient amené cette rupture. Malgré le sang-froid dont il se targuait, le général ne put se défendre d'un mouvement de colère, lorsqu'il s'écria : « Je comprends parfaitement que les ministres parlent toujours avec réserve dans des questions où se trouvent mêlés les gouvernements et les souverains étrangers ; mais moi, en ma qualité de sénateur indépendant, sans prétention au pouvoir, ni avant, ni pendant, ni après, ni jamais, sans prétention de passer pour un homme d'État (toute mon ambition se bornant au rôle de soldat fidèle de la reine et de la patrie), je ne dois pas laisser passer un seul coup sans y répondre, de quelque part qu'il vienne. Toutefois, vis-à-vis des hommes politiques de mon pays qui m'ont attaqué, je ne viserai qu'à les désarmer sans les blesser ; j'userai de la force des raisonnements. Mais pour celui qui d'au delà des Pyrénées a voulu me tuer avec des armes illégitimes et indignes, ainsi que la fait le ministre impérial, M. Billault, pour celui-là, je pousserai la défense à fond, de manière à lui faire sentir la pointe de ma lame de Tolède, et pour lui apprendre à traiter avec plus de respect les généraux et hauts fonctionnaires de la reine des Espagnes. »

Cette explosion de fierté castillane provoqua les applaudissements des tribunes publiques. Encouragé par ces adhésions, le comte de Reuss poursuivit son discours. Il serait fastidieux d'en reproduire le texte, mais les explications qu'il donne se rattachent trop essentiellement au sujet que nous traitons pour être passées sous silence. Aussi tâcherons-nous de les résumer, sans rien omettre d'important. « Je ne suis pas, dit-il, l'ennemi de la France, et je ne l'ai jamais été. J'avais pour mission de réclamer de justes réparations et de relever, de concert avec l'Angleterre et la France, l'esprit politique au Mexique. La conférence marcha bien pendant la première période ; mais quand je vis que la France voulait inaugurer une politique française spéciale, je résolus de me retirer, car je ne consentirai jamais à être le satellite d'une nation étrangère.

Les premiers dissidents éclatèrent à l'arrivée d'Almonte. Dans la conférence que j'eus avec lui, il se dit autorisé à soutenir la candidature de l'archiduc Maximilien au trône du Mexique. Ces assurances ne me convainquirent pas, et ma conduite fut d'accord avec les instructions que m'envoyait le gouvernement. Elles me recommandaient la stricte observation de la convention de Londres. Quand le ministre et l'amiral anglais attribuèrent à la France l'intention de ne compter pour rien, quand ils m'informèrent qu'ils étaient décidés à se retirer, quel parti devais-je prendre ?

1° Aller à Mexico avec les Français, vaincre avec eux, être le satellite de la France ; mais c'était injuste et contraire au traité ;

2° Barrer le passage aux Français ; mais cette conduite pouvait avoir de graves conséquences ;

3° Garder la neutralité, attendre une convention nouvelle, de nouvelles instructions ; mais ce parti avait aussi de graves inconvénients ;

4° Me rembarquer : c'était le parti le plus sage, le plus conforme à mes instructions, et je l'ai adopté sans être mû par aucun intérêt personnel. Voici ce qu'aurait reconnu M. Billault, s'il avait retracé l'historique de l'expédition autrement que sur les documents que lui avait fournis M. de Saligny et l'amiral Jurien de la Gravière. Il a cru trop aisément qu'il suffirait d'un souffle pour renverser Juarez, et que la monarchie ait au Mexique de nombreux adhérents.

Les plénipotentiaires sont arrivés à la Vera-Cruz avec des sentiments différents sur l'exécution du traité de Londres, mais ils n'allaient pas renverser Juarez, puisqu'en lui envoyant une note collective, ils le reconnurent implicitement. Le ministre de France au Mexique n'avait pas d'autres instructions que celles que j'avais reçues moi même de M. Collantès. Nous étions disposés à marcher en avant, et si nous ne l'avons pas fait, c'est que nous n'avions, au début, ni tentes, ni chariots, ni matériel, rien de ce qui est indispensable pour faire la guerre. Je blâmai, d'accord avec le plénipotentiaire anglais, M. Wykes, les réclamations françaises comprises dans l'ultimatum, surtout celles de M. Jecker, et le droit exorbitant de fixer les droits de douanes *ad libitum* ; mais l'Angleterre, que M. Billault, n'a pas attaquée, se retira la première. Je n'ordonnai l'embarquement des troupes espagnoles que parce que je crus voir, chez les plénipotentiaires français, un parti pris de laisser de côté le traité de Londres. Je regrette pour la France que ses soldats soient obligés de se porter en avant, malgré la convention de la Soledad. Je regrette de n'avoir pas pu, avant mon départ, avoir un entretien avec l'Empereur. Je me serais efforcé de convaincre Sa Majesté qu'elle devait avoir une politique libérale au Mexique comme en Italie. L'Empereur a été trompé par ses agents. Connaissant la vérité, il n'aurait pas fait violence aux Mexicains, disposés à lui donner toutes les satisfactions et à payer les créances légitimement dues.

J'adjure les hommes d'État de mon pays de ne jamais faire une question de parti de nos relations avec les républiques hispano-américaines. Ces peuples se sont séparés de la mère patrie, qui, voulant les faire rentrer dans le devoir par la force, a rencontré chez eux une résistance digne d'hommes de notre race, de notre sang, et après une lutte sanglante. la mère patrie, gémissante et endolorie, a fini par reconnaître l'émancipation. Depuis lors, nos relations avec ces peuples ont été réservées et froides. A l'avenir, puissent-elles être ce qui convient entre deux peuples frères issus du même sang, professant la même religion, parlant la même langue ! Pour que la réconciliation soit éternelle, il faut que l'Espagne, n'oubliant pas ce qu'il lui en a coûté à elle-même pour se constituer, use vis-à-vis de ce peuple d'une grande indulgence. A cette mission l'Espagne doit employer des diplomates libéraux. Messieurs les sénateurs, ma conduite au Mexique et le discours que je viens de prononcer ici m'ont été inspirés par mon ardent patriotisme. Si j'ai bien fait, Dieu me soit en aide ; si j'ai mal fait, Dieu me châtie ! »

Tel fut en substance le remarquable plaidoyer du comte de Reus ; pendant trois journées consécutives, il tint la chambre attentive, et l'effet qu'avait produit son abrupte éloquence permettait de supposer que son amendement serait adopté. Cependant un des rédacteurs de l'adresse, M. Puxan, remplaçant le comte de Reus à la tribune, exprima au nom de la commission, le regret de ne pouvoir accepter cet amendement.

— Je voudrais le retirer, dit le général Prim, aussitôt que désarmé par la majorité de la commission, il put prévoir l'échec qui l'attendait.

Mais cette ressource ne lui était pas permise, le bureau avait prévu le cas, et après mûre délibération, conformément à un précédent et aux prescriptions du règlement, il avait décidé que les amendements à l'adresse ne pouvaient être retirés.

Celui du général Prim, mis aux voix sans appel nominal, ne fut pas pris en considération.

Tous les orateurs qui lui succédèrent à la tribune espagnole, s'attachèrent dès lors à critiquer sa conduite et ses explications dans la séance du 12 décembre ; le marquis de Miraflorès lui reprocha de n'être pas allé avec les Français à Mexico, et d'avoir rédigé la convention de la Soledad. Le marquis demanda que le Mexique remplit ses obligations et que l'Espagne l'y obligeât par la force. Le ministre des affaires étrangères, M. Collantès regretta que l'esprit de parti eût dénaturé l'expédition du Mexique, et qu'on eût cherché par la suite à refroidir les relations de l'Espagne avec les cours étrangères ; il déclara que les deux pensées dominantes du traité de Londres avaient été de demander des satisfactions bien légitimes et de mettre un terme à la déplorable situation du Mexique, sans s'immiscer dans ses affaires intérieures. Les prétentions exagérées de la France ont été, dit-il, la première cause des dissentiments. La note collective, adressée à Juarez par les plénipotentiaires alliés, avait pour but de détruire le mauvais effet de ces réclamations. Cette note n'était pas conforme aux instructions envoyées de Madrid. Elle fut désapprouvée par les trois puissances. Une rupture n'était cependant pas encore à craindre ; mais un deuxième motif de dissentiment se trouva dans l'arrivée de Miramon à la Vera-Cruz et dans la conduite du plénipotentiaire anglais, M. Wykes, qui l'empêcha de débarquer. Le général Prim demanda que Miramon pût débarquer, mais sa demande fut refusée. Juarez ayant offert de remplir ses engagements, la question changea de face. L'ouverture des hostilités était impossible. Le ministre approuve une partie des clauses de la Soledad et désapprouve l'autre. L'ambassadeur de France à Madrid écrivit que le gouvernement espagnol désapprouvait la convention de la Soledad, tandis que la dépêche du cabinet de Madrid avait simplement pour objet d'informer le gouvernement français des idées de l'Espagne à cet égard. L'ordre fut expédié au général Prim d'attendre les conférences d'Orizaba et de marcher avec les Français sur Mexico, si elles ne donnaient pas un résultat satisfaisant.

En terminant, le ministre des affaires étrangères espagnol essaya de justifier la convention de la Soledad. L'Espagne n'était-elle point tenue d'être un peu généreuse envers son ancienne colonie, qui était sur le point d'être écrasée par trois grandes puissances ? Le cabinet de Madrid, avec sa fierté pour ainsi dire proverbiale, aurait-il approuvé cette convention tant blâmée, s'il avait pu la considérer comme un acte indigne de l'Espagne ?

Dans la séance du 15 décembre, le marquis de Novaliches soutint contre le général Infante, qui approuvait la conduite du comte de Reus, qu'il eût fallu refuser toute négociation, et s'ouvrir, par la force des armes, le chemin de Mexico.

Le discours de M. Bermudez Castro, prononcé le 17 décembre, fut le manifeste du parti ultra-conservateur.

Suivant l'orateur, le général Prim avait méconnu ses instructions qui étaient d'établir au Mexique un gouvernement stable, monarchique ou républicain. Le général Prim avait eu tort d'expulser Miramon et de mal accueillir Almonte ; le général Prim avait commis la faute de se laisser tromper par les Anglais ; le général Prim était le grand coupable, et en le voyant attaquer avec tant de véhémence, M. Calderon Collantès, qui ne l'avait cependant pas ménagé, ne put s'empêcher de le défendre. Le général lui-même reparaît à la tribune pour se disculper, protester de sa loyauté, et celle de M. Wykes et de l'amiral Dunlop, et conseiller à Juarez de se retirer pour épargner à son pays les horreurs d'une guerre où les Français ne pourraient manquer d'être victorieux.

Au milieu de ces débats se jette brusquement, le 22 décembre, un homme dont la compétence est incontestable, et qui ne désapprouve pas moins la politique du ministère que celle du comte de Reus.

C'est le lieutenant général Concha, marquis de la Havane, la veille encore ambassadeur d'Espagne à Paris, mais qui vient de donner sa démission afin de pouvoir s'exprimer librement, d'être affranchi de tout obstacle, de n'être retenu par aucune considération.

Va-t-il répondre à l'attente qu'a fait naître sa résolution ?

Il convenait, dit-il, que l'on allât à Mexico, que l'on fit de la politique espagnole, car la guerre avec Juarez était rendue légitime par les assassinats et les vexations dont les sujets espagnols ont été victimes.

Le général Concha approuve l'ultimatum belliqueux du maréchal Serrano, dont le général Gasset était porteur. L'accord régnait dans les cours alliées, mais leurs plénipotentiaires se sont brouillés pour des questions d'influence.

L'orateur regrette que le général Prim n'ait pas châtié Zaragoza après son insolente lettre. Il déclare que la politique suivie à la Soledad a été la pire de toutes, bien qu'elle ait reçu l'approbation des alliés. Il dit qu'Almonte n'a pas été la cause des dissidences. Il approuve le projet d'établir la monarchie au Mexique, mais s'oppose à ce qu'on fasse choix d'un prince espagnol à cause des dangers qui en résulteraient.

L'heure avancée interrompt le discours de l'ex-ambassadeur ; il le reprend à l'ouverture de la séance du 23 décembre, pour soutenir que Prim devait aller à Mexico, après avoir rompu les négociations avec Juarez. Il pense que l'amiral de La Gravière avait raison de vouloir renverser Juarez, proclamer l'amnistie et convoquer une assemblée constituante.

L'orateur reproche au ministre Collantès d'avoir approuvé la conduite de Prim. Il déplore le désastre de Puebla, et exprime l'opinion que les Espagnols doivent retourner au Mexique et garder en tout cas une neutralité cordiale. Le général Concha considère comme funeste une politique qui réunirait l'Espagne et les États-Unis.

Ce discours, qui produisit une sensation profonde, ne fut qu'imparfaitement réfuté par le général Prim.

A mesure que la discussion se déroulait, l'ambassadeur de France à Madrid avait soin d'en faire connaître les phases au ministre des affaires étrangères. Cette communication amena un échange de dépêches, dont nous ne citerons qu'une seule de peur de fatiguer nos lecteurs. Celle que nous reproduirons suffit, d'ailleurs, pour porter la lumière sur les relations hispano-françaises ; c'est aussi un tableau curieux de ce qui se passe entre d'éminents personnages dans les hautes régions gouvernementales. Elle nous ouvre les portes de ce mystérieux sanctuaire où la diplomatie rend ses oracles ; nous assistons aux conférences des ambassadeurs, nous les entendons discuter le sort des nations.

Le Ministre des Affaires étrangères à l'Ambassadeur de France à Madrid.

Paris, le 22 décembre 1862.

Monsieur, j'ai reçu les dépêches que vous m'avez fait l'honneur de m'écrire, et j'ai placé sous les yeux de l'Empereur celles où vous me rendez compte de la discussion qui a eu lieu au Sénat espagnol au sujet des affaires du Mexique.

Le discours prononcé par M. le Ministre d'État de Sa Majesté Catholique dans cette discussion contient, à l'égard des événements survenus au Mexique depuis la signature de la convention de Londres, des assertions et des jugements qu'il nous conviendra peut-être de ne pas laisser sans réplique. Je peux me borner à dire aujourd'hui que les explications fournies par S. Exc. M. Billault au Corps législatif, et développées depuis dans la correspondance de mon prédécesseur, conservent aux yeux du gouvernement de l'Empereur toute leur valeur, et me permettent d'attendre, avant de répondre au discours de M. Calderon Collantès, que la suite des débats engagés dans les cortès m'en ait indiqué la nécessité.

Il est un point cependant qui me paraît appeler de ma part un éclaircissement immédiat ; je veux parler de l'échange d'idées qui a eu lieu entre M. le marquis de la Havane et moi au sujet de la rentrée éventuelle de l'Espagne dans une action commune avec la France, et des notes échangées entre nous et dans lesquelles ces idées ont été consignées. Les paroles prononcées par M. le Ministre d'État sur cet incident diplomatique ont été diversement reproduites, et il en résulte tout au moins, quant à l'opinion qu'il a exprimée sur les dispositions des deux Cabinets et sur la portée des engagements pris, une obscurité qu'il est de notre intérêt commun de faire cesser. Les affaires du Mexique ont été l'occasion de trop de confusion et de malentendus entre nous et le gouvernement de la Reine pour que je ne m'efforce pas de préciser avec la plus grande netteté les termes des pourparlers dont il s'agit et la valeur des assurances qui en ont été la suite. M. Calderon Collantès n'ayant pas d'ailleurs jugé à propos de présenter aux cortès les pièces écrites de cette négociation, je crois devoir les joindre à cette dépêche, bien qu'elles vous soient déjà connues, en les accompagnant des explications qu'elles comportent.

Dès mon entrée au ministère, M. le marquis de la Havane, s'inspirant du sentiment cordial dont il s'est montré constamment animé pendant tout le cours de sa mission, est venu m'entretenir du désir de son gouvernement de rétablir avec nous, en vue des affaires du Mexique, l'accord malheureusement rompu, et de rechercher les conditions de la coopération future des deux Puissances. Dans son opinion, la convention de Londres n'était point annulée par les dissentiments survenus entre ses signataires ; elle était simplement suspendue ; le but n'était point atteint : à l'exclusion stipulée de tout avantage particulier, chacune des trois Puissances avait toujours à poursuivre les satisfactions exigées pour ses offenses, les indemnités dues pour les dommages subis par ses nationaux, et des garanties pour l'avenir. La France accomplirait certainement à sa gloire l'œuvre de guerre que déterminerait elle supportait seule, mais le concours de l'Espagne lui deviendrait nécessaire, très-utile du moins, pour pacifier ce pays et conclure une paix solide dont les intérêts d'aucune des Puissances signataires de la

convention de Londres n'auraient à souffrir. Si, pour obtenir ces résultats, l'occupation de la capitale ou de quelques autres points du Mexique était jugée indispensable, le gouvernement de la Reine était prêt à s'entendre avec celui de l'Empereur pour déterminer le chiffre des troupes à fournir et pour en combiner l'emploi.

Ces considérations, développées par M. l'ambassadeur d'Espagne, furent résumées dans une note qu'il me remit dans le courant du mois d'octobre.

Je pouvais me dispenser d'entrer avec M. de la Havane dans aucune discussion sur les événements antérieurs, auxquels j'étais personnellement resté étranger, et j'ai été heureux d'éviter avec lui, en cette circonstance, toute récrimination sur le passé. J'avais trouvé, lui ai-je dit, la France seule en guerre avec le Mexique. La question de savoir si la convention qui avait réglé la coopération de trois Puissances était encore en vigueur, alors que deux d'entre elles avaient abandonné l'entreprise commencée en commun, me paraissait du ressort de la discussion purement théorique et sans application pratique aux circonstances. Nous étions pénétrés de l'importance du concours moral et matériel que l'Espagne apporterait dans une œuvre commune ; mais les faits accomplis nous avaient imposé une situation que nous avions acceptée et que dominaient, pour le moment, les intérêts de notre dignité et de notre honneur militaire. Nous ne contestions, du reste, ni à l'Espagne ni à l'Angleterre le droit de poursuivre leurs réclamations ; nous pensions, en nous félicitant, que l'expédition dont nous nous trouvions seuls chargés tournerait à leur avantage, et nous serions heureux, le moment venu, de nous entendre avec nos alliés pour en consolider les résultats. J'ai consigné ces explications dans une note verbale que j'ai remise à M. le marquis de la Havane, le 27 octobre, en réponse à celle qu'il m'avait adressée.

Désirant toujours effacer la trace qu'avaient pu laisser dans nos relations avec l'Espagne les dissentiments qui nous avaient séparés au Mexique, le marquis de la Havane persistait cependant avec la plus honorable sollicitude à rechercher les moyens de renouer une entente dont sa haute intelligence des intérêts des deux pays lui faisait apprécier la valeur. Il ne cessa pas d'avoir avec moi sur ce sujet des entretiens remplis d'une confiance mutuelle.

M. l'ambassadeur d'Espagne pensait qu'il serait désirable que des plénipotentiaires fussent nommés par l'Espagne et par l'Angleterre avant que les opérations de notre armée fussent accomplies ; en outre, il jugeait utile d'arrêter dès à présent le mode de procéder pour constituer au Mexique un gouvernement national, et il suggérait un système indiqué déjà en 1860 par son gouvernement. M. le marquis de la Havane voulut bien me communiquer un projet de note qu'il avait préparé sur ces bases. J'ai dû décliner ces nouvelles propositions, et si j'en fais mention, bien qu'elles n'aient eu aucune suite, c'est que l'un des comptes rendus de la partie du discours de M. Calderon Collantès, qui a trait à ces négociations, tendrait à faire supposer que nous aurions pris de notre côté des engagements analogues à ceux que nous proposait M. le marquis de la Havane, tandis que c'est précisément pour ne pas prendre un pareil engagement que j'ai prié M. l'ambassadeur d'Espagne de considérer comme non avenue la note qu'il avait bien voulu préalablement me soumettre. J'ai dû lui rappeler, en effet, les droits qui résultaient pour nous de notre état de guerre ; nous ne pouvions admettre, dans l'exercice que nous faisions de ces droits, aucun contrôle ou aucune restriction. Nous faisions la guerre, la paix devait en sortir ; quant à comment, je ne pouvais le dire. A la distance où nous étions des événements, je ne pouvais pas les devancer par des calculs hypothétiques. Je pouvais encore moins me lier par des engagements que les faits accomplis au Mexique auraient peut-être infirmés avant qu'ils y fussent connus. Il ne s'agissait pas d'ailleurs pour nous de fonder et de constituer un gouvernement, et la proposition même de M. le marquis de la Havane me paraissait d'ailleurs tenir trop peu de compte du rôle appartenant aux Mexicains dans une pareille œuvre. Nous n'avions, ainsi que nous avons répété tant de fois, de notre désir de voir ce pays profiter de la crise qu'il traversait pour en faire sortir sa régénération, et de notre bonne volonté à l'aider dans les efforts qu'il voudrait tenter pour y parvenir ; mais l'œuvre de son salut est avant tout la sienne, ce n'est pas la nôtre. Si nos troupes entrent victorieusement à Mexico, nous ignorons l'influence que cet événement exercera sur le pays ; nous n'entendons exclure à l'avance aucune combinaison ni restreindre l'usage que la nation mexicaine pourra faire de ses droits souverains ; si le gouvernement, quel qu'il soit, qu'elle voudra constituer, présente des garanties, nos intérêts les plus évidents nous conseilleront de travailler à le consolider. Quoi qu'il arrive, le Mexique ne sera jamais pour nous ni une conquête ni une colonie, nos intérêts n'y seront pas par conséquent opposés à ceux de l'Espagne ni de l'Angleterre ; nous ne pourrions donc qu'accueillir avec empressement leur concours, dont nous apprécions hautement la puissance efficacité, pour consolider l'état de choses qui nous assurerait à tous les garanties que réclament au même titre les intérêts de toutes les Puissances.

J'ajoutai enfin qu'avant de reprendre avec nos alliés de la convention de Londres une négociation destinée à régler une nouvelle entente, il était nécessaire de s'assurer des dispositions du cabinet anglais, et que rien jusqu'à présent ne m'autorisait à les préjuger.

M. l'Ambassadeur d'Espagne voulut bien tenir compte de ces considérations, et il m'adressa, le 29 novembre, une note dans laquelle il m'exprimait le désir de voir le gouvernement de l'Empereur indiquer l'époque et les moyens qui lui paraîtraient les plus propres pour arriver à cet accord. Je m'empressai de répondre le 1er décembre à M. le marquis de la Havane « qu'aussitôt que la phase des opérations militaires serait terminée, le gouvernement impérial serait disposé à inviter les deux Puissances cosignataires de la convention de Londres à envoyer au Mexique des plénipotentiaires nommés *ad hoc*, qui n'aient pas été engagés dans les transactions antérieures, pour aviser de concert aux moyens de consolider au Mexique un état de choses qui puisse assurer la prospérité du pays et offrir des garanties de sécurité aux intérêts des nations étrangères. » J'ajoutai que le gouvernement de l'Empereur considérerait les déclarations contenues dans la présente note comme définitives, dès que les gouvernements d'Espagne et d'Angleterre y auraient adhéré.

Tel est, Monsieur, le dernier acte de cette négociation, dont il m'a paru utile de rappeler les divers incidents avant d'en exposer la conclusion et pour en mieux faire saisir le caractère et la valeur. C'est un devoir pour moi de dire, en terminant, que M. l'Ambassadeur d'Espagne y a apporté un esprit dégagé de toutes préventions, une franchise et une loyauté auxquelles je me plais ici à rendre hommage.

DROUYN DE LHUYS.

D'autres dépêches, rapidement transmises, satisfirent entièrement le gouvernement français. Nous jugeons inutile de les reproduire, mais il importe de faire connaître celle qui en est la conclusion. Elle est adressée par le ministre des affaires étrangères à l'ambassadeur de France à Madrid :

Paris, le 23 décembre 1862.

Monsieur, j'ai reçu les dépêches que vous m'avez fait l'honneur de m'adresser ; vos messages télégraphiques des 19 et 21 de ce mois me sont également parvenus, et j'ai pu ainsi apprécier complètement les suites et la conclusion de l'incident qu'avait fait naître le langage tenu par M. Calderon Collantès, dans la séance du 13, devant le Sénat. Ce langage tendait à altérer le sens des explications qui avaient eu lieu entre ce ministre et vous à propos de divers incidents de l'affaire du Mexique et notamment à l'égard des appréciations dont la convention de la Soledad avait été l'objet, et à mettre en doute la parfaite exactitude des informations que vous aviez transmises au gouvernement de l'Empereur.

La dépêche télégraphique que j'ai eu l'honneur de vous adresser le 18 vous a montré, Monsieur, tout le prix que le gouvernement de l'Empereur attachait à ce que les assertions du premier secrétaire d'État de Sa Majesté Catholique, émises en opposition avec celles que vous aviez consignées dans votre correspondance avec mon prédécesseur, fissent de votre part l'objet d'une demande de réparation immédiate. Je n'ai donc pu apprendre qu'avec satisfaction que vous aviez devancé à cet égard les instructions que je vous ai transmises par ordre de Sa Majesté.

L'Empereur, à qui j'ai rendu compte de vos démarches, a bien voulu les approuver, et, comme je me suis empressé de vous l'annoncer par le télégraphe, Sa Majesté vous autorise à considérer comme une satisfaction suffisante les paroles que

M. Calderon Collantès a prononcées devant le Sénat, dans la séance du 18. Ces explications, en effet, sous une forme plus ou moins enveloppée, contiennent une évidente rétractation des allégations qui avaient provoqué nos légitimes susceptibilités, et la notoriété qu'a pas manqué de recevoir la demande de réparation que vous avez adressée au premier secrétaire d'État, ne peut que contribuer à rendre encore plus complète la satisfaction qui nous a été donnée : vous devez donc considérer cet incident comme terminé.

DROUYN DE LHUYS.

Il le fut également devant le sénat espagnol. Le maréchal O'Donnel, duc de Tétouan, président du conseil, dans la séance du 29 décembre, résuma toute la polémique. Sa harangue substantielle débuta par fixer les bases de la politique espagnole. « Elle devait être, dit-il, de ne pas se mêler des affaires intérieures du Mexique, d'exiger le respect pour notre drapeau et nos intérêts, et, sans exclure la considération due à ces peuples malheureux, leur faire comprendre que notre conduite était dictée par la générosité et non par l'impuissance. Il est malheureusement vrai que cette politique d'abstention n'a pas été constamment suivie en Amérique ; de là de grands maux pour l'Espagne, et comme les populations ont pu supposer à tort que nous n'avions pas renoncé à toute idée de conquête, la haine contre nous n'a fait que s'accroître.

Un traité par lequel on reconnaissait les créances de l'Espagne, avait été conclu en 1853.

On a dit que l'Espagne avait été tard et mal au Mexique.

Voici ce qui s'est passé :

Lorsque j'ai appris les événements dont cette république avait été le théâtre, j'ai dit à mes collègues : Messieurs, six frégates de 1er classe avec 6,000 hommes de débarquement, et que l'on aille immédiatement canonner Vera-Cruz et le fort de Saint-Jean d'Ulloa. Cela ne se put pas faire : nous n'avions pas les six frégates nécessaires. Plus tard, grâce au concours des cortès et au zèle et à l'intelligence de nos marins, le gouvernement a pu réunir tous les éléments nécessaires, et nous avons été au Mexique alors que cela a été possible.

« Ces ordres pressants avaient été donnés au digne capitaine général de Cuba, et en moins d'un mois, grâce à lui, l'expédition du Mexique était prête. Quel était le but du gouvernement ? Allait-il intervenir dans les affaires du Mexique ? marcher sur la capitale ? Non, je le déclare formellement. Qu'arriva-t-il alors ? Le gouvernement de Juarez ayant suspendu le payement des intérêts de la dette vis-à-vis des nationaux européens, la France et l'Angleterre se décidèrent à se rendre aussi au Mexique, sans compter sur nous pour cela. Aussitôt que nous en eûmes la nouvelle, nous mandâmes au capitaine général de Cuba de préparer l'expédition dans le plus bref délai.

L'incorporation de Santo-Domingo à l'Espagne venait en ce moment d'exciter des alarmes dans les pays américains. Comme on aurait pu en Europe nous croire animés de vues ambitieuses que nous étions bien loin d'avoir, il nous parut convenable de proposer à la France et à l'Angleterre d'aller avec elles au Mexique dans le but indiqué, sans que l'on puisse dire que nous avions mendié alors un secours dont nous n'avions pas besoin. Le traité de Londres fut signé : l'expédition alliée mit à la voile. Notre armée occupa Vera-Cruz et le fort de Saint-Jean-d'Ulloa. Ce dernier acte fut dû à ce que le capitaine général de Cuba ignorait le lieu où devaient se réunir les escadres combinées.

Les alliés, à leur débarquement, furent reçus par nos troupes avec une excessive courtoisie ; mais le premier fait qui se passa entre les plénipotentiaires décida bientôt du sort de l'expédition. Les instructions de leurs gouvernements respectifs enjoignaient aux plénipotentiaires d'adresser au gouvernement constitué de la république un ultimatum établissant et fixant parfaitement les insultes reçues et les satisfactions exigées : on devait fixer un court délai pour répondre ; c'est-à-dire que l'on n'allait pas discuter avec Juarez, mais lui imposer des conditions ; s'il acceptait, à la bonne heure ! s'il n'acceptait pas, le canon !

Ce désaccord entre les plénipotentiaires se déclara au moment le plus solennel ; il n'y eut pas, à coup sûr, de la faute du gouvernement espagnol ni de celle de son représentant dans le fait fatal du non-envoi de l'ultimatum. Ce fut la faute du plénipotentiaire anglais, qui ne voulait pas appuyer les réclamations de son collègue français, contrairement à ce qui avait été convenu entre les deux Puissances. Eh bien ! quelle était la position du plénipotentiaire espagnol, vu cette divergence entre ses collègues ?

Messieurs, il ne pouvait pas faire autre chose que se porter médiateur pour éviter une rupture.

Mais, après ce qui s'était passé, les commissaires devaient demander des instructions à leurs gouvernements respectifs, et le séjour à Vera-Cruz devenant impossible à raison des maladies, les alliés durent chercher des campements plus salubres ; de là la convention de Soledad. A l'égard de cette convention, j'insisterai sur ce qui a été déjà dit touchant l'approbation qui lui a été donnée par le gouvernement, tout en faisant des observations sur quelques-uns de ses articles.

Certainement l'article auquel s'appliquaient surtout ces observations, à savoir l'article qui ajournait les conférences au 15 avril, n'avait pas été une exigence du plénipotentiaire espagnol, mais bien du plénipotentiaire français. La vérité est que l'approbation du gouvernement espagnol n'a pas pu influer sur la rupture d'Orizaba, conséquence naturelle de l'état de désaccord où se trouvaient les commissaires, attendu que la nouvelle n'est arrivée à Mexico qu'après l'événement consommé.

Ce qui a exercé de l'influence sur la rupture, ç'a été l'arrivée du général Almonte, qui a contribué surtout à la mauvaise intelligence entre les plénipotentiaires. Almonte avait contracté en Europe des engagements supérieurs à ses forces ; car il ne comptait pas même sur le parti conservateur qui l'a proclamé traître à la patrie. La preuve en est dans la dépêche de l'ex-président Zuloaga, chef de ce ce parti au Mexique. Ce document prouve la manière dont furent reçus les plans d'Almonte et l'absence de toute influence de son nom sur son parti lui-même.

Parlant ici de parti, je vais dire quelques mots de ceux qui existent au Mexique. Dans ce malheureux pays on peut dire qu'il n'existe pas de parti, attendu que tous les hommes politiques ont figuré alternativement dans les rangs des divers partis, suivant qu'il leur convenait le mieux pour arriver au pouvoir ; témoin le général Santa-Anna, qui a été quatre fois président de la république par suite de quatre révolutions différentes. Je ne pense pas, comme le pense le comte de Reus, que l'on puisse appeler libéral le parti de Juarez.

Au Mexique, il n'y a pas autre chose que la proscription du vaincu et l'anarchie constituée en gouvernement. En conséquence, en Europe, cela ne peut s'appeler gouvernement libéral. Il y a plus ; Juarez, comme Mexicain, est à mes yeux flétri d'un de ces stigmates qui ne s'effacent jamais : celui d'avoir voulu vendre deux provinces de sa partie aux Etats-Unis. En ce qui touche la question qui nous occupe, entre Juarez et nous il y a un abîme, et tant que les insultes qui nous ont été faites et nos griefs n'auront pas été vengés, il ne saurait y avoir de relations d'amitié entre son gouvernement et le gouvernement espagnol. Mais si, contrairement à l'opinion du comte de Reus, je crois qu'il n'y a pas de parti libéral au Mexique, je ne qu'il y ait un parti conservateur, comme l'a avancé le marquis de la Havane ; car il n'y a rien à conserver.

Je reviens à la question. Je me rappelle qu'il a été dit que votre plénipotentiaire aurait pu prendre un meilleur parti que celui de rembarquer les troupes ; qu'il aurait pu marcher sur Mexico. Mais, messieurs, a-t-on bien considéré les conflits qui auraient pu surgir par suite d'une collision entre les troupes alliées, alors que les plénipotentiaires se trouvaient divisés d'opinion ? Voilà pourquoi le gouvernement a cru qu'il devait approuver comme il a approuvé la conduite du comte de Reus ; mais il a pensé, et il pense encore, que le gouvernement impérial était étranger au désaccord ; aussi n'avons-nous pas voulu déclarer rompu, mais seulement suspendu, le traité de Londres.

Eh bien ! les négociations ont eu pour résultat la bonne intelligence avec la France, et si la France s'est vue, par un incident malheureux pour ses armes, forcée de porter au Mexique une affaire d'honneur, le gouvernement espagnol respecte sa conduite, attendant avec calme l'issue des événements ; mais sans oublier que nous n'avons pas encore reçu la satisfaction qui nous est due par le gouvernement de la république. »

La fin du discours d'O'Donnel fut consacrée à des considérations sur la politique intérieure de l'Espagne. Elles n'ont aucun rapport avec notre sujet ; aussi les supprimons-nous, en nous bornant à dire que le paragraphe de l'adresse relatif au Mexique fut voté, par le sénat espagnol, à la majorité de 95 voix contre 23.

CHAPITRE XX

Amendement présenté par M. Mon. — Conversation de cet ambassadeur avec M. Thouvenel. — L'archiduc Maximilien. — Justification du général Almonte. — Rejet de l'amendement.

La discussion sur le Mexique semblait avoir été épuisée par le Sénat espagnol ; cependant les Cortès la reprirent pour la traiter plus longuement encore, et l'on vit paraître à la tribune un diplomate non moins capable que le général Prim et le marquis de la Havane, de donner des éclaircissements sur ce qui s'était passé. C'était M. Mon, qui avait représenté l'Espagne à Paris à la fin de 1861 et dans les premiers mois de 1862. Les fonctions qu'il avait remplies lui imposaient une réserve et une discrétion qu'il avait jusqu'alors observée ; mais il était responsable envers son pays comme envers son gouvernement, et il lui importait de justifier sa conduite ; il désirait aussi faire prévaloir sa politique, qui tendait à reprendre l'exécution de la convention du 31 octobre 1862. M. Mon vint proposer et soutenir, le 7 janvier, un amendement ainsi conçu :

« Le congrès se félicite, avec Votre Majesté, de ce que les relations de l'Espagne et des puissances étrangères continuent d'être amicales. Tout en nourrissant l'espérance de voir se terminer d'une manière satisfaisante les difficultés auxquelles a donné lieu le désaccord des plénipotentiaires au Mexique, il regrette la non-réalisation des hautes fins que Votre Majesté s'était proposées en signant le traité de Londres. »

M. Mon commença son interminable discours en rendant compte à sa manière d'une entrevue avec le ministre des affaires étrangères français. Dès qu'on traita de l'expédition, dit-il, M. Thouvenel me fit connaître qu'il avait des motifs de croire que, dès l'arrivée des alliés au Mexique, il apparaîtrait un parti monarchique, et que le gouvernement français verrait avec grand plaisir qu'il pût triompher : que, en prévision de cette éventualité, il avait naturellement examiné quels étaient les princes de familles régnantes qui se trouvaient en état d'occuper ce nouveau trône ; que, dès à présent, il avait dû reconnaître que penser à un prince appartenant à l'un des pays qui allaient faire l'expédition serait une cause de rivalité, et que, pour cette raison, il croyait préférable d'en écarter ceux qui se trouvaient dans ce cas. Il ajouta qu'en dehors des familles dont on venait de parler, l'archiduc Maximilien se présentait en premier lieu comme le plus apte au Mexique par ses qualités personnelles, par son âge, par son habitude du commandement, etc., etc. Aussi, lui avait-il semblé que Maximilien était le meilleur sur lequel pût tomber le choix. Il n'en avait pas dit plus que cela, et il était prêt à le confirmer ; mais si on lui en prêtait davantage, c'est-à-dire si on voulait donner à entendre que la France avait voulu imposer une monarchie au Mexique et le prince Maximilien comme souverain, il le nierait formellement. Cela, il ne l'avait jamais dit, pas plus que les représentants de la France au Mexique, pas plus que le général Almonte, qui n'avait jamais été autorisé à le dire. Leurs proclamations étaient là, et on pouvait se convaincre qu'il n'avait jamais été fait la moindre allusion à l'archiduc. Cette déclaration, il la faisait en termes formels, et si quelque jour on jugeait nécessaire d'en parler, on pouvait le faire en ce sens en toute sécurité.

M. Mon soutint qu'il avait communiqué à M. Collantes les dispositions manifestées par le ministre des affaires étrangères français ; puis il continua en ces termes :

« Une dépêche que je reçus causa un profond regret, car elle disait :

« Il n'y a rien à ajouter aux instructions qui vous ont été données ; mais il convient que vous sachiez que le projet de l'établissement d'une monarchie au Mexique prend chaque jour plus de fondement. Quelques Mexicains, résidant ou établis en Europe, travaillent dans ce sens ; mais le gouvernement de l'Empereur n'a pas fait *la moindre indication* à celui de Sa Majesté à ce sujet, et nous ne devons pas non plus nous écarter de ce principe fondamental de la politique espagnole en ... érique, qui est de laisser à ses habitants pleine liberté d'établir le gouvernement le plus en harmonie avec leurs besoins et leurs opinions. »

En voyant que Sa Seigneurie disait, le 22 janvier, qu'elle n'avait pas connaissance des intentions de l'Empereur, je compris toute l'importance que cette nouvelle pourrait avoir au Mexique, et je répondis, le 29 du même mois, que mon attention s'était arrêtée sur ce paragraphe de la dépêche ministérielle. Je rappelai au ministre, dans ma dépêche, celles que je lui avais précédemment adressées, ainsi que la lettre particulière dans laquelle je lui avais parlé des intentions de l'Empereur.

J'ajoutai que je ne verrais pas avec indifférence Son Excellence dire qu'elle n'avait pas connaissance de ces intentions, parce que l'on pourrait me blâmer d'avoir commis une grave omission qui s'élèverait contre moi, quoique je ne l'eusse point commise.

Plus tard, le 6 février, je reçus une autre dépêche, dans laquelle M. le Ministre me disait :

« Votre Excellence connaît déjà les motifs qui m'ont obligé à garder le silence au sujet du contenu de sa note du 3 décembre. Le désir manifesté par M. Thouvenel, au nom de l'Empereur, qu'une monarchie fût établie au Mexique et que le monarque choisi fût le prince Maximilien, pouvait être considéré comme un secret ; quelque circonspection en effet, et quelque réserve que l'on mît à s'en servir, il était toujours dangereux de le mentionner.

« Ainsi, rien n'a été dit au général Prim dans la dépêche du 22 janvier dernier ; mais, à son départ, on l'a mis au courant de ce projet, et on lui a donné les instructions y relatives par écrit et de vive voix. »

Il en résulte que le général Prim connaissait à son départ la pensée de l'Empereur au sujet du prince Maximilien, et que, lorsqu'il a dit qu'il ignorait comment cette candidature était arrivée au Mexique, il ne pouvait manquer de faire naître un conflit entre lui et l'amiral Jurien de la Gravière, lorsqu'ils viendraient à s'en occuper, conflit qu'on eût pu éviter en éclaircissant la question, ce qui serait arrivé si le traité avait été signé à Paris au lieu de Londres. Or, quand je connus ce projet, j'écrivis à notre ministre à Vienne et lui fis connaître ce qui se passait. Dès lors les communications s'échangèrent entre lui et le ministre d'État.

Ce point et celui du départ de l'expédition étant éclaircis, j'en viens à m'occuper de ce qui se passait au Mexique. Une des graves raisons qui empêchèrent les troupes de continuer leur marche sur Mexico fut la discussion qui s'éleva pour savoir si l'ultimatum devait être envoyé au sujet de toutes les réclamations, ou si les alliés devaient examiner la justice de ces réclamations.

Et quand donc, messieurs, les alliés sont-ils devenus les juges les uns des autres ? Se peut-il que les plénipotentiaires décident de l'équité des réclamations ? Non, c'est avant la conclusion du traité qu'elle a dû être jugée. Une fois ce traité conclu, les plénipotentiaires n'avaient rien à y voir, et ils ne devaient pas, pour ce motif, retarder la marche de l'expédition.

Telle est la véritable théorie du droit ; telle est celle que le ministre d'État a défendue en s'occupant de cette question l'année dernière. Qu'en résulta-t-il ? Il en résulta, messieurs, que l'expédition fut retenue pendant trois mois, et que la question n'est pas encore résolue. L'opinion du ministre d'État en est arrivée là ; mais la question n'a pas été résolue, parce que la France ne peut jamais reconnaître le principe qu'un plénipotentiaire puisse se faire juge de l'autre.

Quelle importance, messieurs, n'y aurait-il pas pour l'Amérique, quelle satisfaction n'éprouveraient pas les habitants de ce pays, s'ils voyaient que leurs réclamations avaient trouvé un écho ! J'ai été obligé de fermer ma porte à une masse d'individus qui voulaient obtenir la qualité d'Espagnols, parce que le drapeau de l'Espagne avait le premier essayé de mettre un terme à ces faits scandaleux.

C'est un grand malheur qu'on se soit refusé à envoyer l'ultimatum ; mais, ce que je n'ai pu encore comprendre, c'est le motif pour lequel on a signé la convention de la Soledad. Étions-nous en guerre avec le Mexique, oui ou non ? Nous l'étions, comme cela ressort des instructions données par M. le ministre d'État à son plénipotentiaire. Eh bien ! pourquoi traiter si le gouvernement avait envoyé une expédition au Mexique pour faire exécuter les traités que l'on avait déchirés ?

Si tout était fini et si l'on était arrivé à l'obligation de faire exécuter par la force ce que les Mexicains n'avaient pas voulu faire de bonne volonté, comment pouvait-on demander la permission de donner aux troupes des campements plus sains ? N'avait-on pas occupé Vera Cruz de vive force ? N'était-on pas en guerre avec le Mexique ? Pourquoi donc demander la per-

mission d'amener les troupes à Orizaba ? Comment a-t-on pu hisser le pavillon mexicain à Vera Cruz ? Est-ce que la guerre était finie ? Non ; comment pouvait-on consentir à ce que les Mexicains revinssent occuper le territoire qu'on leur avait enlevé par la force, et que leur pavillon y flottât ?

J'ai entendu le gouvernement dire qu'il considérait le traité de Londres comme suspendu. Je ne comprends pas, messieurs, comment un traité peut être suspendu, lorsque par ce traité trois puissances s'engagent à faire une chose, et que de ces trois deux s'en vont et une reste seule. Comment un traité peut-il être suspendu, quoique existant, lorsque des trois puissances qui devaient agir d'un commun accord, deux se retirent et la troisième continue d'agir en complète opposition avec les deux autres ?

Le gouvernement sait donc parfaitement bien que le traité est de fait rompu, parce que la France et l'Angleterre l'ont ainsi déclaré, et que là où il n'y a pas d'accord il ne peut y avoir de traité ; mais qu'il n'est pas rompu en droit, parce que deux seulement des puissances qui l'ont fait n'ont pas et ne peuvent avoir la faculté de le rompre.

Je connais, messieurs, le général Almonte ; j'ai été son collègue à Paris, et j'ai eu l'honneur de signer un traité avec lui. Me trouvant en bons termes avec lui, je lui dis, lorsqu'il m'informa qu'il se rendait au Mexique en même temps que l'expédition française, qu'il avait tort de le faire. J'en parlai dans ce sens au ministre français, qui convînmes qu'il ne devait pas le faire. Cependant M. Almonte vint à Madrid, eut une entrevue avec le président du conseil, et partit ensuite pour le Mexique. Je suis certain qu'à la moindre insinuation qu'on lui eût adressée, il se serait abstenu de le faire.

Enfin, M. Almonte arrive au Mexique, et je demande, puisqu'il n'avait ni troupes ni influence dans le pays, quel motif suffisant il y avait dans le fait de son arrivée pour rompre un traité ? Quelle crainte pouvait-il inspirer ? Lui était-il défendu d'établir son influence dans le pays pour y faire prévaloir la forme de gouvernement qu'il croyait la meilleure ?

Je n'ai jamais compris que son arrivée pût amener la rupture du traité. Almonte a-t-il levé un drapeau ? Non ; il n'a pas ouvert les lèvres, il n'a rien dit jusqu'au moment où les troupes se sont rembarquées, et alors il s'est montré, non pour représenter une nouvelle forme de gouvernement, mais pour exhorter les Mexicains à se donner celle qu'ils tiendraient pour la plus convenable, acceptant dans ce but l'aide de la France, et c'est ce qui ressort clairement de sa proclamation. »

Telle fut la partie historique et instructive du discours de M. Mon, le reste ne fut que l'exposé des raisons qui le portaient à présenter son amendement. La discussion qu'il souleva n'eut de remarquable que cette déclaration de M. Calderon Collantès : « Les trois gouvernements avaient la pensée que la présence des troupes des trois nations sur le territoire mexicain, il y aurait au Mexique une manifestation populaire en faveur de l'établissement d'un gouvernement régulier. Le contraire est arrivé, et, dans le principe, l'expédition a été sinon frustrée, tout au moins changée, sans qu'il fût possible au gouvernement espagnol d'éviter cette contrariété. La cause de la rupture des conférences d'Orizaba n'a pas été seulement la protection accordée par la France à Almonte, mais encore l'indication faite par M. de Saligny qu'il fallait aller à Mexico. »

L'amendement de M. Mon fut rejeté par cent cinquante voix contre soixante-douze ; ce résultat fut dû surtout à la crainte qu'éprouvaient un grand nombre de députés de passer pour afrancesados, c'est-à-dire soumis à l'influence française. En outre, les débuts de l'expédition n'avaient rien eu d'honorable pour l'Espagne, et maintenant qu'elle en était sortie, personne ne se souciait d'y compromettre de nouveau son prestige et sa dignité.

CHAPITRE XXI

Ouverture de la session législative française. — Exposé de la situation de l'empire. — Opérations du corps expéditionnaire pendant le mois de janvier. — Occupation de Quechholac par le général Douay. — Les Totonaques.

On attendait pour l'ouverture du Corps législatif français un résumé succinct de la situation politique par rapport au Mexique. Le discours prononcé par l'Empereur le 12 janvier, à l'ouverture de la session législative, contenait seulement ces mots sur la question mexicaine :

« Des expéditions en Chine, en Cochinchine et au Mexique, prouvent qu'il n'y a pas de contrées si lointaines où une atteinte portée à l'honneur de la France demeure impunie. »

L'exposé de la situation de l'empire, distribué le 12 janvier 1863, au Sénat et au Corps législatif, renfermait ce passage relativement au Mexique et aux républiques contiguës qui auraient pu se coaliser avec lui, et qui s'en étaient abstenues sagement.

MEXIQUE ET AMÉRIQUE DU SUD.

Le gouvernement de l'Empereur a eu occasion de s'expliquer, dans la dernière session, sur les causes de dissidences qui, au Mexique, avaient amené l'Angleterre et l'Espagne à se séparer de la France. Malgré les discussions récentes dont ces événements ont été l'objet dans les Chambres espagnoles, nous ne croyons pas devoir rentrer ici dans des détails déjà connus.

Attaque d'une guerilla.

Sur tous les points, le gouvernement de l'Empereur maintient la manière de voir qu'il a exposée par l'organe des ministres de Sa Majesté devant le Sénat et le Corps législatif, en s'appuyant sur des documents diplomatiques. Il suffira donc, pour le moment, de rappeler que la retraite de nos alliés avait rendu nécessaire l'envoi de renforts considérables, puisque nous allions désormais poursuivre seuls une expédition commencée à trois. L'attente de ces renforts devait inévitablement entraîner des retards dans nos opérations; mais toutes les troupes parties de France ont actuellement rallié le corps expéditionnaire.

Pour assurer l'unité de direction, les pouvoirs diplomatiques et militaires ont été concentrés entre les mains du commandant en chef. La saison devenue favorable ôte toute inquiétude quant à l'état sanitaire de nos braves soldats, et va leur permettre de poursuivre énergiquement la guerre.

La question mexicaine est ainsi entrée dans une phase toute militaire, dont il n'y a qu'à attendre le dénoûment. Le gouvernement se bornera donc à exprimer la confiance que l'expédition se terminera bientôt glorieusement pour notre drapeau, et que le moment n'est plus éloigné où le succès de nos armes as-

surera aux intérêts qui nous ont amenés au Mexique les garanties durables qu'ils réclament depuis si longtemps.

Nos relations, toujours aussi amicales avec le Brésil, avec le gouvernement d'Haïti, sont moins satisfaisantes avec quelques autres État de l'Amérique du Sud, qui montrent peu d'empressement à tenir compte de nos légitimes réclamations. C'est surtout au Venezuela que le gouvernement de l'Empereur a le regret de voir s'accumuler des plaintes dont l'examen équitable nous est toujours refusé. Mais nous constatons avec plaisir que nous avons rencontré de tout autres dispositions au Pérou et à Buenos-Ayres.

A Montevideo, la négociation, qui était depuis si longtemps pendante, a enfin abouti au règlement que nous poursuivons en commun avec la Grande-Bretagne. Le payement de l'indemnité stipulée viendra soulager la misère d'un grand nombre de Français qui avaient eu à souffrir, dans l'Uruguay, de préjudices causés par des faits de guerre et qui en attendaient depuis de longues années la réparation.

Le cabinet de Lima, sous l'administration qui a précédé l'avénement à la présidence du général San-Roman, obéissant à des influences qui nous étaient hostiles, avait cherché à provoquer dans les républiques voisines des défiances contre notre expédition du Mexique. Nous ne pouvions attacher une grande importance à une agitation si peu justifiée ; nous n'en avons pas moins remarqué avec plaisir l'attitude de plusieurs des États auxquels s'était adressé le gouvernement péruvien.

Le Guatemala, l'Équateur et la Confédération argentine ont témoigné, à cette occasion, d'un véritable sens politique, en se montrant indifférents aux appréhensions qu'on s'efforçait de leur inspirer et en déclinant les propositions qui leur étaient faites. Ces gouvernements ont prouvé par là qu'ils rendaient toute justice aux sentiments de bienveillance dont la France est animée à leur égard.

Des dispositions aussi favorables permettaient au corps expéditionnaire de prendre ses mesures en toute sécurité et de marcher prudemment vers son but avec la complète certitude de l'atteindre.

Le 1er janvier le général Douay se porta de San-Agostin-de-Palmar sur Quecholac et Tecamachalco, où il arriva sans tirer un coup de fusil. Dans les positions dont il s'emparait, il devait trouver des vivres en abondance, non-seulement pour lui, mais pour toutes les forces qui seraient appelées à le rejoindre.

Le 2 janvier, la division Bazaine se mit en marche pour se réunir à la division Douay ; par suite de ce mouvement de concentration, la brigade Berthier était, le 8 janvier, au village de Xulapasco, avec 3 bataillons d'infanterie, 2 sections d'artillerie, et une division du 12e chasseurs, et se reliait avec le général L'Hérillier, établi à San-Andrès.

En s'installant à Quecholac, à environ 65 kilomètres d'Orizaba, et à moitié chemin de cette dernière ville de Puebla, le général Douay gardait un embranchement important de la route ; il fit occuper en outre sur la droite de Quecholac, la ville de Huamantla. On y trouva une population sympathique et très-favorable à l'intervention. Comme elle n'est qu'à 35 kilomètres de Puebla et qu'elle renferme des édifices publics nombreux et spacieux, elle devait être très-utile aux troupes. On reçut dans cette ville plusieurs députations, dont l'une présentait un intérêt tout particulier : c'était celle des Totonaques, nation autrefois aussi puissante que les Aztèques, et qui avait beaucoup aidé Fernand Cortez dans ses opérations contre Mexico. Les Totonaques d'aujourd'hui, quoique convertis au christianisme, ont conservé le culte de la déesse Tzintcote, divinité protectrice des moissons, et il nous ont offert sous ses auspices, des fruits, des fleurs et des gerbes de maïs. Cette peuplade habite, entre Tepeaca et le village de Zacatlan, un pays très-sain et très-riche. Il existe au Mexique un grand nombre de peuplades de ce genre, qui ont conservé leur vie propre et qui ne sont pas fondues dans le reste de la population. En général, elles nous montraient de la sympathie.

L'armée, en s'avançant, s'assurait des ressources considérables : Quecholac, Nopalucan, Huamantla, Tecamachalco, Acutzingo, los Reyes, Tepeaca, situées dans une région très-fertile, renfermaient des approvisionnements que les habitants, malgré l'ordre de Juarez, avaient refusé de détruire.

CHAPITRE XXII

Le général Forey à Orizaba. — Une proclamation d'Almonte. — Le domaine de Santa-Anna. — Proclamation d'Almonte. — Évacuation de Tampico. — La canonnière la *Lance.* — Mouvement de concentration. — Panique des autorités mexicaines. — Échange de prisonniers.

Le général Forey était resté à Orizaba, d'où il dirigeait tous les mouvements. Il y était placé de manière à ne perdre de vue ni les troupes qui marchaient en avant, ni celles qui venaient d'outre-mer. Il y était dans une sécurité aussi parfaite que s'il eût vécu sur une terre française. Les armées mexicaines n'avaient pas formé un seul instant le projet de débusquer ces envahisseurs étrangers qui se cantonnaient à loisir

prétendait revendiquer à la faveur de l'expédition française.

Almonte était rentré dans une obscurité si complète, qu'il jugea à propos de réveiller l'attention en donnant signe de vie. Nous traduisons de l'espagnol la proclamation par laquelle il essaya de se rappeler au souvenir de ses compatriotes.

MEXICAINS !

Voici maintenant plus de huit mois que je vous ai annoncé, de Cordova, mon arrivée dans la république, et que je vous ai prié de vous convaincre vous-mêmes, je n'en doute point, de la vérité de mes paroles, lorsque je vous ai affirmé que l'intervention européenne au Mexique n'avait point d'autre but que d'assurer l'indépendance, de mettre fin à la guerre civile et de contribuer à l'établisse-

Marche sur Puebla.

sur leur territoire. Elles semblaient dire aux Français : « Nous vous attendons derrière nos remparts avec toutes nos forces. » Et les Français semblaient répondre : « Nous irons vous chercher avec toutes les nôtres. »

Quelques représentants des anciens partis mexicains s'agitaient toujours autour du commandant en chef, mais il n'y prêtait aucune attention. Il demeura indifférent aux menées des émissaires de Santa-Anna, l'ex-dictateur du Mexique. Non content d'avoir encaissé des millions par suite de la cession de la Californie et du Nouveau-Mexique aux États-Unis, Santa-Anna songeait à revenir au Mexique afin de veiller à ses intérêts compromis. Avec les trésors que lui avaient valu les traités de Guadalupe et de la Mesilla, il avait acheté des propriétés immenses à Turbaco, dans la Nouvelle-Grenade. Ne pouvant l'atteindre pour lui faire rendre gorge, le gouvernement de Comonfort, en 1856, mit le séquestre sur un domaine considérable situé entre Jalapa et Vera-Cruz, mais complètement désert, que Santa-Anna avait acquis par les mêmes moyens que ceux de la Nouvelle-Grenade. On voulait y établir des colonies agricoles. C'était ce domaine que Santa-Anna

ment de l'ordre, de la moralité et d'un gouvernement solide, laissant aux Mexicains le choix de la forme qui peut mieux leur convenir.

Quelques-uns de mes concitoyens ont pensé que le mieux pour assurer l'exécution d'une aussi grande idée, était d'établir un gouvernement provisoire servant de centre commun à tous les Mexicains bien intentionnés, à quelque parti qu'ils appartinssent, qui pourraient désirer l'intervention. Dans ce but fut proclamé le plan de Cordova, qui fut plus tard secondé à Orizaba, Vera-Cruz, Alvarado, l'île de Carmen, et dans d'autres villes importantes.

Le général Galvez, avec sa brigade, s'attacha à la réalisation de ce plan, ainsi que le colonel Lopez avec son régiment, et l'armée mexicaine, le défenseur de la liberté, l'adopta également en venant se placer sous mes ordres, conduite par le général de division don Leonardo Marquez. Les généraux don Tomas Mejia, dans l'État de Queretaro ; don Manuel Lozada, dans celui de Jalisco ; don Manuel Montano, dans celui de Puebla ; don Felipe Jacon dans celui de Mexico ; et enfin les chefs de guérillas, colonel Galvan dans Milpa Alta ; colonel

Navarrete dans la montagne de Las Cruces; colonel Ximenès dans le Rio Frio, et Camano, Ruiz, Jesus Ramirez Arguilles et Conne Gonzalès.

Malheureusement, les ennemis irréconciliables du Mexique et de la France trouveront dans le plan de Cordova et dans l'établissement d'un gouvernement provisoire, un prétexte pour censurer la conduite de S. M. l'Empereur des Français, désirant faire croire que les troupes françaises étaient venues au Mexique, non pour donner aux Mexicains la liberté d'arranger leurs affaires comme ils l'entendraient, mais pour leur imposer par la force un gouvernement. C'est là un mensonge évident, puisqu'il a été déclaré dans le plan de Cordova, que dès que la capitale serait occupée, une assemblée nationale serait convoquée, qui, prenant en considération la déplorable situation du pays, déclarerait la forme de gouvernement la mieux appropriée au pays pour détruire les causes de l'anarchie.

Afin d'enlever tout prétexte aux ennemis du bonheur des Mexicains, il a été nécessaire que le gouvernement provisoire disparût, bien qu'il n'eût pas d'autre objet que d'empêcher la confusion et d'organiser provisoirement les États et les villes qui adhéreraient à l'intervention. Il était de mon devoir désormais, convaincu comme je le suis de la nécessité d'aplanir la route à l'intervention, dans l'intérêt de mon pays, d'abandonner le titre de chef suprême *ad interim* de la nation, titre qui m'avait été conféré par le plan de Cordova. C'est pour cela que je ne me suis pas opposé à ce que S. Exc. le général en chef du corps expéditionnaire du Mexique ignorât ce titre.

Conséquemment, depuis son arrivée dans la république, j'ai cessé de le porter, et je suis revenu à la position que j'occupais lorsque, pour la première fois, je me suis adressé à vous de Cordova, pour vous dire qu'étranger à la lutte sanglante qui depuis tant d'années désole notre beau pays, je ne venais pas pour exercer des vengeances ni pour servir d'instrument à aucun parti, mais pour coopérer par tous les moyens en mon pouvoir à la réconciliation de mes frères. Animé aujourd'hui des mêmes sentiments, je continuerai à rester à l'ombre de l'armée française, comme peut le faire quiconque a accepté et acceptera l'intervention.

J'ai jugé convenable de vous faire cette franche déclaration, afin que vous ne vous laissiez pas surprendre par les esprits remuants qui jugent les autres d'après leur propre perversité et leurs instincts égoïstes, et qui, dans ces derniers temps, ont fait tous leurs efforts pour faire croire que je n'avais accepté le titre de chef suprême de la nation, titre que je n'avais accepté que provisoirement, jusqu'à ce que la situation compliquée dans laquelle était la république fût améliorée. Vous pouvez être bien persuadés que mon seul désir a été et est toujours que l'intervention puisse avoir l'effet bienfaisant que se proposaient les trois puissances lorsqu'elles ont signé le traité de Londres, le 31 octobre 1861.

Votre compatriote et votre meilleur ami, qui désire de tout son cœur votre prospérité, vous l'assure.

JUAN ALMONTE.

Orizaba, 12 janvier 1863.

Ce manifeste acheva de décourager ceux qui auraient pu conserver quelque envie de s'autoriser du titre qu'avait pris Almonte. Le dernier acte fait au nom de ce président intérimaire fut une sommation adressée, le 27 janvier suivant, par un de ses anciens lieutenants à trois petites villes, Huichapam, Nopala et Zimapan, Fonseca, chef d'une section de la brigade d'Olivera, les requit impérieusement de se rendre et de lui payer des subsides; mais les milices locales résistèrent, et la sommation n'eut pas de suites.

Pour couvrir d'une forte escorte la grosse artillerie de siège qui s'avançait de la Vera-Cruz sur Puebla, il était nécessaire de concentrer les troupes, et l'abandon de Tampico fut décidé. Le 13 janvier, le 81e régiment de ligne dut quitter la ville pour se rendre à la barre du fleuve, située à huit kilomètres plus loin, et en dehors de laquelle étaient ancrés plusieurs navires chargés de ramener les troupes à la Vera-Cruz. Mille hommes étaient déjà à bord, lorsqu'un vent du nord assez violent interrompit l'opération du transbordement. Il fallut bivaquer sur la plage, près d'un petit village composé d'une trentaine de *jacales* (huttes) habitées par des Indiens pêcheurs ou pilotes.

Pendant ce temps, huit mille Mexicains, commandés par

Juan de la Garza, occupaient la ville. Comme à Jalapa, à Tehuacu, à Huatusco, à San-Juan Coscomatepetl, ils avaient hâte de sévir contre ceux des Mexicains sympathiques à l'intervention, qui avaient acclamé le drapeau français ou qui avaient accepté des emplois dans l'administration nouvelle. Les résidents français, malgré leur qualité d'étrangers, n'étaient pas sans quelques craintes; mais le vice-consul d'Espagne, don Ramon Obregon, leur ayant offert ses bons offices, s'interposa et obtint de Garza les promesses les plus rassurantes en faveur de nos compatriotes; en effet, ils ne furent pas molestés. Quant aux Mexicains compromis aux yeux du gouvernement fédéral, ils émigrèrent, au nombre d'environ cinq cents, sur des navires que le commandant français mit à leur disposition. D'autres furent immédiatement arrêtés; cinq furent livrés à une commission militaire, et exécutés après un semblant de procès.

Une fois la ville occupée, les Mexicains poussèrent des reconnaissances vers l'embouchure du fleuve, et firent quelques démonstrations impuissantes devant les retranchements qui environnaient notre camp, protégé en outre par la canonnière la *Lance*, mouillée en dedans de la barre.

Cependant nos troupes, profitant des intervalles de calme entre les coups de vent, parvinrent à achever leur embarquement, qui eut lieu le 21 à onze heures du matin. Le même jour, à trois heures de relevée, la *Lance* essayait de franchir la barre; mais s'échoua d'une manière si malheureuse que l'on fut obligé, après trois jours d'efforts inouïs, de la détruire. En même temps un incendie éclatait dans le petit village indien de la plage, et le brûlait tout entier. Les Mexicains en accusèrent nos troupes; mais il est à croire que quelque projectile égaré fut seul cause du malheur, d'autant plus regrettable que ce petit hameau rendait de grands services aux navires marchands.

Le mouvement de concentration nécessita, outre l'abandon de Tampico, du côté du nord, celui de Jalapa, et du côté d'Orizaba, l'évacuation d'Huatusco et de San-Juan Coscomatepetl. Leur occupation isolait inutilement des forces destinées à un rôle plus actif. Les troupes de Juarez rentrèrent dans ces localités, d'où s'empressèrent de sortir les fonctionnaires qui, croyant être toujours protégés par nos soldats, avaient consenti à former la nouvelle municipalité décrétée par le général Bertier, ou qui avaient accepté des emplois à la douane, à la poste, etc. On voyait encore briller les dernières baïonnettes françaises, que déjà les autorités nouvelles avaient disparu. Heureusement le chef des forces mexicaines qui avaient repris possession de Jalapa, Diaz Miron, montra la plus grande modération: il proclama une amnistie entière et complète pour tout le monde, en invitant à rentrer dans leurs foyers tous ceux qui avaient fui dans la crainte d'être persécutés pour leurs opinions ou pour avoir accepté des emplois pendant l'occupation française.

Par suite de l'abandon de Jalapa, toute la ligne de Vera-Cruz à Perote, sur une longueur de 150 kilomètres, retombait au pouvoir des Mexicains. Des guérillas descendirent des montagnes escarpées et des forêts de la Huasteca pour se joindre aux bandes cachées dans les profonds ravins qui, du pic d'Orizaba et du *cofre* de Perote, se dirigeaient vers la mer; et elles acquirent, avec plus d'audace, de nouvelles facilités pour inquiéter nos convois.

Ces marches et contre-marches n'eurent pas lieu sans escarmouches, et sans que l'on fit, de part et d'autre, des prisonniers que l'on échangeait ensuite avec beaucoup de courtoisie. Ce fut ainsi qu'un nommé José-Antonio Perez, prisonnier mexicain du 4e escadron de Zacatecas, rentra à Puebla avec un laissez-passer français qui lui fut délivré à Quecholac. A Mexico, quelques prisonniers français furent mis en liberté et renvoyés au camp français après avoir reçu chacun vingt-cinq piastres pour leurs frais de route. C'étaient les nommés P. Clech, Leclerc, Charles, soldats au 19e de ligne, Joubert et Alain, soldats de l'infanterie de marine. Avant leur départ, on les fit signer une déclaration qui exprimait leurs sentiments de gratitude pour les soins dont on les avait entourés pendant leur détention; mais un certificat obtenu sans doute à force d'obsessions pouvait-il être valable?

Après l'abandon des places que nous venons d'énumérer, Perote et Orizaba se transformaient en bases nouvelles d'opération. Ces deux points de l'espace des Cordillères qui longe la mer, étaient, pour employer le langage stratégique, les rayons d'un cercle qui convergeait vers Puebla, devenu l'objectif des plans du général en chef. Son rapport officiel établissait qu'après avoir quitté Perote, où il laissait une garde suffisante (1,500 hommes), le général Bazaine avait occupé Tepetitlan, se rapprochant ainsi de San-Andrés, pour opérer dans la direction de Nopaculacan, qui est sur la route d'Orizaba à Puebla.

Le général Bazaine, que le rapport faisait partir de Perote le 20 janvier et arriver à Tepetitlan le 23, avait donc eu à parcourir en quatre jours 60 kilomètres, se dirigeant par une vallée plus ou moins abrupte entre les hautes montagnes où sont situées Jalapa et Orizaba et un massif de forêts et de montagnes qui prendrait Tepeyahuaco pour point culminant (2,390 mètres au-dessus du niveau de la mer).

Cette marche était sage et logique. Elle faisait cheminer la division Bazaine dans un pays nouveau, qui n'est point épuisé de réquisitions, et parfaitement à couvert par le massif de bois et de montagnes dont nous avons parlé plus haut, et dans lequel les guerillas mexicaines elles-mêmes ne se soucieraient point de s'engager. En une ou deux journées, cette division était complètement replacée dans la main du général en chef.

Un officier mandait de Quécholac, à la date du 24 janvier :

« Depuis que nous sommes arrivés sur le haut plateau de l'Anahuac, la santé des troupes s'est sensiblement améliorée. La gaieté est revenue avec l'abondance. Aucun fait remarquable qui mérite d'être signalé, si ce n'est que nous avons trouvé du maïs en grande quantité; c'est le temps de la récolte. Le blé est moins abondant, parce que les libéraux en avaient accaparé des masses pour approvisionner Puebla. On en avait caché dans des souterrains qui ont été découverts, et les propriétaires le vendent à l'armée, qui le leur paye en belles onces. La viande ne manque pas non plus, ni les pommes de terre, ni les légumes; la seule chose qui fasse défaut, c'est le vin, encore le remplace-t-on par le pulqué, liqueur blanchâtre extraite du cactus magnus, qui est la vigne du pays. Nous n'avons donc plus besoin de faire venir de la farine de Vera-Cruz, c'est au contraire l'Anahuac qui approvisionne Orizaba et Cordova.

« Les chariots sont exclusivement consacrés aux transports des munitions, opération toujours délicate à cause du grand nombre de troupes qui sont obligées de les escorter dans ces maudites terres chaudes. On annonce l'arrivée d'une centaine de chariots qui seront ici dans deux ou trois jours. Néanmoins on pense généralement que nous resterons encore au moins un mois à Quécholac.

« Dans tous les villages que nous avons traversés depuis Orizaba, nous a reçus comme des sauveurs. On croit cette fois à une expédition sérieuse. On raconte des détails à faire frémir du brigandage des guérilleros.

« Partout où nous nous arrêtons, on organise de suite la police, la justice et la garde nationale. Les assassins sont arrêtés, envoyés à Orizaba pour être, dit-on, dirigés sur Cayenne. Ces sages mesures produisent les meilleurs effet. Des déserteurs de l'armée ennemie viennent presque tous les jours se rendre à nous; ils nous assurent que le typhus est à Puebla, et que les troupes de Juarez sont obligées de camper autour de la ville pour éviter la contagion. »

Une autre lettre, datée du 28 janvier de Quécholac, disait :

« Notre situation devient chaque jour meilleure; et, depuis notre installation sur ces plateaux, nous faisons une campagne plutôt administrative que militaire, qui profite singulièrement à l'armée.

« En arrivant à Quécholac, nous avons vu toutes les meules des moulins brisées. L'ennemi avait deviné que les moulins étaient la grosse question du moment, et que notre mouvement en avant était en partie commandé par la nécessité de trouver à moudre des grains que nous possédions. Ces grains deviennent d'autant plus abondants que nous approchons davantage de Puebla. A force de travail et de persévérance, notre brigade est parvenue, soit en réparant les meules brisées, soit en en faisant venir d'autres, non-seulement à subvenir largement à nos propres besoins, mais encore à mettre nos moulins à même de fournir, par mois, une réserve d'un million de quintaux de farine de blé ou de maïs.

« Le blé, quoi qu'on en dise, est assez rare dans ce pays, et cela se comprend : tout ce qui est Indien, au Mexique, ne mange que des tortillas, espèces de galettes faites avec du maïs. Les familles aisées mangent seules du pain; et c'est la grande minorité. Du maïs donc, nous en avons plus qu'il n'en faut, et en composant la ration, moitié de farine de blé et moitié de farine de maïs, nous obtenons encore un pain de qualité saine et nourrissante.

« Somme toute, les moments actuels ne sont pas perdus; car nous assurons l'avenir de tout le corps expéditionnaire.

« La marche générale en avant ne peut maintenant plus tarder. Sans doute, au commencement de février, le grand quartier général, l'artillerie et la 1re division, et le reste de la nôtre seront campés sur le plateau. Si nos prévisions se réalisent, nous aurons probablement pris Puebla quand le courrier actuel sera parvenu en France.

L'ennemi cependant se maintient dans Puebla. Sa cavalerie est à cinq lieues de nous; sauf quelques rares escarmouches, dans lesquelles nous avons sans peine le dessus, on peut dire qu'il ose moins que jamais nous attaquer. La démoralisation est grande dans ses rangs : des bataillons entiers désertent avec armes et bagages, pour rentrer dans leurs foyers; quelques-uns même viennent rejoindre les troupes de notre allié Marquez, qui de 3,600 hommes sont maintenant montées jusqu'à 6,000.

« Le courrier que nous enverrons dans quinze jours n'aura probablement pas encore grand intérêt de nouveauté. Mais le suivant devra vous apprendre ou la prise de la ville, ou les opérations qui y conduiront définitivement.

« Le dernier courrier que nous avons reçu de France, sous la date du 30 novembre, nous a apporté le numéro du Moniteur qui contenait, avec une lettre flatteuse du ministre de la guerre, l'historique des travaux de notre premier corps, partis de Soledad au Mexique. Cette justice, noblement rendue à qui de droit, a produit une sensation profonde parmi les soldats de la première colonne, et sera un encouragement pour tous. »

Le jour même où cette correspondance était écrite, le 28 janvier, un convoi composé de 11 voitures et 42 mulets, escorté par 41 tirailleurs algériens du 3e régiment commandés par le lieutenant Mohamed-bou-Neb, de 28 chasseurs d'Afrique du 3e régiment commandés par le sous-lieutenant Jeantel, de 22 artilleurs et de 11 soldats de différents corps, partis de Soledad à huit heures du matin, fut attaqué à 6 kilomètres de Palo Verde par un corps d'infanterie mexicaine embusqué dans de fortes broussailles bordant la route. L'avant-garde reçut tout à coup une très-vive fusillade. Les chasseurs firent face à cette attaque, et ils commençaient à riposter quand ils furent aussitôt chargés par 150 cavaliers. Ils n'eurent que le temps de mettre le sabre à la main et de charger eux-mêmes l'ennemi, soutenus par 17 tirailleurs amenés en toute hâte de l'arrière-garde par leur lieutenant. Après une mêlée très-chaude, la cavalerie ennemie fut vigoureusement repoussée et mise en fuite.

Pendant ce temps, les soldats de l'escorte échangeaient un feu très-vif avec l'infanterie mexicaine, qui essayait d'arriver jusqu'aux voitures. La plus grande partie des forces de l'ennemi tournait le convoi et tombait sur l'arrière-garde, mais le lieutenant de tirailleurs et le sous-lieutenant de chasseurs, arrivant l'un à droite, l'autre à gauche, repoussèrent l'ennemi et lui firent éprouver des pertes sensibles.

Le convoi put continuer sa marche pendant une demi-heure, malgré les coups de fusil de l'infanterie mexicaine; mais arrivé à 4 kilomètres de Palo-Verde, dans un endroit où la route est dominée de chaque côté par des mamelons escarpés, l'ennemi apparut de nouveau, massé de manière à tomber sur le convoi pour le couper. Les tirailleurs et les chasseurs d'Afrique partirent aussitôt et enlevèrent la position à la charge. La fusillade continuant, les mules attelées ne pouvaient avancer; d'un autre côté, la nuit approchait et les munitions s'épuisaient. Le sous-lieutenant des chasseurs dut par prudence envoyer demander un renfort de cavalerie et de munitions à Soledad. Après une heure de fusillade, l'ennemi, apercevant le courrier d'Orizaba à Palo-Verde, se retira, et aussitôt après l'arrivée des renforts, le convoi se remit en route et arriva à Palo-Verde sans avoir été attaqué de nouveau.

Les Français eurent dans ces combats 3 hommes tués et 2 blessés. Parmi ces derniers se trouvait le brigadier Michel, du 3e chasseurs, qui, dans le combat de Tampico, avait fait prisonnier le chef Chino Gonzalès.

Les pertes de l'ennemi ne peuvent être indiquées d'une manière exacte. Cinq hommes tués restèrent sur le champ de bataille et un grand nombre de blessés plus ou moins grièvement se traînèrent dans les broussailles.

Pendant la charge et en poursuivant l'ennemi, le maréchal-des-logis Mignot fut pris par le cou à un arbre où il resta un instant suspendu, et son cheval partit à l'ennemi avec tous les effets de ce sous-officier.

Tout le monde fit parfaitement son devoir, les tirailleurs et les chasseurs rivalisèrent de courage. Ceux qui se distinguèrent particulièrement sont : le maréchal-des-logis Mignot, déjà cité à l'ordre de l'armée pour l'affaire de Tampico, qui combattit avec son courage habituel, prit un autre cheval après la perte du sien, malgré des contusions assez graves, et contribua beaucoup au succès de la journée ; le brigadier Michel qui fut blessé d'un coup de lance ; le trompette Legru et les chasseurs Fayot et Pierredon. »

Par suite du rapport que lui fit le sous-lieutenant Jeantet, le général en chef publia l'ordre suivant :

« L'un de nos convois ayant été attaqué le 28 janvier, du côté de Palo-Verde, la faible escorte qui l'accompagnait, composée d'un peloton du 3ᵉ chasseurs d'Afrique, d'un détachement de tirailleurs algériens et de quelques hommes isolés appartenant à différents corps, a fait bonne contenance devant un corps assez considérable de Mexicains et a préservé le convoi de graves accidents. Le peloton de chasseurs a chargé l'ennemi avec une extrême vigueur, et le maréchal-des-logis Mignot a été signalé en particulier au général en chef pour l'énergie et la bravoure hors ligne que ce sous-officier a montrées en cette circonstance. Le général en chef, heureux de récompenser le vrai courage, accorde la médaille militaire au maréchal-des-logis Mignot.

« Au quartier général à Orizaba, le 6 février 1863.

« Le général de division commandant en chef,

FOREY. »

Le 29 janvier, nos deux divisions d'infanterie, l'artillerie et la cavalerie se massaient en avant, autour de Quéchotac et de Palmar, qui ne sont qu'à quarante-cinq kilomètres de Puebla. Ces deux localités étaient assurées contre les surprises par des fossés et des parapets ; précautions d'autant plus nécessaires qu'elles servaient de relais militaires et recevaient le parc de siége, les batteries de réserve, enfin les immenses approvisionnements de toute nature où l'armée devait puiser ses moyens d'action.

De son côté, le gouvernement de Juarez faisait ses préparatifs de défense. Une division forte de six mille hommes se détacha de l'armée mexicaine d'Orient afin de combiner ses mouvements avec ceux l'armée d'Ortéga. Le 2 février le commandant de cette armée était à San-Martin, où il se mit en rapport avec Ortéga ; il amenait une quinzaine de canons rayés et son but n'était pas de se jeter dans la place qui était assez abondamment pourvue d'hommes et où commençaient à se déclarer les maladies ordinairement produites par l'encombrement.

Le corps d'armée de Comonfort devait s'augmenter de trois mille soldats d'élite et rester comme à cheval entre Mexico et Puebla, soit pour inquiéter l'armée assiégeante, soit pour surveiller tout mouvement partiel qui pourrait être tenté vers la capitale.

Privé de la perception des droits de douane à la Vera-Cruz, qui produisaient un revenu d'environ cinq millions de piastres, le gouvernement de Mexico avait porté à 10 p. 100 le droit de quinto et d'essayage sur l'argent qui n'était que de 3 p. 100, et imposé un nouveau subside de guerre sur les habitants les plus aisés de la capitale. Désespérant de vaincre, il voulait chercher à jeter de l'incertitude dans les rang des soldats français par des proclamations qui prouvaient qu'il ne les connaissait pas. Le général Alatorre, commandant en chef de la 4ᵉ division de l'armée d'Orient, était venu se poster au village de Los Reyes, tout près de nos lignes avancées, et avait lancé, le 16 janvier, une proclamation écrite en français. Il y disait, entre autres choses : « La France apporte le fléau d'une guerre injuste à ce pays libre, qui n'a commis d'autre crime que celui d'avoir prodigué ses sympathies à tous les Français qui sont venus s'y établir, et d'avoir voulu suivre le glorieux exemple que votre patrie a donné au monde entier par sa révolution de 1789. » Il termine par ces mots : « Soldats français ! il est impossible que le cri de Vive la liberté ! ne trouve point d'écho dans vos cœurs.»

Les plus énergiques efforts étaient dirigés contre les guerillas qui secondaient les Français. Ximenez Mendizabal, surpris au rancho de Totola, près de Huejotzingo, avec son aide-de-camp Torrescano, avaient été fusillés le 8 janvier. La guerilla de Mejia, une des plus redoutables aux troupes de Juarez, était poursuivie avec acharnement. Ce pays montueux, où il s'était retranché, était cerné, d'un côté, par le général Alcade, qui avait remplacé le général Artéaga comme gouverneur de l'État de Querétaro ; de l'autre, par Sostenes Escandon, ancien gouverneur de l'État de San-Luiz-Potosi, et enfin par le gouverneur Garza, de Tamaulipas. Ces trois chefs disposaient de forces relativement considérables et se préparaient à faire une véritable battue.

CHAPITRE XXIII

Discussion de l'adresse au Sénat. — Accusations de M. le marquis de Boissy contre l'Angleterre. — Discours de M. le général Husson. — Quelques mots de M. de Forcade la Roquette. — Adoption du paragraphe.

Dans cette expédition, une des plus lointaines qu'elle eût entreprises, la France suivait ses enfants avec un profond intérêt qui ne pouvait manquer de se traduire dans ses délibérations des grands corps de l'État. Les brillantes luttes oratoires, que nous avons reproduites, n'avaient pas épuisé la question, qui reparut au Sénat, le 29 janvier 1863, dans la discussion de l'adresse.

Le paragraphe 6 du projet était conçu en ces termes :

« Sans doute, parmi les trois expéditions lointaines qu'accompagnent les vœux du pays et qu'envisage avec espoir l'avenir de la civilisation, celle du Mexique a été, au moment de la retraite des deux puissances nos auxiliaires, l'objet d'une attente perplexe.

« Aujourd'hui, il ne reste plus qu'à marcher en avant, et nous nous confions à notre héroïque armée.

« Quand le drapeau est en face de l'ennemi, quand nos braves soldats ont les regards tournés vers les encouragements de la patrie, il n'y a pas d'autre politique pour un corps délibérant que de leur envoyer des témoignages de son admiration. »

M. le marquis de Boissy, dont l'antipathie pour la Grande-Bretagne est bien connue, s'exprima ainsi :

« Je prends encore la parole, car il n'y a pas de mal, je crois, à ce qu'il y ait une discussion d'une heure ou deux sur l'Adresse (On rit.) J'approuve sans réserve les termes et l'esprit du projet d'adresse. Je ne ferai qu'une seule observation sur le paragraphe 6 : c'est que la commission s'est montrée trop polie, c'est qu'elle a caché sa pensée sous des expressions qui ne la rendent pas complètement et qui choqueront l'esprit national en France.

La commission a parlé de la retraite des deux puissances nos auxiliaires au Mexique. Eh bien, cette expression de retraite est une inexactitude. Il y a eu désertion devant l'ennemi, il y a eu trahison de la part de l'une des deux puissances alliées (Murmures) ; et, messieurs, cette trahison a été telle que lorsqu'on a obtenu du général espagnol, je ne sais trop par quels moyens, qu'il nous abandonnât, que l'Angleterre nous trahit, craignait tellement que la valeureuse armée espagnole refusât de suivre cet acte dans sa défection qu'elle a prêté ses vaisseaux pour transporter les soldats de l'Espagne à Cuba.

L'expression dont on s'est servi est donc inexacte ; je proteste contre elle ; elle ne sera pas approuvée en France et ne saurait être expliquée. Il est certain qu'il y a eu trahison ; car l'Angleterre espérait que nous subirions, par suite de sa conduite, une grande perte en hommes et en argent. Et, pour en profiter, elle préparait ses fameux moyens de défense, qui ne sont en réalité que des moyens d'attaque. Son but a été en tout temps le même. Souvenez-vous de 1814 et de 1815, et consultez M. Thiers.

Cette opinion s'est toujours maintenue chez nos voisins, que la France et l'Angleterre sont deux puissances qui ne peuvent coexister. (Rires et murmures.) Si je suis ridicule, on rira ; si je me trompe, on me répondra ; mais je ne crois pas me tromper. L'Angleterre a toujours travaillé à notre affaiblissement ; de là sa dernière trahison. Voilà pourquoi je trouve l'expression de la commission inexacte et beaucoup trop polie.

Parmi ces moyens d'attaque que prépare l'Angleterre, il y

en a un auquel j'applaudis de tout mon cœur : c'est l'institution des volontaires. Pourquoi? C'est que c'est un moyen révolutionnaire. On dit que les Anglais respectent la loi. Non, ils
respectent les dragons. Pourquoi? Parce qu'en Angleterre personne n'a servi. Quand l'instruction des volontaires aura habitué tout le monde au maniement des armes, le peuple n'aura
plus peur des dragons, et vous verrez ce que deviendra la loi.
Je déteste la révolution, mais je l'aime, je la désire en Angleterre. (Rires.) Si l'Angleterre favorise la révolution partout,
c'est qu'elle ne la redoute pas chez elle. Grâce aux volontaires,
elle l'aura bientôt, et ce sera pour moi un jour de bonheur !
(Nouveaux rires.) »

M. le général Husson demanda à présenter quelques explications.

« Messieurs, dit-il, l'expédition du Mexique est une affaire
considérable dont on se préoccupe fortement ailleurs même que
dans les hautes régions. Dans la masse du peuple on se demande la cause de cette guerre, on se demande si elle justifie
les dépenses et les sacrifices auxquels elle nous entraîne ; sacrifices considérables sans doute, mais qu'on a beaucoup exagérés
dans une partie du public. C'est pour répondre à l'anxiété qui
s'est manifestée, dit l'honorable orateur, c'est pour donner
quelques explications à ce sujet, et pour affirmer mon approbation de la conduite du gouvernement, que j'ai pris la
parole.

Je regrette les dépenses auxquelles nous sommes obligés ; je
déplore les souffrances de notre brave armée, sous ce drapeau,
glorieuse et éclatante image de la patrie, qu'elle porte si bravement. (Approbation.) Mais une grande nation a quelquefois
de tristes nécessités à subir dans l'intérêt de son honneur et
de sa puissance.

Que s'est-il passé au Mexique?

Les traités y ont été méconnus ; on y a insulté, emprisonné
nos nationaux, les violences commises contre eux n'ont pas été
punies ; ils ont été enfin l'objet de spoliations nombreuses. Une
telle conduite imposait au gouvernement le devoir de faire
entendre la voix de la France, la voix de l'Empereur. On avait
fait preuve au Mexique de longanimité ; le temps était venu
de faire preuve de vigueur et de résolution.

L'Espagne et l'Angleterre ont voulu faire cause commune
avec nous ; mais, je l'avoue, cette triple alliance ne m'a inspiré tout d'abord qu'une médiocre confiance. (Léger mouvement.) Peut-être est-ce la conviction obstinée d'un ancien prisonnier des pontons anglais qui croit que l'Angleterre de 1863
reste la même que celle de 1814.

L'Angleterre nous a bientôt abandonnés, et l'Espagne l'a
suivie. Pourquoi cela ? Le gouvernement anglais a trouvé l'Empereur trop exigeant de demander douze millions de piastres
au Mexique, bien qu'il réclamât lui-même seize millions de
piastres pour l'Angleterre.

D'un autre côté, M. le comte de Reus, sans beaucoup expliquer sa conduite, a beaucoup parlé de sa lame de Tolède...
(On rit.) Je regrette qu'il l'ait remise au fourreau avant d'a-
voir vengé les justes griefs que l'Espagne peut reprocher depuis si longtemps au Mexique. (Nouveaux rires.) Du reste, le
tyran mexicain a vu briller l'épée de Magenta et de Solferino, il
a entendu l'écho de ce canon que l'amiral Baudin fit retentir
à Saint-Jean-d'Ulloa, et la France aura bientôt obtenu une
juste satisfaction. (Très-bien !)

En terminant, j'ajouterai que j'eusse désiré que la commission
du Sénat, pour exprimer plus explicitement son approbation
de l'expédition du Mexique, eût ajouté au texte du projet
d'adresse un paragraphe qui aurait pu être ainsi conçu : « La
France se devait à elle-même de poursuivre l'accomplissement
des réparations légitimes que le gouvernement de l'Empereur
avait demandées au Mexique. »

M. de Forcade la Roquette réfuta les deux orateurs en
disant :

« Je regretterais que les paroles de M. le marquis de Boissy
et de M. le général Husson ne fussent pas, devant le Sénat,
l'objet d'une énergique protestation. Je ne m'explique pas surtout la persistance de M. le marquis de Boissy à réveiller des
passions qu'il est de notre honneur de laisser dans l'oubli.
(Approbation.)

Ces sentiments ne sont pas ceux du sénat, ne sont pas ceux
du pays. Les sentiments du pays ont été exprimés d'une façon
trop élevée et trop éclatante par l'Empereur, pour que je veuille
y insister ici. C'est avec ce langage seul qu'il faut répondre à

des passions qui ne sont plus de notre temps. (Assentiment.)

Il n'est pas vrai, comme le disait M. le marquis de Boissy,
que la France et l'Angleterre ne puissent coexister l'une à côté
de l'autre ; au contraire, leur coexistence répond à des idées
différentes et fait l'honneur de la civilisation. L'Angleterre
représente surtout la liberté, à laquelle elle est plus façonnée
que nous ; et la France, elle, représente l'égalité qui manque
à l'Angleterre. La représentation de cette double idée est nécessaire à la fois à la grandeur des deux pays et au progrès de
la civilisation. (Très-bien.) »

Le paragraphe 6 fut mis aux voix et adopté sans autres observations.

CHAPITRE XXIV

Discussion de l'adresse au Corps législatif. — Amendement proposé. —
Rejet. — Détails sur les opérations de l'armée. — Le Mexique et les
États-Unis. — Lettre écrite de Quecholac.

La discussion fut plus longue et plus concluante au Corps
législatif. Un amendement proposé par MM. J. Favre, Hénon,
Darimon, E. Picard, E. Ollivier, portait :

« Nous admirons l'héroïsme de nos soldats combattant au
Mexique sous un climat meurtrier et nous leur envoyons nos
vœux les plus sympathiques. Mais le soin de l'honneur national ne dispense pas une assemblée politique de juger une entreprise dont elle peut aujourd'hui connaître les causes et prévoir
les suites.

« Les forces de la France ne doivent pas être témérairement
engagées dans des expéditions mal définies, aventureuses,
et ni nos principes ni nos intérêts ne nous conseillaient d'aller
voir quel gouvernement désire le peuple mexicain. »

Développé avec talent par MM. Picard et Favre, combattu
par M. le baron David et par M. Billault, cet amendement n'eut
pour lui que ses auteurs, et les paragraphes 3 et 4 du projet
d'adresse furent adoptés en ces termes :

« V. M. avait concerté l'expédition du Mexique avec deux
grandes puissances dont la coopération aurait eu, sans nul
doute, pour effet de diminuer les efforts de la France. Resté
seul pour suivre une satisfaction nécessaire, vous avez eu raison de penser et de dire que le Corps législatif n'hésiterait pas
à vous seconder.

« Nous espérons la fin heureuse et prochaine de cette
guerre dans laquelle notre armée et notre marine donnent de
nouvelles preuves de leur constance et de leur courage, et nous
souhaitons qu'il en puisse sortir librement un gouvernement
stable respectant les lois et les traités, et demeurant l'allié de
la France. »

Que prouvait le vote presque unanime du Corps législatif?
C'est qu'à l'approche d'une heure décisive, il ne fallait ni affaiblir l'autorité morale du gouvernement français, ni décourager
les troupes.

Au commencement de février, les Mexicains avaient, suivant les renseignements officiels, 35,000 hommes à Puebla
qu'ils appelaient le Sébastopol mexicain ; 10,000 entre cette
ville et Mexico ; 12,000 dans la capitale ; 8,000 à Queretaro,
12,000 à Guerrera. Ces troupes manquaient d'armes, et s'en
procuraient difficilement. Les autorités des États-Unis avaient
refusé l'autorisation d'en embarquer un convoi. Le ministre
du Mexique à Washington s'en plaignit, en demandant pourquoi
le gouvernement américain empêchait le libre commerce des
armes achetées pour le compte du gouvernement de Juarez,
tandis qu'il avait permis l'envoi de mules et de chariots au
corps expéditionnaire français.

M. Seward répondit, le 23 janvier, qu'il ne reconnaissait
pas l'état de guerre existant entre le Mexique et les signataires du traité de Londres, parce qu'il n'a été fait aucune
déclaration de guerre. Les États-Unis ne pouvaient pas conséquemment régler leur conduite d'après les lois neutres, mais
la défense d'exportation des armes s'appliquait à toutes les nations et s'expliquait par les besoins militaires du moment aux
États-Unis.

On comptait d'ailleurs, dans la grande république américaine, bon nombre de partisans de Juarez, qui, après avoir
raconté de prétendues victoires des Français, racontaient avec
encore plus d'insistance de prétendues défaites. Le Courrier
des États-Unis confondit ces fabricateurs de nouvelles en leur

citant deux passages des journaux de Mexico, à la date du 28 janvier 1863. Le premier portait :

« L'inaction de Forey semble près de finir, s'il faut en juger par certains symptômes significatifs. Les obstacles qui avaient retardé l'artillerie de siége ont disparu. L'évacuation de Tampico et de Jalapa ne s'explique que par le dessein de concentrer contre Puebla toutes les forces disponibles. Cette supposition se trouve confirmée par le fait que l'armée française opère en effet sa concentration. On a de plus remarqué dans le camp ennemi le mouvement précurseur des grands événements de guerre, et tous les renseignements que nous avons corroborent la présomption d'une prochaine attaque. »

Un autre journal mexicain ajoutait à ces informations ce qui suit :

« Les troupes françaises sont réparties entre Perote, San Andres Chalchicomula, San Agustin del Palmar, Quecholac et Tecamachalco. Le village d'Acatzingo est encore occupé par Gonzalez Ortega. Dix fois depuis quinze jours on a tour à tour annoncé et démenti l'arrivée du général Forey à San Agustin del Palmar. Ces jours derniers, le général en chef de l'expédition française était encore à Orizaba ; mais un mouvement insolite dans les lignes ennemies a fait supposer qu'il y était arrivé ou qu'on l'y attendait. »

Ces extraits, dont l'origine n'était assurément pas suspecte, établissaient d'une manière évidente trois faits :

1º Qu'il n'était survenu jusqu'à la fin de janvier aucun événement militaire de nature défavorable pour les Français ;

2º Que l'évacuation de Jalapa, de Tampico et de divers autres points secondaires a été un acte volontaire, expliqué à Mexico même par un mouvement général de concentration ;

3º Qu'enfin l'armée française était considérée comme prête à entreprendre des opérations décisives.

Cette armée, que les ennemis représentaient comme abattue, avait un entrain qui se reflète sur toutes les correspondances émanées de militaires faisant la campagne. Voici une lettre qu'un officier de chasseurs d'Afrique écrivait à un de ses parents domicilié dans le département de la Somme :

« Quecholac, 3 février 1863.

« Tu seras peut-être étonné de recevoir à cette date une lettre écrite à Quecholac, toi qui me disais que, sans doute, à cette époque nous serions à Mexico ; du reste, je ne m'étonne pas de cette croyance et je pense même que ce doit être l'opinion en France ; mais en France on ne se rend pas bien compte des difficultés de ce pays et, en outre, l'intention du général en chef est, je crois, de n'attaquer Puebla qu'avec deux mois de vivres de réserve. Du reste, je t'annonce que nous partons demain pour San Andres. Jusqu'à présent nous avons appartenu à la deuxième division, et dorénavant nous serons attachés à la première, commandée par le général Bazaine. Demain nous rejoindrons cette division à San Andres, et si l'on en croit les bruits, nous ne resterons que peu de temps dans cette ville. »

« San-Juan-Batista, près Nopaluca, le 14 février 1863.

« Comme tu le vois par la date nouvelle, cette lettre aurait dû te parvenir quinze jours plus tôt, puisqu'elle devait partir par le courrier du 15 février et qu'elle ne partira que le 1ᵉʳ mars ; mais comme je t'écrivais la veille de mon départ de Quecholac et que l'adjudant n'est pas venu me trouver, je n'ai pu envoyer la lettre. Comme tu le vois, depuis ce temps j'ai fait assez de chemin. Nous sommes d'abord allés à San Andres, de cette ville à Algerez et de là à Nopaluca. Cette dernière route a été faite par nous pendant la nuit, car on nous avait demandés, croyant avoir besoin de notre concours à Nopaluca. Nous arrivâmes près de ce village le matin, mais les ennemis étaient partis. Après deux jours de repos dans une hacienda, à peu de distance de ce village, nous dûmes aller à la rencontre d'un convoi venant de Perote, c'est-à-dire sur notre droite. Nous fîmes, le premier jour, 10 lieues sans le rencontrer et nous revînmes à moitié route. Enfin, avant-hier, nous repartîmes à sa rencontre. Nous avions fait, sur une route un peu plus à gauche, environ 7 lieues, quand nous entendîmes plusieurs coups de canon, et en débouchant dans une plaine nous vîmes une forte troupe d'infanterie rangée en bataille. Nous ne savions ce que c'était, mais nous nous dîmes : « C'est sans doute le 51ᵉ de ligne, » quand un feu de bataillon

reçut nos tirailleurs. Nous nous préparions à la charge quand nous reconnûmes l'uniforme français. Voilà ce qui était arrivé : le 51ᵉ de ligne était engagé du côté opposé avec les Mexicains et on lui avait annoncé une diversion de Carabacal ou Carbajal (chef de bande) du côté où nous arrivions, de sorte que le 51ᵉ nous avait pris pour l'ennemi ; mais comme le feu, heureusement, avait été ouvert de loin et précipitamment, personne ne fut touché. Nous approchâmes donc, et là on nous fit prendre le trot, pour nous porter sur les Mexicains, qui tiraillaient avec l'autre face. Après 2 lieues au trot et au galop, nous aperçûmes sur notre gauche et à droite du village nommé Los Llanos, une forte ligne de cavalerie ennemie qui nous attendait. Alors on nous fit prendre le galop et nous allâmes à eux ; malheureusement, à un kilomètre avant de les joindre, nous trouvâmes un champ de maïs coupé qui ralentit notre marche, car c'est une série de cônes en terre de 60 centimètres de hauteur, juxtaposés et portant à son sommet un tronçon de maïs. Tu penses bien que, dans ce terrain difficile, il fallait des chevaux comme les nôtres pour ne pas culbuter après quatre lieues de vives allures.

« Au moment où nous croyions être sur l'ennemi, que nous ne distinguions pas à cause de la poussière, nous nous trouvâmes en face d'une énorme barranca (ravin profond avec des bords à pic) qui arrêta notre course. Une partie des Mexicains, ou plutôt presque tous l'avaient passée, effrayés de la violence de notre charge ; ceux qui étaient encore de notre côté furent les uns tués et jetés dans la barranca, les autres pris. Nous découvrîmes un passage et poursuivîmes les Mexicains de l'autre côté ; mais ils fuyaient sans oser résister sérieusement, nous tirant des coups de fusil. Arrivés dans la montagne, qui était tout près de là, ils recommencèrent à tirer quelquefois, mais de trop loin pour nous causer un mal sérieux. La première division de mon escadron, arrivée la première, a été la seule sérieusement engagée ; pour la seconde division, nous avons poursuivi aussi l'ennemi comme la première, mais nous n'en avons joint qu'un petit nombre. L'autre escadron, pendant ce temps, rejetait l'ennemi dans le village de Los Llanos. Si nous n'avions pas été retardés par le mauvais terrain, je crois que des 4 à 500 cavaliers qui étaient là, il n'en serait pas resté beaucoup pour aller porter les nouvelles.

« Comme tu le vois, ce terrain a changé une affaire qui pouvait être fort belle en une petite escarmouche, à notre grand regret. Ne va pas croire, surtout, que nous souffrons à des lauriers à ce sujet, car nous avons eu peu de peine, puisque l'ennemi s'est enfui, et, s'il y a un vrai mérite dans cette affaire, c'est l'entrain avec lequel la charge a été entamée quand nous croyions encore à une résistance très-grande de la part d'un ennemi nombreux.

« Nous n'avons pas perdu d'hommes, mais seulement 3 chevaux morts de fatigue et 1 du 1ᵉʳ chasseurs d'Afrique tué par une balle au nez et que nous ramenons. L'ennemi a eu à peu près 12 ou 14 tués, 5 prisonniers et 6 chevaux pris. Nous revînmes le soir même coucher à l'endroit d'où nous étions partis le matin, ayant ainsi fait vingt lieues dans notre journée, dont cinq au galop ; tu comprends qu'après cela il n'est pas étonnant que 2 ou 3 chevaux vieux en soient morts. Je pense que le mouvement en avant va avoir lieu sous peu de jours, nous sommes les plus avancés... »

L'engagement dont parle cette lettre est du 11 février. Le général Bazaine, informé des forces ennemies étaient réunies dans l'intention d'attaquer au retour un convoi dirigé sur Perote pour y prendre des vivres et rallier les hommes devenus valides, avait parti le général de Mirandol avec quatre escadrons, le 3ᵉ zouaves et une section d'artillerie, pour Ojo de Agua d'où il devait, le cas échéant, protéger le convoi arrivant le 12 à Vintilla. Arrivé sur ce point, le convoi fut en effet attaqué par les troupes des généraux Aurellano et de Carbajal au nombre d'environ 600 cavaliers.

Le colonel Garnier, du 51ᵉ, qui était chargé de l'escorte, avait déjà pris ses dispositions pour repousser l'ennemi, lorsque parut la colonne du général de Mirandol. L'ennemi se retira alors rapidement au pied des montagnes vers San Juan de los Llanos, où il se rangea en bataille. Le colonel du Barail, sur l'ordre du général, chargea avec deux escadrons du 2ᵉ régiment de marche et fut appuyé par le 51ᵉ ; arrivés près d'un ravin profond derrière lequel se trouvaient les troupes ennemies, les chasseurs d'Afrique découvrirent un passage qui permettait de franchir l'obstacle et de prendre à revers les Mexicains. A la vue de ce mouvement, ces derniers prirent la fuite, laissant entre nos mains non pas 6, mais 15 chevaux, et une centaine d'armes.

CHAPITRE XXV

Combat du 18 février.

Un engagement non moins glorieux pour les troupes françaises eut lieu le 18 février.

En faisant une reconnaissance à Tepéaca avec des troupes sorties d'Acatzingo et de Los Reyes, le général Douay rencontra l'ennemi à hauteur de l'hacienda de San José. Ce n'était d'abord qu'une ligne de guérilleros embusqués qui engagèrent la fusillade. Deux pelotons du 3e escadron du 1er régiment de marche (2e chasseurs d'Afrique), sous les ordres du capitaine de Foucauld, les chargèrent et les dispersèrent.

Voici comment s'exprimait le général Forey sur cette affaire, dans son rapport du 3 mars, en proposant M. Foucauld pour le grade de chef d'escadron :

« Cet officier, à la tête de deux pelotons de cavaliers (48 hommes), venait de disperser les tirailleurs guérilleros, qui l'avaient assailli d'un feu très-nourri, quand il se trouva en face d'escadrons réguliers de zacatecas qui marchaient à sa rencontre. Il charge sans hésiter.

« Ces escadrons prenaient la fuite, poursuivis de très-près par les chasseurs d'Afrique, lorsqu'une seconde troupe de réguliers, abritée derrière un large fossé, ouvre contre ces derniers un feu très-violent. Le capitaine de Foucauld aborde résolument ces nouveaux adversaires avec sa poignée de cavaliers, et réussit encore, grâce à son énergie et à l'intrépidité de ses hommes, à mettre en fuite un ennemi dix fois plus nombreux que sa petite troupe, et qui n'a pu se rallier qu'à quatre lieues du champ de bataille. »

Dans ce combat, l'ennemi perdit une trentaine d'hommes et laissa entre les mains des Français un officier et huit cavaliers prisonniers, sept chevaux, des fusils et des lances, sans compter un grand nombre d'armes brisées abandonnées sur le terrain.

De notre côté, les pertes furent trois sous-officiers tués en abordant les premiers l'ennemi, et quatre chasseurs blessés.

Le capitaine de Foucauld, qui s'était si vaillamment conduit au combat de San José, avait été nommé chef d'escadron par décret du 14 mars dernier, en récompense de sa brillante conduite dans une précédente occasion. Ainsi, la récompense demandée par le général Forey pour ce brave officier a été par avance accordée par l'Empereur.

A cette occasion, le général commandant en chef nomma chevaliers de la Légion d'honneur le lieutenant Vuillemin, du 2e chasseurs d'Afrique, et le chasseur Bougeard, qui avait reçu cinq blessures, dont une très-grave, en disputant à l'ennemi le corps d'un sous-officier qui venait d'être tué. La médaille militaire fut conférée aux nommés Carpentier, maréchal des logis ; Gehlinger, Bechamps, Payé, chasseurs, en récompense de la bravoure et du dévouement qu'ils avaient montrés.

Un des officiers dont la troupe était venue renforcer la division du général Douay écrivait, quelques jours après, une lettre intéressante, où nous trouvons les détails suivants :

« Nous avons vu, dans notre marche sur Quecholac, bien des choses intéressantes auxquelles se rattachaient des souvenirs glorieux pour nos armes. A Orizaba, nous avons examiné à loisir le Borrego, témoin du brillant fait d'armes du commandant Détrie, alors capitaine depuis trois ou quatre mois seulement. En traversant la Barranca-Ceca, avant d'arriver à Acatzingo, notre mémoire nous a rappelé le brillant fait d'armes du commandant Lefebvre, aujourd'hui lieutenant-colonel du même régiment qui l'accomplissait, le 99e.

« Enfin, nous aussi, nous avons traversé les grands et les petits Cumbrès, chacun de nous se demandait comment l'armée mexicaine avait pu laisser forcer un pareil passage. Après le Chiquihuite, les Cumbrès offrent les plus grandes difficultés qu'une armée envahissant le Mexique puisse rencontrer. Et dire que ces positions presque inabordables ont été enlevées par le 2e régiment de zouaves presque au pas de course ! Je ne m'étonne pas si le général Zaragoza s'est écrié en montrant

de la mauvaise humeur et en se retirant précipitamment : « On n'a jamais vu combattre comme cela ! »

« Nous sommes ici sur le commencement du plateau de l'Anahuac. C'est un pays qui doit être beau dans la saison des pluies ; mais aujourd'hui les arbres sont dépouillés, la nature est morte, et le sable qui couvre la campagne et surtout nos routes, sillonnées par un nombreux convoi, donnent une triste idée de ce qu'il doit être en juin. Nous avons de l'eau en abondance ; mais malheureusement on a négligé d'établir des tonneaux d'arrosage, de sorte que la poussière, soulevée par le vent, pénètre partout, et que l'on a toutes les peines du monde à s'en préserver, même dans les maisons les mieux situées et les mieux fermées. Nous faisons comme nous pouvons.

« Aussitôt notre arrivée ici, le général Douay a pu se porter à trois lieues en avant, à Acatzingo, et le colonel L'Hériller à Los Reyes. Ces deux points ont été occupés sans opposition de la part des juaristes, qui se sont contentés de tirer ou de faire tirer quelques coups de fusil sur nos grand'gardes, à une distance de 1,500 mètres. Nos soldats ne répondent même pas à de pareilles provocations.

« Le général Douay a fait une reconnaissance sur Tepeaca le 18 ; il y a rencontré 5 à 600 cavaliers du Zacatecas, qui ont été chargés et mis en déroute par 40 chasseurs d'Afrique du 2e régiment sans attendre le soutien du 2e zouaves. 15 tués, 6 blessés et 7 prisonniers, plus 12 chevaux ont été les trophées de cette journée, qui nous a coûté 5 chasseurs des plus braves, qui, emportés par leur ardeur et par leurs chevaux, sont arrivés au milieu des cavaliers ennemis et y ont été tués à coups de revolver. Parmi eux se trouvaient trois sous-officiers.

« Les événements se préparent. Le général Forey, qui est parvenu, à force d'activité, à réunir des approvisionnements considérables, va enfin se porter sur Puebla. La France et le gouvernement sont peut-être impatients ; mais rendons justice au général Forey ; il n'a pas perdu un seul instant, et il aura eu le mérite de ne pas s'être laissé détourner de ses idées par aucun conseil plus ou moins tentant, que chacun a dû chercher à lui insinuer. Il s'était dit dès le début : Je réunirai des moyens de transport suffisants ; j'aurai des ressources en vivres telles que je ne puisse pas être arrêté dans mes opérations dès que je les aurai commencées. Il s'est tenu parole, et je crois qu'il est arrivé au but qu'il s'était proposé.

« Nous allons marcher sur Puebla, et nous y serons dans quelques jours. Nous trouvons sur le plateau beaucoup plus de sympathies qu'en terre chaude. Toutes les populations de ce village et de ceux environnants sont partisans de notre intervention. On n'est qu'à Puebla c'est encore mieux.

« Je ne vous parle pas de la chute de Juarez, dont on parle beaucoup ici, sans que rien de certain soit arrivé. On dit aussi que le consul de Prusse a reçu ses passe-ports et qu'il est attendu à notre quartier général prochainement. Un parlementaire est venu demander l'autorisation de le laisser passer jusqu'à la Vera-Cruz. On ignore les causes de cette rupture, mais on peut les trouver dans sa protestation contre l'expulsion des Français de Mexico.

« On a dit ici que le bruit courait en France que nos troupes étaient démoralisées ; n'en croyez pas un mot ; elles sont pleines d'espérance et de vigueur : vous en aurez bientôt la preuve. »

A la suite de cette brillante affaire, les Français occupèrent Tepeaca sans opposition. Cette ville, située à 38 kilomètres au sud-ouest de Puebla, fut autrefois la capitale d'un État indépendant qui contracta une alliance avec les aventuriers espagnols et leur facilita puissamment la conquête de Mexico ; elle est environnée de vastes exploitations agricoles et tellement renommée pour sa salubrité, que les médecins y envoient les personnes faibles de constitution ; une belle route qui traverse Amozoc, met Tepeaca en communication avec Puebla.

On vit s'avancer sur cette route, le 20 février, une quarantaine d'étrangers qui venaient de Mexico. Les principaux étaient le baron Wagner, les chefs de la maison de commerce Baron et Forbes, dom Antonio Escandon, la femme et la fille du colonel Talcott. Après être restés quelque temps internés dans la petite ville de Léons, le banquier Jecker et les personnes qui avaient partagé son exil avaient été conduits au port de Manzanillo pour s'embarquer à bord du bâtiment anglais la Clide. Le corps diplomatique avait inutilement protesté, et le baron de Wagner, ministre de Prusse, chargé des intérêts français et espagnols, s'était signalé par une virulence qui rendait intolérables ses relations avec le gouvernement de Juarez. Il dut songer à se retirer comme l'avait fait déjà depuis un mois M. Charles Wike, le ministre des États-Unis à Mexico. M. Corwin fut prié de prendre sous sa protection les résidents étrangers privés de leurs représentants naturels. M. Corwin déclina cette responsabilité, ce qui lui attira les reproches de ses compatriotes eux-mêmes. « Sa conduite, disait le *Hérald*, journal de New-York, peut avoir été très-sage et conforme aux instructions qu'il a reçues du département d'État; mais elle semble bien peu charitable dans le moment actuel, bien qu'il soit probable qu'il ne peut faire grand'chose pour tout étranger qui aurait en ce moment des différends avec le gouvernement. C'est la première fois, disait encore le *Courrier des États-Unis*, qu'un diplomate refuse une demande de ce genre, dont l'acceptation est en général considérée comme un devoir de courtoisie internationale en même

Domestique noir au service du quartier général.

temps que d'humanité. Il est profondément regrettable que l'exemple d'un pareil refus vienne d'un représentant de la nation américaine. »

Le ministre de Prusse fut dans la nécessité de remettre au corps diplomatique en général les intérêts qu'il avait eu mission de protéger, et il se mit en route pour la Vera-Cruz. Aussitôt qu'il eut atteint les lignes françaises, une escorte lui fut donnée, et ce n'était pas une précaution inutile; car, aux environs de la Soledad, les voyageurs furent attaqués par des guerillas dont, au reste, on eut facilement raison. Le baron Wagner et ses compagnons de voyage prirent passage à bord du *Tasmanion*, qui arriva vers la fin de mars à Southampton.

Pour n'avoir pas à revenir sur ce qui concerne cet honorable diplomate, mentionnons son passage à Paris. Il y eut plusieurs conférences avec M. Drouyn de Lhuys, et, le vendredi, 3 avril, il eut l'honneur d'être reçu en audience particulière par l'Empereur, avec lequel il ne passa moins de deux heures.

Le baron Wagner, qui pouvait donner *de voix* des renseignements sur la situation des troupes françaises, n'hésitait pas à leur prédire un prochain succès.

CHAPITRE XXVI

Proclamations du général Forey aux Mexicains, aux habitants d'Orizaba et aux troupes.

La réunion des ressources de tout genre qui leur étaient indispensables permettait en effet de faire cesser une longue temporisation. Le 15 février, le général Forey annonça aux Mexicains qu'il marchait sur Mexico et protesta de nouveau contre la pensée qu'on attribuait à la France de vouloir leur imposer un gouvernement :

MEXICAINS,

Après le long séjour que le corps expéditionnaire sous mes ordres a été obligé de faire dans ses cantonnements, il va en sortir et marcher sur Mexico.

Quelque long qu'il ait été, le temps passé dans ce qui n'a eu que l'apparence du repos n'aura pas été perdu. Il aura servi, je n'en doute pas, à vous faire réfléchir sur les mensonges de ceux qui sont intéressés à nous représenter comme vos ennemis, et à qui les braves soldats que je commande ont donné un éclatant démenti, par l'ordre et la discipline qui n'ont cessé de régner dans leurs rangs.

Si nous sommes vos ennemis, nous Français qui protégeons vos personnes, vos familles, vos propriétés, que sont-ils donc ces Mexicains, vos compatriotes, qui vous gouvernent par la terreur, qui dévastent vos propriétés, qui, en ruinant la fortune privée par des exactions sans exemple, anéantissent la fortune publique, et tout cela pour conserver un pouvoir dont ils font un si déplorable usage ?

Oui, Mexicains, vous aurez reconnu par nos actes la vérité, la loyauté de nos paroles, quand, au nom de l'Empereur, je vous ai déclaré solennellement ce que je vous répète encore aujourd'hui, que les soldats de la France ne sont pas venus ici pour vous imposer un gouvernement ; ils n'ont d'autre mission, entendez-le bien, après avoir arraché par la force à celui qui se dit l'expression de la volonté nationale, la juste réparation de nos griefs, que les négociations n'ont pu obtenir, que de consulter cette volonté nationale sur la forme du gouvernement qu'elle désire, et sur le choix des hommes qu'elle croira les plus dignes de lui assurer l'ordre avec la liberté au dedans, sa dignité et son indépendance au dehors.

Après l'accomplissement de cette tâche, il restera à l'armée française l'obligation d'aider le gouvernement de votre choix à marcher résolûment dans la voie du progrès, qui, en dépit de ceux qui méconnaissent le Mexique, parviendra à en faire un peuple qui n'aura rien à envier aux autres.

Alors ceux d'entre nous qui n'auront pas payé de leur vie le couronnement de cette noble entreprise retourneront dans leur patrie, heureux et fiers de l'accomplissement d'un grand devoir, s'il a pour résultat la régénération de votre pays.

Orizaba, le 15 février 1863.

Le général de division, sénateur, commandant en chef le corps expéditionnaire,

FOREY.

Au moment de son départ, le général Forey reçut le Corps municipal d'Orizaba, dont le chef, M. Péon, préfet politique, lui adressa cette allocution :

SEIGNEUR GÉNÉRAL,

Le Corps municipal a l'honneur de venir, au nom des habitants de cette ville, présenter ses respectueux hommages à Son Excellence le général en chef de l'armée expéditionnaire.

Après nous avoir honorés quelque temps de sa présence, après nous avoir fait apprécier et sa bienveillance et les hautes qualités de son caractère, nous voyons avec de sincères regrets que le moment de son départ approche.

Il ne manque pas à Orizaba des âmes reconnaissantes, de vrais patriotes qui se seraient empressés de témoigner à Votre Excellence les sympathies de leurs cœurs, si les hommes qui dominent le reste du pays n'étaient pas des frères.

Lorsque Son Excellence est arrivée parmi nous, le peuple n'était pas heureux.

Avec Votre Excellence sont venus le respect à la vie et à la propriété, des biens qui sont le but des sociétés organisées.

Votre Excellence a su donner une forte impulsion à l'œuvre magnifique du chemin de fer ; Votre Excellence a su réaliser la fraternité la plus parfaite entre les militaires français et notre peuple; aussi, monsieur le général, le peuple aime déjà l'Empereur, Votre Excellence et ses braves soldats.

Monsieur le général, que Dieu bénisse la France et le Mexique, l'Empereur et Votre Excellence ; que Dieu bénisse votre œuvre glorieuse. Votre Excellence part, mais votre mémoire restera toujours dans les cœurs des bons Mexicains, comme il reste toujours le souvenir d'un bonheur.

Une seconde proclamation fut adressée aux habitants de la ville où le général Forey avait fait un si long séjour :

Orizaba, 16 février 1863.

HABITANTS D'ORIZABA,

Je vais quitter dans quelques jours cette ville et commencer les opérations militaires pour lesquelles j'ai dû faire, afin d'en garantir le succès, de si longs préparatifs. Mais je ne veux pas vous quitter sans vous adresser quelques mots que vous comprendrez, car ils viennent du cœur. Et d'abord, je vous remercie pour la façon dont le corps expéditionnaire a été traité dans votre ville pendant un séjour de neuf mois. Durant neuf mois, l'ordre n'a pas été un instant troublé, et nos soldats ont joui d'une sécurité aussi parfaite que dans leur propre pays.

Si cet état de choses n'est point dû à votre sympathie, et je m'estimerais heureux de lui attribuer cette cause, il est dû tout au moins à de bonnes dispositions, et nous devons encore vous en remercier. Je ne crois pas me bercer d'un faux espoir, lorsque je pense que la conduite et la bonne tenue de nos soldats, qui, dans toutes les parties du monde, se sont concilié l'estime et l'amitié de leurs ennemis, auront produit sur vous le même effet, vous qui avez été témoins de leur ordre, de leur discipline et de leurs manières affables ; de même il est impossible que ceux de vos concitoyens qui les ont vus sur d'autres points du pays, n'aient pas reconnu en eux les fils de cette belle France qui marche à la tête de la civilisation.

Je nourris le doux espoir que vous avez compris les intentions de l'Empereur, qui n'a eu, je vous l'affirme, en nous envoyant au Mexique, d'autre but que d'obtenir par les armes une juste réparation pour les insultes que vous connaissez, et ensuite de réconcilier votre pays avec l'Europe et en particulier avec la France, pour laquelle vous auriez toujours conservé, sans votre gouvernement actuel, vos anciennes sympathies.

Quant à moi, si je demande au Ciel de bénir nos armes, c'est moins dans un vain désir de gloire personnelle, que dans votre propre intérêt et pour assurer la prospérité de votre beau pays, auquel nous venons apporter, au prix de notre sang, ces deux biens inestimables sans lesquels aucune société ne peut exister : la liberté et l'ordre.

Adieu donc, habitants d'Orizaba, ou plutôt au revoir, car j'espère que nous reviendrons parmi vous. Dieu seul connaît l'avenir ; mais, quel que puisse être le sort qui m'est réservé, je n'oublierai jamais l'hospitalité que j'ai reçue ici, et je conserverai toute la vie les meilleurs souvenirs de votre ville.

Le général de division, sénateur, commandant en chef le corps expéditionnaire du Mexique,

FOREY.

Enfin une troisième proclamation fut adressée aux troupes qui allaient combattre.

SOLDATS,

Voici bientôt neuf mois qu'un petit nombre d'entre vous, marchant sur Mexico, a rencontré devant Puebla un obstacle que vous n'aviez pas les moyens matériels de renverser.

Vous dûtes alors différer l'accomplissement de la grande et noble mission que l'Empereur vous avait confiée, jusqu'à ce que vous eussiez reçu tout ce qui vous manquait pour cela ; mais il a fallu du temps, parce que la France est loin, et qu'elle a voulu vous donner tous les moyens de vaincre.

Ce temps, du reste, n'a pas été perdu, et un séjour prolongé dans vos cantonnements a fait apprécier au peuple mexicain, qui a pu reconnaître, à l'ordre, à la discipline, qui n'ont cessé de régner parmi vous, que vous n'êtes pas les instruments d'une politique d'oppression, comme s'efforcent de le lui faire croire ceux qui ont intérêt à le voir courbé sous leur pouvoir arbitraire ; mais que vous êtes bien les soldats de la France, de cette France qui marche à la tête de la civilisation, portant haut et ferme son drapeau, dans les plis duquel peuvent se lire à côté des noms de tant de victoires qui l'ont illustré, ces mots : Ordre et Liberté !

Cette patience que vous avez mise à préparer vos moyens d'action, les soldats abusés du gouvernement qui règne encore pour quelques jours à Mexico ont pu, dans la présomption que leur a donnée leur facile triomphe du 5 mai dernier, l'imputer à la crainte qu'ils vous inspiraient. S'ils se sont endormis dans cette pensée, que leur réveil soit terrible !

Soldats, le temps du repos est passé : reprenez vos armes et marchez en avant, que Dieu vous donnera, parce que jamais cause n'a été plus juste que la vôtre : vous avez à venger vos compatriotes soumis depuis longues années par le gouvernement de ce pays à des injures et à des excès de tous genres ; vous avez en outre à rendre le Mexique à lui-même ; quelle plus belle mission que celle-là !

Animés de cette noble ardeur qui vous a rendus si redouta-

Soldats mexicains à la suite de Marquez.

bles sur tant de champs de bataille, vous allez renverser tous les obstacles qui se présenteront devant vous.

Comme je vous l'ai déjà dit, soyez humains après la victoire, surtout envers les êtres faibles et désarmés ; mais soyez terribles pendant le combat, et bientôt vous planterez le noble étendard de la France sur les murs de Mexico au cri de : Vive l'Empereur !

Orizaba, le 17 février 1863.

Le général de division, sénateur, commandant en chef le corps expéditionnaire du Mexique,

Signé : FOREY.

Cet ordre du jour produisit un grand effet sur les soldats, il fut commenté sous la tente. Un sergent des chasseurs à pied, M. Sabatier, imagina même de le mettre en vers, et le fait parut assez singulier pour que le Moniteur, où la poésie trouve habituellement si peu de place, publiât dans son numéro du 16 avril cette traduction rimée.

Soldats ! depuis neuf mois nos aigles outragées
Attendent le moment par vous d'être vengées.

Trop peu nombreux alors, vos frères imprudents
Ont vu devant Puebla leurs efforts impuissants,

Et se sont vus forcés, malgré tout leur courage,
De regagner leur camp ; soldats, voilà l'outrage !
Ce revers glorieux n'est pas moins un revers :
La France n'en veut point, ses drapeaux sont trop fiers !

Neuf mois sont écoulés bientôt depuis l'offense ;
Ce temps, il le fallait, pour recevoir de France
Les vivres, les chevaux, les canons, les renforts
Qu'elle nous envoyait de chacun de ses ports.
Maintenant tout est prêt, soldats ! prenez vos armes ;
Je sais combien pour vous les dangers ont de charmes,
Et, fier de vous guider bientôt au champ d'honneur,
De mon commandement je bénis l'Empereur.

Ah ! si les ennemis ont cru, dans leur folie
Qu'on insultait en vain l'aigle de la patrie,
S'ils se sont endormis en voyant nos retards,
Se croyant à l'abri sous leurs épais remparts,
Combien sera pour eux terrible le réveil,
Lorsque nos étendards vont briller au soleil !

Soldats ! soyez humains : respectez la faiblesse,
Les femmes et l'enfance ainsi que la vieillesse ;
Le mourant, le blessé n'est plus un ennemi,
C'est un homme qui souffre, ayez pitié de lui !
Tant qu'il reste debout, soyez-lui redoutable ;
Mais lorsqu'il est tombé, soyez-lui secourable.

Soldats ! du haut des cieux Dieu vous fera vainqueurs,
Car votre cause est juste, et braves sont vos cœurs.

Soldats ! quand va venir le jour de la bataille,
Regardez dans les airs, à travers la mitraille,
Vous y verrez notre aigle, ouvrant ses ailes d'or,
Prendre majestueux son glorieux essor,
De sa serre à Puebla briser la résistance,
Puis, d'un nouvel essor franchissant la distance,
Aller sur Mexico déployer ses couleurs.
Soldats ! vive la France et vive l'Empereur !

CHAPITRE XXVII

Marche sur Puebla. — Lettre d'un officier. — Rapports officiels.

Le commandant en chef et son état-major, suivi de toutes les troupes qui restaient à Orizaba, à l'exception de cinq cents hommes, se portèrent en avant le 23 février 1863. Un officier écrivait, pendant cette marche, du bivouac de la Novia de Floresiz, à un de ses amis domicilié à Besançon :

« Ta lettre est venue me trouver hier au soir à onze heures ; j'étais logé dans une écurie et je raccommodais mon pantalon avec une basane ; j'ai travaillé à cet ouvrage important jusqu'à deux heures et demie du matin. Nous étions installés dans une hacienda et nous croyions y rester quelques jours pour nous reposer et réparer nos effets, qui commencent à annoncer la misère, lorsqu'un ordre nous a fait retourner au bivouac que nous occupons actuellement. Je l'écris de ma maison de campagne. Tu sais sans doute ce qu'il faut entendre par cette expression : un petit morceau de toile accroché à un bâton forme les murs et les toits de nos abris. Ces murs ainsi que les toits sont très-minces, comme tu peux en juger ; aussi ressent-on facilement les variations que le climat offre chaque jour. Toutes les nuits nous avons de la gelée ; le thermomètre marque zéro le matin, et à midi il marque 45° et plus. Avec un pareil climat, à une élévation de 2,500 mètres au-dessus du niveau de la mer, il est difficile à l'Européen de respirer à son aise. Par suite de la faiblesse de la colonne d'air, la respiration est très-courte, ce qui devient pénible, surtout quand on fait quelque marche rapide ou quelque manœuvre fatigante.

« Nous ne sommes plus qu'à une enjambée de Puebla. Chacun de nous désire se mettre en route le plus tôt possible, afin de voir de près nos ennemis. A toutes les rencontres que nous avons eues jusqu'ici nous n'avons pu les approcher. Montés sur des chevaux vigoureux, ils lâchent leurs coups de fusil, puis se sauvent comme le lièvre devant le chasseur. A Puebla, ils seront renfermés dans les murs de la ville, et peut-être aurons-nous le bonheur de les voir sortir.

« Tu as lu sans doute des relations de voyages ou des descriptions dans lesquelles on prétend que le Mexique est le plus beau et le plus riche pays du monde. Ces belles pages ne peuvent guère s'appliquer aux contrées que nous avons visitées jusqu'ici, surtout dans nos dernières étapes. Ce sont de fort belles plaines, il est vrai, mais toutes nues et sans un arbre pour offrir son ombrage au voyageur. Elles sont parsemées de mamelons en forme de pains de sucre, restes de volcans éteints. La lave, que l'on rencontre çà et là, et les terres brûlées dont on remarque la teinte grise sur le flanc des montagnes, annoncent que le sol du Mexique a été profondément bouleversé par la nature. On rencontre fort peu de villages. On rencontre par-ci par-là quelques haciendas ou maisons d'exploitation. Les maîtres de ces fermes sont généralement très-riches et font cultiver leurs terres par de malheureux Indiens, abrutis par le travail et par les privations. Ces anciens propriétaires du sol, réduits maintenant à la condition la plus dure, sont logés dans des cases ou huttes construites avec quelques pieux fichés en terre et recouverts d'herbes sèches ; les lits et les chaises sont inconnus ; tout le mobilier consiste en une natte et quelques vieux pots. Les mœurs de ces pauvres gens sont simples et généralement exemptes de ces habitudes vicieuses que l'on observe en Europe dans les classes inférieures. Le pain et la viande ne se rencontrent pas souvent sous leurs dents ; leur nourriture habituelle consiste en galettes composées avec du maïs écrasé entre deux pierres et jeté, pour être cuit, sur une plaque de fer fortement chauffée. Des haricots cuits dans leur jus assaisonnent ordinairement cette galette, dans laquelle on ne met pas de sel, vu la cherté de cette denrée (1 fr. 34 c. la livre de 460 grammes).

« Je crois sans peine que si ces infortunés recevaient un peu d'instruction et jouissaient de la même liberté que les cultivateurs européens, ils feraient du Mexique, ruiné par l'incurie d'un gouvernement sans foi, une des contrées les plus fertiles du monde entier. Les quelques coins de terre cultivés ont un aspect magnifique. Il y a deux jours, en faisant une reconnaissance, nous avons vu du blé en fleur, tandis que la récolte de l'année précédente n'était pas encore rentrée. »

Un accident douloureux attrista ce voyage ; le colonel d'Auvergne, chef d'état-major du général Forey, et qui avait été appelé auprès de lui au même titre pendant la campagne d'Italie, en tombant de cheval, sur la route d'Acatzingo, se cassa la jambe, et dut être remplacé par le général Manèque.

Le 27 février, le quartier général français était à Quecholac.

Le général Bazaine, avec la 1re division, occupait les positions de Nopalucan, Floresta, San Juan Batista, San Antonio Tamariz, San Marco et San José Ovando.

La 2e division, sous les ordres du général Douay, était à Quecholac, Acatzingo, Los Reyes et Tecamachalco, correspondant avec la 1re par la route directe de Nopalucan à Acatzingo, appelée Camino Nuevo.

Le général Neigre, placé à l'arrière-garde, devait amener des renforts.

Un conseil de guerre fut tenu à Quecholac le 28 février. Divers plans y furent successivement proposés ; mais on ajourna toute décision jusqu'au jour où l'on serait devant la place. Il fut seulement convenu que toutes les forces se mettraient en mouvement le 8 mars, après l'arrivée des renforts. Les dépêches envoyées par l'amiral Jurien de la Gravière annonçaient le débarquement de nombreux détachements à la Vera-Cruz.

Mais laissons la parole au général Forey, dans le journal qu'il adressait quotidiennement à l'Empereur :

ACATZINGO, 3 mars. — Je viens d'arriver à Acatzingo, qui est ce que nous avons vu de mieux depuis Orizaba. La campagne même offre aux yeux attristés jusqu'ici par une végétation rabougrie une nature plus riche et plus forte, et les environs de la ville, jusque du côté de Los Reyes, sont cultivés en jardins potagers, ce que permettent les eaux abondantes qui arrosent ce pays. La disposition de la ville est la même qu'à Quecholac : de grands corals où le matériel et les chevaux sont parfaitement abrités, de grands bâtiments ressemblant à des forteresses, des maisons à terrasse et une place immense au centre de la ville. Toute la population était dehors pour me voir arriver. C'est aujourd'hui jour de marché, et la place est couverte de plusieurs milliers d'Indiens qui apportent leurs provisions avec confiance. Nous avons traversé plusieurs villages, et les habitants ne témoignent aucune crainte à notre aspect. Certes, le gouvernement de Juarez ne peut pas dire qu'il nous fait une guerre nationale ; car nous ne voyagerions pas plus tranquillement en France, et survînt-il quelque part sur nos derrières une attaque, soit contre nos convois, soit contre les localités qui nous ont montré quelque sympathie, cela ne changerait pas la situation et ne pourrait être regardé que comme un fait naturel, puisqu'il y a de tout temps il y a eu dans ce pays, et il y aura longtemps encore, une partie de la population qui ne fait pas autre chose que le métier de bandits sous le nom de guérillas.

Le général Douay se porte demain à San Bartolo, et le général L'Hériller à Tépeaca, laissant un demi-bataillon à Los Reyes.

Je vais m'occuper moi-même de porter des troupes de la brigade Bertier, soit venir à Acajete, jusqu'à Amozoc, petite ville située au point de jonction des routes d'ici à Puebla et de Nopaluca à cette même ville, et qui nous sera utile comme point de concentration de nos deux colonnes, qui opèrent depuis longtemps séparément. Ce serait même un excellent point où nous pourrions former des magasins, si les moulins qui existent à Quecholac ne nous forçaient à les laisser là et à y conserver une garnison que je compte former d'un bataillon, qui, au moyen de quelques ouvrages que le génie y pratique en ce moment et qui en ceignent nos dépôts, y sera en toute sûreté jusqu'au moment où la prise de Puebla me permettra d'évacuer sur cette dernière place tout ce qui sera resté à Quecholac.

5 mars. — Le général Douay a exécuté son mouvement hier sur San Bartolo et Tépeaca. Il mérite qu'il l'a effectué sans incident et sans avoir vu un seul ennemi. Il ne me parle pas de Tépeaca, d'où le général L'Hériller ne lui avait pas encore donné de ses nouvelles. Il doit se mettre en communication aujourd'hui avec le général Bertier, qui est arrivé le 4 à Acajete. Dans leurs positions respectives, nos deux colonnes se protègent mutuellement et n'ont rien à craindre de l'ennemi.

Celui-ci a sans doute été ému de mon départ d'Orizaba et de mon arrivée à Quecholac. Il s'est concentré à Puebla, où l'on a appelé même les détachements de cavalerie laissés dehors. Juarez est venu de Mexico à Puebla, où il a passé une grande revue, à laquelle on a constaté que 18,000 hommes environ avaient assisté. Juarez a harangué les troupes et est reparti pour Mexico. Comonfort, qui se tient vers San Martin avec un corps que l'on dit fort de 3,000 réguliers et de volontaires dont on ne donne pas le chiffre, est venu à Puebla avec Juarez et est retourné après la revue à San Martin, d'où il observe la route de Tlascala.

Bazaine, d'après mes instructions, doit lui donner des inquiétudes de ce côté en poussant de fréquentes reconnaissances vers Huamantla, en faisant courir le bruit que San Martin est un objectif sérieux pour nous, et en commandant aux haciendas de préparer des approvisionnements. San Andres est entièrement évacué, et le 20e bataillon de chasseurs qui y restait seul arrive demain à Nopaluca, où Bazaine a sa division massée avec des forces qui s'étendent de là à Acajete.

Je fais venir ici tout le matériel de l'artillerie et du génie, de sorte que dès que le général Neigre me ramènera ce qui est encore échelonné entre Quecholac et Orizaba, je prononcerai définitivement le mouvement offensif sur Puebla ; dans aucun cas, du reste, ce mouvement n'aurait pu se faire plus tôt qu'il ne s'effectuera, par la nécessité où nous avons été de transporter à Quecholac de nombreux approvisionnements amassés à San Andres, où nous sommes maintenant, de les porter en avant ainsi que les munitions de guerre, toutes choses qui ne peuvent se faire que peu à peu.

Le 6. — J'ai enfin reçu l'avis de l'arrivée de notre convoi d'argent à Orizaba. Parti de cette ville le 5, il sera ici le 9. Le général Neigre partira le 6, de manière à nous apporter le courrier de France. Il ramènera avec lui la majeure partie de sa brigade, qui est échelonnée sur la route, en sorte que d'ici à quelques jours notre mouvement offensif sur Puebla va s'exécuter. J'adresse à Votre Majesté la traduction d'une proclamation que Juarez a adressée à l'armée d'Orient, à l'occasion de sa revue. Il est toujours étrange que le chef d'un gouvernement, qui porte de si rudes atteintes à la liberté et qui se joue avec tant d'impudence des droits de l'humanité, fasse un pareil abus de ces mots qui sont si peu d'accord avec ses actes.

Je suis allé visiter hier Los Reyes, où nous avons un détachement. La population de ce gros village, qui contient 3,000 Indiens, se pressait autour de moi, et c'était à qui me toucherait

la main. Si Juarez avait vu et entendu ces bonnes gens qui nous regardent comme des libérateurs, il ne prétendrait pas que son gouvernement est populaire.

Le 7. — Comme mouvement préparatoire à l'investissement de Puebla, je porte le 9 le général Douay avec toute sa brigade à Amozoc. A cet effet, je le remplace à San Bartholo et Tépeaca par le 51e que je fais venir d'Acajete, et je prescris au général Bazaine de resserrer ses cantonnements sur ce dernier point, ayant sa droite à Nopalucan, de manière à masser sa division à Amozoc en deux marches, mais en laissant toujours Marquez à Ixtengo et Zoltepu pour laisser l'ennemi dans le doute sur notre véritable direction.

Le général Neigre, qui est en route, ramasse sa brigade, échelonnée à Acatzingo, Puente, Colorado, la Canada, Palmer, Quecholac, et, après avoir laissé dans cette dernière ville, qui est le centre de nos approvisionnements à cause de ses moulins, le 2e bataillon du 81e qui en formera la garnison jusqu'à nouvel ordre, il arrivera ici le 9 ou le 10, et le 11 ou le 12 je serai en mesure, je l'espère, de masser toute l'armée en avant d'Amozoc, pour de là procéder à l'investissement de Puebla.

Le 10. — Le mouvement du général Douay sur Amozoc s'est effectué hier. Il a rencontré en avant de cette ville quelques cavaliers qui se sont enfuis, et, arrivé devant la ville, il a essuyé quelques coups de feu tirés des jardins de la ville sur son avant-garde par des cavaliers assez nombreux ; mais comme j'avais pris des dispositions pour enlever Amozoc si l'ennemi paraissait disposé à la défendre, les cavaliers ont promptement évacué leurs positions et se sont retirés sur Chachapa, où les Mexicains auraient, dit-on, des forces assez considérables en cavalerie avec de l'artillerie. Le général Douay se proposait de pousser une reconnaissance ce matin de ce côté. Il a trouvé les puits à Amozoc bouchés et encombrés, mais non corrompus, comme on le disait, par des animaux morts qu'on y aurait jetés. Il y a aussi aux environs des mares où l'eau est assez abondante pour nos animaux.

La ville renferme, comme toutes celles que nous avons traversées sur le plateau, des corals très-commodes pour contenir nos voitures et nos chevaux et mules. J'occupe la ville militairement et je m'empresse d'y faire conduire tout notre matériel, ce qui exigera trois ou quatre jours. Afin de garantir nos convois de toute insulte vers Tépeaca, au sud de laquelle se tiennent des bandes que l'on dit assez nombreuses, surtout vers Tecali, j'ai porté à Tépeaca tout le 51e, qui était partagé depuis le 8 entre cette ville et San Bartolo, et j'ai dirigé le 1er de zouaves sur San Bartolo. De cette manière, la marche de nos convois sur Amozoc est parfaitement assurée.

Il me reste ici un bataillon du 81e et le 18e bataillon de chasseurs avec un peu de cavalerie. Dès que la majeure partie du matériel aura évacué Acatzingo, je porterai mon quartier général à Amozoc.

Outre le 51e, j'ai dirigé sur Tépeaca près de 200 cavaliers mexicains commandés par le colonel la Peña, officier énergique, qui était à la Soledad dernièrement et dont j'ai été très-satisfait. Le bataillon d'infanterie de marine arrive demain. Je m'occupe à organiser les troupes auxiliaires. Quant à créer un corps d'Indiens, la chose sera peut-être possible plus tard ; mais en ce moment cette malheureuse et intéressante portion de la population mexicaine est sous un tel régime de terreur qu'une semblable création m'a paru jusqu'à présent impraticable. Je me donne quelque espoir que l'avenir pourra modifier la situation dans le sens indiqué par Votre Majesté, car depuis que je me suis porté en avant, plusieurs faits se sont produits sur nos derrières qui dénotent une tendance de la part des Indiens à secourir le joug et à défendre leurs propriétés et eux-mêmes contre les guérillas.

Le 11. — Nos convois s'acheminent sur Amozoc, où je ne me rendrai que lorsque tout ou à peu près tout le matériel y sera. En présidant moi-même à cette opération, je suis sûr qu'elle se fait plus rapidement et sans aucune perte de temps.

Du 13 au 14, les convois ont continué à porter notre matériel à Amozoc, où les parcs d'artillerie et du génie se sont rendus le 13. Hier, 14, j'y suis arrivé moi-même, ne laissant en arrière que le général Neigre, qui arrivera demain 16. C'est ce jour que j'ai fixé pour la concentration de toutes les troupes, soit à Amozoc, soit en avant. Toutes mes dispositions sont prises pour investir Puebla le 18. J'aurai l'honneur d'en exposer le plan à Votre Majesté demain, où il recevra un commencement d'exécution.

Le 16. — C'est aujourd'hui, Sire, le jour anniversaire de la naissance du Prince impérial. J'aurais vivement désiré que la marche des choses m'eût permis de vous annoncer, à cette occasion, la prise de Puebla ; mais cela n'ayant pas été possible, nous avons au moins célébré le 16 mars en commençant les opérations sérieuses. Ce matin, le général Douay a fait occuper les mamelons de Tepozutchil et d'Amalucan. C'est à l'hacienda qui est située derrière ce dernier mamelon que je vais établir provisoirement tous nos dépôts de vivres et de munitions. La division Bazaine, qui est arrivée aujourd'hui, a remplacé dans ces deux positions de Tepozutchil et d'Amalucan les troupes du général Douay, qui sont allées le rejoindre à Manzanilla. De là ce dernier doit faire les reconnaissances nécessaires pour tourner Puebla par le nord, tandis que le général Bazaine en fera de Tepozutchil pour tourner la ville vers le sud. Ces reconnaissances seront faites demain 17, et si, d'après les résultats, les travaux qui seraient nécessaires pour rendre les chemins praticables ne peuvent apporter d'obstacles sérieux à la marche des colonnes, voici les opérations qui amèneront l'investissement complet de Puebla, lequel aura probablement un grand effet sur le moral des assiégés, que l'on dit déjà assez ébranlé.

Le 18, à trois heures du matin, le général Douay, ainsi que le corps du général Marquez et un petit corps que Votre Majesté connaît déjà sous la dénomination de légion d'honneur, composé d'officiers mexicains, commandé par le général Taboada, quitteront la Manzanilla.

La 1re brigade (général L'Hériller) se dirigera sur le Puente Mexico, passera l'Atoyac sur ce pont, et ira s'établir sur la rive droite de l'Atoyac, à l'ouest de la place, vis-à-vis le Cerro San Juan, ayant soin de se tenir hors de portée du canon de la place. Tous les renseignements, sans exception, donnent le Cerro comme n'étant point fortifié, et le général Douay, à qui il est recommandé de n'agir qu'avec une grande prudence, mais au besoin avec résolution, occupera ce point important et qui nous donnera une excellente base pour nos attaques si l'ennemi ne le défend pas, et l'enlèvera de force s'il se trouve en mesure de le faire.

Dans cette prévision, je lui ai adjoint une batterie de réserve. Il fera en même temps occuper Puente Mexico et enverra un détachement du côté du Puente de Animas pour couper la route qui passe par le pont. Il a l'ordre de couper le fil du télégraphe électrique et de rechercher les conduites d'eau pour les couper aussi.

Le corps de Marquez, qui aura suivi cette brigade, s'établira sur la route qui conduit à la Garita del Puelque et interceptera la route de Tlascala.

Je viens de voir défiler le petit corps de Marquez. Il est bien armé et animé de bonnes dispositions. Il ne compte qu'un millier d'hommes (800 à pied, 200 à cheval). La 2e brigade (général Neigre) appuiera d'un côté à la route de Tlascala, et de l'autre au Rio San Francisco, et aura à sa gauche la légion d'honneur qui servira de lien entre la 2e division (Douay) et la 1re (Bazaine), vis-à-vis les forts de Guadelupe et Loretto. Par conséquent la division Douay investira la place à l'ouest et au nord.

La 1re brigade de la 1re division (général Bertier) partira de grand matin de la ferme d'Alamos, gravira les pentes du Cerro Tepozutchil, et, tournant la ville par le sud, tâchera de traverser le Rio Atoyac à 3,000 mètres de la place. Si elle ne le pouvait pas, elle descendrait jusqu'au pont de Totimehuacan, d'où elle ira prendre position au sud de la ville sur la route de la hacienda de San Bartolo. Avec cette brigade marchera un corps mexicain commandé par le colonel la Peña, et un autre sous les ordres du colonel Trejuqué, celui qui s'est rallié à nous à San Andres.

La 2e brigade (général de Castagny) occupera la route d'Amoyoc à Puebla, à hauteur des Cerro Tepozutchil et Amalucan, et s'étendra à droite et à gauche de manière à donner la main aux brigades voisines et à garder les parcs placés provisoirement en arrière d'Amalucan.

Les deux régiments de marche (cavalerie) sont attachés : le 1er régiment à la division Douay, le 2e à la division Bazaine.

Cette dernière division investira la place au sud et à l'est ; Puebla sera donc investie de toutes parts, et si une partie de la garnison réussit à sortir de la ville, il sera impossible au matériel d'échapper.

Aussitôt l'investissement terminé, je ferai une reconnaissance

très-détaillée de la place qui n'est plus une place ouverte comme en mai 1862, mais une véritable place forte défendue par un système de forts détachés, armés d'une puissante artillerie et défendus par une armée de 20,000 hommes, sans compter un système de défense intérieure, qui, si elle est bien menée, peut nous présenter de sérieuses difficultés. Mais si la défense est vigoureuse, l'attaque ne le sera pas moins, et quand je vois les bonnes dispositions dans lesquelles sont les troupes, leur état physique et moral, il ne m'est pas permis de douter un instant du succès. J'adresse à Votre Majesté un plan de la ville et de ses défenses au moyen duquel l'Empereur pourra suivre les opérations.

Le 17. — Demain, je porte mon quartier général à Amalucan, d'où je pourrai suivre les opérations de l'investissement, après quoi je l'établirai au point qui me paraîtra le plus favorable.

Nos mouvements d'hier ont mis la ville en émoi, et la garnison s'est portée aux postes qui lui ont été assignés pour le combat. Le général Douay n'a rencontré dans sa marche sur Manzanilla que quelques cavaliers, battant la campagne, et dans une démonstration qu'il a faite dans la direction de Guadalupe pour détourner l'attention de l'ennemi sur ses projets de tourner la ville par la droite, il y a eu quelques coups de fusil échangés sans aucune importance. Cela a suffi pour tenir la garnison sur le qui-vive.

Le 18, de San Aparicio. — Sire, nos opérations marchent à souhait. Pendant que les divisions Douay et Bazaine investissaient la place hier, l'une par le nord, l'autre par le sud, je suivais leurs mouvements des hauteurs de Amalucan, où j'avais transporté dès le matin mon quartier général. Dans la supposition que le général Douay trouverait le Cerro San Juan occupé par l'ennemi et fortifié, ma résolution de l'enlever le plus tôt possible étant arrêtée, je fis partir les batteries de la réserve d'Amalucan et les dirigeai sur San Aparicio, où je suis venu moi-même ce soir. Dans la soirée, j'ai reçu une lettre du général Douay, et dans la nuit une autre du général Bazaine.

Le 19. — Le premier m'annonce que sa marche qui n'a souffert de sérieuses difficultés qu'ici, à San Aparicio, où se trouve une bacrance des plus difficiles, avec des pentes qui ne permettent de les gravir qu'en triplant les attelages, et où il a dû laisser ses voitures, l'a conduit au Cerro San Juan qu'il a occupé après un engagement assez vif, mais cependant très-court, pendant lequel le colonel Laffaille a reçu une blessure très-légère à la cuisse, et un officier norvégien qui sert dans le bataillon de fusiliers marins une blessure à la tête (il ne me parle que de celles-là), il a fait occuper la route de Mexico et coupé le fil du télégraphe qui communique de Puebla à la capitale.

Le général Bazaine m'écrit de son côté qu'après avoir rencontré d'assez grandes difficultés de terrain qui ont nécessité des travaux assez longs pour le passage des voitures, il est arrivé au point indiqué dans mes instructions, c'est-à-dire à San Bartolo, au sud de Puebla, où dans la matin il va se mettre en communication avec Douay. Voilà donc notre investissement complété de la manière la plus heureuse, et j'espère que cette première et importante opération nous présage de succès ultérieurs.

Je m'occupe maintenant d'expédier les ordres nécessaires pour amener au Cerro San Juan notre matériel de guerre et de bouche.

Le 20. — Je suis arrivé hier au camp du général Douay, et j'ai établi mon quartier général dans un ancien couvent, sur le sommet du Cerro San Juan, d'où je vois toute la ville avec ses fortifications, ainsi que toutes les positions occupées par mes différents corps.

Le colonel d'Auvergne, qui s'est fait transporter jusqu'ici par des Indiens, renvoyant ceux-ci à Orizaba, j'ai donné à cinq d'entre eux une dépêche télégraphique qu'ils remettront, s'ils ne sont pas arrêtés en route, au commandant supérieur d'Orizaba.

Nous apercevons, à deux lieues au loin, dans la direction de San Martin, un fort parti de cavalerie et d'infanterie que nous supposons être le corps sous les ordres de Comonfort. Je pense qu'il cherchera à se mettre en communication avec la garnison ; mais je fais observer tous les passages avec soin.

Le 22. — Tous nos convois sont arrivés de Amalucan, excepté les gabions, que le génie a fait apporter en grande quantité de Quechola et d'Acajete sur ce point. J'espère les avoir ici sous peu. En attendant, les officiers du génie et d'artillerie font leurs reconnaissances pour l'ouverture de la tranchée et l'établissement des batteries. Les approches de la place sont favorables en ce qu'on est défilé sur certains points jusqu'à 600 mètres. Les troupes qui ont investi la ville le 18 s'étaient établies à environ 4,000 mètres, et même plus. Hier de nouvelles positions plus rapprochées ont été reconnues, et aujourd'hui les troupes ont levé leurs camps et ont serré la place de plus près ; elles en sont à 3,000 mètres, 3,500 au plus suivant les localités. L'artillerie ennemie, en tirant assez fréquemment dans diverses directions, nous a pour ainsi dire indiqué elle-même les positions à occuper.

Hier, les troupes ennemies de Comonfort ont fait une démonstration sur nos lignes; mais il a suffi de quelques compagnies de tirailleurs pour les maintenir à distance. Il y avait là peu de monde, et je ne suis pas éloigné de croire que la n'était pas le gros de ses forces, que des renseignements, auxquels je ne crois guère du reste, portent à 12,000 hommes, et qu'il pourrait venir nous inquiéter par Huamantla et Acajete, en se portant sur notre ligne de communication. Aussi, je tiens à ne plus avoir à m'en servir jusqu'après la prise de Puebla, et j'envoie des mulets en grand nombre et des voitures vides à Quecholac pour en enlever tout ce que nous y avons en grains, farine, munitions, malades et garnison, en sorte que, ce point évacué entièrement, je n'aurai plus de préoccupation sur la ligne de Puebla à Orizaba, et je gagnerai un bataillon de plus.

Hier, à la tombée de la nuit, de fortes colonnes de troupes sortaient de la ville par Guadalupe et Loretto, ce qui me fit croire : que ces gens, inquiets sur les mouvements que les nôtres avaient faits au nord de la ligne d'investissement pour la resserrer, l'ennemi prenait des positions pendant la nuit pour éviter une surprise; ou qu'il tenterait quelque chose sur Amalucan, sachant que nous n'y avions pas de forces considérables. Je fis prévenir tous les corps de ce côté de se tenir sur leurs gardes; et même le général Neigre devait chercher à couper la retraite à ces colonnes ennemies si elles s'avançaient dans la plaine; mais cette démonstration cachait un but dont j'ai reçu aujourd'hui l'explication. Carbajal, avec 500 hommes de cavalerie, qui était entré dans la place peu de jours avant l'investissement, s'y était laissé renfermer par cette opération, qui a réussi à souhait. Malheureusement nous n'avons pas assez de troupes françaises pour garder tous les points, et Carbajal, avec ses cavaliers, se serait échappé de la ville par cette baranca, pendant la nuit dernière, sous la protection des colonnes que j'avais vues descendre dans la plaine. Je suis très-contrarié de cela, bien que je ne puisse espérer intercepter assez complètement la place pour empêcher tous les hommes d'en sortir.

Ce matin, l'artillerie de la place a essayé la portée de ses pièces sur mon quartier général, et nous a salués de boulets et d'obus pendant que nous déjeunions. Leurs projectiles étaient parfaitement dirigés, et l'un d'eux est même entré dans la chapelle où couchent les officiers de l'état-major général. Si ces messieurs n'eussent pas été à table dans une autre pièce, il y en eût eu probablement de touchés.

Le 23. — Hier j'avais envoyé une forte reconnaissance à Cholula. 2,000 cavaliers de Comonfort, qui venaient de quitter cette ville, ont été rencontrés par notre reconnaissance, et il s'en est suivi un engagement de cavalerie dans lequel le général de Mirandol, enlevant nos chasseurs avec l'entrain qui distingue officiers et soldats de cavalerie dans cette campagne, a chargé la baranca de Comonfort, qui l'a mis dans une déroute complète, lui tuant au moins 200 hommes. Nous avons eu une dizaine d'hommes tués ou blessés, dont un officier, M. Petit, capitaine, qui a reçu un coup de lance qu'on a cru mortel ; mais depuis lors il va mieux et on espère le sauver.

Le 24. — Hier, une batterie de 2 gros mortiers mexicains que nous avons apportés de Vera-Cruz, et de 6 obusiers de montagne disposés pour tirer en bombe, a essayé son tir, afin de pouvoir protéger l'ouverture de la tranchée qui devait avoir lieu dans la nuit. La première grosse bombe est tombée dans l'angle gauche du couvent de San Xavier, qui est notre objectif; la seconde est tombée sur le couvent même, et, au dire d'un canonnier de ce fort, qui a déserté ce matin, elle aurait éclaté dans une pièce occupée par le général Negrete, qui aurait manqué d'être tué. Le tir des petits obusiers était aussi très-bon, en sorte que cette batterie était en mesure avant la nuit de protéger les travailleurs. Pendant toute la soirée et

une grande partie de la nuit, les batteries de San Xavier ont tiré sur la nôtre qui est établie à la Garitta de Mexico, mais sans lui faire aucun mal.

A sept heures du soir, nous avons ouvert la tranchée avec 1,000 travailleurs. Une première parallèle a été tracée sur une étendue de 900 mètres entre les deux faubourgs de San Iago et San Mathieu. L'ennemi ne s'en est pas même douté, quoique cette parallèle ne soit qu'à 600 mètres de San Xavier. L'église de San Iago étant minée, le génie a recherché le fil électrique, et, à l'aide du sacristain de cette église, a pu le trouver et le couper. Tout le feu de San Xavier s'étant concentré, sans succès du reste, sur notre batterie de mortiers, le travail de la tranchée s'est fait dans la plus grande sécurité, et pas un homme n'a été touché. Voilà donc, Sire, une première opération du siége qui a réussi au delà de nos espérances, et qui a été conduite avec une grande intelligence par M. le capitaine du génie Barrillon, sous la haute direction du colonel Viala.

Le 25. — La première parallèle a été perfectionnée dans la journée d'hier. Le feu de la place a été assez vif; mais d'habiles tirailleurs, embusqués à la gauche dans le faubourg San Mathias, ont inquiété les canonniers ennemis, qui sont loin d'être aussi habiles qu'on le prétendait. Nos batteries de gros mortiers ont encore lancé des bombes sur San Xavier, où elles doivent faire de terribles ravages. Nos petits obusiers tirant en bombe font aussi de très-bons coups.

Hier soir l'artillerie a commencé à faire plusieurs batteries destinées à éteindre le feu de San Xavier et à ricocher l'ouvrage à redans, nommé Morelos, qui doit flanquer Carmen ; elle pensait avoir armé ces batteries pendant la nuit et pouvoir ouvrir le feu ce matin; mais l'armement n'a pu être terminé, et ces batteries ne seront prêtes à tirer que demain matin. L'artillerie en espère un effet décisif sur les points qu'elle battra.

Le 26. — Pendant toute la journée d'hier le feu de San Xavier a été très-vif et dirigé en grande partie sur le quartier général. L'artillerie a poussé l'achèvement de ses batteries.

Pendant la nuit, le génie a construit la 2e parallèle, plus un boyau allant à un point reconnu favorable pour l'établissement d'une batterie qui a été élevée pendant la nuit.

Le matin à cinq heures et demie, l'artillerie a ouvert son feu avec une précision extrême sur San Xavier. La place a répondu avec vivacité ; mais pendant que son feu ne produisait aucun effet sur nos batteries, le nôtre éteignait celui du bastion de gauche de San Xavier, et mettait le parapet dans un état rendu plus triste encore par l'explosion d'un magasin à poudre. Nos pièces ayant moins d'action sur le bastion de droite, une pièce ennemie a continué à tirer toute la journée.

Vers sept heures du soir, au moment où l'on disposait les travailleurs pour faire la 3e parallèle, l'ennemi, qui prit sans doute ces travailleurs pour des troupes assaillantes, ouvrit un feu violent de mousqueterie partant de San Xavier et de tout le front de la ville menacée; mais, comme nous ne lui répondîmes pas, il ne tarda pas à revenir de sa panique, et tout rentra dans le silence, qui ne fut plus interrompu de la nuit.

Le 27. — Ce matin le feu a recommencé, mais moins intense qu'hier. Il a été décidé qu'il serait fait une quatrième parallèle, la troisième ayant été tracée à 80 mètres de San Xavier, distance jugée trop grande pour lancer une colonne d'attaque sur cet ouvrage dont le feu d'artillerie a bien été éteint, mais qui se trouve flanqué par plusieurs pièces ennemies, et dont le Pénitencier, qui en forme le réduit, est un énorme bâtiment à plusieurs étages percés de nombreuses fenêtres d'où une garnison nombreuse peut diriger sur les assaillants une fusillade meurtrière.

Pendant l'ouverture de la 4e parallèle, il a été envoyé un sous-officier du génie, en reconnaissance pour examiner les dimensions du fossé de San Xavier. Trahi sans doute par le clair de lune, il a été aperçu au bord du fossé, et quelques coups de fusil tirés sur lui ont immédiatement donné l'éveil à l'ennemi, qui toutes les nuits se tient sur ses gardes, craignant une attaque de vive force ; et, comme la veille, un feu violent éclata sur tout le front d'attaque et dura pendant une demi-heure sans que le nôtre y répondît, si ce n'est par quelques coups de canon que nos batteries tirèrent sur le Pénitencier, à la hauteur des fenêtres du deuxième étage, sur lesquelles elles avaient reçu l'ordre de pointer leurs pièces pendant le jour.

Le 28. — Le feu a continué de notre côté le matin et le soir, et a été principalement concentré sur le Pénitencier, contre lequel une attaque de vive force est résolue pour demain. Cet établissement, dont le feu est entièrement éteint, souffre beaucoup de notre feu. L'ennemi tire peu, la plupart de ses pièces qui garnissaient le front de l'attaque ayant été obligées de se taire.

Pendant la journée, j'ai été passer en revue les trois escadrons du 2ᵉ régiment de marche qui ont livré le combat du 23 contre la cavalerie de Comonfort, et je leur ai distribué les croix et médailles que je leur avais accordées. Ces magnifiques escadrons ont accueilli quelques mots que je leur ai adressés au cri de *Vive l'Empereur!* et je suis persuadé que l'on peut tout tenter avec une cavalerie semblable.

J'ai ensuite visité les ambulances, où nous avons une trentaine de blessés dont quelques-uns sont amputés; mais on peut dire qu'avec le feu que fait la place, il est aussi extraordinaire qu'heureux que nos pertes soient si peu considérables. Celles de l'ennemi doivent être beaucoup plus grandes, parce que, tandis que son feu est éparpillé, le nôtre est toujours concentré sur un point. Toutes nos dispositions sont prises pour attaquer San Xavier ce soir à cinq heures.

Le 30. — Hier, un bataillon de chasseurs à pied, le 1ᵉʳ, et deux bataillons de zouaves, le 2ᵉ régiment, avaient été commandés pour enlever San Xavier. Ces deux bataillons, disposés dans la 4ᵉ et la 3ᵉ parallèles, étaient soutenus par de fortes colonnes de réserve. Le général Bazaine avait le commandement général; le colonel Garnier, du 51ᵉ, était commandant de tranchée. Des détachements de sapeurs du génie munis d'échelles, de pétards, etc., devaient précéder les colonnes d'assaut.

A quatre heures de l'après-midi, toutes nos batteries ouvrirent un feu des plus violents sur San Xavier, déjà fort maltraité par nos tirs précédents. Ce feu, qui dura jusqu'à cinq heures, rendit l'ouvrage inhabitable, et, à cinq heures précises, le feu ayant cessé, nos braves chasseurs à pied et nos zouaves franchirent la 4ᵉ parallèle aux cris mille fois répétés de *Vive l'Empereur!* et abordèrent San Xavier avec un élan irrésistible. L'ennemi, quoique sur ses gardes, avait cependant été surpris; car les nôtres purent se loger dans cette immense ruine avant que la place ne tirât. Mais ce ne fut qu'un feu de quelques minutes. Bientôt tous les murs crénelés, les terrasses, les fenêtres des maisons situées en arrière de San Xavier se garnirent d'infanterie qui ouvrit un feu violent de mousqueterie; toutes les pièces encore en état de tirer de l'ouvrage de Carmen, de Morelos, de Santa Annita, de la Trancheria et de nouvelles batteries démasquées auxquelles vinrent se joindre un grand nombre de pièces de campagne, firent en même temps un feu que l'on ne peut comparer qu'à celui de Sébastopol, et couvrirent de projectiles nos tranchées et l'ouvrage tombé en notre pouvoir. Dès que la nuit fut venue, le génie relia la gauche de la 4ᵉ parallèle, qui n'était qu'à 50 mètres de l'ouvrage conquis, de manière à établir avec cet ouvrage une communication sûre. Nos batteries se mirent en mesure de battre le corps de la place au jour, et, ce matin, toute la partie située en arrière de l'ouvrage est nettoyée.

Les pertes de l'ennemi ont été nombreuses. Une grande quantité de morts ont été enterrés ce matin sur le champ de bataille. Des explosions de projectiles creux dans l'ouvrage en ont mutilé affreusement un grand nombre, et j'ai en ce moment, au quartier général, 140 prisonniers dont 10 officiers, parmi lesquels se trouvent un colonel du génie et un colonel d'infanterie.

Quant à nous, nos pertes, quoique sensibles, sont peu considérables, eu égard au résultat. Elles se montent à 231 tués, blessés ou disparus, dont 8 officiers tués et 13 blessés. Parmi les blessés se trouve malheureusement le général de Laumière, qui a reçu une balle au front. On espère que cette blessure n'aura pas une grande gravité. Le colonel Garnier a été blessé au bras et au côté par un biscaïen. Sa blessure n'offre point de danger.

Le 30. — Hier, vers midi, nous avons aperçu plusieurs lignes de troupe de toutes armes rangées en bataille dans un ordre parfait sur les hauteurs situées à droite de Cholula et dans la direction de San Martin. C'était encore Comonfort, mais qui se présentait en beaucoup plus grand nombre que la première fois. On remarquait en même temps des signaux sur les tours de la cathédrale de Puebla; il n'y avait pas de doute que l'ennemi ne cherchât à faire entrer dans la place le convoi d'argent dont manque la garnison; mais toutes les issues sont bien

gardées, et je ne crois pas que cette opération puisse réussir. Cependant, je pris toutes les précautions nécessaires pour marcher à la rencontre de Comonfort. Je veillai aussi du côté de la place, d'où je pouvais craindre une sortie; elle eut lieu en effet, mais intempestivement; car Comonfort, après être resté en vue de nos camps pendant plusieurs heures, rangé sur deux lignes, s'était décidé à se retirer sans avoir rien tenté, et ce n'est qu'à peine tranquille de ce côté que plusieurs colonnes d'infanterie, quelques escadrons de cavalerie et de l'artillerie de campagne sortirent de la ville entre Loretto et Santa Annita, et se portèrent dans la direction du camp de Marquez; mais les troupes que nous avons à Santa Maria, à San Apericio étaient sur leurs gardes; des retranchements que j'ai fait élever pour barrer les routes partirent des coups de fusil sur les premiers qui se présentèrent, et ces colonnes, voyant tous les points bien gardés, ne poussèrent pas plus loin et rentrèrent en ville.

Le 31. — Hier soir j'avais prescrit l'occupation du couvent de Guadalupe qui se trouve à l'est de San Xavier, et qui doit nous défiler des feux de Santa Annita et de San Pablo quand nous envahirons la partie ouest de la ville; mais c'était une opération délicate, attendu qu'outre un nombre considérable de Mexicains que ce couvent peut contenir, il est distant de 45 à 50 mètres de la gorge de San Xavier, et que cette distance était battue par l'artillerie ennemie; puis, que des clochers des environs, garnis de fusiliers, rendaient l'approche du couvent très-meurtrière. Il avait été convenu que le génie essayerait de faire une gabionnade pour établir la communication, et que si le feu de l'ennemi s'y opposait, l'on attacherait un pétard à la porte du couvent que l'on envahirait ensuite de vive force. La gabionnade ne put être établie, et deux pétards ne produisirent aucun effet, attendu que la porte était murée intérieurement. Cette attaque, dans laquelle nous avons fait quelques pertes regrettables en braves soldats dévoués, dut donc être abandonnée, et il fut arrêté que dans la journée d'aujourd'hui on transporterait une pièce de douze dans l'intérieur du couvent San Xavier, qu'on ouvrirait une embrasure dans la muraille faisant face au couvent de la Guadalupe, et qu'on y pratiquerait une brèche dans la soirée. Cette pièce fut prête à faire feu; mais un nouvel obstacle inattendu se présenta, et l'on reconnut que la pièce ne voyait pas le mur du couvent. En cherchant, malgré le feu incessant des clochers voisins, l'on reconnut qu'en élevant la plate-forme de la pièce de douze de 45 centimètres, on aurait action sur le couvent; c'est ce qui fut fait, et la brèche fut faite dans la nuit.

Le général Neigre, de tranchée, lança pendant la nuit le 18ᵉ bataillon de chasseurs par la brèche faite au couvent, et, sans tirer un coup de fusil les assaillants pénétrèrent dans le couvent, passèrent au fil de la baïonnette les défenseurs au nombre de 400, dont une partie, abandonnant ses officiers, se rendit prisonnière; et nos intrépides chasseurs, poursuivant leurs succès, s'emparèrent, outre le quadre de Guadalupe, de celui qui le suit vers l'est (on appelle quàdres ces rectangles uniformes de maisons dont se composent les villes mexicaines).

Nous voilà en ville. Ce soir plusieurs quàdres contigus, en descendant au sud, seront, j'espère, en notre pouvoir, et l'ouvrage de Morelos tourné. D'ailleurs cet ouvrage a été désarmé, et les gabionnades brûlent en ce moment, incendiées par l'ennemi lui-même.

Nos pertes de cette nuit sont insignifiantes, tandis que celles de l'ennemi sont considérables. Je fais partir après-demain des voitures vides pour Orizaba, afin de nous rapporter des munitions.

2 avril. — C'est demain seulement 3 avril que part le convoi à vide qu'accompagnera le colonel Labrousse, qui va prendre le commandement de la province de Vera-Cruz. Je profite de cette bonne occasion pour faire partir notre courrier qui vous portera de nos nouvelles jusqu'à aujourd'hui inclus.

Cette nuit, nous avons étendu notre occupation dans la ville par la prise de l'église San Marco et de plusieurs quàdres contigus. Nous sommes maîtres de Morelos, où étaient les meilleures batteries de l'ennemi, auquel on a pris cinq pièces dont il avait brûlé les affûts dans cet ouvrage, qu'il a abandonné quand il a vu qu'il allait être tourné. Dans une maison qu'il a fallu enlever de vive force cette nuit, on a tué 50 Mexicains, fait des prisonniers et pris un certain nombre de fusils. Nos pertes ont été de 7 tués et 16 blessés.

Nous voilà établis en ville solidement, et je vais préparer

une attaque générale qui nous rendra maîtres, je l'espère, de la plus grande partie de la ville. Il est à présumer que les troupes mexicaines se retireront sur la position de Loretto et de Guadalupe où nous les bombarderons avec nos gros mortiers dont j'ai fait ménager à cet effet nos provisions de projectiles.

Le colonel Viala, commandant du génie, est un habile et intelligent officier, auquel je me plais à reporter la plus belle part des succès que nous avons obtenus jusqu'ici sur les assiégés par l'activité incessante qu'il a imprimée à la marche des travaux de tranchée.

Je ne veux pas finir ce journal sans dire à l'Empereur combien ses soldats sont admirables. Dans les tranchées, les plus rudes travaux se font avec un ordre et un empressement que le feu de l'ennemi, si vif qu'il soit, n'entrave nullement; à l'ambulance, où se trouvent déjà 140 à 150 blessés, que je vais voir et consoler, pas une plainte n'échappe à ceux même qui sont le plus cruellement atteints. Ce sont bien là les dignes soldats de la France!

Un général mexicain, qui se tenait depuis longtemps vers Matamoros, et qui est pour l'intervention, est arrivé au camp avant-hier avec 4 à 500 chevaux. La plupart des prisonniers que nous avons faits ces jours derniers ont demandé à entrer dans le corps de Marquez.

Je fais continuer nos cheminements dans les quadres, en avant de celui où se trouve celui de San Agustin, couvent qui sert d'arsenal à l'ennemi et dont je cherche à m'emparer en le tournant, afin d'éviter, si c'est possible, une attaque de vive force d'où pourrait résulter l'explosion des poudres et projectiles que renferme cet arsenal, ce qui pourrait amener de grandes pertes en hommes.

En ce moment la place dirige un feu assez violent de Carmen et de Santa Annita, qui se croise sur nos tranchées et sur les quadres qui sont en notre pouvoir. Croirez-vous, Sire, que les maisons dont nous nous emparons sont pour la plupart habitées, et les individus qui s'y trouvent répondent, quand on leur exprime de l'étonnement de les y voir, qu'ils sont habitués à cela?

Le fort San Xavier, devant lequel la tranchée avait été ouverte le 23 mars, à 650 mètres des ouvrages, fut emporté d'assaut le 29 mars. Le rapport du général Forey au ministre de la guerre sur cette brillante affaire, est ainsi conçu :

Au Cerro San Juan, le 2 avril 1863.

MONSIEUR LE MARÉCHAL,

Mon rapport général du 2 de ce mois, a mis Votre Excellence au courant de la marche des travaux du siège de Puebla jusqu'au 29 mars.

J'avais fixé ce jour pour enlever le fort San Xavier, sur lequel se dirigeaient nos attaques, et j'ai l'honneur de faire connaître à Votre Excellence les détails de cette opération.

Le fort San Xavier offre à l'ouest un front bastionné au nord, une grande courtine; à l'est, une lunette couvrant l'entrée du côté de la ville, et au sud un front bastionné irrégulier. Ces ouvrages, formant une enceinte continue, entourent une vaste construction qui comprend un pénitencier relié au couvent de San Xavier. L'ensemble de ce solide édifice a environ 180 mètres de long sur 80 de large. Il renferme trois cours intérieures et divers corps de bâtiments.

Les abords étaient couverts de défenses accessoires et flanqués par de nombreuses pièces encore intactes. La défense était donc facile et la disposition intérieure des bâtiments permettait de le pousser jusqu'aux dernières limites.

Il était indispensable de s'emparer de ce grand obstacle. Les travaux du génie nous en avaient rapprochés. Le feu de l'artillerie en avait ruiné les batteries. Il appartenait à l'infanterie de faire le reste.

Confiant dans la vigueur et l'énergie de mes troupes, je n'hésitai pas à ordonner l'assaut. Le 1er bataillon de chasseurs à pied et un bataillon du 2e zouaves formèrent les colonnes d'assaut. Un bataillon du 51e et un du 3e zouaves composèrent la réserve, indépendamment des deux bataillons de garde de tranchée.

Je confiai la direction de cette importante opération au général Bazaine, qui, accompagné de son état-major, vint à une heure de l'après-midi prendre le commandement de la tranchée?

A quatre heures, toutes nos batteries dirigèrent le feu le plus vif sur le Pénitencier, de manière à compléter la ruine de ses défenses extérieures. A cinq heures, selon l'ordre donné, le feu s'arrêta. Le général Bazaine, placé dans la quatrième parallèle, donna le signal. Les cris répétés de : Vive l'Empereur! y répondirent, et aussitôt la première colonne, sortant des tranchées, s'élança au pas de course sur le saillant de San Xavier, le couronna rapidement et pénétra dans l'ouvrage avec un élan irrésistible.

L'ennemi fut un instant surpris, mais au bout de quelques minutes une grêle de balles partant des murs crénelés, des terrasses, des portes, des fenêtres, des clochers, couvrirent nos attaques. Les Mexicains démasquèrent en même temps des pièces cachées derrière les barricades; ils s'y joignirent le feu d'une batterie de campagne placée en avant du fort de Carmen et celui de tous les forts voisins du point d'attaque, mais ce déluge de mitraille n'arrêta pas l'élan de nos soldats. La seconde colonne suivit de près la première, et bientôt elles pénétrèrent dans le Pénitencier. La garnison, formée d'environ 700 hommes, avec plusieurs pièces de campagne, essaya de résister. Pour la première fois, les Mexicains sentaient la pointe de nos baïonnettes; ils cédèrent à l'impétuosité de cette attaque. Pourchassés sans relâche d'étage en étage, de chambre en chambre, quelques-uns parvinrent à s'échapper, beaucoup succombèrent, et le reste fut pris.

Dans les différentes parties des bâtiments, il y avait de la poudre, des caisses de cartouches et des chaînes de bombes enterrées qui devaient éclater au moyen de ficelles dissimulées par de la paille. Grâce à l'énergie et aux dispositions prises par le capitaine du génie Barrillon, il n'en résulta aucun accident.

L'ennemi voyant le Pénitencier en notre possession, essaya de le reprendre. Une réserve de 2,000 Mexicains s'avança sur la face orientale; mais les chasseurs et les zouaves, installés au premier étage du bâtiment, accueillirent cette colonne par un feu plongeant si nourri, qu'elle rétrograda promptement derrière les barricades de la ville. L'ennemi continua à diriger sur le fort une fusillade des plus vives qui ne s'arrêta qu'à sept heures et demie.

Les pertes de l'ennemi sont graves, car l'intérieur du fort était rempli de cadavres. Nous avons pris dans l'ouvrage trois obusiers, une pièce de campagne, des chariots chargés de projectiles, et les deux fanions du 20e bataillon de ligne mexicain. On a ramené près de 200 prisonniers, dont 10 officiers, parmi lesquels se trouvent un colonel du génie et un colonel d'infanterie.

Officiers et soldats des diverses armes méritent les plus grands éloges pour leur entrain et leur discipline dans le combat. Je citerai parmi eux d'une manière toute spéciale :

Le général de division Bazaine, qui a conduit les troupes à l'assaut avec une énergie intrépidité.

Le général d'artillerie de Laumière, qui a été blessé gravement (il mourut le lendemain).

Le colonel Garnier, du 51e, commandant les tranchées, qui a été blessé.

Le colonel Viala, commandant supérieur du génie, qui a coopéré au succès par l'excellente direction donnée aux travaux.

Le commandant Billard, major de tranchée.

Le capitaine d'état-major Davenet, aide-major de tranchée.

Le capitaine de Galliffet, officier d'ordonnance de l'Empereur, aide-major de tranchée, qui s'est élancé sur le saillant de l'ouvrage, un fanion national à la main.

Dans le génie :

Le capitaine Barrillon, commandant le génie, qui, arrivé sur le saillant avec la 1re colonne, a dirigé les zouaves et les chasseurs à pied sur les terrasses. Ekendorff, capitaine. Mélard, lieutenant. Cabaret, sergent, contusionné. Le Bastard, sapeur, gravement blessé. Cazes, sapeur, blessé. Grimbichler, sapeur, blessé. Gros, sapeur.

Dans l'artillerie :

De Miribel, capitaine attaché à l'état-major de l'artillerie, blessé légèrement à la tête, a montré beaucoup d'énergie et d'intelligence dans le parti qu'il a su tirer des pièces prises à l'ennemi. Guény, maréchal des logis. Babaut, maréchal des logis. Baudin, canonnier.

Au 1ᵉʳ bataillon de chasseurs à pied :

De Courcy, chef de bataillon (à la tête du 1ᵉʳ échelon, l'a dirigé avec intelligence et une brillante bravoure). Morhain, capitaine. Horcat, capitaine. Guilhamin, capitaine. Suberville, lieutenant. Rouzeau, sous-lieutenant. Béraud, adjudant sous-officier. Bonneau, caporal clairon. Florentin, sergent, a planté le fanion du bataillon en haut du Pénitencier, sous un feu meurtrier. Vicend, chasseur. Estoup, caporal. Clément, sergent-major. Klinger, sergent. Gauffinel, sergent au 2ᵉ bataillon du 2ᵉ régiment de zouaves, Gautrelet, chef de bataillon, commandant le 2ᵉ échelon, a donné l'exemple de l'intrépidité, et, pendant le combat, a dirigé son bataillon avec une grande in-

baut, zouave, blessé au 1ᵉʳ rang. Lartigues, zouave, blessé au 1ᵉʳ rang. Pô, zouave, blessé au 1ᵉʳ rang.

Je suis avec respect, Monsieur le maréchal, votre très-humble et très-obéissant serviteur,

Le général de division commandant en chef,

FOREY.

Dans la nuit du 31 mars au 1ᵉʳ avril, on se rendit maître de l'îlot de maisons dans lequel se trouve le couvent de *Guadalupite*, et, le lendemain, de tous les îlots de maisons situés le long de la promenade jusqu'à l'ouvrage de Morelos sur la droite, ainsi que de plusieurs îlots au delà du couvent de Guadalu-

Combat de Cholula.

telligence militaire. Escourrou, capitaine. Quoique blessé au bras, a continué à marcher à la tête de sa compagnie et y a été tué au milieu des groupes ennemis. Coste, capitaine. Caze, sous-lieutenant. Fontanes, sergent, quoique blessé au pied, a continué à combattre avec sa compagnie, et a été blessé une seconde fois. Durand, caporal, arrivé un des premiers dans le redan, a placé et pointé une pièce d'artillerie abandonnée par l'ennemi, et sur laquelle il a été blessé gravement. Tessieu, caporal, s'est emparé d'un fanion de bataillon ennemi. Chirion, zouave, blessé, s'est également emparé d'un fanion de bataillon après avoir tué deux ennemis. Louët, zouave, a montré autant de générosité que de bravoure en faisant prisonnier un officier supérieur ennemi qui l'avait frappé d'un coup de sabre à la tête; a reçu plus tard une seconde blessure.

Au 1ᵉʳ bataillon du 3ᵉ régiment de zouaves :

Parguez, capitaine. Baldy, sous-lieutenant. Gasc, sergent-major. Loches, sergent-major. Quoique blessé deux fois, a continué à donner l'exemple de la plus grande intrépidité. Her-

pite, dans la direction de la grande place centrale de la ville.

On continua à cheminer ainsi sans grandes pertes, au moyen de tranchées par lesquelles on reliait les îlots entre eux ; on y pénétrait en faisant sauter des pans de murailles.

Le 3 avril on se disposa à attaquer la cathédrale, et l'on ne pensait pas que les opérations du siége dussent se continuer longtemps.

« Les approvisionnements en munitions, disait le rapport officiel, sont largement assurés pour tout le temps que pourront durer les opérations.

« Les succès que nous avons obtenus à Puebla ont été malheureusement achetés par des pertes sensibles, puisqu'ils nous ont coûté 5 officiers tués, parmi lesquels le général Vernhet de Laumière, commandant l'artillerie, 30 officiers blessés, 56 soldats tués et 443 blessés (sous-officiers et soldats), dont 250 seulement sont entrés aux ambulances. »

A l'heure où nous terminons ce résumé, nous apprenons la prise de Puebla. Les détails de cet événement et la suite de la guerre seront l'objet d'une seconde publication.

Paris. — Imprimerie de P.-A. BOURDIER et Cᵉ, rue Mazarine, 30.

ÉMILE DE LA BÉDOLLIÈRE

HISTOIRE

DE LA

GUERRE DU MEXIQUE

DEUXIÈME PARTIE.

Campement français.

CHAPITRE PREMIER

Préparatifs du siége de Puebla. — Lettres du préfet politique d'Orizaba au général Forey. — Manière dont la France fait la guerre. — Article de l'*Écho du Pacifique*.

Nous avons, dans la première partie de cette histoire, exposé les origines de la guerre lointaine dont le développement, poursuivi malgré tant d'obstacles, a excité si vivement l'intérêt universel.

Nous avons noté minutieusement les phases diplomatiques qui avaient été traversées, et à la suite desquelles la France s'était trouvée seule engagée dans une lutte périlleuse.

Nos lecteurs ont pu suivre les longs et patients préparatifs qui ont amené la prise de Puebla, et ouvert à notre glorieuse armée le chemin de Mexico.

Afin de compléter le récit du siége de Puebla, reprenons les événements au moment où le général Forey quitte Orizaba pour se porter en avant.

On connaît la proclamation du général Forey aux habitants d'Orizaba, en date du 16 février ; elle fut remise à leur préfet politique, M. Péon, qui en accusa réception en ces termes :

SEIGNEUR GÉNÉRAL,

J'ai eu l'honneur de recevoir les 300 exemplaires des adieux que Votre Excellence adresse aux habitants d'Orizaba ; ils seront distribués comme Votre Excellence le désire.

1

Les habitants d'Orizaba y verront une nouvelle preuve des sentiments bienveillants de Votre Excellence.

Votre absence sera universellement regrettée, parce que vous aviez fait briller à notre horizon l'astre glorieux de la civilisation qui apporte avec elle le bien-être de la paix.

Les vœux les plus ardents des habitants d'Orizaba vous accompagneront dans votre marche jusqu'à Mexico.

Dieu veuille que là vous accomplissiez l'œuvre grandiose de rétablir la concorde et la paix, pour que dans les temps futurs, quand un Mexicain entendra votre nom, il dise avec respect et amour : Il fut le sauveur du Mexique.

Recevez, etc.,

Le préfet politique,

Signé : PÉON.

Le commandant en chef fit en outre remettre son médaillon au préfet politique qui l'en remercia ainsi :

SEIGNEUR GÉNÉRAL,

J'ai l'honneur de recevoir le buste en médaillon de Votre Excellence, que vous avez bien voulu m'envoyer, comme le représentant du population, pour qu'elle garde toujours le souvenir du chef du corps expéditionnaire.

Je me plais à croire que les habitants d'Orizaba garderont toujours gravée dans leurs cœurs la noble figure du général qui a appliqué ici les promesses de l'intervention ; qui, dans une position difficile, a su rendre agréable à cette population la présence d'une armée nombreuse, et dont les yeux se sont humectés en parlant des malheurs du Mexique.

Les habitants d'Orizaba, en vous voyant partir, ne diront pas adieu au chef d'une armée étrangère, mais à celui qu'ils regardent comme le premier de leurs frères, etc.

Recevez, etc.

Le préfet politique,

Signé : PÉON.

Il ne faudrait point voir dans les documents qui précèdent des actes de complaisance extorqués par la pression que peut exercer un vainqueur. La bienveillance des Français envers toutes les classes de la population leur avait réellement concilié les cœurs. Dans ces contrées si souvent ravagées par la guerre civile, on n'était habitué ni à l'humanité ni à la justice ; l'arbitraire, les concussions, le pillage, les réquisitions forcées, avaient été maintes fois à l'ordre du jour, et la conduite de l'étranger contrastait avec celle des factions indigènes ; la différence entre elles et lui étonnait les habitants, sur les côtes comme dans l'intérieur des terres. Qu'ils eussent affaire à des marins ou à des soldats, hommage fut souvent rendu aux uns et aux autres pendant cette longue expédition, par les journaux des deux Amériques, écrits en espagnol, en anglais, en français, en portugais. Nous en pouvons citer comme échantillon un article de l'*Écho du Pacifique* sur la *Manière dont la France fait la guerre.* La feuille californienne s'exprime ainsi :

« Parmi toutes les nations modernes, la France est sans contredit la plus forte comme puissance militaire ; c'est aussi celle qui déploie dans son action guerrière le plus de longanimité et une bienveillance telle envers ceux qu'elle va vaincre ou qu'elle a déjà vaincus, que ses adversaires loyaux ne peuvent se défendre de lui rendre hommage.

« Point de forfanteries, point de vaines menaces ! Les paroles déclamatoires, les phrases vindicatives ne conviennent pas aux forts.

« Point de représailles, point d'actes de pillage ou de cruauté envers les vaincus ! La France, partout où elle va, s'avance avec le rameau d'olivier dans une main et l'épée dans l'autre, prête à déposer l'arme meurtrière et à tendre une main fraternelle à quiconque veut reconnaître ses droits, les droits de tous, les droits des peuples civilisés.

« Le Mexique, depuis longtemps, était un scandale pour le monde entier ; les fantômes de gouvernement qui s'y succédaient ne servaient qu'à assurer la perpétration du vol, du crime, et à lui garantir l'impunité.

« La France s'est émue, elle s'est levée, et, aux applaudissements universels, elle a dit à ce gouvernement : Tu périras !

« Depuis ce moment, elle marche, et, toute-puissante, ses ennemis se replient devant elle jusqu'au jour où ils seront définitivement écrasés dans leur repaire.

« Des bandits lancent de tous côtés l'injure et la calomnie ; tout ce que le mensonge le plus astucieux, le plus odieux, peut inventer est mis par eux en œuvre. La France ne s'en préoccupe pas ; la pointe du sabre en avant elle ne détourne la tête que pour prodiguer aux populations étonnées et reconnaissantes des paroles de paix et de consolation. « Je viens, leur dit-elle, pour créer et non pour détruire. Vous n'avez connu jusqu'ici que le fardeau des lois oppressives, vous allez goûter enfin les douceurs de lois protectrices qui donnent l'ordre et assurent la liberté. »

« Une immense étendue de territoire est en ce moment au pouvoir de l'armée française, et déjà les transactions s'y opèrent en sécurité ; on n'y a pas signalé un seul cas de désordre, ni rien qui dénote un état d'hostilité de la population envers les soldats français. Tout au contraire, ils sont accueillis comme des libérateurs, et bientôt, par toute l'étendue du territoire mexicain, ils seront traités en frères.

« Pourquoi en serait-il autrement ?

« Voyez cette puissante marine française qui passe inoffensive depuis de longs mois devant ces places mexicaines où se retranchent les ennemis de la France. Là on y insulte les Français, on les provoque, on lance le défi à nos forces, à notre armée, à nos marins. Et cependant on ne s'émeut point de ces vaines provocations que l'on pourrait si aisément réduire au silence ; on laisse ces fanfarons s'épuiser en des bravades inutiles que l'on fera taire lorsque l'heure de l'action aura sonné.

« Pourquoi, en effet, foudroyer ces villes de la côte, villes bien pauvres sans doute, mais qui sont les seuls points de relâche pour le commerce et la navigation dans ces mers lointaines ?

« Nous l'avons dit, la France ne frappe pas pour détruire ; les destructions sans but lui sont antipathiques ; elle aime mieux favoriser et protéger les rapports commerciaux et laisser les navires entrer dans ces ports, qui lui sont insolemment fermés. Elle pourrait intervertir les rôles, écraser en un clin d'œil ces agglomérations de pauvres habitations, réduire au silence les canons mexicains dont les bouches menaçantes sont tournées contre nous ; mais ces actes de force seraient aujourd'hui intempestifs.

« Elle respecte autant qu'il est en elle les intérêts des autres ; et, dans cette direction, elle pousse le sacrifice jusqu'aux dernières limites.

« Cela doit être parfaitement compris ici ; on sait jusqu'à quel point les intérêts du Pacifique eussent été cruellement atteints si cette heureuse politique de longanimité n'avait pas été adoptée.

« La France n'a pas fermé et bloqué les ports mexicains, elle n'a arrêté ni saisi aucun navire ; par là elle a bien mérité du commerce du monde entier et en particulier de ce pays ; elle n'a pas réduit en cendres les demeures des populations de la côte parce qu'elle ne veut pas frapper indistinctement l'innocent et le coupable, et, par ce procédé, digne d'un peuple éminemment civilisé, elle s'est assuré pour l'avenir l'attachement sincère du peuple mexicain.

« Les forces navales françaises qui croisent sur ces côtes ont acquis des titres incontestables à la reconnaissance de tous. »

Les actes et le langage du général Forey tendaient toujours à augmenter ces titres ; il ne cessait de recommander aux soldats de ménager la population, de s'en faire aimer plutôt que craindre. Ses allocutions étaient des appels à l'ordre et à la civilisation.

CHAPITRE II

Marche sur Puebla. — Les Français à Los Reyes et à Quecholac. — Évaluation des forces françaises et mexicaines. — Répartition des troupes d'infanterie dans les 1re et 2e divisions. — Investissement de Puebla.

Le dernier échange de civilités écrites entre le général Forey et les autorités d'Orizaba date du 16 février ; le départ, du 23. Deux lettres vont donner l'idée de l'esprit qui animait les soldats pendant la marche.

La première, qu'a publiée le *Moniteur de l'Armée*, est datée de Los Reyes, 3 mars :

« Nous sommes ici depuis huit jours. Le pays est magnifique, les populations sont excellentes et ne nous laissent manquer de rien.

« Los Reyes est un charmant village, situé en avant de Quecholac, sur la gauche d'Acutzingo et à 62 kilomètres de Puebla. Comme les maisons y sont peu nombreuses, nous n'avons pas voulu déranger les habitants, et nous couchons tous sous la tente, officiers et soldats. Notre santé est parfaite.

« Il y a ici, avec nous, le bataillon de marins fusiliers, commandé par M. le capitaine de frégate Bruat, et la batterie d'obusiers de la marine. Ces deux corps, bien organisés, nous ont été très-utiles pendant la campagne.

« D'après les ordres que nous avons reçus du quartier général, nous nous mettrons en marche le 8 mars à quatre heures du matin ; nous passerons par Tepeaca, où nous séjournerons.

« Nos étapes sont toutes indiquées, et nous arriverons le 18 devant Puebla. Les mouvements de l'armée sont parfaitement réglés, et elle est pleine d'ardeur. »

La seconde lettre est adressée au journal la *France* :

Quecholac, 3 mars 1863.

« Je vous écris à la hâte. On se mettra prochainement en marche : d'ici partiront 5,000 hommes ; de Los Reyes 2,000, de Tecamachalco 2,000, d'Acutzingo 5,000, d'Amozoc 2,000, de Nopaluean 5,000, de Tianguistengo 4,000, auxquels s'ajouteront les 2,000 cavaliers indigènes de Marquez, les 1,000 partisans de Vicario et 4,000 hommes du train d'artillerie ; en tout 32,000 hommes. On n'évalue pas à plus de 18,000 les juaristes armés de Puebla, et à 4,000 ceux de la vallée de San Martin.

« Le général Bazaine a mission de déloger ces derniers et de s'avancer au delà de la *Garita* sur la route de Puebla à Mexico, jusqu'au pont del Atoyar. On comprend l'importance de ce mouvement qui doit enfermer l'ennemi dans nos baïonnettes.

« D'après ce qui transpire à l'état-major, l'armée abordera tout d'abord le cerro de Guadalupe ; car une fois maîtres des hauteurs, nous le serons de la ville elle-même, grâce au feu plongeant de nos soldats. On épargnerait ainsi beaucoup de sang français et mexicain. »

Nous ferons incidemment observer que le plan indiqué par le correspondant de la *France* fut précisément celui qu'on repoussa, et pour des raisons majeures. Mais poursuivons notre citation.

« La résistance est assez sérieusement organisée à Puebla, où toutes les forces juaristes se trouvent concentrées. Il n'y a plus à Mexico que 2,000 gardes nationaux, ce qui n'empêche pas les fusillades et les extorsions d'aller leur train.

« Une dame très-considérée, la comtesse de Perez Galvez, a dû s'enfuir par la terrasse de sa maison, afin d'échapper aux hommes de police qui, pour la troisième ou la quatrième fois, exigeaient d'elle 40,000 piastres. On est venu pour arrêter la maréchale Castilla, malade et alitée ; ses amis, en se cotisant, l'ont empêchée d'aller mourir en prison.

« Sur les routes, on dévalise les *arrieros*, sous prétexte que les chargements sont pour l'ennemi. Dans les haciendas, les juaristes s'emparent des troupeaux de mules, en vertu de la même fiction, les mettent à mort, pour éviter les clameurs, leurs propriétaires. Ce qui se fait à Mexico se fait à Puebla.

« On y gaspille les misérables restes des créations de charité. La fondation de 47,000 piastres de la pieuse famille Monjardin, quoique déclarée non ecclésiastique, et consacrée à une classe spéciale de pauvres, a été vendue 940 piastres à un acquéreur étranger, pour donner un banquet à Juarez lors de sa dernière visite.

« On a jeté à la rue les *monjas*; mais comme un décret a prohibé la mise en vente des maisons conventuelles, Gonzalez Ortega a enlevé les grilles et les portes, vendant les unes comme vieux fer, et les autres comme bois à brûler. »

Un ordre du jour du 10 mars, fixa une répartition nouvelle des troupes d'infanterie dans les première et deuxième divisions du corps expéditionnaire.

1re division : général Bazaine. — 1re brigade : général Berlier ; 7e chasseurs à pied. — 51e et 62e de ligne. — 2e brigade : général de Castagny ; 20e chasseurs à pied, 3e zouaves, 95e de ligne, bataillon de tirailleurs algériens.

2e division : général Douay. — 1re brigade : général l'Hériller ; 1er chasseurs à pied, 99e de ligne, 2e zouaves, bataillon de fusiliers marins. — 2e brigade : 18e chasseurs à pied, 1er zouaves, 81e de ligne ; deux bataillons du 2e d'infanterie de marine.

Le 18 mars, les deux divisions investissaient la place, l'une par le nord, l'autre par le sud ; et le général Forey se disposait à établir son quartier général sur la cime du mont San Juan, d'où il dominait toutes les fortifications. Les îlots de maisons dont se compose la ville, et que séparent des rues coupées à angle droit, étaient tous métamorphosés en forteresses, si nombreuses, que, dans l'impossibilité de les désigner nominativement, les assiégés les classèrent par numéros d'ordre. Les défenses de Guadalupe et de Loreto avaient été augmentées, et les deux couvents reliés entre eux par un chemin couvert d'une longueur d'environ six cents mètres. Les élégants clochers du vénérable sanctuaire de Notre-Dame avaient été détruits ; tous les forts, grands et petits, échelonnés de la circonférence au centre de la ville, étaient bien armés.

Au lieu de commencer l'attaque par Guadalupe, comme l'avait fait le général de Lorencez, le 5 mai 1862, le général Forey dirigea ses opérations du côté opposé.

Nous verrons par un rapport comment il les conduisit, jour par jour, pendant le mois de mars. Simultanément, les généraux mexicains transmettaient des dépêches à Mexico.

CHAPITRE III

Dépêches des généraux mexicains. — Combat de Cholula. — Ordre du jour. — Prise du fort San Xavier.

Ortega, qui commandait la place, écrivait le 20 mars :

« Il devient d'heure en heure plus évident que les envahisseurs esquivent l'attaque de la place.

« Les positions qu'occupe actuellement l'ennemi sont comme suit : Il a un de ses campements en face du fort des Ingénieurs et un autre en face des forts de Carmen et du Parral. Ces campements renferment une force qui ne dépasse pas 5,000 hommes, et leur établissement sur les points que je viens de dire a pour seul but de préoccuper mon attention, tandis que l'on opère un mouvement général dans d'autres directions. Ces manœuvres ont continué toute la journée d'aujourd'hui, et j'apprends que le campement d'Amalucan, déjà très-affaibli, va être levé pour couvrir son arrière-garde.

« ... De tout ce que je vous ai dit, vous pouvez inférer que l'ennemi veut seulement déployer devant la place une force fictive, et qu'il est en conséquence trop faible pour nous attaquer réellement. Il paraîtrait se proposer de nous isoler de Mexico, pour faire tomber la place au manque de vivres.

« C'est ce qu'il m'est permis de conclure jusqu'ici de la position qu'il occupe. Cette croyance se trouve corroborée par le fait que l'ennemi, ayant pu établir ses batteries contre plusieurs de nos forts, ne l'a cependant pas fait. »

Le 21 mars, Comonfort qui se tenait en observation à Rio Prieto, envoyait ce message au président Juarez :

« J'ai reconnu à n'en pas douter l'occupation, par l'armée française, des points nommés la Norma et l'église de Santiago, dans les faubourgs de Puebla. Les batteries de la place n'ont pas inquiété l'ennemi ; peut-être des maisons intermédiaires masquent-elles le feu des forts San Xavier et Carmen. »

Le même jour, dans l'après-midi, Comonfort mande, en datant sa dépêche du village de Cuatlancingo :

« L'ennemi a fortifié la fabrique de Santa Cruz ; il a doublé ses grand'gardes et posté sur le Zapote de l'infanterie avec une pièce de canon. »

Le lendemain, il signalait en ces termes un mouvement qu'il semblait considérer comme annonçant une attaque en règle :

« *Rio Prieto*, 22 *mars*. — Les avant-postes placés sur les hauteurs d'Uranga annoncent que des colonnes françaises se détachent de la ferme des Posadas et du village de San Felipe pour se porter sur Puebla. On entend un commencement de canonnade dans la direction du fort San Xavier. »

Le 23, il écrivait :

« Les colonnes que l'on voyait hier se déployer sur Puebla ne sont, je crois, qu'un mouvement stratégique de l'ennemi, pour distraire notre attention vers différents points, tandis

qu'il achève d'établir ses batteries. On a échangé quelques coups de canon ; mais à la tombée du jour tout est rentré dans le silence, et les choses en étaient là lorsque j'ai quitté les hauteurs de Cuatlancingo. »

Les détonations, que le général Comonfort prenait pour un commencement de canonnade, étaient celles d'un glorieux combat. La colonne du général Lhériller et la cavalerie du général Mirandol refoulaient, près de Cholula, les troupes commandées par le général Alatorre, tuaient 200 Mexicains, et faisaient 50 prisonniers. Le général en chef annonçait ainsi ce fait d'armes le 24 au corps expéditionnaire :

ORDRE DU JOUR.

Le 22 de ce mois, le général de Mirandol, envoyé en reconnaissance du côté de Cholula, à la tête de trois escadrons du 2ᵉ régiment de marche, commandé par le colonel du Barail, a rencontré un fort parti de cavalerie ennemie, estimé par le général à 2,000 hommes environ. Sans hésiter et quoiqu'il n'eût sous ses ordres que 400 chevaux, dont 100 appartenant au 1ᵉʳ régiment de marche, il aborda l'ennemi qui lui opposa d'abord une vive résistance, retranché dans une barranca d'un accès très-difficile, et d'où il dirigeait sur ses escadrons un feu violent et meurtrier.

Puis ses pelotons, ayant traversé avec peine cette barranca, furent chargés à trois reprises par la cavalerie ennemie, qui, ne pouvant cependant résister à l'élan de la nôtre, fut mise, après une mêlée sanglante, dans une déroute complète, et laissa sur le terrain environ 200 hommes tués, un certain nombre de blessés, beaucoup de chevaux et d'armes, ainsi que des prisonniers.

Nos pertes ont été de 3 tués et 19 blessés.

Dans ce brillant combat de cavalerie, chacun a fait vaillamment son devoir, et le choix des officiers, sous officiers et soldats à citer comme s'étant plus particulièrement fait remarquer est difficile. Cependant le général de Mirandol, qui mérite une mention toute spéciale pour la vigueur et l'intelligence qu'il a déployées dans cette circonstance, signale :

Dans son état-major particulier, le capitaine Lehalle, son aide de camp, et le lieutenant des guides de la garde Saulnier, son officier d'ordonnance ;

Dans le 2ᵉ régiment de marche, le colonel du Barail qui a imprimé à ses escadrons un élan irrésistible ;

Dans le 3ᵉ régiment de chasseurs d'Afrique, le chef d'escadrons de Tucé, le chef d'escadron Carelet, le capitaine Petit, blessé très-grièvement ; le capitaine Aubert.

MM. Plessis et Compagny, sous-lieutenants ;

Gerdolle et Gastagney, adjudants sous-officiers ;

Les maréchaux des logis Gaillard, mort de ses blessures ; Feuillard, blessé grièvement ; de Lassalle, Leenhonder ;

Les brigadiers Réés, Mancini et Bétoux ;

Les chasseurs Feltz, Lallier et Bareyré ;

Dans le 12ᵉ régiment de chasseurs, le capitaine Vata, le lieutenant Noël ;

Enfin, le brigadier Clavel, du 2ᵉ régiment de chasseurs d'Afrique, porte-fanion du général de Mirandol.

Le général en chef est heureux d'avoir cette nouvelle occasion de signaler au corps expéditionnaire l'entrain avec lequel la cavalerie aborde l'ennemi en quelque nombre qu'il se présente.

Au quartier général devant Puebla, le 26 mars 1863,
Le général de division commandant en chef,
FOREY.

Tout commandant de place qui se voit assailli par des forces contre lesquelles il désespère de lutter avec avantage, essaye du moins de pallier sa défaite, et ne manque pas de mettre en relief le moindre succès partiel. C'est ce que fait le général Ortega dans ses dépêches. Elles rapportent ainsi le siége et la chute du fort San Xavier :

« 25 mars. — Le feu a continué avec une grande intensité pendant toute la nuit. Il est huit heures du matin. J'apprends que les Français commencent l'attaque. Je vais tout préparer pour la défense.

« 26 mars, neuf heures du matin. — Hier, à onze heures du soir, une forte colonne d'attaque s'est avancée. Tous les mouvements faisaient présager un assaut. J'ordonnai aussitôt d'ouvrir le feu. L'artillerie française a répliqué et elle tonne encore.

Le centre et l'ouest de la ville commencent à souffrir du bombardement. Nous avons quelques pertes à déplorer ; mais elles sont relativement peu nombreuses, si l'on considère la violence du feu de l'ennemi.

« 27 mars. — La vaillante armée que j'ai l'honneur de commander vient de remporter un important succès. Pendant la journée d'hier, les boulets et les bombes de l'ennemi avaient en partie détruit le fort San Xavier, et il était huit et neuf heures du soir il a lancé des colonnes d'attaque pour donner l'assaut. Ces colonnes ont été repoussées en moins d'une heure, et je n'ai pas eu besoin, pour obtenir ce résultat, d'engager une seule des sept fortes brigades d'infanterie que j'avais en réserve. Il était six heures du soir quand je m'aperçus des préparatifs de l'assaut. J'ordonnai à quatre batteries de ma réserve générale, trois de Zacatecas et une de la Vera-Cruz, de se tenir prêtes à marcher au premier ordre en pleine campagne.

« Cet ordre a été exécuté avec tant de précision par les généraux Paez et Garcia, qu'en même temps que le feu de la mousqueterie était ouvert, l'ennemi était enveloppé par le feu de notre artillerie et recevait aussi celui des forts commandés par le général Ghilardi et par le colonel Auza. La ville a beaucoup souffert du bombardement ; nous avons toutefois à nous féliciter de ce que nos pertes totales en tués et blessés pendant cette affaire ne dépassent pas 60 hommes.

« 28 mars. — Aujourd'hui, à une heure et demie du matin, un nouvel assaut a été donné contre le fort San Xavier ou Iturbide. Le fort a été attaqué de face et de flanc avec une extrême vigueur ; les colonnes françaises atteignaient la base immédiate des ouvrages à l'abri derrière les parallèles qu'elles avaient construites avec une grande habileté. Tout le feu de l'artillerie était d'abord concentré contre ce fort et contre le fort Morelos, défendu par le colonel Auza. Le bombardement de la ville continuait pendant l'assaut, qui, de même que les précédents, a été repoussé. Je ne connais pas notre perte en tués et blessés. »

Ces nouvelles, propagées par les journaux de Mexico, y entretenaient l'espoir ; mais il fut déçu quand on lut dans le *Monitor* lui-même, le 30 mars :

« Il est au moins douteux que le général Ortega ait pu se rendre exactement compte de la situation pendant les combats nocturnes du 25, du 27 et du 28 mars. A la suite de ces combats, les Français ont occupé le fort San Xavier. C'est le *Monitor* de Mexico, du 30, qui annonce lui-même ce résultat :

« Le fort San Xavier, où les troupes françaises ont été plus d'une fois repoussées, a été définitivement occupé par elles. Comme le fort était démantelé et presque en ruine, le général Ortega, avec sa prévoyance habituelle, avait enlevé toute l'artillerie et retiré ses forces, à l'exception de 300 hommes. Une autre fortification se trouve déjà établie en arrière de San Xavier. D'après le plan de défense, le fort San Xavier, aujourd'hui au pouvoir des Français, reçoit un feu croisé dans plusieurs directions... »

Une dépêche du général Comonfort, du 31 mars, était ainsi conçue :

« Moyotzingo, 31 mars, minuit.

« Le feu si soutenu que l'on entendait dans la direction du fort San Xavier a cessé tout à coup. Il semble que l'on ne se dispute plus ce fort.

« Jusqu'à ce moment, minuit, je suis sans aucune nouvelle du général Ortega, ce qui me donne quelque inquiétude.

« J. COMONFORT. »

Dans une autre dépêche portant la date du 1ᵉʳ avril, Comonfort constatait que ses communications avec le général Ortega n'avaient pas été rétablies.

La manière dont elles furent interceptées et dont le siége de San Xavier fut conduit est exposée avec clarté dans le rapport que nous avons reproduit. Un ordre du jour du général Forey, en date du 26 mars, détermine dans quelle proportion chacun des corps prit part au succès.

« L'artillerie, dit-il, a dignement répondu à ce que j'attendais de son habileté en faisant taire l'artillerie de la place sur le point d'attaque. Elle contribuera puissamment à réduire la ville de Puebla dont les défenseurs apprendront que leur artillerie, si nombreuse qu'elle soit, ne peut lutter avec la savante artillerie française.

« Déjà la cavalerie, en toutes rencontres, a donné de rudes

leçons à l'ennemi ; le génie, dans les travaux de tranchée, qu'il a exécutés avec son habileté ordinaire, a préparé l'action de l'infanterie. C'est à cette arme maintenant à faire sentir à l'ennemi la pointe de ses baïonnettes. »

Ce fut à cette invitation que l'infanterie répondit dans la journée du 29 mars, où le fort San Xavier fut enlevé rapidement, malgré une résistance vigoureuse.

« Nous avons pris la clef de Puebla, écrivait le lendemain un Rouennais, sergent de zouaves, à sa famille ; nous avons pris, nous autres zouaves, une revanche terrible du 5 mai 1862. Le 28 mars, un ordre du général Forey annonçait qu'un bataillon du 2e zouaves et le 1er bataillon de chasseurs à pied auraient l'honneur, comme soldats du 5 mai, d'aller enlever d'assaut le formidable retranchement de San Xavier appelé le Pénitencier. Le 2e bataillon de zouaves fut désigné à mon régiment pour marcher avec les chasseurs. Le lendemain 29, jour des Rameaux, les deux bataillons d'assaut furent placés dans la dernière parallèle, à 20 mètres du fort ; la réserve était formée par les tirailleurs algériens, le 3e zouaves et le 62e de ligne. À quatre heures et demie, le signal fut donné par le général Bazaine, général de tranchée. Par un transport unanime, un cri général de : « Vive l'Empereur ! » sortit des poitrines. Franchissant le parapet et sans tirer un seul coup de fusil, zouaves et chasseurs traversant la mitraille arrivèrent sur les batteries, tuant à la baïonnette les artilleurs épouvantés d'une pareille audace et ne comprenant pas comment des hommes avaient pu franchir un fossé de 16 pieds de profondeur, qu'ils avaient cru inaccessible.

« Les premières pièces furent prises, tournées face à l'ennemi, et chacun, devenu artilleur, fit feu sur l'ennemi avec les pièces qu'il avait chargées pour nous.

« Arrivés dans la deuxième cour, le rez-de-chaussée, le premier étage, les terrasses, tout était crénelé et défendu à outrance ; mais sans repos, sans hésitation, on se précipita sur eux et à l'arme blanche ; à cette arme si redoutable on eut bientôt jonché de morts et de mourants toutes les pièces qui renfermaient ces soldats.

« La troisième cour et l'église offraient, au bout de deux heures de tuerie, un spectacle affreux ; les baïonnettes, les carabines étaient aussi rouges de sang que les dalles où coulait en abondance le sang de ces malheureux ; les zouaves et les chasseurs venaient de laver dans le sang les insultes mille fois rapportées par les feuilles mexicaines.

« Avant de sortir de l'édifice, nous avons eu le spectacle le plus affreux : une poudrière appuyée à la partie droite de l'église, face à la ville, prit feu. Près de cette poudrière, 60 Mexicains prisonniers étaient enfermés, ayant les mains liées. Leurs chefs n'avaient, sans doute, pas eu le temps de les délivrer à cause de la rapidité de l'action ; nous avons sauvé ceux que nous avons pu atteindre, les autres sont retombés dans la fournaise, qui a brûlé toute la nuit, et ce matin il ne restait plus que des chairs carbonisées et répandant une odeur affreuse.

« Sortant de l'établissement, nous sommes arrivés dans un redan faisant face aux batteries de Morelos ; là un feu nous a assaillis ; mais en un instant des sacs à terre nous ont protégés et toutes leurs forces d'artillerie et d'infanterie réunies n'ont pu nous faire reculer d'un pas. Un feu roulant, commencé à quatre heures et demie, n'a cessé qu'à trois heures du matin. Celui de l'infanterie a duré jusqu'à neuf heures. Les batteries s'établissent sous nous avec la plus grande rapidité, et maintenant ils seront acculés chaque jour jusqu'au moment où, à genoux, ils imploreront encore notre pitié.

« Je me repose aujourd'hui ; j'espère qu'avant deux ou trois jours, un succès aura encore lieu et qu'avant peu le drapeau français flottera sur le dôme de la cathédrale, quoique ces messieurs aient prétendu que jamais le drapeau français ne flotterait dans Puebla.

« Voilà l'ouvrage de 10 compagnies le jour des Rameaux. 700 hommes ont écrasé derrière des murs et des pièces de canon 5,000 hommes des Zacatecas, réputés les plus braves et commandés par le général Antillon.

« Je ne suis ni blessé ni contusionné, et c'est un prodige ; je désire que vous vous portiez tous aussi bien que moi, qui ne suis malade que de fatigue.

« Nos pertes, par miracle, sont minimes. Nous avons 2 capitaines tués (le mien), un lieutenant de zouaves et un lieutenant de chasseurs à pied, 20 hommes tués et 100 hommes

blessés, parmi lesquels beaucoup sont contusionnés et continuent leur service de compagnie. Les pertes de l'ennemi sont, disent les derniers prisonniers, de 1,500 hommes tués ou disparus, sans compter un nombre énorme de blessés que je ne peux vous préciser ; en outre, 25 pièces et un nombre considérable d'armes, des poudrières, etc. ; 2 drapeaux de bataillon ont été pris par deux zouaves et 7 ou 8 fanions de compagnie. »

CHAPITRE IV

Le Cerro San Juan. — Lettres prophétiques. — Rapport d'Ortega. — La guerre des rues. — Quinze mille coups de canon.

Le brave sergent de zouaves n'hésitait pas, comme on le voit, à prophétiser la prise de Puebla. C'était une confiance pour ainsi dire instinctive. Nous la trouvons exprimée, avec des arguments à l'appui, dans un grand nombre de lettres parmi lesquelles, comme spécimen, nous choisirons celle-ci qu'un officier adressait le 3 avril au Moniteur de l'armée :

« J'ai quitté hier le fort San Xavier, dont nous sommes maîtres, pour venir camper au cerro San Juan, d'où nous voyons à nos pieds, d'une manière très-distincte, la ville et ses attaques. Je profite de cette circonstance pour vous en envoyer une petite description, faite d'après nature.

« La ville de Puebla est construite dans une vallée entourée de hauteurs sur lesquelles s'élèvent des couvents que l'on a convertis en forteresses. Le cerro San Juan, que nous occupons, et où le général en chef a établi, en arrivant, son quartier général, est une colline de 67 mètres d'élévation ; celle sur laquelle est placé l'ouvrage célèbre de Guadalupe en a 100, et celle au sommet de laquelle est construit le fort San Loreto en a 50.

« La ville est belle ; ses rues larges et régulières se coupent à angles droits ; ses maisons, qui ont généralement deux étages, sont spacieuses et groupées de manière à former des îlots séparés, très-favorables pour la défense. Elle possède un grand nombre de monuments religieux, et d'ici nous comptons plus de 110 coupoles et clochers appartenant à des églises ou à des couvents. Elle a 4 kilomètres de longueur depuis la garrita ou porte d'Amatlan jusqu'à celle de Tlaxcala.

« L'armée mexicaine, depuis un an, règne dans la ville par la terreur. Elle en a expulsé les prêtres, les religieuses, les moines ; elle a emprisonné et dépouillé les gens riches ; elle s'est emparée des maisons, des églises, des couvents, pour s'y fortifier ; elle se bat avec courage, mais elle n'est pas suivie par la population, qui a toujours été hostile à Juárez. Aucun habitant n'a pris les armes pour combattre, et toutes les femmes sont en prières pour demander à Dieu la fin de la lutte.

« Indépendamment des dix forts que les relations officielles ont fait connaître, un grand nombre de couvents, de maisons et d'églises ont été mis en état de défense. Parmi ces ouvrages, les deux plus importants sont la cathédrale et le réduit de la place d'armes, autour de laquelle sont groupés vingt îlots de maisons, qui ont été reliés entre eux et entourés d'une enceinte fortifiée.

« La cathédrale est le monument le plus beau, le plus riche et le plus solidement construit que possède Puebla. Occupant un des côtés de la Plaza mayor, ou Grande Place, en face de l'hôtel de ville, elle est isolée, ce qui a permis de l'entourer d'une enceinte fortifiée, et s'élève sur une plate-forme de 3 mètres de hauteur, sur laquelle on a établi des batteries. Ses murs ont 4 mètres d'épaisseur.

« L'attaque des Français est dirigée et soutenue avec un courage, une intelligence, une sûreté admirables. La défense est énergique ; mais par sa nature, elle entraîne la destruction de l'armée mexicaine, qui, nous l'espérons bien, tombera tout entière en notre pouvoir avec ses approvisionnements et son matériel. Ce sera un fait considérable pour le succès de la campagne.

« Lorsque nous serons maîtres de la ville, je compléterai l'aperçu que je vous envoie aujourd'hui. »

Cette lettre n'a pas été fabriquée après coup ; elle a paru dans le Moniteur de l'armée un mois avant que Puebla succombât. Remarquons donc comme une particularité qui fait encore honneur à la sagacité du correspondant, qu'il prédit sans ambages, non-seulement la prise de la ville, mais encore la des-

truction de l'armée mexicaine. C'était une opinion que tous les soldats français partageaient dès les premiers jours d'avril ; seulement quelques-uns jugeaient la prise de Puebla imminente, parce qu'ils ne se rendaient pas compte des difficultés. D'autres, plus réfléchis, ne pensaient acheter la victoire que par de longs sacrifices.

Le général Ortega manifestait l'intention de s'ensevelir sous les débris de la place ; il écrivait le 24 mars :

« L'action est engagée sur divers points, le feu a été très-vif hier surtout de notre côté. Vers le soir, l'ennemi a commencé à bombarder les deux forts d'Iturbide ou San Xavier et de Morelos ou Panal, et elle a repris aujourd'hui, alternant avec la mousqueterie des deux armées. J'ai fait ouvrir le feu à 80 hommes armés de carabines rayées, appartenant à la garnison de San Xavier, et le colonel Auza, commandant le fort Morelos, a disposé les carabiniers du 5e bataillon de Zacatecas sur toutes les hauteurs autour du fort, à la plus courte distance possible.

« Nous n'avons eu qu'un petit nombre de tués et de blessés. Nos troupes ont fait plusieurs sorties et ont délogé l'ennemi des postes qu'il occupait la veille. Des détachements qui tentaient de se rendre maîtres de Santiago ont été repoussés. Les forces de Morelia ont été également heureuses à San Martin. L'ennemi a occupé aujourd'hui quelques maisons du quartier San Matias, mais il n'a pu s'y maintenir, car tous ces bâtiments ont été détruits. Vous pouvez déclarer au gouvernement suprême que si les vicissitudes de la guerre nous font perdre cette ville, l'ennemi n'aura conquis qu'un amas de ruines, car la garnison a juré de défendre jusqu'à la dernière extrémité les forts qui entourent la place. Les magasins restent ouverts en dépit du feu continu des deux côtés. Nous avons fait prisonnier un Mexicain, sergent dans l'armée ennemie ; j'ai ordonné de le marquer à la face comme traître et de le renvoyer. »

A l'époque où le général Ortega envoyait le précédent rapport, on écrivait à la *Presse :*

« Vous vous étonnerez sans doute de la longue défense de Puebla, quand toutes les prévisions faisaient croire à une prompte reddition. Il est vrai qu'une attaque soudaine aurait eu plus tôt raison de cette place, mais elle eût coûté un sang précieux que le général en chef a voulu ménager par l'emploi de moyens moins prompts, mais qui devaient le conduire infailliblement, dans un temps donné, au même but. C'est bien par son point le plus vulnérable (le fort San Xavier) que la ville a été attaquée ; mais l'investissement, la formation des colonnes d'attaque, le placement des batteries, qui ont pris quatre jours, ayant clairement désigné à la garnison les points d'attaque, celle-ci a fort habilement mis à profit le répit qu'on lui laissait pour opposer une ligne de défense formidable. Vous savez sans doute maintenant que la guerre des rues qu'on nous fait est indiquée par la disposition même des maisons, qui forment des carrés surmontés de terrasses crénelées, d'où la fusillade s'échappe sans danger pour les tirailleurs aussi longtemps que l'ennemi n'a pas pénétré dans l'intérieur.

« A toutes les époques, les Mexicains ont fait la guerre des rues, échangeant, à chaque pronunciamiento, des coups de fusil de clocher à clocher, quelquefois pendant des mois entiers. On se rappelle que c'est un de ces coups partis au hasard qui tua roide le docteur Plane, notre regrettable compatriote, lorsqu'il se rendait à l'hôpital pour panser les blessés. A ces obstacles est venue se joindre la crainte de voir éclater des mines sur les points abandonnés, et comme les découvertes que le génie militaire a faites sont venues confirmer les révélations des prisonniers, on comprend que l'on a dû cheminer lentement et en usant de grandes précautions ; aussi bien un pharmacien, qui n'a pas quitté un moment les ambulances, m'assure-t-il que le nombre des morts n'excède pas 80 de notre côté, tandis que les rues, les places, le palais, le Pénitencier sont jonchés de cadavres mexicains.

« Si la résistance se prolonge, ce n'est pas que les chefs qui l'ont organisée y prennent goût ; loin de là, car voici la quatrième fois qu'ils arborent le drapeau blanc..., mais ils font leurs conditions, et le général en chef exige une reddition pure et simple, obéissant en ceci au sentiment unanime de l'armée. La première condition posée par Ortéga était que ses troupes resteraient libres d'aller où elles voudraient, et qu'aucun officier ne serait déporté à la Martinique... Il va sans dire que la

fortune personnelle de ces messieurs, fruit d'odieuses rapines, leur était garantie.

« Pour prouver combien peu les *puros* ont mérité les égards qu'ils réclament, citons un fait entre mille :

« En évacuant le Pénitencier, Ortega y fit mettre le feu, livrant ainsi aux tortures les plus cruelles les suspects et les condamnés politiques qu'on y avait entassés les fers aux pieds, et qui tous trouvèrent la mort dans ces flammes, à l'exception d'une femme qui est parvenue à s'échapper presque nue de cette prison. Cette malheureuse, couverte de brûlures, est l'objet des plus grands soins, mais elle a perdu la raison, et il est douteux que les bons traitements qu'elle reçoit la lui rendent jamais, ce qui pourtant est désirable, car elle pourrait donner des renseignements précis sur le nombre et la qualité des victimes d'une cruauté aussi froide qu'inutile. Jusqu'ici, on sait seulement que le nombre des détenus excédait 100, et que parmi les victimes se trouvent quelques officiers et sous-officiers d'artillerie impliqués dans la récente conjuration dite de Puebla, lesquels, on ne sait pourquoi, n'avaient pas été fusillés comme leurs complices.

« Il importe néanmoins qu'on en finisse avec Puebla pour marcher sur Mexico, car il est à craindre que cette cité ne devienne un foyer d'infection. C'est le parti que prendra sans doute le général Forey, avec d'autant plus de raison que ce qu'a fait Comonfort, il l'a fait pour l'acquit de sa conscience, et qu'il ne peut nil ne veut, avec ses 6,000 hommes, opposer aucun obstacle à notre marche. »

A la date du 7 avril, un correspondant écrivait à *l'Eco del comercio,* journal de Cuba :

« Les assiégés ont tiré plus de 15,000 coups de canon et plus d'un million de coups de fusil. Toute cette dépense de munitions n'a coûté aux Français que 41 hommes tués et 160 blessés. La prise de possession du fort San Xavier n'a pas coûté aux Français plus de 12 hommes tués et 20 blessés.

« L'artillerie française a démonté rapidement les pièces mexicaines, et beaucoup de Mexicains ont été tués lors de l'assaut. On évalue leur perte, au fort San Xavier, à 1,000 hommes. Dans cette circonstance et dans l'assaut des maisons, les Français ont fait usage de la baïonnette avec l'impétuosité que l'on connaît. L'occupation de la cathédrale permettra de battre en brèche les forts de Guadelupe et Loreto.

« Les troupes mexicaines sont démoralisées ; outre les 1,500 prisonniers faits par les Français, il se présente en foule des déserteurs. Généralement les feux d'artillerie et de mousqueterie des Mexicains sont mal dirigés. La ville de Puebla est complétement enveloppée par les Français ; personne ne peut sortir de la ville sans être arrêté. D'après les ordres du général Forey, afin d'épargner le plus possible la ville et de ne faire de mal qu'aux soldats mexicains, les troupes françaises font surtout usage de l'arme blanche, ne canonnant la ville qu'autant que cela est indispensable. Les familles de Puebla qui s'étaient réfugiées à Cholula ont salué les troupes françaises à leur arrivée par de vives acclamations. »

CHAPITRE V

Blockhaus ambulants. — La Tortue. — Belle conduite de M. Le Galland. — Combat d'Atlesco.

Le mois d'avril fut employé à cheminer vers l'intérieur de la ville. L'artillerie, qui avait su par son habileté et son dévouement suppléer à l'infériorité relative de ses moyens d'action, avait fait construire une sorte de blockhaus sur roue pouvant contenir un obusier de montagne, ses servants et cinq ou six artilleurs. Pendant que le canon battait les barricades, enfilait les rues et empêchait les rassemblements de se former, le blockhaus, manœuvré seulement par quelques hommes, s'avançait impunément.

Le passage des rues par les fusiliers s'exécutait encore au moyen de caponnières volantes analogues à ce que les anciens appelaient la Tortue. Chaque compartiment était porté par des hommes qui s'en servaient comme d'un large bouclier, et ces compartiments se raccordaient sur le terrain.

Pendant le cheminement, M. le Galland, lieutenant du 1er zouaves, se trouva cerné dans une maison avec une trentaine d'hommes ; il s'y défendit pendant toute une journée avec une énergie et une habileté qui firent l'admiration de l'ennemi.

Vers le soir, il avait épuisé toutes ses cartouches, il n'avait plus à ses côtés que cinq hommes blessés comme lui ; il a essayé pourtant de s'ouvrir un chemin à la baïonnette, mais n'ayant pu y réussir, il dut céder, ce qu'il ne fit qu'après avoir dicté lui-même les conditions de la capitulation ; lui et ses compagnons conservèrent leurs armes, et furent traités dans la maison du général Ortega avec tous les égards dus au courage malheureux.

A mesure que le siége se prolongeait, le manque de vivres, le découragement déterminèrent à la désertion des soldats de l'armée mexicaine. Le 13 avril, arriva au quartier général un capitaine d'artillerie, qui fut conduit le lendemain au commandant en chef, et lui offrit de prendre pendant la nuit le fort Carmen si on voulait lui confier six cents hommes. Son lieutenant, qui l'avait remplacé devait, à un signal donné, enclouer les canons. On n'accorda pas grande confiance à cette proposition, et il est probable que l'on fit bien.

Le 12 avril, le général en chef envoya sur Atlesco une forte reconnaissance dirigée par le colonel Brincourt, ayant sous ses ordres un bataillon du 1ᵉʳ zouaves, 500 fantassins du général Marquez, trois escadrons français, et l'escadron allié du colonel de la Pena, ainsi que deux pièces de montagne.

Quelques soldats qui gardaient Atlesco s'éloignèrent sans chercher à combattre ; mais, le 13 avril, on signala l'approche de deux détachements, qui s'élevaient ensemble à 3,000 fantassins et 1,000 chevaux, avec trois pièces rayées. Ils étaient commandés, l'un par Carbajal, l'autre par Echeagaray, chef d'état-major du général Comonfort.

Aussitôt les cloches furent mises en branle, les rues devinrent désertes, les églises se remplirent de femmes et les rapports des éclaireurs constatèrent la présence de quelques escadrons de cavalerie mexicaine rôdant aux environs de la ville.

L'ennemi ne se montra, d'ailleurs, distinctement dans la plaine, que dans la matinée du 14 avril : on aperçut alors de la cavalerie et trois corps d'infanterie à une lieue environ et sur divers points. Les Mexicains semblaient avoir le dessein de circonscrire Atlesco.

Echeagaray était parti de la ville de Huejviago et s'était imprudemment engagé dans une route de traverse presque impraticable. Son artillerie restait en arrière et son infanterie s'était encore concentrée au pied des collines de Tanguir, lorsque la cavalerie s'avança vers le pont d'Oxocopan.

Comme les forces mexicaines étaient séparées par de larges espaces de terrain, le colonel Brincourt organisa son attaque de façon à leur couper la retraite par l'occupation du pont qui traversait le petit ruisseau d'Oxocopan, et à les battre en détail.

Ce plan réussit admirablement. Les chasseurs d'Afrique rompirent la cavalerie ennemie, la dispersèrent en même temps qu'ils jetaient la plus grande confusion dans les rangs de l'infanterie.

L'ennemi, voulant alors essayer de regagner du champ, afin de se reconnaître et de revenir à la charge, se dirigea vers le pont d'Oxocopan. Il ignorait qu'il fût gardé par deux compagnies de zouaves, 100 hommes de l'infanterie de Marquez et une section d'artillerie. Les Mexicains, reçus à coups de canon, se dispersèrent avec la plus grande confusion dans la plaine, poursuivis par les chasseurs d'**Afrique**.

Cet engagement eut pour résultat principal d'empêcher une grande partie de la division ennemie de se présenter en masse devant la petite colonne française. La cavalerie mexicaine abandonna l'infanterie, qui, elle aussi, se retira en grande hâte, laissant sur le terrain un nombre considérable de morts, de blessés, de prisonniers, d'armes et de chevaux. Nos pertes furent de 3 chasseurs d'Afrique, un officier et 7 cavaliers blessés ; 17 hommes de l'escadron allié tués et 32 blessés.

Le colonel de la Pena fut mis pour cette affaire à l'ordre du jour de l'armée. Il avait été blessé en tuant de sa main plusieurs hommes, avait sauvé la vie à plusieurs cavaliers démontés et déjà saisis par le fatal *lasso*. Quelques jours après, le colonel Brincourt fut appelé au commandement du 18ᵉ bataillon de chasseurs, dont le chef, le commandant Lamy, blessé, avait succombé aux blessures qu'il avait reçues à l'attaque d'un clocher.

Echeagaray adressa un rapport pompeux à Comonfort, dans lequel, suivant l'habitude des généraux mexicains, il revendiquait la victoire. Seulement il était obligé de reconnaître que les troupes françaises étaient demeurées maîtresses d'Atlesco, et que lui-même avait été forcé de revenir à son point de dé-

part. C'étaient là deux faits significatifs, qui établissaient clairement de quel côté était resté l'avantage.

CHAPITRE VI

Le vingt-huitième siége. — *Viva Saragosa !* — Mort du général Laumière.

Un ordre du général du 14 avril partagea les attaques en deux parties : celle de droite, dont le commandement fut confié au général Bazaine, et celle de gauche, dont le général Douay fut chargé avec la 2ᵉ division. Les attaques de droite, dirigées contre les forts Carmen et des Ingénieurs (*Ingenieros*), étaient celles qui avaient le plus d'importance.

Le général Douay choisit le Pénitencier pour quartier général.

Le général Bazaine éleva près de l'église de San Balthasar des ouvrages de défense et des batteries qui lui permettaient de prolonger ses feux dans toute la longueur des rues.

Le 15, vers cinq heures du soir, l'ennemi tenta une sortie contre les ouvrages de San Balthasar ; mais il fut refoulé dans l'intérieur de la ville.

Du 23 mars, jour de l'ouverture de la tranchée, au 17 avril, le chiffre de nos pertes était de :

Tués : 5 officiers, 65 hommes de troupes.

Blessés : 43 officiers, 535 hommes de troupes. (Un grand nombre de ces blessés, légèrement atteints, ont été soignés dans les infirmeries.)

Disparus : 1 officier, 42 hommes de troupes.

Un officier écrivait, les 17 et 18 avril, ces lettres qui ont été publiées par le *Commerce breton*, journal de Saint-Malo.

Devant Puebla, le 17 avril.

« Après l'attaque du Pénitencier, sept pâtés de maisons furent enlevés sans grandes pertes. Mais, à mesure que nous avançons dans la ville, les Mexicains, connaissant mieux le point que nous allons attaquer, se fortifient sur les toits et dans les rues par des barricades armées de canons et nous obligent à cheminer à force coups de canons.

« Le général Forey, après plusieurs tentatives infructueuses, ne voulant plus risquer la vie de ses hommes contre des ennemis invisibles, va opérer au moyen de la sape et de batteries opposées à celles de l'ennemi. Chaque pâté de maisons va peut-être nécessiter un siége ; nous en viendrons à bout.

« L'état sanitaire de notre armée est jusqu'ici excellent. Les vivres, à l'exception du vin, qui coûte 12 francs la bouteille, sont abondants. Puebla, au contraire, manque de vivres, et de nombreux déserteurs nous prouvent qu'ils commencent à souffrir de toutes les horreurs d'un siége.

« Nos pertes, jusqu'ici, sont peu de chose. Depuis près d'un mois que le siége dure, nous n'avons perdu que de 50 à 60 hommes, et nous n'avons pas plus de 250 blessés dans les ambulances. Nous avons cependant fait une perte sensible, c'est celle du général d'artillerie, tué dans les tranchées. Je ne crois pas que cela dure longtemps ; ils souffrent beaucoup dans la ville.

« Quant à notre bataillon, il n'a éprouvé que des blessures insignifiantes. »

Devant Puebla et un peu en dedans, 18 avril.

« Le lundi de Pâques, je vais avec une compagnie au travail de tranchée. Quelle journée ! à six heures du matin, nous arrivons au Pénitencier ; mon sous-lieutenant y reste avec une partie des travailleurs. Je vais avec le reste de la compagnie au point le plus avancé de nos possessions dans Puebla. Nous traversons des cours, des maisons, des rues, des murs dans lesquels on a fait des brèches ; plusieurs endroits ne sont pas à l'abri des feux de l'ennemi, et les balles sifflent à nos oreilles. Je traverse l'église San Marco, Sant-Ildefonso, et me voilà installé dans une cour, ancien jardin, et au milieu de ruines ; nos soldats piochent et emplissent des sacs de terre ; les gens des maisons, car une partie est encore habitée, s'occupent de déménager. Quelques femmes pleurent, mais beaucoup rient en fumant leur cigarette, et font cela en gens habitués (c'est la vingt-huitième fois que Puebla est assiégée).

« Nous occupons le magasin d'un marchand de verrerie où nos soldats trouvent mille choses utiles ; à une heure, on vient me prévenir qu'à trois heures il doit y avoir *du nouveau* ; on

presse la confection des sacs à terre. A quatre heures, le commandant du génie vient me chercher et me conduit dans la cour de l'hospice qui avoisine celle où doit avoir lieu le combat du soir. La cour de l'hôpital est carrée, une face extérieure nous appartient, c'est celle par laquelle nous pénétrons en venant du Pénitencier; les trois autres donnent sur des rues qui appartiennent aux Mexicains.

« En entrant dans la cour, à gauche, 2 pièces de 12 sont placées pour battre la caserne et y faire brèche.

« A 5 heures 1/4, le feu continue, nos pièces de 12 font merveille, le commandant d'artillerie assure qu'on peut passer par la brèche. On demande au 1er régiment de zouaves 15 volontaires pour s'emparer de la caserne mexicaine; de suite 15 hommes sortent des rangs, un sergent-major en tête; tout le monde est dans l'attente, la brèche est faite, les braves volontaires zouaves s'élancent au cri de : « Vive l'Empereur! Vive la France! » ils sont admirables!

« On avait retiré les canons pour leur faire place : ils disparaissent; un lieutenant de zouaves, à la tête de sa section, les suit, et enfin une compagnie de zouaves, ayant à sa tête le chef de bataillon et un capitaine; mais une pluie de balles, d'obus, de grenades, salue et accable ces braves héros; le capitaine est tué, le commandant reçoit une balle dans la jambe, je le fais enlever; le sergent-major tombe aussi, blessé d'une balle à la jambe. Il fait nuit, la pluie tombe à torrents, la fusillade roule à outrance. On dit que la section de zouaves est entrée dans le bâtiment; le génie assure que des pièces de bois placées dans l'intérieur par l'ennemi ont fait que personne n'a pu y pénétrer.

« On est assourdi par les détonations de tout genre. Les soldats de ma compagnie portent des fascines et des sacs à terre pour s'abriter du feu de l'ennemi; l'un d'eux est tué à mes côtés d'une balle qui lui traverse le cou. Pendant ce temps, les Mexicains emplissent les rues qui nous entourent, tirant sur nous à travers les portes qui dominent sur les rues, en criant: « Viva Saragosa! Viva la libertad! » En même temps leurs clairons sonnent la fanfare, les balles nous arrivent de tous côtés.

« Il est huit heures et demie du soir, les Mexicains menacent de défoncer les portes pour nous envahir... Le 99e vient relever les travailleurs; depuis quatre heures du matin nous sommes sur pied, et depuis neuf heures nous n'avons pas mangé; la nuit est très-noire et le chemin difficile dans les ruines qu'il nous faut traverser; pour se reconnaître, on n'ose s'appeler dans la crainte qu'une balle ne soit la réponse; nous tombons sur les pierres, roulons dans les fossés; enfin nous voici dans les tranchées. J'arrive au camp, il est dix heures et demie, très-heureux de me rapporter moi-même, et je dîne avec le bonheur d'un homme qui renaît à la vie, après avoir assisté à un feu terrible où l'existence est légère!... »

« P. S. L'officier de zouaves qui était parti avec sa section, ainsi que les quinze braves, ont pénétré dans la caserne mexicaine le jour de la fameuse attaque. Le lieutenant Galland (c'est le nom de l'officier de zouaves) a écrit qu'il était resté avec trente-cinq hommes, qui se sont battus comme des lions; il est en ce moment prisonnier à Puebla, et loge au palais du général Ortega, où il est parfaitement traité, et ne s'est rendu qu'avec tous les honneurs de la guerre, en conservant ses armes. Les zouaves, qui sont aussi prisonniers, sont bien traités; les Mexicains les admirent. »

Un autre correspondant militaire mandait à ses amis d'Europe, le 19 avril :

« La prise du fort de San Xavier, qui nous donne accès dans Puebla, nous a coûté cher par la mort du général de Laumière, qui a succombé à sa blessure peu de jours après et quand tout annonçait qu'il allait entrer en convalescence. Le colonel Garnier, du 51e, qui remplissait les fonctions de général de tranchée et qui a été grièvement blessé, va beaucoup mieux et nous espérons qu'il sera sur pied dans quelque temps. Dans les dernières affaires, ont été tués, parmi ceux que je connaissais, Jabely, sous-lieutenant au 12e chasseurs à cheval; Escourrou, capitaine au 2e zouaves; Chardon, lieutenant au 1er bataillon de chasseurs à pied; de Sparre, sous-lieutenant au 1er de zouaves, et Kermabon, sous-lieutenant au 2e de zouaves. Au nombre des officiers blessés est le capitaine de Vezins, dont le père, entré dans les ordres après son veuvage, est aujourd'hui évêque d'Agen. M. de Vezins commandait une batterie chargée de l'attaque du fort San Xavier. Atteint à la cuisse par un éclat d'obus, ce brave officier est néanmoins resté à son poste jusqu'au moment où les colonnes d'attaque eurent emporté le réduit entier. Ce n'est qu'alors qu'il s'est rendu à l'ambulance pour se faire panser. La blessure de M. de Vezins, quoique sérieuse, ne paraît pas devoir mettre ses jours en danger.

« Le siège se continue dans les rues et il faut prendre maison par maison. L'ennemi se défend avec énergie, mais l'attaque est, aussi, énergique, et comme la garnison est complètement bloquée, il faudra bien qu'avant peu elle se fasse ou se fasse jour à travers nos lignes, ce qui ne sera pas facile pour elle. Bon nombre de soldats mexicains désertent, et tous disent que la garnison est très-fatiguée, démoralisée, mal nourrie et que la plus grande partie n'attend qu'une occasion pour passer de notre côté. La solution approche donc et j'y crois avant peu. Si nous réussissons à faire toute la garnison prisonnière de guerre (18 à 20 mille hommes), on espère de ne pas trouver de sérieuse résistance à Mexico, de sorte qu'il peut bien arriver que nous y entrions dans la première quinzaine de mai.

« Notre état sanitaire est très-bon, le moral de nos soldats à la hauteur des circonstances, et nos magasins bien approvisionnés. Nous sommes donc dans d'excellentes conditions. »

En remplacement de M. Vernhet de Laumière, M. le général de brigade d'artillerie Courtois Roussel d'Hurbal, membre du comité d'artillerie, grand officier de la Légion d'honneur, fut nommé au commandement de l'artillerie de l'armée du Mexique. Il se hâta de s'embarquer à Saint-Nazaire, à bord de la Floride; mais, malgré sa diligence et son zèle, il ne devait pas arriver assez à temps pour participer aux dangers et à la gloire de la prise de Puebla.

Les travaux de siège marchaient avec vigueur. Le 19 avril, le colonel Mangin, du 3e zouaves, enleva les deux îlots ou quadres numérotés 29 et 31. Dans la matinée du 20, on s'empara de l'îlot n° 30, dont le général Forey vint passer en revue les vainqueurs. Il décora de sa main un jeune sergent-major du 18e bataillon de chasseurs, Melchior-Achille Descombes. C'est sous l'impression produite par l'aspect des îlots qui venaient d'être conquis, que le général Forey écrivait au maréchal ministre de la guerre : « Il faut voir soi-même les défenses incroyables accumulées par l'ennemi dans ses quadres pour s'en faire une idée et apprécier tout ce qu'il faut que nos soldats déploient d'audace, d'énergie, de patience, pour s'emparer de ces forteresses, bien autrement difficiles à enlever qu'un fort régulier.

« La défense de Puebla, organisée par la démagogie européenne, prouve qu'il y a là de passés maîtres en fait de barricades. On ne peut d'ailleurs comparer à rien de ce qu'on voit en France la disposition de Puebla, disposition qui est celle de toutes les villes du Mexique, qui comptent presque autant d'églises que de maisons, et où toutes les maisons en terrasses se dominent les unes les autres. Dans le quadre 29, entre autres, il y avait une usine dans la cour de laquelle les Mexicains avaient fait une espèce de redan dont les deux faces s'appuyaient sur des faces de la cour à des maisons crénelées.

« Ce redan était précédé d'un énorme fossé de 4 à 5 mètres de largeur et d'autant de profondeur. Le parapet avait plus de 4 mètres d'épaisseur, et le talus inférieur était formé d'énormes madriers en bois de chêne. Derrière ce redan, toutes les constructions étaient crénelées et les issues préparées et couvertes de tambours. D'un quadre à l'autre, la communication était établie par une galerie souterraine. Nos soldats n'auraient jamais pu enlever cet ouvrage si la brèche pratiquée dans le quadre, sur l'indication d'un habitant, n'avait donné accès dans les écuries de l'usine, espèces de caves voûtées parallèles à la grande face du redan qui a pu être tourné par les écuries. Il y a eu là une déroute complète des Mexicains, qui, en fuyant par la galerie souterraine, qui indiqué ainsi le chemin du quadre 31 à nos soldats, qui les y ont suivis et en ont tué un grand nombre et fait 200 prisonniers.

« Nos pertes ont été minimes, grâce à l'entrain de nos chasseurs du 18e bataillon et des zouaves du 3e régiment qui ont été admirables. Par un bonheur providentiel, pas un seul officier de troupe n'a été touché. M. de Galliffet seul, de mon état-major, a été gravement blessé par un éclat d'obus ou de grenade, mais je conserve l'espoir de le sauver. »

Dans l'après-midi du 20 avril, le général Forey visita la batterie aérienne qu'il faisait construire par les marins sur l'église de San Ildefonse. Le même jour, la colonne qui avait occupé Atlesco rentra au camp de San Juan.

Le 21, l'ennemi se voyant sans doute dans l'impossibilité de conserver les îlots 26, 27 et 28, les a évacués et y a mis le feu au point du jour. L'incendie fut considérable et dura toute la matinée.

Dans le but de faire tomber le fort de Carmen, en l'isolant du reste de la place, le général Forey fit préparer une attaque sur l'église et le couvent de Santa Inez. L'artillerie commença une batterie de brèche, et le génie l'ouverture de quatre ra-

Il distribua des croix et des médailles militaires aux chasseurs d'Afrique, et les assistants indigènes, en suivant des yeux cette distribution, ne se départirent point de la gravité caractéristique qu'ils ont empruntée à l'Espagne. Mais quand le général passa devant le front de l'escadron mexicain, quand il remit au colonel de la Pena la croix de la Légion d'honneur, des applaudissements retentirent.

Avant de quitter Cholula, le général prit des mesures pour y loger les blessés ennemis qui encombraient les ambulances. Il ne voulait conserver à proximité du camp français que les prisonniers de guerre valides détenus dans une filature connue sous le nom de Bayarino.

Ouverture de la tranchée,

meaux de mines, pendant qu'après avoir donné ses ordres, le général parcourait les ambulances du grand quartier général et de la 1re division. Dans la soirée, les Mexicains tentèrent, mais sans succès, deux sorties contre les positions françaises de San Francisco et de San Baltasar.

Le 22 avril, les préparatifs de l'attaque de Santa Inez furent continués; on acheva une batterie de brèche pour huit pièces; trois îlots furent occupés et mis en état de défense. Après avoir ordonné ces travaux, le général Forey partit pour Cholula, où était établi un hôpital, placé sous la garde de l'escadron du 3e régiment de chasseurs d'Afrique, que commandait M. de Tucé, et des troupes mexicaines aux ordres du colonel de la Pena. Tous ces soldats avaient pris part au combat d'Atlesco, et il y avait lieu de répartir entre eux des récompenses.

La petite garnison se réunit sur la grande place, où elle fut promptement entourée par les habitants, sans distinction de rang, d'âge ou de sexe. La foule était compacte, et en voyant son air de confiance, on ne se serait point douté qu'à quelques kilomètres plus loin, une lutte terrible était engagée entre les Mexicains et les Français, dont le chef recevait à Cholula un accueil si sympathique.

CHAPITRE VII

Affaire de Santa Inez.

Les préparatifs de l'attaque de Santa Inez se poursuivaient sans interruption, et comme elle pouvait être décisive, toutes les forces extérieures dont l'ennemi disposait secondaient l'activité de la garnison de Puebla. Tous les points occupés par les Français étaient successivement menacés. C'était, dans la nuit du 23 avril, l'hacienda San Francisco; dans la matinée, la ligne d'ouvrages qui reliait San Baltazar au moulin de Guadalupe. Le choc, en cette dernière affaire, fut soutenu par le 62e régiment de ligne. Les grenadiers, à la tête marchait le capitaine Audin, refoulèrent les assiégés; mais ils eurent la douleur de voir leur valeureux chef tomber mortellement frappé.

Cinq cents cavaliers, détachés de l'armée de Comonfort, se montrèrent, le 24 avril, près du moulin de Santo Domingo, et battirent en retraite devant un escadron des troupes du général Marquez. Un second détachement essaya vainement, le lendemain, d'arrêter le colonel du Barrail, qui, à la tête d'un corps mixte de cavalerie, d'infanterie et d'artillerie, était allé chercher des subsistances à l'hacienda de Chahuac; ces expéditions étaient souvent réitérées et procuraient des grains, et surtout du maïs, nécessaire à la nourriture des chevaux.

Dans la journée du 25 avril, toutes les dispositions étaient prises pour enlever le couvent et l'église de Santa Inez. Le génie avait creusé sous la rue des galeries dont deux aboutissaient à des fourneaux chargés de 350 kilogrammes de poudre. L'artillerie avait disposé dans le quadro 30 une batterie de quatre pièces de 12 et de quatre obusiers, pour faire brèche et battre l'intérieur du quadro et le couvent. Une batterie établie auprès du moulin de Huexotitlan devait, quoique un peu éloignée, porter ses projectiles sur la face postérieure du quadro où les deux édifices étaient englobés.

Malheureusement dans la soirée du 24 survint un de ces violents orages complétement inconnus dans les régions plus tempérées. Galeries et tranchées furent inondées, et dans la crainte que le jeu des mines devint impossible, on y mit le feu par les ordres du général Douay.

Le 25, au point du jour, la batterie de brèche fut démasquée; le feu fut ouvert, et, lorsque la brèche fut rendue praticable, un bataillon du 1er zouaves fut lancé sur ce quadro et y pénétra. Mais là se présentèrent tout à coup des obstacles imprévus, tels qu'une grille en fer, et, en arrière, des retranchements comme ceux que nous avions trouvés dans nos attaques des jours précédents. Plus en arrière encore, s'élevait le couvent présentant des terrasses échelonnées et formant, avec les clochers de l'église, des étages de feux auxquels les zouaves se trouvèrent exposés.

La tête de colonne soutint bravement cette terrible fusillade; elle réussit même à tourner la grille et à trouver un passage par lequel elle se logea dans une maison du quadro; mais le reste du bataillon qui suivait, arrêté par les décombres et les feux convergents qui, de toutes les maisons, étaient dirigés sur cet étroit passage, se trouva séparé de sa tête de colonne, qui resta seule au milieu des retranchements qu'elle avait abordés.

Dans cette rude attaque, nos pertes s'élevèrent à :

Tués : 5 officiers, 27 hommes de troupe.

Blessés : 11 officiers, 127 hommes de troupe.

Le général Forey ne se dissimula point la gravité de cette défaite. Il dit toutefois dans son rapport :

« Quelque regrettable qu'elle soit, personne n'en est découragé ici. Dans la guerre de rues que nous faisons, il n'y a rien de surprenant à ce que le succès ne couronne pas toujours les plus vigoureux efforts. Cependant nous sommes pleins de confiance, et, à force d'énergie et de persévérance, nous surmonterons toutes ces difficultés avec les moyens que nous possédons. »

Revenu sur l'échec de Santa Inez, dans un rapport du 2 juin, le général Forey ajoutait :

« Il est possible que si, le 25 avril, la tête de colonne eût été mieux soutenue, nous eussions pu nous emparer de Santa Inez et atteindre la place d'armes, mais cela est loin d'être certain. Je ne regrette donc pas notre échec de Santa Inez, puisqu'il nous a conduits à renoncer momentanément aux attaques sanglantes des îlots de maisons, et que par nos cheminements sur le fort de Totimehuacan, nous avons pu obtenir un résultat complet avec des pertes bien moins considérables. »

Ce n'est point sans motif que le général en chef qualifie de sanglantes les attaques des îlots. Pour se faire idée de ce qu'elles étaient, il faut lire les narrations individuelles, parmi lesquelles nous choisissons celle de l'assaut du quadro 30, ancien palais qui, après être devenu une caserne, avait été récemment fortifié.

« L'attaque, écrit un officier, était confiée au 18e bataillon de chasseurs à pied, soutenu en arrière par un bataillon du 3e de zouaves. Quatre pièces de 4 devaient faire deux brèches, l'une à droite, l'autre à gauche. A droite, deux compagnies de chasseurs; à gauche, la première et la troisième, tandis que deux compagnies, dispersées dans les gabionnades et les maisons, devaient tirer sur les créneaux de l'ennemi et empêcher qu'il ne nous écrase au passage par un feu trop vif. On devait se lancer par section, et comme mon lieutenant est souffrant, je commandais la 2e section de la compagnie. Nous étions, pour les deux attaques, 250 hommes; car nos compagnies sont bien réduites à l'heure qu'il est. A deux heures et demie, l'on ouvrait le feu; nous étions dans de petites maisons complétement dominées par les étages de la Maison-Rouge, d'où partait une fusillade, une pluie de grenades et d'obus incroyable. A quatre heures, les brèches étaient praticables : nous fîmes mettre

baïonnette au canon et attendîmes le signal. Je vous prie de croire que le moment était solennel, le cœur me battait un peu; car cette guerre de rues a ceci de particulier, que vous ne savez jamais où vous allez, et le trou de la brèche a un parfum d'inconnu et de terrible. De plus, lorsqu'il fallait franchir était complétement balayée par le feu des Mexicains, et les balles piquaient les murs dru comme grêle. Enfin, après plusieurs retards, le général Douay donna le signal du départ. Nous défilâmes un à un, précédés par douze volontaires. Au moment de m'élancer, vous pouvez penser si je vous ai fait mes adieux; je n'ai pas flâné dans la rue, trois bonds m'ont conduit à la brèche. Là, je me suis trouvé sous une longue voûte donnant sur les cours.

« Les ouvertures étaient coupées par de profonds fossés, et en arrière par des parapets à pic de 4 mètres d'épaisseur. De ces parapets, des murs, des fenêtres, des terrasses, ils nous fusillaient à bout portant.

« Il y eut à peine un moment d'hésitation, le temps de jeter un coup d'œil; on sonne la charge, on crie à tue-tête (ça fait du bien dans ces moments-là) : « En avant les chasseurs! à la baïonnette! vengeons le commandant! vive l'Empereur! » Que sais-je? Au même instant, une compagnie de zouaves, lancée à notre secours, arrive derrière nous. Vous pouvez penser que les chasseurs se sont piqués d'amour-propre. Mon capitaine se jette le premier dans le fossé en criant : « A moi la troisième! » Vous jugez si nous l'avons suivi. Le fossé était plein d'eau et de... Pour remonter de l'autre côté, j'ai dû prendre mon revolver entre les dents, mon sabre est tombé, je ne l'ai pas ramassé! A ce moment, M. Prévot arrivait à droite avec sa section, qui avait trouvé un passage pour nous donner la main. La position était enlevée, du moins le gros : tout cela avait duré trois minutes. On vit dix ans dans ces moments-là. Alors, les 400 chasseurs et zouaves qui étaient là, nous nous sommes lancés à la poursuite sur les escaliers, dans les cours, sous les voûtes, dans les galeries. Les Puros n'ont tenu derrière aucun retranchement. On tuait à la baïonnette avec férocité. Au rez-de-chaussée, il n'y a pas eu de prisonniers; on n'a commencé à faire quartier que dans les étages supérieurs. Ils étaient 1,400 hommes : les bataillons 4e de Zacatecas et Aguas-Calientes. On en a mis 500 hors de combat dont 200 prisonniers. Nous les avons poursuivis jusqu'au 22e quadro, où on a envoyé l'ordre de s'arrêter. »

Le fort de Totimehuacan, dont le nom excentrique apparaît pour la première fois dans les lignes que nous avons citées, du général Forey, dominait et flanquait le fort de Carmen que le commandant en chef, après l'échec du 25 avril, eut d'abord l'intention d'attaquer afin de cheminer sur le réduit de la ville par deux directions, en divisant les forces de l'ennemi.

Avant de commencer les cheminements sur Totimehuacan, on hésita entre divers plans. Quelques officiers émirent l'avis d'attaquer successivement les forts de Santa Anita, de Loreto et de Guadalupe; mais le général Forey n'y adhéra point. Il a dit plus tard :

« Après avoir examiné les lieux, j'ai reconnu encore mieux combien ce projet eût été peu exécutable. Par la disposition étagée de ces ouvrages, et surtout à cause de la nature rocheuse du terrain qui les environne, l'opération eût été très-difficile, sinon impossible. L'inspection de Puebla et l'examen de ses défenses m'ont convaincu que la manière dont nous avons procédé pour l'attaquer était certainement ce qu'il y avait de plus rationnel à faire. »

On pensa aussi à une opération contre San Agostin de manière à pénétrer rapidement dans le réduit de la place. L'idée d'agir par mine se présentait naturellement, mais les sondages opérés montrèrent le roc à 50 centimètres au-dessous du sol. Il fallut donc chercher une autre combinaison.

Aux projets qu'avait émis le général en chef on objecta qu'une fois maître de Totimehuacan il était facile d'entourer Carmen de batteries et en paralyser la défense.

Les ressources étaient abondantes en vivres, les munitions ne manquaient pas, on comptait encore 2 millions de cartouches à Puebla et 6 millions à Vera-Cruz, dont on s'occupait d'expédier la majeure partie. Sur 36,000 coups composant l'approvisionnement de l'artillerie, 4,000 seulement avaient été tirés, et de nouvelles munitions, apportées par les vaisseaux venus de France avec le corps de réserve, étaient déjà sur la route d'Orizaba, échelonnées en trois convois, qui devaient arriver sous les murs de Puebla à la fin d'avril. Un quatrième convoi, formé de quatre pièces rayées approvisionnées à 200 coups chacune, devait parvenir à Puebla le 1er mai. Enfin, le gouverneur de la Martinique faisait charger 300 barils de poudre à bord du transport *la Cérès*, qui se rendait directement du fort de France à la Vera-Cruz. Un grand convoi de voitures vides partit de Puebla sous le commandement du capitaine Bruat.

CHAPITRE VIII

Affaire de la garrita del Pulque. — Défense héroïque de soixante-deux soldats du régiment étranger. — Suspension d'armes. — Arrestation et délivrance du lieutenant Tulpin. — Affaire de San Pablo del Monte. — Mort du commandant de Foucault.

Encouragés par leur succès, les Mexicains avaient pris l'offensive ; ils battirent en brèche, dans l'après-midi du 27, l'angle de l'îlot numéroté 31, mais ils furent reçus à la baïonnette et promptement repoussés par les chasseurs du 1er bataillon.

Le 28, le pénitencier fut relié au fort de San Miguelito, en avant duquel on établit un redan pour inquiéter le fort de Santa Anita. Deux batteries furent élevées, l'une à San Miguelito, l'autre près de Santiago, destinées à battre les terrasses de la ville, depuis Belen jusqu'à Santa Inès.

L'ennemi, de son côté, n'était pas inactif. Auprès d'une redoute appelée la garrita del Pulque, le 24 avril au matin, deux cents cavaliers et un détachement d'infanterie, avec leurs pièces de campagne, enveloppèrent vingt-quatre zouaves qui marchaient en éclaireurs sous la conduite d'un lieutenant. Quelques Mexicains tombent. L'officier qui commandait la cavalerie ennemie décharge son mousquet sur le lieutenant et le manque, mais il s'élance sur lui et le somme de se rendre.

Le caporal Leth se précipite au secours de son chef, tue l'officier mexicain et son cheval à coups de baïonnette. Les zouaves s'élancent à la baïonnette ; les Mexicains essayent de résister, mais bientôt, ayant perdu 40 hommes, ils tirent deux coups à mitraille et s'enfuient. Les zouaves n'eurent qu'un caporal tué et deux hommes blessés.

Le 30, des tranchées des points fortifiés des fortins de campagne que reliaient ensemble des embuscades, achevèrent de resserrer la ligne d'investissement au sud de Puebla ; cette ligne partait de l'ouvrage appelé du nom de Morelos ; elle passait par la garrita d'Amatlan, l'église San Baltasar, la garrita du même nom, le moulin de Guadalupe, Santa Barbara, Molino del Cristo et la garrita d'Amazoc.

Au nord, une tranchée réunissait la garrita dite de Mexico à celle du Pulque.

Le 1er mai, les cavaliers ennemis, sans pouvoir forcer nos lignes, firent une sortie du côté de Mezanilla.

Le même jour, le colonel Jeanningros, du régiment étranger, ayant appris que des guerilleros se montraient près de Palo Verde, fit partir du Chiquihuitle, à minuit, 62 hommes de bonne volonté sous les ordres du capitaine adjudant-major Danjou, du lieutenant Vilain et du sous-lieutenant Maudet, pour aller au-devant du courrier qu'on attendait de la Soledad. Arrivée à Camaron à six heures du matin, cette compagnie se disposait à faire le café, lorsqu'une multitude de cavaliers ennemis l'enveloppèrent.

Le feu s'engagea, la compagnie chargea à la baïonnette ; mais, attaquée par une nombreuse infanterie, elle dut se replier en formant plusieurs fois le carré, et s'établir dans la première maison de Camaron, où elle perça des créneaux. Elle y soutint un véritable siége pendant toute la journée. Ses munitions s'épuisaient, lorsque l'ennemi, désespérant de triompher d'une telle défense, mit le feu à la maison, et ceux de ces braves que la mort n'avait pas atteints furent faits prisonniers. Un tambour seul parvint à s'échapper malgré sa blessure. On estime à 1,000 hommes d'infanterie et 500 de cavalerie les forces mexicaines auxquelles 62 soldats du régiment étranger ont si héroïquement résisté, en leur mettant 260 hommes hors de combat, dont 140 tués. Le capitaine adjudant-major Danjou et le lieutenant Vilain ont été tués ; le sous-lieutenant Maudet a été fait prisonnier.

Des nouvelles venant de nos soldats mêmes, prisonniers à Huatusco, portaient leur nombre à 38, parmi lesquels 28 sont blessés ou contusionnés.

Dans l'après-midi du 1er mai, une suspension d'armes de quatre heures fut conclue, pour qu'on pût enlever les morts qui étaient restés au milieu de la rue. Aussitôt que l'armistice fut connu, Français et Mexicains mêlèrent leurs rangs. « Les officiers mexicains, dit le rapport officiel, sont venus avec empressement donner la main aux nôtres, et ont paru très-désireux de voir la guerre terminée. »

À la nuit, on continua la tranchée entreprise dans la direction de Santa Anita, et on éleva à la hauteur de Santiago une batterie qui prit le n° 11 de la série de droite. Le 2 mai, M. Tulpin, lieutenant du 2e zouaves, attaché au service des tranchées, s'étant présenté une drapeau blanc sur le *quadro* de San Agnès, et s'avança pour savoir quel était le but de cette démonstration.

Le chef des défenseurs de San Agnès le fit immédiatement arrêter.

— *Señor*, lui dit-il, vous pouvez écrire à votre famille. Vous vous êtes introduit par surprise dans le *quadro* ; les lois de la guerre vous condamnent à être fusillé.

— Monsieur, répondit le lieutenant du 2e zouaves, je ne crains pas la mort, et je la subirai sans pâlir, si j'y suis voué par ces lois de la guerre que vous invoquez ; mais en êtes-vous juge ? N'est-il pas nécessaire d'en référer au général en chef ?

— Volontiers, dit le Mexicain.

Le lieutenant fut conduit auprès d'Ortega, qui ordonna de le mettre immédiatement en liberté.

Les Mexicains tentèrent, le 5 mai, une opération combinée entre les troupes de Comonfort et la garnison de Puebla, pour essayer d'introduire dans la place un convoi depuis longtemps attendu. Une nombreuse cavalerie évaluée à 1,000 chevaux environ, et soutenue en arrière par de l'infanterie et de l'artillerie, s'étant présentée en avant au village de San Pablo del Monte, le général L'Hérillier, après l'avoir fait reconnaître, dirigea de ce côté le 4e escadron du 1er régiment de marche et une section de cavalerie du 99e de ligne. Le chef d'escadron de Foucault, auquel le jour même on avait remis son brevet, reçut l'ordre d'attaquer l'ennemi, couvert d'une série de barrancas. Protégés par le feu de notre infanterie, les chasseurs d'Afrique traversèrent les barrancas et chassèrent devant eux les Mexicains.

Le commandant de Foucault reforma son escadron, chargea la cavalerie ennemie jusqu'à la ferme d'Acapulco où ce brave officier fut tué d'un coup de lance. Au même instant, le porte-étendard du 1er régiment de cavalerie de Duranzo, avec sa garde, était attaqué par les chasseurs Bordes et Imbert qui, malgré la plus vigoureuse résistance, s'emparèrent de l'étendard.

Après la mort du commandant de Foucault, le capitaine de Montarby prit le commandement de l'escadron ; trois fois il chargea l'ennemi jusqu'à ce que, blessé lui-même d'un coup de sabre au poignet, il dut laisser le commandement au capitaine Nalgeon. La cavalerie ennemie, appuyée par son infanterie et son artillerie, tenta un retour offensif sur la ferme d'Acapulco ; mais l'arrivée du général L'Hérillier avec trois compagnies du 2e zouaves et deux obusiers de montagne mit fin à cette lutte. L'ennemi laissa entre nos mains un étendard, 21 prisonniers et des armes.

Pendant cet engagement, la place tenta une sortie pour se relier aux troupes de Comonfort, et dirigea principalement ses efforts sur le poste de San Jose, occupé par une compagnie du 99e. Malgré le feu d'une nombreuse artillerie, cette compagnie soutint l'attaque jusqu'à ce que le général Douay eut dirigé de ce côté un bataillon d'infanterie, un escadron de cavalerie et deux pièces de canon, dont le tir, habilement dirigé, parvint à faire rentrer l'ennemi dans la place. Les pertes des Mexicains, dans cette journée, peuvent être évaluées à 200 hommes tués ou blessés ; les nôtres ont été de 4 tués, dont 1 officier, et 15 blessés, dont 3 officiers.

Les militaires signalés comme s'étant particulièrement distingués furent :

1er *régiment de marche*. — Le commandant de Foucault, mort en combattant ; le capitaine de Montarby, blessé ; le capitaine de la Feronays ; les chasseurs Bordes et Imbert, qui ont pris l'étendard ; le brigadier Leclaire, qui a dégagé un officier ; le sous-lieutenant de James, couvert de blessures ; de Lespinasse de Bournazel, maréchal des logis ; les brigadiers Burlet, Souparis, Schultz, blessés ; le chasseur Cuénin ; le capitaine Nalgeon ; le lieutenant Leroy.

99e *de ligne*. — Le capitaine Pierre, les sous-lieutenants Mercier et Guillé ; les sergents Lydy, Vernay, Courtiade, Crochet; le caporal Cretin; les brigadiers Chiappiani et Suignard; le fusilier Cribcillet.

CHAPITRE IX

Combat de San Lorenzo.

Malgré leur défaite, les Mexicains ne s'éloignèrent pas; ils se retranchèrent sur le mamelon de San Lorenzo, d'où le général en chef confia au général Bazaine le soin de les déloger, et ce hardi coup de main, exécuté avec autant de coup d'œil que d'entrain, sera une des pages les plus glorieuses de l'histoire de notre expédition. Six bataillons, une batterie d'artillerie de la garde et trois escadrons de cavalerie, choisis dans les divers régiments, bivouaquèrent le 7 au soir en groupe à un kilomètre derrière le camp, et se mirent en marche le 8, à deux heures du matin, pour opérer de nuit le mouvement tournant qui devait cerner et prendre l'ennemi au point du jour. Il n'y eut pas un instant de retard, pas une faute : au moment désigné, les troupes étaient aux places indiquées : au premier rayon du jour on mit le feu aux pièces; ce fut pendant une heure une lutte formidable d'artillerie; mais à travers les boulets et les obus, l'infanterie, divisée en trois colonnes, marchait toujours vers le sommet de San Lorenzo. A 150 mètres environ, le général Bazaine donne le signal de l'assaut, et les turcos et le 3e zouaves tombent au milieu des lignes ennemies avec ces cris stridents qui accompagnent partout leur victoire. Pas de coups de fusil; c'est un combat à la baïonnette qui fait des Mexicains un effroyable carnage; plus de 800 restèrent morts sur le terrain. A sept heures, tout était terminé. Nous occupons toute la position, ayant en notre pouvoir 32 voitures de farine et maïs, 2 voitures de poudre, 8 canons rayés et 3 drapeaux.

Cette victoire avait assez d'importance pour que la nouvelle en fût immédiatement transmise en France par le général Forey. Sa dépêche, qu'un courrier remit au colonel commandant supérieur de la Vera-Cruz, était adressée au maréchal ministre de la guerre.

Monsieur le Maréchal,

Depuis plusieurs jours, Comonfort avait pris de fortes positions à trois lieues d'ici, dans la direction de Tlascala, cherchant à faire entrer un convoi dans Puebla.

Je résolus de le tourner par sa droite, et je chargeai le général Bazaine de cette opération, dont j'attendais un succès complet.

En effet, cette nuit à deux heures, le général Bazaine, avec quatre bataillons d'infanterie, quatre escadrons de cavalerie et huit pièces d'artillerie, partit du camp pour essayer de surprendre l'armée de Comonfort aux environs de San Lorenzo. Ainsi que je l'avais prévu, le succès a couronné cette opération. L'ennemi a été complétement battu; nous avons pris huit canons rayés avec leurs attelages et leurs caissons, trois drapeaux, sept fanions; les pertes de l'ennemi sont estimées à 2,500 hommes tués, blessés ou prisonniers; parmi ces derniers on compte 25 officiers de tous grades, en outre, 20 voitures, dont 3 d'artillerie, et 200 mulets environ sont restés entre nos mains.

Je ne connais pas encore le chiffre de nos pertes; le général Bazaine, par un premier aperçu, les estime à 40 tués et 40 blessés.

Je suis avec respect, etc.,

Le général commandant en chef,

FOREY.

Le rapport officiel, dont les lignes précédentes ne sont que le sommaire, était ainsi conçu :

Le général commandant en chef l'armée du Mexique
à S. Exc. le ministre de la guerre.

Cerro San Juan, le 18 mai 1863.

Monsieur le Maréchal,

J'ai l'honneur de rendre compte à Votre Excellence du combat qui a eu lieu le 8 de ce mois à San Lorenzo.

Depuis longtemps je suivais les mouvements de Comonfort, espérant trouver une occasion favorable de l'aborder vigoureusement. Les troupes du général mexicain étant restées, jusqu'aux premiers jours de ce mois, dispersées sur plusieurs points entre Puebla et San Martin d'un côté, entre Puebla et

Tlascala d'un autre côté, il ne pouvait résulter aucun succès définitif d'une attaque partielle sur un de ces points, qui n'eût abouti qu'à donner l'éveil sur les autres. Mais, le 5 mai, un mouvement de concentration du corps mexicain se prononça, et sa cavalerie s'avança jusqu'à San Pablo del Monte pour tâter le terrain. L'intention de Comonfort était évidemment de chercher à percer notre ligne d'investissement pour faire arriver un convoi à la garnison, qui, de son côté, fit ce jour-là une sortie pour lui tendre la main. Cette tentative ayant échoué, le général mexicain restant toujours sur la route de Tlascala, vis-à-vis de San Pablo, étendit sa droite sur le plateau de San Lorenzo, dont il fit un point d'appui, où il amena du canon et se fortifia, espérant sans doute s'emparer des hauteurs du Cerro de la Cruz, battre de ce point notre ligne d'investissement en même temps qu'il eût fait un effort sur San Pablo del Monte, et réussir à jeter son convoi dans la place.

En effet, le 6 il parut vouloir mettre ce projet à exécution. Des masses d'infanterie se blottirent dans les barrancas qui séparaient les deux armées, attendant sans doute l'effet de l'artillerie de San Lorenzo pour assaillir le Cerro de la Cruz; mais ces hauteurs furent fortement occupées par l'infanterie mexicaine des barrancas où elle était massée, et ce fut encore, de la part de l'ennemi, une tentative avortée.

La journée du 7 se passa, de son côté, à mieux combiner ses projets, à se retrancher fortement sur le plateau de San Lorenzo, méditant sans doute un coup décisif prochain. De mon côté, je jugeai le moment favorable au dessein que j'avais formé d'assaillir le corps de Comonfort dès qu'il serait assez concentré pour espérer obtenir un succès important en le détruisant, et j'arrêtai les dispositions pour attaquer l'ennemi le 8 au matin, en le tournant par sa droite établie solidement à San Lorenzo.

Dans la soirée du 7, quatre bataillons, quatre escadrons, huit pièces de canon et une section du génie furent réunis au pont de Mexico; l'infanterie sous les ordres du général Neigre, la cavalerie sous les ordres du général de Mirandol, l'artillerie sous la direction du commandant de la Jaille. J'avais confié le commandement de cette colonne au général Bazaine.

Celui-ci avait l'ordre de quitter son campement à une heure du matin, de suivre la route de Mexico dans le plus grand silence jusqu'à hauteur de San Lorenzo, et là, de tourner à droite pour arriver au point du jour en vue de la position à enlever.

Tout réussit à souhait et sans autre incident que la rencontre de quelques vedettes et d'un avant-poste qui fut enlevé par la cavalerie du colonel de la Pena. A cinq heures du matin, les troupes, en échelons par bataillon en colonne à distance entière, précédées de la batterie de la garde et flanquées à gauche par la cavalerie, se dirigeaient, l'aile gauche en avant, sur les retranchements construits autour de l'église de San Lorenzo. Les Mexicains, quoique surpris par cette attaque, avaient cependant eu le temps de courir aux armes et avaient ouvert un feu violent d'artillerie à 1,200 mètres. La nôtre y répondit bientôt avec succès, et toute la ligne, au pas de charge, se précipita avec un élan irrésistible et aux cris enthousiastes de : *Vive l'Empereur!* sur la position, qui fut enlevée, malgré une résistance désespérée des soldats mexicains, dont une grande quantité fut tuée à coups de baïonnette. Les autres se débandèrent et cherchèrent à se sauver par le gué de Pensacola en se précipitant dans la barranca de l'Atoyac; mais, mitraillés par notre artillerie, poursuivis par la cavalerie du général de Mirandol d'un côté et celle du général Marquez, qui était descendu du Cerro de la Cruz, ces malheureux Mexicains jonchèrent la campagne de morts et de blessés jusqu'à Santa Inez, où le général Marquez, voyant l'ennemi dans une déroute complète et fuyant de toutes parts dans un affreux désordre, cessa la poursuite.

Dans ce brillant combat, l'ennemi a laissé entre nos mains : huit canons, dont six rayés, trois drapeaux, onze fanions, un millier de prisonniers, parmi lesquels plusieurs colonels et officiers supérieurs, la plus grande partie du convoi destiné au ravitaillement de la place de Puebla, et consistant en voitures et mulets chargés de vivres et d'effets de toute nature, ainsi qu'en troupeaux. Des munitions d'artillerie, 3,500 kilogrammes de poudre sont, en outre, tombés en notre pouvoir. Huit ou neuf cents hommes tués ou blessés et l'armée entière de Comonfort totalement dispersée, tel est le résultat de cette victoire, qui ne nous a coûté que 11 tués et 89 blessés.

Avant de payer le tribut d'éloges qui revient à tous dans cette belle journée, je veux donner un témoignage particulier de ma haute satisfaction au général Bazaine pour la manière dont il a exécuté mes instructions; grâce à son intelligence de la guerre, à la confiance qu'inspirent aux troupes son coup d'œil, son sang-froid et sa bravoure entraînante, elles ont été couronnées d'un plein succès.

Le général Marquez, qui a su saisir à propos le moment favorable pour compléter la déroute de l'ennemi, mérite aussi une mention spéciale. Je suis heureux de saisir cette occasion de rendre la justice qui est due à nos alliés, dont le zèle seconde si bien les opérations du corps expéditionnaire.

Dans cette brillante affaire, tous ont fait noblement leur devoir. Il en est cependant qui se sont plus particulièrement distingués et dont les noms m'ont été cités, ce sont :

En première ligne, le général Neigre, qui a puissamment contribué au succès par son activité, son intelligence et sa bravoure qui ne s'est arrêtée devant aucun obstacle, aucun danger.

État-major.

Boyer, chef d'escadron, qui, par suite de la maladie du lieutenant-colonel Lacroix, remplissait près du général Bazaine les fonctions de chef d'état-major, et qui, dans cette journée, a rendu les meilleurs services à son général.

Villette, capitaine, aide de camp du général Bazaine. Il a pris une part active au combat, quoiqu'il fût très-souffrant.

Chabrol, capitaine, aide de camp du général Neigre, qui a montré un brillant courage.

Garein, capitaine de l'état-major général, qui a été renversé de son cheval par une balle en donnant l'exemple d'une grande bravoure.

Béguin, capitaine de l'état-major général, tué roide en se portant en avant avec intrépidité.

Lahalle, capitaine, aide de camp du général de Mirandol.

Clary, officier d'ordonnance du général Neigre.

De Pérussis (sous-lieutenant au 81e), officier d'ordonnance du général Neigre.

Du Bouchage, capitaine aux carabiniers, mon officier d'ordonnance, qui a cherché toutes les occasions de marcher à l'ennemi, et s'y est bravement comporté.

De Tournières, lieutenant de vaisseau, mon officier d'ordonnance, qui, dans cette journée, a été très-brillant et plein d'humanité en sauvant la vie à des prisonniers.

Baron de Stein, lieutenant-colonel au service du roi de Prusse, qui, dans ce combat, comme toujours, a montré un zèle infatigable en allant au-devant du danger.

Artillerie de la garde.

De La Jaille, chef d'escadron, qui a dirigé le feu de l'artillerie avec un succès complet et a fait preuve de bravoure et de calme, là comme en toutes circonstances.

De Vaudrey, capitaine, commandant la batterie de la garde, dont le feu a promptement fait taire la batterie ennemie, de huit pièces, qui est tombée entre nos mains.

Berge, capitaine.

Gaertner, lieutenant.

Cèbe, maréchal des logis.

Cahusac, maréchal des logis.

Mouzin, canonnier conducteur.

Barier, canonnier.

Artillerie de marine.

De Paris, enseigne de vaisseau, commandant la batterie de montagne, qui a montré une bravoure et un zèle remarquables.

Couprie, canonnier.

Chouffot, conducteur.

Génie.

Danhiez, sergent-major.

Services administratifs.

L'intendant général Wolf, par les soins et le zèle de qui l'ambulance a pu donner immédiatement des soins aux nombreux blessés français et mexicains, et qui, à la suite du combat, a dirigé avec son activité et son intelligence ordinaires une opération administrative de la dernière importance.

Lipacher, brigadier au 3e escadron du train des équipages.

51e de ligne.

De Longueville, chef de bataillon, blessé, a enlevé son bataillon avec une énergie extrême.

De Musset, capitaine adjudant-major, a eu son cheval tué d'un coup de baïonnette.

Trinité, capitaine.

Gobillard, lieutenant (nommé capitaine depuis), a été amputé d'un bras.

Simonnot, lieutenant.

Lanthelme, médecin major, a fait preuve d'un grand courage en pansant les blessés sous le feu de l'ennemi.

Chanteur, sergent.

Vicensini, sergent-fourrier.

Pépin-Malherbe, sergent-major.

Louviot, sergent-fourrier.

Gonnord, fusilier, a enlevé un fanion à l'ennemi.

Maingon, caporal, a enlevé un fanion à l'ennemi.

Dupuis, sergent, a lutté corps à corps avec l'ennemi.

Canard, fusilier, a sauvé son lieutenant, qui allait se noyer dans l'Atoyac.

3e de zouaves.

Arnaudeau, lieutenant-colonel, a puissamment contribué au succès par son énergie et son intelligence.

De Briche, chef de bataillon.

Parquez, capitaine, très-brillant au feu, a eu un cheval tué sous lui.

Rigault, capitaine, très-brillant au feu, a eu un cheval tué sous lui.

Mariani, capitaine, a enlevé avec sa compagnie la batterie et le réduit de l'Église.

Malignon, capitaine.

Legué, lieutenant.

Lemaître, lieutenant, blessé grièvement et mort depuis.

Henry, sous-lieutenant, a pris un drapeau.

Collon, sous-lieutenant, a dégagé un capitaine qui allait succomber sous le nombre.

Trieson, officier au service du roi de Suède, blessé grièvement, qui s'est conduit avec une grande bravoure.

Bordes, sergent, blessé grièvement.

Royer, sergent, blessé grièvement.

Loué, sergent, amputé.

Gonai, caporal, blessé.

Raimbaux, zouave.

Luc, zouave.

Vickmans, sapeur.

Stum, zouave, quoique blessé, a lutté avec un porte-drapeau et lui a enlevé son drapeau.

Tirailleurs algériens.

Cottret, chef de bataillon, blessé.

Arzon, capitaine adjudant-major.

Bézard, capitaine, grièvement blessé en abordant San Lorenzo à la tête de sa compagnie.

Estelle, capitaine, d'une rare bravoure, a entraîné tout le bataillon par l'exemple de sa compagnie.

Loppès, sous-lieutenant, blessé grièvement, mort depuis.

Mohamed-Bounep, lieutenant.

Bouguès, lieutenant.

Beak, médecin aide-major.

Ahmed-ben-Mijoub, tirailleur, a pris un drapeau.

Khenti-ben-Ali, tirailleur, a pris un drapeau.

Ali-ben-Djilali, clairon, a entraîné sa compagnie en sonnant la charge sous un feu violent.

Boudjema-ben-Aouncin, caporal, a pris un fanion.

Mohamed-ben-Hassein, tirailleur, a pris un fanion.

Salem-ben-Guibi, tirailleur, a pris un fanion.

Barka-ben-Mohad, tirailleur, a pris un fanion.

Ducreux, sergent-major.

Mohamed-ben-Choumy, a fait mettre bas les armes à cinq Mexicains.

Cavalerie.

Le général de Mirandol, qui, quoique souffrant, a oublié, comme toujours, ses souffrances et conduit sa cavalerie à l'ennemi avec une extrême énergie.

2ᵉ régiment de marche.

Le colonel Du Barail, type de l'homme de guerre, véritable entraîneur de cavalerie.

Le lieutenant-colonel Margueritte, dont on ne sait plus en quels termes faire l'éloge.

Carrelet, chef d'escadron.

De Yallon, capitaine.

Castagné, capitaine adjudant-major.

Rœderer, lieutenant.

Ténot, maréchal des logis.

Nicolas, brigadier.

Clavel, chasseur.

Lallier, chasseur.

Je suis avec respect, etc.

Le général de division commandant en chef,

FOREY.

CHAPITRE X

Résumé des événements au commencement du mois de mai.

Les événements du commencement du mois de mai sont ainsi résumés dans une lettre écrite par un zouave à sa mère, habitant Moulins.

Redoute de San José El Chico, 9 mai.

Je suis de garde depuis 24 heures avec mon escouade, à 6 kilomètres de ma compagnie, à San José el Chico, redoute occupée par deux compagnies du 99ᵉ. Je profite de cela pour écrire, car nous ne courons que la nuit pour éclairer le chemin. Je rentre ce soir au rancho de Guadalupe, où est campée ma compagnie.

Mon bataillon était de garde aux tranchées le 1ᵉʳ mai et nous occupions en ville les cadres du Pénitencier et le couvent de Guadalupe. Au moment de notre arrivée on nous annonçait qu'un lieutenant du 2ᵉ zouaves, attaché au service des tranchées, venait d'être fait prisonnier au quadre de San Agnès de la manière suivante.

Les troupes mexicaines occupant San Agnès faisaient flotter un drapeau blanc, signal du parlementaire.

Le lieutenant s'avança pour savoir ce dont il s'agissait, et au moment où il arrivait dans le quadre ennemi, confiant dans le pavillon parlementaire, il fut arrêté par le chef de la garnison de San Agnès et celui-ci lui disait : Vous pouvez écrire à votre famille, Monsieur, vous vous êtes introduit ici par surprise; vous serez fusillé. L'officier, sans s'émouvoir, demanda le général en chef et il fut de suite conduit devant lui. Ce dernier comprit bien vite ce dont il s'agissait et il renvoya l'officier.

Dans l'après-midi, une suspension d'armes de 4 heures fut conclue, afin qu'on pût enlever les morts qui avaient été laissés au milieu de la rue depuis l'échec du 1ᵉʳ zouaves.

Aussitôt que l'on connut chez nous l'ordre de la suspension d'armes, nous nous portâmes en foule dans les retranchements mexicains. L'ennemi, de son côté, vint chez nous partager notre pain et admirer nos carabines. A 3 heures du soir, chacun rentra chez soi, et la canonnade recommença à 5 heures.

Depuis ma dernière lettre, aucune attaque n'a eu lieu en ville, ou du moins je n'ai rien appris de semblable. Tout ce qu'il y a de certain, c'est que les familles déménagent tous les jours et que toutes les bouches inutiles sortent de la ville.

Le 4 mai, nous quittions les hauteurs, à 8 heures, et nous partions du camp de San Juan à 1 heure de l'après-midi pour aller nous établir au rancho de Santa Maria, où se trouvait déjà notre 2ᵉ bataillon. Le lendemain, 5 mai, les Mexicains voulant, sans doute, célébrer un anniversaire qu'un succès facile leur a fait regarder comme une grande victoire, ont tenté une opération combinée entre la troupe de Comonfort et la garnison de Puebla, pour essayer d'introduire dans la place un convoi depuis longtemps attendu et destiné au ravitaillement de la garnison.

C'est en cet suivi un engagement qui a fourni une nouvelle occasion à nos braves chasseurs d'Afrique de montrer ce que peut une faible troupe vigoureusement commandée.

Deux mille cavaliers, soutenus en arrière par des colonnes d'infanterie et d'artillerie, s'étant présentés en avant du village de San Pablo del Monte, le général L'hérillier, après l'avoir fait reconnaître, dirigea de ce côté le 2ᵉ escadron du

1ᵉʳ chasseur d'Afrique et une section de grenadiers du 99ᵉ de ligne occupant avec lui le rancho de Guadalupe.

C'est avec ces forces que M. Foucauld, chef d'escadron aux chasseurs, n'hésita pas à attaquer l'ennemi couvert par une autre barranca et sous la protection du feu de l'infanterie. L'escadron traversa la barranca devant lui les Mexicains, qui se replièrent derrière une autre barranca. Celle-ci une fois traversée, M. de Foucauld se précipita sur l'ennemi avec son escadron.

La mêlée devint alors générale; mais, devant tant d'audace, l'ennemi céda le terrain et se retira, en combattant, vers la ferme d'Acapulco. Là, M. de Foucauld, percé d'un coup de lance, tomba pour ne plus se relever.

Au même instant, un groupe de cavaliers mexicains, qui escortaient le drapeau du 1ᵉʳ régiment de cavalerie de Durango, était assailli par deux chasseurs d'Afrique. Le premier abattait le porte-étendard d'un coup de sabre et s'emparait du drapeau, pendant que le second, poursuivant le porte-drapeau qui fuyait à pied, le frappait d'un coup de sabre et lui arrachait le baudrier doré dont il était encore orné.

Après la mort de M. de Foucauld, l'escadron continua ce qu'il avait commencé. Trois fois l'escadron se rallia, trois fois il chargea l'ennemi. Enfin devant un retour offensif de la cavalerie ennemie, suivie celle fois par de l'infanterie et de l'artillerie, il se replia en bon ordre, sur la ferme d'Acapulco. Nos arrivâmes au même instant (3 compagnies) avec le général L'hérillier et 2 obusiers de montagne. Nous pûmes alors reprendre l'offensive. L'ennemi ne tarda pas à battre en retraite, et nous rentrâmes au camp, ramenant comme trophée de la victoire, le chapeau de Durango, 21 prisonniers, des chevaux, des lances et des fusils.

Pendant ces événements se passaient près de San Pablo, des troupes nombreuses en infanterie, cavalerie et artillerie, sortaient de Puebla pour donner la main, s'il était possible, aux troupes de Comonfort, et dirigeaient leurs efforts principalement sur le poste de San José el Chico. — Cette redoute est située à 2,000 mètres environ des batteries du cerro Guadalupe. Les boulets arrivent parfaitement dans les épaulements des tranchées. C'est depuis cette affaire qu'on envoie à San José une escouade de zouaves pour servir d'éclaireurs. — Battus par une artillerie nombreuse à laquelle ils ne pouvaient répondre que par un feu de mousqueterie, les soldats du 99ᵉ soutinrent cette attaque sans broncher et réussirent à tenir l'ennemi à distance jusqu'à ce que le général Douay eût dirigé de ce côté le reste de mon bataillon, un escadron de cavalerie et deux pièces de canon, dont le feu força l'ennemi à rentrer dans la ville.

Dans cette journée, les pertes des Mexicains, difficiles à apprécier d'une manière exacte dans un terrain très-accidenté et couvert de barrancas, ont été évaluées à environ 400 hommes tués ou blessés. Les pertes chez nous sont de 4 tués, dont un officier, 15 blessés, dont 3 officiers.

Le 7 au matin, tout le 1ᵉʳ bataillon quittait Santa Maria. Deux compagnies, dont la mienne, allaient camper au rancho de Guadalupe, et le reste du bataillon au village de San Pablo del Monte.

Après sa défaite du 5 mai, Comonfort s'était retiré au village de Lorenzo ; nous connaissions le pressant besoin d'Ortega en vivres, et chacun s'attendait à une nouvelle et prochaine attaque.

Le village de Lorenzo est situé sur un petit monticule masqué en partie par d'épais bouquets de sapins et entouré de profondes barrancas. Sur le sommet le plus élevé du mamelon, Comonfort fit établir des batteries, des retranchements, et plaça là 21 pièces de canon, dont 12 rayées, les seules que possédât le Mexique. Le convoi était massé dans une barranca.

Cette position ainsi défendue pouvait nous causer de fréquentes alertes, aussi fut-il décidé qu'on l'enlèverait avant que l'ennemi s'y établit solidement.

Dans la nuit du 7 au 8 mai, 5 bataillons d'infanterie quittaient le camp de San Juan sous les ordres du général Neigre. Le général Mirandol suivait avec 4 escadrons de cavalerie. Les troupes marchèrent toute la nuit, et à la pointe du jour elles arrivèrent au village de Lorenzo.

Comonfort avait avec lui 16,000 hommes, cavalerie et fantassins. La canonnade commença aussitôt. Au bout d'un quart d'heure à peine, la position de Lorenzo était enlevée, et 11 pièces rayées étaient déjà tombées en notre pouvoir.

L'ennemi se forma ensuite dans la plaine. Les 5 bataillons se rangèrent alors en bataille, et protégés par les barrancas, ils arrivèrent au pas de charge au milieu des colonnes ennemies, tandis que le général Mirandol et sa cavalerie allaient en arrière pour empêcher la retraite.

Le combat ne fut pas long, mais il fut glorieux et décisif pour nos armes. Les Mexicains terrifiés fuyaient en désordre et sautaient dans les ravins, dans d'effroyables précipices, pour se soustraire à la baïonnette française et aux obus qui venaient, à une distance de 2,500 mètres, décimer leurs rangs. 40 voitures de poudre, 500 mulets chargés de vivres destinés aux troupes de Puebla, le trésor de l'armée, 4 drapeaux de régiment, 13 fanions de bataillons, 12,000 prisonniers, tout cela fut arraché à l'ennemi, qui bientôt fuyait par bandes dans toutes les directions. Les 11 canons et toutes les prises furent de suite dirigés sur le quartier général, et nos troupes continuèrent à poursuivre l'ennemi jusqu'à San Martinez. On évalue les pertes de l'armée de Comonfort à plus de 3,000 tués ou blessés.

Le 8 mai, pendant que l'on se battait à Lorenzo, nous quittions le rancho de Guadalupe, et nous allions, avec deux obusiers de montagne, rejoindre le bataillon à San Pablo del Monte. Nous nous dirigeâmes alors dans une épaisse forêt de sapins afin d'arrêter un corps de cavalerie qui, disait-on, voulait inquiéter le 99e à San Aparicio.

Nous traversâmes la forêt dans tous les sens, guidé par les Indiens. La course fut fatigante et sans résultat. Après trois heures de marche forcée à travers des barrancas taillées à pic (barranca signifie ravin), nous arrivâmes en grimpant dans une partie de la forêt presque impénétrable. Il fallait se tracer, au milieu de la forêt inextricable, un chemin. Nous dûmes nous frayer un passage au milieu d'épaisses lianes s'enlaçant dans d'énormes sapins, et arriver ainsi sur le bord d'une effroyable barranca au fond de laquelle coulait un torrent impétueux. Quelques arbres étaient jetés en travers, d'une rive à l'autre, et formaient un pont ; nous le traversâmes en jetant nos regards sur la sublime horreur de la barranca.

De l'autre côté, nous aperçûmes un village indien, dont les habitants vinrent au-devant de nous, se plaignant du pillage que les cavaliers venaient de leur faire subir. Nous restâmes là une heure, puis nous reprîmes la route pour rentrer au rancho de Guadalupe.

Le 9 mai, pour profiter de la victoire de San-Lorenzo, le commandant en chef envoya une partie des troupes sous les ordres du général Neigre et accompagnées par M. Wolff, intendant militaire, s'établir à Santo Domingo, pour recueillir des denrées dans ce canton très-riche. Ce point resta occupé jusqu'au 14 ; de nombreux convois en ramenèrent chaque jour de grandes quantités de vivres ; mais bientôt il fallut rappeler les troupes chargées de cette opération administrative, car les travaux du siège, un moment ralentis, venaient de reprendre beaucoup d'activité et réclamaient la présence de toutes les forces françaises.

Le 10 et le 11, on commença les préparatifs pour attaquer le fort de Totimehuacan, dont la réduction devait entraîner infailliblement celle de la citadelle de Carmen qu'il flanquait et dominait.

Ce jour-là mourut le chef d'escadron Capitan, auquel nous croyons devoir accorder une mention spéciale, car ce fut un type de militaire et de citoyen. Chef d'escadron d'état-major et officier de la Légion d'honneur, il n'avait pourtant que trente-quatre ans.

Sa carrière, commencée devant Sébastopol, où il reçut sa première blessure, continuée en Afrique et en Italie, terminée devant Puebla, offre le plus bel exemple qui soit de l'abnégation dans le devoir professionnel. Ce jeune officier, dont la vie s'écoulait ainsi presque tout entière dans la guerre et devait finir si loin de son pays, était étroitement lié par les sentiments, antérieurs et supérieurs à tous les autres, qui imposent ordinairement aux hommes, même les plus capables de renoncement, le soin et le devoir de leur conservation personnelle.

Il avait épousé, au sortir de l'École polytechnique, et dès son entrée à l'École d'application d'état-major, une jeune personne dont la hauteur d'âme égalait la sienne, et qui est aujourd'hui bien connue, dans le quartier le plus populeux de Paris, sous le nom de « l'ange des pauvres. » A vingt-quatre ans, il était le chef respecté d'une petite famille admirablement dirigée, devenue un centre de bons exemples. C'est à

cette vie intérieure si solide et si douce qu'il s'arrachait incessamment, avec une rare fermeté, mais toujours avec des larmes amères que j'ai souvent vues couler, pour aller à la guerre et pour s'exposer à ses chances les plus redoutables avec une témérité qui l'a perdu.

Aux armées de Crimée, d'Afrique, d'Italie, du Mexique, il recueillit des citations à l'ordre multipliées, d'éclatants témoignages d'estime, des distinctions de toute sorte. Son intelligence, son activité, son esprit d'initiative, ses facultés directrices en affaires, avaient fait de lui l'une des plus chères espérances de l'avenir. Son dossier, qui est au ministère de la guerre une manifestation officielle des mérites de cette jeune carrière, serait envié par ceux d'entre nous qui ont le plus brillamment et le plus longuement vécu dans le service du pays.

Au Mexique, où il était arrivé le premier, chargé de tous les devoirs et de toutes les responsabilités d'une organisation militaire pleine d'inattendu et de difficultés, il mérita l'admiration et l'affection paternelle du vice-amiral Jurien de La Gravière et du général de division de Lorencez, tous deux bons juges, et dont les efforts dans le passé, mesurés par les efforts du présent, resteront glorieux dans l'histoire de cette guerre lointaine.

Le général de division Trochu, en rendant un dernier hommage à la mémoire de Capitan, écrivait : « Il succombait le 11 mai à de nouvelles blessures, sans avoir eu la consolation d'apprendre l'occupation par nos troupes de cette place de Puebla, devant laquelle d'éclatantes preuves d'expérience, d'intelligence et de bravoure, avaient porté au comble sa réputation. C'est au milieu d'une armée tout entière en deuil, à qui sa valeur, sa simplicité, son incomparable modestie l'avaient rendu cher, qu'a été descendu dans la tombe ce noble jeune homme, dont le général en chef et les généraux sous ses ordres ont voulu honorer la carrière et la mort, en exprimant dans un langage pénétré la douleur commune et en lui disant, au nom de tous, le dernier adieu.

« Ce ne sont pas là des faits ordinaires. Ils parlent plus haut que tout ce que je pourrais dire. Ils montrent que dans ces temps qu'on accuse d'être trop exclusivement livré au culte des satisfactions matérielles, il est encore des hommes voués au culte des principes et des sentiments qui créent l'esprit de dévouement et de sacrifice. Le chef d'escadron Capitan était plein de foi, profondément religieux, et le récit de sa trop courte existence, l'une des plus pures et des mieux remplies dont l'armée française contemporaine ait à garder le souvenir, offre des consolations à ceux qui désespèrent de la société, et des exemples à ceux qui s'écartent de sa voie. »

Le 12, à la tombée du jour, la première parallèle fut ouverte. Les batteries de gauche firent une forte diversion pour détourner l'attention de l'ennemi.

Le 13, à sept heures du matin, l'ennemi fit une sortie du fort de Totimehuacan, qu'il a vigoureusement poussée contre notre parallèle ; accueilli par un feu des mieux nourris, il dut rentrer en désordre dans l'ouvrage, laissant sur le terrain un grand nombre de morts. Un zouave écrit à cette date :

« Les troupes mexicaines occupant les fortifications de Carmen, situées en avant de la ville, sur la face du cerro Tepozuchil, ont essayé d'enlever une tranchée qui avait été creusée durant la nuit par deux compagnies du 1er bataillon de chasseurs et 150 zouaves du 1er régiment. Nous les avons attendus à bout portant ; puis, la baïonnette dans les reins, nous les avons reconduits dans leur retranchement en leur tuant 30 hommes.

« Tous les jours, il arrive dans tous les postes des déserteurs qui, disent-ils, désertent parce qu'ils savent que nous serons vainqueurs et qu'à Puebla on sentira bientôt toutes les horreurs de la faim. Tous nos prisonniers ont été rendus, et tout porte à croire que l'ennemi les aurait gardés s'il avait pu les nourrir. Presque tous les soldats de Comonfort qui sont tombés en notre pouvoir se sont enrôlés volontairement dans les régiments du général Marquez.

On a complètement abandonné en ville le système d'attaque qu'on avait commencé, et chacun en est content. En effet, chaque maison était un fort à enlever, et il est toujours désavantageux de combattre un ennemi dont on ne voit presque toujours que la pointe de la baïonnette ou le canon du fusil.

On travaille à resserrer la ville dans un cercle de tranchées qui se rapproche de plus en plus. Ces travaux, qui sont en partie terminés, nous permettent de repousser de suite toute tentative de sortie ou d'attaque venant de la ville. Toute notre artillerie est braquée sur les différents quartiers de la ville, et maintenant on se sert aussi des pièces des Mexicains pour leur envoyer en ville les boulets qui nous étaient destinés. En comptant les 14 pièces prises le 8 mai, nous en avons plus de 20 en notre pouvoir. Nous attendons chaque jour 16 pièces de gros calibres qui viennent des vaisseaux de la flotte de Vera-Cruz, afin de commencer un bombardement général à la suite duquel on donnera un assaut décisif.

« D'après le rapport des espions, les habitants de Mexico se refusent de laisser créneler leurs maisons, car ils savent tous que de Puebla il ne restera que des ruines. On travaille cependant à Mexico à faire des fortifications extérieures afin de nous arrêter devant la ville; mais l'armée est démoralisée par les différents échecs de Comonfort, et elle commence à comprendre qu'elle est impuissante à repousser l'armée d'invasion, comme *ils* nous appellent. »

Dans la soirée du 13 mai, l'artillerie commença ses batteries, et l'on compléta la parallèle ainsi que les communications qui les reliaient au moulin de Guadalupe et à la garrita de San Baltazar.

Le 14 une suspension d'hostilités fut accordée à l'ennemi pour lui permettre de relever ses morts en avant de Totimehuacan. On poursuivit les travaux d'approche et les batteries.

Le 15, à la nuit, on enleva le rancho de la Magdelena. L'ennemi fit vainement une sortie pour le reprendre. On continua les communications. L'artillerie termina et arma les batteries 13, 14, 15, 16, 17, 18 et 19 de la série de droite.

Le 16, à 6 heures du matin, toutes ces batteries ouvrirent le feu sur le front d'attaque de Totimehuacan. Les batteries auxiliaires de droite portèrent leurs projectils sur Carmen. En même temps les batteries des attaques de gauche 12, 15, 16, 21, 22 et 23, ainsi que les canons et mortiers mexicains en notre pouvoir battaient la ville.

L'ennemi riposta avec beaucoup d'énergie. Un militaire de garde à la garrita de Pulque, le 16 mai, écrivait que les boulets y pleuvaient :

« Le séjour de la garrita est une véritable prison; il est impossible d'en sortir parce que les forts de Loreto et de San Annita envoient toute la journée des obus et des boulets dans la direction des postes. Nous avons été cependant tranquilles aujourd'hui, parce que ce matin, dès l'aurore, toute notre artillerie a recommencé sur la ville un bombardement général. Le feu a cessé depuis une heure, et le feu des forts n'a pas encore repris. »

En effet, écrasé par un tir convergent et bien dirigé, l'ennemi, vers huit heures du matin, ne répondait plus que faiblement.

Depuis le 14, des ouvertures confidentielles de capitulation avaient été faites au général Forey par un aide de camp du général Ortega. Dans l'après-midi du 16, le général Mendoza vint en parlementaire avec les pouvoirs nécessaires pour traiter d'un armistice et pour poser verbalement les bases d'une capitulation. Le général français refusa absolument de suspendre les opérations et déclara que, s'il y avait lieu, on traiterait tout en combattant. Mis en demeure de s'expliquer sur la capitulation qu'il demandait, le général Mendoza proposa de laisser sortir de la place la garnison avec armes et bagages, une partie de son artillerie de campagne, les honneurs de la guerre, et de l'autoriser à se retirer à Mexico.

De pareilles prétentions ne pouvaient être accueillies; aussi le général Forey répondit que les seules conditions admissibles seraient pour la garnison de sortir avec les honneurs de la guerre, de défiler devant l'armée française, de déposer ses armes et de se rendre prisonnière de guerre. Après une longue conversation sur la situation du Mexique, le général Forey congédia le parlementaire et le chargea de dire au général Ortega de lui envoyer des propositions écrites.

Pendant la nuit, l'ennemi brisa ses armes, encloua ses canons, détruisit une partie de ses munitions, licencia ses soldats, et, au point du jour, le général Ortega écrivit au général vainqueur que la place était à sa disposition.

Qui détermina cette brusque reddition?

« Pour se l'expliquer, dit le général Forey dans son rapport, l'ennemi a allégué qu'il n'avait plus ni vivres ni munitions. Cela n'est pas exact. La ville offre encore des ressources importantes et une grande quantité de munitions. Ce ne sont

donc pas là les vrais motifs qui ont fait cesser la résistance; il faut les chercher ailleurs. La défaite et la dispersion de l'armée de Comonfort le 8 mai, en enlevant à la garnison tout espoir d'être secourue ou ravitaillée, l'avait fortement démoralisée. L'attaque de Totimehuacan ne l'accabla pas moins. Nos adversaires avaient pris la première parallèle pour une simple tranchée d'investissement, et la sortie du 13 avait pour but de vérifier si les issues étaient complétement fermées dans cette partie. Malgré le fâcheux résultat de cette tentative, les généraux mexicains paraissaient avoir conservé des illusions sur la possibilité de s'échapper de ce côté, et ne pas avoir soupçonné l'importance des travaux que nous y avions exécutés.

« Le feu terrible de nos batteries dans la matinée du 16, en bouleversant tout le front de Totimehuacan, les tira de leur erreur et leur fit entrevoir le côté faible de la défense. Nous voyant attaquer par l'ouest, ils y avaient accumulé tous leurs moyens de résistance, et négligé la partie orientale. Lorsque nos efforts se portèrent de ce côté, ils ne se dissimulèrent pas que l'assaut de Totimehuacan serait promptement suivi de la prise de la ville.

« Or, je n'avais pas laissé ignorer au parlementaire, que si la garnison attendait l'assaut général, elle serait, selon les lois de la guerre, passée au fil de l'épée.

« Telles sont les véritables raisons qui ont déterminé la reddition de Puebla.

« Les Mexicains cessèrent la résistance, non parce qu'ils manquaient de vivres ou de munitions, mais parce que la prise de vive force de la ville était imminente et qu'ils se reconnurent impuissants à l'empêcher. »

Le 17 mai, dès le point du jour, les premières mesures que comportait l'occupation de la place furent prises par le colonel Manèque, sous-chef d'état-major général, à la tête du 1er bataillon de chasseurs à pied.

Un soldat de ce bataillon écrivait, à onze heures du matin :

« Victoire! Puebla est à nous, et le pavillon français flotte sur les tours de la cathédrale et au sommet du fort Guadalupe!

« Ce matin, à 5 heures, de fortes détonations se faisaient entendre dans la ville. Nous cherchions tous à nous expliquer ce que ce pouvait être, lorsqu'un parlementaire sortait de la ville apportant la soumission de la garnison.

« Presque au même instant, tous les soldats qui avaient été enrôlés par force débouchaient de tous les points, jetant au loin leurs armes, leurs cartouches, enfin tout ce qui pouvait paraître du costume militaire. En moins d'une heure, il y en avait 6,000 au moins au rancho de Santa Maria. C'était un tapage à ne pas s'y reconnaître; toute cette masse vivante criait : *Viva la Francia!* et demandait du pain. On lui a immédiatement distribué des vivres.

« Le général en chef Ortega s'est constitué prisonnier de la France avec tous ses officiers et son armée régulière. Les Mexicains, avant de quitter la ville, avaient mis le feu à deux poudrières; c'étaient là les détonations du matin.

« Toute l'armée française occupe maintenant les différents quartiers de la ville. Les troupes qui occupaient San José et Chico, la garrita del Pulque, et tous nos chasseurs d'Afrique, occupent Guadalupe et Loreto. Le reste de l'armée vient d'entrer en ville musique en tête et drapeaux déployés. »

Dans la journée du 17 mai, de nombreux travailleurs furent employés à détruire les barricades, de manière à assurer la traversée facile depuis la garrita de Mexico jusqu'à celle d'Amazoc.

L'artillerie, le génie, l'intendance, procédèrent à l'inventaire du matériel et des subsistances laissés par l'ennemi.

Des médecins parcoururent la place pour examiner les établissements au point de vue de la salubrité.

Les mesures d'occupation et de police, les recensements, furent complétés pendant la journée du 18 mai.

Un chanoine de la cathédrale de Puebla mandait, le même jour, à monseigneur la Bastida, archevêque de Mexico :

« Puebla, 18 mai 1863.

« Hier, à six heures du matin, les Français sont entrés dans notre ville. Le siège s'est terminé à notre grande joie et d'une façon plus heureuse que nous n'eussions osé le prévoir; nous craignions, en effet, que Puebla ne fût prise d'assaut; c'était du moins la menace que répétait sans cesse la garnison d'Ortega, jurant de ne jamais se rendre. Aussi nous regardons tous cet heureux dénoûment comme un bienfait le plus signalé de la Providence.

« Impossible de vous décrire, Monseigneur, les transports de joie et l'allégresse de toutes les classes de la population quand on vit rentrer, avec les Français, l'ordre et la liberté dans nos murs. Les habitants pouvaient enfin se montrer dans les rues de leur cité. L'enthousiasme populaire était au comble. Il n'y a eu ni de la part des soldats français, ni de la part de la population mexicaine, le moindre désordre, la moindre insulte. Le défilé des troupes françaises avec leurs uniformes aux couleurs vives et variées, au milieu des acclamations de joie et de victoire, donnait à notre ville l'aspect animé des fêtes de notre carnaval. »

CHAPITRE XI

Entrée du général Forey et de l'armée française à Puebla. — Adresse des autorités municipales. — Cérémonie religieuse. — Inquiétudes relativement à la prise de Puebla. — Elles sont dissipées par un article du *Moniteur*. — Premières nouvelles apportées par le *Darien*. — Le *Diario de la Marina*. — Le *Courrier des États-Unis*. — La *Tribune de New-York*.

Le 19, le général Forey fit son entrée solennelle dans Puebla accompagné des généraux Douay et Bazaine, des états-majors, des chefs de service, et des représentants de tous les corps de l'armée. Les autorités municipales vinrent à la rencontre du général Forey et le haranguèrent en ces termes :

Attaque du fort San Xavier.

« Aujourd'hui, après six ans de persécution, le chapitre de Puebla s'est réuni à la cathédrale ; les cloches appelaient les fidèles à l'office divin, selon l'usage si longtemps interrompu par la tyrannie de Juarez, qui avait supprimé les chapitres et converti notre métropole en une forteresse. Demain, tout le clergé viendra en costume ecclésiastique, ce costume qui nous était interdit, assister à la cérémonie religieuse, où l'on chantera le Te Deum en action de grâces de tant de bienfaits signalés. Notre population si religieuse va enfin revoir au milieu d'elle un culte indignement proscrit et tant regretté. Nous attendons prochainement l'entrée solennelle du général Forey, qui réglera tout ce qui concerne l'administration.

« L'aspect de la ville atteste nos longues souffrances ; une grande partie des édifices sont en ruines ; mais ces ruines, c'est le gouvernement de Juarez qui les a faites. Sauf quelques éclats d'obus et de bombes, lancés pendant le siége, et qui n'ont produit que des dégâts insignifiants, les bandes mexicaines de Juarez ont amoncelé les décombres et dévasté notre malheureuse ville, sans autre motif que l'infernal plaisir de faire le mal. »

Monsieur le général,

La ville de Puebla, représentée par ses autorités, vous félicite cordialement de votre heureuse bienvenue.

La Providence divine a jeté un regard miséricordieux sur le tableau de tristesse et de désolation que présente la république mexicaine, et, émue de sa malheureuse situation, elle a résolu de la tirer de l'abîme où la précipitaient les exagérations d'un parti ; elle a voulu la régénérer, la mettre dans la voie du progrès, et la conduire au point lumineux marqué pour elle dans le livre du destin.

Pour accomplir cette œuvre si grande, elle a choisi l'instrument le plus digne, le plus efficace et le plus propre pour cette entreprise. Ce fut la belle France, la nation qui réunit les éléments nécessaires de force et de puissance, qui est gouvernée par le souverain le plus illustre du globe terrestre, et qui réunit à ses brillantes qualités les sentiments les plus nobles et les plus généreux envers l'humanité opprimée.

Le digne Empereur des Français vous a choisi, monsieur le général, entre toutes les illustrations militaires qui abondent

2

dans votre grande nation, et sa juste et sublime pensée s'adressa à vos talents distingués, à votre valeur, à votre capacité militaire dont vous avez donné tant de preuves dans votre carrière glorieuse.

L'histoire impartiale, la conscience publique et l'évidence des faits honorent à juste titre votre mérite dans l'accomplissement d'une si grande mission.

La ville de Puebla, représentée par sa municipalité, vous offre tous ses remercîments et sa reconnaissance pour la création de ce corps; elle apprécie votre action à sa juste valeur et ne peut, quant à présent, vous offrir que sa sincère gratitude. Elle vous supplie de continuer votre glorieuse entreprise, afin d'ajouter une gloire de plus à la France, qui en compte déjà de nombreuses, et une nouvelle feuille à votre couronne de laurier.

A la porte de la cathédrale, le chapitre métropolitain reçut et conduisit au chœur l'état-major français. Le *Te Deum* et le *Domine salvum* furent chantés; puis les troupes défilèrent sur la place au milieu des acclamations.

La prise de Puebla était bien loin d'être attendue si promptement en France. Le public, qui se lasse et s'inquiète avec tant de facilité, commençait à désespérer en voyant se prolonger le siège. Il fallut que la feuille officielle le rassurât par une note circonstanciée, qui reflétait au début, comme dans un miroir, les sentiments dont il était animé. On lisait, le 9 juin, dans le *Moniteur* :

« La prolongation des opérations militaires devant Puebla, la résistance qu'y rencontrent nos troupes, impressionnent le public. Plus on avait eu confiance dans un rapide succès, plus on éprouve d'impatience de voir le corps expéditionnaire triompher des obstacles imprévus contre lesquels luttent si énergiquement le courage des soldats, l'habileté et le dévouement des chefs.

« A ces préoccupations vient naturellement s'ajouter la question des approvisionnements en vivres et en munitions, qui n'ont cependant jamais cessé d'être assurés de manière à suffire à tous les besoins. Ainsi, à la date des dernières nouvelles officielles, 19 avril, les troupes sous Puebla étaient pourvues pour cinquante jours de vivres dont le renouvellement s'opérait avec facilité. En outre, une réserve de 3 millions de rations complètes, correspondant à une durée de trois mois pour tout le corps expéditionnaire, était concentrée à Vera-Cruz.

» Quant aux munitions d'infanterie et d'artillerie, successivement embarquées et réunies à celles qu'avaient emportées les diverses fractions du corps expéditionnaire, elles consistaient, pour ne parler que des objets principaux, en 12,800,000 cartouches d'infanterie, soit en moyenne 600 cartouches par homme; 42.348 coups de canons rayés, soit 675 coups par pièce de montagne, 1,120 *coups par pièce de campagne*, 1,023 coups par pièce de réserve, 1,000 par pièce de siége.

« A ces approvisionnements, et aux ressources en bouches à feu, poudres et munitions trouvées à Vera-Cruz ou fournies par la marine, viendront prochainement s'ajouter 1 million de cartouches, 19,800 coups de canons rayés, 9,000 bombes et 55,000 kilogrammes de poudre, qui sont actuellement en partance dans les ports de Saint-Nazaire et de Toulon.

« Dans le double but de maintenir les approvisionnements de toute nature à la hauteur des consommations, le ministre de la marine, indépendamment des départs mensuels qui ont lieu de Saint-Nazaire par les paquebots transatlantiques, a organisé, dès le mois de mars, un service de bâtiments partant le 23 de chaque mois, soit de Toulon, soit de Cherbourg pour Vera-Cruz, et qui ramèneront, au retour, les hommes auxquels leurs blessures ou leur santé altérée rendent l'air et les soins de la mère patrie nécessaires. »

Les premières nouvelles du Mexique furent portées de la Vera-Cruz à la Havane par le *Darien*, et de la Havane à New-York par le *Sheldrake*. Le bateau à vapeur le *China*, arrivé le 13 juin de cette dernière ville à Southampton, les transmit en France par la télégraphie; la dépêche adressée par le consul de France à la Vera-Cruz au ministre des affaires étrangères, était datée du 21 mai, trois heures du matin; elle annonçait que Puebla s'était rendue à discrétion, le 17, après une attaque sur le fort de Totimehuacan; et que 23 généraux, 900 officiers, 13 à 14,000 hommes, ainsi que tout le matériel de la place étaient en notre pouvoir.

Elle ajoutait : « L'effet de la prise de cette place est immense. Sur toute la route, le porteur de la nouvelle a été reçu avec enthousiasme. On a sonné les cloches; les musiques parcouraient les rues aux cris de : Vive la France! vive l'Empereur! »

Puis vinrent en Europe les récits des journaux d'Amérique. Le *Diario de la Marina*, journal de la Havane, disait dans son numéro du 26 mai :

« Le vapeur de guerre français *le Darien*, qui vient d'arriver de Vera-Cruz, est porteur de dépêches importantes adressées par le général Forey à l'empereur Napoléon. *Elles annoncent l'occupation de Puebla* par les forces placées sous son commandement. Voici les détails que nous avons pu recueillir pour le moment.

« Le 8 mai, le général Comonfort, qui avait reçu des renforts, essaya d'attaquer les troupes françaises par derrière. Il fut complétement défait par la division Bazaine, qui lui faisait face. La bataille a été livrée à San Lorenzo. Le général Comonfort a perdu 2,500 hommes tués, blessés ou faits prisonniers, 7 ou 8 canons rayés, et la plus grande partie de ses équipages et de ses munitions de guerre. Il paraît que l'attaque du général Comonfort avait pour objet principal de favoriser l'entrée dans Puebla d'un convoi considérable d'approvisionnements et de munitions.

« Le général Forey, ayant reçu en temps opportun l'artillerie de siége qu'il attendait, fit établir dès le 16 une batterie vis-à-vis du fort de Totimehuacan, l'un des ouvrages les mieux défendus de Puebla. Le même jour l'artillerie commençait à le bombarder, et le lendemain 17 une brèche était faite. Le général Forey commanda alors un assaut; mais toute résistance cessa immédiatement. Une partie de l'armée française entra dans la ville, et le général Ortega, avec toutes ses forces, se rendit sans conditions.

« Outre le général en chef, 23 généraux, 900 officiers et 17,000 soldats sont prisonniers. Toute l'artillerie de la place, tous les équipements de la garnison, etc., etc., sont entre les mains des Français.

« Le 20, une division de l'armée française est partie pour Mexico. Le général Forey ne doit laisser à Puebla que les troupes nécessaires pour empêcher les déprédations des guérillas, et le reste de ses forces a dû se mettre immédiatement en marche sur la capitale. »

En reproduisant cet article dans son numéro du 2 juin, le *Courrier des États-Unis* y plaçait comme titre, en caractères majuscules : *Prise de Puebla*, et il ajoutait ces réflexions :

« Ainsi s'est trouvé atteint le but du général Forey, pour qui la prise même de la ville n'était que la moitié de la victoire. Son objet principal était de capturer la garnison tout entière, et c'est pour ne pas lui laisser chance de s'échapper qu'il avait adopté le plan d'action dont les lenteurs ont causé tant d'impatience et donné lieu à tant de bruits défavorables. L'événement prouve et la suite prouvera plus encore combien son calcul était juste.

« La conquête de Puebla accomplie dans ces circonstances ouvre à l'armée française la route de Mexico, sans perspective d'y rencontrer grande résistance. La seule force qui puisse entreprendre de barrer le chemin sont les 12,000 hommes de Comonfort; mais il est probable qu'ils préféreront se replier jusqu'à la ville même, pour s'abriter derrière les retranchements qui en défendent, dit-on, les abords. Du reste, le général Forey n'a pas perdu de temps; on annonce que, dès le 20 mai, une division s'est mise en marche sur la capitale.

« Le reste devait suivre de près, en laissant dans Puebla une garnison suffisante pour tenir les guérillas en respect.

« La distance de Puebla à Mexico est de 76 milles, c'est-à-dire, de 8 à 10 jours de marche, en faisant la part des difficultés naturelles du pays. »

Dans son numéro du 3 juin, le *Courrier des États-Unis* complétait ses informations sur la prise de Puebla :

« Une lettre particulière, dont les renseignements sont puisés à une source officielle, nous permet de compléter par les détails suivants les nouvelles que nous avons publiées hier matin :

« Dans la nuit du 7 au 8 mai, vers deux heures du matin, le général Bazaine a surpris Comonfort, et après un vif engagement, lui a enlevé 4 pièces rayées, 20 voitures d'artillerie, 200 mules et 2,500 hommes.

« Le samedi 16, les troupes de siége, qui avaient ouvert une parallèle à 180 mètres du fort de Totimehuacan, commencèrent un feu nourri sur cette position, et démontèrent toutes ses pièces.

« Les assiégés se défendirent bravement.

« Le lendemain, les parallèles furent continuées et poussées jusqu'au pied de l'ouvrage.

« Le général Mendoza se présenta alors au camp, demandant au général Forey de laisser sortir de Puebla les troupes mexicaines avec armes, bagages, et une partie de leur artillerie, et, qu'à ces conditions, la reddition de la place aurait lieu.

« Le général Forey s'y refusa énergiquement.

« A cinq heures, un parlementaire apporta une lettre d'Ortega au général Forey, annonçant qu'il se rendait à discrétion avec ses troupes.

« Le colonel Manèque, second chef d'état-major du général en chef, fut envoyé occuper la place avec le premier bataillon de chasseurs à pied, commandant Courey, et avec un peloton de hussards. L'entrée des troupes se fit successivement sans qu'aucun événement surgit.

« Le 19, à onze heures du matin, le général Forey fit son entrée dans Puebla au bruit d'une salve de cent un coups de canon.

« Nous avons fait prisonniers : 25 généraux, parmi lesquels le général en chef Gonzalez Ortega; 900 officiers; de 16 à 17,000 hommes, avec tout le matériel d'artillerie, armes et bagages renfermés dans la place.

« Le 20, le général Bazaine, à la tête d'une division, est parti pour Mexico. »

La *Tribune de New-York* publia une lettre émanant de son correspondant à Washington, qui était comme une confirmation officielle donnée par la légation mexicaine elle-même à la chute de Puebla.

Voici la traduction de cette correspondance :

« Washington, jeudi 4 juin 1863.

« Je suis informé que les dépêches transmises par les consuls étrangers de Vera-Cruz aux légations étrangères de cette ville confirment pleinement la nouvelle de la prise de Puebla, et jettent un nouveau jour sur les circonstances qui, aux yeux de certaines personnes, tendaient à la faire révoquer en doute.

« La reddition de la ville sans qu'un seul coup de canon ait été tiré des principaux forts, ceux de Guadalupe et de Loretto, excite une profonde surprise parmi ceux qui ne comprennent pas comment une ville peut être réduite, tandis que sa citadelle reste intacte. Voici l'explication que j'ai entendu donner de ce fait. Le général Forey, ayant choisi pour son point d'attaque la partie de la ville qui se trouve dans la direction opposée aux forteresses en question, a obligé le général Ortega à reculer sur ce point avec le gros de son armée et à confiner ses opérations dans un cercle dans lequel le feu de ces forts ne pouvait lui être d'aucune utilité, non plus que pour les troupes combattant sous ses ordres.

« Il semble que le général Ortega a été graduellement refoulé dans cette zone de la ville qui est entourée du nord au sud-ouest par une ceinture de forteresses qu'il a dû défendre l'une après l'autre; en sorte que les canons de Guadalupe et de Loretto ne pouvaient être dirigés contre les assaillants sans atteindre à la fois la ville même et ses propres soldats.

« On donne encore une autre raison de la reddition d'Ortega. Le général Comonfort, de qui il avait reçu de temps en temps quelques approvisionnements, ayant été défait dans la nuit du 8 et celle du 9 mai par le général Bazaine, les Français avaient pu établir un cordon plus étroit autour de la ville, et intercepter par une approche graduelle, non-seulement l'arrivée des provisions, mais encore les eaux fournies par les rivières Ateyac et Rio-Prieto. On croit aussi généralement que, après cinquante-trois jours de défense héroïque, et après avoir éprouvé des privations de toute sorte, les soldats d'Ortega étaient tellement épuisés par le manque de vivres et d'eau, qu'il leur était impossible de tenir plus longtemps sans être exposé à voir ses troupes se mutiner.

« On dit que l'aide du général Ortega qui a accompagné à Vera-Cruz l'escouade de chasseurs français qui a apporté la nouvelle de la prise de Puebla, et que c'est cet aide du camp lui-même qui a donné avis de la prise de la ville au ministre mexicain à Washington, lequel est parfaitement informé du fait. »

CHAPITRE XII

Dépêche du général Forey sur la prise de Puebla. — Lettre de Napoléon III. — Le général Forey est nommé maréchal de France. — Nominations et promotions.

Enfin le canon des Invalides gronda, et, le 5 juillet, le *Moniteur* livra à l'avide curiosité des Français la dépêche suivante :

Le maréchal ministre de la guerre a reçu du général Forey la dépêche suivante :

« Puebla, le 18 mai 1863.

« Monsieur le maréchal,

« Puebla est en notre pouvoir !

« Le combat de San-Lorenzo ayant dispersé le corps d'armée de Comonfort qui prétendait forcer notre ligne d'investissement et ravitailler Puebla, la garnison qui souffrait déjà depuis longtemps de la faim, bien qu'elle eût enlevé tout ce que possédait la population, était aux abois.

« D'un autre côté, la tranchée ayant été ouverte devant le fort de Totimehuacan, et nos batteries armées de 30 pièces de divers calibres ayant ouvert le feu le 16 contre ce fort, et détruit complétement en deux heures son armement, la situation de la place, contre laquelle étaient dirigées deux vigoureuses attaques, était des plus critiques.

« Dans cet état de choses, le général Ortega m'a fait des ouvertures pour que je lui accordasse une capitulation. Mais ses prétentions n'allant à rien moins qu'à sortir de la place avec les honneurs de la guerre, armes, bagages et artillerie de campagne, et la faculté de se diriger sur Mexico, j'ai repoussé ces étranges propositions, et lui ai déclaré que j'entendais qu'il sortît avec les honneurs de la guerre, mais que son armée défilât devant l'armée française, et qu'elle déposât les armes en restant prisonnière de guerre, lui promettant d'avoir tous les égards en usage chez les peuples civilisés pour une garnison qui avait fait bravement son devoir.

« Ces propositions ne furent point acceptées par le général Ortega, qui, dans la nuit du 16 au 17, prononça la dissolution de son armée, fit briser les armes, enclouer les canons, sauter les magasins à poudre, et m'envoya un parlementaire m'annoncer que la garnison avait fini sa défense, et qu'elle se mettait à ma discrétion.

« Le jour se faisait à peine que 12,000 hommes, la plus grande partie sans armes, sans uniformes, sans équipement, le tout ayant été brisé et jeté dans les rues de la ville, se constituaient prisonniers dans mes camps, et les officiers au nombre de 1,000 à 1,200, dont 26 généraux et plus de 200 officiers supérieurs, me faisaient dire qu'ils étaient réunis au palais du gouvernement, attendant mes ordres.

« Tout le matériel de la place reste en notre pouvoir et paraît n'avoir été qu'en partie et incomplétement détérioré.

« Je m'empresse d'envoyer cette dépêche à Votre Excellence, avec ordre à Vera-Cruz d'expédier par un bâtiment bon marcheur à la Havane, d'où elle pourra parvenir en Europe par New-York et arriver avant le packet anglais qui partira de Vera-Cruz le 1er juin, et qui vous portera un rapport détaillé de notre situation.

L'armée est au comble de la joie, et va marcher sous peu de jours sur Mexico.

Je suis avec respect, etc.

« Le général de division, sénateur, commandant en chef le corps expéditionnaire du Mexique,

« FOREY. »

Le premier mouvement de Napoléon III, en recevant la nouvelle de la capitulation de Puebla, fut d'adresser au général Forey une lettre de congratulation que le *Moniteur* fit paraître, le 14 juin, en même temps que la dépêche du 18 mai et autres pièces officielles qui arrivaient du Mexique :

« Palais de Fontainebleau, le 12 juin 1863.

« GÉNÉRAL,

« La nouvelle de la prise de Puebla m'est parvenue avant-hier par la voie de New-York. Cet événement nous a comblés de joie.

« Je sais combien il a fallu aux chefs et aux soldats de prévoyance et d'énergie pour arriver à cet important résultat. Témoignez en mon nom à l'armée toute ma satisfaction; dites-lui combien j'apprécie sa persévérance et son courage dans une expédition si lointaine, où elle avait à lutter contre le climat, contre la difficulté des lieux et contre un ennemi d'autant plus opiniâtre qu'il était trompé sur mes intentions. Je déplore amèrement la perte probable de tant de braves, mais j'ai la consolante pensée que leur mort n'a été inutile ni aux intérêts ni à l'honneur de la France, ni à la civilisation. Notre but, vous le savez, n'est pas d'imposer aux Mexicains un gouvernement contre leur gré, ni de faire servir nos succès au triomphe d'un parti quelconque. Je désire que le Mexique renaisse à une vie nouvelle, et que, bientôt régénéré par un gouvernement fondé sur la volonté nationale, sur les principes d'ordre et de progrès, sur le respect du droit des gens, il reconnaisse par des relations amicales devoir à la France son repos et sa prospérité.

« J'attends les rapports officiels pour donner à l'armée et à son chef les récompenses méritées ; mais, dès à présent, Général, recevez mes vives et sincères félicitations,

« NAPOLÉON. »

Les récompenses promises ne tardèrent pas.

Le général Forey fut appelé à la dignité de maréchal de France.

Dans l'ordre de la Légion d'honneur furent promus :

Au grade de grand-croix, le général de division Bazaine.

Au grade de grand officier, le baron Neigre, général de brigade, commandant la 2e brigade de la 2e division d'infanterie du corps expéditionnaire du Mexique : 39 ans de services, 10 campagnes.

Au grade de commandant, M. Manèque, colonel, sous-chef d'état-major général du corps expéditionnaire du Mexique : 32 ans de services, 11 campagnes, 1 contusion.

Furent nommés généraux de brigade, MM. Du Barail, colonel du 3e régiment de chasseurs d'Afrique ;

Vialla, colonel commandant du génie au corps expéditionnaire du Mexique ;

D'Auvergne, colonel, chef d'état-major général du corps expéditionnaire du Mexique ;

Brincourt, colonel du 1er régiment de zouaves ;

Méri de la Canorgue, colonel du 81e régiment d'infanterie.

Dans le cadre du corps d'état-major, furent nommés :

Au grade de colonel, le lieutenant-colonel Hartung.

Au grade de lieutenant-colonel, le chef d'escadron Boyer.

A deux emplois de lieutenant-colonel :

Au 44e régiment d'infanterie de ligne, M. Desmerliers de Longueville, chef de bataillon au 51e de ligne, et au régiment étranger, M. de Briche, chef de bataillon au 3e de zouaves.

CHAPITRE XIII

Contre-guerillas organisées. — Mort héroïque de MM. Danjou, Vilain et Maudet. — Chemin de fer de la Vera-Cruz à la Soledad. — Mort du colonel Labrousse.

Il avait été indispensable, pendant le siège de Puebla, de maintenir entre la côte et l'intérieur des terres des communications que les Mexicains cherchaient à intercepter, de même que les Français s'occupaient de couper celles de l'armée de Comonfort dans la place assiégée. Des contre-guérillas composées d'infanterie et de cavalerie, furent organisées dans les terres chaudes sous le commandement du colonel Dupin, et de nombreux engagements soutenus héroïquement tant par elles que par nos troupes. Les 18 et 20 avril, des engagements eurent lieu au village de Jamapa, entre des guerilleros et un bataillon du régiment étranger commandé par le chef de bataillon Munier. Les guerilleros furent dispersés avec pertes, et leur chef Antonio Diaz fut tué. Ces opérations, vigoureusement conduites, ramenèrent la confiance chez les travailleurs du chemin de fer, menacés par l'ennemi. Le général en chef cite particulièrement dans son rapport, le commandant Munier, dont le cheval fut tué ; le capitaine Dubosq et le lieutenant Milson, tué à la tête des guerilleros, le sous-lieutenant Achilli, les voltigeurs Fuller et Koukewitz, blessés.

Pour protéger un convoi et le courrier partis de la Soledad le 30 avril, 62 hommes de la 3e compagnie du 1er bataillon du régiment étranger furent détachés. Cette compagnie n'ayant pas de capitaine, ces hommes furent placés sous les ordres de l'adjudant-major Danjou, auquel deux autres officiers, MM. Vilain et Maudet, furent adjoints.

Ils prenaient le café le 30 avril, vers midi, à Palo Verde,

lorsqu'ils aperçurent venant sur eux à toute bride et la lance en avant un gros de cavalerie, qui se composait d'environ 1,400 hommes.

Le commandant Danjou forma aussitôt ses soldats en colonnes de demi-section et opéra, sans être attaqué, sa retraite jusqu'à un point appelé Camaron.

Quelques coups de feu furent échangés, et les soldats français allaient continuer leur mouvement, lorsqu'ils se virent cernés par de la cavalerie plus nombreuse, qui chargea avec impétuosité.

Le commandant Danjou fit aussitôt former ses hommes en carré et soutint le choc ; mais comme il ne pouvait tenir ainsi au milieu d'un chemin, il ordonna un mouvement qui le conduisit vers une maison située à gauche de l'entrée de Palo-Verde. A ce moment les Français n'avaient qu'un blessé.

Une fois entré dans la maison, M. Danjou en fit barricader les portes et disposa ses soldats pour une résistance énergique, se portant partout où sa présence était nécessaire.

Le feu des assiégeants continuait vif et nourri ; 20 soldats français étaient hors de combat, les portes et les fenêtres étaient criblées. Montés sur les toits, les assaillants ne perdaient pas un coup ; tandis que la fumée aveuglait les assiégés, le feu prit à la maison. Au moment où l'incendie se déclarait, M. Danjou fut tué.

MM. Vilain et Maudet, intrépides comme lui, se multipliaient, excitant leurs soldats de la voix et de l'exemple. M. Vilain reçut au front une balle qui l'étendit mort. M. Maudet continuait à la tête de ses braves une résistance héroïque.

Le combat avait commencé à neuf heures du matin, il durait encore à deux heures après midi, lorsque le son du tambour et des clairons annonça l'arrivée de nouvelles troupes mexicaines ; c'était un bataillon de la garde nationale de Jalapa qui arrivait pour renforcer les assiégeants.

Vers cinq heures, un dernier assaut fut donné ; les portes étaient tombées ; M. Maudet, un fusil à la main, faisait le coup de feu, en commandant ; les Mexicains criaient aux Français : « Rendez-vous ! Nous sommes des soldats comme vous ; nous ne sommes pas des guerilleros, il ne vous sera fait aucun mal ! »

La résistance continuait héroïque et désespérée ; enfin M. Maudet tomba, et le reste de la compagnie, consistant en 14 hommes criblés de blessures et couverts de sang, se rendit, croyant avoir fait tout ce qu'il était humainement possible de faire pour l'honneur du drapeau et du régiment.

Afin de mettre les ports en relation directe avec tout le reste du pays, un chemin de fer avait été commencé de la Vera-Cruz à la Soledad. A la date du 30 avril les chantiers de la Pulga contenaient environ 600 ouvriers, sous la protection de la légion étrangère, qui avaient été cantonnés à la Loma de Motfa. Les terrassements étaient terminés sur 9,100 mètres, et les voies posées sur 4,200. Le pont de la Soledad avançait rapidement.

La Vera-Cruz, qui rattachait le corps expéditionnaire à la mère-patrie, accrut en importance, bien que la fièvre jaune y exerçât quelques ravages, et que dans le courant de mai 1863 l'on comptât parmi les victimes le colonel Labrousse, commandant supérieur, Yabrit-Allah, commandant le bataillon égyptien, et M. Thiébaut, vétérinaire.

Le colonel Labrousse, qui avait été nommé le 14 avril, commandant supérieur du cercle de la Vera-Cruz et des terres chaudes, avait passé une grande partie de sa carrière en Algérie, où, comme militaire et comme administrateur, il montra autant d'aptitude que d'intelligence. Son aptitude particulière au travail l'avait fait désigner spécialement pour le service des bureaux arabes, où il ne tarda pas à se faire remarquer.

En 1851, il eut un cheval tué sous lui à l'affaire des Bénisakak de Collo. Il servit successivement, comme chef de bataillon au 25e de ligne, comme lieutenant-colonel aux 24e et 75e de ligne, puis au 1er zouaves ; ce fut avec ce régiment qu'il fit la campagne d'Italie et celle du Mexique.

Nommé colonel du 100e de ligne, le 21 janvier 1863, il fut placé immédiatement hors cadres et chargé du commandement supérieur de la Vera-Cruz et des terres chaudes.

Cette position, si délicate et si laborieuse en raison des opérations, des intérêts de toute nature dont elle était devenue comme le centre, trouva le colonel Labrousse, à sa dernière heure, à la hauteur de ses devoirs et de sa responsabilité. Quand il se vit atteint d'un mal dont il mesura résolûment la portée, il fit venir le chef de bataillon Munier, de la légion étrangère, commandant à la Tseria, et lui remit le commandement supérieur de la Vera-Cruz.

Le colonel Labrousse expira dans la nuit du 31 mai ; ses obsèques eurent lieu le 1er juin, et l'amiral commandant la station navale y assista à la suite des états-majors de tous les bâtiments sur rade, y compris la *Bellone*, la *Cérès*, l'*Eure* et le *Rhône*, qui étaient depuis quelque temps en mission à Carmen, et qui étaient arrivés la veille à Sacrificios. Toutes les troupes étaient sous les armes, y compris les Égyptiens et les marins. L'autorité civile s'empressa de payer aussi son tribut de regrets dans cette triste circonstance, et un grand nombre d'habitants vinrent spontanément rendre un dernier hommage à une mémoire environnée de l'estime et des respects de tous.

CHAPITRE XIV

Droits de douane fixés par les autorités françaises. — L'Espagne et l'Angleterre. — Napoléon III et don Xavier de Isturitz. — Joseph Michel, capitaine de la *Mary-Wangh*.

A la fin de mai, voulant faciliter les opérations commerciales au Mexique, le général Forey prit un arrêté en vertu duquel les marchandises importées au Mexique dans les ports occupés par l'armée française et à destination des contrées où s'exerçait son autorité, n'acquitteraient que la moitié du droit principal d'importation inscrit au tarif actuel.

Cette disposition devait profiter aux produits extraits de l'entrepôt de Vera-Cruz, autant qu'ils auraient été introduits après l'occupation.

On continuait à soumettre au payement intégral des droits :

1º Les marchandises débarquées en dehors des ports d'occupation, alors même qu'elles seraient déclarées pour les pays placés sous l'autorité française ;

2º Les marchandises qui, débarquées dans l'un des ports qu'occupait la France, devaient être dirigées sur la partie du Mexique restée jusqu'ici séparée de notre rayon d'action.

La réduction dont il était question au premier paragraphe ne s'appliquait pas aux droits additionnels tels qu'ils étaient établis.

Le commerce trouvait dans cet arrêté un puissant motif pour abandonner les petits ports mexicains, qui percevaient des droits considérables destinés à l'entretien des guérillas. L'organe de la cité de Londres, le *Times*, apprécia ainsi la portée de la mesure dans son numéro du 22 juin :

« L'avis formel reçu de Paris que les droits d'importation au Mexique sur marchandises consignées à des ports en la possession des Français seront réduits de 50 0/0, est de la plus haute importance pour les porteurs de bons mexicains. Ils ont une garantie sur le quart de ces droits. Le décret qui a baissé ces droits de moitié semblerait de prime abord devoir leur infliger une perte considérable. Mais il y a lieu de supposer que le résultat sera avantageux en réalité.

« D'abord la mesure tendra à faire que toutes les importations seront introduites par la Vera-Cruz, où les droits des porteurs de bons sont soigneusement maintenus ; ensuite il y aura accroissement de consommation, et peut-être en peu de temps le commerce actuel aura plus que doublé. La tentation de faire de la contrebande se trouvant amoindrie, ce sera là aussi une importante considération.

« S'il arrivait cependant que ces probabilités ne se réalisassent pas et que les porteurs de bons encourussent des préjudices, il y aura lieu à représentation au gouvernement français en faveur de quelque allocation à faire pour indemniser de la perte, et d'après les dispositions déjà manifestées on ne saurait douter que tout juste appel serait écouté. »

Une seconde décision, concernant les douanes, attesta la générosité de la France.

Lorsque la présidence de Juarez avait été installée à Mexico, des conventions spéciales avaient réservé à la France, à l'Angleterre et à l'Espagne une certaine portion diversement fixée des revenus des douanes maritimes.

Cette part des droits d'importation ou d'exportation leur était attribuée en payement de créances de différentes natures, ce mode de liquidation ayant paru offrir à la fois plus de facilités au gouvernement mexicain et plus de sécurité aux intéressés.

Par un décret du 17 juillet 1861, le gouvernement de Juarez suspendit l'exécution des conventions étrangères en déclarant

qu'à dater de ce jour il percevrait intégralement le produit net de tous les revenus fédéraux ; et ce fut la publication de ce décret qui décida les ministres de France et d'Angleterre à rompre simultanément les relations diplomatiques qu'ils étaient chargés d'entretenir à Mexico.

Déjà le renvoi de l'ambassadeur d'Espagne avait, à ce moment, mis fin depuis quelque temps à celles que cette puissance avait précédemment cherché à renouer avec le Mexique.

Quand la similitude de leurs griefs amena, par suite, les cabinets de Paris, de Londres et de Madrid à signer la convention de décembre 1861, les arrangements spéciaux précédemment obtenus en règlement de leurs réclamations antérieures, avaient pour tous trois également cessé de recevoir leur exécution.

Le premier acte de l'intervention armée des trois cours fut naturellement de remettre en vigueur les conventions étrangères ; des mesures furent prises de concert, dans ce but, à Vera-Cruz.

Il n'y avait alors que justice à ce que, faite en commun, l'expédition valût, à cet égard, à chacun le même avantage. Partant de cette idée qu'on avait à sauvegarder au Mexique des intérêts identiques, on avait cru à l'opportunité d'une action combinée ; chaque puissance avait, en conséquence, fourni son contingent de forces militaires ou maritimes pour atteindre l'objet de la convention de Londres.

En prenant sa part des sacrifices, on devait à coup sûr avoir en retour sa part des résultats obtenus ; mais la situation changeait évidemment, le jour où la France fut, contre toute prévision, abandonnée par ses deux alliées.

Tant que les trois puissances avaient uni leurs drapeaux et confondu leurs soldats, tant que la coopération morale tout au moins avait subsisté, l'occupation du territoire mexicain et les conséquences qui en découlaient devaient également profiter à chacune d'elles. L'usage des droits de souveraineté que la conquête fait passer aux mains d'un belligérant ne pouvait tourner à l'avantage exclusif de l'une de ces puissances.

Il en fut autrement dès l'instant où nous nous trouvâmes seuls en face du gouvernement mexicain et où il n'y eut plus que le drapeau français qui flottât sur Vera-Cruz. Ce jour-là nous entrions vis-à-vis du gouvernement mexicain en possession de nos droits de belligérant, et nous étions pleinement autorisés à mettre la main sur ses revenus, à l'effet de le priver de ses ressources et de nous assurer les réparations que nous poursuivions.

Nous n'étions plus tenus rigoureusement au partage avec des alliés qui nous avaient retiré leur concours. C'était l'emploi seul de la force qui leur avait restitué momentanément à Vera-Cruz la faculté de se payer avec les revenus de la douane, sur lesquels le décret de Juarez ne leur reconnaissait plus de délégation ; dès qu'ils renonçaient à continuer cette coercition, ils ne pouvaient prétendre à en conserver les bénéfices. Dans la position toute nouvelle que leur changement d'attitude nous avait faite, nous demeurions les seuls maîtres de Vera-Cruz, et nous étions fondés sans doute à considérer la totalité des revenus de la douane comme nous étant acquise en vertu du droit de la guerre.

Le gouvernement français ne voulut pas cependant user de ce droit dans toute sa rigueur. L'Angleterre et l'Espagne rentrèrent pendant quelque temps, par une nouvelle adhésion à nos vues et à notre politique, en possession des garanties qu'elles avaient perdues comme nous. Un rapprochement eut lieu notamment entre la cour des Tuileries et celle de Madrid ; et nous pouvons rappeler ici l'accueil que reçut en audience publique, le 2 mars, don Xavier de Isturitz :

« Sire, dit-il à l'Empereur, j'ai l'honneur de remettre à Votre Majesté la lettre de la reine d'Espagne, mon auguste souveraine, qui m'accrédite en qualité de son ambassadeur extraordinaire et plénipotentiaire auprès de Votre Majesté Impériale. La reine me commande de dire à Votre Majesté que ses vœux les plus ardents et les plus sincères sont pour le bonheur de Votre Majesté et de son auguste Famille, ainsi que pour la prospérité du grand peuple commis aux soins de Votre Majesté.

« Ma mission sera de resserrer les liens qui unissent deux nations faites pour s'aimer et se respecter. Si je réussis à l'œuvre, j'espère avoir l'honneur d'obtenir la haute bienveillance de Votre Majesté. Daignez agréer, Sire, l'expression de mes hommages les plus respectueux. »

L'Empereur répondit :

« Je n'ai jamais eu qu'à me louer des hauts personnages que S. M. la reine a envoyés pour la représenter près de moi. Je ne doute pas que vous ne suiviez les nobles exemples de vos prédécesseurs, et vous ne pouvez douter de l'accueil bienveillant que vous trouverez en France. Je forme également des vœux sincères pour le bonheur de la reine, pour la grandeur de l'Espagne, et je serai toujours heureux de maintenir avec le gouvernement de la reine les rapports les plus amicaux. »

En ces dispositions, le gouvernement français n'hésita pas à conserver à l'Espagne, et même à l'Angleterre, les garanties que l'une et l'autre avaient perdues par leur retraite. Ayant envoyé des soldats au Mexique pour exiger l'accomplissement d'obligations solennelles indignement méconnues, il tint à témoigner du respect scrupuleux dont il s'inspirait lui-même quand il était en présence d'engagements internationaux qui intéressaient des tiers. Faisant donc abstraction des circonstances exceptionnelles qui l'eussent permis de n'en pas tenir compte, il ne mit aucun obstacle à ce que les délégués anglais et espagnols désignés pendant l'occupation commune pour surveiller les fonds de leurs conventions continuassent à remplir ce rôle au profit de leurs gouvernements.

Les prélèvements que ces conventions leur assuraient ne furent donc pas interrompus, bien que ce fût à notre seule occupation de la Vera-Cruz qu'ils devaient aujourd'hui de pouvoir s'effectuer. La remise de la quotité assignée à l'Angleterre et à l'Espagne, en vertu de leurs règlements spéciaux, leur fut faite dans le courant du mois de mai.

Au reste, les négociants et marins de toutes les nations, pendant toute la durée de l'expédition, n'eurent qu'à se louer des bons offices de l'administration et de la marine française, et ils y répondirent par des témoignages de gratitude, toutes les fois qu'ils en trouvèrent l'occasion.

En voici un exemple, entre vingt autres.

Le 25 octobre 1862, la *Mary-Wangh*, appartenant à MM. Lington et Langrigg, de Liverpool, était en vue de l'île de Sacrificios, et approvisionnait de charbon le *Navarin*, vaisseau français de 84.

Vingt matelots français étaient montés à bord de la *Mary-Wangh* pour accélérer les manœuvres.

Tout à coup un fort vent du nord empêche le bâtiment anglais de communiquer avec le *Navarin*, et l'oblige à faire vent arrière. Dans sa manœuvre précipitée, elle heurte un navire français, perd son beaupré, et va échouer, le 26 octobre, au matin, dans la baie de Meddelin, à trois lieues de la Vera-Cruz.

Les premières clartés du jour font voir la plage gardée par des guérillas mexicaines. Des tonneaux ont été amenés sur le rivage ; les soldats, ivres pour la plupart, crient d'un ton impérieux aux naufragés de débarquer, et vocifèrent contre eux des menaces.

Être faits prisonniers ou même massacrés est le sort réservé aux vingt matelots français.

— Laissez-moi faire, leur dit Joseph Michel, capitaine du brick la *Mary-Wangh* ! ne prononcez pas une parole, de peur d'être reconnus.

Il se met en rapport avec le chef des guérillas, et demande passage pour ses hommes et pour lui jusqu'aux lignes françaises. De longs pourparlers s'engagent ; le Mexicain finit par céder, et l'équipage avec ses auxiliaires se met en marche.

Cependant le guérillero les suit d'un air soupçonneux ; il lui semble qu'il laisse échapper une proie.

— Tous vos gens ne sont pas Anglais, dit-il à Joseph Michel.

— Qui peut vous le faire supposer !

— Leur tournure, leur physionomie ; il est facile d'éclaircir la chose en les interrogeant.

La captivité ou la mort attend les Français au sortir de l'épreuve. Joseph Michel parlemente pour s'y opposer ; il affecte de la considérer comme injurieuse et vexatoire.

Soudain une idée le frappe, et interrompant brusquement la discussion, il fait les signes auxquels les francs-marins se reconnaissent entre eux.

Le guérillero y répond !

Le capitaine Michel n'hésite pas dès lors à se confier à lui ; une entente s'établit, et les Français sont sauvés.

Et, le 17 juin 1863, la direction locale de la marine de Liverpool était réunie en solennelle assemblée. Le capitaine Sproule,

président, exposait les faits que nous venons de raconter, et remettait à Joseph Michel, de la part du gouvernement français : 1° une médaille d'or suspendue à un ruban tricolore ; 2° un brevet signé par le ministre de la marine, et attestant les services que le capitaine du brick la *Mary-Wangh* avait rendus à la marine française.

Aux félicitations du président, le capitaine Michel répondit : « Je n'ai fait que mon devoir ; mais je dois rendre hommage à la bravoure et à la bonne conduite des matelots français à mon bord, dans des circonstances qui exigeaient autant de courage que de sang-froid. Je prie la direction de vouloir bien remercier l'Empereur des Français de son présent, qui me sera toujours précieux. »

CHAPITRE XV

Affaire d'Acapulco. — La Sainte-Barbe. *— Opérations de la flotte.*

La marine française avait participé au succès de la campagne en transportant les renforts, les munitions, les approvisionnements, et en occupant divers points de la côte.

Nous avons déjà mentionné l'affaire d'Acapulco, port fortifié du Mexique sur l'océan Pacifique. D'intéressants détails sur l'expédition dont ce port fut l'objet ont été donnés par la *Gazette de France*, d'après le rapport officiel de l'amiral Bouet, commandant la division navale de l'océan Pacifique.

Les forts qui défendaient la Vera-Cruz avaient été désarmés avant l'ouverture des hostilités. Pendant les conférences d'Orizaba, en présence de la corvette la *Galathée*, qui stationnait sur la rade d'Acapulco, on travailla à désarmer la magnifique citadelle de San Carlos, qui la défendait, et dont les fortifications avaient été faites avec le plus grand soin par les Espagnols. Si leur ouvrage était détruit, c'était par suite d'un plan général de défense qu'avait adopté le gouvernement de Juarez, et qui consistait à évacuer le littoral pour se réfugier dans l'intérieur du pays.

Un jour, la goëlette s'éloigna, et les autorités d'Acapulco pensèrent, immédiatement après son départ, à revenir sur leur première décision. Sans se mettre en peine du château de San Carlos, elles établirent autour de la baie de nouvelles et formidables batteries.

L'entrée de la rade d'Acapulco n'a pas moins d'un mille de largeur entre les deux presqu'îles Guitarron et Griffon. Ce sont des terres hautes, qui tombent à pic sur la mer, et qui sont couvertes d'une puissante et épaisse végétation : à peine y rencontre-t-on quelques sentiers praticables pour un piéton. C'est par là que les Mexicains, à la suite d'un travail gigantesque, pour eux surtout, étaient parvenus à transporter d'énormes pièces de 24 et de 30, et à établir, à 90 mètres au-dessus du niveau de la mer, deux batteries dont les feux croisés semblaient devoir interdire l'entrée de la passe. Trois autres batteries établies sur le pourtour intérieur de la baie : la Galeta, la batterie Rouge et la batterie des Cocotiers étaient destinées à prendre en enfilade les navires que des canons d'en haut n'auraient pas battus par le travers. Tout ce système de défense était complété par la batterie du Pavillon, vaste retranchement établi en arrière des trois batteries intérieures, sur un plateau élevé de 180 mètres, au milieu d'un terrain presque inaccessible, armé de huit pièces du plus gros calibre qui battaient tous les alentours, et défendu par trois mille hommes.

Les choses étaient en cet état lorsque l'amiral Bouet, arrivant de Panama, se présenta devant Acapulco le 6 janvier. Il montait la frégate à vapeur la *Pallas*, armée de 24 canons rayés, et était accompagné des corvettes à voiles la *Cornélie*, commandant Lévesque, et la *Galathée*, commandant de Cornulier, et de l'aviso à vapeur le *Diamant*, qui ne portaient que de l'artillerie ordinaire. Des pourparlers furent immédiatement engagés avec le général Alvarez, gouverneur de la place et de la province de Guerrero ; l'amiral lui demandait à prendre l'eau, les vivres et le charbon dont sa division avait besoin pour continuer sa route, consentant, du reste, à s'abstenir de toute hostilité. Ces négociations se poursuivirent durant plusieurs jours ; le *Diamant* entrant et sortant sous pavillon parlementaire.

Cet intervalle fut marqué par un triste incident. Le 8, à neuf heures et demie du matin, un homme de la *Pallas*, qui était occupé à sonder, tombe à la mer. On lui jette la bouée de sauvetage, il nage vers elle et va l'atteindre, lorsqu'on le voit disparaître subitement sans se débattre ni faire aucun mouvement d'agonie. Selon toute apparence, il est saisi par un de ces énormes requins dont ces mers fourmillent.

Le 10 janvier au matin, toutes les conventions paraissant arrêtées d'une manière pacifique entre l'amiral et le gouverneur mexicain, la division donne dans la passe, la *Pallas* remorquant la *Cornélie*, puis le *Diamant* suivant avec la *Galathée* à sa remorque. le tout en pleine sécurité et sans s'être même mis en branlebas de combat. Cependant la *Pallas* est à peine parvenue à la hauteur des canons établis sur les deux presqu'îles, que la batterie des Cocotiers, qui se trouve devant elle, ouvre le feu, et son exemple est immédiatement suivi par toutes les autres. La *Pallas* ne tarde pas à être en mesure de riposter à cette attaque imprévue, et les trois bâtiments qui la suivent joignent leur feu au sien à mesure qu'ils arrivent en position de découvrir les batteries ennemies. Tous s'embossent en mouillant dans la baie et sans ralentir leur feu ; la *Pallas* et la *Cornélie* au milieu de la rade, la *Galathée* et le *Diamant* entre la batterie des Cocotiers et la batterie Rouge, auxquelles ils s'attachent plus particulièrement, et qu'ils réduisent bientôt au silence. La *Cornélie* bat les batteries de la Galeta et Griffon, qui ne tardent pas non plus à être démontées ; enfin, la *Pallas* tire un peu partout selon l'occurrence. Dès le troisième projectile long qu'elle envoie à la batterie Guitarron, et qui éclate au beau milieu, elle est évacuée.

Tout ce qui était près du rivage ne répondant plus, la *Pallas* dirige son feu sur le morne des Pavillons, distant de trois mille mètres, que ses canons rayés, de seize centimètres, peuvent seuls atteindre. Les boulets mexicains n'arrivent pas jusqu'à nous ; il s'en faut de deux cents mètres que leurs plus grandes portées n'atteignent nos bâtiments, tandis que le tir de la *Pallas* est d'une précision merveilleuse ; à cette énorme distance de trois kilomètres pas un de ses projectiles ne manque le but, tous y arrivent comme si on les y posait avec la main, aucun ne faillit à éclater, et à chaque explosion on voit les Mexicains fuir épouvantés dans toutes les directions. Cette affaire est la première dans laquelle notre marine ait employé sérieusement cette arme redoutable ; sa puissance a fait une impression profonde sur l'esprit de tous les officiers.

L'extinction du feu des batteries placées près du rivage n'étant pas le plus difficile de la besogne, il s'agissait encore de les mettre hors d'état de recommencer plus tard, c'est-à-dire de les détruire de fond en comble, ce qui exigeait un débarquement. Bien que le fort San Carlos ne fût pas armé d'une manière apparente, on supposait que des troupes pouvaient y être cachées dans les casemates pour exécuter une sortie dans un temps opportun. Afin de s'en assurer, la *Pallas* et la *Galathée* y lancent un certain nombre de boulets creux qui ne produisent aucune émotion, d'où l'on conclut qu'il ne renferme personne. Rassurées de ce côté, les embarcations armées en guerre de la *Galathée* et du *Diamant* abordent au pied de la batterie des Cocotiers, leurs équipages l'escaladent, enclouent les pièces et brisent leurs tourillons, démolissent leurs affûts et mettent tout hors de service. Cette petite expédition est protégée par un feu d'obus bien nourri, que les deux bâtiments desquels elle a été détachée dirigent sur les halliers qui environnent la batterie. On trouve là quelques cadavres horriblement mutilés, une grande quantité de boulets, de beaux fusils à pierre et un fort approvisionnement de gargousses en excellente *poudre de chasse* ; on en emporte une partie, et l'on détruit le reste ; ceci se passait à deux heures après midi.

Cette première opération terminée, le *Diamant* lève l'ancre et va prendre à la remorque quatre embarcations de la *Pallas* et de la *Cornélie*, armées en guerre, qui vont pareillement détruire la batterie Rouge. La nuit se fait sur ces entrefaites et la passe tranquillement.

Le lendemain matin, 11 janvier, nouvelle descente, mais dans des conditions qui présentaient des difficultés plus sérieuses. Il s'agissait d'aller détruire la batterie Griffon, à laquelle on ne pouvait parvenir que par un long détour. Le seul point abordable de la plage était éloigné, l'amiral envoya la *Galathée* et le *Diamant* s'établir à proximité pour protéger la colonne de débarquement composée de 150 hommes.

Prendre terre était peu de chose en comparaison du trajet de près de deux kilomètres qu'il fallait faire par un sentier à peine tracé sous bois et hors de la vue des bâtiments. Seul, un jeune aspirant de la *Galathée*, fils du commandant de Cornulier, connaissait un peu le terrain pour y avoir chassé une couple d'heures quelques mois auparavant : on le donne pour guide

à la colonne. Elle arrive heureusement à son but sans avoir rencontré l'ennemi en route, et trouve la batterie abandonnée ; on la démolit plus complétement encore que les autres, s'il est possible. Les canons mutilés et les boulets sont précipités à la mer du haut de l'escarpement où on les avait hissés ; on brise les affûts, on démolit la plate-forme et l'on fait du tout un bûcher qui brûle jusqu'au lendemain matin. Pareille exécution est faite ensuite à la batterie de la Galeta. La *Galathée* et le *Diamant* se trouvaient là à meilleure portée de la batterie du Pavillon ; elle en profite pour leur adresser quelques boulets perdus ; aucun ne les touche, et, l'expédition terminée, ils regagnent le milieu de la rade. Il ne restait plus que le morne retranché que les Mexicains nommaient leur Puebla, mais il était positivement inabordable avec les moyens restreints dont disposait l'amiral ; il ne pouvait débarquer que trois cents hommes au grand *maximum*, et les Mexicains étaient au nombre de plus de trois mille dans cette position reculée et doublement défendue par l'art et par la nature.

La journée du 12 s'ouvrit dans le plus grand calme , les équipages lavant leur linge comme ils l'auraient pu faire dans un port armé ; cependant la batterie du Pavillon essayait encore ses moyens impuissants, tirant à toute charge et à toute volée, elle nous envoyait de loin en loin quelques boulets si mal dirigés, qu'on ne pouvait deviner à quel navire ils s'adressaient de préférence. A une heure après midi, l'amiral, fatigué de cette bravade, recommence un feu lent mais sûr, dirigé non-seulement contre la batterie, mais encore dans les plis du terrain où l'on suppose que les troupes se sont cachées. Dès les premiers coups, les Mexicains disparaissent et leurs retranchements sont abandonnés. Quand il est bien constaté que ce ne sont pas leurs canons qui nous chassent, nous appareillons et sortons du port ; mais nous ne sommes que plutôt cachés derrière la presqu'île Griffon, que nous entendons tirer encore quelques coups ; prétexte innocent que se donne sans doute le général Alvarez pour adresser un bulletin triomphant à Mexico.

« En résumé, dit un correspondant de la *Gazette de France*, nous n'avons pas été les agresseurs dans cette affaire, mais nous avons sévèrement châtié la perfidie du général mexicain. La ville, qui était fort innocente de la conduite de son gouvernement, a été complétement épargnée ; ses habitants, qui l'avaient abandonnée, auraient pu y demeurer en pleine sécurité ; tous nos coups ont été dirigés contre la force armée de Juarez ; nous ignorons les pertes qu'elle a éprouvées.

« De notre côté, pas un homme n'a été atteint. La *Pallas*, entrée la première, a seule reçu deux boulets qui n'ont pas traversé sa coque, et en quelques manœuvres coupées. Les premières volées essuyées, nous n'avons pas donné le temps aux Mexicains de en pointer d'autres avec quelque sang-froid; la supériorité de notre feu a été telle, qu'il a immédiatement éteint le leur ; c'est là ce qui explique les résultats. Nous n'avons jamais eu aucune incertitude relativement à l'issue du combat de l'artillerie, mais les descentes paraissaient beaucoup plus chanceuses; les Mexicains auraient pu, jusqu'à un certain point, y prendre leur revanche s'ils avaient eu un peu d'audace, mais ils étaient terrifiés ; ce coup de main n'avancera pas l'expédition du Mexique, mais il maintient certainement l'honneur de nos armes, qui ne pouvaient reculer devant une provocation directe, tout en désirant éviter un conflit inutile. »

A la fin de janvier, la preuve fut transmise aux autorités maritimes françaises que des achats d'armes se faisaient à San Francisco pour le compte de Juarez; une surveillance active fut établie par les navires de guerre français, et on reconnut que ces armes étaient débarquées à Guaymas, port de la province de Sonora, sur le golfe de Californie, au Mexique.

Le commandant on mit une croisière se rendit à la fin de janvier sur la frégate à vapeur la *Pallas*, à Guaymas ; il envoya des embarcations armées en guerre remonter le cours de la rivière San José, et on découvrit un dépôt d'armes dont il fut facile de reconnaître la provenance.

Depuis ce moment on mit une croisière sur la côte, et le port de Guaymas se trouva étroitement bloqué.

Vers la même époque, la canonnière la *Sainte-Barbe*, commandée par le lieutenant de vaisseau Rallier aîné, fut envoyée avec la *Tempête* dans les eaux d'Alvarado. L'ignorance ou la perfidie du pilote indigène qui la conduisait la poussa sur un banc de sable et la barre où elle échoua. Battue par une mer en fureur, elle passa près de quarante-huit heures en perdition, et ne fut relevée que par une continuité d'efforts.

Dès qu'elle fut dégagée, la *Sainte-Barbe*, suivie de la *Tempête*, remonta le fleuve. Le vent soufflait avec rage, la pluie tombait par torrents, les vagues tumultueuses étaient comme celles de la mer. Personne ne pouvait supposer que des bâtiments ennemis avaient l'audace de s'aventurer, par un temps pareil, dans des parages inconnus; aussi virent-ils surprendre et occuper Tlacotalpan sans éprouver de résistance de la part des guérillas stupéfaites.

Peu de jours après, la *Sainte-Barbe* transportait à Tlacotalpan vingt-sept volontaires de la Martinique, lorsque dans une localité appelée le Miadero (le mi-chemin), elle aperçut sur la rive des troupes de Juarez aux prises avec un détachement de cavalerie mexicaine alliée que commandait le capitaine Stoechling et auquel le passage du fleuve était disputé.

— Nous arrivons à propos, dit le commandant Rallier aîné, et il fit tirer sur l'ennemi quelques coups de canon qui le dispersèrent.

Le capitaine Stoechling pouvait donc continuer sa route, mais il déclara au lieutenant Rallier qu'ayant à franchir une passe dangereuse sur l'autre rive, il avait besoin du concours des volontaires de la Martinique.

Cette requête contrariait le commandant Rallier dont elle dépassait les instructions. Mais là où les instructions manquent il y a cette loi de l'honneur militaire qui défend de laisser dans l'embarras le compagnon d'armes qu'on peut secourir. L'escorte fut donc accordée avec l'injonction de se replier sur la canonnière aussitôt le passage franchi, et, pour favoriser ce retour, qui pouvait offrir des difficultés, le commandant mit à terre un peloton de marins sous le commandement d'un enseigne, M. Lecointre, auquel le chirurgien du bord s'adjoignit spontanément. Ce peloton reçut pour instructions de ne perdre de vue ni la canonnière, ni autant que possible la colonne expéditionnaire servant ainsi de trait d'union entre elles.

Bientôt des coups de feu se tirent entendre en avant, et aussitôt le peloton de marins essuya presque à bout portant une décharge partant des broussailles. Deux hommes furent tués et huit blessés. Sans se laisser déconcerter par cette attaque, nos hommes ripostèrent d'abord à coups de fusil, puis se précipitèrent tête baissée dans les broussailles, luttant pour ainsi dire corps à corps avec les guérilleros, les dispersèrent et les poursuivirent à coups de revolver. De son côté, la colonne s'était bravement battue et avait mis en fuite ses agresseurs; mais ayant fait des pertes sensibles (elle ramenait huit blessés), elle se replia sur la canonnière, qui achevait de disperser l'ennemi avec son artillerie. Le rembarquement s'opéra avec calme et sans être inquiété.

A raison de cet engagement, un décret inséré au *Moniteur* accorda la croix de la Légion d'honneur à MM. Lecointre, enseigne, et Lecomte, quartier-maître, plus un bon nombre de médailles militaires.

Au 1er mars, voici quelle était la position de l'escadre :

Le *Darien* et la *Sèvre*, à Saint-Jean-d'Ulloa.

Le *Montezuma*, à Tampico.

Le *Bertholet*, à Matamoras.

Le *Fontenoy*, la *Dryade* et l'*Allier* à Sacrificios.

La *Grenade*, la *Tempête*, la *Tourmente* et l'*Orénoque* à Carmen.

La *Sainte-Barbe* et le *Marceau* à Alvarado.

Le 9 mars, deux navires français allaient prendre possession du port de Minatitlan.

CHAPITRE XVI

Remplacement de l'amiral Jurien de la Gravière par le contre-amiral Bosse. — Dépêche du capitaine Ropert.

Au moment où l'on apprenait les bonnes dispositions prises par l'amiral Jurien de la Gravière, on sut tout à coup en France qu'il avait pour successeur le contre-amiral Bosse, et cette nouvelle inattendue donna lieu à des interprétations dont le *Moniteur* fit justice en ces termes :

« Plusieurs journaux ont annoncé que l'amiral Jurien de la Gravière avait été remplacé dans la division navale du Mexique, sur sa demande. Le fait n'est pas exact. L'importance des forces navales du Mexique n'était plus de nature à justifier la présence d'un officier de son grade; et d'ailleurs, l'Empereur a jugé que depuis deux ans l'amiral avait, par ses services, largement payé sa dette au pays. Tel est le double motif de sa rentrée en France. »

Nommé commandant et chef de la marine navale au Mexique, le contre-amiral Bosse arriva à Cherbourg le 27 février, descendit à l'hôtel de l'*Univers*, et y attendit que l'armement de la frégate mixte la *Bellone* fût complété.

M. Jurien de la Gravière, en attendant son successeur, inspecta les stations de la côte et veilla activement au transport des approvisionnements. Il écrivait, le 16 avril, qu'il avait fait partir pour Puebla :

3 obusiers de 30 avec 60 coups par pièce;

4 obusiers de montagne;

280 bombes de 31 centimètres;

800,000 cartouches;

2,500 kilogr. de poudre.

Le 20 avril, il annonça que la situation était bonne à Alvarado, Minatitlan et Carmen; qu'un mouvement en notre faveur s'était manifesté à Merida : qu'une goëlette mexicaine avait été prise par le *Marceau*; le *Lavoisier* était entré à Goatzacolcos; que la *Bellone*, portant le contre-amiral Bosse, était en vue au moment du départ du courrier.

Le contre-amiral Bosse mouilla, le 21 avril, sur la rade de la Vera-Cruz. M. le vice-amiral Jurien de la Gravière lui remit immédiatement le service, et s'embarqua pour la France à bord de la frégate la *Dryade*.

Le 22 mai, le contre-amiral Bosse eut la vive satisfaction de transmettre au ministre de la marine, la lettre suivante, qu'il venait de recevoir du commandant du *Darien* :

« *Darien*, 21 mai 1863.

« AMIRAL,

« A cinq heures, ce matin, un avis officieux m'apprit la reddition de Puebla et m'annonça la demande du commandant supérieur d'en envoyer immédiatement la nouvelle en France.

« D'après la marche inférieure de la *Cérès*, je compris de suite que le *Darien*, qui en novembre avait déjà apporté la nouvelle de la prise de Tampico, devait se rendre promptement à la Havane; mais je songeai (et le commandant Lefèvre partagea mon avis) à passer par Carmen pour vous en informer et vous donner moi-même les diverses nouvelles arrivées à trois heures du matin à la Vera-Cruz :

« Puebla s'est rendue.

« Le samedi 16, nos troupes qui avaient ouvert une parallèle à 180 mètres du fort de Totiméhuacan ouvrirent un feu nourri d'artillerie sur cette position et démontèrent toutes les pièces (les trois canons obusiers de 30, débarqués par vos ordres le 23 avril, y ont produit un grand effet).

« Les assiégés se défendirent bravement.

« Le lendemain, des parallèles furent continuées et poussées près de l'ouvrage et brèches faites, déjà suffisantes pour l'assaut.

« Le général Mendoza se présenta alors au camp, demandant au général Forey à laisser sortir de Puebla les troupes mexicaines avec leurs armes et une partie de leur artillerie; à ces conditions, la place se rendait.

« Le général Forey s'y refusa formellement.

« A cinq heures, un parlementaire apporta une lettre du général Gonzalez Ortega au général Forey, annonçant qu'il se rendrait à discrétion avec ses troupes.

« Le colonel Manèque, second chef d'état-major du général, fut envoyé occuper la place avec le 1er bataillon de chasseurs à pied aux ordres du commandant de Courcy et un escadron de hussards, ce qui eut lieu paisiblement. Les troupes françaises continuèrent à entrer les 17, 18, et le 19, à onze heures du matin, le général Forey fit son entrée dans Puebla.

« Une salve de 101 coups de canon fut tirée immédiatement.

« 25 généraux, y compris le général en chef Ortega,

« 900 officiers,

« 15 à 17,000 soldats, avec leur matériel d'artillerie, munitions, armes et bagages, sont tombés entre nos mains.

« Hier 20, le général Bazaine, à la tête d'une division composée de troupes prises dans deux divisions, s'est mis en marche sur Mexico.

« Voilà, Amiral, toutes les nouvelles parvenues au premier moment à la Vera-Cruz, qui a salué de 21 coups de canon, ainsi que l'ont fait le fort Saint-Jean-d'Ulloa et la *Cérès*. Tous les bâtiments de guerre et du commerce sont pavoisés.

« Je suis, etc.

« ROPERT,

« Commandant du *Darien*. »

CHAPITRE XVII

Composition de la garnison de Puebla. — Décrets relatifs aux finances.

La garnison de la ville conquise fut composée du 1er régiment de zouaves, d'un bataillon d'infanterie de marine, d'un peloton de chasseurs, de 300 cavaliers alliés aux ordres du général Chalcon, et de cent cinquante cavaliers, commandés par le colonel Trujeque ; cette force, pourvue d'un détachement d'artillerie et des services administratifs nécessaires, fut placée sous les ordres du colonel Brincourt, nommé commandant supérieur. Le lieutenant-colonel Jamin remplissait les fonctions de commandant de place.

Après la prise de Puebla, nous voyons le rôle de l'élément travait les progrès matériels auxquels l'appelaient son sol fertile et ses immenses ressources. Voulant atteindre plus promptement le but de l'intervention, vous avez fait appel aux hommes honnêtes de tous les partis, vous vous êtes adressé à toutes les convictions honorables. Le nombre de ceux qui, répondant à cet appel, sont venus se ranger sous la bannière de la France, a été relativement considérable, si l'on tient compte de l'influence et de la confusion que les changements de régime, les secousses dont ces malheureuses contrées ont été le théâtre depuis quarante ans, exercent sur la morale et sur les notions du juste et de l'injuste.

En présence de vos déclarations si catégoriques, en présence de cette politique loyale et désintéressée qui caractérise

Mort du général Vergnet de Laumière.

civil augmenter d'importance au Mexique. M. Budin, receveur général en mission, prête au général Forey le concours de ses lumières spéciales en matière de finances, et plusieurs décrets sont rendus conformément à ses conclusions. Dès le 21 mai sont publiés ce rapport et ce décret :

Puebla, 21 mai 1863.

MON GÉNÉRAL,

Lorsque vous êtes arrivé au Mexique à la tête de l'armée dont le commandement vous a été confié par l'Empereur dans le but de venger les excès dont la France et ses nationaux ont été victimes de la part du gouvernement mexicain, vous avez annoncé à ce pays, tant par vos proclamations que par vos actes importants qu'il est inutile de rappeler, quel était l'objet de l'intervention française et des intentions bienveillantes de l'Empereur. Vous n'avez pas cessé de répéter que la France ne songeait nullement à des conquêtes, que dans les plis de son drapeau elle n'abritait d'autre pensée que celle de rendre ce pays à son libre arbitre en l'affranchissant du despotisme qui pesait sur lui depuis plusieurs années, qui gaspillait ses finances, en-

toutes les expéditions lointaines de l'empire, était-il permis de mal interpréter les intentions de la France? Le Mexique avait-il le droit de traiter de mensongères les paroles d'encouragement que vous lui adressiez au nom d'une puissance dont les vœux sont en faveur de la liberté, dont les efforts et les sacrifices n'ont d'autre vue que d'apporter le flambeau de la civilisation aux peuples opprimés? Évidemment non! Et si des hommes intéressés au maintien de l'ordre de choses que vous combattez, et dont ils tirent avantage, ne s'étaient interposés entre la nation qu'ils exploitent et vos paroles loyales, il est certain que leur pouvoir, qui ne vit que de désordre, serait maintenant renversé.

Le moment est venu de prendre des mesures efficaces contre ces agitateurs, mesures qui les atteindront dans leurs intérêts matériels et qui leur feront comprendre sans doute que la période de longanimité est close. Ce que vos conseils, ce que la sollicitude de l'Empereur dont vous avez été l'interprète n'ont pu obtenir, peut-être l'obtiendrez-vous en frappant les biens de ces hommes à mauvais vouloir qui persistent à rester dans les rangs de l'ennemi et à combattre ainsi les vrais intérêts de leur patrie.

La mesure qui, à mon sens, peut réagir avec le plus de force sur ceux qui se tiennent éloignés de notre intervention a déjà rendu service dans d'autres circonstances : c'est la séquestration ; la séquestration de tous les biens immeubles appartenant aux Mexicains qui portent les armes contre nous. Cette mesure pourrait s'appliquer en même temps aux valeurs mobilières, en tant que les revenus sont saisissables.

Vous connaissez, mon général, les effets du séquestre. Il transfère aux mains de l'État, représenté ici par les préfets, l'administration des biens appartenant aux citoyens qui rentrent dans la catégorie signalée plus haut. Les conditions du séquestre peuvent varier selon les circonstances.

Dans le projet de décret que j'ai l'honneur de vous soumettre et que je vous prie de signer si vous l'approuvez, j'ai réservé au commandant en chef la faculté d'adoucir, en faveur de ceux qui en seraient jugés dignes, les dispositions sévères qu'il s'agit d'appliquer. De ce nombre seraient ceux qui, dans un délai fixé, abandonneraient les rangs de l'ennemi, ou ceux qui, pouvant justifier d'un cas de force majeure, seraient contraints d'y rester.

Agréez, etc.

Signé : BUDIN.

Suit un décret dont le gouvernement français n'accepta pas les conclusions, et qui ne reçut, en conséquence, qu'un commencement d'exécution bientôt interrompu :

Art. 1er. Sont mis sous séquestre tous les biens immobiliers appartenant aux citoyens de la république qui portent les armes contre l'armée française, soit qu'ils servent dans l'armée régulière, soit qu'ils fassent partie des guérillas ou autres bandes se trouvant en guerre contre la France.

Art. 2. Sont également mis sous séquestre les biens mobiliers des personnes désignées ci-dessus, en tant qu'on pourra les saisir.

Art. 3. Le préfet politique de chaque province ou de chaque État soumis aux forces de l'intervention française nommera une commission composée de quatre membres qu'il présidera lui-même. Cette commission désignera les personnes qui sont comprises dans les catégories indiquées à l'art. 1er, et établira la liste de leurs propriétés tant rurales qu'urbaines, ainsi que le montant de leurs biens mobiliers.

Art. 4. Cette liste, établie d'après le modèle annexé au décret, sera signée par tous les membres de la commission et approuvée par le préfet.

Art. 5. Une copie de cette liste sera publiée et affichée dans toutes les places soumises à l'expédition française, en même temps qu'un avis sera adressé par le préfet aux locataires, fermiers et débiteurs de ces personnes, leur annonçant qu'ils ne pourront s'acquitter légalement qu'en payant entre les mains du receveur principal (administrateur des douanes terrestres) dans la circonscription duquel les immeubles sont situés et où les payements sont à faire.

Art. 6. Une copie de cette même liste, approuvée par le préfet, sera, immédiatement après sa publication, transmise au receveur principal, afin de servir comme registre de perception (*hebungs register*).

Art. 7. Les baux et les autres contrats qui devront être consentis par le préfet, afin de rendre productifs les domaines qui ne sont pas affermés maintenant, seront également transmis au receveur principal des douanes, afin qu'il puisse procéder contre le débiteur.

Art. 8. Il est expressément interdit à tout employé chargé de concourir à l'exécution de ce décret, sous peine de la loi, de percevoir des débiteurs une somme plus élevée que celle qui est fixée dans le registre de perception. Quant aux frais personnels que leur occasionnera la rentrée des sommes dues à la perception, ils leur seront intégralement remboursés.

Art. 9. Les receveurs principaux donneront quittance pour toutes les sommes perçues et ils feront inscrire dans leurs livres et dans leurs états mensuels sous le titre de : *Recettes des biens séquestrés.*

Art. 10. Le commandant en chef se réserve, sur le rapport des préfets, de décider sur toutes les demandes de levée de séquestre ou de restitution de revenus perçus pendant le séquestre.

Art. 11. Le présent décret sera immédiatement publié et affiché sur tous les points du territoire soumis à l'expédition française, et il sera procédé de la même manière dans tous les

États de la république, pour y être exécuté par les préfets dans sa forme et dans son contenu, à mesure que ces États seront occupés.

Art. 12. Quinze jours après cet avis, la commission désignée à l'art. 3 commencera à dresser l'état des propriétés. Seront alors compris dans cette liste les biens de tous ceux qui, à cette époque, ne seront pas rentrés dans leurs foyers ou qui ne sont pas prisonniers de guerre. Si, après que la liste aura été dressée et remise au receveur principal, le préfet était informé que l'un ou l'autre des administrés soumis à sa juridiction ait quitté le pays, il fera, dans ce cas, dresser une liste complémentaire dans la même forme qui devra servir de titre à la perception.

Art. 13. Le receveur général est chargé de l'exécution du présent décret, dont sera transmis aux commandants de chaque ville et de chaque province.

Le général de division, sénateur, commandant en chef les forces de l'expédition,

FOREY.

Un rapport sur le numéraire, également accompagné d'un décret conforme, parut le 27 mai :

MON GÉNÉRAL,

Vous savez que dans tous les centres de population qui ont été successivement occupés par l'intervention, le payeur général a éprouvé de sérieux embarras pour se procurer, en échange de ses traites, les ressources nécessaires pour les besoins de l'armée, et qu'il n'est parvenu à réaliser quelques fonds qu'en payant une prime exagérée pour la piastre.

Les mêmes difficultés se présentent à Puebla. J'ai étudié sérieusement le pays sous ce rapport, et je puis vous dire, mon général, que, sans être entièrement abondant, il existe cependant assez de numéraire pour espérer que les mesures que je me propose de soumettre à votre approbation donnent des résultats plus avantageux que ceux obtenus jusqu'à présent.

Le continent américain, et le Mexique en particulier, tire de l'Europe beaucoup d'objets de consommation et des marchandises que le pays ne fabrique pas. Les statistiques douanières de la république en donnent des preuves irrécusables ; elles font voir aussi que l'exportation n'atteint pas, et il s'en faut de beaucoup, le chiffre des importations. On peut donc dire qu'il y a avantage pour le commerce à profiter de l'émission des bons du trésor afin de solder les différences qui, sous le gouvernement précédent, s'expédiaient à grands frais d'escorte, d'assurances et de transport.

Pourtant nos bons, malgré la sécurité et l'économie qu'ils donnent, ne sont pas recherchés, et, quand on les négocie, ce n'est, comme j'ai l'honneur de vous le dire, qu'en réduisant la valeur de la piastre à une prime qui impose au trésor de lourds sacrifices.

Beaucoup de causes ont influé d'une manière sensible sur les échanges ; j'aurai l'honneur de vous les signaler.

Le commerce a bien vite compris que les besoins du trésor, habilement exploités par un accord entre les détenteurs du numéraire, devaient procurer de grands bénéfices. Aussi en a-t-il largement profité, même en abusant de cette situation. Voilà pourquoi la piastre s'est élevée successivement du pair à cinq pour cent de prime.

Mais l'action des agioteurs ne s'est pas bornée à cela. Lorsque le trésor, voulant peser sur le marché local, crut devoir s'adresser au commerce de la Havane et lui demander des fonds à des prix très-élevés, les commerçants de Vera-Cruz ont fourni, en l'envoyant là-bas, une partie du numéraire que les caisses de l'armée y allaient chercher. Nous savons que l'état de guerre n'a pas empêché jusqu'à présent les convois de numéraire expédiés de l'intérieur du pays aux ports occupés par l'ennemi, et leur embarquement sur des navires anglais. D'un autre côté, le consul de Vera-Cruz vous a fait savoir, mon général, qu'une opération de cette classe avait eu lieu à Tampico au mois d'avril, et que la somme exportée s'élevait à 1,200,000 piastres.

Ces envois sont faits sans doute en grande partie par les commerçants qui résident en dehors des lignes suivies par l'armée française et des villes que nous occupons. Mais il me semble non moins douteux que les relations qui n'ont cessé d'exister entre les points occupés par nous et les autres villes de la république, que la sécurité garantie par les convois milifaires qui vont à Vera-Cruz ont favorisé la spéculation au détriment des intérêts du trésor.

Nous savons qu'il y a eu des envois de numéraire à Vera-Cruz, parce que le commerce trouvait un meilleur emploi de ses fonds, soit en les dirigeant sur la Havane, soit en les exportant pour l'Europe par le port de Vera-Cruz ou par tout autre point du littoral.

Il vous appartient, mon général, de prendre des mesures qui, sans porter préjudice aux transactions commerciales, fassent cesser une situation si onéreuse pour le trésor et qui compromet sérieusement le service de l'armée. Le payeur a fixé provisoirement la piastre à 5 pour cent. Ce prix est déjà élevé relativement aux droits qui frappaient les expéditions antérieures et qui étaient grevées de frais assez considérables.

Si le commerce que nous venons protéger, et auquel la présence de votre armée assure déjà de grands bénéfices par une consommation plus forte, était moins avide et comprenait mieux ses devoirs envers l'intervention, j'ai la conviction intime que les ressources du pays suffiraient en grande partie aux besoins de l'armée.

En conséquence, je crois qu'il est indispensable, mon général, par les moyens qui sont en votre pouvoir, d'amener le commerce à adopter d'autres dispositions envers le trésor de l'armée, et, si telles sont vos intentions, je vous prie de signer le décret ci-joint qui met fin à cette situation.

Veuillez accepter, mon général, l'expression de mes sentiments respectueux.

Le receveur général en mission,

Signé : BUDIN.

Suit le décret ci-dessous :

Le général de division, sénateur, commandant en chef le corps expéditionnaire au Mexique, sur la proposition du receveur général, commissaire spécial des finances, décrète :

Art. 1er. Sont prohibées, jusqu'à nouvel ordre, l'exportation du numéraire, excepté l'argent de poche, et celle des matières d'or et d'argent, dans les ports de la république occupés par l'armée française, quels que soient le lieu de destination, la nationalité de l'expéditeur et celle du navire d'embarquement.

Ne sont pas compris dans cette prohibition les envois que les consuls d'Angleterre et d'Espagne auraient à faire, pourvu qu'il ne s'agisse que des indemnités dues à leurs nationaux, et que les sommes proviennent des droits des douanes maritimes destinés au payement des conventions.

Art. 2. Sont prohibés les envois de numéraire et des matières d'or et d'argent d'un point ou d'une ville occupée par l'armée française à un point quelconque ou à une ville au pouvoir de l'ennemi.

Art. 3. Les fonctionnaires ou employés de tous grades des douanes maritimes et terrestres sont autorisés à saisir toutes sommes, excepté l'argent de poche, et toute matière d'or et d'argent, qui seraient exportées d'un lieu soumis à l'intervention à un lieu qui ne l'aurait pas reconnu.

Art. 4. Tout contrevenant à la présente disposition sera puni d'une amende pas au-dessous de 25 pour cent du montant de la somme ou de la valeur des matières d'or et d'argent que l'on aura eu l'intention de soustraire à la vigilance des employés des douanes.

Art. 5. La moitié de cette amende sera appliquée à ceux qui auront opéré la saisie, et l'autre moitié sera versée au trésor public.

Art. 6. Dans les villes où l'on aura organisé des tribunaux civils, on remettra le procès-verbal de la saisie aux susdits tribunaux, qui prononceront leur sentence sur la peine à infliger, tous les frais restant à la charge du fraudeur. Dans les autres endroits où il n'existe pas de tribunaux, le commandant de place connaîtra du délit.

Art. 7. Les administrateurs des douanes inscriront le produit des amendes dans un chapitre spécial intitulé : *Produit des amendes recouvrées pour infraction au décret du 27 mai de la présente année, relatif à l'exportation du numéraire et des matières d'or et d'argent.*

Art. 8. Le receveur général, commissaire spécial des finances, est chargé de l'exécution du présent décret, qui sera affiché dans tous les lieux de la république soumis à l'intervention, et publié dans le *Bulletin officiel* de l'armée.

Donné à Puebla, le 27 mai 1863.

Le général de division, sénateur, commandant en chef le corps expéditionnaire,

FOREY.

CHAPITRE XVIII

Résultats de la prise de Puebla. — Les prisonniers de guerre. — Évasion d'Ortega. — Marche des Français sur Mexico.

D'autres décrets encore furent rendus pour la réorganisation administrative et financière de Puebla. Un ayuntamiento provisoire fut nommé, et le corps électoral convoqué pour choisir les membres d'un ayuntamiento définitif.

Les magasins se rouvrirent; on détruisit les barricades, dont la force et la disposition frappaient d'étonnement les vainqueurs.

« Les Mexicains, écrivait le général Forey après une promenade dans la ville, ont déployé une activité inouïe et une rare habileté d'invention dans la création de leurs obstacles défensifs, qui sont, je crois, sans précédent. J'ai parcouru la partie de Puebla qui a été l'objet le plus direct de nos attaques; elle est dans un état de destruction difficile à décrire. Elle a moins souffert peut-être de nos projectiles que de l'accumulation des défenses de l'ennemi. »

Les résultats de la prise de Puebla étaient considérables. Les drapeaux avaient été détruits ou cachés; on en retrouva pourtant quelques-uns, et notamment ceux du bataillon de Zacatecas. Les armes et munitions étaient abondantes, malgré la dévastation volontaire effectuée par les Mexicains, et il ne restait pas moins de 150 pièces de canon en état de service.

Le lendemain de la prise de Puebla, le général Forey demanda aux officiers mexicains de donner leur parole d'honneur, 1° de ne pas intervenir de nouveau dans la politique du pays et de rester neutres durant la guerre; 2° de ne pas dépasser les limites de la localité qui leur serait assignée pour résidence; 3° de communiquer avec personne, même avec leurs familles, sans le consentement de l'autorité française.

Les officiers mexicains, n'ayant pas voulu accepter ces conditions, durent subir les lois de la guerre.

Les prisonniers étaient au nombre de 11,000, dont 26 généraux, 225 officiers supérieurs et 800 officiers subalternes. Que faire de tout ce monde? 2 ou 3,000 hommes environ furent incorporés dans l'armée auxiliaire.

Trois autres mille furent utilisés pour la destruction des barricades et retranchements de Puebla.

Quelques-uns furent conduits au camp de la Pulga pour y travailler au chemin de fer.

Le 20 mai, plus de 2,000, avec leurs officiers supérieurs et subalternes, quittaient Puebla pour être dirigés sur Vera-Cruz, à la destination de France, ou pour aller travailler à la route de Cordova. L'escorte fut constituée aussi fortement que possible, eu égard aux circonstances, afin d'éviter les évasions qu'auraient pu favoriser les attaques des guérillas. Toutes les précautions prises n'empêchèrent pas quatre officiers de s'enfuir avant le départ, et les généraux Ortega, la Llave, Pinson, Patoni, Garcia et Prieto de s'évader, le 27, à la faveur des déguisements que leur avaient apportés des marchands autorisés à leur vendre des vivres.

Quoique la capitale fût couverte par l'arrière-garde du général de Garza, le général Bazaine reçut l'ordre de se porter sur Mexico aussitôt que les troupes et les convois en marche sur Buena-Vista se seraient ralliés à lui. Le général en chef avait choisi cette localité comme point de concentration, afin de laisser l'ennemi dans l'ignorance de la direction qu'il prendrait en se dirigeant vers Mexico.

Pendant la marche des Français sur Mexico, les Mexicains, commandés par Marquez, devaient stationner à San Cuautitlan et à San Christobar, afin de couvrir Puebla.

Le mouvement sur Mexico commença le 21. La brigade Bertier partit pour San Martin, où elle arriva deux jours après, et où elle s'occupa immédiatement de former un dépôt de vivres.

Le 26, le général Bazaine, avec la brigade de Castagny, les différents services de la 1re division et le général de Mirandol, partit de Puebla pour San Martin. Il y arriva le 27, et fit occuper aussitôt Puente Tezmelucan.

Le général Bazaine fit, le 28, une reconnaissance en avant de Puente Tezmelucan. Chargé par lui d'occuper la Venta de Cordoue, Marquez trouva le chemin embarrassé d'abatis d'arbres, et quelques cavaliers établis au village de Rio-Frio se dispersèrent après une légère escarmouche. Les dégâts faits à la route furent réparés le lendemain par les troupes, assistées de travailleurs indiens.

Le 30, le général Bazaine porta la brigade de Bertier au Rio-Frio, et s'établit lui-même à Puente-Tezmelucan avec le reste de sa division. Le même jour, partit de Puebla un convoi de 176 voitures de munitions, de matériel et de vivres qui devaient rejoindre la 1re division à Buena-Vista.

Le 31 mai, vers quatre heures après midi, le président Juarez quitta Mexico avec ses ministres, un certain nombre de membres du congrès et une escorte. Il avait eu d'abord l'intention de se réfugier à Morelia, où les *puros*, les patriotes radicaux, dominaient; il avait même désigné, le 18 mai, cette ville comme celle où devaient se réunir les Français qu'il avait expulsés de Mexico, en leur ordonnant de remettre toutes leurs armes au gouvernement. Changeant brusquement d'avis, Juarez conféra l'autorité à M. Agustin del Rio, et tandis qu'une garde urbaine improvisée veillait à la sûreté de la ville, il partit pour San-Luis de Potosi, qu'il déclara capitale provisoire de la République mexicaine; il emporta les armes, les munitions et deux millions qui se trouvaient dans le trésor. La garnison, qui comptait de 15 à 20,000 hommes, se replia sur Cuernava.

Après le départ du président, les consuls d'Espagne, de Prusse et des États-Unis, après s'être concertés avec l'ayuntamiento de Mexico, partirent immédiatement pour Puebla, et vinrent demander au général Forey de faire occuper Mexico par des troupes françaises, tandis que les notabilités du parti hostile à Juarez et un grand nombre d'ecclésiastiques se réunirent pour délibérer.

Les colonnes françaises s'avancèrent rapidement. Le 1er juin, le général Marquez atteignait Ayotela, le général Bazaine le Rio-Frio, et le général de Bertier Buena-Vista, où devait le rejoindre la plus forte partie de la division Douay avec les services qui y étaient attachés, du matériel et des subsistances.

Le 2 juin, à la fin d'un rapport qu'il serait inutile de reproduire, parce que nous en avons fondu tous les détails dans notre narration, le commandant en chef mandait au ministre de la guerre :

« L'état sanitaire des troupes est bon. Le changement de saison nous donne un peu plus de malades que par le passé. Les affections sont en général peu sérieuses et n'ont d'autre inconvénient que de retirer momentanément du rang un certain nombre d'hommes. J'ai visité les bâtiments qui ont été affectés aux malades, blessés et convalescents. Ce sont de vastes couvents dont l'installation a été rendue aussi bonne que possible.

« A la date de ce jour, il y avait :

« Aux hôpitaux de Puebla, 822 hommes.

« Au dépôt des convalescents, 262 hommes.

« Au dépôt provisoire de convalescents de San-Martin, 120 hommes.

« Je crois devoir consigner ici le chiffre des pertes éprouvées par le feu depuis l'ouverture de la campagne par les troupes du corps expéditionnaire. Elles s'élèvent à :

« Tués : 18 officiers, 167 hommes de troupe.

« Blessés : 79 officiers, 1,039 hommes de troupe, parmi lesquels plusieurs sont morts des suites de leurs blessures.

« Ce relevé montrera à Votre Excellence que, quoique ces pertes soient sensibles, le succès n'a pas coûté aussi cher qu'on pouvait le croire, et que le sang de nos soldats a été aussi ménagé que possible.

« La fièvre jaune a fait son apparition à Vera-Cruz dans les premiers jours de mai, et elle a déjà causé quelques ravages. Dans le nombre des victimes se trouve malheureusement compris le colonel Labrousse. Aux dernières nouvelles, son état était désespéré et ne laissait aucune chance de guérison. C'est une grande perte sous tous les rapports. J'ai prescrit immédiatement au colonel Jeanningros d'aller prendre le commandement provisoire de Vera-Cruz.

« On a profité de toutes les ressources trouvées dans Puebla pour réorganiser l'armée alliée. On lui a donné des canons, des armes, quelques effets de harnachement, d'équipement et d'habillement, mais en très-mauvais état. On a incorporé dans les troupes de Marquez tous les prisonniers qui ont désiré y servir.

Le chiffre des forces qui obéissent directement au général Marquez s'élève ainsi à 7,300 hommes de toutes armes et 1,100 chevaux. »

CHAPITRE XIX

Marche sur Mexico. — La Fête-Dieu. — Députation des notables. — Dom Juan Ortega à Chiapas. — Le Rio Frio. — Proclamation de Juarez.

Le 3 juin, une colonne de troupes alliées quitta Puebla pour rejoindre le général Marquez.

Le 4, une forte colonne de matériel du génie et de l'artillerie, avec l'ambulance du grand quartier général, ainsi que le matériel nécessaire pour établir un hôpital à Mexico, partit de Puebla sous l'escorte d'un bataillon du 95e, pour se rendre à Buena-Vista.

Ce même jour, à l'occasion de la Fête-Dieu, le général Forey assista à la messe et à la procession. Toutes les troupes présentes à Puebla accompagnaient le cortège ou bordaient la haie sur son passage. On avait cru convenable de donner beaucoup d'éclat à cette cérémonie religieuse, et la bonne tenue de nos troupes produisit une grande impression.

Dans l'après-midi, le commandant en chef reçut à Puebla une députation des notables de Mexico, chargée de lui annoncer qu'il y avait eu un pronunciamiento en faveur de l'intervention de la part des habitants de la ville. Cette députation formait à peu près la contre-partie de celle des consuls étrangers qui était venue le trouver deux jours avant. Il remit aux notables une note dans laquelle il invitait les habitants de Mexico à la modération; leur faisant connaître son intention formelle de ne pas souffrir de réaction violente, et en leur demandant comme la meilleure preuve de leur sympathie pour nous, le calme et la confiance dans l'intervention française.

Le 5 juin, la division Bazaine occupait les portes de Mexico, et le grand quartier général quittait Puebla avec tous les services et une colonne de troupes de toutes armes. Il coucha le même jour à l'hacienda de Santo Domingo, et le 6 au Puente Tezmelucan. Sur la rive droite du Rio de Tezmelucan, les officiers remarquèrent en passant une série de retranchements assez bien entendus, qui formaient une espèce de camp et auraient permis à nos adversaires de faire là une résistance prolongée s'ils l'eussent voulu.

Les 8,400 hommes commandés par le général Marquez opéraient en même temps autour de Mexico. Ils étaient secondés, du côté de la province de Chiapas, par le général dom Juan Ortega, qui portait le même nom que le défenseur de Puebla, mais qui avait des opinions entièrement opposées. A son mouvement se rallièrent les habitants de Pichacala, ville située sur la ligne qui séparait l'armée française de Tabasco, et, pour encourager ses partisans, dom Juan Ortega lança cette proclamation :

San Christobal, 7 juin 1863.

Juan Ortega, général en chef des forces qui ont sauvé l'État de Chiapas.

Citoyens, vaillants camarades, vous tous habitants de Chiapas, me voici parmi vous. Le moment est venu de montrer la valeur de la conviction; l'heure a enfin sonné où nous pourrons combattre ces tyrans qui, sous le nom sacré de liberté, se sont baignés dans le sang de vos familles, foulé aux pieds vos droits les plus chers. J'en appelle à vous tous, je n'excepte personne; n'ayons qu'une seule devise : établir un gouvernement fondé sur le principe d'ordre, réglé sur la plus stricte justice; un gouvernement robuste et fort qui écarte pour toujours le retour sanglant des divisions et des partis; un gouvernement à l'ombre bienfaisante duquel vivent en paix tous les sentiments généreux, tous les intérêts légitimes; un gouvernement enfin qui satisfasse tous les besoins du pays, et qui répare en même temps toutes les grandes injustices commises ou tolérées par les gouvernements impassibles.

Que ces principes soient notre règle, et aux armes! Camarades, votre compagnon vous attend les bras ouverts. Ne vous laissez pas retenir par l'ambition des uns et la mauvaise volonté des autres. Ortega vous le demande au nom de la patrie, il le demande en même temps au nom de vos intérêts aussi bien qu'au nom des intérêts de tous, parce qu'il est de l'intérêt de tout le monde que le pays soit ce qu'il doit être, que la politique des passions ait un terme et qu'elle soit remplacée par l'auguste politique de la raison.

Commerçants, propriétaires, vous tous qui avez à perdre, moi je vous réponds de nos actes. La discipline rendra tous ceux qui combattent sous notre drapeau, s'ils ne le sont déjà, aussi sobres que laborieux, aussi tolérants qu'honorables, aussi patients que courageux, aussi modestes que désintéressés, certains d'être indemnisés de leurs fatigues et de leurs peines par la voix énergique qu'élèvera en leur faveur leur frère et compagnon d'armes.

JUAN ORTEGA.

Le 7 juin, le quartier général campait au Rio Frio, presque à la crête des montagnes. Plusieurs chevaux ou mulets moururent de congestions occasionnées par la raréfaction de l'air dans cette région élevée; l'altitude du col étant d'environ 3,300 mètres.

Après avoir bivouaqué le 8 à Buena-Vista, où il rejoignit la division Douay, le général en chef alla coucher au Peñon. Une nouvelle députation de notables l'y attendait pour le complimenter.

Quant à l'ennemi, il avait disparu. Les troupes restées fidèles à Juarez se massaient à Cuernavaca, ville de la province de Mexico, située au sud de la capitale, à la distance de quinze lieues environ. Elle est enveloppée de montagnes, et ne communique avec la capitale que par des routes difficiles et fort mal entretenues; mais ce qui donne une certaine importance à cette localité, c'est le vieux monument connu sous le nom de *retranchement militaire Xochicalco*.

C'est une colline isolée, de 117 mètres d'élévation, entourée de fossés et divisé à mains d'hommes en cinq assises ou terrasses, qui sont revêtues de maçonnerie. Le tout forme une pyramide tronquée, dont les quatre faces sont exactement orientées selon les quatre points cardinaux. Les pierres de porphyre à base basaltique sont d'une coupe très-régulière et ornées de figures hiéroglyphiques, « parmi lesquelles, dit M. de Humboldt, on distingue des crocodiles jetant de l'eau, et, ce qui est très-curieux, des hommes assis les jambes croisées à la manière asiatique. »

La plate-forme de ce monument extraordinaire à près de 9,000 mètres carrés et présente les ruines d'un petit édifice, qui servait sans doute de retraite à des troupes assiégées.

Ajoutons que Cuernavaca est séparé de la route de Puebla à Mexico par un immense pâté de montagnes, ce qui semblait exclure tout projet agressif contre la ligne de nos communications avec Vera-Cruz.

Pourtant, malgré l'inaction des troupes mexicaines, elles ne renonçaient pas théoriquement à la lutte. Juarez les y excitait, et faisait répandre le manifeste suivant :

« San Luis de Potosi, 10 juin 1863.

« Mexicains, mû par de graves considérations nécessaires à la défense de notre nation, j'ai ordonné que notre armée évacuât la cité de Mexico, en retirant les nombreux matériaux de guerre que nous y avions agglomérés, et j'ai voulu que la cité de Luis de Potosi devînt provisoirement la capitale de la République. La première de ces résolutions a été exécutée ; la seconde commence à s'accomplir par l'installation du gouvernement suprême dans cette ville, qui offre tant de facilités pour soutenir la guerre contre l'ennemi de notre grande et bien-aimée patrie.

« A Mexico, de même qu'à Puebla de Sarragoza, nous eussions pu repousser les Français et ne céder qu'à l'invincible nécessité; mais il ne convient pas d'accepter ces situations malheureuses, quoique glorieuses, et de ne songer qu'à notre honneur, comme si nous avions désespéré de notre fortune.

« L'ennemi, concentré sur un point comme il l'est, sera faible sur les autres ; disséminé, il sera faible partout : il sera obligé de reconnaître que la république n'est pas renfermée dans les cités de Mexico et de Sarragoza ; que le mouvement et la vie, la conscience du droit et de la force, l'amour de l'indépendance et de la démocratie, le noble orgueil soulevé contre l'inique envahisseur de notre sol, sont des sentiments répandus chez tout le peuple mexicain, et que cette majorité soumise et silencieuse, au concours de laquelle Napoléon III a demandé la réussite et la justification du plus grand attentat qu'ait vu le dix-neuvième siècle, n'est qu'une chimère inventée par une poignée de traîtres.

« Les Français se sont trompés quand ils ont cru dominer la nation par le seul bruit de leurs armes, et couronner leur im-

prudente entreprise en violant les lois de l'honneur, et quand ils ont cru être les maîtres de Sarragoza pour avoir occupé le fort Saint-Janvier.

« Ils se trompent encore misérablement en se flattant de posséder le pays, lorsqu'ils commencent à peine à comprendre les énormes difficultés de leur folle expédition ; car s'ils ont consumé tant de temps, usé tant de pas, et sacrifié tant de vies pour obtenir quelques avantages, en nous laissant l'honneur et la gloire des nombreux combats de Puebla, que peuvent-ils espérer, quand nous leur opposerons pour armée notre peuple tout entier et pour champ de bataille notre contrée dans toute son étendue ? Napoléon est-il resté maître de l'Espagne après avoir pris Madrid et beaucoup d'autres villes de ce royaume ? Est-il resté maître de la Russie après l'occupation de Moscou ? Ses armées conquérantes n'ont-elles pas été chassées ? Ne nous sommes-nous pas nous-mêmes délivrés du joug espagnol ?

« Croyez-moi, mes compatriotes, votre valeur, votre persévérance, vos sentiments républicains, votre ferme union en faveur du gouvernement que vous avez choisi comme dépositaire de votre confiance, de votre pouvoir et de votre glorieux drapeau, suffiront pour faire mordre la poussière à vos injustes et perfides adversaires! Oubliez vos querelles. Mettez de côté vos aspirations, raisonnables ou non, si à cause d'elles vous vous sentez moins résolus ou moins déterminés à la défense de la patrie. Unissons-nous et n'épargnons aucun sacrifice pour sauver notre indépendance et notre liberté, ces grands biens sans lesquels tous les autres sont tristes et honteux. Unissons-nous et protégeons-nous. Unissons-nous, et nous ferons que toutes les nations béniront et exalteront le nom du Mexique.

« Benito JUAREZ. »

CHAPITRE XX

Entrée des Français à Mexico.

A l'heure même où Juarez lançait cette proclamation, l'armée française entrait à Mexico.

Parti le 10 du Peñon avec toutes les troupes qui l'y avaient accompagné la veille, le général Forey arriva à la porte de Mexico à dix heures du matin. Il y trouva les autorités provisoires et les principaux habitants, qui lui offrirent les clefs de la ville. Quelques instants après, les troupes alliées faisaient leur entrée dans la capitale du Mexique, au son des cloches de toutes les églises et au bruit du canon. Il expédia aussitôt au maréchal ministre de la guerre la dépêche suivante :

Le général Forey au ministre de la guerre.

« Mexico, le 10 juin 1863.

« Je viens d'entrer à Mexico à la tête de l'armée. C'est le cœur encore tout ému que j'adresse à la hâte cette dépêche à Votre Excellence pour lui annoncer que la population de cette capitale, tout entière, a accueilli l'armée avec un enthousiasme qui tenait du délire. Les soldats de la France ont été littéralement écrasés sous les couronnes de bouquets, dont l'entrée de l'armée à Paris, le 14 août 1859, en revenant d'Italie, peut seule donner une idée.

« J'ai assisté à un *Te Deum* avec tous les officiers de l'état-major dans la magnifique cathédrale de cette capitale, remplie d'une foule immense ; puis l'armée, dans une admirable tenue, a défilé devant moi aux cris de : Vive l'Empereur ! vive l'Impératrice !

« Après le défilé, j'ai reçu au palais du gouvernement les autorités qui m'ont harangué. Cette population est avide d'ordre, de justice et de vraie liberté. Dans mes réponses à ses représentants, je leur ai promis tout cela au nom de l'Empereur.

« Pour la plus prochaine occasion, j'aurai l'honneur de vous donner de plus amples détails sur cette réception sans égale dans l'histoire et qui a la portée d'un événement politique dont le retentissement sera immense.

« Le général en chef,
« FOREY. »

Le jour même où le général Forey expédiait sa dépêche, 10 juin 1863, on écrivait de Mexico au *Moniteur :*

« Toutes nos prévisions sont dépassées ; le général a fait aujourd'hui son entrée solennelle à Mexico à la tête des troupes alliées, et je n'essayerai même pas de vous donner une idée du spectacle que nous avons sous les yeux depuis ce matin.

« Déjà hier, au bivouac de Peñon, des députations des principaux personnages du pays et même des dames, dont plusieurs fort jolies, sont venues saluer le général en chef.

« Aujourd'hui, la fête, commencée à neuf heures du matin, dure encore, et il est dix heures du soir.

« Notre entrée n'a été qu'une longue marche triomphale sous une pluie de fleurs qui, cette fois, n'étaient pas un mythe, je vous en réponds et pour cause; car, après les premiers pas, j'ai dû renoncer à faire ramasser les couronnes qui tombaient de toutes les fenêtres : nous en avions notre charge.

« Ce sont les soldats formant la haie qui se sont chargés de ce soin; ils en étaient tous parés pour le défilé. Un *Te Deum* en grande pompe a clos cette première partie de la cérémonie. Le général s'est ensuite rendu au palais, où l'attendaient les dames et les notables. Je vous fais grâce des harangues ; mais la plus énergique sympathie nous a été témoignée aux cris de *Vive l'Empereur!* Celui de *Vive l'Impératrice!* prononcé avec enthousiasme par les Mexicains, nous a tous vivement impressionnés.

« Ce que je vous dis, quoique bien à la hâte, parce que le courrier spécial envoyé par le général va partir dans une heure, n'est pas de l'exagération : vous savez que je vois assez froidement les choses; mais j'avoue que tout ce que j'ai vu m'a beaucoup confirmé dans les idées que j'ai pu former sur ce pays étrange et si peu connu.

« La journée s'est passée en pronunciamientos en faveur de l'intervention et de l'union franco-mexicaine.

« Ce soir, la belle place de Mexico est pleine de monde circulant devant le palais. Tout est illuminé : feu d'artifice, concerts, acclamations, rien n'y manque. En résumé, la fête est bien complète ; demain commenceront les affaires sérieuses.

« Profitons des dispositions de ce peuple impressionnable et profondément bon dans les masses, et avec l'aide de Dieu nous réussirons.

« Je n'ai qu'un regret, c'est que vous n'ayez pu assister vous-même à ce grand événement de la première armée européenne, depuis Cortès, venant s'installer dans les murs de la capitale du Mexique, et cela aux acclamations sympathiques de tout un peuple. »

Complétant son récit dans un rapport du 14 juin, le commandant du corps expéditionnaire ajouta :

« J'avais laissé aux forces du général Marquez l'honneur de prendre la droite, et l'armée alliée s'est placée en tête des troupes du corps expéditionnaire. Les rues étaient pavoisées et garnies de tentures, de feuillage et de fleurs. Deux arcs de triomphe s'élevaient dans la principale rue. La population se pressait aux fenêtres, aux balcons, sur les terrasses et dans les rues. Toutes les classes de la société semblaient rivaliser d'ardeur pour témoigner leur sympathie aux troupes françaises, qui s'avançaient au milieu d'immenses acclamations et couvertes de couronnes et de fleurs. Ces démonstrations ont été plus vives encore, s'il est possible, en approchant du premier arc de triomphe, élevé par les soins des Français de Mexico, et au pied duquel se trouvaient réunis tous nos compatriotes, qui sont ici animés des meilleurs sentiments en faveur de l'intervention. A la porte de la cathédrale, j'ai été reçu par le clergé. Un *Te Deum* et le *Domine salvum* ont été chantés en grande pompe. Après la cérémonie religieuse, je suis remonté à cheval et les troupes franco-mexicaines ont défilé devant moi au milieu d'un immense concours de population. Quoique depuis longtemps éloignées de France, bien qu'elles aient supporté les travaux d'un siége de deux mois et accompli des marches pénibles, ces troupes avaient une tenue magnifique et elles ont été très-admirées par les Mexicains. Le soir, la ville était brillamment illuminée, et un feu d'artifice a été tiré sur la place devant le palais. »

Cette relation est tiède comparativement à celle d'un journal de Mexico, la *Sociedad*, organe du parti conservateur. Jamais l'enthousiasme ne s'est exprimé en termes plus chaleureux! Nous traduisons de la *Sociedad*, du 11 juin, cet article caractéristique :

L'ARMÉE ALLIÉE A MEXICO.

Des fleurs, des couronnes, des tentures de soie, des drapeaux de presque toutes les nations amies, mais spécialement les drapeaux français et mexicains, des arcs de triomphe, des palmes victorieuses, des inscriptions, des fusées brillantes, plus de 100,000 personnes couvrant les clochers, les terrasses, les voûtes des églises, les balcons, les portiques des maisons, encombrant les rues, les places de la ville, pour voir l'entrée et le défilé de l'armée alliée.

Voilà le spectacle dont a joui hier, le cœur plein de joie, la plus ancienne et la plus belle ville du Nouveau-Monde. Le souvenir d'une telle journée ne s'effacera jamais ni de nos cœurs ni de nos fastes, quel que soit le sort que l'avenir nous réserve, soit qu'on arrive à la régénération du pays, but auquel tant de nobles efforts concourent, soit que, par faiblesse et par manque de foi et de constance, nous finissions par disparaître dans l'abîme dont il est si manifeste que la Providence veut nous arracher.

De très-bonne heure, les habitants, même ceux des rues éloignées de la route du cortége, commencèrent à orner leurs fenêtres de riches tentures. On était prévenu d'avance que le cortége, partant de la porte de Saint-Lazare, suivrait la rue des Maravillas, la place de la Sainte-Trinité, l'hospice Saint-Nicolas, les rues Sainte-Thérèse, des Escalerillas, de Tacuba, de Sainte-Claire, de Saint-André, le pont de la Maréchale, les rues Saint-Jean-de-Dieu, Saint-Jacques, Corpus-Christi, le pont et les rues de Saint-François et des Orfévres, pour déboucher sur la place d'Armes. Le très-petit nombre de maisons qui, sur ce parcours, restèrent sans tapisseries, prouve qu'on était libre de n'en point couvrir ses balcons et, par conséquent, combien a été spontanée l'ovation générale décernée à nos libérateurs.

Il ne nous est pas encore possible de donner les détails circonstanciés sur l'entrée de l'armée et la réception magnifique que lui a faite la ville; nous nous bornerons aujourd'hui à décrire rapidement ce que nous avons pu voir.

Depuis la porte de Saint-Lazare jusqu'au palais National, la haie était formée par des bataillons français qui se joignaient à la colonne de marche à mesure qu'elle avançait. Les drapeaux français et mexicains flottaient sur le palais, sur l'hôtel de ville, sur la cathédrale et sur les principaux édifices publics.

Il y avait deux arcs de triomphe dans les rues des Orfévres et de Saint-François : le premier, élevé au coin du portail des Marchands, était en maçonnerie, surmonté d'un brillant trophée d'armes et portant dans son pourtour, entre des guirlandes de lauriers, les noms du commandant en chef de l'expédition, de M. de Saligny et des principaux généraux français. De l'autre côté, au levant, on lisait les noms du général Almonte et ceux des chefs les plus importants de notre armée. Les colonnes, sur les deux faces du monument, étaient couvertes d'inscriptions et de poésies en l'honneur de l'Empereur, de l'armée alliée et de son illustre chef.

L'arc de triomphe des rues de Saint-François était couvert de verdure, de fleurs, de peintures allégoriques, et présentait au fronton les portraits de l'Empereur et de l'Impératrice. Toutes ces rues ressemblaient à une forêt de pavillons doucement agités par la brise d'une des plus pures, des plus belles matinées de la saison.

A dix heures un quart, dans la direction de Saint-Lazare, on entendit le bruit du canon qui annonçait l'arrivée du général Forey, qui, selon le programme de la commission directrice de la fête, devait être reçu à cet endroit par le préfet et sa suite. Ce magistrat, après une courte harangue, mit le général en possession de la ville, en qualité d'ami et d'allié. A cette porte se trouvait aussi une garde d'honneur formée par le corps national des invalides.

Une foule immense encombrait la place d'Armes, les arcades de Florès, de la Municipalité et des Marchands, et le portique de la cathédrale, lorsque apparut, annoncée par des fusées et des vivat enthousiastes, la division Marquez, formant l'avant-garde de l'armée franco-mexicaine. Son brave général, en grand uniforme, accompagné des généraux Zirès et Andrade, s'avança à la tête des trois armes formant son corps et fut salué par les officiers de l'état-major du général en chef, qui'étaient placés en face de la cathédrale et qui adressèrent aussi un salut gracieux au vaillant colonel Ortiz de La Pena, décoré de la croix de la Légion d'honneur pour son brillant fait d'armes à Atlixco. Derrière la division Marquez on vit paraître les éclaireurs de la cavalerie et de l'infanterie française, et la fluctuation de la masse des spectateurs annonça aussitôt l'approche de l'illustre commandant en chef de l'armée expéditionnaire.

Le général Forey, qui, par l'aisance et la vivacité de tous ses mouvements, paraît avoir conservé toute l'ardeur juvénile, était à cheval, ayant à sa droite le général Almonte, et à sa gauche M. de Saligny, ministre plénipotentiaire français. Ils descendirent tous les trois de cheval en face l'entrée de la grande porte de l'église métropolitaine, et furent reçus par le chapitre, qui s'avança vers eux jusqu'aux marches du portique. Le commandant en chef salua gracieusement nos dignitaires ecclésiastiques, et entra avec MM. Almonte et de Saligny dans la cathédrale, où tous trois prirent siège sous un dais préparé près de la sacristie, à la droite du grand autel.

Le premier et le plus grandiose de nos temples était orné à profusion et brillamment illuminé. Des milliers de personnes emplissaient les côtés de la sacristie, la croix, le chœur et les nefs. Dans celle du milieu, la haie était formée d'avance par des soldats français avec leurs officiers et les corps de musique des régiments. Dès que le général Forey et MM. Almonte et de Saligny furent assis, les officiers de l'état-major général se rangèrent à des places réservées, et l'on commença un Te Deum à grand orchestre. Combien fut solennelle et émouvante cette manifestation de notre reconnaissance adressée à la fois au Très-Haut, par le peuple délivré de la tyrannie et par les nobles champions qui sont venus briser ses chaînes! Une fois les prières terminées, la voix mâle des officiers se fit entendre, les tambours battirent aux champs, les trompettes retentirent, les troupes fléchirent le genou et présentèrent les armes au Dieu des armées. Aussitôt, l'assemblée se retira et le Chapitre reconduisit jusqu'à la porte le général Forey, qui se rendit au Palais, non sans s'être vus tous trois accueillis par une pluie de fleurs, de vers et de couronnes en traversant la grande place.

Les cloches de toutes les églises, qui n'avaient cessé de sonner depuis l'entrée de l'armée par la porte Saint-Lazare, si ce n'est pendant le Te Deum, reprirent leurs chants à pleine volée, et le défilé de l'armée française eut lieu immédiatement, fournissant ainsi l'occasion d'admirer à la fois sa bonne tenue et sa discipline. Ces troupes, comme celles de la division Marquez, portaient à leurs armes une foule de couronnes, de bouquets, de rubans jetés des balcons, sur tout le parcours, avec l'enthousiasme exalté qu'inspirait la vue des vainqueurs de la démagogie.

A l'heure où nous écrivons, il n'est point encore possible de donner une idée des démonstrations qui ont eu lieu dans la soirée d'hier; qu'il nous suffise de dire que l'armée alliée a dû être satisfaite de son entrée dans la capitale et que l'ordre le plus complet a régné partout, en même temps qu'éclatait la joie la plus sincère, que nos généreux auxiliaires ont pu se former une idée exacte du caractère et des tendances de notre population, sans distinction de classes ou de catégories, et les partisans du régime précédent, assistant en toute liberté à l'acte solennel de joie et de gratitude exprimées par toute la société et ses libérateurs, ont été à même de se convaincre du peu de profondeur des racines que leurs funestes doctrines tentèrent de jeter dans cette même société, et de la différence qu'il y a entre les sentiments librement exprimés et les manifestations imposées, entre la véritable opinion publique et l'opinion factice créée par une pression violente et dans le seul but de défendre des intérêts bâtards et passagers.

L'esprit de la généralité des Mexicains se déclare ouvertement en faveur de l'ordre et de la paix, et la conviction qu'inspire cette vérité éclatante doit servir de consolation à tous les bons citoyens non moins que de stimulant énergique à tous ceux qui consacrent leurs efforts à la noble cause de la régénération de notre pays.

Nous ne terminerons pas cet article sans adresser un vote de remerciments à la France, à l'Empereur, à ses invincibles légions, au général qui les commande, et aux autres chefs qui ont coopéré et qui coopèrent encore à l'œuvre grandiose à la réalisation de laquelle nous assistons.

Il y a dans le cœur des Mexicains une partie réservée, sanctuaire de l'amour et de la reconnaissance pour cette Impératrice aussi belle que généreuse, dont l'âme est aussi noble, aussi élevée que la place qu'elle occupe parmi les puissances de la terre, pour le bien de l'humanité.

Pour répondre aux sentiments qu'on lui exprimait, le général Forey parla en ces termes aux Mexicains :

« MEXICAINS !

« Est-il nécessaire que je vous dise encore dans quel but l'Empereur a envoyé au Mexique une partie de son armée?

Les proclamations que je vous ai adressées, malgré la politique ombrageuse du gouvernement déchu, vous sont certainement connues, et vous savez que notre magnanime Souverain, ému de votre triste situation, n'a voulu qu'une chose en faisant traverser les mers à ses soldats : vous montrer le noble drapeau de la France, qui est le symbole de la civilisation. Il a pensé avec raison qu'à sa vue ceux qui vous opprimaient au nom de la liberté, ou tomberaient vaincus, ou s'enfuiraient honteusement.

« La mission que l'Empereur m'a confiée avait un double but : j'avais à faire sentir aux prétendus vainqueurs du 5 mai 1862 le poids de nos armes et à réduire à sa juste valeur ce fait de guerre auquel la jactance de quelques chefs militaires avait donné les proportions d'une grande victoire.

« J'avais ensuite à offrir le concours de la France au Mexique pour l'aider à se donner un gouvernement qui fût l'expression de son libre choix; un gouvernement pratiquant avant tout la justice, la probité, la bonne foi dans ses relations extérieures, la liberté à l'intérieur, mais la liberté comme elle doit être entendue, marchant avec l'ordre, le respect de la religion, de la propriété, de la famille.

« La déroute des troupes ennemies dans toutes les circonstances où elles ont osé affronter nos sabres ou nos baïonnettes, puis le siège de Puebla, ont donné ample satisfaction à notre honneur militaire.

« Arrivés avec de faibles moyens d'attaque devant Puebla, dont le gouvernement déchu avait fait une place de premier ordre et qu'il regardait comme un boulevard où viendraient se briser nos efforts et où, dans sa forfanterie habituelle, il prétendait que nous devions trouver notre tombeau, nous l'avons forcé à se rendre à discrétion; et, chose extraordinaire dans les fastes militaires, une garnison de 20,000 hommes a été obligée de se constituer prisonnière avec tous ses généraux, tous ses officiers, à abandonner en notre pouvoir un immense matériel de guerre, et cela lorsqu'elle avait encore de puissantes ressources, ainsi que nous avons pu le constater.

« Après la chute de Puebla, nous allions marcher sur la capitale, qui, disait-on, se préparait à une sérieuse résistance; nous avions pour la vaincre de puissants moyens d'action, et la victoire, fidèle au drapeau de la France, n'était pas douteuse. Mais Dieu n'a pas voulu une nouvelle effusion de sang, et le gouvernement, qui savait très-bien qu'il ne pouvait s'appuyer sur le peuple de cette capitale, n'a pas osé nous attendre derrière ses remparts; il s'est enfui honteusement, laissant cette grande et belle cité à elle-même.

« S'il doutait encore de la réprobation générale dont il était l'objet, la journée du 10 juin 1863, qui appartient désormais à l'histoire, doit lui enlever toute illusion et lui faire sentir son impuissance à conserver les débris d'un pouvoir dont il a fait un si déplorable usage.

« La question militaire est donc jugée.

« Reste la question politique.

« La solution, Mexicains, dépendra de vous. Soyez unis dans ces sentiments de fraternité, de concorde, de véritable patriotisme; que tous les honnêtes gens, les citoyens modérés de toutes les opinions se confondent en un seul parti, celui de l'ordre; n'ayez pas pour but mesquin et peu digne de vous la victoire d'un parti sur un autre; voyez les choses de plus haut. Abandonnez ces dénominations de libéraux, de réactionnaires, qui ne font qu'engendrer la haine, que perpétuer l'esprit de vengeance, qu'exciter enfin toutes les mauvaises passions du cœur humain. Proposez-vous avant tout d'être Mexicains et de vous constituer en une nation unie, forte par conséquent, grande, parce que vous avez tous les éléments nécessaires pour cela.

« C'est à quoi nous venons vous aider, et nous arriverons ensemble à créer un ordre de choses durable si, comprenant les vrais intérêts de votre pays, vous entrez résolûment dans les intentions de l'Empereur que je suis chargé de vous exposer.

« Ainsi, à l'avenir, il ne sera plus exigé aucune contribution forcée, ni réquisition de quelque nature et sous quelque prétexte que ce soit; il ne sera commis aucune exaction sans que leurs auteurs ne soient punis.

« Les propriétés des citoyens, ainsi que leurs personnes, seront placées sous la sauvegarde des lois et des mandataires du gouvernement.

« Les propriétaires des biens nationaux qui ont été acquis

régulièrement et conformément à la loi ne seront nullement inquiétés et resteront en possession de ces biens ; les ventes frauduleuses seules pourront être l'objet d'une révision.

« La presse sera libre, mais réglementée d'après le système des avertissements établi en France ; deux avertissements entraîneront la suppression du journal.

« L'armée sera soumise à une loi de recrutement modéré, qui mettra fin à cette odieuse habitude de prendre de force et d'arracher à leur famille les Indiens et les laboureurs, cette intéressante classe de la population, que l'on jette dans les rangs de l'armée la corde au cou, et qui ne peuvent que donner ce triste spectacle de soldats sans patriotisme, sans la religion du drapeau, toujours prêts à déserter ou à quitter un chef pour un autre ; et cela se conçoit par cela seul qu'il n'y a point au Mexique d'armée nationale, mais des bandes aux ordres de chefs ambitieux qui se disputent le pouvoir, dont ils ne se servent que pour détruire de fond en comble les ressources du pays, en s'emparant des richesses d'autrui.

« Les impôts seront réglés comme dans les pays civilisés, de manière qu'ils pèsent sur tous les citoyens, proportionnellement à leur fortune, et l'on recherchera s'il ne convient pas de supprimer certains droits de consommation, plutôt vexatoires qu'utiles, et qui frappent principalement les producteurs les plus pauvres de la campagne.

« Tous les agents qui ont le maniement de la fortune publique seront convenablement rétribués ; mais ceux qui n'exerceront pas leur emploi avec la probité et la délicatesse que l'État est en droit d'exiger d'eux seront remplacés, indépendamment des peines qu'ils auraient pu encourir pour malversation.

« La religion catholique sera protégée et les évêques seront rappelés dans leurs diocèses. Je crois que l'Empereur verrait avec plaisir qu'il fût possible au gouvernement de proclamer la liberté des cultes, ce grand principe des sociétés modernes.

« Des mesures énergiques seront prises pour réprimer le brigandage, cette plaie du Mexique qui en fait un pays à part dans le monde et paralyse tout commerce, toute entreprise d'utilité publique ou privée qui, pour prospérer, ont besoin de sécurité.

« Les tribunaux seront organisés de manière à ce que la justice soit rendue avec intégrité et qu'elle ne soit plus le prix du plus offrant et dernier enchérisseur.

« Tels sont les principes essentiels sur lesquels s'appuiera le gouvernement à établir : ce sont ceux des peuples de l'Europe qui se distinguent entre tous ; ce sont ceux que le nouveau gouvernement du Mexique devra s'efforcer de suivre avec persévérance et énergie s'il veut prendre sa place parmi les nations civilisées.

« Cette seconde partie de la tâche qui m'est imposée, je ne pourrai la remplir que si je suis secondé par les bons Mexicains.

« Aussi je ne terminerai pas ce manifeste sans faire appel à la conciliation. J'invoque le concours de toutes les intelligences, je demande aux partis de désarmer, et d'employer désormais leurs forces, non à détruire, mais à fonder. Je proclame l'oubli du passé, une amnistie complète pour tous ceux qui se rallieront de bonne foi au gouvernement que la nation, librement consultée, se donnera.

« Mais je déclarerai ennemis de leur pays ceux qui se montreront sourds à ma voix conciliatrice, et je les poursuivrai partout où ils se réfugieront.

« Fait à Mexico, le 12 juin 1863.

« Le général de division, sénateur, commandant en chef le corps expéditionnaire du Mexique,

                                        « FOREY. »

CHAPITRE XXI

Décrets rendus par le général Forey. — Mouvements militaires. — Coup d'œil sur Mexico.

Dans les premiers jours qui suivirent l'occupation de Mexico, le général Forey rendit de nombreux décrets.

Le 11 juin, parut un ordre qui interdisait, jusqu'à ce que l'on eût réglementé la presse, toutes publications périodiques, à l'exception du Bulletin officiel. C'était l'octave de la Fête-Dieu, et il y eut une procession solennelle à laquelle assistèrent toutes les troupes de la garnison, y compris le 18e bataillon de chasseurs à pied, qui arriva de Buena-Vista, escortant les voitures de batteries et de matériel restées en arrière.

Sur la proposition de M. Dubois de Saligny, ministre de l'Empereur, un décret nomma dom Manuel Garcia Aguirre préfet politique de Mexico.

Un décret nomma don Miguel Maria Azcarate préfet municipal et président du conseil municipal de Mexico.

Un décret nomma les membres du conseil municipal.

Un ordre, communiqué au commandant militaire de la place, réglementa le logement des chefs et des officiers.

Aux termes d'un décret sur la presse, aucun journal ne pouvait s'établir sans la permission de l'autorité ; il y aurait des éditeurs responsables, et les articles seraient suivis de la signature de l'auteur. On permet une discussion modérée des actes de l'administration, et on interdirait les attaques contre les personnes, les discussions qui pourraient compromettre les intérêts sacrés ou diminuer la considération et l'honneur du clergé, enfin toute controverse sur les lois et les institutions que donneraient aux pays ses représentants. Comme pénalité, le système d'avertissement et de suppression en vigueur en France était adopté.

Un autre décret déclarait nulles et non avenues, afin d'empêcher l'accomplissement de la loi de confiscation, toutes les ventes des biens des personnes comprises dans ladite loi, qui avaient été faites à Mexico depuis le 10 juin, ou dans les autres localités occupées par les troupes françaises.

Un décret fixait le cours légal des principales monnaies d'or et de l'Amérique du Nord, de l'Espagne et de la France.

Dans la soirée, la municipalité offrit un grand banquet au corps expéditionnaire et aux auxiliaires français qui avaient fait avec lui le trajet de Puebla à Mexico.

Après avoir lancé sa proclamation, et tout en travaillant provisoirement à régler l'administration civile, le général Forey ne négligeait point les précautions militaires. Le 13 juin, un convoi que le colonel Marquez ramenait de Vera-Cruz entra dans Mexico, où arriva, le lendemain même, le général Neigre avec toutes les troupes restées en arrière. Les trois points de la route entre Puebla et Mexico, savoir : San Martin, Puente Tezmeluca et Buena-Vista, furent occupés par six compagnies d'infanterie.

Ayant appris que l'ennemi dirigeait ses forces sur Real-del-Monte pour détruire les machines et piller les mines qui produisent une quantité considérable d'argent, le commandant en chef envoya des troupes pour sauvegarder cet établissement important. Une colonne, composée du 62e, d'une section d'artillerie, d'un bataillon du général Marquez et de 400 chevaux alliés, partit le 15 juin de Mexico pour occuper Pachuca, qui en est éloigné de 80 à 84 kilomètres.

Là, le commandant de la colonne devait prendre les mesures nécessaires pour protéger l'exploitation des mines de Real-del-Monte, dont l'établissement s'étend depuis Pachuca jusqu'à Regla.

Un des vainqueurs, qui était entré à Mexico, mandait à ses compatriotes de Besançon :

                                    Mexico, 15 juin 1863.

Mon régiment est arrivé à Mexico le 7 courant ; il y est entré sans coup férir, le gouvernement et l'armée ayant abandonné la partie et s'étant retirés de l'intérieur à notre arrivée. De Puebla notre marche n'a donc été qu'une promenade militaire sur une route défendue par de nombreux travaux de fortification jusqu'à Mexico, mais tous abandonnés et désarmés. Nous nous attendions cependant à trouver de la résistance au passage du Rio-Frio ainsi qu'à Mexico ; nos mesures étaient prises en conséquence.

Les défilés du Rio-Frio traversent une des grandes chaînes de la Cordillère et ressemblent assez au passage des Alpes. On monte plus de mille mètres au-dessus du plateau pour arriver au point culminant ; de là on descend à peu près autant et l'on est dans la vallée de Mexico. Nous avons mis deux jours pour traverser cette chaîne de montagnes, couverte d'une forêt de sapins dont les arbres s'élèvent à une hauteur prodigieuse. Seulement, sur les points les plus élevés il n'y a plus de végétation ; ce sont les volcans, des glaciers.

Le bassin de Mexico renferme de nombreux lacs ; celui qui baigne la ville n'a pas moins de dix-huit cents kilomètres carrés : c'est une petite mer.

Mexico est une magnifique capitale de cent soixante-dix mille habitants, parfaitement bâtie. Les palais sont d'une richesse dont il est difficile de se faire une idée. De beaux jardins publics, de belles promenades et quelques beaux édifices. Le palais de l'Ayuntamiento et la place sont ce qu'il y a de plus vaste au monde; la grande cathédrale qui forme une des façades est aussi une des plus splendides de la chrétienté. Elle a été la plus riche, tout à l'intérieur étant argent ou or massif; mais aujourd'hui, quoique riche encore, elle est considérablement dépouillée. — La grande balustrade, qui était en argent massif, a été remplacée par du cuivre argenté; beaucoup de saints ont subi le même sort.

Les rues de la capitale sont larges et commodes; les magasins, tenus en partie par des Européens, ont au moins l'éclat de ceux de Paris, sinon davantage. Le luxe, ici, est poussé au plus haut degré; il n'est pas rare de voir de simples *hidalgos* couverts d'un chapeau de vingt-cinq mille francs. Les négociants

France. On y parle toutes les langues, c'est pour ainsi dire une petite république dans une grande.

Voilà tout ce que je sais de la ville, et n'aurai pas le temps d'en savoir davantage. Mon régiment part demain, 15, pour Pachuca, à 22 lieues en avant, dans un pays de mines occupé par des détachements ennemis. C'est de là que probablement je vous écrirai par le courrier du 15 juillet.

A l'occasion de la prise de Puebla, nous espérions des récompenses qui n'ont pas été données; nous espérons toujours, bien que le général Forey soit peu prodigue de récompenses.

Les huit jours passés ici nous ont semblé bons, d'autant meilleurs que depuis le mois de janvier nous étions à peu près retranchés du monde, car nous n'avions pour société que des Indiens. Quel changement! Être dans un hôtel, avoir bon lit et

Tampico.

européens font presque tous fortune; ce qui leur est d'autant plus aisé que le Mexicain ne tient pas à l'argent et nous est, sous ce rapport, de beaucoup supérieur. Une chose lui plaît, il paye vingt fois la valeur sans dire un mot; il est rare de le voir marchander.

Malheureusement le jeu est la passion d'un grand nombre. Le Mexicain perd parfois dans quelques heures tout ce qu'il possède sur lui, quelle que soit la somme; il ne dit pas un mot, ses traits ne présentent pas la moindre émotion : s'il gagne, il ne témoigne aucune joie. Aujourd'hui riche, demain pauvre. Il n'est pas rare de voir des individus faire et défaire une fortune à millions trois ou quatre fois dans leur vie. S'ils ne tiennent pas à l'argent, ils sont peu scrupuleux quant aux moyens d'en gagner. Ils donneront un coup de poignard pour prendre la bourse d'un passant et dépenseront en quelques heures le fruit de leur assassinat. En revanche on ne connaît pas ici les querelles dans les rues ou dans les cabarets; les mœurs, sous ce rapport, valent mieux que celles de nos ouvriers des villes.

Le général Forey a fait son entrée avec la majeure partie du corps expéditionnaire le 9; une fête était préparée par la municipalité. En résumé, Mexico offre toutes les ressources : il nous semble que nous nous trouvons dans une grande ville de

bonne table pour 15 fr. par jour, c'est délicieux, un peu cher peut-être; mais nous sommes généralement riches et ne comptons pas.....

Combien de temps resterons-nous au Mexique? Quels sont les projets du gouvernement? Nous n'en savons rien. Nous voit-on avec plaisir? Oui et non ! Ce peuple paraît assez jaloux de sa nationalité et de ses droits, qui lui permettent de faire à peu près ce qu'il veut.

P. L. T...

Comme le correspondant que nous venons de citer, tous nos soldats étaient charmés de Mexico, et chacun partagera leur avis quand il aura lu la description récente qu'en a faite M. Grégoire Léon :

« De ce point culminant, dit-il, que tout habile dessinateur choisit comme le plus propice à saisir d'ensemble et à bien reproduire la vue générale de Mexico et l'immense vallée qui l'enveloppe de sa riche et splendide végétation, l'œil jouit d'un spectacle vraiment féerique. Le plus pittoresque des panoramas se déroule sous vos pieds; et, à la contemplation des beautés si diverses que la nature prodigue lui étale avec une majestueuse ampleur, l'âme humaine, ravie d'admiration et comme

3

pénétrée d'une félicité inattendue, se croit transportée dans un nouvel Éden.

« Mais après le vague enchantement que vous cause cette nature primesautière et si pleine de variété, avec ses lacs, ses canaux, ses groupes arborescents et ses berceaux de plantureuse verdure que terminent au loin des montagnes gigantesques, découpées dans les nuages dans les profondeurs d'un ciel d'azur, contrastant avec les splendeurs de la lumière la plus subtile, votre œil ébloui se sent comme forcé de chercher une diversion et de se rendre compte de ses impressions par une étude des détails. Il se fait alors, pour celui qui sait combiner la vie de l'esprit avec celle des sens, une série de rapprochements qui le reposent et lui laissent un arrière-goût durable du charme puissant, mais trop peu défini, qui l'avait tenu comme fasciné.

« Sachons descendre avec lui des hauteurs de la contemplation, et parcourons, si l'on peut ainsi dire, un à un, les divers points de ce panorama, dont quelques-uns réveillent des souvenirs historiques et même temps que le travail humain s'y marie aux richesses de la nature la plus pittoresque.

« Le premier objet qui nous saisissons dans cette observation des détails est le Collège militaire. Ce magnifique édifice couronne l'éminence où s'étale en amphithéâtre l'épaisse forêt de *Chapultepec*, groupe de cèdres et d'autres arbres antédiluviens, à la stature colossale, aux dômes touffus et entrelacés de parasites et de lianes. C'était jadis la forêt sainte, l'asile impénétrable et mystérieux où la famille impériale des Aztecks allait se délasser pendant les grandes chaleurs. Le respect religieux, bien mieux que la terreur d'un ombrageux despotisme, en écartait les masses, et les plus grands dignitaires de l'empire ne pouvaient y entrer que dans la plus humble attitude, les pieds nus.

« Le Collège militaire est d'une belle et puissante architecture, et son immense tour à deux corps nommée *el Caballero alto*, lui donne l'aspect d'une forteresse. Sa position vaut mieux que ses travaux défensifs, ce qui fut prouvé en 1847 par l'admirable résistance que fit aux colonnes américaines, avec une poignée d'élèves, le brave général Népomucène Perez Castro, qui perdit la vie en défendant le dernier boulevard de l'indépendance mexicaine.

« Jetons nos regards plus en avant. Voilà Mexico, la reine des cités du Nouveau Monde, la belle, l'incomparable Mexico, si admirablement campée au centre de cette ample vallée, immense ovoïde large de douze lieues et demie, long de dix-huit lieues environ, qu'enserrent comme une série de forteresses aériennes ces géants bleuâtres, blancs de neige à leur cime, gigantesques masses où le porphyre, l'amygdaloïde poreuse, connue à Mexico sous le nom de *tesontli*, le basalte, l'obsidienne et diverses sortes de laves forment des gradins successifs s'étageant jusqu'au ciel.

« Elle vous apparaît mollement assise entre les lacs transparents, vastes miroirs où, pendant le jour, se reflètent les rayons dorés d'un soleil de feu prenant une teinte d'argent bruni où se joue l'azur d'un ciel pur. Et la nuit, pendant les heures silencieuses et calmes, ces milliers d'astres qui, se détachant limpides, vifs, incandescents, du sein de la voûte azurée, semblent comme autant d'yeux de la Providence veillant à l'harmonieux repos du monde.

« Voilà l'antique *Tenochtitlan*, nom qui signifiait *figuier sur la roche*, et plus tard *Mexitli* ou *fleur de maguey*, cette plante nourricière de l'homme primitif. Voilà la cité des souvenirs historiques, la Venise américaine, dont les canaux bordés de fleurs se rougirent de sang et se comblèrent de cadavres dans l'héroïque défense que les vaillants Aztecks, opposèrent sous les ordres de leur intrépide chef Guatimozin, opposèrent à Fernand Cortez. Ils y soutinrent un terrible siége de trois mois, pendant lequel la famine, la mousqueterie et la mitraille dévorèrent tous les assiégés, une masse de deux cent mille hommes... Terrible hécatombe qui arrêta le développements d'un empire jeune encore, et dont la capitale, déjà remarquable par ses monuments et sa grandeur, n'avait que deux siècles d'existence. La fondation de Mexitli par les Aztecks ne date en effet que du 18 juillet 1327.

« Mais franchissons ces douloureux souvenirs et embrassons un moment l'espace lointain que se découpe en terrasses gigantesques, de hauteurs inégales et variées de tons, suivant leur éloignement ou leur voisinage des régions éthérées. En face de ce printemps éternel qui réjouit toute cette vallée, il n'est rien peut-être de plus saisissant que le spectacle de l'hiver permanent se déroulant à l'œil, et, pour ainsi dire, à quelques pas (tant la Cordillère de Mexico semble rapprochée!), avec ses pitons immenses couronnés de neiges éternelles, et dont les points culminants sont l'*Ixtlazhuatl* ou la *Femme-Blanche*, et le *Popocatepetl*, c'est-à-dire la *Montagne qui vomit de la fumée*; car c'est un vrai volcan s'élevant à 5,400 mètres au-dessus du niveau de la mer, et dont l'intrépide capitaine espagnol Diego de Ordaz tenta, en 1519, l'ascension périlleuse. »

CHAPITRE XXII

Rapport de M. Dubois de Saligny. — Création d'une junte supérieure. — Organisation d'un gouvernement provisoire.

Si la majorité de ceux qui se délassaient à Mexico de leurs longues fatigues pouvaient jouir en paix des imposants aspects de la nature, le repos était interdit aux chefs de l'expédition. Il fallait agir, organiser, s'installer, changer les lois, assurer l'ordre; et ce fut l'objet du rapport adressé, le 16 juin, par M. Dubois de Saligny au général Forey.

RAPPORT DU MINISTRE DE L'EMPEREUR.

A monsieur le général de division, sénateur, commandant en chef le corps expéditionnaire du Mexique.

Mexico, le 16 juin 1863.

MONSIEUR LE GÉNÉRAL,

Les avantages successifs obtenus par l'armée française sur les troupes ennemies ont décidé définitivement du sort de la nation mexicaine. Le gouvernement, qui siégeait encore, il y a quelques jours, dans la capitale du pays, n'a pas attendu l'arrivée devant cette ville des soldats qui venaient de réduire le plus solide rempart de son despotisme. Vos colonnes n'avaient pas encore commencé leur mouvement pour se porter de Puebla sur Mexico, que le gouvernement de Juarez, comprenant que toute résistance était désormais inutile, évacuait la capitale avec les débris de son armée vaincue et démoralisée, en laissant derrière lui, comme souvenirs, les traces de ces spoliations honteuses et de cette abominable tyrannie qui étaient sa seule règle de conduite.

La Providence, qui s'est tant de fois servie du drapeau de la France pour porter aux nations humiliées par le despotisme la liberté et la régénération, lui réservait encore la gloire d'arrêter le Mexique sur la pente fatale qui le conduisait rapidement à une ruine complète par la dilapidation de ses ressources et la vente à l'étranger de ses plus riches provinces. Encore quelques années de ce désordre sans exemple, qui a motivé l'intervention des armées du vieux continent, il ne restait de cet État, trois fois grand comme la France, que quelques lambeaux qui n'auraient pas résisté à l'action dissolvante de ce gouvernement corrompu et corrupteur. Le Mexique devait perdre sa nationalité.

Les aigles de la France ont apporté sur ce sol abîmé par la tourmente révolutionnaire la pensée bienveillante de l'Empereur pour ce peuple malheureux; et l'espoir est entré dans tous les cœurs. — Seul entre tous, l'infâme parti qui, sous un nom dont il était indigne, s'imposait au Mexique par la terreur, a tremblé à son tour devant l'intervention. Il a fui devant ce drapeau qui est le symbole de la civilisation et de la loyauté.

Ai-je besoin, monsieur le général, de prouver ce que je viens de dire? Les cris sympathiques qui ont salué votre entrée dans la capitale du Mexique; cette marche triomphale de notre brave armée sous une abondante pluie de fleurs; ces couronnes jetées avec profusion aux vainqueurs de San Lorenzo, de Puebla et de tant d'autres combats partiels, ne suffisent-ils pas pour attester les sentiments de l'immense majorité envers les libérateurs du Mexique! L'ordre parfait, qui n'a pas cessé de régner un seul instant dans la capitale depuis la fuite du gouvernement déchu, ne dit-il pas avec plus de force que tous les raisonnements possibles que cette population fatiguée a soif de repos pour cicatriser les blessures faites à son industrie et à sa prospérité! Maintenant, c'est de l'initiative généreuse de la France que le Mexique attend les mesures qui doivent assurer ses premiers pas dans la régénération sociale, et préparer les voies à l'établissement définitif qui doit écarter à jamais les causes du mal dont il souffre depuis si longtemps.

Ces désirs de tout un peuple, monsieur le général, ne sauraient être méconnus, et c'est pour leur donner la satisfaction qu'ils réclament et en même temps pour répondre à la pensée bienveillante de l'Empereur envers la nation mexicaine, que je viens vous apporter le fruit de l'étude approfondie que j'ai faite de la situation de ce pays, de ses besoins, et des mesures qui me paraissent propres à remplir le but que la France se propose, c'est-à-dire la réorganisation des pouvoirs publics, afin que la nation, rendue à elle-même, puisse, dans toute son indépendance et par l'organe de ses citoyens les plus intelligents et les plus considérables, faire connaître la forme définitive du gouvernement qui lui conviendra le mieux.

Il n'était pas possible de convoquer un congrès général pour délibérer à cet acte important de la patrie mexicaine. L'état du pays ne permettrait pas encore aux représentants des grandes cités et des provinces éloignées de répondre à l'appel qui leur serait fait dans ce but.

Je ne pouvais songer non plus à faire participer la masse indienne à cet acte important de la patrie mexicaine. Cette population, si digne d'intérêt à tous égards, tenue jusqu'ici en dehors des affaires publiques, n'en comprendrait ni la gravité, ni les conséquences.

La capitale, où il n'est pas un seul État qui ne se trouve représenté par ses citoyens les plus illustres, compte près de 200,000 habitants. Elle renferme un nombre considérable d'intelligences d'élite, habituées à la vie publique et aux affaires politiques. C'est d'ailleurs dans la capitale qu'a pesé plus lourdement le gouvernement qui vient de tomber. A cette grande population doit appartenir, par conséquent, dans les circonstances actuelles, le soin de faire connaître le meilleur moyen de fermer l'ère des révolutions périodiques dont le Mexique est le théâtre depuis près d'un demi-siècle.

Je viens donc vous proposer, monsieur le général, de décider qu'une junte supérieure, composée de trente-cinq citoyens choisis parmi les plus honorables de cette grande cité, soit chargée des pouvoirs suivants :

1º Désignation de trois citoyens mexicains pour former le pouvoir exécutif, et de deux suppléants pour ces hautes fonctions, en cas d'absence ou empêchement des titulaires ;

2º Élection de 215 membres pris parmi les citoyens mexicains, pour former, avec les membres de la junte supérieure, l'Assemblée des notables qui sera appelée à statuer sur la forme définitive du gouvernement du Mexique et à délibérer sur les autres questions qui lui seront soumises ;

3º Fixation des frais de représentation des membres du pouvoir exécutif.

La junte supérieure se divisera en plusieurs sections pour délibérer sur les affaires des différents départements ministériels. Elle sera convoquée en assemblée générale par son président toutes les fois que les questions dont elle sera saisie l'exigeront.

Les présidents et secrétaires de la junte supérieure et de ses sections, ainsi que ceux de l'assemblée des notables, seront nommés par ces corps délibérants à la séance d'installation. Cette première opération sera dirigée par le président d'âge de chaque assemblée ou section, assisté des deux plus jeunes membres, en qualité de secrétaires.

Les membres de la junte supérieure et ceux de l'assemblée des notables ne recevront pas de traitement.

La durée de la première session de l'assemblée des notables sera de cinq jours ; elle pourra être prorogée par le pouvoir exécutif.

Telles sont, monsieur le général, les dispositions contenues dans le décret constitutif ci-joint, que je vous prie de vouloir bien revêtir de votre signature, si vous lui donnez votre approbation.

Agréez, monsieur le général, l'assurance de ma haute considération.

Signé : A. DE SALIGNY. »

Un décret conforme à ces conclusions fut promulgué le 18, et désigna les trente-cinq membres d'une junte supérieure. La junte devait procéder d'abord à la nomination d'un président et de deux secrétaires, puis à l'élection de trois citoyens mexicains qui seraient investis du pouvoir exécutif.

La junte supérieure devait ensuite s'adjoindre 215 membres choisis indistinctement parmi tous les citoyens mexicains, pour former une assemblée de notables ; tous les membres de cette assemblée devaient être âgés d'au moins vingt-cinq ans.

Aux termes de l'art. 14, l'assemblée des notables discutait en premier lieu, quelle forme de gouvernement devait être définitivement établie au Mexique ; le vote sur cette question devait réunir au moins les deux tiers des suffrages.

Art. 15. Dans le cas où cette majorité ne serait pas obtenue, le pouvoir exécutif devra dissoudre l'assemblée, et la junte supérieure procédera sans délai à la formation d'une nouvelle assemblée.

Art. 16. Les membres de la précédente assemblée pourront être réélus.

Art. 17. Après avoir décidé de la forme de gouvernement qu'il faudra définitivement adopter, l'assemblée des notables prendra en considération les questions à elle soumises par le pouvoir exécutif.

Art. 21. Les membres du pouvoir exécutif se distribueront entre eux les six départements ministériels, et nommeront à tous les emplois qui en relèvent.

Art. 22. Le pouvoir exécutif recevra les résolutions de l'assemblée des notables, et les promulguera sous forme de décret ; il aura le droit de vote sur ces résolutions. Les lois élaborées par la junte supérieure seront transmises à l'assemblée des notables.

Art. 23. Les fonctions du pouvoir exécutif cesseront dès que l'assemblée des notables aura proclamé l'installation du gouvernement définitif.

La junte organisée le 16 juin, élut, le 23, les trois membres du pouvoir exécutif, qui furent le général Almonte, M. de la Bastida, archevêque de Mexico, et le vieux général Salas.

Le premier fut nommé à l'unanimité ; le second, à l'unanimité moins une voix ; le troisième, à l'unanimité moins trois voix, données à l'avocat Monjardin.

La junte nomma, à titre de suppléants, MM. Ormachea, évêque de Tulancingo, et Ignacio Pavon, magistrat.

Les différents ministères furent ainsi constitués :

Almonte, aux affaires étrangères et aux finances ; Ormachea, aux ministères de la justice et de l'intérieur, en remplacement de M. de la Bastida, qui était parti pour Paris ; le général Salas, à la guerre et aux travaux publics.

Après que la junte supérieure de gouvernement, élue par les notables, eut choisi les membres du pouvoir exécutif, le général Forey adressa aux Mexicains la proclamation suivante :

« MEXICAINS,

« La nation a prononcé par la voix de ses représentants institués par mon décret du 16 juin.

« Le général Almonte, le vénérable archevêque de Mexico et le général Salas ont été élus, dans la journée d'hier, par la junte supérieure, pour être chargés du pouvoir exécutif et diriger les destinées du pays jusqu'à l'établissement d'un pouvoir définitif.

« Les noms que je viens de citer vous sont connus. Ils jouissent de l'estime publique et de la considération qui s'attache aux services rendus et à l'honorabilité du caractère. Vous pouvez donc être tranquilles, comme je le suis moi-même, sur l'avenir qui va vous être préparé par le triumvirat, qui prendra les rênes du pouvoir à partir du 24 juin.

« Mexicains : en résignant entre les mains de ces trois chefs provisoires de la nation les pouvoirs que les circonstances m'avaient donnés pour les exercer à votre profit, je veux vous remercier encore du concours actif et intelligent que j'ai trouvé en vous. Je conserverai toujours un souvenir précieux de ces relations qui m'ont donné une juste mesure de votre patriotisme et de votre dévouement à l'ordre, qui vous rendent si dignes de l'intérêt de la France et de l'Empereur.

« Mexico, le 23 juin 1863.

« Le général de division, sénateur, commandant en chef le corps expéditionnaire du Mexique,

« FOREY. »

L'installation du pouvoir exécutif eut lieu, le 25, à midi, dans l'antique salle de session des députés. Le général Forey, M. le comte de Saligny, étaient assis en face de la junte supérieure et de toutes les autorités politiques et municipales de Mexico. Il y avait en outre un public nombreux de généraux, d'officiers d'état-major, de toutes les notabilités de la ville.

Le général Almonte, se tenant alors debout, le visage tourné vers l'image du Christ, la main droite sur les saints Évangiles, prononça, au nom de ses collègues, le serment suivant :

« Nous jurons de remplir fidèlement et exactement l'emploi qui nous a été confié, de défendre l'indépendance et la souveraineté de la nation, d'y assurer l'ordre et la paix, et de faire tous nos efforts pour le bien général.

« Si nous faisons ainsi, que Dieu nous récompense ; sinon, qu'il nous punisse. »

Après ces paroles énergiques, le général Almonte, s'adressant à la junte supérieure, continua :

« Messieurs les conseillers, le serment que nous venons de prêter devant vous est un acte libre et spontané de notre volonté. Nous avons cru qu'il était de notre devoir de répondre de cette manière à la haute confiance que vous avez témoignée en nous. Par la même raison, et pour remplir vos désirs, et donner satisfaction à nos propres convictions, nous ne négligerons rien de notre côté ; mais aussi, pour accomplir une mission si difficile, nous comptons sur vos lumières et sur l'expérience que vous avez acquise dans les affaires publiques, pendant le long temps où vous y avez été mêlés, puisque la plus grande partie d'entre vous a toujours été employée au service de la patrie.

« C'est à elle que nous devons donner toute notre sollicitude, c'est son salut que nous devons chercher par tous les moyens en notre pouvoir.

« Le pouvoir exécutif en agira ainsi, et pour arriver à terminer le mieux possible la tâche ardue qui incombe à la capacité limitée des membres qui le composent, il compte sur la protection efficace du gouvernement de S. M. l'Empereur des Français, sur l'appui de sa vaillante armée et sur l'aide du Tout-Puissant. »

A ces paroles, le président de la junte supérieure, M. Lares, répliqua par un discours qui exprimait la confiance la plus entière dans les membres du pouvoir exécutif, protestant des efforts qu'ils étaient disposés à faire en vue du bien commun, et pour mettre un terme à cette série de révolutions qui avaient fait tant de mal au pays depuis près d'un demi-siècle.

M. Lares termina son discours en remerciant la France de son noble et généreux concours, et en invoquant la Providence, « pour qu'elle vînt les éclairer, les diriger dans le chemin de la justice, qui est le seul qui conduise les peuples au faîte de l'honneur et de la gloire. »

La cérémonie terminée, tous les assistants se rendirent en grande pompe, à travers la haie formée par les troupes et au bruit des salves joyeuses de l'artillerie, à la cathédrale, où fut chanté un Te Deum solennel ; puis, après la solennité, on revint au palais avec le même appareil imposant, et là, le général Almonte et ses collègues reçurent les félicitations de toutes les autorités civiles et militaires de Mexico.

Le général Forey, dans un rapport du 25 juin, rendit compte de l'installation du gouvernement provisoire, et des mesures qu'il avait prises.

Le commandant en chef du corps expéditionnaire du Mexique à S. E. le ministre de la guerre.

Mexico, le 25 juin 1863.

MONSIEUR LE MARÉCHAL,

Votre Excellence trouvera dans le journal de marche le détail des mouvements opérés dans la dernière quinzaine écoulée. Je me borne à traiter ici quelques questions qui mettront Votre Excellence au courant de l'ensemble de notre situation.

J'ai organisé à Mexico les pouvoirs municipaux et le gouvernement provisoire d'après les instructions que j'ai reçues. Une junta de gouvernement, composée de trente-cinq membres, a désigné le général Almonte, l'archevêque de Mexico et le général Salas, comme membres du pouvoir exécutif.

J'ai appelé à la direction des affaires des hommes honorables, modérés, appartenant aux divers partis et qui m'ont paru disposés à se livrer activement au rétablissement de l'ordre dans ce pays si profondément désorganisé. Ces choix ont obtenu l'assentiment général.

J'ai publié un décret sur le régime de la presse. Il a été rédigé conformément à la législation en vigueur en France.

La junta de gouvernement s'est divisée en sections pour l'administration des divers départements ministériels. Je préside celle de la guerre, afin de constituer l'armée mexicaine ; mais sa réorganisation définitive ne pourra se faire que lorsqu'il y aura un gouvernement bien établi et que le pays sera pacifié.

Depuis mon arrivée à Mexico, j'ai reçu des plaintes incessantes contre les déprédations et les crimes commis par le

nommé Buitron, qui porte le titre de général. Cet homme n'a fait toute sa vie que de changer de parti, de manière à pouvoir se livrer constamment au pillage. De tels excès qui effrayaient les populations devaient avoir un terme. J'ai fait conduire Buitron à Mexico, pendant que le colonel du Barail, avec une petite colonne, s'emparait à San Angel de toute la bande de ce malfaiteur.

Des voleurs, sous le nom de guerilleros, infestent toutes les routes, paralysent les transactions commerciales, arrêtent les voitures publiques aux portes des villes, pillent les haciendas et jettent la terreur parmi la population. Des mesures énergiques étaient indispensables pour faire cesser une situation si déplorable. J'ai mis tous ces brigands hors la loi et j'ai institué des tribunaux composés d'officiers vigoureux pour faire justice de tous ceux qui tomberont entre nos mains.

Avant de songer à envoyer des forces au loin, il fallait s'occuper d'abord de purger les environs de la capitale des bandes qui en forment, pour ainsi dire, le blocus. D'un autre côté, Negrette, secondé par Aurellano, Carbajal, etc., organisait des forces considérables à Tlascala pour opérer dans l'État de Puebla et couper nos communications. L'occupation de cette ville devenait ainsi indispensable. J'ai donc pris des mesures pour faire face à ces diverses nécessités.

Une colonne française aux ordres du colonel de la Canorgue se porte sur Tlascala avec un détachement mexicain commandé par le général Gutierrez, qui s'établira à Apan. Les troupes du général Vicario occupent Tlalpan et Tepeja. Les troupes du général Marquez surveillent les digues de Guanhtitlan et de Zumpango. Le colonel Aymard, du 62e, est en position à Pachuca. Le général Mejia, très-influent dans le Queretaro, va se rendre dans cette ville avec une force suffisante. Une autre colonne ira sous peu prendre possession de Toluca. Enfin, la cavalerie est répartie aux environs de Mexico, où elle vivra mieux et assurera la tranquillité.

Par ces dispositions, j'assure la sécurité dans une zone suffisamment étendue autour de Mexico, et je maintiendrai intactes mes communications avec Puebla.

Je n'ai pas négligé non plus l'occupation de la côte.

La question des douanes de Menatitlan est très-sérieuse, car on estime leur revenu à 30,000 piastres par mois, dont moitié serait versée au Trésor et l'autre moitié employée à payer la contre-guerilla, ainsi que les agents de la douane et de la police. Sur la proposition de M. Natzner, administrateur des douanes, j'ai autorisé la création d'une nouvelle force auxiliaire qui prendra le titre de *contre-guerilla de Menatitlan*.

Le général Juan Ortega a soulevé en notre faveur la province de Chiapa.

Le général Marin a organisé à Carmen une expédition sur Tabasco. Il s'est emparé de quelques points du littoral et pourra donner la main à la contre-guerilla de Menatitlan. Nous arriverons bientôt à tenir toute la côte, de Vera-Cruz au Yucatan.

Je désire faire occuper Tampico par une force française que le général Mejia appuiera par le parti indien aux ordres du général Moreno, qui se trouve de ce côté.

L'artillerie a trouvé dans les ouvrages élevés autour de Mexico 97 pièces, pour la plupart de gros calibre ; 980,000 cartouches, 22,196 projectiles, 4,429 charges préparées pour canons, 12,300 kilogr. de poudre, 300 mille capsules et des fusées de divers calibres. Le service de l'artillerie en envoie l'état détaillé à Votre Excellence. Parmi les pièces se trouve le *Pélerin*, canon fondu à Douai en 1744 et qui sera rapporté en France.

Je suis avec respect, etc.

Le Général commandant en chef le corps expéditionnaire du Mexique.

FOREY.

Afin de nous entourer de documents et d'appréciations de toute nature et de toute origine, nous joindrons à ce rapport du général Forey une lettre écrite le même jour au *Times* :

« Mexico, 25 juin.

« Le général Forey a publié une proclamation que la portion respectable et sensée de la population a, je n'ai pas besoin de le dire, accueillie avec enthousiasme. C'est aux Mexicains de profiter des occasions favorables qui leur sont offertes. Beaucoup d'individus appartenant au parti ultra-réactionnaire, qui s'attendaient à la restitution de tous les biens de l'Église et au rétablissement de la hiérarchie dans toute sa splendeur, sont naturellement désappointés. A cela près, je crois volontiers que le manifeste sera bien reçu dans toute l'étendue de la république et qu'il exercera une grande influence. La conduite des Français a été admirable. Je ne sache pas qu'il ait été porté une seule plainte contre eux. Leur éloge est dans toutes les bouches. Dans la ville de Mexico il règne aujourd'hui autant d'ordre et de sécurité qu'à Londres, à Paris ou dans toute autre capitale européenne. Les revolvers sont mis de côté ; l'on peut se promener à la nuit close sans nulle crainte d'être assassiné.

« Le changement est merveilleux, en vérité. Auprès du général français affluent de tous les points du pays des personnes qui demandent qu'on envoie pour les protéger de petits corps de troupes françaises. Il est impossible de satisfaire à toutes ces réclamations ; mais le général fait de son mieux pour contenter tout le monde. Juarez, qui a quitté Mexico avec 9,000 hommes, est arrivé à San Luis seulement avec 5,000. Le reste s'est débandé en route. Ortega, Antillon et d'autres généraux qui se sont échappés d'Orizaba l'ont rejoint depuis.

« On peut donc dire que notre forme actuelle de gouvernement consiste en un triumvirat auquel sont adjoints un sénat et une Assemblée de notables. Ceci naturellement n'est que provisoire, et tout le monde se livre maintenant à des conjectures sur ce que sera probablement la décision de l'Assemblée des notables. Je ne doute nullement qu'elle ne soit en faveur d'une monarchie, et que la grande majorité de la nation n'accueille cette décision avec allégresse. Le général Almonte, l'archevêque de Mexico et M. Salas ont été nommés membres du pouvoir exécutif. L'Assemblée des notables n'a point encore été élue.

« Le 15 au matin, un corps de troupes d'environ 2,000 hommes a été envoyé à Pachuca et à Real del Monte pour protéger les mines, et l'on pense que dans le cours d'une semaine ou de dix jours, il sera expédié des troupes pour occuper Toluca et Queretaro. La première ville est importante, parce qu'elle fournit des approvisionnements considérables de froment et de grains ; la seconde, parce qu'elle est le point d'où rayonnent les différentes routes conduisant dans l'intérieur. Comme les pluies viennent de commencer à tomber avec une extrême violence, je doute beaucoup que ces troupes puissent aller jusqu'à Guanaxuato et San Luis, quoiqu'il soit infiniment à désirer que cela soit sous le plus bref délai possible. Doblado n'a manifesté aucune intention de marcher au secours de Juarez ; il reste à Guanaxuato, où il est, dit-on, tenu en échec par le corps de Mejia. On sait parfaitement qu'il était en faveur d'une intervention, et je crois que les Français, s'ils y sont disposés, auront peu de peine à traiter avec lui. C'est un homme qui ne consulte que son propre intérêt, qu'il n'a jamais permis au patriotisme de contrarier. Une fois en possession de Guanaxuato, la route qui mène à Guadalajara, seconde ville de la république, est ouverte ; toutes communications entre San Luis et le Pacifique sont interceptées, et c'est chose d'une très-grande importance.

On rapporte que Tampico et Matamoras seront occupés l'un et l'autre du soin d'intercepter les approvisionnements envoyés de ce côté-là.

« Les lettres du dernier paquebot anglais, envoyées par le courrier de la légation, ne sont point encore parvenues. On suppose que l'infortuné courrier sera tombé dans une embuscade tendue par les brigands ou guerilleros, et que les sacs ont été emportés à San Luis pour l'édification particulière de Juarez et de ses ministres. C'est la première fois qu'un courrier de la légation britannique a été arrêté.

« Buitron, brigand et assassin renforcé, a été fait prisonnier avec toutes ses bandes, il y a peu de jours. On ignore le sort qui lui est réservé ; mais les Français ont été naguère si cléments qu'il est peu de personnes qui croient qu'il reçoive la punition qu'il mérite si largement. »

Une correspondance du *Monde* nous apprend que Buitron a été fusillé.

Les inquiétudes que pouvaient causer les guérillas, les préoccupations de l'armée, n'empêchaient point les fêtes de se succéder. L'armée française offrit aux dames de Mexico un bal dont les danses se prolongèrent jusqu'à sept heures du matin. La municipalité, le maréchal Forey, le comte Dubois de Saligny donnèrent tour à tour des bals. Vainqueurs et vaincus se confon-

dirent, et ceux même qui avaient souhaité la continuation du pouvoir de Juarez n'hésitèrent pas à prendre part à des plaisirs dont ils avaient été longtemps privés. Un des organes du parti auquel l'intervention avait rendu le pouvoir, M. Castillo, écrivait le 26 juin 1863 :

« Les dames juaristes se rendent au bal par curiosité, et les autres ne sont pas fâchées de témoigner, par leurs façons gracieuses et aimables, le plaisir qu'elles ont à recevoir des hôtes qui leur ont rendu de si grands services.

« La population de Mexico fraternise parfaitement avec vos soldats, qui ont toujours à leur disposition cette gaieté, cette humeur originale, qui les rend aussi sympathiques pendant la paix, que leur bravoure et leur élan les rend terribles pendant la guerre.

« Pendant ce temps-là, le gouvernement fonctionne régulièrement, ce qui ne s'était pas vu depuis bien longtemps chez nous. Il ne nous reste que peu de traces du désordre qui régnait à Mexico sous le régime terroriste. Cependant, on remarque encore avec peine, sur les façades de certaines boutiques d'estampes, des dessins, gravures ou lithographies, représentant des sujets insultant à la morale et à la religion, et mettant en relief des exploits ridicules et mensongers de l'armée juariste. Ces exhibitions excitent en général une grande réprobation et quelques animosités, et pourraient arriver à troubler la tranquillité publique.

« On dit que certains émissaires de Juarez ont tenté quelques démarches auprès de la légation française de Mexico, mais un avis, publié par cette légation dans le *Moniteur franco-mexicain*, a fait prompte justice de ces tentatives.

« Juarez ne veut pas encore, toutefois, abandonner la partie, et de San Luis de Potosi nous arrivent des décrets en foule, exhortant les citoyens à la défense, leur promettant le succès et considérant comme traîtres ceux qui auront des rapports avec les Français.

« Mais tout cela ne peut que prêter à rire ; dans peu le parti juariste n'existera plus, et le dernier coup lui sera porté par le vote de l'Assemblée sur la forme à donner à notre gouvernement.

« Je ne puis avoir aucune crainte sur l'issue de ce vote. Depuis quarante ans et plus que nous avons goûté de la république, que nous a-t-elle donné ? Elle n'a fait autre chose, pour nous, que de nous faire répandre des torrents de larmes et des flots de sang. Les révolutions continuelles ont mis le Mexique dans l'abaissement le plus complet ; et ce serait encore dans la république que nous chercherions un remède à ces maux ! Nous n'y songeons même pas.

« Nous voulons une monarchie, parce que avec elle nous fermons la porte à toutes les vanités, les ambitions démesurées causes de nos révolutions successives, et cette monarchie, nous la voulons avec un prince sage, libéral et catholique.

« Ce qu'il y a de plus difficile est le choix de ce prince, parce que de cette élection dépendent toutes nos destinées futures, et de toutes les qualités que j'ai indiquées celle à laquelle nous tenons le plus ici, c'est qu'il appartienne à la religion catholique, car notre pays se fait gloire d'être essentiellement catholique.

« Espérons que le choix si important, que nous trouverons auprès de S. M. l'Empereur des Français, qui nous a rendu des services si éminents et pour lesquels nous lui avons tant de gratitude, le concours éclairé et bienveillant qu'il nous a accordé jusqu'ici. »

Les manifestations qui avaient lieu à Mexico comprimèrent, dans les Terres Chaudes, l'opposition des amis de Juarez. L'occupation de Mexico fut célébrée à Vera Cruz par un *Te Deum* chanté le dimanche 21 juin. La marine, ayant à sa tête le contre-amiral Bosse, le colonel Jeanningros, commandant supérieur de la place, les officiers de la garnison, les fonctionnaires et les consuls, assistaient à cette cérémonie, célébrée avec une pompe rendue plus imposante encore par le concours de la population tout entière, que la cathédrale avait peine à contenir.

Des patrouilles de cavalerie, de petits postes échelonnés entre la Purga et la Soledad, protégeaient les travaux du chemin de fer. Aux guérillas juaristes fut opposée avec succès la contre-guérilla du colonel Dupin, qui prit Huatasco et fit à travers la campagne une excursion de trois semaines.

Le général auxiliaire Marin, un moment bloqué à Carmen, avait été dégagé vers la fin de mai et avait recruté cent quinze volontaires nouveaux qui campaient au village de la Frontera, à l'embouchure du rio de Tabasco. Avec le concours de la marine, il put s'emparer, le 18 juin, de San-Juan-Batista, capitale de l'État de Tabasco.

Le plus sûr moyen de pacifier était de ne pas laisser long-temps les esprits dans l'incertitude. Le projet de rétablir l'empire d'Iturbide en l'environnant de garanties constitutionnelles, était depuis longtemps médité. Le nom de l'archiduc Maximilien-Joseph avait été mis en avant. En 1862, avant de quitter l'Europe pour rentrer dans sa patrie, le général Almonte avait rendu visite à l'archiduc, et, se portant fort pour le parti monarchique mexicain, il avait fait briller à ses yeux une couronne. Sans rien décider, Maximilien-Joseph avait subordonné son acceptation au consentement de l'empereur d'Autriche, son frère, et à l'engagement que prendrait la France de conserver un corps de troupes au Mexique jusqu'à ce que le nouvel empire fût affermi.

Dès 1846, M. Gutierrez de Estrada avait reçu du parti conservateur la mission d'obtenir le concours des grandes puissances européennes, et le choix de ceux qui méditaient une restauration s'était, dès cette époque, porté sur un archiduc de la maison de Habsbourg. Le prince de Metternich dirigeait alors les affaires de l'Autriche. M. Gutierrez de Estrada se rendit à Vienne pour exposer au prince de Metternich les vœux de ses concitoyens :

« Vous pouvez compter sur un de nos archiducs, lui dit l'archichancelier; seulement il faut les deux bras pour le placer sur le trône. »

Ces deux bras, c'était l'appui des puissances occidentales, qui, sondées par l'envoyé mexicain, avaient approuvé le projet à la réalisation duquel il s'était dévoué.

Au commencement de 1862, Mgr de la Bastida, alors évêque de Puebla et exilé, avait vu l'archiduc Maximilien au château de Miramar, et il avait fait part de ses impressions à son ami Gutierrez de Estrada, dans une lettre ainsi conçue :

« *A monsieur Gutierrez de Estrada.*

« Château de Miramar, ce 20 janvier 1862.

« Mon ami très-honorable et très-affectionné,

« A vous mes premiers souvenirs. Hier, vers dix heures du soir, je suis arrivé ici, et, à onze heures, j'ai été présenté au très-aimable prince, dont la vue enchante, dont la conversation attache et instruit, dont les manières douces et graves ont un tel charme qu'on oublie la fatigue du voyage, l'heure inopportune, le besoin de nourriture, et qu'on consentirait avec plaisir à renoncer, pour prolonger un tel entretien, au repos même de la nuit; car dans ce visage il y a toujours la profonde empreinte d'une modestie sans égale et d'une abnégation qui sacrifie tout au bonheur d'un peuple que ce prince ne connaît point encore et que pourtant il aime déjà.

« Permettez-moi, mon ami, d'ajouter que vous êtes resté dans vos éloges bien au-dessous de la réalité. Une heure de conversation m'a découvert un trésor moral, que nous ne saurons jamais apprécier à sa valeur. Que manque-t-il à ce prince? Cette question, je me la suis faite à plusieurs reprises durant les courtes heures écoulées; et mon cœur et ma tête ont répondu : « Rien, absolument rien ! » Des avantages personnels supérieurs à l'idée qu'on essayerait d'en donner ; une instruction variée et secondée par la réflexion ; un talent qui révèle son large front ; une mémoire fidèle même aux plus petites choses qui peuvent nous concerner ; une délicatesse infinie dans l'expression de ses sympathies pour les personnes dont il parle ou dont il a entendu parler ; un très-pressant désir de nous connaître tous ; la sollicitude du meilleur ami et du plus tendre des pères : tels sont les traits insuffisamment indiqués par moi du monarque que la Providence divine nous accorde pour réparer tant de désastres et ressusciter notre société. Quel châtiment pour l'Italie que son éloignement ! quelle perte pour l'Autriche ! quel malheur pour l'Europe entière ! Je ne m'étonne pas qu'il ait conquis toutes les sympathies, et je ne serai point surpris de l'universel regret que fera naître son départ ; notre démence sera inexplicable, si nous ne savons point apprécier le don que nous fait le ciel, quand tout paraissait perdu.

« Si je vais au Mexique, m'a dit plusieurs fois le prince, je me séparerai de l'Europe pour toujours et sans jamais tourner les yeux vers elle : ce sera terrible ; mais il ne me convient pas de faire les choses à demi, ma pensée n'aura plus d'autre

intérêt, et j'agirai toujours comme si je fusse né Mexicain. Ma compagne a pris la même résolution.

« Mais pourquoi vous entretenir de ce que vous avez vu ? Pour deux raisons :

1° Pour renouveler les impressions que vous en avez éprouvées et nous unir dans les mêmes sentiments ;

2° Pour rendre grâce à Dieu d'une seule voix du don duquel il nous gratifie, et qu'il complètera, nous l'espérons ; car cette œuvre est sienne et parfaite, comme tout ce qui émane de sa divinité.

« Je viens d'être présenté à madame l'archiduchesse. C'est l'affabilité personnifiée. La princesse a commencé par faire l'éloge de la langue espagnole, qu'à cause de son accentuation et de sa majesté, elle préfère à la langue italienne sans contester à cette dernière ses grâces poétiques et son cachet éminemment musical. Elle m'a ensuite parlé du projet qui nous occupe, et elle a excusé le jeune général Miramon de ne lui être point favorable, s'il n'est mû en agissant ainsi que par un sentiment de patriotisme.

« Grand est le sacrifice que ces princes vont faire ; mais grande aussi sera la récompense. Quel couple angélique ! qu'ils sont tous deux sympathiques ! Comme ils séduisent quand ils parlent, quand ils sourient ! Il serait difficile de trouver des princes qui les égalent. Plaise à Dieu de nous juger dignes de les posséder pendant de longues années !

« Parfois il me semble rêver. Dieu soit béni pour tous ses bienfaits !

« Croyez-moi, etc., etc., »

Signé : P. A. DE LA BASTIDA,
évêque de Puebla.

Ainsi, comme le fait observer le *Mémorial diplomatique*, le rétablissement de la monarchie au Mexique, avec un prince autrichien sur le trône, loin d'être une combinaison fortuite et due à des influences extérieures, était une idée purement mexicaine, nourrie depuis plus de dix-sept ans par un parti.

CHAPITRE XXIII

Nomination d'une commission. — Rapport du 8 juillet 1863. — Note biographique sur l'archiduc Maximilien.

Le 8 juillet, l'assemblée des notables élut une commission composée de MM. Aguilar, Velasquez de Léon, Orozco, Marin et Blanco, pour examiner la constitution sur laquelle le Mexique devait asseoir son avenir. Voici, d'après la traduction officielle, les passages essentiels du rapport du comité des Cinq :

La commission nommée pour examiner quelle forme de gouvernement la nation mexicaine doit adopter, après avoir étudié cette question avec toute l'attention qu'en demande son immense gravité, a l'honneur de soumettre à la sagesse de cette illustre assemblée le résultat de ses observations.

Après avoir soumis durant un demi-siècle la nation mexicaine aux plus rudes épreuves, la main de la divine Providence semble vouloir la conduire au terme de ses maux, afin qu'elle serve à la fois d'exemple et d'enseignement.

En examinant les nombreux événements qui ont dû s'accomplir dans l'ancien comme dans le nouveau monde pour que, sous la garantie d'une nation puissante, nous soyons aujourd'hui réunis délibérant tranquillement sur l'établissement prochain d'un gouvernement qui nous donnera le bonheur, il est aisé de reconnaître que la solution de ce grand problème n'était point permise à la faiblesse humaine. Un instant de réflexion suffit pour convaincre que le sort du Mexique était lié aux grands événements qui s'accomplissent en Europe. Croyez-le, messieurs, sans ces événements, le Mexique était à jamais perdu.

La commission, qui pense que le but de cette assemblée est uniquement de répondre à la question de savoir quelle est la forme de gouvernement la plus propre à sauvegarder l'indépendance du pays, en lui donnant des bases durables de prospérité, la commission croit que pour atteindre ce but il est utile de jeter en arrière un regard sur notre histoire depuis le moment où, en 1821, nous brisâmes les liens qui nous unissaient à la mère patrie. Si le Mexique, en secouant, avec toute l'ardeur d'une jeunesse inexpérimentée, le joug de son ancienne métropole, n'eût oublié ses précédentes institutions, il est hors de doute qu'il eût atteint le comble de la prospérité.

Mais il ne sut point se servir de son émancipation et abusa de son indépendance. L'adoption de la constitution de 1824, qui, succédant à la royauté d'Iturbide, établit la république fédérale et populaire, déjà proclamée en décembre 1822 dans une émeute militaire à Vera-Cruz, fut la source de tous nos maux, la cause de notre ruine. A cette imparfaite imitation des États-Unis, vint se joindre l'établissement des loges maçonniques divisées en rit écossais et rit d'York. Ces clubs ténébreux décidèrent, par leurs conspirations, par le poison, par le poignard, du sort du pays et de la vie des citoyens. C'est alors que l'on vit en 1828, pour la première fois, au pillage du grand bazar de Mexico, les autorités dirigeant elles-mêmes les attaques contre la propriété privée. Ce fut de ces loges que partirent les lois iniques d'expulsion contre les Espagnols européens, lois qui frappaient des innocents, qui ruinaient le commerce, chassaient les capitaux, et donnaient lieu a de honteux trafics dans lesquels on mit en vente comme aux enchères publiques les exceptions au décret d'exil que finirent par obtenir quelques personnes.

Le système fédéral fit naître le plus cruel antagonisme entre les gouverneurs des États et les commandants militaires chefs des forces de la fédération. Les États crurent contre-balancer le pouvoir de l'armée en augmentant les milices, et de là les naquirent de nombreux conflits.

Les États s'unissaient contre le pouvoir central, qui se trouvait souvent sans forces suffisantes dans la capitale. Les troupes se laissaient séduire par l'appât de l'argent et des grades, la multitude par celui du pillage, d'autres personnes par la promesse d'emplois élevés ou par l'espoir de réaliser des spéculations ruineuses contre le trésor. Le gouvernement, battu en brèche de tous côtés, trahi par ceux qui auraient dû le soutenir, tombait et était remplacé par un autre, qui, peu après, passait lui-même sous les Fourches Caudines.

C'est ainsi que l'on a vu s'élever et disparaître Santa Anna, Montano, Lobato, Zavala, Bustamante, Canalizo, Paredes, Urrea, Farias, Uraga, Zuloaga, Echegaray et tant d'autres, entraînant dans leur chute leurs plans de gouvernement, la constitution de 1824, les sept lois constitutionnelles, les bases organiques, l'acte de réformes, et enfin la fameuse charte de 1857, qui porta le dernier coup à la dignité et au reste de vie de la nation.

Les constitutions étaient donc impuissantes à établir l'ordre et la paix, et les partisans acharnés de la république, qu'on nous passe le mot, dans sa forme la plus rouge, violèrent les premières les garanties les plus précieuses et se jetèrent dans une suite de dictatures militaires se montrant, dans ces guerres fratricides, les plus cruels ennemis de la liberté. Sous ces gouvernements discrétionnaires, et principalement sous le dernier, il est inutile d'ajouter que le despotisme atroce du chef de l'État et de ses sicaires s'est manifesté, dans toute l'étendue du Mexique, par l'injustice, la violence, l'incendie, le vol et l'assassinat, pratiqués par les plus hautes comme par les plus infimes autorités.

Après cela, messieurs, il n'est pas surprenant d'avoir vu des voleurs de grand chemin occuper les postes les plus élevés, d'avoir vu la dilapidation des revenus du trésor, celle des biens du clergé confisqués iniquement et sans bénéfice pour le pays. La soi-disant liberté n'a réuni autour d'elle que les vagabonds, les bandits qui, sous ce drapeau populaire, très-populaire même, ont ravagé, brûlé les récoltes, les villages, et saccagé les grandes villes. Le progrès n'a consisté que dans le pillage des établissements et des propriétés ecclésiastiques au profit de quelques agioteurs qui n'ont même pas respecté les biens des communes ni ceux des hôpitaux.

En présence de ce triste tableau, résumé de quarante années de luttes stériles qui ont conduit à la dépravation un peuple autrefois de mœurs honnêtes, à la misère un pays opulent, au mépris, au démembrement, un royaume qui fut immense et respecté, y a-t-il parmi nous ou dehors un seul homme qui croie à l'efficacité des institutions républicaines ? Non, mille fois non. Le contraire n'est que trop prouvé par ce torrent de sang qui a presque englouti trois générations, ruiné les fortunes, détruit l'esprit national, et arraché de tous les cœurs la foi et l'espérance qu'on pouvait avoir dans ces funestes institutions.

Tout le monde connaît les efforts tentés par le gouvernement de Juarez, à Vera-Cruz d'abord, et plus tard à Mexico, pour obtenir des États-Unis un protectorat direct qui eût été la mort de notre indépendance, de notre race, de notre religion.

On n'ignore pas non plus les démarches faites en Europe par les hommes les plus éminents du parti conservateur pour obtenir l'intervention de ces grandes puissances auxquelles une insigne ignorance a pu seule attribuer des vues intéressées d'usurpation ou de conquête. Pour atteindre leur but, les démagogues étaient prêts à abandonner à la république voisine la portion peut-être la plus riche et la plus fertile de notre territoire, tandis que ceux qui demandèrent l'appui de la France, de l'Angleterre et de l'Espagne, ne le firent qu'en sauvegardant, avant tout, l'indépendance et l'intégrité du Mexique. Juarez mutilant son pays se donnait pour le type du patriote, et il représentait comme traîtres à la patrie le reste des Mexicains, c'est-à-dire l'immense majorité des hommes de bien qui ont supplié l'Europe occidentale de mettre un terme à l'anarchie qui nous dévorait. Et pourtant ce n'est pas aux demandes des conservateurs qu'on doit l'intervention.

Elle a été amenée par les violations sauvages du droit des gens commises par Juarez contre les puissances amies qui résolurent de se faire respecter de force. Le besoin d'une intervention était reconnu par tous en principe, et la popularité avec laquelle elle a eu lieu, grâce à l'inébranlable fermeté du magnanime Empereur des Français, n'a fait que prouver aux moins convaincus avec quelle inexprimable allégresse et quelles ovations splendides les grandes capitales se sont vues délivrées du joug de la démagogie. Les armes de la France, ses aigles victorieuses n'ont traversé l'Atlantique que pour dire aux Mexicains : « Libres de toute pression exercée par des factions fratricides, constituez votre patrie le mieux qu'il vous conviendra ; pour vous aider, nos forces sont avec vous. »

La commission pense donc que nous ne devons pas en revenir à nos gouvernements d'un jour, au despotisme de nos pachas militaires ; que nous ne pouvons rester froids spectateurs des derniers démembrements de notre territoire, des crimes d'une armée commandée par des malfaiteurs, de la proscription de la religion et du culte catholique, car tel est le tableau qu'a présenté le Mexique sous les formes diverses de la république.

Les monarques ne sont point aujourd'hui, comme on affectait de le dire autrefois, les maîtres absolus de la vie et des biens de leurs sujets. Le trône est soumis aux lois, et il donne, le premier, l'exemple du respect qui leur est dû. Le sentiment monarchique ne s'est jamais éteint chez nous depuis les premiers cris d'indépendance, en 1810, jusqu'à sa courageuse manifestation en 1845 ; le plan politique d'Iguala, les traités de Cordoba, l'acclamation triomphale d'Iturbide en sont une preuve. Ce sentiment, nous le tenons de nos pères.

Cette institution des traditions historiques, c'est la MONARCHIE, cet assemblage de toutes les conditions dont les sociétés ont besoin pour asseoir l'ordre sur des bases indestructibles : combinaison dans laquelle la personne sacrée qu'on élève au trône n'est pas à la vérité l'État, mais en est la personnification la plus auguste ; dans laquelle le roi, plus fort que tous, plus puissant que tous, au-dessus des machinations des anarchistes, n'a besoin de personne, ne craint personne, et peut ainsi récompenser le mérite sans bassesse et rendre la justice en fermant les oreilles à l'esprit de vengeance. Les intrigues des partis, toujours plus faibles et s'agitant inutilement dans leur impuissance, ne sauraient le faire trembler, et il se livre, exempt de soucis, à la réalisation des plans les plus hardis d'agrandissement national, qu'il mène toujours à bonne fin, parce qu'il peut ce qu'il veut, et qu'il veut la gloire de son peuple, liée à la gloire de son nom. Ainsi se résout légalement le problème prodigieux que présente l'empire du Brésil, florissant, prospère et paisible, au milieu de ce fractionnement infini de l'Amérique du Sud en républiques microscopiques, qui s'agitent et se consument toutes au brasier de l'anarchie qui les dévore et de l'horrible discorde qui les mine.

Que ne devons-nous pas à cette succession de monarques espagnols qui nous ont transmis d'excellentes lois, une législation protectrice des Indiens, et de magnifiques établissements hospitaliers et universitaires ! La monarchie nous avait laissé des routes, des canaux, des palais, d'admirables églises, des villes splendides ; — la république ne nous lègue que des ruines.

Mais, si nous élevons un trône sur les décombres de la fédération, où irons-nous chercher le prince qui devra s'y asseoir ? Ceindrons-nous du diadème le front de quelque Mexicain illustre, ou bien offrirons-nous la couronne au descendant de quelque dynastie étrangère? L'exemple de l'infortuné Iturbide doit nous servir de leçon. Pour porter le sceptre, il faut être né sur les marches d'un trône.

La commission a pensé qu'il était inutile d'exposer les raisons, déjà connues de tous, qui s'opposent à ce qu'on choisisse un prince des maisons régnantes de France, d'Angleterre et d'Espagne, et il lui suffit de constater que, dans la presse comme dans les réunions publiques, un seul nom sort de toutes les bouches, et que ce nom est celui de S. A. I. et R. l'archiduc Ferdinand-Maximilien d'Autriche.

Cette unanimité n'étonnera, certes, personne, car il y a long-temps que l'on connaît au Mexique l'histoire de ce prince.

Rejeton illustre de la maison d'Autriche et frère de François-Joseph, empereur régnant, S. A. I. et R. Maximilien a consacré sa jeunesse aux études nécessaires pour se rendre digne de la haute destinée qui lui était réservée.

Il est entré dans la marine, comprenant tous les avantages

Dame de Mexico.

qu'on retire des voyages. Il a visité la Grèce, l'Italie, l'Espagne, le Portugal, Tanger, l'Algérie, le. littoral de l'Albanie et la Dalmatie, les côtes de la Palestine, l'Égypte, la Suède, la Sicile, l'Allemagne septentrionale, la Belgique et la Hollande, la Lombardie et l'Angleterre, les îles Canaries, Madère, et en dernier lieu le Brésil, augmentant ainsi la masse de ses connaissances. De cette façon il a appris l'art de gouverner les peuples dans un temps aussi difficile que le nôtre, quoique ce soit en même temps une époque de progrès et de civilisation incontestables. Ayant étudié les meilleures formes d'administration, connaissant toutes les découvertes importantes ainsi que les réformes les plus utiles pour les institutions, il est rentré dans son pays natal pour y faire adopter les modifications qu'il avait vues réussir à l'étranger.

La ville de Pola lui doit son rétablissement, la fondation d'édifices publics, d'arsenaux, etc. C'est à lui qu'on est redevable des expéditions de circumnavigation, de commissions pour l'exploration de l'Amérique du Sud, des côtes d'Afrique, d'études spéciales sur les ports d'Espagne, de France, d'Angleterre, des Pays-Bas, de l'Allemagne du Nord.

Nommé par l'empereur gouverneur du royaume lombardo-vénitien dans des temps très-difficiles, l'archiduc a su gagner l'affection des Italiens.

Jusqu'ici la commission s'est contentée de vous présenter un résumé de la vie de l'archiduc Maximilien, due à notre compatriote Gutierrez Estrada ; mais, arrivé à ce point, il importe de citer le texte même de cet ouvrage.

« En effet, dit M. Gutierrez Estrada, malgré les passions qui agitaient le peuple lombardo-vénitien à cette époque, on ne peut nier les bienfaits que répandait l'archiduc. Chaque jour de son administration était marqué par quelque œuvre utile. Il avait nommé une commission pour le cadastre, préparé l'exonération des dîmes, exécuté des travaux d'amélioration dans le port de Venise.

« Il avait déjà commencé des travaux d'endiguement à Côme ; fait disparaître la malaria qui existait à l'extrémité du lac ; fait dessécher le marais de Piano di Spagna, et la vallée Véronèse, qu'il transforma en terre fertile. Il avait fait étudier les plans pour le desséchement des lagunes véniciennes, et pour l'arrosement artificiel du Frioul par la Ledra.

« Il avait embelli la ville de Venise par la prolongation de la Ribera, et augmenté les promenades publiques à Milan. »

Toutefois, le chef d'une grande nation a d'autres devoirs à remplir que ceux d'embellir les villes. Le jeune archiduc ne l'oublia pas. Les populations indigentes de la Valteline furent l'objet de sa sollicitude constante ; et il sut trouver moyen de remédier à leur pauvreté.

A peine eut-il soulagé cette misère, que le Pô inonda les plaines limitrophes ; le prince accourut aux points les plus menacés, secourant les habitants les plus nécessiteux, et sollicitant en leur faveur les secours du gouvernement impérial.

La vie intellectuelle des nations, c'est-à-dire les arts, les sciences et l'instruction publique, ont toujours trouvé dans l'archiduc un ardent et généreux protecteur.

Mais les nobles aspirations, les instincts chevaleresques ne suffisent pas chez les princes appelés à gouverner ; il faut, en outre, qu'ils soient doués d'une raison ferme et solide. C'est ce que le prince Ferdinand-Maximilien possède au plus haut degré, ainsi qu'il en a donné la preuve quand il gouvernait en Italie. Dans une dépêche adressée à lord Loftus, ambassadeur d'Angleterre à Vienne, lord Malmesbury, ministre des affaires étrangères, écrivit le 12 janvier 1859, peu avant la guerre avec l'Autriche : « Le gouvernement de Sa Majesté Britannique reconnaît l'esprit libéral et conciliant qui a présidé au gouvernement du royaume lombardo-vénitien, quand l'archiduc Ferdinand-Maximilien en était le chef. »

On voit donc que l'archiduc a l'immense avantage d'être reconnu par l'Angleterre même, comme apte à gouverner dans les moments les plus difficiles.

Que dirions-nous de plus, sinon qu'un mariage heureux avec la princesse Marie-Charlotte-Amélie l'unit avec la dynastie qui règne en Belgique, et que dans cette union se trouvent les modèles des vertus et des qualités les plus parfaites.

Résumant donc ce qui précède, la commission croit avoir suffisamment démontré :

1° Que le système républicain, soit sous la forme fédérale, soit sous un pouvoir central, a été la source inépuisable, depuis qu'il est en pratique, de tous les maux qui accablent notre patrie, et que l'on ne peut détruire le mal qu'en arrachant sa racine ;

2° Que la forme monarchique est la seule que l'on puisse établir au Mexique surtout dans les circonstances actuelles, parce qu'en elle se réunissent l'ordre et la liberté et la force nécessaire pour dominer l'anarchie et la démagogie, principe immoral et désorganisateur ;

3° Que, pour instituer un trône, il est impossible de choisir un citoyen du pays (bien qu'il ne manque pas d'hommes éminents), parce qu'on ne peut improviser les qualités nécessaires chez un roi, et qu'un simple particulier ne saurait posséder dans la vie privée ;

4° et dernièrement. Que parmi les princes illustres par leur haute naissance non moins que par leurs qualités personnelles, c'est sur l'archiduc Ferdinand-Maximilien d'Autriche que doit se porter le vœu de la nation, afin qu'il dirige ses destinées, parce qu'entre les rejetons des familles royales il est des plus distingués par ses vertus, ses vastes connaissances, son intelligence élevée et son habileté dans l'art de gouverner.

En conséquence, la commission soumet au vote définitif de l'honorable assemblée les résolutions suivantes :

1° La nation mexicaine adopte pour forme de gouvernement

LA MONARCHIE modérée, héréditaire, avec un prince catholique ;

2° Le souverain prendra le titre d'empereur du Mexique ;

3° La couronne impériale du Mexique est offerte à S. A. I. et R. le prince Ferdinand-Maximilien, archiduc d'Autriche, pour lui et ses descendants ;

4° Dans le cas où, par des circonstances impossibles à prévoir, l'archiduc Ferdinand-Maximilien n'arriverait pas à prendre possession du trône qui lui est offert, la nation mexicaine s'en remet à la bienveillance de S. M. Napoléon III, empereur des Français, pour qu'il lui désigne un autre prince catholique.

Mexico, le 10 juillet 1863.

Signé : AGUILAR, VELASQUEZ DE LÉON, OROZCO, MARIN, BLANCO.

L'archiduc Ferdinand Joseph Maximilien était né le 6 juillet 1832. Frère de l'empereur François-Joseph, il avait les titres de vice-amiral, membre du conseil de l'amirauté, commandant de la marine autrichienne, propriétaire du régiment de lanciers autrichiens n° 8 et chef du régiment prussien des dragons de Neumark n° 3. Le 27 juillet 1857, l'archiduc Maximilien avait épousé l'archiduchesse Marie-Charlotte-Amélie-Auguste-Victoire-Clémentine-Léopoldine, fille de Léopold Ier, roi des Belges.

CHAPITRE XXIV

Rétablissement de l'empire mexicain. — Nomination d'une régence. — Lettre d'un Français sur la situation.

Les résolutions de la commission furent immédiatement adoptées à l'unanimité des membres présents. Dans la séance du lendemain, l'assemblée décréta la création d'une régence chargée de gouverner le pays au nom du nouvel empereur, et elle maintint les trois élus de la junte supérieure. Elle vota ensuite des actions de grâces à l'Empereur et à l'Impératrice des Français et décida que leurs statues seraient érigées dans la salle du congrès. La séance se termina par des votes de remerciements à l'adresse de M. le général Forey, de l'armée française, et de plusieurs autres personnages qui se sont distingués par des services rendus à la cause de l'intervention.

Les dispositions du décret du 18 juin se trouvaient donc appliquées. L'Assemblée des notables, aux termes de ce décret, avait à discuter en premier lieu quelle forme de gouvernement il fallait définitivement établir au Mexique. Le vote sur cette question devait réunir au moins la moitié des suffrages. Dans le cas où cette majorité ne serait pas obtenue, le pouvoir exécutif devra dissoudre l'Assemblée, et la junta supérieure procéder sans délai à la formation d'une nouvelle assemblée. Après avoir décidé de la forme de gouvernement, l'Assemblée des notables avait à prendre en considération les questions qui lui seraient soumises par le pouvoir exécutif, dont les fonctions cesseraient dès que l'Assemblée des notables aurait proclamé l'installation du gouvernement définitif. Provisoirement, le pouvoir restait entre les mains :

1° D'un triumvirat composé d'Almonte, du général Salas et de l'archevêque de Mexico ;

2° D'un sénat ou junte supérieure de 35 membres ;

3° D'une assemblée de notables, composée de 215 membres choisis par la junte supérieure.

Un Français qui ne faisait point partie de l'armée, mais qui était entré à Mexico avec elle, écrivait le lendemain de la mémorable séance de l'Assemblée des notables :

« 11 juillet 1863.

« ..... Je dois dire que l'édifice me paraît réunir toutes les conditions de solidité désirables, si l'on sait et si l'on veut, comme je n'en doute pas, faire usage des matériaux que l'on va trouver à sa disposition.

« L'Assemblée des notables, dans sa séance d'hier, a voté l'établissement de la monarchie, et offert la couronne impériale du Mexique à l'archiduc Ferdinand-Maximilien d'Autriche. Puis ont été adoptées deux autres résolutions : la première portant que, dans le cas où, par une circonstance quelconque, l'archiduc ne viendrait pas s'asseoir sur le trône du Mexique, la nation se remettrait à l'empereur Napoléon pour lui indiquer un autre candidat à la couronne. La deuxième votant des actions de grâces à notre Empereur.

« Toutes ces résolutions ont été adoptées à l'unanimité des membres présents, sauf deux personnes qui se sont hâtées, le soir même, de changer d'avis et de rentrer dans le giron.

« Aujourd'hui, l'Assemblée va s'occuper de la formation d'un conseil de régence, chargé de gouverner au nom du nouvel empereur et jusqu'à son arrivée. Il est à désirer qu'on conserve, pour ces hautes fonctions, les membres du triumvirat, qui n'auraient seulement à changer de titre. C'est ce qui va avoir lieu probablement.

« La ville entière est livrée aux transports d'une joie indicible, à laquelle tout le pays va s'associer plus ou moins hautement, suivant qu'il le pourra avec plus ou moins de sécurité.

« Tout marche pour le mieux. Chaque jour amène de nouvelles et importantes soumissions. Elles seront bien plus nombreuses encore quand nous serons portés dans l'intérieur. A l'exception de la brigade Berthier envoyée à Toluca, capitale de l'État de Mexico, où nous avons trouvé un accueil encore

Site aux environs de San-Luis.

plus enthousiaste qu'ici, si la chose est possible, nos troupes n'ont pas encore bougé ; mais notre action va s'étendre pour pacifier et protéger l'intérieur.

« Doblado a fait savoir, il y a quelques jours, qu'il ne serait pas éloigné de se prononcer pour l'intervention et la monarchie, s'il était certain de ne pas être traité par nous en ennemi. Comonfort est gravement malade à Silao. Plusieurs de ses amis qui voudraient le faire revenir à Mexico ont demandé pour lui un sauf-conduit. On croit qu'il ne tardera pas à arriver. C'est un homme qu'il ne faut pas confondre avec ceux qui entourent encore Juarez. Il n'a d'autre parti à prendre maintenant que de se joindre à nous.

« Tampico et Tuxpan vont être occupés par nos troupes. Il est bien important de prendre la même mesure à l'égard de Matamoros, qui a pour nous un intérêt spécial au point de vue du coton.

« Le bruit court que Miramon serait rentré dans le pays par la frontière du Nord ; il ne m'a pas été possible de savoir ce qu'il y a de vrai dans cette rumeur. »

La lettre précédente est un peu optimiste ; les adhésions à l'empire étaient, comme elle le dit, nombreuses et imposantes ;

mais, ainsi qu'on devait s'y attendre, les résolutions prises à Mexico n'étaient pas acceptées sans contestation sur tous les points de l'immense territoire du Mexique.

CHAPITRE XXV

Adhésion de la Vera-Cruz. — Lettre de M. H. Bineau, préfet politique. — Dépêche du colonel Jeanningros. — Soumission de Mérida. — Mouvement des guérillas. — Assassinat du général La Llave.

A Vera-Cruz, il n'y eut pas d'hésitation. Après que les notables de Mexico se furent prononcés, ceux de Vera-Cruz les appuyèrent de leur consentement. Le préfet politique du district, M. H. Bineau, se rendit auprès du commandant supérieur de la ville pour le prier de transmettre à l'Empereur l'adhésion des habitants, et il lui dit l'adresse ci-dessous :

« Vera-Cruz, 10 juillet.

« Monsieur le Commandant supérieur,

« Je m'empresse de vous remettre copie légalisée de l'acte signé par les autorités et un grand nombre de personnes considérables de la ville de la Vera-Cruz, adhérant entièrement à la proclamation de l'Assemblée des notables de Mexico, qui déclare l'empire mexicain constitué sous le gouvernement du prince Maximilien d'Autriche.

« Ma satisfaction est complète d'être l'organe qui sert à vous transmettre les sentiments dont la ville de Vera-Cruz est animée. Elle voit dans la déclaration de l'Assemblée des notables de Mexico un gage heureux de paix, d'ordre et de prospérité ; elle a foi dans un gouvernement qui, respectable et respecté au dedans et au dehors, mettra fin aux infortunes et aux bouleversements enfantés par tant d'années d'anarchie.

« Cet acte m'a été remis pour qu'il soit envoyé à S. M. l'Empereur des Français comme un témoignage de gratitude pour la magnanimité avec laquelle il a daigné tendre une main protectrice et généreuse au peuple mexicain, afin de le relever de sa prostration et de son anéantissement. En suivant la voie de l'ordre et de la civilisation, notre pays verra se réaliser la destinée que semblaient lui réserver les riches éléments dont la Providence l'a doté.

« J'espère, monsieur le commandant, que vous voudrez bien vous charger de mettre au pied du trône de Sa Majesté les vœux de la population de la Vera-Cruz, représentée par les citoyens les plus dignes et les plus respectables.

« Je profite de cette occasion, monsieur le commandant, pour vous renouveler l'expression de ma considération la plus distinguée.

« Le préfet du district.

« H. Bineau. »

Par une dépêche en date du 16 juillet, le commandant supérieur de la Vera-Cruz rendait compte au ministre de la guerre de la situation de la Vera-Cruz et des Terres Chaudes au point de vue politique et sous le rapport de la santé des troupes.

« La ville de la Vera-Cruz, disait-il, est très animée ; la nouvelle de l'élection du prince Maximilien y a produit une grande sensation ; on y voit un gage en faveur des idées d'ordre et de stabilité. La population est lasse de cet état d'anarchie qui, depuis cinquante ans, pèse sur le Mexique. Un gouvernement se présentant avec l'intention de faire le bien et de réprimer la violence ne peut manquer d'être accueilli avec faveur par la grande majorité. Il y aura longtemps encore des opposants, mais chaque jour en verra diminuer le nombre. Les guérillas, les coupeurs de routes, seront seuls, quelque temps encore, la plaie des campagnes ; déjà l'opinion publique en fait justice, et les populations, sûres d'être soutenues efficacement, ne craindront plus aujourd'hui de leur résister. L'occupation des points les plus importants de la côte et du cercle permettra d'atteindre ces bandes dans leurs derniers repaires. La ville de Tlaliscoyam et ses environs ont fait leur soumission. D'autres centres de population vont suivre cet exemple. L'état sanitaire laisse à désirer à la Vera-Cruz ; cependant les pluies commencent, on espère qu'elles modifieront la situation. Conformément aux ordres donnés, les troupes arrivant de France ne font que traverser la Vera-Cruz. A peine débarquées, elles prennent le chemin de fer et vont camper à la Purga, où les fièvres sont moins nombreuses et moins

intenses. Dès que le matériel est mis à terre, les convois s'organisent pour Mexico et les postes intermédiaires. »

Plusieurs provinces s'associèrent au mouvement de la Vera-Cruz ; Mérida, chef-lieu du Yucatan, arbora le drapeau français à côté du drapeau mexicain, et son exemple fut suivi par les places de Campêche, de Victoria, de Valladolid, d'Arena, de Lisal. Le Yucatan, qui forme une vaste presqu'île, est, par ses produits naturels, une des parties les plus riches du Mexique ; cette province, maltraitée par le gouvernement des présidents, s'était séparée à plusieurs reprises, et notamment en 1829 et en 1845, de la Confédération mexicaine. Les notables des districts de Puebla, d'Oaxaca, de Coahucha, de Durango, se prononcèrent pour le gouvernement nouveau. Pourtant dans une contrée si vaste, les tiraillements étaient inévitables, et ils avaient été prévus toutes les fois que l'on s'était occupé de la question mexicaine. M. Jules Favre avait dit le 26 février 1863 :

« Vous voulez que votre drapeau flotte sur Mexico. Assurément, si la France veut réussir, elle réussira. Mais quand vous serez à Mexico, quand vous aurez renversé Juarez, qu'arrivera-t-il ? Tout à l'heure M. David disait : Mexico est le cœur du Mexique ; mais qu'il me permette de lui présenter, à lui qui connaît si bien l'histoire et la géographie de ce pays, deux considérations :

« La première, c'est que le Mexique a été continuellement déchiré par la guerre civile, et Mexico a été l'enjeu stérile qu'ont possédé tour à tour les partis. La seconde raison, et elle est géographique, c'est qu'il n'y a que les hommes qui ne connaissent pas le Mexique qui puissent croire que sa conquête est facile.

« Mexico est à 69 lieues de la Vera-Cruz ; la longueur du Mexique est de 950 lieues. Au nord-ouest, il y a des provinces peuplées et riches, des cités importantes ; l'une qui a 41,000 habitants et qui est le centre dans une province de 520,000 habitants. Une autre ville, Guadalajara, a 60,000 habitants ; Valladolid en a 18,000 ; l'État de Jalisco en possède 800,000.

« Eh bien, quand vous serez à Mexico, par quel gouvernement remplacerez-vous Juarez ? Vous mettrez Almonte à sa place, ou même, si vous le voulez, l'archiduc Maximilien, ou tout autre prince allemand, et, en ce genre, la fécondité de l'Allemagne est inépuisable.

« Messieurs, savez-vous ce qui arrivera ? Juarez ira dans les provinces libres, y lèvera des troupes, et vous ne pourrez l'y poursuivre ; car, après avoir fait 60 lieues pour arriver à Mexico, vous ne pourrez en faire 900 pour atteindre Juarez. »

En effet, Juarez se maintint à San-Luis de Potosi, et le littoral de la mer Pacifique lui resta fidèle. D'autre part une fraction du parti conservateur, qui s'était déjà prononcée pour la présidence d'Almonte, persista dans son choix malgré le vote des notables de Mexico. Le journal de Vera-Cruz publia la déclaration suivante qui lui avait été envoyée de Tlaliscoyam.

« Nous, citoyens soussignés, nous étant réunis dans la ville de Santa-Maria Tlaliscoyam, et considérant que le seul moyen de développer le bien-être des nations consiste dans l'établissement d'un gouvernement qui donne des garanties sérieuses au travail, considérant que les Mexicains aspirent à avoir la liberté et l'ordre, nous avons résolu :

« 1° L'intervention de l'armée française est reconnue ;

« 2° Le général don Juan Almonte est reconnu comme président de la République ;

« 3° Lesdites résolutions seront envoyées au préfet civil de la Vera-Cruz. »

La situation politique servit de prétexte à une multitude d'aventuriers qui, se réunissant en petits groupes, se mirent à dévaster le pays. Des boutiques furent dévalisées, des femmes enlevées à Tulancingo par des soldats des bandes de Carvajal et de Telley ; l'hacienda d'Ocatepetl, auprès d'Apam, fut détruite ; de nombreux troupeaux de bœufs furent emmenés à Tlischinang. Des troupes de partisans se formèrent et coururent le pays. Des guérillas conduites par Carvajal parurent aux environs de San-Miguel Zuacatilpan, à cent vingt kilomètres de Mexico ; les artisans des forges qui constituent l'unique ressource de cette localité cessèrent leurs travaux qu'ils craignaient de voir interrompus par une soudaine irruption.

Les généraux restés fidèles à Juarez faisaient de fréquentes tournées de Guanajuato à San-Luis de Potosi, et de cette ville à Guanajuato. Pendant une de ces excursions, le général Ortega portait, dans un rouleau de cuir, une somme de cinq cents onces d'or (quarante mille francs).

Auprès de lui chevauchait le général La Llave.

Fatigué de son fardeau, Ortega voulut le remettre à son collègue, et des pièces d'or roulèrent sur le sol.

Douze cavaliers accompagnaient les deux généraux.

Peu d'instants après, des coups de feu retentissaient dans la montagne. La Llave tombait mortellement atteint, et Ortega ne devait son salut qu'à la vitesse de son coursier.

CHAPITRE XXVI

Instructions données aux commandants militaires. — Occupation de diverses villes. — Expédition de Real-del-Monte. — Correspondance sur la situation des provinces.

Si les généraux juaristes n'étaient pas eux-mêmes en sûreté, les partisans du nouvel ordre de choses ne pouvaient s'attendre à être ménagés, et aux Français incombait la mission de les défendre. Les commandants militaires reçurent pour instructions, de veiller à ce que les troupes françaises et alliées observassent une exacte discipline ; de pacifier le pays, d'assurer la sécurité des routes, reconstituer les autorités, réveiller le courage civique des gens bien intentionnés, et faire comprendre aux populations qu'elles devaient se défendre elles-mêmes contre les pillards, qui cesseraient de les pressurer quand ils les verraient montrer un peu d'énergie.

Plusieurs colonnes parties de Mexico occupèrent Tlascala, Buena-Vista et Tezcuco. On établit, sur la route de Puebla à Mexico, des postes de distance en distance qui permettaient de former de petites colonnes mobiles destinées à poursuivre les guérillas.

Nous avons dit (page 32) que des troupes avaient marché sur Real-del-Monte pour protéger l'exploitation des mines d'argent ; ces troupes réussirent dans leur entreprise, et un de leurs officiers mandait au *Moniteur de l'armée* :

« Notre colonne, composée de 2,000 baïonnettes, de 400 chevaux et d'une section d'artillerie de montagne, sous les ordres du colonel Aymard, du 62ᵉ, prit la route qui conduit à Pachuca et aux mines d'argent de Real-del-Monte, route très-pittoresque, franchissant d'abord pendant huit lieues, sur une belle chaussée, une série de beaux lacs, et s'engageant ensuite dans un pays accidenté, d'un magnifique aspect et merveilleusement cultivé.

« Nous savions au départ que la ville, mise en état de défense, était gardée par 3 ou 4,000 Mexicains sous les ordres du général Orellano ; la population aurait d'ailleurs, de faire l'accueil le plus flatteur au fugitif Ortega, et se montrait fort mal disposée à notre égard. Ces renseignements, devenus de plus en plus précis à mesure que nous avancions, étaient répétés de bouche en bouche dans la colonne et entretenaient un excellent moral parmi nos soldats, assurés d'un nouveau triomphe.

« Arrivés à Jaltepec, notre dernière étape, rien ne semblait modifier la situation, et notre brave colonel avait pris les dispositions les plus propres à nous ménager un éclatant succès ; la confiance rayonnait sur tous les visages. Déjà Pachuca se montrait à nos regards et l'on apercevait distinctement ses maisons blanches grimpant sur les flancs de deux collines jumelles.

« A une lieue de distance, à neuf heures du matin, on fit faire le café à la troupe, et nous reprîmes à onze heures notre marche, en colonne par sections à distance entière, éclairés sur notre front et sur nos flancs par les cavaliers de Marquez. Cet imposant défilé, exécuté sous les yeux de l'ennemi, lui fit juger prudent sans doute de précipiter le dénoûment ; car le général Orellano plia lestement bagage et décampa avec son artillerie et sa petite armée, de sorte qu'en approchant des portes de la ville nous fûmes reçus par les notables, qui venaient nous la livrer avec les offres d'hospitalité les plus empressées.

« Que de figures surprises parmi nous à cet accueil imprévu ! Cependant la population se pressait en foule sur nos pas au travers des rues tortueuses que nous parcourûmes en allant nous masser sur la grande place. Une heure plus tôt nous mangions, à l'hôtel de *las Diligencias*, le déjeuner préparé pour les officiers d'Orellano.

« Pachuca, éloignée de 100 kilomètres de Mexico, a une population de 9,000 âmes très-bigarrée: Français, Anglais, Alle-

mands, Saxons, Américains, tous les aventuriers du globe semblent s'y être donné rendez-vous. — Il en est de même de Real-del-Monte et de tous les centres voisins d'exploitations minérales. — Une minorité violente y régnait, avant notre arrivée, et maintenant les gens paisibles respirent à l'ombre de notre drapeau ; mais c'est une société vouée au désordre et aux mauvaises passions, qui prendra difficilement goût à la calme sécurité de nos mœurs.

« Les juaristes ne nous ont laissé ici que 200,000 fr. qu'ils n'ont pas eu le temps d'emporter ; mais il était essentiel de soustraire à leurs déprédations ces mines d'argent d'où ils pouvaient tirer d'importantes ressources. Nous allons, je suppose, être laissés ici pour en protéger l'exploitation, et l'on dansera sans nous à Mexico. »

Le général Valdez, qui commandait une troupe d'environ 800 hommes, fit sa soumission, le 9 juillet, entre les mains du général de Berthier, à Toluca, place située au pied de la Sierra-Nevada, à 45 kilomètres au sud-ouest de Mexico.

Minatlan fut occupé sans coup férir, le 18 juillet, et la population ne manifesta contre les Français aucune disposition hostile.

Les mouvements en sens divers qui partageaient le Mexique, au 31 juillet 1863, sont résumés dans les deux lettres suivantes :

On mandait de la Vera-Cruz au *Moniteur*, le 31 juillet :

« Les événements ont marché rapidement depuis la prise de Puebla, et l'irrésistible explosion des sentiments de tout un peuple rendu à lui-même, après quarante années de malheurs inouïs, vient donner en ce moment même la sanction la plus éclatante à la politique de l'Empereur au Mexique. Les populations, partout où elles sont délivrées du joug odieux qui les opprimait depuis si longtemps, se prononcent pour le nouvel ordre de choses avec une unanimité et un enthousiasme qui étonnent ses amis même les plus clairvoyants. Cet enthousiasme a gagné les Terres Chaudes, dont la situation était devenue très-satisfaisante. Les habitants, sans attendre la présence et la protection des troupes françaises, ne demandent que des armes pour se défendre et se hâtent de se constituer en gardes nationales pour détruire les bandits qui, à l'ombre d'un drapeau politique, ne cherchent que le pillage et le meurtre. Dans un mois, tous les ports du golfe du Mexique ouverts au commerce étranger ne peuvent manquer d'être ralliés à la cause de l'intervention. Déjà Tabasco, Minatitlan, Carmen ont secoué le joug de Juarez, et il suffira, selon toute apparence, d'une démonstration qui se prépare contre Sisal et Tampico pour en chasser les *puros* qui y tiennent encore. Campèche ne semble pas éloigné non plus de recouvrer la liberté de ses manifestations. Quant à Vera-Cruz, elle a donné son éclat son adhésion à l'empire par 919 voix contre 43 d'abstention et d'opposition réunies.

« Les mêmes progrès sont acquis à l'intervention dans toutes les autres provinces mexicaines où elle a pu faire sentir son action, tandis que Juarez, abandonné de tous ses partisans de marque, et réduit à quelques centaines d'hommes pour toute escorte, ne semble plus attendre à San-Luis de Potosi que l'heure de quitter le pays. Brouillé avec le général Ortega et la législature de Zacatecas, n'ayant plus un officier supérieur dévoué auprès de lui, il a dû improviser un général de brigade en la personne de son ancien ministre des finances, afin d'en faire une sorte de ministre de la guerre. Il a vu successivement se détacher de lui le général Doblado, qui, dit-on, vient de faire définitivement son pronunciamiento en faveur de l'intervention et de la monarchie, ainsi que le général Comonfort, qui paraît avoir quitté Silao avec l'intention de se rendre à Mexico, mais qu'une maladie grave retient en ce moment à Apasco, près de Guanajuato.

« Le général Tapia et quelques autres officiers qui l'avaient suivi à San-Luis refusent aujourd'hui de lui obéir, et son autorité n'est plus reconnue que nominalement par les quelques bandes, débris de son armée, qui désolent le Michoacan et s'y livrent aux plus abominables excès contre les populations paisibles.

« Il n'y a rien encore de définitivement arrêté quant au choix des membres de la députation qui doit porter à l'archiduc Maximilien les vœux de la nation mexicaine ; mais il est certain cependant que cette députation sera promptement désignée, et l'on pense qu'elle pourra prendre passage pour l'Europe sur le paquebot qui doit partir de Vera-Cruz le 17 août. »

Cette lettre contenait des inexactitudes; car Doblado n'était nullement soumis et Comonfort n'avait témoigné aucune velléité de se rendre à Mexico; mais elle peint très-fidèlement l'état du Mexique, au point de vue du parti conservateur.

Une lettre écrite de Vera-Cruz, le 31 juillet, au *Sémaphore* de Marseille, examine les choses plus froidement :

« Vera-Cruz, 31 juillet.

« Me voici de retour dans mon pays favori de Vera-Cruz; j'y suis arrivé le 19 juillet, deux jours après le départ du courrier français de Saint-Nazaire, ce qui m'a privé du plaisir de vous envoyer la primeur de la grande nouvelle du jour. Oui, ces braves Mexicains veulent avoir un empereur, et ils le veulent bien sérieusement; car depuis la proclamation des notables citoyens de Mexico, une copie en ayant été déposée à la mairie de toutes les villes occupées par nos troupes, avec invitation aux habitants d'y venir librement adhérer, tous se sont empressés de répondre à cet appel, en sorte que cette pièce se couvre partout de nombreuses signatures. Les Mexicains ont parfaitement raison; mieux vaut pour eux, dans les circonstances actuelles, un pouvoir monarchique que la république bâtarde, dont on les menaçait avec les réactionnaires pour chefs du gouvernement. Bien des personnes, même de celles qui ont sincèrement étudié et connu les besoins et les tendances du Mexique, ont été étonnées de la facilité avec laquelle il a accepté l'idée d'un empire; mais les faits sont là, et le mouvement paraît aller en grandissant. Ce qu'il faut cependant ajouter, pour être véridique en tout point, c'est que le choix de l'empereur n'est pas populaire. Les populations sont loin d'être de l'avis des notables de Mexico, qui ont donné la préférence à un Habsbourg sur un prince français. Les citoyens s'empressèrent cependant de signer la proclamation, mais avec l'espoir que l'Autrichien ne se rendra pas à leurs vœux, ou du moins qu'il se rendra au vœu le plus cher qu'ils ont mentalement, et qu'il refusera. La conduite de notre brave armée dans tous les lieux où elle passe nous a acquis de nombreuses sympathies, et si les Mexicains veulent un prince étranger pour les gouverner, ils veulent que ce prince soit français. D'ailleurs, il serait possible que le dernier mot de cette affaire fût encore caché. Attendons donc et engageons les Mexicains à prendre patience.

« Le quartier général est toujours à Mexico, mais de nombreux détachements de l'armée française ont été envoyés dans diverses directions pour faire la chasse aux guérillas. Un corps d'armée considérable marche aussi dans la direction de San-Luis de Potosi, où Juarez a installé son gouvernement. On dit qu'il a encore une quinzaine de mille hommes, venus de différentes provinces après la chute de Puebla.

« Miramon, l'ex-compétiteur de Comonfort et de Juarez, ayant réuni au Texas quelques milliers d'aventuriers, vient de rentrer en armes sur le territoire du Mexique. On ne sait pas encore exactement ses intentions.

« Cette année, le vomito est beaucoup plus mauvais que l'an dernier, mais le nombre des morts est bien moins considérable, toute notre garnison se composant presque exclusivement de nègres ou de blancs déjà acclimatés, et ayant passé la maladie l'année dernière.

« Dans quelques jours une expédition partira d'ici pour aller réoccuper Tampico, le point le plus important après Vera-Cruz, comme position maritime. Un détachement occupe déjà depuis longtemps Alvarado, et un autre vient d'occuper Minatitlan. En allant porter une partie des troupes destinées à ce dernier point, le *Montézuma* s'est perdu dans la rivière de Coatzacoalcas; on a l'espoir de sauver la machine. »

CHAPITRE XXVII

Expédition de Tampico.

L'expédition contre Tampico était depuis longtemps méditée, elle quitta Vera-Cruz le 6 août, et s'empara de cette ville sans grande difficulté, les Mexicains s'étaient retirés après nous avoir envoyé seulement quelques coups de canon à la barre de la rivière. Les mille hommes d'infanterie de marine qui composaient cette expédition furent divisés en trois corps, et cantonnés à Panuco, Altamira et Tancasneca; la garde de la ville fut confiée à deux cents hommes de milice volontaire, que l'on appelait habituellement contre-guérillas ou bachi-bouzouks. Le contre-amiral Bosse rendit compte en ces termes du succès de l'entreprise :

Mouillage de Tampico. — *Bellone*, le 13 août 1863.

MONSIEUR LE MINISTRE,

J'ai l'honneur d'informer Votre Excellence que l'expédition de Tampico s'est heureusement accomplie. Les troupes d'infanterie de marine, débarquées à l'entrée de la rivière, ont occupé cette ville, le 11 août, dans l'après-midi. Cette opération, qui présentait d'assez grandes difficultés en raison surtout de l'état de la barre, qui passe pour être la plus mauvaise du golfe, s'est effectuée sans que nous ayons de pertes sérieuses à regretter.

J'ai déjà fait connaître à Votre Excellence que les troupes que le maréchal Forey avait destinées à cette expédition se composaient du régiment d'infanterie de marine, de deux compagnies d'infanterie et d'un escadron de cavalerie de volontaires de Tampico. On avait en outre fait embarquer deux pièces de 4 et deux pièces de 12 rayées. Le commandant supérieur de la Vera-Cruz n'ayant pu fournir le matériel nécessaire pour armer ces pièces, je me suis vu dans l'obligation d'y pourvoir en débarquant des matelots canonniers de la flotte. L'effectif total de ces troupes, placées sous le commandement du colonel Hennique, de l'infanterie de marine, s'élevait à 1,280 hommes et 172 chevaux.

Le départ de l'expédition avait été fixé au 6 août. Le matériel et trois mois de vivres avaient été embarqués à l'avance, et toutes les dispositions étaient prises pour que les troupes n'eussent pas à séjourner à la Vera-Cruz.

Arrivés dans cette ville le 6 août à trois heures de l'après-midi, par le chemin de la Téjéria, elles furent immédiatement conduites à bord, et, le même jour, à sept heures du soir, tous les bâtiments de l'expédition faisaient route pour Tampico. J'emmenai avec la *Bellone*, l'*Eure*, l'*Entreprenante*, le *Panama* et la *Tempête*. Le *Milan* était parti en avant pour étudier la côte aux environs de la rivière, et le *Brandon*, arrivé de France depuis deux jours, devait nous rejoindre le lendemain.

Dans la matinée du 8, tous ces navires arrivaient devant Tampico. Je trouvai au mouillage le *Milan*, qui avait été contrarié dans ses opérations par une mer assez grosse. Son second, le lieutenant de vaisseau de Beausset, en allant faire une reconnaissance à la plage, s'était jeté à la mer, avait été entraîné par le courant et avait disparu. Après avoir fait des recherches inutiles, on le croyait noyé. Au moment de notre arrivée, un parlementaire envoyé par le gouvernement de Tampico vint nous prévenir qu'il avait été retrouvé sur la plage et fait prisonnier.

Les renseignements donnés par le *Milan* et les reconnaissances que je fis faire dans la journée me prouvèrent que le débarquement était impossible sur la côte en dehors de la rivière : une ceinture presque continue de bancs, sur lesquels la mer brise avec violence, en défendait l'entrée. Il fallut donc nous décider à franchir, avec des embarcations chargées de nos troupes et sans pilote (les autorités mexicaines les avaient emmenés à l'intérieur), une barre fort dangereuse, et sur laquelle nous ne possédions que très-peu de renseignements.

L'entrée de la rivière était commandée par un ouvrage en terre, armé de cinq pièces de canon placées sur la pointe nord de l'embouchure; l'armement de cet ouvrage se composait de deux pièces rayées de 24 et d'une pièce de moindre calibre. Il avait tiré la veille sur des embarcations du *Milan*, occupées à sonder, et cette circonstance me décida à le faire attaquer sans retard. Je donnai l'ordre au *Milan*, au *Brandon*, et à la *Tempête* de prendre position le plus près possible de terre. Ces bâtiments, dirigés par M. le capitaine de frégate Duburquois, purent s'approcher à la distance de 1,500 mètres, et leur feu, bien dirigé, ne tarda pas à faire taire celui de l'ennemi. Ses boulets n'eurent d'autre résultat que de couper quelques manœuvres à bord du *Milan*.

Le jour était trop avancé pour que je pusse profiter de cet avantage; je fis prendre les dispositions pour débarquer les troupes le lendemain matin. Avec les embarcations que j'avais emmenées de la Vera-Cruz, aidées de celles des navires, nous pouvions mettre à terre, en un seul voyage, environ 690 hommes. J'en fis désigner 200 pour embarquer dans quatre canots-tambours; nos trois petits remorqueurs à vapeur devaient les conduire rapidement à la plage, sous la protection des canots de la *Bellone*, armés en guerre. Ils devaient s'établir sur la rive, et assurer ainsi le débarquement des autres troupes. J'avais confié la direction de cette opération difficile à mon capitaine de pavillon, le commandant d'Elissalde.

Au point du jour, quelques cavaliers se montrèrent dans la batterie dont les canons avaient été enlevés ; les avisos reprirent leur poste de la veille pour balayer la plage pendant que les embarcations se dirigeaient vers la barre. Quelques coups de canon suffirent pour nous débarrasser des guérilleros embusqués dans les broussailles. Après un retard assez dû à l'état de la mer et à la difficulté de se guider sans pilote au milieu des brisants, le commandant d'Elissalde put franchir la barre du sud, et toutes les embarcations passèrent après lui. Une seule, le yacht à vapeur la *Jeanne-d'Arc*, fut remplie par la lame et coulée à fond. On put heureusement sauver tout le personnel qu'elle avait à bord. Les canots se dirigèrent vers la rive nord, et le débarquement put s'effectuer sans résistance.

Dans l'après-midi, le manque d'eau sur la barre ne nous permit pas de continuer le débarquement ; mais les troupes mises à terre avaient emporté trois jours de vivres, en sorte que j'étais sans inquiétude sur leur compte. Le 17, dans les quelques heures de la matinée où la barre se trouva praticable, nous mîmes à terre ce qui restait de troupes : 80 chevaux et deux pièces rayées de 4. Le succès de l'entreprise était dès lors assuré, et nous fûmes prévenus que les troupes mexicaines qui se trouvaient dans la ville renonçaient à la défendre et se retiraient dans l'intérieur.

Le 11, la majeure partie des bagages fut déchargée, le colonel Hennique put se mettre en marche et prendre possession de la ville sans coup férir.

Nos équipages ont fait preuve, dans cette expédition, d'une énergie et d'une abnégation à toute épreuve. Les travaux les plus difficiles ont été exécutés sous un soleil ardent, avec un entrain et une activité qui ne se sont pas démentis un seul instant. Votre Excellence jugera des difficultés que nous avons eu à vaincre par ce fait, que les navires avaient dû mouiller à trois milles de terre, et que c'est avec des moyens très-réduits que le transbordement a dû s'effectuer.

Je suis, etc.

Le commandant en chef des forces
françaises dans le golfe du Mexique.
A. BOSSE.

L'occupation de Tampico, d'Apam, de Teotihuacan et de Tlalpan permit aux troupes de rayonner dans une zone suffisamment étendue, le long des côtes de la Vera-Cruz. A Mexico, le 3e régiment de zouaves poursuivit les bandes ; un corps d'infanterie et de cavalerie prit Tlascala, place située à 35 kilomètres sud de Puebla, et un autre stationna à Jalapa. Enfin, le général Vicario, envoyé avec un corps mexicain allié à Cuernavaca, sur la gauche de la capitale, battit les troupes juaristes et leur fit 350 prisonniers, au nombre desquels se trouvaient 22 officiers. Ces prisonniers arrivèrent le 27 juillet à Mexico.

On écrivait de la Vera-Cruz, à la fin de juillet :

« La Terre Chaude est débarrassée des guérillas, et un voyageur peut maintenant se diriger vers la côte sans être volé deux ou trois fois par jour. Il ne se passe guère de jour sans que le gouvernement reçoive l'adhésion de quelque ville. Déjà la Vera-Cruz, Orizaba, Puebla, Toluca, Pachuca et un grand nombre de petites villes ont manifesté leur approbation du nouvel ordre de choses, et comme les Français ont été partout reçus en libérateurs, il est à supposer que la forme monarchique n'est pas aussi violemment opposée aux vœux de la nation que quelques-uns l'ont prétendu.

« Nous sommes tous impatients de connaître la décision de l'archiduc Maximilien. Si, comme quelques-uns le supposent, il ne regarde pas le mode d'élection comme exprimant suffisamment les vœux de la nation, il n'aura pas besoin d'ajourner longtemps sa décision pour voir tous ses doutes se dissiper. Si, comme d'autres le pensent, il fait dépendre son acceptation de l'appui de l'Angleterre, ce n'est certainement pas la Grande-Bretagne qui lui sera un obstacle dans sa voie, car nulle contrée d'Europe n'est aussi intéressée qu'elle au bien-être du Mexique. »

CHAPITRE XXVIII

Jugement de l'Europe. — Le *Times*. — Le *Sun*. — La *France*.

La prise de Puebla et de Mexico, la révolution pacifique qui s'était effectuée, causèrent en Europe aussi bien qu'en Amérique une sensation profonde, et donnèrent lieu à une multitude de commentaires.

« Il est impossible, disait le *Times* dès le 23 juillet, de faire autre chose que de deviner les intentions de Napoléon III à l'égard du Mexique ; mais on peut prédire avec quelque certitude que l'armée française tiendra longtemps garnison dans la ville de Mexico. Lorsque Juarez aura été battu ou déserté par les partisans qui lui restent encore, toute opposition réelle aura cessé, et il ne restera plus à l'armée française qu'à recueillir le fruit de ses travaux en établissant à Mexico un gouvernement sous le protectorat de la France. Il n'y a pas de raison pour que les Français ne fassent pas de la république une province française en fait, si ce n'est de nom. Les Mexicains ne sont pas une nation énergique ni persévérante.

« Comme Anglais, nous n'avons aucune jalousie à cet égard, et nous serons charmés de trouver une des plus belles régions de la terre développée sans nous occuper de l'influence qui aura présidé à ce développement. Les ressources du Mexique sont encore immenses. La nature a tout fait pour cette noble terre. C'est l'homme seul qui lui manque. Nous ne connaissons pas les intentions de l'Empereur des Français ; mais son patronage ne peut qu'être avantageux à une nation si désorganisée. Nos espérances seraient plus grandes si les Français savaient coloniser ; mais, dans tous les cas, la présence d'une armée française et la surintendance des autorités françaises ne peuvent qu'être favorables à cette race hybride qui forme la population de la république mexicaine. »

Développant ses appréciations, le *Times* du 31 juillet entrevoyait, comme prix des travaux et des fatigues de l'expédition, une augmentation de force et de gloire pour la France. Il mettait en relief la hardiesse du plan qu'avait suivi le gouvernement français en se séparant des deux autres puissances.

« Bien que la distance, la maladie, la résistance inattendue de l'ennemi, ajoutait le journal, aient rendu presque douteux le résultat de la campagne, cependant il en est peu qui osent maintenant nier que le succès ait couronné les efforts de l'Empereur.

« Quoiqu'à l'entrée de la campagne l'Empereur ait ajouté trop de foi aux promesses d'Almonte et se soit allié à des réactionnaires qui ne pouvaient avoir aucun crédit, par sa persévérance il a surmonté toutes les difficultés, et il paraît aujourd'hui se séparer entièrement des intrigants illettrés et bigots que l'on supposait, il y a quelques mois, être par-dessus tous les amis de la France.

« Il n'est guère possible de se faire encore une idée des intentions de l'Empereur. Il est probablement encore lui-même dans le doute, et il ne songe probablement qu'à régler sa conduite sur les événements.

« Peut-être est-il indécis entre le rétablissement de la république, la fondation d'un empire du Nouveau Monde avec un archiduc autrichien, ou la formation d'une seconde et plus riche Algérie.

« Ou bien la France se contentera peut-être simplement, pour prix du sang et de ses dépenses, d'une occupation temporaire comme celle de Rome. Peut-être les régiments français sont-ils destinés à se relever l'un l'autre pendant dix ou vingt ans dans la ville de Montézuma, y soutenant quelque président respectable mais sans pouvoir, et veillant à l'exécution de la loi et au maintien de l'ordre.

« Nous ne ferons pas de conjectures vaines à ce sujet, mais nous dirons seulement que l'Empereur semble avoir dans le général Forey un politique prudent aussi bien qu'un habile et heureux général, un homme pouvant consolider les avantages de la victoire par l'habileté de sa conduite vis-à-vis des vaincus.

« On dit que la proclamation du général a produit un effet très-favorable, et nous le croyons facilement. Il y a quelque temps, le peuple mexicain aurait eu dans les veines assez de sang espagnol pour résister à un Bonaparte envahisseur, comme il l'a fait la mère patrie en 1808.

« A cette époque, les Français venaient au nom de la civilisation et du progrès. Ils venaient renverser un gouvernement abominable et corrompu, détruire l'Inquisition et établir la liberté des cultes; faire des lois moins absurdes dans leurs principes et moins injustes pour la masse de la population; en un mot, avec les vues les plus libérales.

« Mais quelles qu'aient été d'abord les idées des Mexicains, aujourd'hui ils paraissent avoir donné leur acquiescement à la tutelle de la France. La proclamation du général Forey les satisfait; la bonne conduite de ses troupes leur donne confiance.

« Le général rassure le parti libéral, qui d'abord craignait l'arrivée des Français comme devant apporter avec eux la suprématie des réactionnaires. Il dit : « Abandonnez ces démi- « nations de libéraux et de réactionnaires qui ne font qu'en- « gendrer la haine, perpétuer un esprit de vengeance et exciter « les plus mauvaises passions. » Il déconcerte le parti clérical, qui comptait peut-être sur la vengeance et eût fait d'Almonte lui-même un instrument pour établir un gouvernement de conciliation et de compromis.

« La principale raison de cette prompte soumission des Mexicains est peut-être le terrible état d'insécurité dans lequel sont placées la vie et la propriété des citoyens. La grandeur nationale, l'indépendance nationale, les institutions libres, sont choses importantes, et peuvent exciter pour les défendre les passions les plus ardentes. Mais la sécurité, l'honneur des femmes, mais l'exemption de la spoliation sous le nom d'impôts ou de taxes, sont bien plus importants encore.

« Lorsque cela manque, le patriotisme perd bientôt de son feu, et l'ordre lui-même, qui est rétabli par un conquérant ou par un étranger, est tacitement salué comme le bienvenu. Tel paraît être le cas au Mexique. Le général Forey déclare qu'à l'avenir il n'y aura ni réquisition ni contribution forcée, et qu'il ne sera pas commis de crimes sans que leurs auteurs ne soient punis.

« La propriété sera placée sous la sauvegarde de la loi. L'armée sera régulièrement recrutée, et les hommes ne seront pas arrachés à leurs familles pour être incorporés dans les bandes des chefs en lutte les uns contre les autres. Les impôts seront régulièrement perçus suivant les moyens des citoyens.

« L'église catholique sera soutenue, bien que l'Empereur verrait avec plaisir l'établissement de la liberté des cultes, ce grand principe de la société moderne, si cela est possible. Le brigandage sera réprimé; l'administration de la justice sera purifiée, en sorte qu'elle ne sera plus désormais au service du plus offrant.

« Telles sont les promesses du protectorat français, et nous savons déjà qu'elles ont commencé à être mises à exécution.

« La ville de Mexico n'est déjà plus exposée à la violence de ce qu'on appelait des gouvernements ou à celle des malfaiteurs qui vivent de l'anarchie. On dit même que de tous les côtés du pays le général français reçoit des demandes de soldats pour protéger les habitants.

« La France peut donc être satisfaite du succès de l'expédition et du renom qu'elle a donné à ses armes dans le Nouveau Monde. Cependant elle a maintenant à accomplir une tâche plus ardue, alors que le général Forey va essayer d'établir et maintenir un gouvernement solide pour le pays.

« Une assemblée des notables va être convoquée, et ce corps élaborera de nouvelles institutions.

« On nous informe de plus que l'établissement d'une monarchie sera probablement le résultat de ses délibérations, et que le peuple verra avec plaisir cette forme de gouvernement. Nous ne ferons aucune conjecture à ce sujet.

« Nous espérons seulement que les Français agiront de manière à conserver leur popularité et à donner au pays une paix et un ordre constants. S'ils font cela, nous n'envierons ni leur triomphe actuel, ni l'influence qu'ils pourront établir pour l'avenir dans l'Amérique centrale. »

La presse européenne, sauf quelques exceptions, n'accueillit pas défavorablement la nomination de l'archiduc.

« Le choix de Maximilien d'Autriche, disait le *Sun*, est éminemment satisfaisant sous certains rapports. En élisant ce prince, le Mexique catholique s'est assuré un souverain catholique. Un prince autrichien a été élu par le Mexique au moment même où le gouvernement de Vienne commence à être regardé avec une grande faveur en Europe, parmi les partisans les plus ardents de la monarchie constitutionnelle, la meilleure de toutes les formes de gouvernement.

« Pour les institutions républicaines déchirées de l'Amé-

rique du Nord, la nouvelle de la transformation du Mexique en empire, sous le sceptre de S. M. Maximilien Ier, ne peut pas être regardée autrement que comme un coup terrible et un grand découragement. Quant à l'Autriche elle-même, l'effet de ce choix de l'un des archiducs pour empereur futur d'un État conquis par l'épée de la France, ne peut que tendre à resserrer davantage et avec plus d'harmonie l'Autriche et la France. Résultat très-propice assurément pour les Polonais ! Voilà les principales raisons (et il y en a encore beaucoup d'autres), pour lesquelles nous croyons être en droit d'envisager avec satisfaction l'élection par le Mexique de l'empereur Maximilien. »

Un journal qui s'était toujours déclaré partisan d'une modification gouvernementale au Mexique, la *France*, énuméra les motifs qui militaient pour elle. Nous ne partageons point entièrement les appréciations de ce journal, mais son article sur les *traditions monarchiques au Mexique* est un morceau d'histoire très-exact, où sont peintes fidèlement les tendances et les aspirations du parti qui dominait avec le concours de l'intervention française.

« La restauration, si facile et si prompte, du trône de Montézuma n'étonnera point les personnes qui ont prêté quelque attention aux affaires du Mexique. S'il était au monde une contrée qui ne fût pas faite pour subir le régime républicain, c'était, à coup sûr, la vaste colonie qui porta si longtemps le nom de Nouvelle-Espagne.

« Trois siècles de domination espagnole succédant aux monarchies primitives renversées par Fernand Cortez, étaient une singulière préparation à l'ordre de choses qui prévalut après l'affranchissement. Des vice-rois, représentants d'un maître tout-puissant mais éloigné, avaient accoutumé les esprits aux habitudes comme aux formes d'une royauté européenne. Ils étaient entourés d'une cour brillante, comme de nos jours encore, les gouverneurs anglais qui administrent l'Indoustan au nom de la reine Victoria.

« Au sein des populations mexicaines, rien non plus n'avait fait pressentir l'avénement d'une république. Les indigènes, courbés sous le poids d'une servitude trois fois séculaire, ne concevaient pas et ne pouvaient même concevoir l'idée d'une forme de gouvernement que si peu de peuples ont réellement appliquée. Il est encore aujourd'hui de nombreuses tribus qui s'imaginent vivre sous le sceptre du roi d'Espagne : l'émancipation de 1820 est pour elles comme non avenue.

« Les habitants d'origine européenne ont été surpris, eux aussi, par la déclaration d'indépendance. Le gouvernement de la métropole, soupçonneux et tracassier, ne les avait pas initiés à la pratique des affaires. Le Mexique n'avait ni autonomie, ni franchises. On ne trouvait nulle part le germe d'aucune de ces institutions qui ont permis aux colonies anglaises de l'Amérique du Nord de former, dès le lendemain de l'émancipation, autant de libres républiques.

« La monarchie s'offrait donc aux Mexicains comme une forme naturelle et inévitable de gouvernement. Au dedans, elle était la garantie assurée de l'ordre au sein d'une société où un homme seul, investi de la toute-puissance de la métropole, avait jusqu'alors pensé pour tous, agi pour tous. Au dehors, elle était un symbole d'union en face des États-Unis, qui avaient commencé leur marche envahissante. Elle était un lien de plus avec les vieilles nations européennes dont la jeune Amérique, quoi qu'elle fasse, aura encore longtemps besoin.

« Néanmoins, le Mexique dut se constituer en république.

« Il n'avait pas eu le bonheur de rencontrer devant lui le représentant énergique et résolu de quelque antique dynastie, qui vînt unir ses destinées aux destinées d'un nouvel État.

« Il n'avait pas eu non plus l'heureuse fortune de produire l'un de ces grands hommes qui apparaissent parfois au milieu des peuples en révolution et s'imposent à leurs contemporains par l'ascendant d'un génie organisateur.

« Quelle eût été la condition du Mexique si, comme au Brésil, un prince intelligent et décidé fût venu prendre hardiment la direction d'une société qui n'était pas alors en voie de dissolution ? Que l'on jette un instant les yeux vers la jeune royauté constitutionnelle de Rio-Janeiro : ne sera-t-on pas frappé du contraste qui s'établit entre une monarchie populaire qui demande des réparations à l'Angleterre elle-même, et ce misérable gouvernement de Juarez que les soldats de la France ont châtié en le jetant à terre ?

« Quelle eût été encore la condition du Mexique si, du sein de ses discordes civiles, fût surgi un héros, guerrier et homme d'État à la fois, qui eût protégé les citoyens de son épée et replacé la société sur ses vraies et naturelles bases?

« Le Mexique n'a pas eu son général Bonaparte, bien que les 18 brumaire ne lui aient pas fait défaut. Dans l'incroyable série de présidents tour à tour élus, détrônés ou fusillés, il n'y a pas eu un homme vraiment supérieur. Iturbide se hâta trop; Santa-Anna, qui occupa tant de fois la première place, ne fut guère qu'un Espartero doublé d'un *guerillero*; il manqua de décision, et probablement aussi de génie politique.

« Le Mexique se résigna à être une république en attendant que Dieu et la France lui vinssent en aide.

« Il est à croire que cette forme de gouvernement était soutenue encore et patronnée à Mexico par une grande Confédération voisine. Comment, après tout, s'imaginer que le régime républicain peut être fatal au Mexique, alors que, sur ses frontières, il était l'âme, la vie, la gloire de trente-cinq États, rapprochés par un simple lien fédératif, mais jouissant à tous égards de la plus large, de la plus complète autonomie?

« On oubliait seulement que les constitutions politiques ne s'improvisent pas. Elles sont le développement régulier, naturel de toute l'histoire d'un peuple; elles représentent, non pas l'aspiration d'une heure, mais toute une série de siècles.

« Le Mexique a expié cher, jusqu'à ce jour du moins, l'expérience contre nature qu'il a tentée. Quelle autre explication donner de ces révolutions continuelles, de ces *pronunciamentos* sans fin? Comment se rendre compte du passage incessant de la république unitaire, où le président vise au rôle de roi, à la république fédérative, où il n'est plus qu'un magistrat destitué d'autorité réelle, comme cela était à Washington avant Abraham Lincoln?

« L'établissement d'une monarchie tempérée au Mexique n'est donc pas seulement la solution de l'expédition française; il est encore la seule issue possible à l'état d'anarchie dans lequel ce malheureux pays était plongé.

« L'Assemblée constituante de Mexico (laissons-lui le nom que le *Moniteur* lui donne), composée de l'élite de la nation, n'a pas cédé uniquement à un élan spontané d'enthousiasme en proclamant la création d'une monarchie. Éclairée par quarante années de déplorables discordes pendant lesquelles elle a vu son territoire envahi de moitié, sa considération anéantie au dehors, et ses ressources intérieures épuisées sans fruit, elle a émis un vote longuement médité. Après tant de bouleversements inutiles, il ne restait plus qu'une épreuve à tenter, — et celle-ci, nous le croyons, réussira,— c'était de revenir, à l'exemple d'autres peuples du vieux continent, aux vraies traditions nationales. »

SYLVESTRE.

CHAPITRE XXIX

La présentation des drapeaux.

Par une conséquence naturelle de l'éloignement, plusieurs semaines s'écoulaient entre les événements et les réflexions qu'ils suggéraient aux organes de l'opinion européenne, entre les victoires et leur célébration en France. Nous avons cité les articles du *Sun* et de la *France*, parce qu'ils ont une connexité intime avec le vote solennel du 10 juillet, et que les en écarter, c'eût été séparer le corollaire du texte; mais l'article du *Sun* est du 10 août, et celui de la *France* du 25. A l'heure où l'Assemblée des notables changeait la forme du gouvernement mexicain, on ne savait pas même à Paris que Mexico avait ouvert ses portes au corps expéditionnaire. Ce fut seulement huit jours après, le 18 juillet, que la *Vera-Cruz*, paquebot de la compagnie transatlantique, parti le 15 juin, entra dans le port de Saint-Nazaire, avec cent quatre-vingt-onze passagers. Parmi eux était le marquis de Gallifet, chargé d'une mission spéciale. Il se hâta de faire connaître, par une dépêche, son arrivée à l'Empereur, qui était alors à Vichy.

L'officier d'ordonnance de l'Empereur en mission à Sa Majesté.

« SIRE,

« Le 31 mai dernier, à l'approche de la division Bazaine, l'ex-président Juarez, craignant d'être pris, s'est enfui à la hâte avec quelques troupes, se dirigeant sur San-Luis de Po-

tosi. Le général Bazaine a fait occuper la ville où le général en chef a fait son entrée le 10 juin, à la tête de l'armée et accompagné du ministre de France et du général Almonte. L'enthousiasme était au comble. Cette marche triomphale au milieu de 200,000 habitants, aux cris de : Vive l'empereur! vive l'impératrice! vive l'intervention française! a produit une grande sensation dans tout le pays.

« Je suis chargé de présenter à Votre Majesté : 1° 5 drapeaux et 13 fanions, pris à l'ennemi à l'assaut de Saint-Xavier et au combat de San-Pablo del Monte; 2° les clefs en argent de la ville de Mexico : elles sont offertes à Votre Majesté par la municipalité de cette ville; 3° une lettre du général en chef; — à S. A. le prince impérial : un petit canon rayé de 3 avec son affût et son approvisionnement pour 30 coups. Ce canon, pris à Puebla, est offert à son Altesse impériale par l'armée du Mexique. »

Les drapeaux mexicains étaient en étoffe de soie, divisés en bandes vert, blanc et carmin. La bande médiane portait le vautour mexicain tenant sous ses griffes la queue en or et la tête du serpent; la hampe était recouverte de velours cramoisi et terminée par une pointe de lance pleine ou à jour.

Le premier des drapeaux était criblé de balles et presque en lambeaux.

Le second était un drapeau de cavalerie avec une hampe en bois tourné; et cette inscription 1ro *regimiento de caballeria de Durango.*

Sur le troisième, on lisait : 3ro *Movil del distrito.*

Le quatrième avait la hampe recouverte en velours vert, terminé par le vautour et le serpent en cuivre doré; l'inscription portait : *Republica mexica. — Batallion de Zapadores.*

Celle du cinquième : *San-Luis Potosi. — 2e batallion de guardiani.*

Les fanions, beaucoup moins grands, ne présentaient rien de bien remarquable; seulement sur quelques-uns étaient peints les insignes suivants : une ancre renversée; sur la tige sont croisés deux instruments d'agriculture; au-dessus une grenade, au centre de laquelle un grand Z barré.

Le marquis de Gallifet arriva le 19 juillet par un train spécial à Vichy; quoiqu'il fût onze heures du soir, il fût immédiatement reçu par MM. de Béville, de Toulongeon, Le Pic, de Clermont-Tonnerre et de Vassart, aides de camp et officiers d'ordonnance, et se rendit au châlet où logeait l'empereur et lui offrit les trophées dont nous venons de donner la description.

Le lendemain matin, à 10 heures et demie, les sous-officiers du 3e régiment de grenadiers de la garde furent mandés au châlet, avec une compagnie et la musique. L'empereur était sur la terrasse (*veranda*) de son châlet, avec toutes les personnes de sa maison : M. le marquis de Gallifet était au second plan, mais, lorsque les grenadiers sont arrivés, l'empereur lui dit :

« Distribuez vous-même les drapeaux aux sous-officiers de mes grenadiers qui auraient bien su les conquérir s'ils avaient fait la campagne du Mexique. »

Du châlet impérial les grenadiers, musique en tête, partirent triomphalement, et allèrent déposer leur glorieux butin autour du tertre qui portait le drapeau du 3e régiment.

Vers midi, M. de Gallifet était assis au Parc, causant avec quelques amis; une surprise des plus agréables lui était réservée. S. A. le prince Murat est venu lui remettre les épaulettes du grade de chef d'escadron.

Un bal d'enfants, des fanfares, une retraite aux flambeaux, animèrent la fin de la journée.

CHAPITRE XXX

Les prisonniers.

Cependant de vivants trophées de la victoire étaient amenés en France. Les prisonniers mexicains débarquaient à Brest et à Lorient, d'où ils étaient dirigés sur Nantes, Bourges, Tours, Évreux, Toulouse et autres villes. Ceux qui étaient à bord de la frégate à vapeur le *Darien*, entrèrent, le 26 juillet, dans le port de Lorient, d'où ils partirent immédiatement pour Tours et Bourges; toutefois, ils prirent le temps de rédiger une lettre que signa, au nom de tous, le général Mendoza. Elle était adressée au capitaine J. Ropert, commandant du *Darien*, pour être communiquée à l'état-major, composé de MM. Flandin, lieutenant de vaisseau, second ; Blanc, enseigne de vaisseau ; Dolque, id.; Clute, aspirant de 1re classe ; Denis, id.; Combe, chirurgien de 2e classe ; Guinaud, chirurgien de 3e classe ; Le Pontois, commis de marine.

« Lorient, 26 juillet.

« Monsieur,

« En touchant ce port, où nous arrivons de Vera-Cruz comme prisonniers de guerre, mon premier devoir est de vous adresser la présente lettre comme gage de notre gratitude et de notre reconnaissance pour les égards et les bontés que vous nous avez prodigués pendant tout le temps que nous avons passé à bord du *Darien*. Nous y avons reçu de vous, de vos recommandables officiers et de tout l'équipage, une hospitalité

pect superstitieux qu'inspirait Jeanne d'Arc. Si d'ailleurs quelqu'un l'avait insultée, elle aurait su le mettre à la raison, car elle avait acquis sur l'escrime une étonnante habileté.

Son mari fut tué dans une rencontre. Elle resta à son poste, devint lieutenant et capitaine, et le 5 mai 1862, repoussant les troupes que commandait le général de Lorencez, elle mérita le grade de lieutenant-colonel du régiment de Zacatecas. Elle avait contribué à la défense de Puebla et partagé le sort de la garnison.

Un convoi de prisonniers mexicains vint à Nantes par le train express de Lorient, dans la soirée du 27 juillet. En descendant de leur wagon les voyageurs se mêlent à la foule. C'étaient presque tous de jeunes hommes; plusieurs étaient imberbes et avaient plutôt l'air de collégiens en vacances que d'officiers. Ils

La flotte française à Sacrificios.

et des services de toutes sortes, dont nous conserverons toujours un souvenir reconnaissant.

« Je possède la liste nominative de toutes les personnes appartenant au *Darien*; je m'empresserai de la faire publier au Mexique, pour que tout bon Mexicain connaisse les noms de ceux dont nous demeurons, à si juste titre, les obligés ; je vous assure, monsieur le Commandant, que nous avons admiré les qualités de vos subordonnés et que vos officiers sont des cavaliers (*caballeros*) aussi accomplis que dignes de porter les armes de la France.

« Permettez-moi, monsieur le Commandant, de publier cette lettre, et laissez-moi, je vous prie, au nom de tous les officiers mexicains prisonniers en France, vous offrir les témoignages de leur gratitude et leur respectueuse considération.

« DE MENDOZA,
« Général mexicain. »

Parmi les prisonniers que transporta le *Rhône* de la Vera-Cruz à Brest, était une jeune Indienne de vingt-trois ans. Mariée très-jeune à un militaire, elle le suivit, obtint de combattre à côté de lui, et à dix-huit ans, elle avait obtenu le grade de sous-lieutenant. Les soldats avaient pour elle un peu de ce res-

étaient généralement maigres; leur stature était petite, néanmoins bien prise, ils avaient le teint cuivré, et dans leurs yeux noirs brillait comme un reflet de feu : en somme, malgré leur taille peu avantageuse, ils avaient un air décidé, presque martial. Ceux qui parlaient français, et c'était le plus grand nombre, engageaient volontiers conversation avec les curieux.

Ils saluèrent le maire avec respect.

Les cheveux blancs, la tête splendide de virile vieillesse du bon magistrat les avaient frappés.

— Le nom de ce majestueux *caballero!* demanda l'un d'eux.

— Ferdinand Favre, sénateur de l'Empire et maire de Nantes depuis vingt ans, lui fut-il répondu.

— Que Dieu l'assiste, dit le Mexicain en inscrivant le nom sur ses tablettes.

« Nous n'avons pas remarqué, mandait de Nantes un témoin oculaire, qu'il y eût le moindre surveillant préposé à leur garde. Les prisonniers jouissaient de la liberté la plus absolue.

« Ils se sont empressés de nous rendre une visite cordiale au sortir de la gare, où les officiers supérieurs ont pris place à deux tables principales; les officiers subalternes se tenaient debout au milieu de la salle de réfection.

« Notre régime alimentaire paraît leur convenir à merveille, ils ont fait honneur aux mets français avec un appétit brillant.

« Un jeune colonel qui tenait le milieu de l'une des tables, et dont l'uniforme semblait attester par sa richesse une haute position sociale, avait légèrement abattu sa casquette d'officier sur ses yeux, ne disait mot et cherchait à éviter les regards en tirant sa moustache avec un léger mouvement fébrile.

« Rien n'est bigarré et irrégulier comme tous ces costumes mexicains. Il n'y avait que quelques officiers dont la tenue fût propre et irréprochable; celle des officiers inférieurs était loin de faire honneur à l'administration militaire de Juarez.

« Il paraît que ces représentants de l'armée mexicaine connaissaient notre ville par ses harengs et ses sardines; car, lorsqu'on leur disait : « Vous êtes à Nantes, » ils ajoutaient : « A Nantes? Ah ! la ville aux harengs et aux bonnes sardines? Bien, bien, nous connaissons. »

chargé de la conduite des travaux du génie pendant le siége ; M. le général Huerta, amputé d'un bras, et M. de Gagern, d'origine prussienne, colonel des sapeurs du génie. Le plus jeune des généraux est M. Manuel Cosio, qui a vingt-sept ans, âge auquel on est capitaine en France, à la condition d'avoir rendu des services exceptionnels ou de s'être illustré par des actions d'éclat. »

Le *Journal d'Indre-et-Loire* annonçait l'arrivée à Tours, le 28 juillet, de quatre-vingt-dix-neuf officiers supérieurs, parmi lesquels se trouvaient vingt-deux colonels et quinze lieutenants-colonels. La plupart avaient conservé la tenue des corps dont ils faisaient partie. On remarquait que certains grades étaient indiqués par des galons disposés sur la manche comme ceux de nos maréchaux des logis de cavalerie et de nos sergents

Embarquement des chevaux.

« Parmi ces officiers était un fort bel homme, le plus grand de tous, parlant fort bien le français; un colonel qui remplissait près du général Ortega les fonctions d'aide-de-camp. Cet officier a habité cinq ans Paris, il espère obtenir d'y retourner. »

Évreux reçut dans la nuit du 28 juillet douze généraux, six colonels, un lieutenant-colonel, trois majors et deux capitaines faisant les fonctions d'aides-de-camp. Ils portaient leurs armes, que le maréchal Forey les avait autorisés à conserver en témoignage de la bravoure dont ils avaient fait preuve en résistant aux Français, qu'ils appelaient eux-mêmes *les premiers soldats du monde*.

En l'absence du maire d'Évreux, M. Deschamps, auquel la perte récente de son fils, mort à Puebla, aurait rendu ce devoir trop pénible, les prisonniers furent reçus à la gare par M. Moissy, premier adjoint, assisté de M. le commandant de place et de M. le commissaire de police d'Évreux; puis ils furent conduits en ville et logés provisoirement dans divers hôtels.

« Le général le plus ancien en grade, disait le *Courrier de l'Eure*, est M. Gayoso, qui n'a que quarante-six ans. Viennent après lui M. Piaz, officier de mérite qui commandait l'artillerie de Puebla; M. Colombrès, jeune homme de trente-quatre ans,

Ce qui frappa les Tourangeaux, comme les Nantais, ce fut la jeunesse, la taille moyenne et le teint bronzé des officiers. A une heure après midi, ils furent réunis à l'hôtel de la gendarmerie pour soumettre leurs feuilles de route à l'autorité militaire et recevoir leur paye.

La presque totalité des prisonniers fait partie de l'armée qui avait défendu Puebla. Quelques chefs de grande famille avaient d'abord eu l'intention de refuser l'allocation que la France accorde à ses captifs; mais en considérant que ce refus pourrait froisser ceux de leurs camarades privés des dons de la fortune, ils acceptèrent la solde qui leur était acquise, selon leur grade, par les règlements. Quelques-uns obtinrent l'autorisation de venir à Paris, et M. Nicoullaud donnait sur eux les détails ci-après, dans l'*Illustration militaire* du 6 août :

« Les chefs principaux sont à Paris depuis deux ou trois jours, installés dans un hôtel du boulevard des Italiens ; un d'entre eux même, le général Mendoza, chef d'état-major de leur armée, a été reçu par le ministre de la marine, avec lequel il s'est longuement entretenu.

« Ce général mexicain, le plus distingué parmi les prisonniers, a adressé une lettre récente pour les soins que lui et ses

4

frères d'armes ont reçus de M. Ropert, commandant la frégate à vapeur le *Darien*. C'est sur ce navire que M. de Mendoza a fait le trajet de Vera-Cruz à Lorient.

« — Vos officiers, dit-il au marin français, sont des *caballeros* aussi accomplis que dignes de porter les armes de la France...

« Les soldats mexicains sont généralement jeunes, quelques-uns sortent des écoles. Il y a entre autres un enfant de quinze ans qui s'est échappé du prytanée militaire.

« Ils sont de taille moyenne, bronzés pour la plupart et d'une physionomie assez intelligente; les plus jeunes se font remarquer par une tournure martiale.

« Les soldats et officiers inférieurs prisonniers ont un uniforme — dans lequel règne une certaine anarchie. — C'est le plus souvent sur la manche que s'inscrit le grade. — Le rouge est la couleur dominante. — Les aigrettes et les pompons sont faits avec les plumes si précieuses du Mexique — La plupart des sabres, qui ont été laissés courtoisement aux officiers, sont de fabrique européenne.

« Les officiers d'artillerie, comme en France, portent sur les boutons de leur capote deux canons croisés et la grenade au collet. Les boutons portent la marque d'une fabrique de Paris.

« Ce qui explique la diversité des costumes, c'est que les troupes permanentes, en temps de paix, ne se composent guère que de 2 à 3,000 soldats; lorsqu'on a besoin d'hommes, on fait une levée de volontaires qui s'habillent comme ils l'entendent. Ces volontaires, joints à la garde civique et à la troupe régulière, forment l'armée de la république. — Les officiers sont nommés par l'élection.

« La coiffure des soldats mexicains est généralement notre képi, si léger, si commode en campagne.

« Toutefois, quelques chefs subalternes, — quelques officiers de partisans, portent encore la veste espagnole et le sombrero, ce vaste chapeau illustré par les traîtres de mélodrames.

« A Lorient, à Nantes, à Tours, à Évreux, à Blois, partout où le Mexicain a logé chez l'habitant, il a été reçu comme l'hôte espéré et bienvenu.

« On ne s'est pas tenu à lui fournir strictement l'eau, le feu et le sel.

« On en a fait un convive... on a rempli son verre de ce vin généreux de France qui console et qui relève le cœur de l'affligé; de telle sorte qu'après quelques libations cordiales, le prisonnier confondait les mots. Il ne disait plus *Détention*, il disait *Hospitalité* des prisonniers.

« L'un d'eux, qui a habité Paris pendant cinq ans, s'est arrêté devant les affiches de spectacle aux mots de : PRISE DE PUEBLA.

« C'était l'annonce de la pièce nouvelle de l'Hippodrome.

« — Après les lions, les Mexicains, dit-il d'une voix enjouée... c'était justice... c'est la même famille.

« On a annoncé dans tous les journaux que l'Espagne allait ériger une statue à Fernand Cortez sur l'une de ses places publiques.

« Un Mexicain qui comprend le français a lu ce passage.

« — Ce pauvre Fernand! s'est-il écrié, lui qui a conquis le Mexique... On a mis bien du temps à lui payer sa note! »

CHAPITRE XXXI

La fête du 15 août. — Cantate de M. Édouard Fournier. — La fête du 15 août au Mexique. — Banquet de l'ayuntamiento. — Toast du maréchal Forey à l'Empereur.

Parmi la foule qui encombrait les spectacles ouverts au public, à l'occasion de la fête du 15 août, on remarquait plusieurs des prisonniers mexicains présents à Paris. Ils savaient que des vers de circonstance, relatifs à l'expédition du Mexique, allaient être récités ou chantés, et ils voulaient juger, sinon les pièces ci-dessus, du moins l'effet qu'elles produiraient sur le public. A l'Opéra, entraînés par le charme de l'harmonie, ils écoutèrent presque avec plaisir une cantate dont les paroles étaient de M. Édouard Fournier, et la musique de M. Léon Gastinel. Elle débutait par un chœur des dieux de la mer !

Qu'apporter donc sur nos ondes
Ces navires inconnus ?
Est-ce l'espoir des Deux Mondes !
Seront-ils les bienvenus ?

Ils partent des lieux que dore
L'aube heureuse du soleil.

Ce qui vient avec l'aurore
Ne peut être qu'un réveil.

La France s'avançait ensuite, et disait, en approchant la terre mexicaine :

Salut, terre que le ciel aime,
Où chaque pas touche un trésor,
Où le fruit vient s'offrir lui-même
Au fond d'une corbeille d'or.

Mais sous la main du mauvais maître,
Tout meurt dans sa fertilité,
Le fruit se perd, honteux de naître,
Et l'or même est la pauvreté.

Que te faut-il pour être forte,
O terre ! ce qui vient trop tard,
La liberté ! je te l'apporte
Dans les plis de mon étendard.

Les génies du Mexique intervenaient, et disaient, d'un air soupçonneux :

Réponds-nous, cette ardeur qui jusqu'ici t'entraîne
N'est-ce pas celle encor dont l'Espagnol s'arma !
Ne veux-tu pas pour ton écrin de reine
Les joyaux de Montézuma ?

LA FRANCE.

Que m'importe l'or ? Où je passe,
Mon pied le foule, et je permets
Qu'une autre vienne et le ramasse;
Non, l'or ne m'éblouit jamais.

Le progrès qui nous environne
Dans les chemins que nous frayons
Paye assez pour ceux qu'il patronne,
Et je ne veux pour ma couronne
Que des lauriers et des rayons.

LES GÉNIES DU MEXIQUE.

Ne vas-tu pas partout de royaumes en quête !
Nous avons vu Cortez, nous craignons la conquête.
Les Aigles que l'on voit sur ton drapeau planer
Disent que tu prendras ce l'on ne veut donner.

LA FRANCE.

Leur serre est fermée, il n'en faut rien craindre.
Un souffle dans l'aile, et l'éclair aux yeux,
Ils font voir à tous ce qu'il faut atteindre ;
Leur patrie est l'air, leur vie est aux cieux.

Je porte la paix dans mes mains armées.
Les abeilles d'or sur ces plis semées
Vous montrent mon but providentiel :
L'ordre et le Progrès, la ruche et son miel.

LE CHŒUR.

Mais quel est ce bruit de fanfare?

LA FRANCE.

C'est la victoire, en doutiez-vous?
Partout s'allument comme un phare
Terribles et bons, redoutés et doux,
Les feux d'avenir qui vont devant nous.

Puebla tombe, et Mexico se livre.
Noble ville, elle va revivre,
Libre du joug qui l'obsédait.
Ainsi qu'une sœur endormie
Qui s'éveille, elle ouvre en amie
A des frères qu'elle attendait.

L'union d'avance était faite ;
Elle éclate comme une fête
Parmi les drapeaux et les fleurs,
Et la joie a seule des pleurs.

Pas une voix qui ne réponde
Quand se mêle au canon, qui gronde,
Ce cri, sublime avant-coureur,
Ce cri, fier Hosanna du monde :
Vive la France et l'Empereur !

LE CHOEUR.

Pas une voix qui ne réponde, etc.

LA FRANCE.

Ma course, d'avance tracée,
Suit l'impériale pensée,
Qui, mesurant l'espace humain,
M'a dit, par Dieu même poussée :
Hier tu fus ici, tu seras là demain.
Un peuple appelle-t-il la France,
Nous marchons au cri de souffrance,
Comme si la charge eût sonné :
Moi, le soldat de l'Espérance
Lui, le Vengeur prédestiné.

CHOEUR FINAL.

Tout cède à cet essaim de braves
Qui du climat même est vainqueur.
Soldats, qui brisez des entraves,
Le monde entier vous suit le cœur.

La route est partout aplanie
Où leur pied vaillant s'est posé ;
Dieu fait une terre bénie
Du sol par leur sang arrosé.

La fête du 15 août fut célébrée au Mexique de même qu'en
France, et les populations y prirent part avec empressement.
A Mexico, des salves d'artillerie furent tirées ; une messe
solennelle, dite à la cathédrale en présence des autorités françaises et mexicaines, fut suivie d'une revue des troupes, passée
par le maréchal commandant en chef. Le défilé se fit aux
cris de *Vive l'Empereur!* au milieu d'une foule immense, qui
encombrait la grande place et jusqu'aux monuments publics.
L'ayuntamiento donna dans la journée une course de taureaux à laquelle il invita une partie de la garnison.
Les monuments et les principales maisons de la ville, pavoisés aux couleurs de France et du Mexique, étaient brillamment
illuminés ; le soir , un feu d'artifice préparé par l'artillerie fut
tiré sur la place.
Au banquet offert par l'ayuntamiento de Mexico, le maréchal Forey porta un toast en ces termes :

MESSIEURS,

A L'EMPEREUR !

A ce prince magnanime et généreux dont le regard d'aigle,
toujours fixé sur les divers points du globe, sait y découvrir,
quelque éloigné qu'il soit, celui où il y a une souffrance à soulager, un appui à prêter !
A l'Empereur, qui, sans ambition personnelle, sans calcul
égoïste, toujours prêt à soutenir le faible, à reconnaître et proclamer les droits sacrés de la justice, s'est acquis la reconnaissance des peuples, dans l'ancien et le nouveau monde !
En Crimée , sa voix puissante a dit au colosse du Nord qui
menaçait l'indépendance de l'Occident : Tu n'iras pas plus loin.
En Italie, Magenta et Solferino ont rendu à la liberté un
peuple énervé par un long esclavage.
En Syrie, il a soustrait les chrétiens du Liban aux fureurs
d'ennemis implacables et fanatiques.
En Chine, il a planté la croix du Christ à côté du drapeau
de la France sur les murs de Pékin, où, à l'ombre de la première, à l'abri tutélaire du second, nos courageux missionnaires
peuvent prêcher l'Évangile en toute sécurité, et appeler à la
civilisation ces immenses contrées livrées au paganisme et à la
barbarie.
A l'Empereur, qui, entendant au delà de l'Atlantique les
plaintes du Mexique, n'a pu y rester indifférent et y a envoyé
une armée, avec la mission non moins désintéressée qu'elle est
grande d'aider ce malheureux pays à secouer le joug odieux
que fait peser sur lui, depuis un demi-siècle, un déplorable et
infructueux essai de république, essai pratiqué par des hommes
sans vertu, sur laquelle, Montesquieu l'a dit, ce gouvernement
repose.
Enfin, à l'Empereur, qui suit, avec l'intérêt et la sollicitude
que mérite sa noble entreprise, la marche des événements pro-
videntiels qui s'accomplissent au Mexique.
A l'Empereur !

A la Soledad, les populations des villages voisins, accourues

dès le matin, assistèrent à la messe et au *Te Deum*; elles organisèrent avec nos soldats des jeux, des feux d'artifice, et im-
provisèrent, au milieu de la campagne, un bal qui dura toute
la nuit. A ces réjouissances prirent part les ouvriers employés
à la construction du chemin de fer, dont l'effectif avait été
augmenté, parce qu'il avait fallu réparer des parties de la voie
dégradées par les pluies.
A Vera-Cruz, la fête de l'Empereur fut célébrée avec toute la
pompe que les ressources de la ville permettaient de déployer.
Des salves d'artillerie furent tirées en ville et en rade. L'armée, la marine, toutes les autorités civiles et les consuls
étrangers assistèrent à la messe et au *Te Deum* célébrés dans
la cathédrale. Après la cérémonie, le corps consulaire, ayant à
sa tête le consul britannique et les autorités civiles, vinrent
officiellement rendre visite au commandant supérieur; les maisons étaient pavoisées aux couleurs nationales françaises et
mexicaines, et le soir la ville fut illuminée.

CHAPITRE XXXII

Toast du maréchal Forey au prince Maximilien. — Lettre du maréchal
Forey sur le retard apporté aux opérations militaires dans l'intérieur.

Quelque temps avant la fête du 15 août, le maréchal Forey
avait été l'objet d'ovations, et sa promotion avait été célébrée
dans une fête à laquelle les notabilités de la ville avaient assisté.
Au banquet, le maréchal porta un toast au prince Maximilien :

« A son acceptation de la couronne du Mexique ! Puisse son
grand cœur lui faire comprendre que c'est Dieu qui le porte
au trône pour remplir la plus grande mission qui puisse échoir
à un prince sur la terre : celle de tirer un peuple généreux de
l'anarchie dans laquelle il se débat depuis si longtemps, de
lui donner de sages institutions, et de la replacer, parmi les
nations , au rang que lui assigne son heureux climat, les richesses de son sol et le noble caractère de ses habitants, dont
la grande majorité repousse avec énergie toute solidarité avec
cette infime partie qui a perdu, dans les horreurs de la guerre
civile, ces brillantes qualités de la mère patrie, distinguée entre
toutes par ses sentiments chevaleresques.
« Au prince Maximilien, qui n'est pas, autant qu'on pourrait le dire, un étranger pour le Mexique. N'est-il pas de la
race des empereurs d'Allemagne, dont le plus illustre, Charles-
Quint, portait, en même temps que le sceptre des Césars, celui
de toutes les Espagnes ?

« Au prince Maximilien ! »

Après cette allocution , un autre toast fut porté par un
membre de l'ayuntamiento à l'Empereur et à l'Impératrice des
Français.
Ces hommages que les principaux représentants du parti
conservateur rendirent au maréchal Forey n'étaient pas entièrement désintéressés. Ils pressaient une solution conforme
à leurs désirs, s'irritant de ne pas voir le gouvernement
nouveau reconnu , sans aucune espèce de contestation, d'un
bout à l'autre du territoire mexicain. Ils rêvaient d'aventureuses expéditions ; ils demandaient au maréchal Forey une
action plus énergique, et ils avaient fait publier, dans un
journal français de Mexico , *l'Estafette*, la traduction d'une
supplique qu'ils disaient lui avoir adressée. Le maréchal répondit sur-le-champ en s'adressant au rédacteur en chef de
l'Estafette :

« Mexico, le 7 août 1863.

« Monsieur le directeur, j'ai été surpris de lire dans votre
journal du 6 de ce mois une prétendue lettre qui m'aurait été
adressée je ne sais par qui ; car c'est par la lecture que j'en
ai faite dans votre journal que j'en ai eu connaissance.
« Permettez-moi de me servir du même moyen pour adresser une réponse très-succincte et très-catégorique à ses auteurs.
« Je conçois que les populations de l'intérieur, encore sous
le joug du gouvernement qui s'est suicidé lui-même, attendent
avec impatience que nos armes libératrices allaient secouer
ce joug insupportable et les rendre au repos, à la paix, à la
liberté dont jouissent celles des contrées occupées par nos

troupes. Je sais parfaitement que plus notre arrivée au milieu
de ces populations tardera, plus elles auront à souffrir. Mais
que les auteurs de la lettre en question me permettent de leur
dire qu'il faut que chacun fasse son métier et reste dans son
rôle : à eux de faire des vœux, d'adresser des suppliques pour
que l'armée française porte ses armes dans l'intérieur de ce
pays; à moi, son chef, de juger le moment opportun; et,
pour ne pas être Mexicain, je leur apprendrai, puisqu'ils ne
connaissent pas leur pays, que vouloir faire pénétrer dans l'intérieur, pendant cette saison de pluies quotidiennes et tor-
rentielles, une armée régulière, conduisant avec elle l'artillerie, les voitures et tout l'attirail qui lui est nécessaire, c'est
l'exposer à une destruction complète par les maladies et par la
certitude de laisser artillerie et bagages embourbés sur les
routes que l'incurie de tous les gouvernements passés ont
laissées dans l'état que tout le monde connaît, excepté, il
paraît, les auteurs de la susdite lettre.

« J'ai su résister aux impatients de France qui trouvaient,
eux aussi, que je tardais trop à marcher sur Puebla, et je
m'en suis bien trouvé. — Je saurai résister aux impatients du
Mexique, et cela dans leur intérêt même; car mettre l'armée
en marche pour l'intérieur, dans cette saison, je le répète,
serait tout compromettre.

« Que ces impatients se calment un peu et croient bien
que nous ne restons pas oisifs. Je veux bien leur apprendre
que l'armée franco-mexicaine occupe en ce moment soixante-
six villes, bourgs ou villages depuis Vera-Cruz jusqu'à Mexico,
et que les environs de la capitale se trouvent gardés dans un
rayon de vingt-cinq à trente lieues, contre les exactions des
bandes juaristes, par des colonnes toujours prêtes à se porter
au secours des populations paisibles. Est-ce là, je le demande,
de l'apathie?

« La pacification du Mexique ne peut être l'affaire d'un
jour : elle ne s'obtiendra que peu à peu; et j'invite les impatients à avoir confiance dans le proverbe français par lequel
je terminerai cette lettre, plus longue que je ne voulais la
faire : Tout vient à point à qui sait attendre.

« Recevez, monsieur le directeur, l'assurance de ma considération la plus distinguée.

« Le maréchal de France, commandant en chef le corps
expéditionnaire du Mexique,

« FOREY. »

CHAPITRE XXXIII

Décrets rendus. — Nullités des ventes et donations ordonnées par Juarez.
— Lettre de M. Budin. — Révision des ventes de biens appartenant
à l'ayuntamiento et aux différentes corporations de bienfaisance de
Puebla. — Abolition de l'enrôlement forcé. — Les racoleurs.

Toutefois, tout en repoussant des requêtes exagérées, le
maréchal Forey ne négligea point les mesures qu'il était nécessaire de prendre pour pacifier le pays et y opérer un travail
d'unification, avec le concours de la Régence. Celle-ci, par décret du 18 août, considérant que tout gouvernement avait pour
devoir de protéger et de défendre la propriété des citoyens, et
que cette protection formait une des garanties les plus essentielles de l'ordre social, ordonna la nullité de toutes les ventes,
aliénations et donations effectuées en vertu des confiscations
de Juarez.

Déjà, sur la proposition de M. Budin, le maréchal Forey
avait adopté des prescriptions analogues. Le receveur général
des finances en mission lui avait écrit :

Puebla, 22 juillet 1863.

MON GÉNÉRAL,

Les corporations morales de la ville de Puebla, c'est-à-dire
l'ayuntamiento et plusieurs administrations locales, possé-
daient, jusque dans ces derniers temps, des immeubles considérables dont les produits étaient destinés à subvenir aux
frais d'utilité publique et de première nécessité. Contre tout
droit et toute justice, le gouvernement auquel l'intervention
succède provisoirement a vendu à vil prix tous ces immeubles
destinés à défrayer convenablement les services qui, aujour-
d'hui, sont sans ressources, le préfet déclare ne pouvoir
garantir, à moins que des mesures réparatrices ne viennent
annuler des ventes aussi scandaleuses. Il est facile de comprendre que ces ventes ont été consenties par un pouvoir sans
scrupules pour lequel tous les moyens étaient bons, même les

plus iniques, pourvu qu'il parvînt à se procurer les fonds nécessaires à ses dilapidations. Si les informations que j'ai recueil-
lies sur cette grave affaire ne sont pas erronées, la mesure qui
doit rendre aux corporations morales la possession des biens
dont elles ont été dépouillées, n'atteindrait que des personnes
peu dignes de notre intérêt ; d'autant plus que ces personnes,
animées de l'esprit qui dirigeait le gouvernement se sont rendues
complices d'un acte que l'honneur réprouve, si la justice ne le
condamne pas.

Pour toutes ces raisons, je n'hésite pas, mon général, à
vous proposer de vous occuper de ces ventes frauduleuses, qui
seraient la ruine des administrations locales si elles étaient
maintenues. Néanmoins, ne voulant pas imiter le gouvernement précédent, j'ai inséré dans le décret que j'ai l'honneur
de soumettre à votre signature, un article qui garantit les
droits des acquéreurs. En effet, ils pourront conserver librement les biens ainsi vendus, pourvu qu'ils payent le prix complémentaire qui sera fixé par un jury chargé de l'évaluer, ou
bien ils pourront les rendre et recevoir, en échange, le montant intégral de leurs débours en capital et en frais accessoires.
Je suis persuadé, mon général, que ce décret ne soulèvera aucune objection sérieuse de la part des hommes de bonne foi.
Il s'agit du patrimoine des pauvres, des ressources d'une
grande ville indignement gaspillées; en un mot, c'est le bien
général qu'il s'agit de dégager et de rendre à son utile destination.

Daignez accepter, mon général, l'expression de mes sentiments respectueux.

Le receveur général des finances en mission,

BUDIN.

Suivait un décret conforme :

Le général de division, sénateur, commandant en chef le
corps expéditionnaire du Mexique,

Sur la proposition du receveur général des finances en mission, j'ai décrété ce qui suit :

Art. 1er. Une commission de cinq membres, composée du
préfet politique, qui présidera ; du préfet municipal et de
trois autres notables, nommés par le général en chef, sur la
proposition du président (le préfet politique), se chargera de
reviser les ventes, faites par le gouvernement précédent, des
biens qui ont appartenu à l'ayuntamiento et aux différentes
corporations de bienfaisance de Puebla.

Art. 2. Cette commission procédera à l'évaluation exacte des
propriétés ainsi vendues, et les acquéreurs auront la faculté de
les conserver en payant l'augmentation du prix fixé, ou de les
rendre dans l'état où ils se trouvent en recevant le montant
de leurs débours, capital et frais accessoires. La manière dont se feront
les payements ou les remboursements sera fixée par la même
commission.

Art. 3. Les époques de payement du prix augmenté ou du
remboursement des sommes payées par les acquéreurs, seront
réglées à l'amiable entre la commission et les intéressés. En
cas de désaccord, les parties se soumettront à la décision du
juge de lettres (du tribunal civil) qui prononcera sans appel.

Art. 4. Les procès-verbaux de la commission devant laquelle
les acquéreurs seront cités serviront de titres pour ou contre
les parties, c'est-à-dire, équivaudront à un titre de cession
en cas d'abandon par les possesseurs ou à un titre de vente
définitive en faveur de ceux qui consentiront à payer l'augmentation de prix.

Art. 5. Ces procès-verbaux seront soumis aux mêmes for-
malités que les ventes ordinaires, et les cas où l'augmentation de prix serait acceptée par le possesseur, seront
à sa charge. En cas d'abandon, ces formalités seront gratuites.

Art. 6. Le président désignera les employés de la
préfecture ou de l'ayuntamiento, un expéditionnaire chargé de
rédiger, sous sa surveillance, les procès-verbaux de cette commission.

Art. 7. Tous les actes expédiés, qui seront remis aux parties
pour leur servir de titres, seront certifiés par le président de
la commission et rédigés sur papier timbré.

Art. 8. Le receveur général des finances en mission est
chargé de l'exécution du présent décret, qui sera publié et af-

fiché dans tous les lieux publics de Puebla et de toutes les localités de l'État.

Donné à Puebla, le 27 mai 1863.

Le général de division, sénateur, commandant en chef le corps expéditionnaire,

FOREY.

Par un autre décret du 19 août, le gouvernement de la régence, considérant que l'une des garanties les plus précieuses consiste dans la sécurité individuelle, abolit le système d'enrôlement forcé suivi jusqu'à ce jour au Mexique.

La manière dont, jusqu'à l'avénement du triumvirat, on faisait les levées de soldats mérite d'être racontée.

Un général avait-il besoin de renforcer sa troupe, il envoyait un sergent et dix hommes de ronde, vers le soir, à l'heure où les ouvriers sortent de leurs travaux, et en emmenait tous ceux que l'on pouvait saisir. Tous les expédients étaient bons. Quand les besoins de la milice devenaient urgents, on allait racoler les Indiens aux portes de la ville et on les menait aux casernes en compagnie de leurs ânes, de leurs femmes et de leurs enfants. L'Indien était, bon gré mal gré, enrégimenté; ce qui lui appartenait séquestré et sa femme rudement éconduite.

L'intérêt du service n'était pas toujours le seul et véritable mobile du zèle des racoleurs. On était arrivé dans ces derniers temps à considérer ces razzias comme une chasse très-productive. Aux ouvriers pris au hasard, on laissait le choix d'endosser les guenilles militaires ou de se libérer jusqu'à une autre fois au prix de cinq, huit ou dix piastres.

Les levées dans les campagnes se faisaient plus brutalement encore et avaient tout l'air d'une razzia de bêtes humaines. On cernait les habitations et les marchés; on prenait, pêle-mêle, tous les mâles qui tombaient sous la main, et on vous attachait tout ce troupeau coude à coude, en longues files, et on les conduisait, sous la verge, à la ville voisine ; c'est de là qu'est venu aux soldats mexicains le surnom de *volontaires du cordeau*.

On peut se figurer de quel cœur ces volontaires allaient à la bataille. Aussi ne se faisaient-ils pas faute de déserter quand l'occasion s'en présentait.

CHAPITRE XXXIV

Mouvements militaires. — La garde urbaine d'Ozumba. — La mort de Baltazar Tellez. — Mort du commandant Stœcklin. — Arrêté du commandant Cousin contre Tlalpam. — Juarez et ses ministres.

Le maréchal Forey réorganisa l'administration des finances, et fit rendre à divers établissements ecclésiastiques leurs biens et leurs fonds séquestrés. Il présida la société de bienfaisance Franco-Helvético-Belge, association éminemment utile à la colonie européenne.

Ces occupations civiles ne l'empêchèrent pas de veiller à la dispersion des bandes. Celles de Cuellar et de Carbajal, quittant les environs d'Assun, s'étaient jetées dans les montagnes du Rio Frio, et avaient essayé de rançonner les villages du district de Mexico. Elles avaient attaqué Ozumba avec 600 cavaliers. La garde urbaine, dirigée par le commandant de police, fit une résistance énergique : bientôt, secondée par les gens d'un village voisin accourus au bruit du tocsin, elle repoussa les bandits, qui éprouvèrent de grandes pertes. Le commandant militaire de Chalco, appuyé par deux escadrons de chasseurs d'Afrique, se mit à leur poursuite; mais ces bandes, très-mobiles, lui échappèrent en fuyant dans la montagne; descendues dans l'État de Puebla, elles furent poursuivies par le général Brincourt, qui les dispersa en leur enlevant 110 chevaux et 80 hommes.

Baltazar Tellez, une célébrité sanglante, fut traqué dans les montagnes, arrêté par les Indiens, livré par eux à l'autorité française, et passé par les armes. Plusieurs chefs ennemis, actifs et influents, entre autres Honorato Dominguez, Ignacio Rodriguez et Roldan, firent leur soumission; ce qui, joint à l'expédition dirigée par un détachement de fusiliers marins et de volontaires de la Martinique, sur la rivière de Tlacotalpan, qu'infestait une bande de pillards, compléta la pacification de l'État de Vera-Cruz.

Les débris de quelques bandes s'étant ralliés à Jatilpan, le commandant Stœcklin voulut les disperser. Parti le 6 août, au point du jour, de Minatitlan, il arriva avec 25 cavaliers seulement devant Jatilpan, qu'il trouva occupé par 150 hommes. Peu habitué à compter avec ses adversaires, M. Stœcklin char-

gea immédiatement les avant-postes de cavalerie et pénétra jusqu'à la place du village ; mais là il fut entouré et succomba sous le nombre, victime de sa téméraire bravoure.

Des soldats français ayant été maltraités dans la ville et dans le district de Tlalpam, le commandant militaire et chef politique Cousin, après avoir pris l'avis du maréchal Forey, arrêta les dispositions ci-dessous :

« Le commandant supérieur militaire et chef politique de Tlalpam, d'après les ordres de M. le maréchal commandant en chef de l'armée française, aux habitants et propriétaires de cette ville, fait savoir ce qui suit :

Art. 1er. Sont suspendues temporairement, et jusqu'à nouvel ordre, les attributions de la justice et de l'administration civile.

Art. 2. Le commandant supérieur de Tlalpam exercera tous les pouvoirs dans le district.

Art. 3. Comme châtiment de l'assassinat du zouave Muller, une amende de 6,000 piastres sera imposée à la ville de Tlalpam. Cette amende devra être payée intégralement dans les quatre jours qui suivront la publication du présent décret.

Art. 4. Les individus de cette ville qui ont été arrêtés et conduits à la capitale répondent de la vie des soldats français et des citoyens honorables qui ont fait acte d'adhésion au nouveau gouvernement. Pour chaque citoyen honorable ou soldat assassiné à Tlalpam, un des prisonniers susdits sera exécuté à titre de représailles.

Art. 5. Tous les habitants de Tlalpam devront obéir strictement aux ordres donnés par le commandant supérieur ; en cas de résistance, M. le maréchal se verrait dans la nécessité de prendre des mesures de rigueur.

Tlalpam, le 27 août 1863.

Le commandant militaire et chef politique,

COUSIN. »

On avait pensé un moment que le général Doblado se rallierait au pouvoir nouveau ; et ce fut avec surprise qu'on apprit en Europe, par l'*Eco de Vera-Cruz* du 12 septembre, qu'il avait accepté la présidence du cabinet de Juarez, et qu'il proposait, pour résister à l'intervention :

1° De borner la guerre avec les Franco-Mexicains aux montagnes, en leur permettant d'occuper les capitales des départements ;

2° De réunir les hommes indépendants de tous les partis pour en former un parti national ;

3° De consentir à une intervention telle que celle proposée dans le traité de Londres, en joignant les États-Unis aux autres puissances, et de désavouer tous les actes politiques actuellement accomplis au Mexique.

Ce cabinet, présidé par le général Doblado, eut pour ministres :

A la guerre, le général Uraga ;

A la justice, Lerdo de Zejada ;

Au trésor, Nuñez.

Zarco, un des amis de Juarez, refusa de faire partie du cabinet, protesta contre Doblado, et écrivit à une personne de confiance la lettre suivante :

« MON CHER AMI,

« Mon silence vous aura sans doute fait croire que je vous ai oublié ; il n'en est rien ; jamais je n'ai autant pensé à vous que dans les circonstances actuelles. La presse et le papier que vous nous avez envoyés sont arrivés sans accident. Avec cette arme, bien plus qu'avec des fusils et des canons, nous ferons une rude guerre aux Français et à leurs alliés.

« Pourtant, les choses vont mal, très-mal ici. Nos chefs désertent chaque jour, et il faut que vous, ainsi que les amis P. et C., vous fassiez connaître ceux qui se présentent là-bas.

« Il n'y a pas de peuple dans notre pays; c'est en vain que l'on parle aux Mexicains. La paix que leur promet le soi-disant empire flatte leurs espérances. Quant à nous, nous serons obligés de nous réfugier à Durango ou à la frontière du Nord. En ce qui me concerne, j'ai l'intention de partir pour les États-Unis et d'attendre dans ce pays le dénoûment de la situation.

« Notre D. Benito Juarez, avec ses caprices, gâte tout. Le voilà entêté d'une nouvelle idée, et faisant sa cour à Doblado, l'hypocrite, le fourbe, et à Uraga, le perfide.

« Le premier, homme double à tous égards (*doblado en todo*), trahira à l'heure où il le jugera utile à ses intérêts.

« Quant au second, si on lui donne quatre hommes et un caporal, il passera avec eux aux impérialistes, pour peu qu'on lui laisse son grade de général de division et les maisons que monsieur s'est adjugées.

« Votre ami dévoué,

« F. Z. »

Don Juan Antonio de la Fuente fut envoyé comme ministre aux États-Unis. Celui-ci, dans une circulaire, s'efforça de définir quelques points de droit international, et déclara retirer l'*exequatur* aux consuls français résidant au Mexique, en représailles du traitement essuyé, au Havre et à Paris, par les consuls mexicains nommés par Juarez.

De son côté le ministre des affaires étrangères, président du conseil, publia un manifeste par lequel il s'attachait à démontrer que la présence des Français au Mexique n'avait d'autre objet que de transformer ce pays en une colonie française.

Il appelait le peuple à la résistance et lui demandait, en termes éloquents, de se porter au secours de la patrie envahie.

Cet appel trouva de l'écho en diverses parties du Mexique, et fut repoussé sur beaucoup d'autres points. Des pronunciamientos contraires eurent lieu dans la Bajaca et dans l'État de Chiapas, les contrées importantes de la Mixteca et de la Huasteca, soulevées en faveur du nouvel ordre de choses, s'armèrent, à défaut de fusils, avec des fourches, des bâtons et des frondes, et firent une chasse sans merci aux bandes qui tenaient la campagne en se livrant au brigandage. Ainsi traquées de toutes parts, ces bandes furent successivement anéanties ou se soumirent.

Afin de prouver aux indigènes qu'ils pouvaient compter sur une protection efficace, et que la justice serait impartiale pour tous, on fit un exemple, et la *Gazette officielle* de Mexico reçut de l'état-major général une note ainsi conçue :

Mexico, 5 septembre 1863.

Le 19 avril dernier, un soldat du 81e de ligne s'arrêtait près d'une maison du village de San Gregorio de Asumpa, aux environs de Cholula, pénétrait dans cette maison, et là, sans provocation, poussé par l'instinct du mal, frappait de mort un jeune Indien.

Ce militaire, traduit devant un conseil de guerre, a été condamné à l'unanimité à la peine de mort.

Des ordres ont été donnés pour que la juste sentence prononcée contre ce criminel reçût son exécution, et ce matin, à neuf heures, sur la place Santo Domingo, à Mexico, il expiait son attentat.

Les populations du Mexique pourront ainsi se convaincre que la justice de l'armée française est la même pour tous. Si nous sévissons contre les Mexicains coupables de crimes envers leurs concitoyens ou envers les soldats français, nous frappons avec la même impartialité et la même sévérité ceux de nos soldats coupables d'attentat contre les indigènes.

Je vous prie d'insérer ces faits dans votre plus prochain numéro, afin que les populations qui ont été témoins du crime, sachent bien que justice a été faite.

Recevez, monsieur le directeur, l'expression de ma considération très-distinguée.

Le maréchal commandant en chef.

Par ordre ;

Le général, chef d'état-major général,

D'AUVERGNE.

De nombreuses plaintes étaient portées au commandant supérieur de la Vera-Cruz sur l'excessive cherté du pain. M. Jenderyres en fit fabriquer, pour se rendre compte du prix de revient, et put se convaincre que les boulangers gagnent, tous frais quelconques payés, plus de 400 0/0 sur le pain ordinaire et 80 0/0 sur le pain fin. Il se hâta d'enjoindre qu'à l'avenir le poids et le prix du pain seraient fixés par l'autorité.

Les prisonniers faits à Puebla et transférés en France, n'avaient pas tous des ressources financières, et quelques-uns, dans leur départ précipité, avaient laissé des affaires embarrassées. Une souscription fut ouverte, à Mexico, au bénéfice de leurs familles, et les officiers du corps expéditionnaire tinrent à honneur de s'inscrire les premiers.

CHAPITRE XXXV

Nécessité de sortir du provisoire. — La députation mexicaine et l'archiduc Maximilien.

Le meilleur moyen de faire cesser les luttes intestines était de sortir du provisoire ; aussi, le maréchal Forey et le triumvirat hâtèrent-ils le départ de la députation chargée d'aller porter à l'archiduc Maximilien la décision de l'assemblée des notables.

Cette opinion est exprimée presque dans toutes les correspondances, et en termes presque identiques.

M. de Malzac mandait au journal *la France* :

Vera-Cruz, 17 septembre.

Les prélats mexicains Labastida, Marquia et Covarrubias viennent d'arriver ici sans accident. Ils ont été reçus sur le môle par la municipalité *bajo de masas*, suivant la locution espagnole, c'est-à-dire avec les emblèmes officiels, et accompagnés par une commission du corps municipal, depuis le port jusqu'à l'église, où un *Te Deum* a été chanté. Les balcons d'un grand nombre de maisons étaient pavoisés, et l'on s'attend, pour ce soir, à de brillantes illuminations.

Mes correspondances de la capitale annoncent que le maréchal Forey n'en partira que dans les premiers jours d'octobre. C'est à cette époque aussi que nos troupes se mettront en mouvement pour l'intérieur. On est certain ici que tout sera militairement terminé en novembre. Les adhésions se succèdent de toutes parts. On compte parmi les États qui se sont prononcés, l'île del Carmen, Tabasco, l'isthme de Tehuantepetl, Vera-Cruz, Puebla, Tlascala, la vallée de Mexico, Toluca, ainsi que plusieurs États partiellement occupés par des troupes mexicaines ralliées à l'intervention, entre autres le Yucatan et sa capitale, Chiapas, Oaxaca et Guerrero, ce qui veut dire que la majeure partie de la nation est acquise *de facto* au nouvel ordre de choses.

Cela paraîtra plus évident encore si l'on songe que l'importance des adhésions obtenues s'accroît des conditions de population des départements et des villes dont elles font partie. Les provinces les plus éloignées du centre sont, au Mexique, les plus vastes comme territoire, mais les moins garnies comme population, et l'archiduc Maximilien ne saurait attendre, pour accepter la couronne, que ces parties à demi désertes du sol mexicain soient complètement pacifiées. C'est à lui, souverain du Mexique, qu'écherront ce soin et cette œuvre.

Dès que nos vaillants soldats, devenus sur tous les points si populaires, porteront leurs aigles vers Queretaro, on obtiendra instantanément, nous écrit-on, avec l'adhésion de ce département, celles de Guanajuato, San Luis Potosi, Aguas Calientes, Zacatecas, Jalisco et Mechoacan, provinces qui toutes ont déjà contre Juarez de grandes *partidas* armées.

On s'est réjoui d'apprendre l'accueil fait par la France au vote émis pour l'archiduc Maximilien. Un mot affirmatif de ce prince dénouerait à l'instant même la situation, et aurait un triomphant écho d'une extrémité à l'autre du pays.

On écrivait de Mexico au *Times*, le 23 septembre :

« Le changement qu'a éprouvé la ville de Mexico est quelque chose de si merveilleux, qu'on ne peut guère s'en faire une idée. Les gens peuvent sortir le soir sans s'affubler de l'attirail obligatoire, de revolvers et de cannes plombées. On peut accepter maintenant les invitations à des parties de whist ; les réunions, les bals, choses dont il n'était plus question depuis des années, redeviennent à la mode. Si, par un pouvoir magique, les habitants de l'intérieur pouvaient être transportés pour un instant dans la capitale, ils n'auraient plus qu'un cri pour l'intervention. Mais tant que Juarez et son parti tiendront dans leur serre une partie du pays, tant qu'ils empoisonneront, par l'organe d'une presse dégradée des plus atroces calomnies sur la France et l'armée française, on ne peut s'attendre à une démonstration décidée.

« Il est de ces journaux qui représentent les Français comme des mécréants, renversant les autels et foulant aux pieds tout ce qui est sacré. D'autres les représentent brûlant et saccageant les villes, outrageant les femmes et massacrant les hommes. Il en est un qui a osé avancer qu'une jeune femme, dénoncée par un zouave pour avoir tenu des propos contre l'intervention, a été fouettée, la tête dans un sac, et est morte sous les coups. Je n'ai pas besoin d'avancer qu'il n'y a pas un mot de fondé dans ces ignobles assertions. Si les Français ont donné dans un excès, ç'a été dans l'excès de la clémence, car ils ont épargné bien des gens dont la conduite avait mérité un châtiment.

« C'est presque se souiller que de faire seulement allusion à ces calomnies; mais, en ma qualité de correspondant du *Times*, je croirais manquer à la loyauté envers une des nations les plus braves et les plus civilisées du monde, si je laissais de pareilles calomnies se propager sans leur donner le démenti le plus absolu et le plus indigné.

« A mesure que les troupes françaises avancent, de nouvelles populations éprouvent les avantages dont nous jouissons déjà, et, sûres de leur sécurité, se prononcent librement et spontanément. Je n'ai jamais douté de l'existence d'un vif sentiment monarchique dans ce pays, et aujourd'hui ce fait est pour moi plus évident que jamais. Chaque jour nous apporte le nom de quelques villes ou villages qui ont donné leur adhésion au nouvel état de choses. Dès qu'un district est occupé par les troupes françaises, il adresse au conseil de régence une déclaration en faveur de l'empire.

« Si l'archiduc accepte le trône, sa présence fera plus pour pacifier le pays que 50,000 hommes de troupes. L'empire sera alors un fait accompli, et la masse flottante s'y ralliera. Il sera pourtant nécessaire d'y maintenir pour quelque temps une force étrangère. Guillaume III a agi de même, et certes, à cette époque, l'Angleterre était loin d'être aussi démoralisée que le Mexique actuel.

« Il est de notoriété publique que des agents de Doblado s'étaient mis en communication avec les autorités françaises; on assurait même déjà que des arrangements satisfaisants pour les deux parties étaient sur le point de se conclure. Tout à coup, à la surprise générale, Doblado adresse, le 28 juillet, aux populations de l'État de Guanajuato, un manifeste contre l'expédition française, qu'il traite d'invasion, et se déclare prêt à verser la dernière goutte de son sang pour la cause de la liberté et de l'indépendance. Si Doblado continue à se battre comme il l'a fait à Salamanca, les Français n'ont pas grand'chose à craindre.

« Il est à remarquer que dans ce manifeste Doblado n'emploie pas une seule fois le mot intervention; il affecte de croire que l'expédition française ne s'est faite que dans un but de conquête, et, pour se servir de ses propres termes, qu'on va faire de la république mexicaine une colonie française.

« Il n'est pas du tout improbable que cette proclamation n'a pas d'autre but que d'endormir Juarez. Entre Doblado et l'ex-président, il ne peut y avoir entente cordiale. Il est impossible qu'ils puissent jamais être d'accord.

« Miramon est arrivé ici; il a donné son adhésion à l'empire.

« Un décret vient de réduire de moitié les droits d'importation par la Vera-Cruz : cette mesure était nécessitée par un récent décret de Juarez, admettant les importations à des droits extrêmement réduits, dans les ports de Tampico et de Tuspan, ce qui avait détourné de Vera-Cruz le courant commercial. Du reste, Tampico vient d'être réoccupé par les troupes françaises, qui ne l'abandonneront pas cette fois.

« L'anxiété est immense ici au sujet de la réponse que l'archiduc Maximilien fera à la députation. »

Cette députation fut composée de :

MM. Gutierrez de Estrada, président ;
Juarez Peredo, comte del Valle,
J. Hidalgo,
Antonio Escandon,
J. Landa,
Docteur J. Miranda,
Général Adrien Woll,
Colonel Velasquez de Léon,
J. Aguilar y Marocho,
Docteur Iglesias, secrétaire.

Les cinq premiers membres de cette députation se trouvaient en Europe; les quatre autres et le secrétaire, M. Iglesias, s'embarquèrent à Vera-Cruz sur le paquebot. La députation, avant de se rendre à Vienne, avait ordre de s'arrêter en France pour offrir à l'Empereur l'expression du respect et de la reconnaissance de la nation mexicaine.

La députation mexicaine quitta Paris, le dimanche 27 septembre, pour se rendre à Trieste par Vienne. Pendant son long trajet, elle fut traitée partout avec distinction. La Compagnie de l'Est lui avait, sur la recommandation de M. Drouyn de Lhuys, préparé des wagons spéciaux. S'associant à la pensée du ministère des affaires étrangères de France, les légations de Bade et de Bavière à Paris avaient avisé leurs gouvernements du départ de la députation, qui fut partout affranchie des visites de la douane, et trouva des moyens spéciaux préparés pour la transporter. Il en fut de même pour le parcours de Vienne à Trieste, grâce aux soins prévenants de la compagnie autrichienne des chemins du Sud.

La députation arriva à Vienne dans la matinée du mardi, 29 septembre. Le même jour à midi, son président, M. Gutierrez de Estrada, fut reçu en audience par le comte de Rechberg, qui lui fit l'accueil le plus gracieux.

L'empereur François-Joseph était absent de Vienne; il s'était rendu à Insbruck, dans le Tyrol, pour assister à la célébration d'un anniversaire national. La députation ne pouvait donc être reçue par l'empereur d'Autriche qu'en revenant de Trieste.

La députation mexicaine quitta Vienne, pour Trieste le jeudi, premier octobre. L'archiduc avait fait retenir pour elle le premier étage du principal hôtel de la ville. Elle fut reçue à son arrivée par deux chambellans de service.

Les personnes les plus considérables de Trieste avaient mis à la disposition de la députation leurs plus brillants équipages.

La députation se rendit à Miramar, le samedi, 3 octobre, à midi, dans les équipages de l'archiduc. Elle fut reçue par l'archiduc, entouré de ses aides de camp, de ses chambellans et de toute sa maison, en grand uniforme.

Elle apportait avec elle le vote de l'Assemblée des notables de Mexico, transcrit sur un rouleau de parchemin. Ce rouleau était enfermé dans la hampe d'un sceptre en or massif, que la députation avait apporté de Mexico, où il avait été exécuté en quinze jours par des artistes mexicains. Il représentait deux aigles accolés qui supportent la couronne impériale; ils tenaient dans leur bec un serpent, et étaient entourés de rameaux de lauriers et d'olivier. C'était une œuvre d'une grande beauté, et prouvait que les traditions de la grande orfévrerie ne sont point perdues au Mexique.

Le président de la députation, M. Gutierrez de Estrada, porta la parole au nom de tous ses collègues. Il traça rapidement l'historique des vicissitudes qui avaient amené la nation mexicaine à chercher dans le rétablissement de la monarchie le terme de ses dissensions, et il présenta cette détermination comme la conséquence logique des faits qui se sont succédé depuis l'émancipation des anciennes colonies de l'Espagne.

Après avoir payé un tribut d'hommages à Napoléon III et à la France, il ajouta qu'en faisant choix d'un prince autrichien, les notables avaient rendu hommage aux traditions les plus populaires du pays; que la domination des aïeux de l'archiduc avait été l'époque la plus prospère que le Mexique eût connue.

Voici son discours :

« PRINCE,

« A peine rendue à la liberté par la main d'un monarque magnanime, la nation mexicaine nous a envoyés vers Votre Altesse Impériale, objet aujourd'hui de ses vœux les plus purs, comme aussi de ses chères espérances.

« Nous ne nous appesantirons pas sur les longues tribulations que le Mexique a souffertes; cruelles infortunes, connues de tous, et qui ont fini pas en faire un théâtre de désolation et de ruines!

« Pas de moyens auxquels nous n'ayons recouru, pas de tentatives, prince, que nous n'ayons faites pour sortir d'une situation pleine d'angoisses dans le présent et de menaces dans l'avenir; pour franchir, en un mot, le cercle fatal où le pays s'était placé en adoptant, avec une crédule inexpérience, les institutions républicaines, si contraires à sa constitution naturelle, à ses mœurs, à ses traditions; — institutions qui ont pu faire la grandeur et l'orgueil d'un peuple voisin, mais qui n'ont été, sans interruption pour nous, qu'une source de tristes épreuves et de mécomptes désespérants.

« Près d'un demi-siècle, prince, s'est écoulé pour le Mexique au sein de stériles souffrances et d'intolérables humiliations, sans éteindre pourtant en nous tout esprit de vie et tout espoir.

« Remplis d'une inébranlable confiance dans le régulateur et le souverain arbitre des sociétés, nous n'avons cessé de solliciter avec ardeur et d'attendre avec conviction un remède à nos malheurs toujours croissants.

« Vaine n'a pas été cette foi, et visibles sont aujourd'hui les voies providentielles par lesquelles nous avons été conduits à l'ère nouvelle qui frappe d'étonnement, par son imprévu, les intelligences les plus élevées.

« Maître, une fois encore, de ses destinées, instruit de ses erreurs par ses maux, le Mexique fait dans ce moment un suprême effort pour les réparer. Il transforme ses institutions, convaincu que celles qu'il adopte lui seront plus propices encore qu'au temps où il formait la colonie d'une monarchie européenne, surtout s'il lui est donné de placer à leur tête un prince catholique, qui joint à son mérite supérieur et reconnu cette noblesse de sentiments, cette énergie de volonté, cette rare et haute abnégation, privilège de ceux que Dieu choisit, à l'heure décisive de la désorganisation sociale et des périls publics, pour sauver et régénérer les peuples.

« Monseigneur, le Mexique attend beaucoup, je le répète, de l'esprit des institutions qui l'ont régi pendant trois siècles et qui lui avaient, même en s'effaçant, légué un splendide héritage que nous n'avons pas su conserver sous la république démocratique.

« Mais, si grande qu'elle puisse être, notre foi dans l'efficacité des institutions monarchiques ne deviendra complète que si elles sont personnifiées au Mexique dans Votre Altesse Impériale.

« Un souverain, sans d'éminents dons d'intelligence et de caractère, peut faire le bonheur de son peuple, quand ce prince n'est que la continuation d'une antique monarchie. Mais il lui faut des qualités tout exceptionnelles quand il est le premier d'une série de rois, en un mot, le fondateur d'une dynastie et l'héritier d'une république.

« Sans vous, prince, croyez-en des lèvres qui n'ont jamais flatté ni trompé, nos efforts seraient impuissants à tirer la patrie de l'abîme où elle est encore ; les vues généreuses du grand souverain dont l'épée nous a délivrés et dont le bras nous soutient à la dernière heure demeureraient stériles.

« Avec vous, prince, exercé déjà à la science difficile du gouvernement, les institutions seront ce qu'il faut qu'elles soient pour garantir l'indépendance et le bonheur de votre nouvelle patrie ; car elles auront pour base cette liberté féconde, parce qu'elle est vraie, dont l'alliance avec la justice est la première condition, et non cette liberté fausse qui ne s'est fait connaître à nous que par ses ravages et ses excès. Ces institutions, avec les modifications que conseille la prudence et qu'exige l'esprit des temps, donneront ainsi d'inébranlables fondements à notre indépendance nationale.

« Ces vœux, ces sentiments, ces espérances, nourris dès longtemps par les vrais amis du Mexique, sont aujourd'hui parmi nous sur toutes les lèvres, dans toutes les âmes ; et, en Europe même, quelles que soient les sympathies ou les résistances, il n'est qu'une voix à l'égard de Votre Altesse Impériale et de son Auguste Compagne, placée si haut par ses mérites et ses vertus, et qui bientôt, en partageant à la fois et votre trône et nos cœurs, n'aura besoin que d'être connue pour se voir adorée de tous les Mexicains.

« Interprètes des aspirations et des intimes souhaits de la patrie, nous venons, en son nom, vous offrir, Monseigneur, la couronne du Mexique, qu'un décret solennel de l'assemblée des notables, déjà consacré par l'adhésion de tant de provinces, et qui le sera bientôt, nous l'espérons, par la nation entière, vous décerne librement et spontanément. Nous ne pouvons oublier, prince, que cet acte s'accomplit, par une heureuse coïncidence, au jour même où le Mexique vient de célébrer l'anniversaire de l'entrée triomphale à Mexico de l'armée nationale qu'abritait le drapeau de l'indépendance et de la monarchie, personnifié dans un archiduc d'Autriche, les infants d'Espagne faisant défaut.

« Que Votre Altesse Impériale exauce, en les acceptant, nos prières et nous accorde la joie d'annoncer la bonne nouvelle à un pays qui l'attend avec tant de désir et d'anxiété. Bonne nouvelle, Monseigneur, non-seulement pour nous, Mexicains, mais encore pour la France, dont le nom reste à jamais inséparable de notre gratitude et de notre histoire ; pour l'Angleterre et l'Espagne, qui ont commencé cette œuvre

réparatrice à la convention de Londres, après avoir été les premières à reconnaître sa justesse et à proclamer sa nécessité, et enfin pour l'auguste maison d'Autriche, que d'anciens et glorieux souvenirs rattachent au nouveau continent.

« Nous ne saurions d'ailleurs nous dissimuler, prince, toute la grandeur d'abnégation dont a besoin Votre Altesse Impériale, et dont elle témoignera en agréant un devoir envers la Providence (qui ne fait pas en vain les princes, et ne les dote pas en vain de grandes qualités), et dans toutes les conséquences qu'elle entraîne, une tâche si ardue, en s'arrachant à cette Europe, centre et foyer de la civilisation du monde.

« Oui, prince, cette couronne que vous apporte notre amour est aujourd'hui lourde à porter ; mais elle sera bientôt enviable, grâce à la vertu de vos sacrifices, à vos nobles efforts, à notre ardent concours, à notre loyauté et à notre gratitude inaltérables.

« Car si nos erreurs ont été profondes, et notre décadence accablante, nous sommes, Monseigneur, les fils de ceux qui, aux noms vénérés de Religion, Roi et Patrie, ces trois grandes choses dont la liberté est sœur, n'ont reculé devant aucune entreprise, si grande qu'elle pût être, subissant les plus rudes adversités avec une impassible constance.

» Tels sont les sentiments et les vœux que le Mexique renaissant nous a chargés d'exposer respectueusement à Votre Altesse Impériale et Royale ; au digne rejeton de la puissante dynastie qui compte parmi ses gloires d'avoir importé la civilisation chrétienne sur ce même sol où nous aspirons, prince, à vous voir, dans ce siècle déjà mémorable à tant de titres, implanter l'ordre et la vraie liberté qui sont les heureux fruits de cette civilisation.

« L'entreprise est grande, mais plus grande est encore notre confiance dans la Providence ; et elle doit l'être en voyant ce dont nous venons d'être témoins à Mexico et ce qui se passe à Miramar dans ce glorieux jour. »

Quelques difficultés naissaient des dispositions spéciales qui réglaient la succession à la couronne d'Autriche.

L'archiduc Maximilien, en sa qualité de frère de l'empereur, était appelé à la régence, si François-Joseph venait à mourir avant la majorité du prince héréditaire.

Celui-ci, l'archiduc Rodolphe-François-Charles-Joseph, né le 21 août 1858, n'atteignait sa majorité qu'en 1876.

L'archiduc Maximilien ne pouvait donc disposer de sa personne, accepter aucune situation à l'extérieur, parce qu'il était tenu de se tenir prêt aux éventualités prévues par la constitution de son pays.

S'il s'éloignait, il fallait que les droits à la régence fussent transférés à son frère puîné l'archiduc Charles-Louis-Joseph-Marie, né en 1833, pour le cas où François-Joseph viendrait à décéder avant 1876.

Ces difficultés étaient probablement arrangées, car, sans y faire la moindre allusion, l'archiduc Maximilien répondit :

« Je suis profondément touché du désir exprimé par l'assemblée des notables de Mexico. Il ne peut être que flatteur pour notre maison que les regards de vos compatriotes se soient portés sur la descendance de Charles-Quint. C'est une belle tâche que d'assurer l'indépendance et la prospérité du Mexique, sous la protection d'institutions libres et durables.

« Je dois cependant reconnaître, pleinement d'accord en cela avec l'empereur des Français, dont la glorieuse initiative rend possible la régénération du Mexique, que la monarchie, dans ce pays, ne peut pas être rétablie sur de solides et légitimes bases, sans que la nation tout entière ait confirmé, par une manifestation libre de sa volonté, les vœux de la capitale.

« Du résultat du vote de l'ensemble du pays, je dois donc d'abord faire dépendre l'acceptation du trône offert. D'autre part, le sentiment des devoirs les plus sacrés d'un souverain lui ordonne aussi de demander pour l'empire à rétablir toutes les garanties qui sont indispensables pour l'assurer contre les dangers qui menacent son intégrité et son indépendance. Si des garanties solides sont acquises pour l'avenir, et si le suffrage universel du noble peuple mexicain s'adresse à moi, je serai prêt, avec l'assentiment du chef illustre de ma famille, et en me confiant à la protection du Tout-Puissant, à accepter la couronne.

« Dans le cas où la Providence m'appellerait à la haute mission civilisatrice qui est attachée à cette couronne, il faut, Messieurs, que je vous fasse part, dès à présent, de ma ferme résolution d'ouvrir à votre pays, par un gouvernement constitutionnel, la voie à un progrès basé sur l'ordre et la civilisation ; et dès que l'empire sera complétement pacifié, de sceller par mon serment le pacte fondamental conclu avec la nation.

« C'est ainsi seulement qu'on pourra constituer une politique vraiment nationale, à laquelle tous les partis, oubliant leurs anciennes dissidences, pourront s'associer, afin d'élever le Mexique à ce haut rang qu'il doit acquérir sous un gouvernement dont le premier principe sera l'usage de l'équité dans le droit. Je vous prie de communiquer mes intentions, franchement exprimées, à vos compatriotes, et de faire en sorte que la nation puisse se prononcer sur le gouvernement qu'elle entend se donner. »

Après avoir passé deux jours au château de Miramar, les députés mexicains revinrent à Trieste, où des fêtes leur étaient préparées.

Le 23 octobre ils étaient à Paris, où ils obtenaient une audience de l'Empereur. En les félicitant du résultat de leur mission, Napoléon III exprima toutes ses sympathies pour la régénération du Mexique. Avant de se retirer, M. Gutierrez de Estrada lui remit, au nom de la régence de l'empire, le vote de remercîment de la junte des notables, déposé dans une longue boîte oblongue d'argent massif, du travail le plus délicat et qu'entouraient des rubans aux couleurs nationales du Mexique (rouge, blanc, et vert).

CHAPITRE XXXVI

CONCLUSION.

Quoique subordonnée à certaines conditions, l'acceptation à la couronne par l'archiduc Maximilien n'était pas douteuse. L'expédition française pouvait donc être considérée comme touchant à sa fin ; aussi le maréchal Forey remit-il, le 15 septembre, le commandement au général Bazaine. La veille, il avait écrit à l'Empereur une lettre dont nous extrayons les passages ci-dessous qui résument la situation :

Mexico, le 14 septembre 1863.

En partant, Sire, je laisserai nos troupes dans l'état le plus satisfaisant. J'ai passé hier en revue toutes celles qui sont à Mexico, y compris le corps mexicain.

Ces dernières sont habillées, équipées et armées, et offrent enfin l'aspect de soldats.

Quant aux nôtres, il est impossible de voir de plus belles troupes. Le repos dont elles jouissent depuis notre arrivée à Mexico leur a permis de se remettre en état tout ce que la campagne avait détérioré. La tenue est magnifique, la santé meilleure qu'elle ne le serait en France ; les attelages de l'artillerie, les mulets de l'administration sont reposés et bien nourris. Jamais les troupes n'ont été mieux disposées pour entrer en campagne s'il le faut, et, en voyant ce beau corps expéditionnaire défiler devant moi, je ne pouvais m'empêcher d'éprouver des regrets à la pensée de le quitter.

J'avais reçu un envoi de décorations et de médailles que le dernier convoi m'avait apporté de la Vera-Cruz quelques jours auparavant, en sorte que j'ai profité de cette revue pour distribuer celles des plus anciens décorés ou médaillés.

Je viens aussi de passer une visite minutieuse de tous nos établissements militaires : hôpitaux, magasins, casernes, écuries. Les malades sont aussi bien installés qu'en France et l'objet des soins les mieux entendus.

Les denrées sont de bonne qualité, dans un état de conservation parfaite. Tous les besoins de l'armée sont prévus pour tous les cas, et je n'ai qu'à me louer des services de l'intendance dirigés avec une haute intelligence et un zèle incessant par M. l'intendant Wolff.

L'armée est donc sous tous les rapports, dans un état florissant. Je n'ai à regretter que l'obligation d'imposer des courses assez pénibles quoique par l'archiduc des colonnes mobiles ; mais encore les troupes qui forment ces colonnes sont, d'après mes fréquentes recommandations, l'objet de la sollicitude des commandants des colonnes qui leur épargnent toutes fatigues non indispensables, et leur état sanitaire est aussi bon que celui des troupes au repos.

Tepeji, au sud de Tepeaca, a été attaqué par une bande de 400 juaristes, venus de l'État de Oaxaca, le pays de Juarez, une trentaine d'hommes de la garde urbaine se sont enfermés dans l'église et y ont soutenu un siège ; mais l'ennemi ayant allumé des matières incendiaires autour de ce réduit, et ayant promis la vie sauve à ces braves gens qui s'étaient défendus jusqu'à ce qu'ils n'eussent plus de munitions, plusieurs sont parvenus à s'échapper, mais ceux qui ont ajouté foi aux promesses des juaristes ont été fusillés. De Puebla et de Tehuacan, quelques compagnies ont été dirigées sur ce point.

Les environs de Tlascala, où est le général de la Canorgue, étant débarrassés des bandes qui m'avaient engagé à l'y envoyer, je l'ai dirigé sur Zacatlan, non loin d'Apan et de Tulancingo, qui sont occupés par des troupes de Marquez et par le colonel Aymard. Le général Brincourt ayant, de son côté, envoyé un détachement à Zacapoaxtla, village au nord de San Juan de los Llanos et qui est bien disposé pour nous, il s'ensuit que tout le nord de l'état de Puebla et de celui de Mexico, depuis Perote jusqu'à Pachuca, est protégé par une ligne continue de points occupés par nos troupes et celles de nos alliés.

Zacapoaxtla était occupée par une bande de 500 juaristes avec de l'artillerie. Son enlèvement a été une jolie affaire qui a duré six heures. La position est très-difficile, et l'ennemi y a perdu beaucoup de monde. Nos pertes ont été de 1 officier tué et 2 soldats ; 11 de ces derniers ont été blessés. Nous avons pris un drapeau et deux pièces de canon aux juaristes.

Le général la Canorgue est en ce moment à Zacatlan et Tlasco, se reliant avec Apan et Tulancingo, de sorte qu'avec Zacapoaxtla nous occupons une ligne au nord de Puebla et de Mexico, où règne la plus grande sécurité, et qu'il est à désirer de voir compléter par l'occupation de Jalapa et de Perote, pour que de Vera-Cruz à Mexico notre ligne d'opérations soit à l'abri de toute tentative.

Le général Pavon, préfet de Tulancingo, donne les meilleures nouvelles au gouvernement de la régence au sujet des populations de la Sierra de ce côté, qui adhèrent en masse au nouvel empire et proposent de se joindre aux troupes régulières pour marcher contre Negrete, armées de machetes et de faux, faute de fusils. Il est bien regrettable que nous n'ayons pas d'armes à donner aux populations qui en demandent à cor et à cris.

A ces renseignements, que le *Moniteur universel* fit paraître dans son numéro du 31 octobre, était annexé un rapport du maréchal commandant en chef au ministre de la guerre, sur différents engagements qui avaient eu lieu sur les hauts plateaux entre les guérilleros et nos troupes.

Parmi ces engagements, les plus remarquables étaient ceux d'Iztlahuaca et de Zacapoaxtla.

A Iztlahuaca, le colonel Garnier, du 51e de ligne, qui occupait ce poste depuis le 5 septembre, faisait battre le pays par de nombreuses reconnaissances. L'une d'elles, composée de deux compagnies du 51e de ligne, et d'une compagnie du 7e bataillon de chasseurs à pied (capitaine Bonneville), rencontra l'ennemi, fort d'environ 300 cavaliers, sur la route de San Felipe. C'était, disait-on, l'avant-garde de Maraviato. Le colonel Garnier se porta aussitôt sur ce point avec un peloton de chasseurs à cheval et trois compagnies. L'ennemi tenta de résister, mais à la première attaque, se voyant chargé par les chasseurs à cheval, il prit la fuite.

Le 15, Romero ayant paru à Ocotitlan avec 200 cavaliers, le colonel Garnier se porta à sa rencontre et le mit en fuite après un court engagement.

D'après les ordres du maréchal Forey, le colonel Aymard, du 62e, occupa Tulancingo ; le général de la Canorgue, Zacatlan ; et le général Leccaga, Apan, afin de cerner le général mexicain Negrete, qui s'était retranché à Nexara.

Pour couvrir le mouvement du général de la Canorgue sur Zacatlan, une colonne, forte de six compagnies de zouaves, d'une section d'artillerie et des cavaliers de Rodriguez, aux ordres du commandant Lalanne, partit de San Juan de Los Llanos pour aller prendre position à Zacapoaxtla et à Tesuitlan où se trouvaient des bandes ennemies. Le commandant Lalanne arriva le 12 septembre devant Zacapoaxtla, petite ville d'un abord difficile, bâtie sur un mamelon, au fond d'une gorge étroite, et défendue par un fortin en pierre avec une avancée en terre et par un retranchement entourant l'église et armé d'une pièce de canon. Après avoir abrité son convoi derrière un pli de terrain, il divisa ses forces en deux colonnes pour tourner la ville ; celle de droite avec la section d'artillerie devait prendre le retranchement, pendant que celle de gauche, sous les ordres du commandant Lalanne, enlevait trois mamelons occupés par l'ennemi et opérait son mouvement tournant. La colonne de droite, capitaine Blot, après avoir éteint le feu de la pièce ennemie, s'est élancée dans le ravin et a escaladé les pentes du retranchement de l'église. Elle pénétra ainsi dans la ville, que l'ennemi abandonna en toute hâte en laissant 50 hommes hors de combat. Les Français perdirent le sous-lieutenant Merlier et un zouave tués et 9 hommes blessés. Dans cet engagement nos troupes avaient pris deux pièces de canon, des munitions et un drapeau.

Malgré les courses multiples et pénibles que plusieurs corps avaient dû faire contre les guérilleros, l'état sanitaire était excellent grâce à la bonne direction donnée à tous les services et aux soins vigilants dont nos hommes étaient entourés. Les hommes fatigués ou malingres se rétablissaient et rentraient dans les rangs. Dans les Terres Chaudes, par suite des vents du nord, le vomito avait disparu.

Le commandant supérieur de Vera-Cruz faisait connaître que la situation politique des Terres Chaudes allait sans cesse en s'améliorant. A Vera-Cruz même tout esprit d'opposition avait cessé, et dans les autres points de la côte les adhésions à l'intervention française étaient nombreuses.

Les nouvelles publiées par le *Moniteur*, les 9 et 12 novembre, ne modifient point la situation.

La présence du général qui avait conquis Puebla et occupé Mexico n'était plus nécessaire, il remit le commandement au général Bazaine, et fit en ces termes ses adieux aux troupes et à la population :

SOLDATS !

L'Empereur m'avait mis à votre tête pour abaisser l'orgueil des prétendus vainqueurs de Guadalupe, en prenant Puebla, et pour rendre le Mexique à lui-même en chassant de la capitale un gouvernement dont la tyrannie et la cupidité ont rempli depuis trop longtemps ce beau pays de ruines et de misère.

Puebla ayant succombé sous vos coups, et Mexico ayant été délivrée de ses oppresseurs, l'Empereur a pensé que la mission qu'il m'avait confiée était terminée, et il me rappelle en France.

Le plaisir que je ressens à la pensée de revoir bientôt notre belle patrie, après avoir rempli un grand devoir, à la satisfaction de notre bien-aimé souverain, n'est pas sans être mêlé de regrets. Comment, en effet, pourrais-je oublier que c'est à votre vaillance dans les combats, à votre persévérance dans les fatigues et les privations, à votre résignation dans les moments difficiles, à votre dévouement en toutes circonstances, que je dois mon bâton de maréchal, bien plus qu'à mon mérite ?

Avec des soldats comme vous, quels obstacles sont insurmontables ? quelle victoire est douteuse ?

Mais, si je pars avec le regret de ne plus partager les travaux qui vous restent à accomplir, j'aime à croire que j'en laisserai quelques-uns parmi vous, dont je me suis constamment attaché à prévoir et satisfaire tous les besoins, à épargner le sang dans les combats, à faire valoir les services, à récompenser les plus méritants, à exalter les vertus guerrières.

Ce sont ces vertus qui font la force et la supériorité de notre armée, et que vous ne cesserez de pratiquer sous les ordres de votre nouveau chef.

Je n'ai pas besoin de vous faire son éloge. Vous savez aussi bien que moi tout ce qu'il vaut, et, pour ne parler que de ses services au Mexique, souvenez-vous de San Lorenzo, où, à la tête de quelques bataillons, il a détruit tout un corps d'armée dont les débris, ne se croyant pas en sûreté derrière les fortifications de la capitale, se sont enfuis jusqu'aux frontières des États-Unis d'Amérique.

Rappelez-vous encore que la prise du fort de San-Xavier a commencé le siège de Puebla, que celle du fort de Totiméhuacan l'a terminée, et que c'est sous sa direction intelligente et vigoureuse que ces deux faits d'armes ont été accomplis.

Alors vous serez fiers d'avoir un tel chef à votre tête. Si vous avez de nouveaux combats à livrer, vous serez certains de la victoire ; et votre ancien général en chef applaudira de loin à vos succès, s'il ne lui est plus donné de les partager avec vous.

Et puis, lorsque, à votre tour, vous reviendrez en France, si les hasards de la guerre vous plaçaient de nouveau sous mes ordres, ce serait avec bonheur que je me retrouverais à la tête de mes vaillants soldats du Mexique.

Au quartier général, à Mexico, le 30 septembre 1863.

Le maréchal de France, FOREY.

MEXICAINS,

C'est la dernière fois que je vous adresse la parole, et c'est pour vous faire mes adieux.

L'Empereur, considérant comme terminée la mission qu'il m'avait confiée au Mexique, me rappelle en France.

Que cette détermination de mon souverain ne vous cause aucune crainte sur le résultat final de l'entreprise à laquelle je vais cesser de prendre part ; elle n'implique point de changement dans la politique de l'Empereur. L'armée vous reste, et à sa tête un général en qui vous pouvez avoir toute confiance.

Avant de quitter le commandement du corps expéditionnaire, j'aurais voulu que tous mes désirs fussent satisfaits, en voyant les partis opposés réunis en un seul, le parti de la nation tout entière. Parvenir à constituer ce parti a été mon rêve, et s'il ne s'est pas encore réalisé, c'est que les loyales intentions de l'Empereur ont été méconnues et perfidement dénaturées par ceux qui, sous le masque du patriotisme, trompent les crédules et se servent de vils instruments pour se cramponner au pouvoir qui leur échappe.

Mais, en quittant le Mexique, j'emporte l'espoir que la vérité ne tardera pas à dessiller les yeux des moins clairvoyants, et que les faux patriotes qui ont couvert ce malheureux pays de ruines, en prenant la licence, le désordre, l'anarchie pour la liberté, seront bientôt abandonnés à eux-mêmes.

Alors les vrais patriotes, les bons Mexicains, en comptant ceux qui les ont mis à deux doigts de leur perte, seront étonnés de leur petit nombre.

Je sais bien que leur audace supplée à leur faiblesse ; que, dans leur orgueil, ils traitent avec dédain, avec mépris même le gouvernement actuel, et qu'ils se vantent de renverser ce que la nation, par l'organe de ses meilleurs citoyens, a fondé. Mais Dieu, qui dirige l'épée de la France dans ses desseins, ne le permettra pas et confondra leurs projets fratricides.

Adieu, Mexicains ! Je pars plein de confiance dans l'avenir de votre beau pays, pour le bonheur duquel je ne cesserai de faire des vœux, heureux et fier d'avoir mis la main à la grande œuvre de sa régénération, que la Providence, par l'aide de l'Empereur Napoléon, mènera à bonne fin.

Unissez-vous donc dans un même sentiment, celui de la concorde. C'est la prière que, du navire qui va me ramener en France, je vous adresserai en jetant un dernier regard sur cette terre du Mexique arrosée par le sang de nos meilleurs soldats. Puisse-t-il la fertiliser et y faire fleurir enfin la paix, l'ordre et la vraie liberté, après lesquels vous courez depuis si longtemps sans en avoir encore atteint que l'ombre !

Mexico, le 30 septembre 1863.

Le Maréchal de France, FOREY.

Le maréchal Forey quitta Mexico le 1er octobre et s'embarqua le 20, à bord de la frégate le *Panama*.

A son successeur incombe un travail de pacification qui ne rentre plus dans notre sujet ; mais avant de quitter la plume nous devons reproduire le décret du 31 août, dont voici le dispositif :

Art. 1er. Il est créé une médaille commémorative de l'expédition du Mexique en 1862 et 1863. — Art. 2. La médaille sera en argent et du module de trente millimètres. Elle portera d'un côté l'effigie de l'Empereur, avec ces mots : NAPOLÉON III, EMPEREUR, et de l'autre côté, en légende : EXPÉDITION DU MEXIQUE, 1862-1863, et en inscription les noms : CUMBRES, CERRO-BORREGA, SAN LORENZO, PUEBLA, MEXICO. Ce médaillon sera encadré des deux côtés par une couronne de laurier. — Art. 3. Les personnes qui auront obtenu la médaille la porteront sur le côté gauche de la poitrine, suspendue à un ruban bleu, avec une bande rouge et verte en croix, et au milieu l'aigle mexicaine tenant un serpent dans son bec. — Art. 4. La médaille sera accordée par l'Empereur à tous ceux qui auront pris part à l'expédition du Mexique, sur la proposition du ministre dont dépend le corps ou le service auquel ils auront été attachés.

Cette médaille sera le pendant de celles de Crimée et d'Italie.

FIN.

Paris. — Imprimerie de P.-A. BOURDIER et Cⁱᵉ, rue Mazarine, 30.

MEXIQUE.

DESCRIPTION PHYSIQUE GÉNÉRALE.

SITUATION, LIMITES, SUPERFICIE, POPULATION. — La Confédération des *États-Unis mexicains*, à laquelle on donne plus simplement le nom de *Mexique*, s'étend au sud des États-Unis anglo-américains, entre l'océan Atlantique, qui y forme le grand golfe auquel elle a donné son nom, golfe du Mexique, et l'océan Pacifique. Ses limites sont au sud la république de Guatemala et Balise. Au nord, d'après le traité conclu avec les États-Unis le 30 décembre 1853, la frontière part de l'embouchure du Rio del Norte, elle remonte le cours du fleuve jusqu'au 31° 47' degré de latitude, elle suit ce degré à l'ouest pendant 100 milles anglais, elle descend ensuite au sud jusqu'au 31° 21' de latitude, elle le suit jusqu'au 113°-20° de longitude du méridien de Paris ; elle se dirige au nord-ouest jusqu'à la rencontre du Rio-Colorado avec le 32° 29' 45" de latitude, et enfin elle suit le cours de cette rivière jusqu'à la rencontre de la ligne qui divise les deux Californies et vient aboutir à 5 ou 6 kilomètres au sud de la baie de San-Diego.

L'extension des côtes du Mexique sur l'océan Pacifique et le golfe de Californie est de 1,584 lieues (1), sur le golfe du Mexique et la mer des Antilles, de 615 lieues. La frontière septentrionale est de 680 lieues et celle du sud se réduit à 202.

La superficie totale de la république est de 110,317 lieues carrées, c'est-à-dire d'environ 2,420,000 kilomètres carrés.

Sa population, que l'on évaluait en 1850 à 7,485,205 âmes, appartient pour un dixième à la race européenne, pour trois à la race indigène ou aztèque, et pour les deux autres sixièmes aux races mélangées d'indigènes, d'Européens et de noirs ; il n'existe de cette dernière qu'une très-faible partie qui va toujours en décroissant.

ORIGINE, HISTOIRE. — Le Mexique tire son nom de *Mexico*, sa capitale. En langue aztèque *Mexico* ou *Méjico* signifie demeure du dieu de la guerre appelé *Mexitli* ou *Huitzilopochtli*. Les Aztèques, peuple conquérant venu du nord, s'étaient établis sur le plateau où s'est depuis élevé Mexico. Ce plateau, coupé de lacs et de rivières, reçut d'eux le nom d'*Anahuac*, c'est-à-dire *pays voisin de l'eau*. Dans le voisinage du plus important de ces lacs s'élevaient deux villes rivales, *Tlatilolco* et *Tenochtitlan*. Quelque temps avant la conquête des Espagnols, en 1473, Tenochtitlan soumit Tlatilolco, et c'est de la réunion de ces villes que fut formée *Mexico*, cap ale de la dynastie aztèque à laquelle appartenait Montezuma, et l'on donna le nom de Mexico aux États de ce prince.

Ce que les Européens ont appelé l'empire de Montezuma comprenait : 1° les trois couronnes de Mexico, Tezcuco et Tlacopan, chacune indépendante et libre, mais agissant d'accord dans les négociations importantes et surtout dans la guerre ; 2° plusieurs républiques d'origine aztèque, telles que Tlaxcallan, la plus considérable, Cholulan, Huexotzinco, etc., etc., et plusieurs grands royaumes aussi puissants que celui des Mexicains ; tels étaient ceux du Michoacan, de Tonalan (Guadalaxara) et Xalisco ou Jalisco, au nord-ouest ; ceux des Mixtèques, du Zapotecapan et de Tehuantepec, au sud, etc., etc. (2).

L'ère de la conquête fut, après l'établissement de Fernand Cortez, en 1519, comme il arrive presque toujours, une époque de terreur et de persécution pour les indigènes. Malgré la destruction de beaucoup de monuments précieux, on peut dire cependant que le clergé espagnol fit les plus grands efforts pour sauver les Indiens de la fureur cupide et de la brutalité de leurs vainqueurs. C'est d'ailleurs au clergé que l'on doit tout ce qui a été conservé de la littérature, de l'histoire et des arts indigènes Malgré les violences des Espagnols, on doit rendre justice au gouvernement des Rois Catholiques qui firent néanmoins en faveur de leurs nouveaux sujets des lois fort remarquables, et s'ils cherchèrent, à leur faire oublier leur passé, au moins ils leur laissèrent une partie de leur organisation antique, ce qui les sauva d'une entière destruction. S'ils

eurent à gémir souvent de la tyrannie des magistrats envoyés par l'Espagne, les colons eux-mêmes eurent à supporter de la part de la métropole toutes les entraves qu'un gouvernement ombrageux crut devoir mettre au développement intellectuel et commercial. L'introduction de la littérature et des arts de l'Europe fut prohibée ; et, pour assurer le débit des produits de l'Espagne, on défendit aux colons, sous des peines atroces, de cultiver l'olivier, la vigne et le mûrier, et tout commerce avec l'étranger. En 1522 la conquête était terminée et le pays fut, sous le nom de *Nouvelle-Espagne* (1), administré par une succession de soixante-trois vice-rois qui, au dire des historiens mexicains modernes, opprimèrent et humilièrent la population jusqu'à ce que l'heure de l'émancipation et de l'indépendance eût sonné. Lors de l'occupation de l'Espagne par les Français, en 1808, les troubles commencèrent à se manifester au Mexique, et durèrent jusqu'en 1815 ; mais ils furent toujours comprimés par le gouvernement resté fidèle à l'Espagne. En 1820, de nouvelles dissensions furent suscitées par l'insurrection des libéraux d'Espagne. Le vice-roi Apodaca confia au général Iturbide le commandement des troupes pour contenir les partisans de la constitution ; mais, contre les prévisions des deux partis, Iturbide proclama l'indépendance du Mexique à Iguala, le 24 février 1821, et obligea le vice-roi à abdiquer. Le Mexique, érigé d'abord en empire, eut Iturbide pour premier et dernier empereur. A peine couronné, le nouveau souverain, qui cherchait à imiter l'empereur Napoléon, fut obligé, en 1823, d'abdiquer après une lutte sanglante. Une tentative infructueuse pour recouvrer la couronne le livra aux Mexicains, qui le fusillèrent. Après la chute d'Iturbide, la république fédérative fut proclamée au Mexique, et une constitution sur le modèle de celle des États-Unis fut votée en janvier 1824. L'ancien parti espagnol, fondu depuis dans le parti impérialiste, devint centraliste ; le parti constitutionnel, et postérieurement républicain, devint fédéraliste. Dès lors, l'histoire du Mexique ne présente plus qu'une suite de *pronunciamentos*, d'émeutes comprimées ou victorieuses, amenant au pouvoir et en retirant tour à tour les deux partis, et l'anarchie dans le gouvernement, dont les généraux se font les chefs absolus (2). L'Union Américaine du nord en a profité pour s'adjoindre violemment la Haute-Californie, le Nouveau-Mexique et le Texas. Aujourd'hui même, elle encourage les attaques réitérées des hordes sauvages, telles que les Apaches et les Comanches, dans les États de Nuevo-Léon, de Durango, de Cohahuila, de Chihuahua et de Sonora, espérant que ces États, incessamment harcelés par des ennemis infatigables, ne trouvant ni dans leurs propres ressources, ni dans celles du gouvernement de Mexico les forces nécessaires pour les protéger, imploreront l'intervention des Anglo-Américains et leur annexion à la grande confédération du nord. D'autre part, entre le golfe de Honduras et la baie de Campêche, s'étend au sud-est du Mexique une belle et riche presqu'île qui produit presque tous les bois de teinture du commerce européen. Elle renferme l'État mexicain de Yutacan ; l'Angleterre a souvent convoité cette belle presqu'île américaine ; aussi cette puissance a-t-elle favorisé les efforts tentés depuis 1840 par l'État du Yucatan pour se détacher du faisceau, pensant qu'une fois érigé en république, l'État d'Yucatan se mettrait naturellement sous le protectorat anglais. Cependant, en 1850, la guerre contre les Indiens de l'Yucatan a été favorable au gouvernement fédéral de Mexico ; mais, dans le nord, le gouvernement a été obligé de céder aux États-Unis une partie de la province de Sonora en 1854. Le plus grand obstacle à la prospérité du Mexique est dans l'anarchie intérieure, et tout porte à croire que si les rivalités d'ambition qui ont bouleversé ce pays depuis sa séparation avec l'Espagne venaient à s'éteindre, il trouverait en lui assez de ressources pour s'opposer aux empiétements des États-Unis au nord, et de l'Angleterre au sud-est. Nous devons même reconnaître que cette répu-

---

(1) Leguas de 5,000 varas, ou de 4,180 mètres.
(2) Voir l'*Histoire des nations civilisées du Mexique et de l'Amérique centrale durant les siècles antérieurs à Christophe Colomb*, par M. l'abbé Brasseur de Bourbourg, 4 vol. gr. in-8°, avec cartes. Paris, 1857-1858. Arthus Bertrand. Voir le *Mexique*, par Mathieu de Fossey, de l'académie de Dijon, 1 vol. in-8°. Paris, 1857. Henri Plon.

(1) La Nouvelle-Espagne renfermait deux grands gouvernements : 1° le vice-royauté du Mexique, formée par la plus grande partie du Mexique actuel ; 2° la capitainerie générale de Guatemala, comprenant les États mexicains du sud et l'Amérique Centrale.
(2) Depuis la déclaration de l'indépendance, en 1821, jusqu'à la déchéance du président Comonfort, en 1857, il n'y a pas eu moins de 239 révolutions au Mexique.

blique est depuis 1850 en voie de progrès, et qu'en ouvrant ses provinces du nord à la colonisation européenne, elle a compris ses véritables intérêts.

ASPECT GÉNÉRAL PHYSIQUE DES MONTAGNES.

— En embrassant d'un coup d'œil général toute la surface du Mexique, nous voyons que les deux tiers environ sont situés sous la zone tempérée, et que l'autre appartient à la zone torride. Par un concours de diverses causes et de circonstances locales, plus des trois cinquièmes de la partie située sous la zone torride jouissent d'un climat qui est plutôt froid ou tempéré que brûlant. Tout l'intérieur du Mexique forme un plateau immense élevé de 2,000 à 2,500 mètres au-dessus des mers voisines, tandis qu'en Europe les terrains élevés qui présentent l'aspect de plaines, tels que les plateaux d'Auvergne, de Suisse, d'Espagne, n'ont guère plus de 400 à 800 mètres de hauteur au-dessus de l'Océan.

La chaîne des montagnes qui forme le plateau du Mexique, que l'on désigne quelquefois sous le nom particulier de plateau d'Anahuac, paraît, au seul aspect d'une carte géographique, la même que celle qui, sous le nom des Andes, traverse toute l'Amérique méridionale ; cependant, examinée sous les rapports de la géographie physique, la structure de cette chaîne diffère beaucoup au sud et au nord de l'équateur. Dans l'hémisphère austral, la Cordillère est partout déchirée et interrompue par des crevasses qui ressemblent à des filons ouverts, qui n'ont pu être remplis de substances hétérogènes. S'il existe des plaines élevées dans la Colombie, ce sont plutôt de hautes vallées longitudinales limitées par deux branches de la grande Cordillère des Andes. Au Mexique, c'est le dos même des montagnes qui forme le plateau. Au Pérou, les cimes les plus élevées constituent la tête des Andes ; au Mexique, ces mêmes cimes, moins colossales, mais toutefois hautes de 4,900 à 5,400 mètres, sont ou dispersées sur le plateau, ou rangées d'après des lignes qui n'ont aucun rapport de parallélisme avec la direction de la Cordillère. Au Pérou, et dans la Colombie, le nombre des vallées transversales, dont la profondeur perpendiculaire est quelquefois de 1,400 mètres, empêche les habitants de voyager autrement qu'à cheval, à pied, ou portés sur le dos des Indiens. Dans les États mexicains, au contraire, les voitures roulent depuis la capitale de Mexico jusqu'à Santa-Fé, sur une longueur de plus de 2,000 kilomètres.

La longueur du plateau compris entre les 18ᵉ et 40ᵉ degrés de latitude, est égale à la distance qu'il y a depuis Lyon jusqu'au tropique du Cancer, qui traverse le grand désert africain. Ce plateau extraordinaire paraît s'incliner insensiblement vers le nord, surtout depuis la ville de Durango, à 560 kilomètres de Mexico. Cette pente, contraire à la direction des fleuves, nous semblerait peu vraisemblable, si elle n'était pas admise par l'illustre et judicieux voyageur (M. de Humboldt) à qui nous devons à peu près tout ce que nous savons de précis, d'exact et d'intéressant sur ces contrées. Il faut donc supposer que les montagnes au nord de Santa-Fé s'élèvent brusquement pour former les chaînes et les plateaux très-élevés d'où descendent le Missouri et ses affluents.

Parmi les quatre plateaux situés autour de la capitale du Mexique, le premier, qui comprend la vallée de Toluca, a 2,600 mètres ; le second, ou la vallée de Tenochtitlan, 2,274 ; le troisième, ou la vallée d'Actopan, 1,966 mètres ; et le quatrième, ou la vallée d'Istla, 981 mètres de hauteur. Ces quatre bassins diffèrent autant par le climat que par leur élévation au-dessus du niveau de l'Océan. Chacun d'eux offre une culture différente : le dernier, et le moins élevé, est propre à la culture de la canne à sucre ; le troisième, à celle du coton ; le second, à la culture du blé d'Europe, et le premier à des plantations d'agaves, que l'on peut considérer comme les vignobles des Indiens Aztèques.

Si cette configuration du sol favorise singulièrement, dans l'intérieur du Mexique, le transport des denrées, la navigation, et même la construction des canaux, elle ne oppose de grandes difficultés à la communication entre l'intérieur de la République et les côtes, qui, s'élevant de la mer en forme de rempart, présentent partout une énorme différence de température. La pente orientale y est surtout rapide et d'un accès difficile. En se dirigeant depuis la capitale vers la Vera-Cruz, il faut avancer 350 kilomètres pour trouver une vallée dont le fond soit élevé de moins de 1,000 mètres au-dessus de l'Océan. Des 420 kilomètres que l'on compte jusqu'à ce port, il y en a 280 qu'occupe le grand plateau d'Anahuac ; le reste du chemin n'est qu'une descente brutale et continuelle ; c'est la difficulté de cette descente qui renchérit le transport des farines de la Vera-Cruz, et qui les empêche de rivaliser en Europe avec les farines de Philadelphie. Dans le chemin d'Acapulco, sur le grand Océan, on parvient aux régions tempérées en moins de 85 kilomètres de distance, et l'on n'y fait ensuite que monter et descendre jusqu'à la mer.

La Cordillère des Andes, qui traverse l'isthme de Darien, se trouve tantôt rapprochée de l'océan Pacifique, tantôt des côtes du golfe du Mexique. Dans l'Amérique-Centrale, la crête de ces montagnes, hérissée de cônes volcaniques, longe la côte occidentale depuis le lac de Nicaragua jusqu'à la baie de Tehuantepec ; mais dans l'État d'Oaxaca, entre les sources des rivières Chimalapa et Goatzacoalco, quelle est cette rivière ? elle occupe le centre de l'isthme mexicain. Depuis le 18ᵉ degré et demi jusqu'au 21ᵉ degré de latitude, dans les États de la Puebla et du Mexico, depuis la Mixteca jusqu'aux mines de Zimapan, la Cordillère se dirige du sud au nord, et se rapproche des côtes orientales. C'est dans cette partie du grand plateau d'Anahuac, entre la cité de Mexico et les petites villes de Cordoba et de Xalapa (Jalapa), que paraît un groupe de montagnes volcaniques rivalisant avec les cimes les plus élevées du continent. M. de Humboldt en a mesuré les principales. Le Popocatepetl, c'est-à-dire montagne fumante, nommée par les Espagnols le Grand-Volcan, a 5,400 mètres de hauteur ; l'Iztaccihualt ou Femme blanche, la Sierra-Nevada des Espagnols, 4786 ; le Citlaltepetl ou montagne de l'Étoile, autrement nommée le pic d'Orizaba, 5,295 ; le Nevado de Toluca, 4,440, et le Nauh-campa-tepetl ou Coffre de Perote, 4,088 mètres. Le volcan de Colima, dans l'État de Colima, a 3,668 mètres ; celui de Jorullo, dans le Michoacan, a 1,229 mètres ; celui de Soconusco, voisin du Chiapas, a 2,400 mètres ; enfin la cité de Mexico est à 2,284 mètres au-dessus du niveau de la mer.

Plus au nord du 19ᵉ parallèle, près des mines célèbres de Zimapan et du Doctor, situées dans l'État de Queretaro, la Cordillère prend le nom de Sierra-Madre ; s'éloignant de nouveau de la partie orientale du Mexique, elle se porte au nord-ouest vers les villes de San-Miguel et Grande et Guanaxuato. Au nord de cette dernière ville, regardée comme le Potosi du Mexique, la Sierra-Madre prend une largeur extraordinaire ; bientôt elle se partage en trois branches, dont la plus orientale se dirige vers Charcas et Real de Catorce, puis se perdre dans le Nouveau-Léon. La branche occidentale occupe une partie de l'État de Xalisco. Depuis Bolaños, elle s'abaisse rapidement et se prolonge, par Culiacan et Arispe, dans le Sonora, jusqu'aux bords du Rio-Gila. Sous le 30ᵉ degré de latitude, elle acquiert cependant de nouveau une hauteur considérable dans le Tarahumara, près du golfe de Californie, où elle forme les montagnes de la Haute-Pimerie (Pimeria alta), célèbres par des lavages d'or considérables. La troisième branche de la Sierra-Madre, que l'on peut regarder comme la chaîne centrale des Andes mexicaines, occupe toute l'étendue de l'État de Zacatecas. On peut la suivre, par Durango et le Parral, dans le Cohahuila, jusqu'à la Sierra de los Mimbres, située à l'ouest du Rio-Grande del Norte ; de là elle traverse le Nouveau-Mexique et se joint aux montagnes de la Grue et à la Sierra-Verde. Ce pays montueux, situé sous le 40ᵉ degré de latitude, a été examiné, en 1777, par les PP. Escalante et Fond ; il donne naissance au Rio-Gila, dont les sources se rapprochent de celles du Rio del Norte. C'est la crête de cette branche centrale de la Sierra-Madre qui partage les eaux entre le grand Océan et la mer des Antilles. C'est elle dont Fiedler et l'intrépide Mackensie ont examiné la continuation sous les 50 et 53ᵉ degrés de latitude boréale. La carte d'Alzate donne à une partie de la Sierra de los Mimbres le nom particulier de Sierra de los Pedernales, montagnes des pierres à fusil, circonstance qui semble indiquer une ressemblance entre les rochers de cette chaîne et ceux des montagnes Rocheuses, dont elle est d'ailleurs la continuation méridionale.

CONSTITUTION GÉOLOGIQUE DES MONTAGNES.

— Le granit, qui paraît former ici, comme partout ailleurs, la couche la plus profonde, se montre à découvert dans la petite chaîne qui borde l'océan Pacifique, et qui, du côté d'Acapulco, est séparée de la masse du haut pays par la vallée de Peregrino. Le beau port d'Acapulco est taillé par la main de la nature dans des rochers granitiques. La même roche forme les montagnes de Mixteca et de Zapoteca dans l'État d'Oaxaca. Le plateau central ou l'Anahuac semble une immense digue de roches porphyriques, distinguées de celles d'Europe par la présence constante de l'amphibole et par l'absence du quartz. Elles contiennent d'immenses dépôts d'or et d'argent. Le basalte, le trapp amygdaloïde, le gypse et le calcaire du Jura forment les autres roches dominantes. Les couches se suivent ici dans le même ordre qu'en Europe, excepté que la syénite alterne avec la serpentine. Les roches secondaires ressemblent également à celles de nos contrées, mais on n'a encore trouvé aucun dépôt considérable de sel gemme ni de charbon de terre sur le plateau du Mexique ; tandis que ces substances, surtout la première, paraissent abonder au nord du golfe de Californie, vers les lacs dont les bords sont occupés par les mormons.

Le porphyre de la sierra de Santa-Rosa se présente en masses gigantesques, d'une figure bizarre, et qui rappelle des murs et des bastions en ruine. Les masses, taillées à pic et élevées à 200 ou 400 mètres sur les plaines environnantes, portent dans le pays le nom de Buffa. D'énormes boules à couches concentriques reposent sur des rochers isolés. Ces porphyres donnent aux environs de la ville de Guanaxuato un aspect singulièrement romantique. Le rocher porphyrique de Mamanchota, connu dans le pays sous le nom d'Orgues d'Actopan, se détache sur l'horizon comme une vieille tour dont la base ébréchée serait devenue moins large que le sominel. Les porphyres trappéens en colonnes, qui terminent la montagne de Jacal et d'Oyamel, sont à leur tour couronnés de pins et de chênes qui ajoutent de la grâce à ce site imposant. C'est de ces montagnes que les anciens Mexicains tiraient la pierre *itzli*, ou l'obsidienne, dont ils fabriquaient leurs instruments tranchants.

Le Coffre de Pérote, élevé de 4,088 mètres au-dessus du niveau de la mer, est, comme nous l'avons dit, une montagne porphyrique qui représente un sarcophage antique, surmonté à une de ses extrémités d'une pyramide. Les basaltes de la Regla, dont les colonnes prismatiques, de 30 mètres d'élévation, ont un noyau plus dur que le reste, forment la décoration d'une cascade très-pittoresque.

Les habitants du Mexique considèrent à peine les volcans comme une curiosité, tant ils sont familiers avec les effets de ces colosses ignivomes. Presque tous les sommets des Cordillères américaines offrent des cratères. Celui du Popocatepetl peut avoir 2 kilomètres de circonférence. L'Orizaba est également un volcan qui, en 1545, fit une éruption, et continua de brûler pendant vingt années; cette montagne est nommée par les Indiens *Citlaltepetl* ou montagne de l'Étoile, en mémoire de Quazalcohuatl, surnommé l'Étoile du matin, et que la légende fait disparaître au pied de cette montagne. On peut mentionner encore le volcan de Tuxtla ou de San-Martin, entre Alvarado et le fleuve Goatzacoalco, qui fit éruption en 1793, dont les cendres arrivèrent jusqu'à Pérote, à 240 kilomètres de là en droite ligne. Les flancs de ces colosses coniques, ornés de belles forêts de cèdres et de pins, ne sont plus bouleversés par des éruptions, ni sillonnés par des torrents de lave enflammée; il paraît même que les coulées de laves proprement dites sont rares au Mexique. Cependant, en 1757, les plaines de Jorullo, sur les bords de l'océan Pacifique, furent le théâtre d'une des catastrophes les plus grandes qu'ait jamais essuyées le globe : dans une seule nuit, il sortit de la terre un volcan de 1,300 mètres d'élévation, entouré de plus de 2,000 bouches qui fument encore aujourd'hui. MM. de Humboldt et Bonpland descendirent dans le cratère embrasé du grand volcan, jusqu'à 84 mètres de profondeur perpendiculaire, sautant sur des crevasses qui exhalaient l'hydrogène sulfuré enflammé; ils parvinrent, après beaucoup de dangers, à cause de la fragilité des laves basaltiques et syénitiques, presque jusqu'au fond du cratère, où l'air était extraordinairement surchargé d'acide carbonique.

Les montagnes granitiques d'Oaxaca ne renferment aucun volcan connu; mais dans l'Amérique centrale ils en contiennent, et nous en donnerons plus loin la nomenclature.

MINES ET PRODUCTIONS MINÉRALES.

— Nous ne terminerons pas cet aperçu des montagnes mexicaines sans parler des célèbres mines d'or et d'argent, dont le produit annuel, en temps ordinaire, s'élève à une valeur de 22 millions de piastres. L'or, qui n'entre dans ce produit que pour un million, se trouve en paillettes ou en grains dans les terrains d'alluvion de la Sonora et de la Haute-Pimerie, qui, à ce qu'il paraît, peuvent rivaliser de richesse avec ceux de la Californie; il existe aussi en filons dans les montagnes de gneiss et de schiste micacé de l'État d'Oaxaca. L'argent semble affecter le plateau d'Anahuac et de Michoacan. La mine de Batopilas, dans l'État de Durango, la plus septentrionale qu'on ait exploitée, a donné plus abondamment de l'argent massif, tandis que dans les autres le métal est extrait soit des minerais qu'on nomme *maigres*, tels que l'argent rouge, noir, chloruré et sulfuré, soit du plomb argentifère. La disette de mercure, qu'on tire de la Chine, de l'Autriche et de l'Espagne, arrête seule l'essor de l'exploitation. Les mines connues sont loin d'offrir aucun indice d'épuisement. Il en reste sans doute à découvrir.

Un avantage, très-notable pour le progrès de l'industrie nationale, naît de la hauteur à laquelle la nature, dans la Nouvelle-Espagne, a déposé les grandes richesses métalliques. Au Pérou, les mines d'argent les plus considérables se trouvent à d'immenses élévations, très-près de la limite des neiges éternelles. Pour les exploiter, il faut amener de loin les hommes, les vivres et les bestiaux. Des villes situées sur des plateaux où les arbres ne peuvent point végéter ne sont pas faites pour offrir un séjour attrayant. Il n'y a que l'espoir de s'enrichir qui puisse déterminer l'homme libre à abandonner le climat délicieux des vallées, pour s'isoler sur le dos des Andes. Au Mexique, au contraire, les filons d'argent les plus riches, comme ceux de *Guanaxuato*, de *Zacatecas*, de *Pasco* et de *Real del Monte*, se trouvent à des hauteurs moyennes de 1,700 à 2,000 mètres. Les mines y sont entourées de champs labourés, de villes et de villages; des forêts couronnent les collines voisines; tout y facilite l'exploitation des richesses souterraines.

FLEUVES, RIVIÈRES ET LACS.

— Au milieu des nombreuses montagnes que la nature a accordées au Mexique, il souffre en général d'un manque d'eau et de rivières navigables. Le grand fleuve *Bravo del Norte* et le *Colorado* sont les seuls grands cours d'eau qui puissent fixer l'attention, tant à cause de la longueur de leur cours qu'à cause de la grande masse d'eau qu'ils portent à

l'Océan; mais le premier coulant à la frontière et dans la partie du Mexique la plus inculte, l'autre ne lui appartenant que dans la dernière partie de son cours, ces deux fleuves resteront longtemps sans intérêt pour le commerce. Dans toute la partie équinoxiale du Mexique on ne trouve que de petites rivières dont les embouchures sont considérablement larges. La forme étroite du continent y empêche la réunion d'une grande masse d'eau, et la pente rapide de la Cordillère donne plutôt naissance à des torrents qu'à des fleuves. Parmi le petit nombre de rivières qui existent dans la partie méridionale, les seules qui puissent un jour devenir intéressantes pour le *Rio Goazacoalco*, et les fleuves *Tabasco* et *Uzumacinta*, tous les deux à l'est de la Vera-Cruz, et propres à faciliter les communications avec le Guatemala; le *Rio de Montezuma*, qui porte les eaux des lacs et de la vallée de Tenochtitlan au *Rio de Panuco*, et par lequel, en oubliant l'élévation du terrain, on a projeté une navigation depuis la capitale jusqu'à la côte orientale; le *Rio de Zacatula*, que l'on nomme encore *Mexcala*, et enfin le grand fleuve de *San-Iago* ou *Tololotlan*, formé de la réunion des rivières de *Lerma* et de *las Lajas*, qui pourrait porter les farines de Salamanca, de Zelaya, et peut-être celles de tout l'État de Xalisco au port de San-Blas, sur les côtes de l'océan Pacifique.

Les lacs dont le Mexique abonde, et dont la plupart diminuent annuellement, ne sont que les restes de ces immenses bassins d'eau qui paraissent avoir existé jadis dans les grandes et hautes plaines de la Cordillère. Nous citerons le grand lac de *Chapala*, entre les États de Xalisco et de Michoacan, qui a près de 2,550 kilomètres carrés; les lacs de la vallée de Mexico, qui occupent le quart de la surface de cette vallée : ces lacs sont ceux de l'*Tezcuco*, qui est le plus grand, de *Xochimilco*, de *Chalco*, de *San-Christobal* et de *Zupango*; le lac de *Patzcuaro*, dans l'État de Michoacan, un des plus pittoresques du globe; le lac de *Mextitlan* et celui de *Parras*, dans l'État de Durango.

ASPECT ET NATURE DES CÔTES DU MEXIQUE.

— Pour compléter le tableau du sol mexicain, il faut encore jeter un coup d'œil sur les côtes maritimes et sur les eaux qui les baignent. Toute la côte orientale ou atlantique de la Confédération du Mexique doit être considérée comme une digue contre laquelle les vents alizés et le mouvement perpétuel des eaux de l'est à l'ouest jettent les sables que l'Océan agité tient suspendus. Le courant de rotation, arrivant de l'océan Atlantique méridional, longe d'abord le Brésil et la Guyane, enfin la côte de Caracas depuis Cumana jusqu'à Darien; il remonte vers le cap Catoche dans le Yucatan, et après avoir tournoyé dans le golfe du Mexique, il sort par le canal de la Floride, et se dirige vers le banc de Terre-Neuve. Les sables amoncelés par le tournoiement des eaux, depuis la péninsule de Yucatan jusqu'aux bouches du Rio del Norte et du Mississipi, rétrécissent insensiblement le bassin du golfe mexicain, en faisant accroître le continent. Les rivières qui descendent de la Sierra-Madre pour se jeter dans la mer des Antilles contribuent pas peu à augmenter les bas-fonds. Toute la côte orientale du Mexique, depuis les 18e et 26e degrés de latitude, est garnie de barres : des vaisseaux qui tirent au delà de 32 centimètres d'eau ne peuvent passer sur aucune de ces barres sans courir risque de toucher. Cependant ces entraves, si contraires au commerce, facilitent en même temps la défense du pays contre les projets ambitieux d'un conquérant européen.

Un autre inconvénient très-grave est commun aux côtes orientales et occidentales de l'isthme : des tempêtes violentes les rendent inabordables pendant plusieurs mois, en empêchant presque toute navigation dans ces parages. Les vents du nord-ouest, appelés *los Nortes*, soufflent dans le golfe du Mexique depuis l'équinoxe d'automne jusqu'à l'époque du printemps; ils sont généralement faibles aux mois de septembre et d'octobre; leur plus grande force est dans le mois de mars. Sur les côtes occidentales, la navigation est très-dangereuse dans les mois de juillet et d'août : des ouragans terribles y soufflent alors du sud-ouest. Dans ces temps, et jusqu'en septembre et en octobre, les atterrages de San-Blas, d'Acapulco et de tous les ports de cette côte sont les plus difficiles. Pendant la belle saison, depuis le mois d'octobre jusqu'au mois de mai, la tranquillité de l'Océan est encore interrompue dans ces parages par des vents impétueux du nord-est et du nord-ouest, connus sous les noms de *Papagayo* et de *Tehuantepec*.

CLIMAT.

— On voit, d'après cette ébauche de la disposition du terrain, que les côtes du Mexique jouissent presque seules d'un climat chaud et propre à la production qui sont l'objet du commerce des Antilles. L'État de Vera-Cruz, à l'exception du plateau qui s'étend de Perote au pic d'Orizaba, le Yucatan, les côtes d'Oaxaca, l'État maritime de Tamaulipas, au Nouveau-Léon et de Cohahuila, le pays inculte appelé *Bolson de Mapimi*, les côtes de la Basse-Californie, la partie orientale de l'État de Sonora, de ceux de Cinaloa et de la Nouvelle-Galice ou Xalisco, les lisières méridionales des États de Michoacan, de Mexico et de la Puebla, sont des terrains bas et entrecoupés de collines peu considérables. La température moyenne de ces plaines, ainsi que celle des ravins qui sont situés sous les tropiques, et dont l'élévation au-dessus de l'Océan ne surpasse pas 300 mètres, est de 25 à 26 degrés du thermomètre centigrade, c'est-à-dire de 8 à 9 degrés plus grande que la chaleur moyenne de Naples. Ces régions fertiles, que les indigènes nomment *Tierras calientes*, c'est-à-dire pays chauds, produisent du sucre, de l'indigo, du coton et des bananes en abondance : mais quand les Européens non acclimatés les fréquentent longtemps, quand ils s'y réunissent dans les villes populeuses, ces mêmes contrées deviennent le séjour de la fièvre jaune, connue sous le nom de vomissement noir ou du *vomito prieto*. Le port d'Acapulco, les vallées de Papagayo et du Peregrino, appartiennent aux endroits de la terre où l'air est constamment le plus chaud et le plus malsain. Sur les côtes orientales du Mexique, les grandes chaleurs sont interrompues pendant quelque temps, lorsque les vents du nord amènent des couches d'air froid de la baie d'Hudson, vers le parallèle de la Havane et de la Vera-Cruz. Ces vents impétueux soufflent depuis le mois d'octobre jusqu'au mois de mars; souvent ils refroidissent l'air à tel point que le thermomètre centigrade descend, près de la Havane, jusqu'à zéro, et à la Vera-Cruz à 16 degrés, abaissement bien frappant pour des pays situés sous la zone torride.

Sur la pente de la Cordillère, à la hauteur de 1,200 à 1,500 mètres, il règne perpétuellement une douce température de printemps, qui ne varie que de 4 à 5 degrés : de fortes chaleurs et un froid excessif y sont également inconnus. C'est la région que les indigènes appellent *Tierras templadas*, ou pays tempérés, dans laquelle la chaleur moyenne de toute l'année est de 20 à 21 degrés. C'est le beau climat de Xalapa, de Tasco et de Chilpancingo, trois villes célèbres par l'extrême salubrité de leur climat et par l'abondance des arbres fruitiers qu'on cultive dans leurs environs. Malheureusement cette hauteur moyenne de 1,300 mètres est presque la même à laquelle les nuages se soutiennent au-dessus des plaines voisines de la mer, circonstance qui fait que ces régions tempérées, situées à mi-côte, sont souvent enveloppées d'une brumes épaisses.

La troisième zone, désignée par la dénomination de *Tierras frias*, ou pays froid, comprend les plateaux qui sont élevés de plus de 2,200 mètres au-dessus du niveau de l'Océan, et dont la température moyenne est de 17 degrés et au-dessous. Dans la capitale du Mexique, on a vu le thermomètre centigrade descendre jusqu'à quelques degrés au-dessous du point de la glace; mais ce phénomène est très-rare. Les hivers, le plus souvent, y sont aussi doux qu'à Naples. Dans la saison la plus froide, la chaleur moyenne du jour est de 13 à 14 degrés; en été, le thermomètre, à l'ombre, ne monte pas au-dessus de 24 degrés. La température moyenne la plus fréquente sur tout le grand plateau du Mexique est de 17 degrés; elle est égale à la température de Rome, et l'olivier y est cultivé avec succès. Cependant ce même plateau, d'après la classification des indigènes, appartient aux *Tierras frias*. Les expressions de froid et de chaud n'ont pas de valeur absolue; toutefois les plateaux plus élevés que ceux de la ville de Mexico, ceux, par exemple, dont la hauteur absolue dépasse 2,500 mètres, ont, quoique sous les tropiques, un climat que l'habitant même du nord de l'Europe trouve rude et désagréable. Telles sont les plaines de Toluca et les hauteurs de Guchilaque, où, pendant une grande partie du jour, l'air ne s'échauffe pas au delà de 6 à 8 degrés; l'olivier n'y porte pas de fruits.

Toutes ces régions appelées froides jouissent d'une température moyenne de 11 à 13 degrés, égale à celle de la France et de la Lombardie; cependant la végétation y est beaucoup moins vigoureuse, et les plantes d'Europe n'y croissent pas avec la même rapidité que dans leur sol natal. Les hivers, à 2,500 mètres de hauteur, ne sont pas extrêmement rudes; mais aussi, pendant l'été, le soleil n'échauffe pas assez l'air raréfié de ces plateaux pour accélérer le développement des fleurs, et pour porter les fruits à une maturité parfaite : c'est cette égalité constante, c'est cette absence d'une forte chaleur éphémère, qui imprime au climat des hautes régions équinoxiales un caractère particulier. Aussi la culture de plusieurs végétaux réussit-elle bien moins sur le dos des Cordillères mexicaines que dans des plaines situées au nord du tropique, quoique souvent la chaleur moyenne au dos des plateaux compris entre les 19° et 22° degrés de latitude.

Dans la région équinoxiale du Mexique, et même jusqu'au 28° degré de latitude boréale, on ne connaît que deux saisons : la saison des pluies, qui commence au mois de juin ou de juillet, et finit au mois de septembre ou d'octobre, et celle des sécheresses, qui dure huit mois, depuis octobre jusqu'à la fin de mai. La formation des nuages et la précipitation de l'eau dissoute dans l'air commencent généralement sur la pente orientale de la Cordillère. Ces phénomènes, accompagnés de fortes explosions électriques, s'étendent successivement de l'est à l'ouest dans la direction des vents alizés, en sorte que les pluies tombent quinze ou vingt jours plus tard sur le plateau central qu'à la Vera-Cruz. Quelquefois on voit dans les montagnes, et même au-dessous de 2,000 mètres de hauteur absolue, des pluies mêlées de grésil et de neige, dans les mois de décembre et de janvier; mais ces pluies ne durent que peu de jours, et, quelque froides qu'elles soient, on les regarde comme très-utiles pour la végétation du froment et pour les pâturages. Depuis le parallèle de 24 degrés jusqu'à celui de 30, les pluies sont plus rares et très-courtes; heureusement les neiges, dont l'abondance est assez considérable depuis le 26° degré de latitude, suppléent à ce manque de pluie.

En France, et dans la plus grande partie de l'Europe, l'emploi du territoire et les divisions agricoles dépendent particulièrement de la latitude géographique; la configuration du terrain, la proximité de l'Océan, ou d'autres circonstances locales, n'y influent que faiblement sur la température. Dans les régions équinoxiales de l'Amérique, au contraire, le climat, la nature des productions, l'aspect, la physionomie du pays, sont presque uniquement modifiés par l'élévation du sol au-dessus du niveau de la mer. Sur les 19° et 22° degrés de latitude, le sucre, le coton, surtout le cacao et l'indigo, ne viennent abondamment que jusqu'à 6 ou 800 mètres de hauteur. Le froment d'Europe occupe une zone qui, sur la pente des montagnes, commence généralement à 1,400 mètres et finit à 3,000. Le bananier, plante bienfaisante qui constitue la nourriture principale de tous les habitants des tropiques, ne donne presque plus de fruits au-dessus de 1,550 mètres. Les chênes du Mexique ne végètent qu'entre 800 et 3,100 mètres. Les pins ne descendent vers les côtes de la Vera-Cruz que jusqu'à 1,850 mètres; mais aussi ces pins ne s'élèvent, près de la limite des neiges perpétuelles, que jusqu'à 4,000 mètres de hauteur.

Les États de l'intérieur, situés dans la zone tempérée, mais surtout ceux qui sont sur la frontière des États-Unis, jouissent, avec le reste de l'Amérique boréale, d'un climat qui diffère essentiellement de celui que l'on rencontre sous les mêmes parallèles dans l'ancien continent, et qui se marque surtout par une très-forte inégalité entre la température des différentes saisons. Des hivers d'Allemagne y succèdent à des étés de Naples et de Sicile. Cependant cette différence de température est bien moins frappante dans les parties du nouveau continent qui se rapprochent de l'océan Pacifique, que dans les parties orientales.

Si le plateau du Mexique est singulièrement froid en hiver, sa température d'été est beaucoup plus élevée que celle qu'annoncent les observations thermométriques faites par Bouguer et la Condamine dans les Andes du Pérou. Cette chaleur et d'autres causes locales influent sur l'aridité qui désole ces belles contrées : l'intérieur du pays, surtout une très-grande partie du plateau d'Anahuac, est dénué de végétation. La grande masse de la Cordillère mexicaine et l'immense étendue de ses plaines produisent une réverbération de rayons solaires qu'à égale hauteur on n'observe pas dans des pays montagneux plus inégaux. D'ailleurs, le terrain y est trop haut pour que son élévation, par conséquent la moindre pression barométrique que l'air raréfié y exerce, n'augmente pas déjà sensiblement l'évaporation qui a lieu sur les grands plateaux. D'un autre côté, la Cordillère n'est pas assez élevée pour qu'un grand nombre de ses cimes puisse entrer dans la limite des neiges perpétuelles. Ces neiges, à l'époque de leur minimum, au mois de septembre, ne descendent pas, sous le parallèle de Mexico, au delà de 4,500 mètres; mais au mois de janvier leur limite se trouve à 3,700 mètres. Au nord, dès 20 degrés, surtout depuis le 22° jusqu'au 30° de latitude, les pluies, qui ne durent que pendant les mois de juin, juillet, août et septembre, sont peu fréquentes dans l'intérieur du pays. Le courant ascendant, ou la colonne d'air chaud qui s'élève des plaines, empêche les nuages de se précipiter en pluies, et d'abreuver une terre sèche, salée et dénuée d'arbustes. Les sources sont rares dans les montagnes, composées en grande partie d'amygdaloïde poreuse et de porphyres fendillés. L'eau infiltrée, au lieu d'être réunie en de petits bassins souterrains, se perd dans des fentes que d'anciennes révolutions volcaniques ont ouvertes; cette eau ne sort qu'au pied de la Cordillère; c'est sur les côtes qu'elle forme un grand nombre de rivières, dont le cours n'est que de peu de longueur.

L'aridité du plateau central et le manque d'arbres, très-nuisible à l'exploitation des mines, ont, sensiblement augmenté depuis l'arrivée des Européens au Mexique. Les conquérants n'ont pas seulement détruit sans planter; mais, en dessechant artificiellement de grandes étendues de terrain, ils ont causé un autre mal plus important : le muriate de soude et de chaux, le nitrate de potasse et d'autres substances salines couvrent la surface du sol; elles se sont répandues avec une rapidité que le chimiste a de la peine à expliquer. Par cette abondance de sels, par ses efflorescences contraires à la culture, le plateau du Mexique ressemble en quelques endroits à celui du Tibet et aux steppes salées de l'Asie centrale.

Heureusement cette aridité du sol ne règne que dans les plaines les plus élevées. Une grande partie des États-Unis mexicains appartient aux pays les plus fertiles de la terre. La pente de la Cordillère est exposée à des vents humides et à des brumes fréquentes; la végétation, nourrie de ces vapeurs aqueuses, y est d'une beauté et d'une force imposantes. A la vérité, l'humidité des côtes favorisant la putréfaction d'une grande masse de substances organiques, occasionne des maladies auxquelles les Européens et d'autres individus non acclimatés sont exposés; car, sous le ciel brûlant des tropiques, l'insalubrité de l'air indique presque toujours une fertilité extraordinaire du sol. Cependant, à l'exception de quelques ports de mer et de quelques vallées profondes et humides, où les indigènes souffrent de fièvres intermittentes, le Mexique doit être considéré comme un pays éminemment sain. Une chaleur sèche et invariable est très-favorable à la longévité. A la Vera-Cruz, au milieu des épidémies de la fièvre jaune (vomito negro), les indigènes et les étrangers déjà acclimatés depuis quelques années jouissent de la santé la plus parfaite. En général, les côtes et les plaines arides de l'Amérique équatoriale doivent être regardées comme saines, malgré l'ardeur excessive du soleil, dont les rayons perpendiculaires sont réfléchis par le sol.

PRODUCTIONS NATURELLES. — La végétation varie comme la température, depuis les rivages brûlants de l'Océan jusqu'aux sommets glacés des Cordillères. Dans la région chaude jusqu'à 400 mètres, les palmiers à éventails, les palmiers *miraguana* et *pumos*, l'*oreodoxa* blanc, la tourneforlie veloutée, le sebestier *geruschantus*, la céphalante à feuilles de saule, l'*hyptis* bourrelé, le *salpnanthus arenarius*, l'amaranthine globuleuse, le calebassier pinne, le *podopterus* mexicain, la bignonie à feuilles d'osier, la sauge occidentale, le *perdicium* de la Havane, le *gyrocarpus*, le *leucophyllum ambiguum*, la *gomphia* mexicaine, le panic élargi, la bauhine roide, le campêche rayé, le courbaril émoussé, la swietenie mexicaine, la malpighie à feuilles de sumac, dominent dans la végétation spontanée. Cultivés sur les confins de la zone tempérée et de la zone chaude, la canne à sucre, le cotonnier, le cacaotier, l'indigotier, ne dépassent guère le niveau de 6 à 800 mètres; cependant la canne prospère dans les vallées abritées à un niveau de 1,800 mètres. Le bananier s'étend des bords de la mer jusqu'au niveau de 1,400 mètres. La région tempérée depuis 400 jusqu'à 2,000 mètres, présente le liquidambar styrax, l'*erythroxylon* mexicain, le poivrier à longue cosse, l'*aralia digitata*, la quenouille de Pazcuaro, la *guardiola* mexicaine, le *tagetes* à feuilles minces; la *psychotria pauciflora*, le quamoclit de Cholula, le liseron arborescent, la véronique de Xalapa, la globulaire mexicaine, le *stachys* d'Actopan, la sauge mexicaine, le gatilier mou, l'arbousier à fleurs épaisses, le panicant à fleurs de protéa, le laurier de Cervantès, le daphné à feuilles de saule, la fritillaire à barbe, l'*ynnca* épineux, la cobée grimpante, la sauge jaune, quatre variétés de chênes mexicains, commençant à 900 mètres d'élévation et finissant à 2,200; l'if des montagnes, la banisterie ridée. Dans la région froide, depuis 2,150 mètres jusqu'à 4,500, on remarque le chêne à tronc épais (*quercus crassipes*), la rose mexicaine, l'aune qui finit au niveau de 3,650 mètres, le merveilleux *cheirostemon platanoïdes*, dont nous parlerons plus loin; la *krameria*, la valériane à feuilles cornues, la *datura superba*, la sauge cardinale, la potentille naine, l'arbousier à feuilles de myrte, l'alisier denté, le fraisier mexicain. Les sapins qui commencent dans la zone tempérée à 1,800 mètres d'élévation ne finissent dans la froide qu'à 4,000. Ainsi les arbres *conifères*, inconnus à l'Amérique méridionale, terminent ici, comme dans les Alpes et les Pyrénées, l'échelle des grands végétaux. Sur les limites mêmes de la neige perpétuelle, on voit naître l'*arenaria bryoides*, le *cnicus nivalis*, la *chelone gentianoïdes*.

Parmi les végétaux mexicains qui fournissent une abondante substance alimentaire, le bananier tient le premier rang. Les deux espèces nommées *platano arton* et *dominico* paraissent indigènes: le *camburi* ou *musa sapientum* y a été apporté d'Afrique. Un seul régime de bananes contient souvent 160 à 180 fruits, et pèse 30 à 40 kilogrammes. Un terrain de 100 mètres carrés de surface produit aisément 2,000 kilogrammes pesant de fruits. La manioc occupe la même région que le bananier. La culture du maïs est plus étendue; ce végétal indigène (1) réussit sur la côte de la mer et dans les vallées de Toluca, à 2,600 mètres au-dessus de l'Océan. Le maïs produit généralement 150 pour 1; il forme la principale nourriture des hommes et des animaux. Le froment, le seigle et les autres céréales de l'Europe ne sont cultivés que sur le plateau dans la région tempérée. Le froment donne en général de 25 à 30 pour 1. Dans la région la plus fertile, on cultive la pomme de terre originaire de l'Amérique méridionale, *tropaeolum esculentum*, nouvelle espèce de capucine, et le *chenopodium quinoa*, dont la graine est un aliment aussi agréable que sain. La région tempérée et la froide possèdent encore l'oca (*oxalis tuberosa*); la patate et l'igname sont cultivées dans la région chaude. Malgré les abondants produits de tant de plantes alimentaires, les sécheresses exposent le Mexique à des famines périodiques.

Ce pays produit des espèces indigènes de cerisiers, des pommiers, des noyers, des mûriers, des fraisiers; il s'est approprié la plupart des fruits de l'Europe et de ceux de la zone torride. Le *maguey*, variété de l'agave, fournit la boisson nommée *pulque*, et que les habitants du Mexique consomment en très-grande quan-

(1) *Mahis*, en langue d'Haïti; *cara*, en quichua; *tlaolli*, en aztèque.

tité. Les fibres du maguey fournissent du chanvre et du papier; les épines servent d'épingles et de clous.

La culture du sucre s'accroît, quoiqu'elle soit en général bornée à la région tempérée, et que, par défaut de population, les plaines chaudes et humides des côtes maritimes si propres à ce genre de culture, restent en grande partie en friche. La canne est ici cultivée et exploitée par des mains libres.

L'État d'Oaxaca est aujourd'hui la seule province où l'on cultive en masse le nopal ou le *cactus cochenillifer*, sur lequel aime à se nourrir l'insecte qui produit la cochenille. La cochenille présente un objet d'exportation de la valeur annuelle de douze millions de francs. Parmi les autres végétaux utiles, nous distinguerons le *convolvulus jalapa*, ou vrai jalap, qui croît naturellement dans le canton de Xalapa (*Jalapa*), au nord-ouest de la Vera-Cruz; l'*epidendrum vanilla*, qui, conjointement avec le jalap, aime l'ombre des liquidambars et des omyris; la *copaifera officinalis* et le *toluifera balsamum*, deux arbres qui donnent une résine odorante, connue dans le commerce sous le nom de *baume copivi* et de *Tolu*.

Les rivages des baies d'Honduras et de Campêche sont célèbres, depuis le moment de leur découverte, par leurs riches et immenses forêts de bois d'acajou et de campêche, si utiles aux fabriques, mais dont les Anglais ont envahi l'exploitation. Une espèce d'acacia donne une excellente teinture en noir. Le gaïac, le sassafras, le tamarin, ornent et enrichissent ces provinces fertiles. On trouve dans les bois l'ananas sauvage: tous les terrains rocailleux et bas sont chargés de diverses espèces d'aloès et d'euphorbes.

Les jardins de l'Europe tirent quelques nouveaux ornements de la flore mexicaine, entre autres la *salvia fulgens*, à laquelle ses fleurs cramoisies donnent tant d'éclat; le beau *dahlia*, l'élégant *sisyrinchium* strié, l'*helianthus* gigantesque et la délicate *mentzelia*. Bonpland, compagnon de M. de Humboldt, a trouvé une espèce de plante bombycine qui produit un coton doué à la fois de l'éclat de la soie et de la solidité de la laine.

ANIMAUX DU MEXIQUE. — La zoologie du Mexique est médiocrement connue. Plusieurs espèces, voisines de celles que nous connaissons, en diffèrent pourtant par des caractères importants. Parmi les espèces décidément neuves et indigènes, sont le *coendou*, espèce de porc-épic; l'apaxa ou le cerf mexicain, le conopalt, du genre des mouflettes, dont on connaît cinq ou six espèces: l'écureuil dit du Mexique, et une autre espèce d'écureuil strié; le loup mexicain habite les forêts et les montagnes. Parmi les quatre animaux qualifiés de chiens par le Pline mexicain, Hernandez, l'un nommé *xolo-itzcuintli*, est le loup distingué par l'absence de tout poil. Le *techichi* est une espèce de chien muet, que les Mexicains mangeaient. Cet aliment était si nécessaire aux Espagnols même, avant l'introduction des bestiaux, que peu à peu toute la race en fut détruite (1) Linné confond le chien muet avec l'*itzcuintepotzoli*, espèce de chien encore assez imparfaitement décrite, et qui se distingue par une queue courte, une tête très-petite et une grosse bosse sur le dos. Le bison et le bœuf musqué errent, en grands troupeaux dans la Nouvelle-Californie et le nord de l'État de Sonora. Les clans de cette dernière province ont assez de force pour avoir été employés à traîner un lourd carrosse à Zacatecas, selon le témoignage de Clavijero. On connaît encore très-imparfaitement les grands moutons sauvages de Californie, ainsi que les *berendos* du même pays, qui paraissent ressembler à des antilopes. Le jaguar et le couguar, dans le Nouveau-Monde représentent le tigre et le lion de l'ancien continent, se montrent dans toute l'Amérique centrale et dans la partie basse et chaude du Mexique proprement dit; mais ils ont été peu observés par les naturalistes instruits. Hernandez dit que le *miztli* ressemble au lion sans crinière, mais qu'il est d'une plus grande taille. L'ours mexicain est le même que celui de la Louisiane et du Canada.

Les animaux domestiques de l'Europe transportés au Mexique y ont prospéré et se sont extrêmement multipliés. Les chevaux sauvages qui parcourent en bandes immenses les plaines du Nouveau-Mexique, descendent tous de ceux qu'ont amenés les Espagnols. La race en est belle et vigoureuse. Celle des mulets ne l'est pas moins. Les transports entre Mexico et la Vera-Cruz occupent 70,000 mulets. Les moutons sont d'une espèce grossière et mal soignée. L'entretien des bœufs est important sur la côte orientale et dans l'État de Durango. On voit encore des familles qui possèdent de 40 à 50,000 têtes de bœufs et de chevaux; d'anciennes relations parlent même de troupeaux deux ou trois fois plus nombreux.

HABITANTS, RACES, LEUR CARACTÈRE PHYSIQUE. — Il nous reste à considérer l'espèce humaine. Le premier dénombrement officiel, fait en 1793, des vastes contrées de la Nouvelle-Espagne, s'étendant de l'isthme de Panama à la Louisiane, donna pour résultat approximatif 4,483,500 habitants comme *minimum*. Des personnes qui avaient suivi en détail le dépouillement des

(1) *Clavijero*: Storia di Messico; tome I, page 73.

Hacenderos ou propriétaires de domaines (Mexique).

listes, jugeaient avec raison que le nombre des habitants qui s'é-
taient soustraits au recensement général ne pouvait guère être
compensé par ceux qui, errant sans domicile fixe, avaient été
comptés plusieurs fois. On supposa qu'il fallait ajouter au moins
un sixième ou un septième à la somme totale, et on évalua la
population de toute la Nouvelle-Espagne à 5,200,000 âmes.

Depuis cette époque, l'augmentation du produit des dîmes et de
la capitation des Indiens, celle de tous les droits de consommation,
les progrès de l'agriculture et de la civilisation, l'aspect d'une
campagne couverte de maisons nouvellement construites, annoncent un accroissement rapide dans presque toutes les parties qui
constituent actuellement la république des États-Unis du Mexique,
et l'on peut évaluer sa population à environ 7,500,000 âmes. Les
principaux éléments de cette population sont : la race aztèque ou
mexicaine, les conquérants espagnols et les nègres amenés d'Afrique pour l'esclavage. La majeure partie de la population réside
dans 26,468 cités, villes, *pueblos* (villages), *haciendas* (grandes
fermes) et *ranchos* (métairies ou habitations isolées).

La population indienne a surtout augmenté, cependant quelques
causes physiques arrêtent presque périodiquement l'accroissement
de la population mexicaine; ce sont la petite-vérole, le *matlazahuatl*,
et surtout la disette et la famine.

La *petite-vérole* a été introduite en 1520, mais depuis 1804,
époque à laquelle la vaccine a été introduite au Mexique, le fléau
est devenu moins redoutable. Le *matlazahuatl* est une maladie
particulière à la race indienne, et, dans cette supposition, elle ne
se montre qu'à de très-longs intervalles : il a surtout sévi en 1545,
1576, 1736, 1737, 1761 et 1762. Torquemada assure que, dans
la première épidémie, il mourut 800,000 Indiens, et dans la
seconde 2 millions. Elle est, selon l'opinion commune, identique
avec la fièvre jaune ou le vomissement noir; selon d'autres avis, ce
serait une véritable peste. Le matlazahuatl, prétend-on, n'attaque
pas les hommes blancs, soit Européens, soit descendants des
créoles, tandis que la fièvre jaune n'attaque que très-rarement les

Indiens mexicains. Le siège principal du vomissement noir (*vomito
prieto*) est la région maritime; le matlazahuatl, au contraire, porte
l'épouvante et la mort dans l'intérieur du pays, sur le plateau
central. Mais ces distinctions nous paraissent illusoires ou mal dé-
montrées. Le matlazahuatl trouve dans les vallées chaudes et humides de l'intérieur un foyer aussi favorable au développement de
ses miasmes que sur la côte maritime. En ravageant l'intérieur,
cette peste paraît surtout immoler les Indiens, parce que ce sont
eux qui forment la masse de la population, plus exposée par sa
misère aux effets d'une épidémie; en désolant les côtes maritimes,
elle paraît choisir ses victimes parmi les matelots et ouvriers européens qui composent la multitude. Les symptômes connus se
ressemblent d'une manière frappante.

Un troisième obstacle qui nuit fortement à la population, et
peut-être le plus cruel de tous, est la famine. Indolents par caractère, placés sous un beau climat, et accoutumés à se contenter de
peu, les Indiens ne cultivent en maïs, en pommes de terre et en
froment, que ce qu'il leur faut pour leur propre subsistance, ou
tout au plus ce que requiert la consommation des villes et celle des
mines très-voisines. Au surplus, des milliers d'hommes sont
soustraits à l'agriculture par la nécessité de transporter à dos de
mulet les marchandises, les provisions, le fer, la poudre et le mercure, depuis la côte jusqu'à la capitale, et de là aux mines et aux
usines, souvent établies dans des régions arides et incultes. Le
manque de proportion qui existe entre les progrès naturels de la
population et l'accroissement de la quantité d'aliments produite
par la culture, renouvelle donc le spectacle affligeant de la famine
chaque fois qu'une grande sécheresse ou quelque autre cause acci-
dentelle a gâté la récolte du maïs. Une disette de vivres est presque
toujours accompagnée d'épidémies. En 1804 seulement, le maïs
ayant gelé vers la fin d'août, on évalua à plus de 300,000 le nombre
d'habitants que le défaut de nourriture et les maladies asthéniques
enlevèrent dans le royaume.

On a regardé longtemps le travail des mines comme une des

Temple antique des Totonacas dans le Busaphan.

causes principales de la dépopulation de l'Amérique. Il serait difficile de révoquer en doute qu'à la première époque de la conquête,
et même longtemps encore après, beaucoup d'Indiens périrent par
l'excès de fatigue, par le défaut de nourriture et de sommeil, et
surtout par le changement subit de climat et de température au
haut de la Cordillère et dans le sein de la terre, changement qui
rend le travail des mines si pernicieux pour la conservation d'une
race d'hommes privée de cette flexibilité d'organisation qui distingue
l'Européen. Mais le travail des mines est aujourd'hui, au Mexique,
un travail libre; aucune loi ne force l'Indien de s'y livrer, ni de
préférer telle exploitation à telle autre. En général, le nombre des
personnes employées dans les travaux souterrains et divisées en
plusieurs classes, n'y excède pas celui de 28 à 30,000, et la mor-
talité parmi les mineurs n'est pas beaucoup plus grande que celle
que l'on observe parmi les autres classes du peuple.

L'espèce humaine présente, dans le Mexique, quatre grandes
divisions, qui forment huit castes, savoir :

1° Indiens aborigènes.

2° Espagnols. . . { originaires nés en Europe;
                    { créoles, nés en Amérique.

3° Nègres. . . . { africains, esclaves,
                  { descendants de nègres.

4° Castes mixtes. { métis, issus d'un mélange de blancs et d'Indiens;
                  { mulâtres, issus de blancs et de nègres;
                  { zambos, issus d'Indiens et de nègres.

Quelques Malais et Chinois, qui sont venus des Philippines se
fixer au Mexique, ne peuvent entrer en considération. Le nombre
des Indiens cuivrés de race pure, principalement concentrés dans
la partie méridionale du plateau d'Anahuac, n'excède pas 3 millions et demi, ce qui forme environ la moitié de la population
entière. Ils sont infiniment plus rares dans le nord de la République
et dans les États de l'intérieur.

Loin de s'éteindre, la population des indigènes va, ainsi que

nous l'avons dit, en augmentant. Le royaume de Montézuma n'é-
galait pas en surface la sixième partie du Mexique actuel : les
grandes villes des Aztèques se trouvaient dans les environs de la
capitale du Mexique, et surtout dans la belle vallée de Tenochtitlan.
Les rois de Xalisco, de Tonalan, de Michoacan, de Chiapas, de
Yucatan, de Tehuantepec, etc., étaient des princes indépendants.
Au delà du parallèle de 20 degrés, demeuraient les Chichimèques, peuple nomade et barbare, dont les hordes nombreuses
poussaient leurs incursions jusqu'à Tula, ville située près du bord
septentrional de la vallée de Tenochtitlan. Mais il est tout aussi
difficile d'évaluer avec quelque certitude le nombre des sujets de
Montézuma que de se prononcer sur l'ancienne population de
l'Égypte, de la Perse, de Carthage, de la Grèce, ou même sur
celle qui compose plusieurs États modernes. L'histoire nous présente, d'un côté, des conquérants ambitieux de faire valoir le fruit
de leurs exploits; de l'autre, quelques hommes religieux et sensibles, employant, avec une noble ardeur, les armes de l'éloquence
contre la cruauté des premiers colons. Tous les partis étaient également intéressés à exagérer l'état florissant des pays nouvellement
découverts. Quoi qu'il en soit, les ruines étendues de villes et de
villages, que l'on observe sous les 18e et 20e degrés de latitude,
dans l'intérieur du Mexique, prouvent bien que la population de
cette partie de la République était jadis bien supérieure à celle qui
y existe maintenant.

Les principales races indiennes sont : les *Aztèques*, disséminés
dans diverses provinces, depuis Culiacan, dans l'État de Sonora,
jusqu'aux frontières de Chiapas, et dont les principaux établissements existaient dans la vallée de Mexico et sur le reste du plateau
aztèque proprement dit; les *Othomis*, race plus ancienne et qui
paraît avoir précédé les Toltèques, répandus avec les premiers autour de Mexico, de Tula, etc., etc.; les *Tarasques*, qui composent
la majorité de la population dans l'État de Michoacan; les *Zapo-
tecas*, *Mixtecas* et *Mixes*, dans l'État d'Oaxaca; les *Mayas*, dans
l'Yucatan; les *Totonacas*, dans l'État de la Vera-Cruz; les *Tzen-

dales, dans l'État de Tabasco et dans le Chiapas; les *Coras*, sur le versant occidental du plateau, entre le 20° et le 32° de latitude septentrionale, dans les États de Sonora, de Sinaloa, de Xalisco et de Colima, entre la mer et les montagnes; les *Tepehuanas*, dans les États de Zacatecas et de Durango.

Les races indiennes qui habitent les États septentrionaux du Mexique ont en grande partie perdu le caractère distinctif d'autrefois, qui en faisait comme autant de nations diverses. On aurait de la peine à retrouver les classifications formées par les anciens auteurs; aujourd'hui ils se partagent généralement en deux classes principales: les Indiens sédentaires ou *Mansos*, qui sont agriculteurs, et les Indiens nomades libres ou *Bravos*, qui habitent les contrées moins connues du nord du Mexique; les premiers sont catholiques; on ignore si les autres, qui ont acquis de nos jours une triste célébrité sous le nom d'*Apaches* et de *Comanches*, ont une religion. On ne leur connaît d'autre culte extérieur qu'une sorte de société secrète existant entre eux, assez analogue à la franc-maçonnerie, mais dont les réunions et leur objet sont encore un mystère. Les Apaches et les Comanches, quoique ayant quelques villages fixes, sont d'ordinaire nomades entre les frontières du Texas, du Nouveau-Mexique, du Mexique et des déserts des mormons. Ils ont souvent ravagé les campagnes et même les villes des États de Durango, Chihuahua et Nuevo-Leon, où ils continuent à porter l'incendie, le meurtre et le pillage.

À une grande force musculaire les indigènes à teint cuivré joignent l'avantage de n'être presque sujets à aucune difformité. M. de Humboldt assure n'avoir jamais vu un Indien bossu; il est extrêmement rare d'en voir de louches, de boiteux ou de manchots. Dans les pays où les habitants souffrent du goître, cette affection de la glande thyroïde s'observe moins chez les Indiens, rarement chez les métis. Les Indiens du Mexique, et surtout les femmes, atteignent généralement un âge assez avancé. Leur tête grisonne rarement, et ils conservent toutes leurs forces jusqu'à la mort. Pour ce qui concerne les facultés morales des indigènes mexicains, il est difficile de les apprécier avec justesse, si l'on ne considère cette caste accablée d'une longue oppression que dans son état actuel d'avilissement. Au commencement de la conquête, les Indiens, les plus aisés, et chez lesquels on pourrait supposer une certaine culture intellectuelle, périssaient en grande partie victimes de la férocité des Européens. Le fanatisme espagnol sévit surtout contre les monuments et les statues. Les premiers moines espagnols firent brûler les peintures hiéroglyphiques par lesquelles des connaissances de tout genre se transmettaient de génération en génération. Privé de tout moyen d'instruction, le peuple retomba dans une ignorance d'autant plus profonde que les missionnaires, peu versés d'abord dans les langues mexicaines, substituaient peu d'idées nouvelles aux idées anciennes. Les femmes indiennes qui avaient conservé quelque fortune aimèrent mieux s'allier aux conquérants que de partager le mépris qu'on avait pour leur nation; et la plèbe, devenue catholique, la première aida les missionnaires à la destruction des monuments et de la noblesse féodale, qui, en perdant ses biens et ses immunités, tomba dans l'obscurité. Il ne resta donc des naturels que la classe la plus commune, les pauvres cultivateurs, les artisans, parmi lesquels on comptait un grand nombre de tisserands; les portefaix, dont, à défaut de grands quadrupèdes, on se servait comme de bêtes de somme. Or, comment juger, d'après ces restes misérables d'un peuple puissant, et du degré de culture auquel il s'était élevé depuis le douzième jusqu'au seizième siècle, et du développement intellectuel dont il est susceptible? Mais aussi comment douter qu'une partie de la nation mexicaine ne fût parvenue à un certain degré de culture, en réfléchissant sur le soin avec lequel les livres hiéroglyphiques furent composés, en se rappelant qu'un grand nombre de nobles aztèques, au milieu du bruit des armes, profitèrent de la facilité que leur offrait notre alphabet romain pour écrire dans leur langue l'histoire d'une patrie dont ils déploraient l'asservissement.

Les Mexicains avaient une connaissance presque exacte de la grandeur de l'année, qu'ils intercalaient à la fin de leur grand cycle de 104 ans avec plus d'exactitude que les Grecs, les Romains et les Égyptiens. Les Toltèques paraissent dans la Nouvelle-Espagne au septième siècle, les Aztèques au douzième: ils dressent la carte géographique du pays parcouru; ils construisent des villes, des chemins, des digues, des canaux, d'immenses pyramides très-exactement orientées et dont la base a jusqu'à 438 mètres de long. Leur système de féodalité, leur hiérarchie civile et militaire, se trouvent dès lors si compliqués, qu'il faut supposer une longue suite d'événements politiques pour que l'enseignement singulier des autorités, de la noblesse et du clergé ait pu s'établir, et pour qu'une petite portion du peuple, esclave elle-même du saltan mexicain, ait pu subjuguer la grande masse de la nation. De petites peuplades, lassées de la tyrannie, s'étaient donné des constitutions républicaines qui ne peuvent se former qu'après de longs orages populaires, et dont l'existence n'indique point une civilisation très-récente. Mais d'où leur est-elle venue? Où est-elle née? Accoutumés à admettre servilement des systèmes exclusifs, ne sa-

chant qu'apprendre sans méditer, nous oublions que la civilisation n'est que le développement et l'emploi de nos facultés morales et intellectuelles. Les Grecs attribuent eux-mêmes leur civilisation supérieure à Minerve, c'est-à-dire à leur propre génie; nous nous obstinons à leur donner les Égyptiens pour maîtres. Ceux-ci revèrent Osiris comme leur premier instituteur, et nous affectons de chercher la source de leur civilisation dans l'Inde. Mais alors, qui instruisit les Indiens du Mexique? Leurs plus anciennes traditions nomment Votan et Quetzalcohuatl. Il faut un commencement à tout; et si la civilisation est née dans l'ancien continent, pourquoi n'aurait-elle pas pu naître de même dans le nouveau? Le manque de froment, d'avoine, d'orge et de seigle, de ces graminées nourrissantes que l'on désigne sous le nom général de céréales, paraît prouver que si des tribus asiatiques ont passé en Amérique, elles devaient descendre de quelque peuple nomade ou pasteur. Dans l'ancien continent, nous voyons la culture des céréales et l'usage du lait introduits depuis l'époque la plus reculée à laquelle remonte l'histoire. Les habitants du nouveau continent cultivaient plusieurs graminées autres que le maïs (*zea*); ils ne se nourrissaient d'aucune espèce de laitage, quoique deux espèces de bœufs indigènes dans le nord eussent pu leur offrir du lait en abondance. Voilà des contrastes frappants, qui, joints aux résultats de la comparaison des langues, prouvent que la race mongole n'a pu fournir à la race américaine que les tribus nomades.

Dans son état actuel, l'Indien mexicain est grave, mélancolique, taciturne, aussi longtemps que les liqueurs enivrantes n'ont pas agi sur lui; cette gravité est surtout remarquable chez les enfants des Indiens, qui, à l'âge de quatre ou cinq ans, montrent beaucoup plus d'intelligence et de développement que les enfants des blancs. Il aime à mettre du mystérieux dans ses notions les plus indifférentes; aucune passion ne se peint dans ses traits. Toujours sombre, il présente quelque chose d'effrayant lorsqu'il passe tout à coup du repos absolu à une agitation violente et effrénée. L'énergie de son caractère, qui ne connaît aucune douceur, dégénère habituellement en dureté. Elle se déploie surtout chez les habitants de Tlascala: au milieu de leur avilissement, les descendants de ces républicains se distinguent encore par une certaine fierté que leur inspire le souvenir de leur ancienne grandeur. Les indigènes du Mexique, comme tous les peuples qui ont gémi longtemps sous le despotisme civil et religieux, tiennent avec une opiniâtreté extrême à leurs habitudes, à leurs mœurs, à leurs opinions : l'introduction du christianisme n'a presque pas produit d'autre effet sur eux que de substituer des cérémonies nouvelles, symbole d'une religion douce et humaine, aux cérémonies d'un culte sanguinaire. De tout temps, les peuples à demi barbares recevaient des dieux du vainqueur de nouvelles lois, de nouvelles divinités; les dieux indigènes et vaincus cèdent aux dieux étrangers. D'ailleurs, dans une mythologie aussi compliquée que celle des Mexicains, il était facile de trouver une parenté entre les divinités d'Aztlan et celles de l'Orient. Les missionnaires ne toléraient pas seulement, ils favorisaient même ce mélange d'idées par lequel le culte chrétien s'établissait plus promptement.

Les Mexicains ont conservé un goût particulier pour la peinture et pour l'art de sculpter en pierre et en bois; on est étonné de voir ce qu'ils exécutent avec un mauvais couteau et sur les bois les plus durs. Ils s'exercent surtout à peindre des images et à sculpter des statues de saints; mais, par un principe religieux, ils imitent servilement, depuis 300 ans, les modèles que les Européens ont portés avec eux lors de la conquête. Au Mexique comme dans l'Hindoustan, il n'était pas permis aux fidèles de changer la moindre chose à la figure des idoles; tout ce qui appartenait au rite des Aztèques était assujetti à des lois immuables. C'est par cette raison que les images chrétiennes ont conservé en partie cette roideur et cette dureté des traits qui caractérisaient les tableaux hiéroglyphiques du siècle de Montézuma. Ils montrent beaucoup d'aptitude pour l'exercice des arts d'imitation; ils en déploient une plus grande encore pour les arts purement mécaniques.

Lorsque l'Indien parvient à un certain degré de culture, il montre une grande facilité d'apprendre, un esprit juste, une logique naturelle, en penchant particulier à subtiliser ou à saisir les différences les plus fines des objets à comparer : il raisonne froidement et avec ordre, mais il ne manifeste pas cette mobilité d'imagination, ce coloris de sentiment, cet art de créer et de produire qui caractérisent les peuples de l'Europe et plusieurs tribus de nègres africains. La musique et la danse des indigènes se ressentent du manque de gaieté qui les caractérise. Leur chant est lugubre. Les femmes déploient plus de vivacité que les hommes, mais elles partagent les malheurs de l'asservissement auquel le sexe est condamné chez la plupart des peuples où la civilisation est encore imparfaite. Les femmes ne prennent point part à la danse, elles y assistent pour présenter aux danseurs des boissons fermentées qu'elles ont préparées de leurs mains (1).

Les Indiens mexicains ont aussi conservé le même goût pour les

_____

(1) *A. de Humboldt*: Mexique, t. I, p. 413.

fleurs que Cortès leur trouvait de son temps : on est étonné de trouver ce goût, qui indique sans doute le sentiment du beau, chez une nation dans laquelle un culte sanguinaire et la fréquence des sacrifices paraissaient avoir éteint tout ce qui tient à la sensibilité de l'âme et à la douceur des affections. Au grand marché de Mexico, le natif ne vend pas de pêches, pas d'ananas, pas de légumes, pas de liqueur fermentée, sans que sa boutique soit ornée de fleurs qui se renouvellent tous les jours; le marchand indien paraît assis dans un retranchement de verdure, et tout y est de la dernière élégance.

Les Indiens chasseurs, tels que les *Mocos*, les *Apaches*, les *Comanches*, que les Espagnols embrassent sous la dénomination d'*Indios bravos* ou Indiens païens, et dont les hordes, dans leurs courses souvent nocturnes, infestent les frontières des Etats du nord, annoncent plus de mobilité d'esprit, plus de force de caractère que les Indiens cultivateurs : quelques peuplades ont même des langues dont le mécanisme paraît prouver une ancienne civilisation. Ils ont beaucoup de difficulté à apprendre nos idiomes européens, tandis qu'ils s'expriment dans le leur avec une facilité extrême. Ces mêmes chefs indiens dont la morne taciturnité étonne l'observateur, tiennent des discours de plusieurs heures, lorsqu'un grand intérêt les excite à rompre leur silence habituel. Nous donnerons plus loin quelques détails sur ces tribus.

Les indigènes sont les descendants d'anciens plébéiens, ou les restes de quelque grande famille qui, dédaignant de s'allier aux conquérants espagnols, ont préféré labourer de leurs mains les champs que jadis ils faisaient cultiver par leurs vassaux. Ils se divisent en Indiens tributaires et en Indiens caciques, qui, d'après les lois espagnoles, doivent participer aux privilèges de la noblesse de Castille; mais il est difficile de distinguer par leur extérieur, leur habillement ou leurs manières, les nobles des roturiers; ils vont généralement pieds nus, couverts de la tunique mexicaine, d'un tissu grossier et d'un brun noirâtre; ils sont vêtus comme le bas peuple, qui néanmoins leur témoigne beaucoup de respect. Cependant, loin de protéger leurs compatriotes, les hommes qui jouissent du droit héréditaire du *caciquat* pèsent fortement sur les tributaires. Exerçant la magistrature dans les villages indiens, ce sont eux qui lèvent la capitation : non-seulement ils se plaisent à devenir les instruments des vexations des blancs, mais ils se servent aussi de leur pouvoir et de leur autorité pour extorquer de petites sommes à leur profit. La noblesse aztèque offre d'ailleurs la même grossièreté de mœurs, le même manque de civilisation, la même ignorance que le bas peuple indien. On voit rarement de ses membres suivre la carrière de la robe ou de l'épée. Il y a cependant d'honorables exceptions, et plus qu'on ne pourrait le croire. On trouve assez de métis qui ont embrassé l'état ecclésiastique, surtout celui de curé. La solitude des couvents ne paraît avoir d'attrait que pour les jeunes filles indiennes.

Considérés en masse, les Indiens mexicains présentent le tableau d'une grande misère. Indolents par caractère, et plus encore par suite de leur situation politique, ils ne vivent qu'au jour le jour. Au lieu d'une aisance générale, on trouve quelques familles dont la fortune paraît d'autant plus colossale qu'on s'y attend moins.

Les Espagnols tiennent le premier rang dans la population du Mexique : c'est entre leurs mains que se trouvent presque toutes les propriétés et les richesses; mais ils n'occuperaient que la seconde place parmi les habitants de race pure, si on les considérait sous le rapport de leur nombre, qui peut s'élever à 1,200,600, dont un quart habite les Etats de l'intérieur. On les divise en blancs nés en Europe et en descendants d'Européens, nés dans les colonies espagnoles de l'Amérique et dans les îles asiatiques. Les premiers portent le nom de *Chapetons* ou de *Gachapinos*; les seconds, celui de *Criollos* (créoles). Les natifs des îles Canaries, que l'on désigne généralement sous la dénomination d'*Isleños*, et qui sont la plupart gérants des plantations, se considèrent comme Européens. On estime que les Chapetons sont comme 1 à 14.

Les castes de sang mêlé, provenant du mélange des races pures, constituent une masse presque aussi considérable que les indigènes. On peut évaluer le total des individus de sang mêlé à près de 2,400,000 âmes. Par un raffinement de vanité, les habitants des colonies ont enrichi leur langue en désignant les nuances des plus fines des couleurs qui naissent de la dégénération de la couleur primitive. Le fils d'un blanc, né Européen ou créole et d'une indigène à teint cuivré, est appelé metis ou mestizo. Sa couleur est presque d'un blanc parfait; sa peau est d'une transparence particulière; le peu de barbe, la petitesse des mains et des pieds, une certaine obliquité des yeux, annoncent plus souvent le mélange du sang indien que la nature des cheveux. Si une métis s'allie à un blanc, la seconde génération que n'en résulte ne diffère presque plus de la race européenne. Les métis composent vraisemblablement les sept huitièmes de la totalité des castes. Ils sont réputés d'un caractère plus doux que les *mulâtres* ou *mulatos*, fils de blancs et de négresses, qui se distinguent par la vigueur et l'énergie de leurs couleurs, par la violence de leurs passions, et par une singulière volubilité de langue. Les descendants de nègres et d'Indiennes portent, à Mexico, à Lima et même à la Havane, le nom bizarre de

Chino (Chinois). Sur la côte de Caracas et dans la Nouvelle-Grenade même, on les appelle aussi *zambos*. Aujourd'hui cette dernière dénomination est principalement restreinte aux descendants d'un nègre et d'une mulâtresse, ou d'un nègre et d'une China. On distingue de ces zambos communs les *zambos-prietos*, qui naissent d'un nègre et d'une zamba. Les castes du sang indien ou africain conservent l'odeur qui est propre à la transpiration cutanée de ces deux races primitives. Du mélange d'un blanc avec une mulâtresse provient la caste des *quarterons*. Lorsqu'une quarteronne épouse un Européen ou un créole, ses enfants portent le nom de *quinterons*. Une nouvelle alliance avec la race blanche fait tellement perdre la couleur, que l'enfant d'un blanc et d'une quinteronne est blanc aussi. Les mélanges dans lesquels la couleur des enfants devient plus foncée que n'était celle de leur mère, s'appellent *salto-atras*, ou sauts en arrière.

Les étrangers, Français, Anglais, Anglo-Américains, constituent une classe à part qui a une grande influence dans le pays, parce que les riches mexicains, paresseux par nature, trop adonnés au jeu, négligent l'administration de leurs biens et laissent la gestion de leurs affaires à des intendants peu fidèles. Ce sont les étrangers qui sont à la tête de l'exploitation des mines; le haut et le petit commerce sont en partie entre leurs mains, et quelques-uns même ont acquis des fortunes considérables. En 1835, on comptait au Mexique 9,324 étrangers, dont 5,141 Espagnols, 2,048 Français, 615 Anglais, 581 Allemands, et 889 des autres nations.

La confédération hispano-américaine est, de toutes les colonies européennes dans la zone torride, celle dans laquelle il y a le moins de nègres. On peut parcourir toute la ville de Mexico sans rencontrer un visage noir; le service d'aucune maison ne s'y fait avec des esclaves. L'esclavage ayant été aboli partout lors de l'établissement de l'indépendance. D'après des renseignements exacts, il paraît que dans tout le Mexique il n'y a pas 6,000 nègres, dont le plus grand nombre habite les ports d'Acapulco ou de la Vera-Cruz, en la région chaude, voisine des côtes. Les esclaves autrefois étaient des prisonniers faits dans la petite guerre qui est presque continuellement sur les frontières des Etats de l'intérieur; ils étaient, la plupart, de la nation des Mocos ou Apaches, montagnards indomptables et féroces, qui ordinairement succombaient bientôt au désespoir ou aux effets du changement de climat. L'accroissement de la prospérité du Mexique est donc tout à fait indépendant de la traite des nègres. Il y a cinquante ans que l'on ne connaissait presque pas en Europe de sucre mexicain; aujourd'hui la Vera-Cruz seule en exporte plus de 120,000 quintaux.

LANGUES ET IDIOMES. — Les langues parlées dans la vaste étendue du Mexique sont au nombre de plus de vingt, et ne sont en partie connues que de nom. Les créoles et la plus grande partie des races mixtes n'ont pas adopté ici, comme dans le Pérou, un dialecte indigène, mais se servent de la langue espagnole tant dans la conversation que dans les écrits. Parmi les dialectes indigènes, la langue *nahuatl* ou mexicaine est la plus répandue; elle s'étend aujourd'hui depuis le parallèle de 37 degrés jusqu'au lac de Nicaragua : mais les domaines de beaucoup d'autres langues sont comme enclavés dans le sien. L'historien Clavigero a prouvé que les Toltèques, les Chichimèques (dont les habitants de Tlaxcala descendent), les Acolhues et les Aztèques parlaient la même langue (1). La répétition des syllabes *tli*, *tla*, *itl*, *nil*, jointe à la longueur des mots, qui vont jusqu'à onze syllabes, doit rendre cette langue peu agréable à l'oreille; mais la complication et la richesse de ses formes grammaticales prouvent la haute intelligence de ceux qui l'ont inventée ou régularisée. Un nombre extrêmement borné d'analogies de mots paraît le rattacher au chinois et au japonais, mais son caractère général éloigne ce rapprochement. La langue *otomite*, parlée dans l'ancien royaume de Tula et autour de Mexico, est une langue monosyllabique comme le chinois, fort différente de la mexicaine, et qui paraît avoir été très-répandue (2). On ne saurait dire si les idiomes *tarasque*, *matlazingue* et *core*, parlés également dans l'Etat de Michoacan et à Xalisco, sont des branches d'un même tronc ou des langues indépendantes l'une de l'autre; les mots connus de la langue *tarasque* et de la *core* offrent très-peu d'affinité avec les autres langues américaines. Les langues *tarahumare* et *tepehuane*, parlées dans l'Etat de Chihuahua; l'idiome de *Pimas*, dans la Pimerie, partie de Sonora; la langue *guaycoure*, parlée anciennement dans la Californie par les Indiens *Moquis*; celle des *Cochimis* et des *Pericues*, dans la même péninsule, présentent encore un chaos d'incertitude et d'obscurité. Dans le *tarahamara*, les noms de nombres sont mexicains. Il est remarquable qu'un dialecte de la langue guaicoure se nomme *cora*, et que le nom des *Moquis* de Californie se retrouve dans le Nouveau-Mexique. Des connaissances plus positives ramèneront cette foule de tribus à un petit nombre de races distinctes.

La langue *huazteque*, qui s'est conservée dans le canton d'Huaz-

(1) *Clavigero* : Storia di Messico, t. I, p. 153.
(2) *Hervas* : Catalogo delle lingue, 80, 258.

teca, dans l'État de Mexico, paraît différer entièrement de la mexicaine, soit dans les mots, soit pour la grammaire (1), mais elle paraît dérivée de la langue maya, dans l'Yucatan. Elle offre quelques mots finnois et ostiaques; appartiendrait-elle à la première invasion des tribus de l'Asie boréale, invasion antérieure à celle dont les ancêtres des Aztèques, des Toltèques et des Chichimèques ont dû faire partie?

Il paraît qu'en avançant au sud de Mexico, les langues indigènes, indépendantes de celle des Aztèques, deviennent extrêmement nom-

(1) *Vater :* dans les Archives ethnographiques, t. I.

breuses. Les États de Puebla et d'Oaxaca nous offrent les langues *zapotèque, totonaque, mixtique, populoca, chinauièque, mixe,* et plusieurs autres moins connues. La langue *maya,* dominante dans l'Yucatan, nous paraît renfermer des mots finnois et algonquins. Le savant Hervas y a remarqué un certain nombre de mots tonkinois, parmi lesquels il y en a qui sont communs à divers idiomes de Sibérie et au finnois. Cette langue est monosyllabique comme les plus anciennes de l'Asie orientale, mais elle leur est supérieure par ses combinaisons grammaticales. Elle paraît tenir à la même souche générale que l'otomite, dont nous avons déjà parlé.

Nous allons passer à la description topographique.

DESCRIPTION TOPOGRAPHIQUE GÉNÉRALE.

DIVISION POLITIQUE DU MEXIQUE. — D'après les dernières décisions du congrès, la confédération mexicaine se compose définitivement du District fédéral de Mexico, de 22 États et de 6 Territoires, c'est-à-dire de provinces qui n'ont pas d'administration intérieure indépendante, et sont administrées au profit de l'Union fédérative.

Ces États, District et Territoires peuvent se classer ainsi, d'après leur disposition géographique :

Sur le grand Océan :	Au centre :	Sur l'océan Atlantique :
État de Sonora.	État de Chihuahua.	État de Tamaulipas.
Territoire de Basse-Californie.	— de Cohahuila.	— de Vera-Cruz.
État de Sinaloa.	— de Nouveau-Léon.	— de Tabasco.
— de Xalisco.	— de Durango.	— de Yucatan.
Territoire de Colima.	— de Zacatecas.	Territoire de la Isla
État de Michoacan.	— de Aguas Calientes.	del Carmen.
— de Guerrero.	— de San-Luis de Potosi.	
— de Puebla.	— de Guanaxuato.	
— d'Oaxaca.	— de Queretaro.	
— de Chiapas.	Territoire de Tlaxcala.	
Territoire de Tehuantepec.	District fédéral de Mexico.	
	État de Mexico.	
	Territoire de la Sierra Gorda.	

Nous allons les décrire successivement, en allant du nord au sud.

TERRITOIRE DE LA BASSE-CALIFORNIE. — Le *territoire de la Basse-Californie,* ou la péninsule de Californie proprement dite, appelée aussi *Vieille-Californie,* est entourée par l'Océan du sud à l'ouest, et par le golfe de Californie, appelé aussi *mer Vermeille,* à l'ouest. Au nord, elle est séparée de l'État anglo-américain de Californie par une ligne conventionnelle qui part de Fort-Yuma, près du confluent du Rio Gila avec le Colorado, et vient aboutir près de la baie de San-Diego, en face des petites îles de Coronados; au sud, cette longue presqu'île dépasse le tropique, et se termine dans la zone torride par le *cap San-Lucar.* Sa largeur varie depuis 40 kilomètres jusqu'à 150 d'une mer à l'autre, et sa longueur approche de 1,100 kilomètres; sa population peut être évaluée à 9,000 individus dispersés sur une étendue égale à celle de l'Angleterre; son climat, en général, est très-chaud et très-sec. Le ciel, d'un bleu foncé, ne se couvre presque jamais de nuages; s'il en paraît quelques-uns vers le coucher du soleil, ils brillent des teintes de pourpre et d'émeraude. Mais ce beau ciel s'étend sur une terre aride, sablonneuse, d'un aspect triste et désolé, où des cactus cylindriques, s'élevant dans les fentes des rochers, interrompent presque seuls le tableau de la stérilité absolue. Dans les endroits rares où il se trouve de l'eau et de la terre végétale, les fruits et les blés se multiplient d'une manière étonnante; la vigne y donne un vin généreux, semblable à celui des Canaries. On remarque une espèce de mouton extrêmement gros, très-délicat et excellent à manger; sa laine est facile à filer. On nomme beaucoup d'autres quadrupèdes sauvages, ainsi qu'une grande variété d'oiseaux. Les mines d'or que la tradition populaire plaçait dans cette péninsule se réduisent à quelques maigres filons. A 60 kilomètres de Loreto, on a découvert deux mines d'argent que l'on croit assez productives; mais le manque de bois et de mercure en rend l'exploitation presque impossible. Il y a dans l'intérieur des plaines couvertes d'un beau sel en cristaux.

Les montagnes qui couvrent le Territoire de la Basse-Californie, présentant des pics dont quelques-uns s'élèvent à 1,500 mètres, sont, dit-on, riches en métaux précieux; en interceptant les vents du grand Océan, elles contribuent à rendre malsaines les côtes qui bordent la mer Vermeille ou le golfe de Californie. Parmi ces montagnes, nous citerons la *Giganta,* qui a environ 1,400 mètres, et le volcan de *las Virgines,* qui en a 500. Sur les côtes qui offrent

des anfractuosités nombreuses, telles que les baies de *San-Luis de Gonzaga,* de *los Angeles,* de *San-Bernabé,* de *Santa-Marina* et de la *Magdalena;* cette dernière est célèbre comme point de réunion des navires baleiniers. Il y a aussi de bons ports, parmi lesquels nous citerons le *Puerto-Escondido* et de *Pichilingue,* sur la mer Vermeille, et celui de *San-Bartolomé,* sur l'Océan. On pêche la tortue qui produit l'écaille, et la coquille appelée avicule perlière qui fournit des perles souvent fort grosses, affectant la forme d'une poire, mais peu recherchées, parce qu'elles ne sont pas d'une très-belle eau (1).

Les tribus indiennes qui habitent aujourd'hui le Territoire de la Vieille-Californie sont, du nord au sud, les *Icas,* les *Nchitas,* les *Laynones,* les *Cochimies,* les *Moquis* et les *Piricues ;* ces dernières sont redoutables et souvent en guerre avec les tribus à demi civilisées par les Mexicains.

Les indigènes de la Vieille-Californie étaient, avant l'arrivée des missionnaires, au dernier degré d'abrutissement : comme les animaux, ils passaient des journées étendus sur le ventre, au milieu des sables; comme les animaux pressés par la faim, ils couraient à la chasse pour satisfaire les besoins du moment. Une sorte d'horreur religieuse leur annonçait cependant l'existence d'un grand être dont ils redoutaient la puissance.

Les premières missions de la Vieille-Californie avaient été créées en 1689 par les jésuites; sous la conduite de ces pères, les sauvages avaient abandonné la vie nomade. Au milieu de rochers arides, de broussailles et de ronces, ils avaient cultivé de petits terrains, bâti des maisons, élevé des chapelles, lorsqu'un décret despotique, aussi injuste qu'impolitique, vint détruire, sur tous les points de l'Amérique espagnole, cette utile et glorieuse société. Le gouverneur don Portola, envoyé en Californie pour exécuter ce décret, crut y trouver de vastes trésors et 10,000 Indiens armés de fusils pour défendre les jésuites; il vit au contraire des prêtres en cheveux blancs venir humblement à sa rencontre; il versa de généreuses larmes sur la fatale erreur de son roi, et adoucit, autant qu'il était en son pouvoir, l'exécution de ses ordres. Les jésuites furent accompagnés jusqu'au lieu de leur embarquement par tous leurs paroissiens, au milieu de sanglots et de cris de douleur.

Les missions ont été depuis l'expulsion des jésuites dirigées par les dominicains et les franciscains de Mexico. Leur nombre était de 16, il y a quelques années; la principale est *Loreto ;* longtemps le chef-lieu des deux Californies, elle n'est plus aujourd'hui que le chef-lieu d'un district central; elle a un *presidio,* et compte environ 1,200 habitants. Les plus importantes sont : *San-José,* près du cap San-Lucar, *Santiago, San-Luiz-Gonzaga* et *Nostra-Senora de los Dolores,* au sud de Loreto ; la *Conception, San-Ignacio, San-Fernando, El Rosario* et *San-Vicente-Ferrer,* cette dernière au nord de cette même ville. Le chef-lieu du Territoire de la Basse-Californie est aujourd'hui *la Paz,* située dans une position avantageuse à l'entrée de la mer Vermeille et au fond d'un golfe que commande l'île Espirito-Santo; sa population ne dépasse pas 1,500 habitants. Nous devons mentionner les bourgs de *Purification,* de *San-Eulogio* et de la *Magdalena.* La petite ville de *Real de San-Antonio,* au sud de la presqu'île, est le chef-lieu du district méridional.

Sur la côte orientale baignée par la mer Vermeille, on rencontre plusieurs îles, celles de *Espiritu-Santo,* de *San-José,* de *Santa-Cruz* et de *Carmen* sont importantes par la pêche des perles qui se fait dans leurs parages; celles de *Tiburon* et d'*Angel de Guarda* sont plus grandes que les précédentes, mais moins fréquentées.

(1) Suivant le capitaine Duhaut-Cilly, le produit annuel des écailles de tortue est d'environ 25,000 francs, et celui des perles de 125,000 francs.

ARCHIPEL DE REVILLA-GIGEDO. — Au sud de la Californie, et à environ 300 kilomètres de l'État de Xalisco, se trouve le groupe des îles *Revilla-Gigedo*, dont les principales sont *San-Benito* et *El-Socorro*; cette dernière est remarquable par son pic élevé. Elles dépendent du Mexique, qui a tenté d'y établir un *presidio*; mais elles sont convoitées par les États-Unis, à cause de l'importance qu'elles pourront prendre comme point de ravitaillement et de relâche, lorsque l'on aura établi une communication régulière entre les deux Océans. A environ 200 kilomètres plus à l'est se trouve un autre groupe d'îles plus petites, désignées dans nos cartes sous le nom d'*Iles du capitaine Johnson*; la principale est celle de *Nublada*.

ÉTAT DE SONORA. — L'*État de Sonora* s'étend du nord au sud, entre le territoire anglo-américain du Nouveau-Mexique et le Rio del Fuerte, qui le sépare de celui de Sinaloa; à l'est la Sierra-Verde le sépare de l'État de Chihuahua, et à l'ouest il est baigné par la mer Vermeille, que quelques cartes espagnoles désignent aussi sous le nom de *mer de Cortès*. Ses cours d'eau les plus importants qui viennent tous affluer dans cette mer sont : le *Yaqui*, sur lequel sont les villes d'*Opata* et de *Toriu*; le *Rio de Sonora*, sur lequel sont les villes d'*Arispe*, de *Sonora*, ancienne capitale de la province, et d'*Urès*; cette dernière, peuplée de 6,000 âmes, est aujourd'hui le siège du gouvernement de l'État de Sonora. A l'embouchure de la rivière de San-José est le port de *San-José-Guaymas*. Cette ville, de 6,000 habitants, qui n'existe que depuis peu d'années, paraît devoir devenir un des principaux ports de l'Amérique sur le grand Océan; elle fait un commerce assez important avec la Chine; elle est dans une position militaire admirable. *Alamos* est une cité importante par ses mines d'argent. C'est près du confluent du Sonora et du San-Miguel que se trouve la petite ville de *Hermosillo* ou *Pitic*, la plus remarquable de l'État au point de vue commercial. Toutes ces villes doivent leur importance aux lavages d'or ou aux mines d'argent qui couvrent ce pays. C'est surtout dans la partie septentrionale, appelée la *Pimeria*, des Pimas, ses habitants, que ces *lavadores* sont plus riches. La Pimeria s'étend sur la rive gauche du Rio Gila; la rivière de l'*Ascension* ou de *Saint-Ignace* la partage en *Pimeria-Alta* et *Pimeria-Baxa*; elles sont protégées par deux *presidios* ou postes militaires de *Terrenate* et de *Buena-Vista*. Tous les ravins de la Pimeria-Alta, et même les plaines, contiennent de l'or de lavage disséminé dans du terrain d'alluvion. On y a trouvé des pépites d'or pur du poids d'un à deux kilogrammes. Mais l'exploitation de ces terrains aurifères est rendue très-difficile par les fréquentes incursions des Indiens indépendants et surtout par la cherté des vivres qu'il faut transporter de très-loin dans ce pays inculte. Les États-Unis, par le dernier traité de 1853, ont franchi le Rio-Gila et ils occupent une partie du territoire aurifère de la Sonora; ils lui ont donné le nom de territoire de Gaspen; les Mexicains ont sur la frontière les presidios de *Babispe*, *Fronteras*, *Baguachi*, *Santa-Cruz*, *Tubac* et *Tuason*. Le seul moyen d'opposer une digue aux envahissements anglo-américains, serait, que le congrès mexicain, de décréter la liberté des cultes dans toute l'étendue des États et Territoires, et de convier à l'exploitation des richesses minérales du sol les colons européens qu'une différence de croyance religieuse éloigne le plus souvent du Mexique.

Dans l'État que nous venons de parcourir, on distingue sept tribus indiennes : ce sont les Apaches, les Cérès, les Opatas, les Mayos, les Pimas, les Tarumaras, les Yaqui et les Yumas.

Les *Apaches* ou *Apachès* sont répandus sur les deux rives du Rio-Gila; ils sont originaires du Nouveau-Mexique; c'est une nation guerrière et industrieuse; ils habitent surtout les régions montagneuses et se servent, avec une adresse surprenante, d'arcs, de flèches d'un mètre de long, et de lances de 3 mètres; excellents cavaliers, ils dirigent leur cheval en le pressant des genoux; rien n'égale l'impétuosité de leur attaque, ils sont redoutés des villages mexicains.

Les *Cérès*, *Xérès* ou *Seris* étaient autrefois l'une des plus puissantes des vingt-quatre tribus qui, anciennement, occupaient le Nouveau-Mexique. Aujourd'hui, au nombre de 4,000 au plus, ils habitent l'île de Tiburon, la côte de Tépoca, et le Pueblo-de-Séris, près de Pitic; ils sont très-braves, et autrefois leurs incursions étaient très-redoutées.

Les *Opatas*, qui forment une population de 10,000 individus, occupent différents villages sur les rives de Dolorès, de l'Arispe, de l'Oposura, du Batuquo et du Babispo. C'est un peuple guerrier et brave, qui compte un grand nombre de poëtes et de musiciens excellents. La langue des Opatas est singulièrement poétique; tous les noms qu'ils ont donnés aux villes et aux autres lieux sont emblématiques, et désignent quelques particularités locales : par exemple, *Aripa*, dont les Espagnols ont fait *Arispe*, signifie la *grande réunion des fourmis*, parce que jadis il y avait dans cet endroit de nombreuses fourmilières; *Babipa*, qui a été métamorphosé en *Babispo*, veut dire le *point où une rivière dérive de son cours*; *Cinopve* est le *pays natal des guerriers*; enfin, *Tepaché* est la *ville des belles femmes*.

Les *Mayos* habitent la plupart des villages situés sur les rives du Rio Mayo et du Rio del Fuerte.

Les *Pimas* demeurent sur les bords du Rio-San-Ignacio ou de l'Ascension, dans la Pimeria-Alta, et sur ceux du Matode, du Masalon et du San-José de los Pimas, dans la Pimeria-Baxa. Ils sont inoffensifs, mais ils ne sont point doués de l'esprit entreprenant ni du caractère laborieux des Yaqui.

Les *Tarumaras* vivent dans les villages du Mulatos. Ils sont au nombre d'environ 3,000.

Les *Yaqui* occupent plusieurs villages sur le Rio Yaqui, mais ils sont dispersés sur toute la surface de la province. Ce sont les plus industrieux de tous les Indiens de la province; en effet, ils sont mineurs, chercheurs d'or, plongeurs pour la pêche des perles, agriculteurs et artisans.

Les *Yumas*, ainsi nommés d'après la longueur extraordinaire de leurs cheveux, n'ont qu'un petit nombre de villages dans la Pimeria-Baxa, parce que la plus grande partie de cette tribu appartient à la Californie-Inférieure.

On peut caractériser la plupart de ces peuples de la manière suivante : les Apaches sont réputés pour leur profonde connaissance des vertus des plantes; les Sérès, pour leurs flèches empoisonnées; les Pimas, pour leur peu d'intelligence et leur lenteur; les Tarumaras, pour leur probité; les Yaqui, pour leur esprit prodigieux.

Les bords du *Rio Gila* ont offert au missionnaire Garcès les ruines d'une grande ville, au milieu de laquelle était une espèce de château fort, exactement orienté selon les quatre points cardinaux. Les Indiens voisins de ces ruines mémorables vivent dans des villages populeux, et cultivent le maïs, le coton et les calebasses. Ces traces d'une ancienne civilisation coïncident avec les traditions des Mexicains, selon lesquelles leurs ancêtres se seraient arrêtés à plusieurs reprises dans ces contrées après leur sortie du pays d'Aztlan. La première station fut aux bords du rio Teguayo; la seconde, sur les bords du fleuve Gila; la troisième, dans l'État de Durango, près de l'ancien *presidio* de Vanos, où il y a aussi des édifices en ruines, appelés par les Espagnols *casas grandes*.

L'État de Sonora est partagé en neuf partidos, qui sont ceux de Hermosillo, Salvacion, Urès, San-Ignacio, Altar, Montezuma ou Oposura, Sahuripa, Arispe et Alamos; il renferme 4 cités, 10 villes, 77 pueblos, 32 exploitations minérales, 2 congrégations et 230 haciendas ou ranchos. Sa population est de 124,000 âmes, dont la moitié indigène.

ÉTAT DE SINALOA. — L'*État de Sinaloa*, ou pays de *Ostimuro*, situé au sud du précédent, entre le Rio Mayo et le Rio Bayona, est mieux peuplé et mieux cultivé. Ses trois principaux cours d'eau sont le *Rio del Fuerte*, le *Rio Sinaloa* et le *Rio Culiacan*. Ses villes les plus importantes sont *Culiacan*, sur la rive gauche de la rivière du même nom, célèbre dans l'histoire des Mexicains, sous le nom d'*Hucy-Colhuacan*, comme le siège d'une ancienne monarchie. Elle est aujourd'hui la capitale de l'État de Sinaloa, grande, bien bâtie, avec des rues bien alignées et une belle place d'armes; sa population est d'environ 10,000 habitants. A l'embouchure du Rio Culiacan, le petit port d'*Alinta* n'est pas sans importance commerciale. *Villa-del-Fuerte* est assez considérable, il compte 8,000 âmes; c'est le siège d'un évêché; on l'appelait autrefois *Montes-Claros*. *Sinaloa*, à quelque distance du fleuve du même nom, est peuplée de 10,000 habitants. *Cosala* et El-*Rosario* possèdent de riches mines d'argent. Toutes ces villes sont liées entre elles par la grande voie de communication, la plus importante de l'État, qui pénètre dans le Sonora, et conduit à Hermosillo. Sur la côte et à l'embouchure d'un fleuve du même nom est *Mazatlan*; c'est sans contredit le port le plus fréquenté du Mexique sur le grand Océan; mais il est peu sûr pendant la saison pluvieuse, à cause des *cordonazo* ou ouragans qui se font sentir sur cette côte à cette époque de l'année. Mazatlan est protégée par un *presidio* ou fort, sa population est de 31,000 âmes. A quelque distance de cette ville est celle de *San-Sebastian*, qui donne son nom à une petite chaîne de montagnes qui longe la côte, qui est couverte de forêts de goyaviers, de limoniers et d'orangers; le *lignum vitæ* et les palmiers y viennent également.

L'État de Sinaloa se divise en 11 partidos : Rosario, San-Sebastian, Mazatlan, San-Ignacio, Cosala, Culiacan, Sinaloa, Badirahuato, Mocorito, Fuerte-y-Choiz; sa population est d'environ 250,000 âmes.

ÉTAT DE DURANGO. — La grande chaîne, qui forme la ligne de partage des eaux du Mexique, traverse dans toute sa longueur l'ancienne province appelée la Nouvelle-Biscaye, ou l'intendance de Durango, qui dépend aujourd'hui de l'*État de Durango*. Il est situé entre les États de Chihuahua au nord, de Cohahuila à l'est, de Zacatecas au sud-est, de Jalisco au sud et de Sinaloa à l'ouest. Des cratères de volcans et une masse de fer semblable aux pierres tombées du ciel y appellent les regards du naturaliste. Les mines de plomb, de cuivre, d'étain, d'argent sont nombreuses et riches. La plus grande partie du pays présente un plateau stérile et sablonneux ; plusieurs rivières, telles que le *Rio Nazas*, ne trouvant pas une pente favorable pour s'écouler, s'y répandent et forment des lacs. Les hivers, souvent rigoureux, sont suivis de chaleurs étouffantes. On cite comme un fléau les scorpions, dont la morsure donne la mort en peu d'heures.

L'État se divise en 12 *partidos* : Durango, Papasquiaro, El Oro, Nombre de Dios, Cuencamé, Mezquital, Tamasula, Mapimi, Cerrogordo, Saudinas, San-Juan del Rio y Nazas ; et en trente municipalités. Sa population est évaluée à 156,519 habitants.

Durango ou *Ciudad de Victoria*, la capitale de cet État, est le siège d'un évêché érigé en 1620, et d'une administration des mines. Son hôtel des monnaies, qui occupe le troisième rang parmi ceux de la confédération mexicaine, doit son importance au produit des mines d'argent exploitées dans ses environs. On y frappe annuellement pour près de 8 millions de francs de monnaie mexicaine. Elle possède aussi des écoles publiques et un séminaire avec une bibliothèque. Près de cette ville de 15,000 âmes s'étendent de vastes pâturages, où l'on nourrit un grand nombre de bestiaux qui forment une importante branche de commerce.

Les autres villes importantes de l'État de Durango sont *Villa-Félis de Tamasula*, *Santiago de los Caballeros*, sur le *Rio Sauceda*, affluent du Culiacan ; *Nombre de Dios*, qui renferme, dit-on, 7,000 âmes et qui possède dans son voisinage une riche mine d'argent ; *Papasquiaro*, *Guarisamey*, au nord-est de Durango. *San-Juan del Rio*, au point où le Rio Sauceda franchit à travers une gorge la Sierra Madre ; on accorde à cette ville une population de 12,000 âmes. Par son agriculture, son industrie minière et manufacturière et ses établissements d'éducation, cet État tient un des premiers rangs parmi ceux de la confédération mexicaine.

ÉTAT DE CHIHUAHUA. — L'*État de Chihuahua* est au nord du précédent, il s'appuie à l'ouest sur l'État de Sonora ; au nord-est le Rio del Norte le sépare du Texas, et à l'est il confine avec l'État de Cohahuila. C'est un pays montagneux traversé dans toute sa longueur par la Cordillère du Mexique, qui porte les noms de Sierra Madre, de Sierra de Caracoy, de la Escondida et de Sierra Campana ; il est célèbre par ses nombreuses mines d'argent, dont les plus riches sont celles d'*El Parral*, de *Batopilas*, de *Santa-Rosa Cosiguidaqui*, de *Jesu-Maria* et de *Guadalupe*.

Il est divisé en 7 districts : Iturbide, Hidalgo, Mina, Allende, Guerrero, Bravos, subdivisés en 10 *partidos* et en 39 municipalités ; on évalue sa population à 147,600 habitants.

Chihuahua est la capitale de cet État ; elle est le centre d'une exploitation considérable de mines d'argent, et renferme plusieurs constructions remarquables, entre autres sa principale église, l'une des plus vastes et des plus riches du Mexique. Cette ville, qui est située au pied de la Sierra Madre dans une belle plaine, compte aujourd'hui 12,000 âmes. On y remarque plusieurs belles églises, le collège des jésuites, le palais du congrès et le palais de justice. Un aqueduc de 6,500 mètres amène l'eau à une belle fontaine. Les autres villes de cet État sont, outre celles que nous avons citées plus haut, à cause de leurs mines d'argent, *San-Bartonico*, *Atotonilco*, *Santa-Rosalia*, *San-Vicente* et *San-Eulalia de Merida*, *Hidalgo*, *Allende*, *Concepcion*. La province, qui est fréquemment exposée aux incursions des Indiens Apaches, est protégée par plusieurs presidios ; les plus importants sont ceux de *San-Carlos*, *San-Vicente*, *del Norte*, *Yantus* et *San-Eleozar*, sur le Rio del Norte, des *Yanos*, au milieu de la contrée habitée par les Indiens de ce nom, de *Conchos*, sur le Rio Conchos, d'*El-Principe*, en avant de Chihuahua, de *San Buenaventura*, au pied de la Sierra de Patos, et de *Julimes*. Les Indiens Apaches, au nombre d'environ 30,000, se partagent en plusieurs tribus, les *Chiricahues*, les *Tontos*, les *Guileños*, les *Mimbreños*, les *Faraones*, les *Goyames*, les *Mescalares*, les *Llaneros*, les *Lipances* des *Navajoes* ; ennemis de toute civilisation, ils combattent comme les Bédouins et portent partout la mort et la dévastation. Le partie de la province de Chihuahua, entre cette dernière et les États de Durango et de Cohahuila, s'étend, au revers oriental de la Cordillère, une vallée inculte que l'on désigne sous le nom de *Bolson de Mapimi*. Quelques hardis colons y ont fondé des fermes et disposé des pâturages où ils élèvent d'innombrables bestiaux. Les Comanches et d'autres tribus indigènes de la frontière poussent souvent leurs excursions jusque dans cette vallée. On y a découvert en 1838 une caverne qui renfermait plus de mille cadavres, en état parfait de conservation ; ils étaient assis sur le sol, les mains croisées par dessous les genoux et couverts de tuniques et d'écharpes d'un travail remarquable.

ÉTAT DE COHAHUILA. — Le territoire qui forme l'*État de Cohahuila*, situé à l'est du précédent et au nord de celui de Durango, est un pays couvert de montagnes et de forêts, arrosé par plusieurs cours d'eau, dont les plus considérables sont le Rio del Norte, qui lui sert de frontière au nord, et le Rio Sabinas, qui arrose la partie septentrionale, et reçoit le Rio Salado ; il renferme aussi plusieurs lacs dont les plus importants sont ceux d'*Aqua-Verde*, du *Caiman* et de *Parras*. Les terres y sont d'une grande fertilité, et produisent

des céréales et d'excellents vins ; d'immenses pâturages nourrissent un grand nombre de chevaux et de bêtes à cornes devenues à peu près sauvages. Les cerfs, les daims, les sangliers, les bisons et diverses espèces de gibier y sont communs. Le poisson abonde dans les rivières et dans les lacs. Les forêts sont remplies d'abeilles. On y exploite quelques mines d'argent près de Monte-le-Lovez. L'air y est salubre et le climat tempéré.

Cet État est divisé en 4 départements : de Saltillo, Monclova, Rio-Grande et de Parras, subdivisés en 16 *partidos* ; on évalue sa population à 75,340 habitants.

Saltillo est riche et peuplée de 8,105 habitants ; on lui donne aussi le nom de *Leona-Vicario*, elle est à 690 kilomètres au nord de Mexico, *Monte-le-Lovez*, nommée indifféremment *Cohahuila* et *Monclova*, est l'ancienne capitale de la province : elle est située sur un affluent de la Sabina, on lui accorde 6,000 habitants. *San-Rosa* et surtout *Parras* sont célèbres par les mines d'argent de leurs environs. *Castañuella* et *Nueva-Bilbao* sont deux petites villes assez remarquables. Sur le Rio del Norte, se trouve le presidio de *Rio-Grande*, et dans son voisinage les forts d'*Aqua-Verde* et de *Bahia*, dont les garnisons doivent protéger les frontières contre les incursions des Indiens.

ÉTAT DE NUEVO-LEON. — L'*État de Nuevo-Leon* n'est qu'un démembrement de l'ancienne province qui avait reçu le nom pompeux de Nouveau royaume de Léon. Il a pour limites au nord et à l'ouest l'État de Cohahuila, au nord-est et à l'est le Tamaulipas et au sud-ouest l'État de San-Luis de Potosi. C'est un pays riche en mines d'or, d'argent et de plomb, en sel gemme et en sources salées. Ses principales montagnes sont la *Silla*, au sud-est de Monterey, la *Picachos* et la *Sierra Santallara* ; il est arrosé par le *Salado*, la *Salinas* et le *San-Juan*. Il se divise en 9 *partidos* : Monterey, Cadereita, Villaldama, Salinas, Victoria, Arroyo, Montemorelos, Cerralvo, Linares et Garcia, subdivisés en 38 municipalités ; on évalue sa population à 144,869 habitants. Malgré sa fertilité, ses forêts remplies de bois de teinture et de construction, ses immenses pâturages, où paissent de grands troupeaux de chevaux et de bêtes à cornes, il n'offre néanmoins que des villes peu importantes : *Monterey*, sa capitale, a 13,534 habitants ; elle est le siège d'un évêché et d'une cour de justice, et fait un commerce assez important ; *Cadereita* ne renferme que 800 familles ; *Linares* et *Pilon* sont encore moins peuplées. Les habitants de la première fabriquent principalement de l'eau-de-vie de canne. La population de la plupart des petites cités de cet État est occupée de l'exploitation des mines.

ÉTAT DE TAMAULIPAS. — L'*État de Tamaulipas* appartient à la même région physique que le précédent. Il est borné à l'ouest par celui-ci ; au nord le Rio del Norte le sépare des possessions anglo-américaines ; au sud, il est borné par l'État de San-Luis Potosi, à l'est par le golfe du Mexique.

Les deux tiers de cet État offrent de belles plaines bien arrosées par le Rio del Norte, le San-Fernando, le Conchas, le Blanco, le Largo, le Rapido et le Tamesi, qui coulent des montagnes de l'ouest vers le golfe du Mexique ; sa partie occidentale est montagneuse et appartient aux ramifications de la Sierra Madre. L'État de Tamaulipas est partagé en trois préfectures, du nord, du centre et du sud, subdivisées en 34 municipalités ; sa population, ou y comprenant les étrangers, est de 108,514 habitants. L'élève des bestiaux et l'agriculture sont leur principale occupation.

Victoria ou *Nuevo-Santander*, qui compte 7,000 habitants, est aujourd'hui la capitale de l'État ; elle est à 60 kilomètres de la mer, sur la rivière de son nom ; elle serait importante sans une barre qui ne permet qu'à de faibles embarcations l'entrée de cette rivière ; mais l'ancienne capitale de Tamaulipas, ou *Santa-Ana de Tamaulipas*, fondée en 1824 sur le Tampico, à son embouchure dans le golfe du Mexique et sur la lagune de Panuco, est devenue en peu d'années non-seulement la ville la plus importante de l'État, mais encore le premier port de la confédération mexicaine sur le golfe du Mexique ; cependant il est peu sûr, mais il est moins insalubre que celui de la Vera-Cruz ; la population de Tampico est aujourd'hui de 12 à 15,000 habitants. *Soto la Marina*, avec 5,000 habitants, est le port de Victoria. *Escandon* est au centre d'une plaine élevée. Sur la rive droite du Rio del Norte est *Matamoros*, célèbre par la victoire remportée en 1846 par les Anglo-Américains sur les Mexicains ; c'est une petite ville importante dont la population dépasse 12,000 habitants. *Mier*, *Revilla* ou *Guerrero*, sur la frontière du Mexique et des États-Unis, sont importantes par leur position. A quelques kilomètres d'*Altamira* s'élève, au milieu d'une vaste plaine, une montagne taillée si exactement en forme de pyramide, que les savants sont partagés sur la question de savoir si c'est un ouvrage de l'art plutôt que de la nature.

ÉTAT DE SAN-LUIS DE POTOSI. — En continuant notre excursion vers le sud, nous traverserons l'*État de San-Luis de Potosi*, formé de la plus grande partie de l'ancienne province du même nom. Cet État est borné au nord-ouest par le Nouveau-Léon et le Tamaulipas, au sud par ceux de Guanaxuato, de Queretaro et de Mexico; à l'ouest et au nord-ouest par le Zacatecas. Il est montagneux vers l'ouest, où il est traversé par la Cordillère de San-Luis et par la Sierra Gorda, et marécageux vers le golfe du Mexique. Depuis les montagnes jusqu'à la mer, on y éprouve les effets de trois climats différents. Près de la côte, où se trouvent les parties les plus malsaines, on cultive les fruits les plus délicieux du Mexique. Ce pays, qui n'a été colonisé que pour l'exploitation de ses riches mines, dont les principales sont celles de Catorce, de Guadalcazar, de Charcas, de Ramos, d'Ojo-Caliente, de San-Pedro et de Santa-Maria del Peñon Blanco. Ces mines produisent de l'argent en abondance, de l'étain, du cuivre, du mercure, de l'or, du plomb et du soufre. La production de l'argent a été en 1855 à l'hôtel des monnaies de l'État de 1.849.795 pesos (1). Ce pays possède des forêts qui suffisent au besoin de ses usines.

L'État de San-Luis de Potosi possède peu de rivières; les plus considérables arrosent sa partie méridionale, ce sont le *Santa-Maria* et le *Rio Montezuma*, connu aussi sous le nom de *Zimapan*, le *Rio Verde* et le *Tampaon*.

L'État est divisé en 4 préfectures, celles de San-Luis, de Rio-Verde, de Venado et de Tancanhuitz, subdivisées en 11 partidos; sa population est de 390,360 habitants.

Sur la pente orientale du plateau d'Anahuac, à l'ouest des sources du *Rio de Panuco*, nous apercevons *San-Luis de Potosi*, qui doit sa célébrité aux mines de ses environs, aujourd'hui peu productives. Maintenant c'est l'entrepôt de Tampico pour les pays intérieurs; elle fait un grand commerce de bestiaux, de suif et de cuir. On évalue sa population à 20,000 individus. Cette ville, bien bâtie, est ornée de belles fontaines et de plusieurs édifices remarquables, tels que le palais de l'ayuntamiento, l'église paroissiale Saint-François et celle du couvent des Carmes, l'hôtel des Monnaies et l'aqueduc; elle possède aussi un collège, une petite université. Il y a aux environs quelques villes importantes, comme *Santiago de Tlaxcala*, *Saint-Juan de Guadalupe* et *San-Miguelito*. *Guadalcazar*, près de la rive droite du Santander, est un bourg situé sur un territoire fertile où l'on exploite quelques filons d'argent; *Charcas* est une bourgade considérable où siège une direction des mines; mais l'exploitation la plus célèbre du pays est celle de *Catorce*: elle produisait encore, il y a quelques années, pour la valeur de 18 à 20 millions de francs. *Réal de Ramos* est importante par ses mines d'argent; *San-Antonio de Tula*, *Panuco*, *l'alles*, sont des villes agréables dans les vallées de Tampico et de Panuco.

ÉTAT DE ZACATECAS.

— L'*État de Zacatecas* est situé à l'ouest du précédent; il a pour limites, au nord, l'État de Cohahuila; au sud-est celui de Guanaxuato, au sud celui de Xalisco, et à l'ouest ceux de Xalisco et de Durango.

De hautes montagnes lui donnent une grande ressemblance avec la Suisse; parmi ces montagnes nous citerons les *serranias* de *Mazapil*, de *Norillos*, de *Guadalupe*, de *Palomas* et de *Pinos*. Elles renferment de nombreuses mines; les principales de ces mines sont celles de *Zacatecas*, d'*El-Fresnillo*, de *Sombrerete*, de *San-Juan-Bautista*, *Guadalupe*, de *Panuco* et *Veta-Grande*. Le produit de toutes les mines de la province était évalué en 1855 à 3.619,000 pesos, le pays manque de grands cours d'eau; à peine pouvons-nous citer le *rio Juchipila*, le *rio Tlaltenango*, qui descendent de la serrania del Teul. L'État est partagé en onze partidos : Zacatecas, Fresnillo, Sombrerete, Nieves, Mazapil, Pinos, Jerès, Villanueva, Juchipila et Nochistlan, Tlaltenango; ils sont subdivisés en quarante-deux municipalités, sa population est évaluée à 302,000 âmes.

Le chef-lieu, qui porte le même nom, est situé sur le territoire le plus célèbre par ses mines d'argent, après celui de Guanaxuato. *Zacatecas* ne consiste qu'en une longue rue garnie de hautes maisons, mais derrière lesquelles se groupent à diverses distances les cabanes qui servent d'habitations aux mineurs. Ceux-ci, avec la population de la ville proprement dite, forment une masse de 15,400 individus. La ville possède quelques églises, un théâtre et un hôtel des monnaies qui occupe 300 ouvriers. Non loin de là sont neuf lacs qui se couvrent d'une efflorescence d'hydrochlorate et de carbonate de soude. Les montagnes, composées de syénite, contiennent quelques-uns des plus riches filons du monde. *Fresnillo*, à 50 kilomètres au nord de la précédente, est la seconde ville de l'État; elle possède des églises, des écoles; on y a établi une école pratique des mines. Sa population est de 12,250 habitants. Elle possède d'importantes mines de cuivre et d'argent. *Sombrerete*, *Pino* et *Nochistlan* doivent à l'exploitation de leurs mines une population de 14 à 18,000 âmes.

ÉTAT D'AGUAS CALIENTES.

— L'État d'*Aguas Calientes* doit son nom à sa capitale située dans le voisinage de sources thermales; c'est l'État le plus récemment formé dans la Confédération mexi-

(1) Le peso vaut 5 fr. 30.

caine. Il est limité à l'ouest par l'État de Zacatecas, au nord par ceux de Zacatecas et San-Luis de Potosi, à l'est et au sud par celui de Xalisco.

C'est un démembrement du Zacatecas; sa partie orientale offre de belles plaines, tandis que sa partie occidentale est très-montagneuse et couverte par les ramifications de la *sierra del Laurel* et de la *sierra del Pinal*, qui ne sont elles-mêmes que des rameaux de la sierra Madre. La température de cet État est en général saine et tempérée; on y compte quelques mines d'argent et d'autres métaux; cependant elles ne sont ni riches ni abondantes.

L'État d'Aguas Calientes comprend : une cité, une ville, 3 pueblos, 3 mines, et environ 37 haciendas et 288 ranchos; la population totale est de 85,839 habitants.

La capitale de l'État est la cité d'*Aguas Calientes*, qui, ainsi que nous l'avons dit, tire son nom d'une source thermale qui sort dans ses environs; ses rues et ses maisons sont irrégulières; on y compte onze places publiques, treize temples, un hôpital; ses édifices les plus notables sont l'hôtel de ville, les maisons qui environnent la belle place du Marché et la prison; la ville est traversée par deux ruisseaux de l'ouest à l'est, qu'on franchit sur des ponts élégants. L'activité de ses habitants, dont plusieurs sont occupés dans des fabriques de draps, sa position avantageuse, en font le centre d'un mouvement commercial important. Sa population est de 40,000 âmes. Ses environs sont renommés par leur beauté et offrent d'agréables promenades. La *Villita*, au sud d'Aguas Calientes, est importante par sa belle position commerciale et agricole.

ÉTAT DE XALISCO.

— La plus grande partie de l'ancien royaume de la Nouvelle-Galice forme aujourd'hui un *État* qui porte l'ancien nom indigène du pays, celui de *Xalisco* ou *Jalisco*. Cet État est situé à l'ouest des deux précédents, au sud de ceux de Durango et de Sinaloa; il est baigné à l'ouest, sur une longueur de 660 kilomètres, par l'océan Pacifique; ses principales montagnes sont la *sierra de Tapala* et la *sierra Madre* en *Sayula*; il est arrosé par le *Rio Grande* ou *Rio Lerma* et le *Rio Verde*. Il possède plusieurs lacs, tels sont ceux de *Sayula*, de la *Magdalena*, de *Mescaltitlan* et de *Chapala*; ce dernier est le plus important, il a une superficie de 1,800 kilomètres carrés, et renferme des îles, parmi lesquelles celle de *Mexcala* est célèbre pour avoir servi de refuge à des patriotes dans la guerre de l'Indépendance. L'État de Xalisco est partagé en huit districts qui sont : Guadalaxara, Lagos, la Barca, Sayula, Izlatlan, Autlan, Tepic et Colotlan; ils sont subdivisés en dix-neuf partidos; sa population est de 800,000 âmes.

Cet État était jadis habité par une race belliqueuse qui sacrifiait des hommes à une idole de la forme d'un serpent, et qui même, à ce que prétendaient les premiers conquérants espagnols, dévorait ces malheureuses victimes, après qu'on les avait fait mourir par les flammes. Les pentes occidentales de la Cordillère d'Anahuac sont comprises dans cet État. Près des bords de la mer s'étendent de vastes forêts qui fournissent de superbes bois de construction; mais les habitants y sont exposés à un air chaud et malsain, tandis que l'intérieur du pays jouit d'un climat tempéré et favorable à la santé. Le sol y est des plus fertiles du Mexique, donnant dans quelques parties 100 pour 1 du froment et 200 pour 1 du riz. On y cultive aussi avec succès l'olivier, la canne à sucre, le coton, le tabac et la cochenille. Le *Rio Grande de Santiago*, nommé aussi *Tololotlan* et *Baronia*, en sortant du lac *Chapala*, forme une cataracte très-pittoresque.

Sur la rive gauche du petit *Rio de Tonala*, à 420 kilomètres au nord-ouest de Mexico, s'élève *Guadalaxara*. Cette capitale est une grande et belle ville dont la population est estimée à près de 70.000 âmes, et qui possède une université tombée comme celle de Mexico. C'est le siège d'un évêché et d'une cour de justice; elle possède un hôtel des monnaies important. La cathédrale est un vaste édifice d'une architecture bizarre, mais remarquable par la profusion de ses ornements et le choix de beaux tableaux espagnols qu'elle renferme. Le magnifique couvent de Saint-François comprend dans son enceinte cinq églises, dont une surtout rivalise de richesse avec la cathédrale, qu'elle surpasse par son architecture. Les fontaines de la ville sont alimentées par un aqueduc de 25 kilomètres de long. *San-Blas*, à l'embouchure du Rio Grande, serait une ville importante par son port et son commerce, si l'insalubrité de l'air ne forçait les principaux habitants à résider à quelques kilomètres de là, dans la charmante petite ville de *Tepic*. C'est à San-Blas qu'est établi l'arsenal maritime de l'Union mexicaine. *San-Juan de los Lagos*, ville de 6,000 âmes, autrefois florissante, est encore renommée par la foire qui s'y tient du 6 au 13 décembre, et encore plus par sa *Madone de San-Juan*. Lagos, à 35 kilomètres à l'est de la précédente, est plus peuplée; elle a 10,000 habitants.

Compostella est le chef-lieu d'un district abondant en maïs, en cocotiers et en bétail. *Tonala*, ancienne capitale du royaume indien du même nom, fabrique de la faïence pour la consommation de l'État. On remarque encore la *Barca*, chef-lieu de partido et de district, peuplé de 3,000 âmes. Ses habitants se livrent à la pêche, à l'engrais des porcs, et teignent le coton et la laine; *Tepatitlan*,

Habitants du Mexique des environs de Papantla.

qui doit son importance à l'industrie agricole de ses 3,000 âmes ; *Zapotlan*, la grande, peuplée de 13,000 habitants ; *Bolaños*, remarquable par ses mines d'argent ; *Cocula*, dont l'église est un lieu de pèlerinage ; *Chapala*, près du lac du même nom, et la *Purification*, ville considérable et chef-lieu de la partie méridionale de la Nouvelle-Galice, où la cochenille et le sucre sont les principales productions. A quelque distance, à l'ouest, est le cap *Corrientes*, pointe très-saillante ; les vents et les courants paraissent changer à partir de ce promontoire célèbre.

TERRITOIRE DE COLIMA. — Le *Territoire de Colima* comprend la vallée de ce nom, située au pied du volcan de Colima, haut de 3,668 mètres, et large d'environ 42 kilomètres, qui forme la partie la plus méridionale de l'État de Xalisco. Ce Territoire s'étend sur l'océan Pacifique, qui baigne ses côtes à l'ouest du port de San-Blas à celui d'Acapulco, à l'est il confine à l'État de Michoacan. Son aspect est aride et triste, il présente de nombreux ravins et des précipices ; on y rencontre tous les climats selon l'élévation à laquelle on parvient. En outre des grands volcans de *Colima* et de *Tancitaro*, ses principales montagnes sont : le *Cerro de San-Diego*, celui de *Pixtla*, celui de *Centinela* ; ils sont couverts du bois des essences les plus variées ; la plus importante de ses rivières est le *rio Tuxpan* ; viennent ensuite les rivières *Salado*, de *Nahualopa* et de *Chacala* ; le lac de *Cuyutlan*, dont les eaux sont salées, est navigable dans toute sa longueur : il a environ 400 kilomètres carrés. La population de ce Territoire est de 61,243 habitants, dont les principales industries sont l'exploitation des salines, la fabrication du sucre, les travaux agricoles et les filatures de laine et de coton.

Le chef-lieu de ce territoire porte aussi le nom de *Colima* ; c'est une jolie ville renfermant environ 15,000 habitants, indigènes, mulâtres et métis. Son principal commerce est celui du sel, que l'on exploite sur les côtes du grand Océan. A 115 kilomètres à l'ouest de cette ville est le port de *Manzanillo* ; son entrée est sûre, et il est abrité des vents.

ÉTAT DE MICHOACAN. — L'*État de Michoacan*, qui formait autrefois avec celui de *Guanaxuato* le royaume de *Michoacan*, c'est-à-dire du *pays poissonneux*, qui fut indépendant de l'empire mexicain, occupe la partie occidentale de la grande Cordillère ; il confine au nord avec l'État de Guanaxuato, à l'est il a pour limites les États de Queretaro et de Mexico, et au sud ceux de Mexico et de Guerrero ; à l'est il a pour limites les États de Queretaro et de Mexico, et au sud ceux de Mexico et de Guerrero. Il a environ 150 kilomètres de côtes sur l'océan Pacifique. Ses plus hautes montagnes sont celles de *Tzirate*, et les *cerros de Patamban*, de *San-Nicolas* et de *San-Andrés*. Il est arrosé par le *Rio Grande*, le *Rio Duero*, le *Pantla* et le *Rio de las Balsas* ou de Puebla. Une partie de la rive méridionale du Chapala lui appartient, et parmi les nombreux lacs qui lui ont valu son nom nous citerons : le lac de *Patzcuaro*, dont les cinq îles présentent des perspectives admirables, et le lac de *Cuitzeo*.

Cet État renferme des mines d'argent, d'or, de cuivre, de fer, de charbon, d'antimoine, de cinabre, etc., etc. Les principales, qui sont aujourd'hui en exploitation, sont celles de : *Angangueo*, *Espiritu Santo*, *Guayabo*, *Inguaran*, *Curucupacco*, *Ozumatlan* et *Burra*, *Chapatuato*, *San-Antonio*, *Cualcoman* et *Tlalpujahua*.

L'État de Michoacan est partagé en quatre districts, qui sont ceux de *Morelia*, *Patzcuaro*, *Maravatio* et *Zamora*, subdivisés en 21 *partidos* ; sa population totale est de 491.679 habitants. On compte dans l'État 3 cités, celles de *Morelia*, de *Patzcuaro* et de *Zamora* ; 2 villes, celles de *Tacambaro* et de *Zitacuaro* ; et 276 *pueblos* ; on ne connaît pas bien le nombre des *haciendas* et des *ranchos*.

La division du sol en trois régions, appelées *terres froides* (*Tierras frias*), *terres chaudes* (*Tierras calientes*) et *terres tempérées* (*Tierras templadas*), dont nous avons déjà parlé, se retrouve dans l'État de Michoacan. Dans sa partie occidentale on aperçoit deux volcans, le *Tancitaro* et le *Jorullo* (*Xorullo*), qui, élevé de 517 mètres au-dessus de la plaine, s'est formé cependant tout à coup en 1759. *Valladolid* ou *Morelia*, sa capitale, qui occupe l'emplace-

Gauchos mexicains.

ment de l'ancienne *Guayangarco*, est située dans la région tempérée : on y jouit d'un climat délicieux ; rarement il y tombe de la neige. On estime à 25,000 le nombre de ses habitants. Son séminaire est l'un des plus fréquentés de la confédération mexicaine. Les revenus attachés à l'évêché sont si considérables que la ville ne reçoit de l'eau potable qu'au moyen d'un bel aqueduc construit aux frais d'un de ses derniers évêques. La construction de ce monument a coûté plus de 500,000 francs.

Patzcuaro, ville de 8,000 âmes, s'élève au bord d'un lac pittoresque auquel elle donne son nom ; elle conserve religieusement les cendres de Vasco de Quiroga, son premier évêque, mort en 1556, et dont la mémoire est en vénération dans le pays, parce qu'il fut le bienfaiteur des Tarasques, dont il encouragea l'industrie en prescrivant à chaque village une branche de commerce particulière : institution qui s'est en partie conservée jusqu'à nos jours. La petite ville de *Zintzuntzan* ou *Tzintzontzan*, sur les rivages pittoresques du lac de Patzcuaro, était la capitale du royaume de Michoacan avant la conquête.

Tlalpuxahua ou *San-Pedro y San-Pablo-Tlalpuxahua*, ville de 6,000 âmes, est le chef-lieu d'un riche district de mines. Cette ville est située dans une belle vallée au pied du Cerro del Gallo. La pente de la montagne sur laquelle elle est bâtie est très-escarpée, la montée des rues est très-roide. L'église paroissiale, assez élevée sur la montagne, en est le monument le plus important.

Les naturels du pays étaient les plus adroits tireurs de flèches de l'Amérique. Les rois de Michoacan recevaient autrefois certaines portions de leurs revenus en *plumes rares ;* ils en faisaient fabriquer des tapis et autres articles. Lors des funérailles des rois, on immolait sept femmes nobles et un nombre immense d'esclaves pour servir le défunt dans l'autre monde. Aujourd'hui les Indiens, et surtout les *Tarasques*, se livrent aux travaux d'une industrie paisible.

ÉTAT DE GUANAXUATO. — L'*État de Guanaxuato* est formé de l'ancienne intendance de ce nom. C'est un pays riche en mines

et important par la fertilité dont jouissent les parties qui peuvent être arrosées. C'est dans ces régions, sur les bords du *rio Grande de Santiago*, appelé jadis *Tololotlan*, que furent combattus les peuples nomades et chasseurs que les historiens désignent par la dénomination vague de *Chichimèques*, et qui appartiennent aux tribus des *Pames, Capuces, Samues, Mayolios, Guamanes* et *Guachichiles*. A mesure que le pays fut abandonné par ces nations vagabondes et guerrières, les conquérants espagnols y transplantèrent des colonies de Mexicains ou d'Aztèques.

Il a pour limites au nord l'État de San-Luis de Potosi, à l'est, celui de Queretaro ; au sud, celui de Michoacan, et à l'ouest, celui de Xalisco. Il est traversé du sud-est au nord-ouest par la sierra Madre. Ses plus hauts sommets sont : le cerro de los *Lanitos*, situé à 5 ou 6 kilomètres au nord de la capitale ; il a environ 3,300 mètres au-dessus du niveau de la mer ; le *cerro del Gigante*, au nord-ouest de Guanaxuato, qui a 2,500 mètres, et le *cerro del Cubilete*, près de Silao, à l'ouest de la capitale ; le *rio Santiago* ou de *Lerma ;* le *rio de Laga* et l'*El-Turbio*, sont les plus importantes rivières. Cet État ne renferme qu'un petit lac qui est celui de Yuriria.

Les mines de Guanaxuato sont depuis longtemps célèbres par leur richesse ; les principales sont celles de *Guanaxuato*, de la *Luz*, de *Monte de San-Nicolas*, de *Santa-Rosa* et de *Santa-Ana*. Les quantités d'or et d'argent apportées à la monnaie de Guanaxuato, de 1827 à la fin de 1855, montent à 124,896,304 pesos ; en 1855 on y a monnayé pour 555,200 pesos d'or, et 4,698,800 pesos d'argent. L'industrie et le commerce font de cet État l'un des premiers de la Confédération mexicaine ; il est divisé en quatre districts, ceux de Guanaxuato, de Celaya, d'Allende et de Leon, qui se subdivisent en vingt-cinq *partidos ;* sa population est de 874,073 habitants.

La capitale, *Guanaxuato* ou *Guanajuato*, située à 1,834 mètres au-dessus du niveau de l'Océan, dans une vallée étroite à laquelle aboutissent les gorges qui mènent aux plus riches mines connues, est bien bâtie ; mais les inégalités de son sol font que ses rues montent, descendent et sont généralement irrégulières. On y remarque de superbes églises et des maisons élégantes; on y compte plus de cent vingt magasins et près de 64,000 habitants. Les mines d'argent de Valenciana, de Santa-Anita, de Rayas, de Mellado, de la Sirena, de las Animeas, de Peñafiel, del Sol, de San-Vicente, de Cata, de Calice, de Lecho, de San-Lorenzo, de las Maravillas, de Santa-Rosa, etc., ont formé autour, par leurs exploitations, comme autant de faubourgs de cette ville, dont plusieurs ont une population et de beaux édifices.

Parmi les autres villes de cet État, nous citerons la charmante ville de *Léon*, dont les rues, bien alignées, aboutissent pour la plupart à une place ornée de beaux portiques, d'une belle église et du palais du gouvernement. Bâtie sur un sol fertile, elle fait un grand commerce en céréales. *Salamanca*, qui a 15,000 habitants, est remarquable par la magnifique église du couvent des augustins. *Dolorès-Hidalgo* est une petite ville qui a vu commencer la révolution du Mexique; elle porte le nom du curé qui en donna le signal.

La ville de *San-Miguel-el-Grande*, nommée aussi *Allende*, près du rio Laja, au sud-est de la capitale, fait un grand commerce de bétail, de peaux, de toiles de coton, d'armes blanches, de couteaux et d'autres ouvrages d'acier très-fin. *Celaya* est le chef-lieu d'un district fertile en deux espèces de poivre. On y remarque une des plus belles églises du Mexique; elle est sur le rio Grande de Santiago, et renferme près de 15,000 âmes. Les autres villes que nous devons encore signaler dans cet important État sont : *Siloa* (*Cillan*), *Irapuato*, *Acambaro* et *San-Luis de la Paz*, capitale du territoire de la sierra Madre, et à laquelle on accorde une population de 1,254 habitants.

ÉTAT DE QUERETARO ET TERRITOIRE DE SIERRA GORDA.

— L'*État de Queretaro* occupe une partie du plateau central du Mexique. Il confine au nord avec les États de San-Luis de Potosi, à l'est et au sud avec celui de Mexico, et à l'ouest avec le Michoacan et le Guanaxuato. La sierra Madre le traverse dans sa partie centrale du sud-est au sud-ouest. Le *Rio Tula*, son principal cours d'eau, coule dans une vallée élevée de 2,050 mètres au-dessus du niveau de l'Océan; la *Silla* et la *Santa-Lucia* viennent en second rang. Cet État est sur la ligne de partage des eaux de l'océan Atlantique et du Pacifique. Il renferme quelques mines; on évalue sa population à 147,120 habitants, dont les principales industries sont l'agriculture, la fabrication des cigares, et des tissus de laine et de coton. Le chef-lieu, *Queretaro*, est une des plus belles, des plus industrieuses et des plus considérables villes de la confédération. Elle égale les plus belles cités de l'Europe par l'architecture de ses édifices, et s'enrichit par ses fabriques de draps et de maroquins. Sa population, qui était de 50,000 âmes avant la révolution du Mexique, ne s'élève plus qu'à 27,496. Ses rues sont bien alignées et ornées de beaux édifices. L'aqueduc qui fournit de l'eau à la ville est un des plus beaux de l'Amérique, et le couvent des religieuses de *Santa-Clara* est peut-être le plus grand qui existe au monde, puisqu'il a plus de 3,200 mètres de circonférence. *Cadereyta*, petite ville de 5,000 âmes, possède dans ses environs de belles mines d'argent. *San-Juan del Rio de Cadereyta*, à 35 kilomètres au sud-est de cette ville, et située au pied de la sierra Gorda, dans la vallée de San-Juan, est entourée de beaux jardins, et doit son importance à la grande foire aux vaches et aux chevaux qui s'y tient au mois d'octobre, et à la belle église de Notre-Dame, qui chaque année attire un grand nombre de pèlerins.

Le *Territoire de Sierra Gorda* a été récemment formé aux dépens de l'État de Queretaro, et de ceux de Guanaxuato, San-Luis de Potosi et de Mexico par l'environnent; son climat est sain et en général tempéré. Ainsi que l'indique son nom, il comprend le district montagneux de la sierra Gorda; il offre quelques belles vallées; la principale industrie de ses 53,358 habitants est l'exploitation des mines et l'élève des bestiaux et surtout des mulets. Sa capitale est *San-Luis de la Paz*, qui possède une population de 4,500 habitants.

DISTRICT FÉDÉRAL DE MEXICO.

— Le *District fédéral* occupe l'espace circonscrit par une circonférence d'un rayon de 10 kilomètres, et dont la place de la cathédrale de Mexico est le centre; il résulte de cette disposition qu'à proprement parler il ne comprend que *Mexico* et sa banlieue. Au nord il s'étend jusqu'à San-Christobal-Escatepec, à l'ouest jusqu'à los Remedios, au sud jusqu'à Tlalpan, et à l'est jusqu'à Peñon-Viejo. Sur le dos même du grand plateau mexicain, une chaîne de montagnes porphyriques enferme un bassin ovale, dont le fond est généralement élevé de 2,277 mètres au-dessus du niveau de l'Océan. Cinq lacs remplissent le milieu de ce bassin. Au nord des lacs unis de Xochimilco et de Chalco, dans la partie orientale de celui de Tezcuco, qui a 180 kilomètres carrés, s'élevait l'ancienne ville de Mexico, dont le nom signifie le *lieu de Mexi*, autre nom du dieu de la guerre Huitzilopochtli. Les Mexicains disaient *Mexico-Tenochtitlan*, pour distinguer leur ville de *Mexico-Tlatiloleo*, ville voisine et depuis réunie à la première. Le nom de Tenochtitlan a prévalu jusque vers l'année 1530, époque où celui de Mexico

demeura seul pour désigner cette ville. On y arrivait par des chaussées construites sur des bas-fonds. La nouvelle ville, quoique située à la même place, se trouve en terre ferme, et à 4,500 mètres des anciens lacs, qui se sont rétrécis.

Ce changement de situation n'est pas venu seulement de la diminution naturelle des eaux; il a été provoqué par la destruction des arbres qui les ombrageaient et qui ont été employés par les Européens aux constructions nouvelles et aux pilotis sur lesquels les édifices sont bâtis; elle a été surtout hâtée par la construction d'un canal commencé en 1607, et dans lequel s'écoulent les eaux des lacs de Zumpango et de San-Christobal, qui alimentaient jadis celui de Tezcuco. En détruisant les arbres, les Espagnols ont contribué à la diminution de la fertilité du sol; dans beaucoup d'endroits la verdure est remplacée par des efflorescences salines.

La ville est traversée par de nombreux canaux, aujourd'hui couverts; les édifices sont construits sur pilotis. Le dessèchement des lacs se continue par le canal d'écoulement qu'on a ouvert à travers les montagnes de Sincoc, afin de garantir la ville des inondations. Le sol est encore mouvant dans plusieurs endroits, et quelques bâtiments, comme, entre autres, celui de la cathédrale, se sont enfoncés de plus d'un mètre. Les rues sont larges et droites, mais mal pavées. Les maisons présentent une apparence magnifique, étant construites en porphyre et en roche amygdaloide; plusieurs palais et hôtels offrent une ordonnance majestueuse. Les églises, au nombre de plus de trois cents, brillent par leurs richesses métalliques. La cathédrale surpassait, il y a trente ans, dans ce genre toutes les églises du monde; la balustrade qui entoure le maître-autel est d'argent massif. On y voyait une lampe de même métal, si vaste, que trois hommes entraient dedans quand il fallait la nettoyer; elle était en outre enrichie de têtes de lion et d'autres ornements d'or pur. Les statues de la Vierge et des saints, d'argent massif, ont recouvertes d'or, et ornées de pierres précieuses, ont disparu dans les guerres civiles. Dans l'intérieur de ce temple, comme dans toutes les autres églises, il n'y a ni chaises ni bancs; les hommes se tiennent debout, et les femmes, même les plus riches et les plus élégantes, sont à genoux ou accroupies sur leurs talons. Quoique la ville de Mexico soit dans l'intérieur des terres, elle est le centre d'un vaste commerce entre la Vera-Cruz à l'est, et Acapulco à l'ouest. Les boutiques y regorgent d'or, d'argent et de joyaux. Cette superbe ville, peuplée de 185,000 âmes (le district entier compte 220,000 habitants), se distingue aussi par de grands établissements scientifiques, qui, répondent aux préjugés de ceux qui regardent les Américains comme inférieurs en capacité naturelle aux Européens. Nommons encore parmi les établissements littéraires, l'*Académie de San-Juan de Letran*. On y publie des recueils importants : le *Museo Mejicano*, la *Ilustracion Mejicana*; entre autres journaux, el *Monitor republicano*, el *Siglo XIX*, organes du parti libéral; el *Universal*, organe du parti catholique, et un journal français, le *Trait d'Union*.

La *plaza Mayor*, la plus belle place de Mexico, à laquelle aucune de celles d'Europe ne peut être comparée sous le rapport de la dimension, est bornée au nord par la cathédrale, bel et vaste édifice construit de larges trottoirs, qui ont environ 12 mètres sur la face principale et 6 sur les faces latérales. Il est construit en pierres d'une dimension remarquable, son style est du genre d'architecture qui suivit en Espagne celui de la renaissance, lorsque l'on abandonna la légèreté et la grâce pour une sorte de régularité encore lourde et monotone. L'aspect en est cependant imposant : deux tours carrées placées aux deux extrémités servent de clochers; entre elles s'élève un fronton. A la cathédrale se rattache, pour former tout un côté de la place, le *Sagrario*, autre grande église qui, suivant l'usage espagnol, accompagne la cathédrale, et où se célèbrent toutes les cérémonies de la paroisse. Ces deux édifices n'ont aucun rapport de style; celui du Sagrario, d'une construction plus récente, appartient au genre nommé en Espagne *churriguerasca*, sorte de mélange d'arabe et de renaissance, du nom de *Churriguera*, l'architecte qui le mit le premier en usage. Ce style est remarquable par la bizarrerie de ses ornements. Sur le côté oriental de la place s'élève le palais du gouvernement, dont l'architecture paraît plus simple qu'elle ne l'est réellement, à cause de l'accablant voisinage de la cathédrale. Le côté du sud présente la façade de l'*Ayuntamiento* (l'hôtel de ville); enfin, à l'ouest est un monument à arcades basses, nommé les *Portales de Mercaderes*. Autrefois la régularité de la *plaza Mayor* était détruite par une espèce de bazar nommé le *Parian*, édifice carré de mauvais goût et assez mal construit, occupant environ un tiers de la place, mais que Santaua a fait disparaître il y a une vingtaine d'années. C'est sous les *Portales de Mercaderes* et les allées d'arbres de la place que se promène la haute société de Mexico.

Le palais du gouvernement, l'ancienne demeure des vice-rois espagnols, est tellement grand, qu'il comprend l'*hôtel des Monnaies*, vaste bâtiment d'une architecture noble et simple, et l'un des établissements les plus beaux et les mieux organisés dans ce genre; depuis la fin du seizième siècle jusqu'au commencement du dix-neuvième, on y a frappé pour plus de 6,500,000,000 de francs en or et en argent; en 1855, on y a frappé pour 155,263 pesos de pièces d'or, et 4,013,359 pesos de pièces d'argent. Il comprend en outre la prison de l'*Acordada*, bel édifice, dont les chambres sont spacieuses et bien aérées; la caserne générale, les ministères, les deux chambres et le logement du président de la Confédération mexicaine.

Parmi les couvents, au nombre de trente-huit, on cite le plus somptueux, celui de *Saint-François*, fondé en 1552, dont le revenu en aumônes était jadis de plus de 600,000 francs, et qui possède des tableaux du plus grand prix; celui de l'*Incarnation* a une église où l'on voit une statue de la Vierge en argent massif et du plus beau travail. L'hospice, ou plutôt les deux hospices réunis, dont l'un entretient six cents et l'autre huit cents enfants et vieillards, jouissent d'un revenu de 250,000 francs. L'église de l'*hôpital de Jésus de los Naturales*, fondé par Cortès, renfermait dans un mausolée fort mesquin les cendres de ce conquérant.

Avant de sortir de la ville se trouve la magnifique promenade appelée *Alameda*. C'est un jardin bien dessiné et orné de cinq jets d'eau; il est très-fréquenté à la chute du jour, lorsqu'on revient du Bucareli, longue avenue entourée de verdure peu distante de là, et où les hommes vont caracoler à la portière des voitures. On se promène ici tous les jours, les femmes en voiture et les hommes à cheval. Un sot usage ne permet point que jamais une femme comme il faut mette pied à terre, ce qui jette de la monotonie dans ce genre de plaisir. Il est vrai de dire qu'il en coûte si peu pour avoir un cheval, et que les Mexicains sont tellement passionnés pour l'équitation, que peu de gens font route à pied dans la campagne. Pendant le carême et jusqu'au mois de mai, l'*alameda* est abandonnée pour une autre promenade appelée *las Vigas*, qui consiste en une allée longue d'un kilomètre, et plantée d'une double rangée de tilleuls et de saules.

De l'aveu même des Mexicains, les bals et les jeux de hasard sont suivis avec fureur à Mexico, tandis que les jouissances plus nobles de l'art dramatique sont moins généralement goûtées. L'Espagnol mexicain joint à des passions vives un grand fonds de stoïcisme; il entre dans une maison de jeu, perd tout son argent sur une carte, puis il tire son *cigare* de derrière ses oreilles, et fume comme si rien n'était arrivé.

Les *chinampas*, espèces de radeaux sur lesquels on cultive des fleurs et des légumes, donnaient autrefois un aspect unique aux lacs mexicains. Ils étaient flottants et ressemblaient à des îles couvertes de jardins; mais aujourd'hui, fixes, on circule à l'entour dans de longs arbres creusés en canots, que les Indiens conduisent avec une adresse merveilleuse. On trouve cependant encore des chinampas flottants sur le lac de Chalco.

Mexico conserve peu de monuments antiques. De l'ancien aqueduc, il n'existe plus que la place; il a été rebâti sur le même plan par les vice-rois, et suit le même chemin pour porter l'eau de Chapultepec à Mexico. La pierre gladiatoriale, dite improprement *pierre des sacrifices*, a été transportée dans la cour de l'Université avec un grand nombre d'autres débris de sculptures mexicaines antiques, entre autres la statue de la déesse Teoyaomiqui, l'une des incarnations divines de Huitzilopochtli. Dans le mur extérieur de la cathédrale a été fixée la fameuse pierre du calendrier ou zodiaque expliquée par Gama. Enfin le musée, fondé par don Rafael Isidro Gondra, dans les salles de l'Université, renferme un grand nombre d'objets de l'archéologie mexicaine, pierres sculptées et pierres fines gravées, bijoux, bronzes et cuivres, terres cuites, statuettes, vases, bas-reliefs, armes et meubles de toute sorte. Les archives du palais renferment encore un grand nombre de manuscrits espagnols d'un grand intérêt pour l'histoire du pays, surtout depuis la conquête.

Nous venons de parler de la pierre calendaire, une des antiquités les plus curieuses de Mexico. Cette pierre est sculptée en relief sur un bloc énorme de porphyre trappéen d'un gris noirâtre: elle a 4 mètres de diamètre. Elle représente, dit M. de Humboldt, des cercles concentriques, des divisions et des subdivisions exécutés avec une régularité, une exactitude mathématique et un fini qui distinguent tous les monuments des anciens Mexicains. Quant à la statue colossale de la déesse Teoyaomiqui, elle a été taillée dans un bloc de basalte haut de 3 mètres. Rien n'est plus hideux que cette figure, qui présente le monstrueux assemblage d'une tête humaine, de deux bras en forme de serpents, de deux ailes de vautour, avec les pieds et les griffes du jaguar. Ses ornements consistent en guirlandes composées de vipères entortillées en de nombreux anneaux, et en une large collier de cœurs humains, de crânes et de mains noués ensemble avec des entrailles humaines.

Au coin du bâtiment occupé par l'administration de la loterie, on voit encore la tête colossale d'un serpent en pierre qui dut servir d'idole. Enfin, dans les cloîtres, derrière le couvent des dominicains, on conserve une idole semblable, mais presque entière, représentée dévorant une victime humaine. Telles sont les antiquités les plus remarquables qui restent à Mexico.

Hors de l'enceinte de la ville on voit encore les chaussées pavées qui la faisaient communiquer avec la terre ferme; mais, au lieu de traverser le lac salé de Tezcuco, elles ne s'élèvent plus que sur des terrains marécageux.

L'industrie de Mexico a été arrêtée dans ses progrès par les troubles politiques. Ses principaux établissements industriels sont des manufactures de cotonnades, de tabac et de savon; l'orfévrerie et la bijouterie y ont acquis une rare perfection; la passementerie et la sellerie y ont fait de grands progrès.

ÉTAT DE MEXICO. — L'*État de Mexico* s'étend entre ceux de San-Luis et Vera-Cruz au nord, celui de Puebla à l'est, celui de Guerrero au sud, ceux de Michoacan et de Queretaro à l'ouest. Cet État, le plus considérable par sa population, comme par son commerce et par son industrie, de tous ceux de la Confédération mexicaine, est traversé par différentes chaînes de la Cordillère: les principales sont la *Sierra-Nevada*, la *Sierra de Ajusco*, qui détermine une partie de la vallée de Mexico, et la *Sierra de Zacualtipan*, une de celles qui forment la vallée de Toluca, et à laquelle appartient le *Nevado de Toluca*. Il est arrosé par le Lerma, le Tula, le Mextlan, le Quezalapa et le Macusaque.

Il présente des environs immédiats de Mexico et à l'ouest de cette capitale, *Tacubaya*, petite ville de 2,000 âmes, presque entièrement composée de maisons de campagne, avec un palais de campagne pour l'archevêque. A mi-chemin, entre cette petite ville et la capitale, se trouve le bois de *Chapultepec*, couronné par un édifice moitié palais, moitié château fort, du haut duquel on a une admirable vue sur la vallée de Mexico. Au temps de la dynastie aztèque, c'était une résidence d'été des rois de Mexico; aujourd'hui le collège militaire y est établi. Tacubaya et ses environs servent de lieu de promenade à la population de Mexico. Un chemin de fer, en construction y conduit; ce chemin doit être continué jusqu'aux principales villes du Mexique. Le village d'*Azcapotzalco* renferme de nombreux lieux de réunion pour les plaisirs du peuple, ainsi que cela arrive aux environs des grandes capitales. *Santo-Domingo de Mizcoac* est un bourg de 1,800 habitants, occupés pour la plupart des soins de jardinage; il alimente la capitale de fruits et de légumes: on y voit de belles maisons de campagne. *Santa-Anita* ou *Iztacalco* (la *Maison blanche*), est une des promenades favorites du peuple. Ses 1,700 habitants y cultivent les fleurs dont ils font un grand commerce; elle est à environ 5 kilomètres au sud-est de la capitale. *Cuyoacan* est aussi renommé par ses belles maisons de campagne et ses frais ombrages. *San-Joaquin et los Remedios* sont assez considérables. À l'est sur le bord du lac dont elle porte le nom, la petite ville de *Tezcuco*, jadis capitale du royaume d'*Acolhuacan*, possède des manufactures de coton et de nombreuses antiquités mexicaines. Près de *Tacuba*, village de 4,000 habitants, on voit encore la chaussée en pierres par laquelle Fernand Cortès s'enfuit de Tenochtitlan. *Guadalupe*, à 5 kilomètres au nord de Mexico, que les Mexicains appellent *Nuestra Señora de Guadalupe*, renferme trois églises, dont l'une est la collégiale. Une autre plus ancienne est sur la colline de Tepeyacac, sur les débris d'un temple mexicain, le sanctuaire le plus révéré de tout le Nouveau-Monde; près de là est un puits vénéré par la foule, dont l'eau un peu chaude passe pour être efficace contre les paralysies.

L'État de Mexico proprement dit a pour capitale *Toluca*, à 40 kilomètres au sud-ouest de Mexico, importante aujourd'hui par sa population évaluée à 20,000 âmes et par ses manufactures: on y prépare, dit-on, des salaisons de porc estimées; dans son voisinage se trouve la haute montagne ou volcan dit *Nevado de Toluca*.

Au nord de Mexico on trouve successivement, en s'éloignant de cette capitale, *Zimapan* et *Atotonilco*, petites villes de 6 à 8,000 âmes. *Pachuca*, à 80 kilomètres au nord-est de Mexico. *San-Christobal*, près du grand lac de ce nom: on y admire une grande digue de 5 kilomètres de long, pour empêcher les débordements de cette partie du Tezcuco. *Tula*, au nord-nord-ouest, l'ancienne capitale des *Toltèques* ou *Tultecs*, autrefois une des plus belles et des plus grandes villes du Nouveau-Monde, et qui, au dire des Indiens, fut habitée jadis par une race de géants. *Otumba*, au nord-est, qui possède un magnifique aqueduc; dans ses environs, sur les collines de *Teotihuacan*, on voit les restes imposants de deux pyramides consacrées au soleil et à la lune, et construites, selon quelques historiens, par les *Olmèques*, nation ancienne venue au Mexique de l'est, c'est-à-dire de quelques contrées situées sur l'océan Atlantique. La pyramide du *maison* du soleil (*tonatiouh-ytzaqual*), a 56 mètres de haut, sur une base de 212 mètres; celle de la lune (*mextli ytzaqual*), a 10 mètres de moins. Ces monuments paraissent avoir servi de modèle aux *téocallis* ou maisons des dieux, construits par les Mexicains dans leur capitale et ailleurs; mais les pyramides ne recouvrent qu'un mur de pierre. Elles supportaient des statues couvertes en lames du trés-minces. De petites pyramides en grand nombre environnent les plus grandes; elles paraissent avoir été dédiées aux étoiles. Un autre monument ancien, digne d'attention, c'est le retranchement militaire de *Xochicalco*, non loin de la ville de *Cuernavaca*; c'est encore une pyramide tronquée, à cinq assises, entourée de fossés, et recouverte de roches de porphyre, sur lesquelles, parmi d'autres sculptures, on distingue des hommes assis, avec les jambes croisées, à la manière asiatique. Toutes ces pyramides sont exactement orientées selon les quatre points cardinaux.

Guautitlan, petite ville qui doit son importance à sa position sur la route de Queretaro et Actopan à la route de Tampico. Au sud de Mexico, nous remarquerons *Chalco*, petite ville renommée par son grand marché et par les chinampas ou îles flottantes de son lac. *Lerma*, petite ville assez bien bâtie, remarquable surtout par la chaussée qui l'unit à Toluca, capitale de la Confédération et du district fédéral, et celle de l'État de Mexico; *Zacualpan* et *Tasco*, non loin de la route qui conduit à Acapulco et au grand Océan. Tasco possède une belle église paroissiale, élevée et dotée par un Français nommé Joseph de Laborde, immensément enrichi par l'exploitation des mines mexicaines. La seule construction de l'édifice lui coûta 2 millions de francs. Réduit quelque temps après à une extrême misère, il obtint de l'archevêque de Mexico la permission de vendre à l'église métropolitaine de la capitale le magnifique soleil, orné de diamants, que, dans des temps plus heureux, il avait consacré au tabernacle de l'église de Tasco. Ces changements de fortune, invraisemblables dans un roman, sont communs au Mexique. *Huejutla*, *Tulancingo*, *Tlalnepantla*, chefs-lieux de districts, sont des villes d'une certaine importance commerciale.

L'État de Mexico renferme plusieurs lacs, en tête desquels on doit citer les cinq lacs de la vallée de Mexico : ceux de *Texcuco*, de *Chalco*, de *Xochimilco*, de *San-Cristobal* et de *Zumpango*, et les lacs de *Mextitlan* et de *Lerma*.

Il y a plusieurs mines en exploitation : les principales sont celles de Pachuca, de Real del Monte, de Santa-Rosa, de Zimpan, de Moro, de Sultepec et de Temascaltepec; elles envoient annuellement à la monnaie de Mexico 4,168,621 pesos d'or et d'argent.

L'État de Mexico est partagé en 9 districts, qui sont les suivants : Huejutla, Tula, Tulancingo, Tezcuco, Tlalnepantla, Toluca, Cuernavaca, Cuautla et Sultepec; ils se subdivisent en 33 partidos. L'État compte 8 cités, 15 villes, 1,181 pueblos, 561 haciendas, 1,033 ranchos et 184 cures; sa population est évaluée à 1,012,554 habitants (1).

ÉTAT DE GUERRERO. — L'*État de Guerrero*, formé en 1850

de la région méridionale de l'ancienne province de Mexico, occupe les pentes méridionales du plateau de Mexico; il est borné au nord par l'État de Mexico, à l'est par ceux de Puebla et d'Oaxaca, et au sud par l'océan Pacifique. C'est un des États de la confédération mexicaine où la végétation est la plus belle et la plus variée. Couvert dans sa partie septentrionale par les contre-forts de la Cordillère, il offre sur le bord de l'océan Pacifique un pic élevé, le *Cerro de la Bréa*, qui signale aux marins l'approche d'Acapulco; il est arrosé par le *Rio de las Balsas* ou *Rio Mescala*. Ses principaux lacs sont ceux de *Coyuca* et de *Tecpa*. Il n'y a pas encore de grande exploitation de mine, mais on y a reconnu des gisements aurifères et argentifères. La population de l'État est de 270,000 âmes. *Chilpancingo*, située à 200 kilomètres au sud de Mexico, et à 90 au nord-est d'Acapulco, au milieu d'une région montagneuse, est une des plus importantes de l'État. Dans ses environs, sont les bourgs de *Zumpango*, de *Petaquillas* et de *Mazatlan*, remarquables par leurs anciennes mines d'argent; sur la route de Mexico à Acapulco, nous nommerons *Tetela del Rio*, sur le Rio Mescala; elle est d'un grand commerce de transit.

La capitale de l'État, *Textla*, que l'on nomme aussi *Ciudad Guerrero*; c'est une ville de 5,000 âmes, située dans une des gorges de la Cordillère, à 1,700 mètres au-dessus du niveau de la mer.

La côte de l'océan Pacifique présente, sous un ciel brûlant, les deux ports de *Zacatula* et d'*Acapulco*. Ce dernier est adossé à une chaîne de montagnes quelconque, qui, par la réverbération du calorique rayonnant, augmente la chaleur étouffante du climat, laquelle, pendant le jour, atteint 45 à 50 degrés centigrades, ainsi que l'a remarqué M. de Humboldt. Exposé pendant l'été à des émanations pestilentielles qui s'opposent à l'accroissement de sa population, il n'a guère plus de 5,000 habitants. Son port est depuis longtemps célèbre chez toutes les nations. C'est de son enceinte que partaient autrefois les riches galions espagnols qui transportaient les trésors de l'Occident dans l'Orient; sa célébrité se rattache aussi à l'histoire des audacieux flibustiers. Il offre, dit-on, le beau idéal d'un port de mer : son abord est facile, il est très-vaste, l'eau n'y a pas trop de profondeur, le fond est exempt d'écueils. De

(1) Nous avons consulté, pour la révision de cette description du Mexique, les cartes parues de l'Atlas des États du Mexique publié par la société géographique de Mexico, et le *Manual de Geographia y Estadistica de la Republica Mexicana*, publié en 1857 par *Jesu Hermosa*. C'est à ce manuel que nous empruntons la plupart des détails statistiques et administratifs.

l'intérieur on ne peut découvrir la mer : un étranger qui y arriverait par terre croirait voir un lac enfermé entre des montagnes. Acapulco est, sur l'océan Pacifique, le port de Mexico, dont il est distant de 280 kilomètres de côtes. Il est traversé par les hautes Cordillères d'Anahuac. Sa moitié septentrionale est occupée par un plateau d'environ 2,000 mètres de hauteur, sur lequel s'élève le volcan encore fumant de *Popocatepetl*, l'une des plus hautes montagnes du Nouveau-Monde; il est arrosé par l'*Atoyac*, le *San-Francisco* et l'*Alzececa*. On trouve sur le plateau, qui forme la majeure partie de son territoire, des monuments d'une ancienne civilisation. La pyramide tronquée de Cholula, élevée de 56 mètres, sur une base longue de 430 mètres, est construite en briques. Pour se former une idée de la masse de ce monument, on peut se figurer un carré quatre fois plus grand que la place Vendôme à Paris, couvert d'un monceau de briques qui s'élève à la double hauteur du Louvre. Cette pyramide portait un temple consacré à *Quetzalcoatl* ou le dieu de l'air, un des êtres les plus mystérieux de la mythologie mexicaine. Ce fut, disent les traditions aztèques, un homme blanc et barbu comme les Espagnols, que le malheureux Montézuma prit pour ses descendants. Fondateur d'une secte qui se livrait à des pénitences austères, législateur et inventeur de plusieurs arts utiles, Quetzalcoatl fut forcé de fuir les ennemis que lui avait faits son intolérance religieuse, et se retira à la région mystérieuse de *Tlapallan*, probablement identique avec le Honduras.

Très-peuplé et très-cultivé dans sa partie montagneuse, l'État de Puebla (sa population totale est évaluée à 683,725 habitants) présente, vers l'océan Pacifique, de vastes contrées abandonnées malgré leur fertilité naturelle. Les faibles restes des Tlapanèques habitent les environs de *Tlapa*.

La plupart des mines d'argent de la Puebla sont aujourd'hui abandonnées, mais on y a découvert près de San-Juan de los Llanos une riche mine de houille; il possède sur les bords de la mer des salines considérables, et ses montagnes recèlent des marbres renommés par leurs couleurs et leur solidité. Le sol est fertile en blé, en maïs, en arbres fruitiers. Le climat de la zone torride y fait prospérer également le sucre et le coton; mais ce qui met obstacle à l'industrie agricole, c'est que les quatre cinquièmes des terres appartiennent aux communautés religieuses et au clergé. L'inconvénient qui en résulte se fait sentir jusque dans l'industrie manufacturière.

Dans la partie peuplée on distingue surtout la capitale, *Puebla de los Angeles*, ou la ville des Anges, la quatrième ville de toute l'Amérique espagnole pour la population, qui s'élève à 70,000 individus. Ses rues larges et bien alignées, ses maisons construites à l'italienne, et le nombre de beaux édifices qu'elle renferme, la placent immédiatement après Mexico. Cette ville, située sur une des plaines les plus élevées du plateau d'Anahuac, fut fondée, en 1531, par don Sébastian Ramirez de Fuenleal, évêque de Saint-Domingue, président de l'audience royale de Mexique et gouverneur de la Nouvelle-Espagne. Ses monuments sont tous une destination religieuse : ce sont des églises et des couvents. L'un des plus remarquables et des plus vastes est la *maison de retraite spirituelle*. Sa principale place publique (*Plaza Mayor*) est ornée, sur trois côtés, de portiques uniformes, et le quatrième est occupé par une cathédrale dont les richesses ne peuvent être comparées qu'à celles de la cathédrale de Mexico. Presque toutes les églises méritent de fixer l'attention. Celle d'El Spiritu-Sancto, qui appartient aux Jésuites, offre l'aspect splendide et grandiose que cette célèbre congrégation savait imprimer à ses œuvres. Quelques tableaux de bons maîtres décorent les chapelles principales. Puebla possède aussi une vaste bibliothèque, que l'on dit fort riche en livres rares et en manuscrits précieux. Les principales rues de cette belle cité ont un large trottoir de chaque côté, quelquefois en dalles, mais plus communément en petits cailloux symétriquement cimentés. Quelques rues sont même entièrement revêtues de cette manière : il semble que l'on marche sur un riche tapis. La promenade publique, entourée de grilles, est grande, bien distribuée et commode pour les promeneurs : les personnes à pied y trouvent des allées ombragées; dans l'intérieur, un vaste hippodrome est destiné aux voitures et aux cavaliers.

La Puebla est la seule ville véritablement manufacturière de la confédération mexicaine. Elle est renommée pour certains tissus dont on fait des écharpes et des châles du prix de 500 francs. On y fabrique aussi des confitures très-recherchées, des faïences et des poteries rouges, dont les formes sont des plus élégantes.

Cholula, ville sainte chez les anciens Mexicains, qui l'appelaient *Chollulan*, renfermait, avant la conquête, autant de temples qu'il y a de jours dans l'année, et 40,000 maisons. Elle n'a plus que

ÉTAT DE PUEBLA. — L'*État de Puebla* a été formé avec

l'ancienne intendance de ce nom; il confine au nord avec l'État de Vera-Cruz, à l'est avec ce même État et celui d'Oaxaca, au sud avec l'océan Pacifique et à l'ouest avec l'État de Mexico. Il a sur le grand Océan 110 kilomètres de côtes.

16 à 18,000 habitants. On voit dans ses environs la pyramide en briques ou *teocalli*, dont nous avons parlé, et sur laquelle on a construit une église dédiée à Notre-Dame de los Remedios. Elle a joué un grand rôle dans les annales mexicaines lorsqu'elle était la ville sainte de l'Anahuac.

Les environs du riche village de *Zacatlan* sont peuplés par la nation des Totonaques; ces indigènes parlent, comme les Tlapanèques, une langue entièrement différente de celle des Mexicains ou Aztèques. Ils avaient adopté la mythologie barbare et sanguinaire des Mexicains; mais un sentiment d'humanité leur avait fait distinguer, comme étant d'une race différente des autres divinités mexicaines, la déesse Tzinteotl, protectrice des moissons, et qui seule se contentait d'une innocente offrande de fleurs et de fruits. Selon une prophétie qui circulait parmi eux, cette divinité paisible triompherait un jour sur les dieux enivrés du sang humain. Ils ont vu leur pressentiment réalisé par l'introduction du christianisme. *Atlisco*, cité située dans la vallée de Carrion, dans un district d'une surprenante fertilité, offre à la curiosité du voyageur un monument végétal : c'est un cyprès qui a 24 mètres de circonférence, et qui, par conséquent, égale presque en épaisseur le fameux baobab du Sénégal, qu'il surpasse par ses belles formes. *Tepeaca* et *Tehuacan*, sur la grande route qui mène des États orientaux à Mexico, méritent aussi une mention.

TERRITOIRE DE TLAXCALA. — Le *Territoire de Tlaxcala* est enclavé dans les États de Puebla et de Mexico; il présente quelques belles vallées comme celle de Huamantla, et sur d'autres points il est accidenté, couvert de hauteurs ou découpé de ravins et de gorges profondes. A l'est sud-est s'élève la *Sierra de la Malintzin*, qui est très-élevée et qui jouit d'une certaine célébrité dans la mythologie tlaxaltèque. Le pays est peu arrosé; parmi ses cours d'eau, il n'y en a que deux dignes d'être nommés, le *Zahapan* et l'*Atoyac*, encore sont-ils à sec une bonne partie de l'année. Les lacs sont plus nombreux, mais de peu d'étendue; les seuls de quelque importance sont le lac d'*Acuitlapilco*, celui *del Rosario* et de *Tonecuila*.

Les productions principales de ce Territoire sont le maïs, le blé, l'orge, les pois, les fèves, et les fruits de tous nos climats. Dans quelques excavations des Cerros, de San-Ambrosio, de San-Matheo, etc., on trouve des gisements d'argent, de cuivre, de plomb et de houille.

Le Territoire de Tlaxcala est divisé en trois *partidos*, qui sont ceux de Tlaxcala, de Huamantla, et de Tlaxco, subdivisés en 22 municipalités; sa population est de 80,171 habitants; il possède une cité, 112 pueblos, 150 haciendas et 153 ranchos.

Tlaxcala, la capitale du Territoire, est une cité de 3,463 habitants, qui fut autrefois la capitale d'une sorte de république fédérative, dont on évaluait la population à plus de 300,000 âmes; elle avait un sénat sous la dépendance duquel étaient placés les caciques des tribus. Les Tlaxcaltèques furent les premiers alliés de Fernand Cortès, et l'aidèrent à vaincre Montézuma. Ils ont conservé quelques-uns de leurs anciens privilèges. *Huamantla*, chef-lieu de *partido*, est avantageusement placé pour son commerce à la jonction de plusieurs routes et au nord-est de Tlaxcala. *Tlaxco*, au nord de la précédente, et dans une belle et fertile vallée. *Atlancatepec*, *Natividad*, *Tepeyanco*, *Apetatitlan*, *Xaltocan*, *Zitlaltepec*, sont des chefs-lieux de municipalités.

ÉTAT DE VERA-CRUZ. — A l'est des États de Puebla et de Mexico, et le long du golfe du Mexique, s'étend le remarquable *État de Vera-Cruz*, qui compte une population de 274,686 habitants.

Toute la partie occidentale occupe la pente des Cordillères d'Anahuac. « C'est à peu de régions au nouveau continent dont les-quelles, dit M. de Humboldt dans son grand ouvrage sur le Mexique, le voyageur soit plus frappé du rapprochement des climats les plus opposés. Dans l'espace d'un jour, les habitants y descendent de la zone des neiges éternelles à ces plaines voisines de la mer, dans lesquelles règnent des chaleurs suffocantes. Nulle part on ne reconnaît mieux l'ordre admirable avec lequel les différentes tribus de végétaux se suivent, comme par couches, les unes au-dessus des autres, qu'en montant depuis le port de la Vera-Cruz vers le plateau de Pérote. C'est là qu'à chaque pas on voit changer la physionomie du pays, l'aspect du ciel, le port des plantes, la figure des animaux, les mœurs des habitants et le genre de culture auquel ils se livrent. » Ce pays embrasse une lisière de districts maritimes, dont la partie la plus basse, presque déserte, ne renferme que des marais et des sables sous un ciel ardent. Il renferme dans ses limites deux cimes colossales volcaniques; l'*Orizaba* et le *Naukcampatepetl* ou *Coffre de Pérote* : leurs éruptions paraissent être d'une date ancienne; mais le petit volcan de *Tuxtla*, à 16 kilomètres de la Vera-Cruz, menace constamment cette ville; sa dernière éruption eut lieu en 1793, et lança des cendres à plus de 15 kilomètres à la ronde.

La ville de *Panuco* est située sur une rivière navigable, à l'embouchure de laquelle est le port de Tampico, que nous avons déjà

visité en décrivant l'État de Tamaulipas, obstrué, comme tous ceux de cette côte, par des bancs de sable.

Dans les forêts épaisses de *Papantla*, sur les flancs des Cordillères, s'élève une pyramide d'une plus belle forme que celle de Teotihuacan et de Cholula; elle a 18 mètres de haut sur une base de 25; elle est construite en pierres porphyritiques très-régulièrement taillées et couvertes d'hiéroglyphes.

La grande cité de la *Vera-Cruz* (*Villa-Rica de la Vera-Cruz*, surnommée la *Villa Eroica*), capitale de l'État, siège du riche commerce que fait le Mexique avec l'Europe, ne doit rien aux faveurs de la nature. Les rochers de madrépores dont elle est construite ont été tirés du fond de la mer. La seule eau potable est recueillie dans des citernes; le climat est chaud et malsain; des sables arides entourent la ville au nord, tandis qu'on voit s'étendre au sud des marais mal desséchés. Le port, peu sûr et d'un accès difficile, est protégé par le fort de San-Juan d'Ulua, élevé sur un îlot rocailleux et à frais immenses. La population, estimée à 12,000 habitants, est souvent renouvelée par les fièvres jaunes. Située d'abord près de la ville indienne de Quiahuiztlan, puis au lieu nommé aujourd'hui la *Antigua* (l'ancienne Vera-Cruz), elle s'est enfin fixée au lieu qu'elle occupe aujourd'hui sur le rivage de la mer et à 386 kilomètres de Mexico. Cette ville importante, riche et populeuse alors que le Mexique était soumis à l'Espagne, n'offre plus aujourd'hui que l'aspect d'une cité déchue. Ses rues, presque dépeuplées, sont larges, et se coupent à angles droits; les principales sont garnies de trottoirs en plâtre battu bien uni, sur lesquels il est agréable de marcher. Ses maisons sont basses, rarement à plus d'un étage, et sont surmontées de terrasses sur lesquelles, le soir, on respire un air frais. Sous ce climat dangereux, la police de salubrité aurait besoin d'être active et prévoyante; elle est, au contraire, tellement négligée qu'elle semble confiée seulement à des bandes d'oiseaux du genre vautour, que les habitants nomment *zopilotes*. On en rencontre à chaque pas : quelques-uns sont gros comme des dindons; ils dévorent les chiens et les chats morts, les lambeaux de viande qui tombent des boucheries, et une partie des immondices qu'on jette dans les rues. Cependant, malgré la voracité avec laquelle ces oiseaux se nourrissent des débris de toutes les matières animales, de tous côtés s'élèvent des miasmes suffocants. Les environs de la ville ne présentent qu'une terre aride, sablonneuse et sans culture; toutefois, la promenade appelée *el Pasco*, qui suit les rives d'un petit ruisseau, présente un aspect gracieux : on y trouve un peu de verdure. C'est ce ruisseau qui alimente les fontaines de la ville par des conduits souterrains; mais il est aujourd'hui question d'y conduire les eaux du rio *Jamapa*.

Ulua! est le premier cri que crurent entendre les Espagnols en mettant le pied sur le sol mexicain : telle est l'origine du nom qu'ils donnèrent plus tard au fort qu'ils appelèrent *San-Juan d'Ulua*. Il passait pour imprenable aux yeux des Mexicains; mais dans ces derniers temps, les Français d'abord et les Américains ensuite les ont complètement détrompés à cet égard.

La rade de la Vera-Cruz, formée par la grande baie de la Gallega, n'est abritée que par l'îlot d'Ulua et par quelques récifs à fleur d'eau, qui la protégent un peu contre la mer. On ne conçoit pas comment les Espagnols, au temps de leur puissance, n'ont pas construit un môle circulaire qui pût rendre tenable, pendant l'hiver, le mouillage de cette ville, si importante pour ses relations. Depuis la déclaration de l'indépendance du Mexique, les bâtiments de guerre étrangers ne sont plus admis auprès du château; ils sont obligés de se tenir à environ 3 milles de là, à peine abrités des coups de vent par la petite île de Sacrificios. La crainte d'une surprise a dicté cette mesure de précaution.

Sacrificios ou l'île des *Sacrifices* est un amas de sables accumulés sur un banc de madrépores, dont cette partie de la côte est semée. Sa surface est couverte de roseaux que le vent du nord, qui souffle constamment dans ces parages, a tous inclinés du même côté. Son nom lui vient de ce que, quand les Espagnols la découvrirent, il y avait sur la pointe méridionale un temple mexicain où l'on immolait des victimes humaines.

Les Mexicains vantent avec raison les hauteurs de *Xalapa* ou *Jalapa*; les riches habitants de la Vera-Cruz vont y chercher la fraîcheur et tous les charmes de la belle nature. Pendant environ 8 kilomètres, la route serpente parmi les plus riches plantations; on descend rapidement, et l'on peut se croire au milieu d'un jardin orné de tous les végétaux des tropiques : les bananiers, les orangers et les cannes à sucre présentent une végétation vigoureuse; le palma-christi, aux énormes et larges feuilles à plusieurs pointes, s'élève presque à la hauteur des arbres, et les haies sont couvertes d'un liscron aux fleurs d'un bleu éclatant, qui serpente au milieu des ronces épineuses : c'est le fameux *convolvulus jalapa*, dont la racine fut communiquée par les Indiens aux Européens comme un des purgatifs les plus énergiques, et qui est généralement connu sous le nom de *jalap*. Cette plante est d'une abondance extraordinaire, et forme un des plus beaux ornements de la vallée à laquelle elle a donné son nom.

Au milieu d'une percée, et sur la pointe du Cerro-Macuiltepec, on aperçoit la jolie ville de *Xalapa* ou *Jalapa*, dont les blanches maisons semblent sortir des arbres, et s'opposent en lumière sur l'azur de la montagne de Pérote. Cette ville, qui renferme 12,000 âmes, est le chef-lieu d'un canton. On y remarque le couvent des Franciscains, qui, à lui seul, forme comme une petite ville renfermée dans la grande; l'église de San-José, la maison San-Ignacio, et l'hôpital San-Juan de Dios. L'ancienne forteresse de *Pérote*, regardée comme une des clefs du Mexique, est située à une journée de marche plus haut que Jalapa.

Nous citerons encore dans cet État *Jicaltepec*, à l'embouchure du Rio Nautla, qui se jette à 75 kilomètres au nord de Vera-Cruz : ce petit port, dans une situation riante et salubre, a reçu dans ces derniers temps des colons français; *Tuxtla*, au sud de Vera-Cruz, remarquable par le voisinage de son volcan; *Alvarado*, petite ville maritime au sud-est de Vera-Cruz; *Orizaba*, aussi célèbre par son volcan que par ses immenses plantations de tabac : elle est à 130 kilomètres de Vera-Cruz, et renferme 16,000 habitants; *Cordova*, chef-lieu d'un district, au nord-ouest de la précédente, et sur les pentes d'une chaîne qui se détache du volcan d'Orizaba et porte le nom de Sierra de Malquiahuitl; *Amatlan* et *San-Juan de la Punta*, bourgs importants par leurs marchés; *Papanla*, gros village indien remarquable par une haute pyramide située au milieu d'une forêt de son voisinage.

ÉTAT D'OAXACA.

L'*État d'Oaxaca* ou *Oajaca* est composé de l'ancienne intendance du même nom; il renferme les deux anciens pays des *Mistèques* et des *Zapotèques*; il a pour limites : au nord l'État de Vera-Cruz, à l'ouest celui de Chiapas, et à l'est celui de Puebla; l'océan Pacifique le baigne au sud et y forme quelques bons ports. Cette fertile et salubre contrée abonde en mûriers pour les vers à soie; elle produit aussi beaucoup de sucre, de coton, de blé, de cacao et d'autres fruits; mais la cochenille est sa principale richesse. Ses montagnes granitiques recèlent des mines d'or, d'argent et de plomb qu'on néglige; plusieurs rivières charrient du sable d'or que les femmes s'occupent à chercher : on y recueille aussi du cristal de roche. Sa population est de 490,000 âmes.

Oaxaca, capitale de cet État, reçut, au commencement de la conquête, le nom d'*Antiquera*. C'est l'ancien *Huayyacac* des Mexicains. Bâtie sur les bords du Rio Verde, à 330 kilomètres au sud-est de Mexico, elle tient un rang parmi les plus belles villes du Mexique; ses édifices sont construits avec élégance et solidité : les principaux sont la cathédrale, le palais épiscopal et le séminaire. Les deux premiers ornent les deux côtés de la principale place. Cette ville est souvent exposée aux ravages des tremblements de terre; on porte sa population à 40,000 âmes.

Oaxaca est située dans la délicieuse vallée que Charles-Quint donna à Fernand Cortès sous le titre de *Marquisat del Valle*. On y recueille une laine très-fine; des chevaux excellents y peuplent les riches pâturages qu'arrose une belle rivière, où peu rafraîchit une atmosphère tempérée et humide. Mais ce qui fait surtout la richesse de cette contrée, c'est la cochenille que l'on y récolte. Aux environs d'Oaxaca on rencontre *Talixtaca* et *Huayapa*, dont les jardins sont renommés, *Etla* et *Zachila*, qui possèdent de belles ruines. Les autres villes et lieux les plus remarquables sont *Villa-alta*, qui possède de belles manufactures et des mines d'argent dans ses environs; *Tepozotula*, importante par son industrie et la culture de la cochenille; *Jamiltepec*, petit port sur l'océan Pacifique. *Mitla*, qui présente des ruines remarquables qui annoncent une civilisation avancée : les murs d'un palais sont décorés d'ornements exécutés en mosaïque et dont le dessin rappelle les vases dits étrusques.

TERRITOIRE DE TEHUANTEPEC.

Le *Territoire de Tehuantepec* comprend l'isthme de ce nom; il a pour limites : au nord le golfe du Mexique, où l'est les États de Tabasco et de Chiapas, au sud l'océan Pacifique, et à l'ouest les États de Vera-Cruz et d'Oaxaca.

La Cordillère de la Sierra Madre la traverse de l'est à l'ouest, et y forme de belles et pittoresques vallées; au nord s'étendent de vastes plaines, et au sud de cette même chaîne de moins considérables, qui contribuent à donner à l'isthme de Tehuantepec un aspect particulier.

De l'aveu même des géographes mexicains, la température y est très-ardente et malsaine. Le Goatzacoalco, la principale rivière qui traverse l'isthme, descend, du plateau de Tarifa, d'une hauteur d'environ 200 mètres, et va se jeter dans la baie qui porte son nom après un cours de 180 kilomètres en ligne droite; il peut être remonté par les bâtiments du commerce, mais son embouchure est gênée par une barre très-difficile à franchir. Parmi ses principaux affluents, nous citerons, sur la rive droite, le *Chalcijalapa*, le *Guachapa* et l'*Uspanapan*; sur la rive gauche, le *Sarabia*, le *Xaltepec* ou *Mixi*, la *Mansapa* et l'*Illas*. Le *Chiapa* ou *Chimalpa* descend du versant méridional de la Cordillère, au revers du point où le Goatzacoalco prend sa source, et vient se jeter dans l'océan Pacifique, mais il est bien moins considérable que le premier. On a longtemps songé à établir un canal maritime à travers l'isthme, en profitant

de ces deux rivières et de leurs affluents; aujourd'hui ce projet paraît abandonné pour celui d'un chemin de fer, et en attendant les Anglo-Américains ont établi une route d'un Océan à l'autre; la distance est de 220 kilomètres. Le territoire de Tehuantepec est divisé en deux districts, celui de Minatitlan et celui de Tehuantepec. Ils sont subdivisés en six partidos, qui ont pour chefs-lieux Minatitlan, Acayucan, Huimanguillo, Tehuantepec, Juchitan et Petapa. La population est de 52,395 habitants.

Minatitlan, qui est à la fois capitale du Territoire et chef-lieu de district, est situé sur la rive gauche du Goatzacoalco; ses rues sont exposées aux inondations du fleuve; cependant elle est dans une situation avantageuse pour le commerce, et il prendra sans doute un rapide accroissement par l'ouverture du port de la *Ventosa*, et lorsque le chemin anglo-américain, entièrement terminé, sera livré à la circulation.

Acayucan est une petite ville qui prend chaque jour plus d'importance. *San-Martin de Jaltipan* est un petit village situé sur la route d'Acayucan à Minatitlan. *Tehuantepec*, situé à l'embouchure de la rivière du même nom, est une ville de 10,000 âmes, dont le port serait un des plus importants de la côte sans la barre qui intercepte l'entrée. Les Indiens de Tehuantepec sont renommés par la beauté et l'élégance de leurs formes. La *Ventosa*, située à quelques kilomètres au sud de Tehuantepec, est le port de débouché sur l'océan Pacifique de la route et du chemin de fer anglo-américain; de ce port, ils se dirigent sur Minatitlan en gagnant la vallée de Goatzacoalco à Tarifa, et en passant par Petapa et San-Gabriel.

ÉTAT DE CHIAPAS.

L'*État de Chiapas*, qui faisait jadis partie du royaume de Guatemala, a pour limites au nord et à l'est l'État d'Yucatan, au sud le grand Océan et le Guatemala, et à l'ouest les États de Tabasco et d'Oaxaca. C'est un pays situé sur le versant septentrional de la Cordillère, qui forme trois rameaux presque parallèles, et il présente au sud une dépression considérable, et près du la mer le volcan de Soconusco, qui est isolé. Cet État renferme des forêts peuplées de pins, de cyprès et de cèdres. Longtemps il fut regardé comme peu intéressant par les Espagnols, parce qu'il ne possède aucune mine d'or et d'argent. Il est arrosé par le *rio Chiapas* ou *Tabasco*, qui naît dans les montagnes de Cuchumatanes dans le Guatemala, et qui est navigable en partie. À défaut de mines, il possède de riches salines; telles sont celles de Tonala. L'*État de Tonala* est divisé en 7 districts, 13 partidos, 4 cités, 7 villes, 96 pueblos; sa population est de 161,914 habitants. Sa capitale est *San-Christobal*, ville de 7,649 habitants, qui renferme quelques beaux édifices et des rues bien droites. On la nomme aussi *Ciudad-Real* ou *Chiapas de los Espñoles*, ou *Ciudad de las Casas*, et de *Villa-Real*. Elle est située à 800 kilomètres de Mexico, dont le vertueux Las Casas fut un des premiers évêques. *Chiapas de los Indios*, ou simplement *Chiapas*, est agréablement située sur la rive droite du Tabasco, rivière qui abonde en poissons. Le principal commerce de cette petite ville est le sucre, que l'on cultive en grand dans ses environs.

Les Indiens de Chiapas formaient un État indépendant des empereurs de Mexico. Cette république méritait peut-être la seconde place après celle de Tlaxcala pour les progrès de la civilisation; elle se distinguait surtout par son industrie manufacturière. Les Chiapanais suivaient le calendrier et le système chronologique des Mexicains; mais dans leur mythologie on voyait figurer un héros déifié nommé *Votan*, auquel un jour de la semaine était consacré. C'est la seule ressemblance qu'avait cette divinité chiapanoise avec le *Wodan* des Saxons et l'*Odin* des Scandinaves. Ce peuple se défendit avec courage contre les Espagnols, et obtint de ces conquérants une capitulation honorable. Heureusement le sol de Chiapas n'est pas riche en mines : circonstance qui a valu aux indigènes le maintien de leur liberté et des privilèges qu'on leur avait accordés.

Texutla ou *Tustla*, peuplée de 2,000 âmes; *San-Bartolomeo de los Remedios*, *San-Juan-Chamula* et *San-Domingo-Comitlan* sont des villes moins importantes que les deux Chiapas.

Santo-Domingo de Palenqué, ou simplement *Palenqué*, est un bourg situé près du Michol, affluent du Tulija. Il est célèbre par les ruines, situées dans son voisinage, d'une ancienne ville indienne qui a mérité toute l'attention de nos archéologues. Elle pouvait avoir 25 à 30 kilomètres de circonférence, et elle s'étendait depuis la plaine arrosée par le Michol jusque sur une hauteur voisine.

Le gros village appelé *Ocosingo* présente aussi des vestiges d'une antique cité appelée *Tulha*, qui renferme des monuments analogues à ceux de Mitla et de Palenqué; cependant le voyageur français Waldeck a reconnu, en 1834, que les ruines qu'il a étudiées près d'Ocosingo et dans le Yucatan diffèrent sensiblement, par leur architecture et leurs hiéroglyphes, de celle de Palenqué. Le territoire de Soconusco est remarquable par son volcan, et encore plus par l'excellence du cacao que l'on y récolte; aussi comprend-on l'importance que le Mexique attachait à la possession du district de Soconusco, qui naguère encore dépendait de la république de Guatemala. *Tonala*, au pied de la montagne de la Gioretta, possède de riches salines en pleine exploitation.

ÉTAT DE TABASCO. — L'*État de Tabasco*, formé de l'ancienne province de ce nom, est situé au nord de celui de la Chiapas; il a sur le golfe du Mexique une grande étendue de côtes basses, qui n'offrent pas toujours un obstacle aux eaux de la mer: aussi celles-ci y forment-elles de nombreuses lagunes: celle de *Terminos* est la plus considérable. Les rivières, en arrivant à la mer, voient leur embouchure obstruée par une barre: les principales sont: les barres de *Puerto-Escondido*, de *San-Pablo y San-Pedro*, de *Tabasco*, de *Chiltepec*, de *dos Bocas de Cupilco*, de *Santa-Ana* et du *Tonala*. Le pays est rempli de forêts où croissent des bois de teinture, et où rugissent des tigres mexicains. Les terres en culture produisent du cacao, du tabac, du poivre et du maïs. On n'y trouve que des villes sans importance. La capitale est *San-Juan-Bautista de Tabasco*, appelée autrefois *Villa Hermosa de Tabasco*; elle a une population de 5,500 âmes. Sur une petite île à l'embouchure du Tabasco, une jolie ville d'origine mexicaine, appelée *Nuestra-Señora de la Vittoria*, doit son nom à la victoire que Fernand Cortés remporta près de ses murs sur les Mexicains. L'État de Tabasco compte une population de 63,580 habitants.

ÉTAT DE YUCATAN. — La péninsule de *Yucatan* forme l'*État* de ce nom (1), elle formait autrefois l'intendance de Mérida. Lorsque Hernandez et Grijalva découvrirent ce pays, ils y trouvèrent une nation civilisée, vêtue avec quelque luxe, et qui habitait dans les maisons en pierre. Elle possédait des vases, des instruments et des ornements en or. Quelques-uns de ces objets étaient décorés d'une espèce de mosaïque en turquoise. Les *téocallis*, au bord de la mer, ruisselaient du sang de victimes humaines (2). Les indigènes parlent la langue maya.

Cet État a pour limites: au nord, le golfe du Mexique; à l'est, le cap San-Antonio et la mer des Antilles; au sud, l'État de Chiapas et la république de Guatemala, et à l'ouest le golfe du Mexique.

Le pays, très-plat, est, dit-on, traversé par une chaîne de collines peu élevées. Le climat est chaud, mais sec et salubre. Le pays abonde en miel, en cire, en coton, dont on fait beaucoup de toiles peintes, en cochenille et en bois de campêche. Ce bois est le principal objet de commerce. Les côtes donnent beaucoup d'ambre gris. Les rivages de la péninsule sont comme bordés d'un banc de sable qui s'abaisse presque régulièrement d'une brasse par 5 kilomètres. Les parties maritimes offrent partout un pays plat et sablonneux; il n'y a qu'une seule chaîne de terrains élevés, qui se termine par un promontoire entre le cap Catoche et le cap Desconoscido. Les côtes sont couvertes de mangliers, liés ensemble par des haies impénétrables d'althéa et de bambou. Le sol est rempli de coquillages marins. Les sécheresses, dans le pays plat, commencent en février, et bientôt elles deviennent tellement générales, qu'on ne trouve plus une goutte d'eau; la seule ressource est le puits sauvage, qui, dans son branchage large et épais, conserve de l'humidité; on en tire l'eau par incision. Sur la côte septentrionale, à l'embouchure de la rivière Lagartos, à 400 mètres du rivage, le navigateur étonné voit des sources d'eau douce jaillir du sein de l'onde salée. On nomme ces sources *Bouches du Conil*.

L'État, au commencement de l'année 1858, renfermait 5 cités, 7 villes, 252 pueblos, 132 haciendas et 2,040 ranchos; sa population est de 668,623 habitants.

Mérida, la capitale, est une ville de 23,600 âmes, située dans une plaine aride; elle possède de belles habitations, de grandes places, deux palais, l'un ecclésiastique et l'autre civil, un hôpital général, trois églises et une magnifique cathédrale. Elle possède des manufactures de cigares, de tafia, d'extraits de bois de teinture, des tanneries et des grands dépôts de bois de couleur. Elle est habitée par une noblesse peu riche. *Sisal*, au nord de Mérida, est un port important pour son commerce d'exportation, pour les bois, les suifs et les peaux. *Campêche*, sur le Rio San-Francisco, possède un petit port peu sûr, ce qui oblige les vaisseaux à mouiller loin du rivage. Le sel que l'on tire de ses salines, la cire du Yucatan, le bois de campêche qui appuie toiles de coton alimentent le commerce de cette ville de 15,000 âmes. Son district comprend 42 pueblos, 123 haciendas et 367 ranchos. *Valladolid*, à l'est de Mérida, cultive dans ses environs des cotonniers d'une excellente espèce, dont le produit se vend cependant à bas prix, parce qu'on ne sait pas, dans le pays, débarrasser le coton de l'enveloppe qui le renferme; cette ville a environ 10,000 âmes. *Izamal*, à environ 60 kilomètres au sud-ouest de Mérida, est un chef-lieu de district peuplé de 1,800 âmes. Il est célèbre par une grande foire annuelle.

Au sud de Mérida on trouve près d'*Uxmal* les restes d'une grande cité dont les ruines ont par leur proportion toute l'importance de celles de Palenqué, elles sont d'ailleurs en bien meilleur état. Au milieu de ces ruines, on voit celles d'un vaste monument qui, sans doute, fut un temple ou un palais; elles s'élèvent sur une plateforme artificielle à laquelle conduisent des degrés encore reconnaissables; on y voit des sculptures entièrement différentes de celles qui ont été jusqu'à présent retrouvées en Amérique. Ce monument remarquable est appelé dans le pays *la casa del Enano*, la maison du Nain.

L'île de *Cozumel*, proprement *Acuçamil*, était célèbre par un oracle où se rendaient en foule les peuples du continent. On y adorait, avant l'arrivée des Espagnols, une croix en pierre dont on ignorait l'origine; elle était invoquée pour obtenir de la pluie, dont elle était le symbole dans la mythologie de ces contrées.

TERRITOIRE DE LA ISLA DEL CARMEN. — L'*Ile de Carmen* est située à l'entrée de la grande lagune de Terminos, elle s'étend de l'est-nord-est à l'ouest-sud-ouest entre l'île de Puerto-Real et la pointe de Xicalango; sa superficie est de 7,200 kilomètres carrés et sa population peut être évaluée à 12,500 habitants. C'est un point stratégique fort important; aussi a-t-elle été érigée tout récemment en Territoire, et elle est la résidence d'un gouverneur militaire qui a dans ses attributions la surveillance d'une partie des côtes du golfe de Campêche, et celle d'un gouverneur civil.

La capitale du Territoire est la ville de *Carmen*, peuplée d'environ 3,200 âmes: elle a un port sûr et profond, qui est le meilleur qui se puisse rencontrer dans le golfe de Campêche; elle fait un grand commerce de suif, de peaux, de bois de teinture; elle est destinée à de rapides accroissements. Il y a dans l'île 16 haciendas et 37 ranchos, et 171 établissements agricoles ou industriels; tels sont des plantations de canne à sucre, des exploitations de bois de teinture, des moulins, des scieries, etc., etc. L'île de Carmen est aujourd'hui un des points les plus intéressants pour l'avenir du commerce mexicain.

GOUVERNEMENT, ADMINISTRATION, FINANCES, ETC. — Ainsi que nous l'avons dit, le Mexique forme aujourd'hui une confédération républicaine qui comprend 1 district fédéral, 22 États et 6 Territoires, c'est-à-dire provinces qui n'ont pas d'administration intérieure indépendante, et sont régies au profit de l'Union fédérative. Chaque État a son gouvernement particulier, ainsi que ses trois pouvoirs, exécutif, législatif et judiciaire, distincts. Le district fédéral, Mexico, est le lieu qui sert de résidence aux pouvoirs suprêmes de la Confédération. Le pouvoir exécutif de la Confédération est confié à un citoyen qui prend le titre de *président des États confédérés Mexicains*; il est suppléé par un vice-président; tous deux sont nommés pour quatre ans. Le pouvoir législatif est confié à un congrès général formé de deux chambres, le sénat et la chambre des représentants. Le sénat se compose de deux sénateurs par chaque État; il se renouvelle par moitié tous les deux ans. La chambre des représentants se compose d'un nombre de représentants qui varie selon la population des États; ils sont élus pour deux ans. Le pouvoir judiciaire est exercé par une cour suprême de justice, et par les tribunaux d'arrondissement et les audiences de district. La religion catholique, apostolique et romaine est reconnue comme seule religion de l'État. Quatre ministères se partagent l'administration: 1° les finances, auxquelles sont annexés l'agriculture et le commerce; 2° les relations extérieures et intérieures; 3° la justice et les affaires ecclésiastiques: 4° la guerre et la marine. La dette nationale du Mexique était au commencement de l'année 1851 de 407,401,230 de francs, dont 151,370,000 pour la dette intérieure, et 256,031,230 pour la dette extérieure.

Les revenus du Mexique s'élèvent, année moyenne, à 42,000,000 de francs, qui sont entièrement absorbés par les dépenses. Ces revenus se composent des droits de douane, qui montent à 20 ou 25,000,000 de francs, et sont presque absorbés par le payement de l'intérêt de la dette étrangère et nationale, qui aujourd'hui dépasse 600,000,000 de francs. La loterie sert à payer les frais occasionnés par l'entretien de l'académie de San-Carlos. Les Territoires de Colima, de Tlaxcala et de Californie coûtent plus qu'ils ne rapportent à la Confédération. En dernière analyse, les créanciers du Mexique sont maîtres des deux tiers des revenus publics, et, avec le tiers qui lui reste, le gouvernement ne saurait couvrir même la moitié des dépenses de son budget.

On ne saurait fixer, même approximativement, le chiffre du commerce du Mexique; tout le monde, dans ce pays, se livrant au négoce, la contrebande s'y faisant sur une grande échelle, et le gouvernement n'ayant pour la réprimer sur 2,000 kilomètres de côtes qu'environ 400 hommes, c'est-à-dire moins d'un homme par 4 kilomètres; nous nous bornerons à dire que, pour ce qui concerne la France, le montant de nos importations n'excède pas 30 millions. Depuis quelques années, l'industrie mexicaine a pris un développement considérable; elle s'exerce surtout dans le tissage des cotons (*mantas*), les draps grossiers, les étoffes de laine pour matelas et couvertures, les *rebozos* ou écharpes de coton ou de soie pour les femmes, la sellerie, la chapellerie, la carrosserie et surtout l'orfèvrerie. Les

---

(1) La guerre civile, qui a si longtemps désolé le Yucatan, s'est définitivement terminée par la séparation de la péninsule en États indépendants. L'un prendra le nom d'État du Nord sous le nom de *Yucatan*, et aura *Mérida* pour capitale; l'État du Midi s'appellera *Campêche*, du nom de sa capitale.

Les traités portent la date des 15 et 18 mai 1858.

(2) Gomara: *Historia de las Indias*, ch. LI-LIV, ch. XLIX.

mines du Mexique forment aujourd'hui encore sa principale richesse; elles sont destinées à une production très-importante, depuis que le mercure des mines de la Sonora et de la Californie est livré au prix de 150 ou 200 francs le quintal, au lieu de 750; ce qui permettra de reprendre l'exploitation de plusieurs mines d'argent abandonnées. On estime à 175 millions de francs le rendement des mines pendant l'année 1849-1850. C'est dans cette source de richesses qui fait sa renommée, que le Mexique doit, par une exploitation plus intelligente et plus active, trouver le moyen d'améliorer sa position financière.

Les cadres de l'armée mexicaine se composent, en temps de guerre, de 12 généraux de division, 18 de brigade, et 16,417 hommes fournis par le contingent de tous les États. Cette armée se divise en 12 corps d'infanterie, 13 de cavalerie et 1 d'artillerie. Mais aujourd'hui l'effectif de l'armée, y compris les milices actives, ne dépasse pas 8,000 hommes. Quant à la marine, elle se compose de 9 bâtiments de second ordre armés de 35 canons et montés par 300 marins, officiers ou matelots.

Le Mexique est un des plus beaux pays du monde; avec un gouvernement sagement établi et respecté à l'intérieur, il deviendrait en peu d'années un des plus riches États du Nouveau-Monde.... Nous l'avons dit, depuis 1821 il en est à sa 240e révolution!

TABLEAUX STATISTIQUES DU MEXIQUE.

STATISTIQUE GÉNÉRALE.

SUPERFICIE.	POPULATION.	FINANCES EN 1852.	COMMERCE EN 1851.	FORCES MILITAIRES.
110,317 leguas cuadr. (1), environ 2,260,000 kilomètres carrés.	En 1850. 7,485,205. En 1857. 8,247,660.	Revenus. 44,000,000 francs. Dépenses. 60,000,000 francs. Dette de l'État en 1854. 650,000,000 francs.	Importations. 110,000,000 francs. Exportations. 80,000,000 francs. Produit brut des douanes. 20,000,000 francs. Entrées. 839 bâtiments jaugeant 256,762 tonneaux.	Armée. 26,000 hommes. Milice. 80,000 hommes. Marine. 9 bâtiments inférieurs. 35 canons. 300 hommes.

Statistique particulière des États ou Territoires.

NOMS DES ÉTATS ou TERRITOIRES.	SUPERFICIE (1).	POPULATION	DIVISIONS.	CAPITALE ET VILLES PRINCIPALES.
I. *Sur l'Océan Atlantique.*	Leguas cuadr. (1).			
ÉTAT DE TAMAULIPAS	4,214	108,514	3 préfect., 34 municipalités.	*Cindad Vittoria*, 6,164. — Santa-Ana. — Matamoros.
— DE VERA-CRUZ	3,883	274,686	»	*Vera-Cruz*, 9,649. — Jalapa.—Cordova.— Orizaba.
— DE TABASCO.	2,171	63,580	»	*San-Juan Bautista*, 3,500.
— DE YUCATAN	7,364	668,023	5 cités, 7 villes, 252 pueblos.	*Mérida*, 23,575. — Izmal.—Valladolid. — Campêche.
TERRITOIRE DE ISLA-CARMEN. .	364	12,325	»	*Villa del Carmen*, 3,068.
II. *A l'intérieur.*				
ÉTAT DE COAHUILA.	7,868	75,340	4 départements.	*Satillo* ou *Leona Vicario*, 8,105. — Monclova. — Rio-Grande. — Parras.
— DE CHIHUAHUA.	12,557	147,600	6 districts, 10 partidos.	*Chihuahua*, 12,000.— Hidalgo.— Guadalupe. — Allende. — Paso-del-Norte.
— DE NOUVEAU-LÉON	2,544	144,869	9 partidos.	*Monterrey*, 13,534.— Cadercita-Ximenes. — Linarès.
— DE DURANGO	6,743	156,519	12 partidos.	*Durango*, 14,000.— Santiago-Papasquiaro. — Nombre de Dios.
— DE ZACATECAS	3,861	302,141	11 partidos.	*Zacatecas*, 15,427.—Fresnillo.—Panuco-Sombrerete.
— DE AGUAS-CALIENTES. . .	400	85,839	1 cité, 1 ville, 3 pueblos.	*Aguas-Calientes*, 39,699.
— DE SAN-LUIS DE POTOSI. .	4,101	390,360	4 préfectures, 11 partidos.	*San-Luis de Potosi*, 10,078. — Santiago de Tlaxcala. — Catorce.
— DE GUANAXUATO.	1,755	874,079	4 districts, 25 partidos.	*Guanaxuato*, 63,398. — San-Miguel. — Allende. — Celaya. — Leon.
— DE QUERETARO.	339	147,119	»	*Queretaro*, 27,496. — San-Juan del Rio.
TERRITOIRE DE TLAXCALA	276	80,171	3 partidos.	*Tlaxcala*, 3,463. — Huamantla.— Tlaxco.
DISTRICT FÉDÉRAL DE MEXICO. .	144	220,000	»	*Mexico*, 185,000.— Tacubaya. — Guadelupe. — Santa-Anita. — Cuyoacan.
ÉTAT DE MEXICO	3,014	1,012,554	9 districts.	*Toluca*, 12,000. — Tula-Huejutla. — Tulancingo. — Cuernavaca.— Zultepec.
TERRITOIRE DE SIERRA-GORDA.	»	55,358	»	*San-Luis de la Paz*, 4,411.
III. *Sur le grand Océan.*				
ÉTAT DE SONORA	17,172	124,000	9 partidos.	*Urès*, 5,000. — Alamos. — Guaymas.
TERRIT. DE BASSE-CALIFORNIE.	»	9,000	»	*La Paz*, 1,274. — Loreto. — Puerto-Escondido. — Pichilinque. — San-Bartolomé.
ÉTAT DE SINALOA.	4,690	250,000	11 partidos.	*Culiacan*, 9,647.— Mazatlan. — Rosario.— Cosala.
— DE XALISCO	8,324	804,038	8 districts, 19 partidos.	*Guadalaxara*, 68,000. — Lagos. — San-Juan. — La Barca. — Zapotlan. — Savala.
TERRITOIRE DE COLIMA	»	61,243	»	*Colima*, 31,774. — El Manzanillo.
ÉTAT DE MICHOACAN.	6,556	491,679	4 districts, 21 partidos.	*Morelia*, 22,000.—Patzcuaro.—Zamora.—Zitacuaro.
— DE GUERRERO	3,500	270,000	»	*Tixtla*, 6,301.— Brava. — Zumpango.— Apango.
— DE PUEBLA	3,249	683,725	»	*Puebla*, 70,000.— Atlixco.— Cholula.
— D'OAXACA	4,426	489,969	»	*Oaxaca*, 25,000.
— DE CHIAPAS	2,598	161,914	»	*San-Christobal*, 7,649.
TERRITOIRE DE TEHUANTEPEC.	1,677	82,395	2 districts, 6 partidos.	*Minatitlan*, 339.— Tehuantepec. — Acuyacan. — Petapa.

(1) La legua mexicaine vaut 5,000 varas; la vara vaut 0m,836. La lieue mexicaine vaut donc 4 kilomètres 180.

N. B. Ce tableau a été composé à l'aide du *Manual de geografia y Estadistica de la Republica mejicana*, par J. Hermosa. Paris, 1857.

Paris. — Imp. de P.-A. BOURDIER et C*, rue Mazarine, 30.

TERRIT. NORD-OUEST

TERRITᴿᴱ DE LA BAIE DE D'HUDSON

TERRIT. DE

WASHINGTON

TERRITOIRE D'OREGON

CALIFORNIE

Nevada

TERRᵗ D'UTAH

Colorado

NOUV. MEXIQUE

OCÉAN

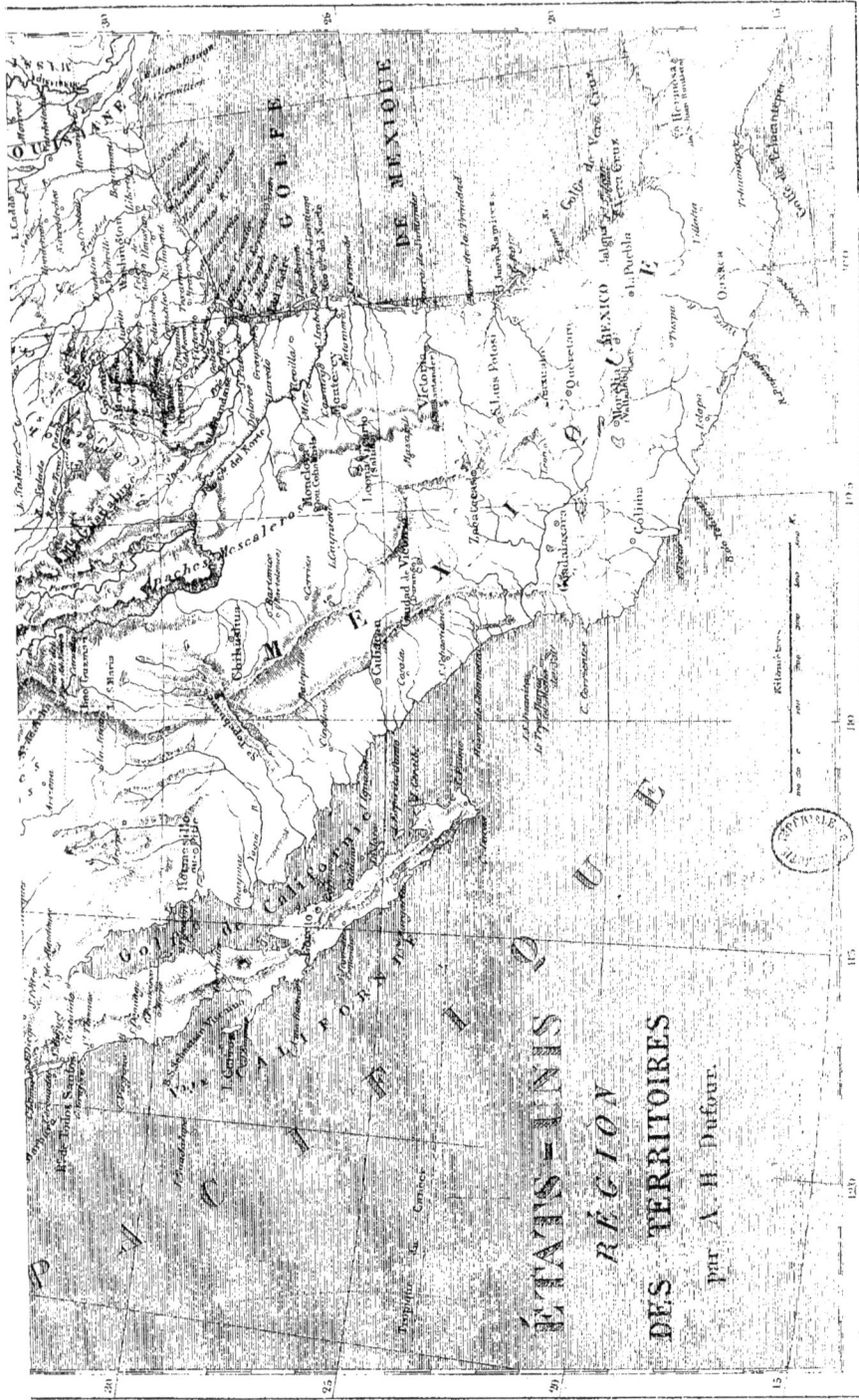

ÉTATS-UNIS

RÉGION DES TERRITOIRES

par A. H. Dufour.

977

www.ingramcontent.com/pod-product-compliance
Lightning Source LLC
Chambersburg PA
CBHW052054090426
42739CB00010B/2166